Bruce H. Lipton • Steve Bhaerman

Spontane Evolution

Bruce H. Lipton
Steve Bhaerman

SPONTANE EVOLUTION

Unsere positive Zukunft
und wie wir sie erreichen

Wichtiger Hinweis

Die im Buch veröffentlichten Empfehlungen wurden von Verfassern und Verlag sorgfältig erarbeitet und geprüft. Eine Garantie kann dennoch nicht übernommen werden. Ebenso ist die Haftung der Verfasser bzw. des Verlages und seiner Beauftragten für Personen-, Sach- und Vermögensschäden ausgeschlossen.

**Aus dem Englischen
von Nayoma de Haën**

Titel der Originalausgabe:
Spontaneous Evolution.
Copyright © 2009 by Bruce H. Lipton and Steve Bhaerman
Original English Language Publication 2009
by Hay House, Inc. California, USA

Cover-Design: Robert Mueller,
modifiziert für die deutsche Ausgabe

Deutsche Erstauflage erschien September 2009
Deutsche Ausgabe: © KOHA-Verlag GmbH Dorfen
Alle Rechte vorbehalten
Illustrationen S. 2/3 u.a., 8 u.v.a.: Fotolia
Lektorat und Layout: Birgit-Inga Weber
Gesamtherstellung: Karin Schnellbach
Druck: CPI, Leck
ISBN 978-3-86728-243-7

*Für Mutter Erde, Vater Himmel
und alle imaginalen Zellen*

Inhaltsverzeichnis

Vorwort	Warum wir dieses Buch schreiben	8
Einleitung	Eine universelle Liebesgeschichte	12
Präambel	Spontanheilung	17

Teil I — Und wenn alles, was wir wissen, falsch wäre? 23

1. Kapitel:	Man sieht, was man glaubt	30
2. Kapitel:	Handle lokal – wirke global	56
3. Kapitel:	Ein neuer Blick auf die alte Geschichte	76
4. Kapitel:	Die Wiederentdeckung Amerikas	106

Teil II — Vier apokalyptische Wahrnehmungs-Mythen 129

5. Kapitel:	Erster Wahrnehmungs-Mythos: Nur die Materie zählt	136
6. Kapitel:	Zweiter Wahrnehmungs-Mythos: Nur die Stärksten überleben	157
7. Kapitel:	Dritter Wahrnehmungs-Mythos: Die Gene sind entscheidend	180
8. Kapitel:	Vierter Wahrnehmungs-Mythos: Die Evolution gehorcht dem Zufall	201
9. Kapitel:	Fehlfunktionen am Rand des Abgrunds	225
10. Kapitel:	Geistige Gesundung	264

| Teil III | Wachablösung und die Wiederbelebung des Gartens | 279 |

11. Kapitel:	Fraktale Evolution	291
12. Kapitel:	Wie im Kleinen, so im Großen	324
13. Kapitel:	Ein einziger guter Rat	354
14. Kapitel:	Ein Bund zur Stärkung des Gemeinwohls	382
15. Kapitel:	Heilung des Staatskörpers	408
16. Kapitel:	Eine ganz neue Geschichte	438

Danksagung	465
Modalitäten zur Veränderung von Überzeugungen	468
Literaturverzeichnis	471
Endnoten	473
Über die Illustration auf dem Buchcover	498
Über die Autoren	499

Vorwort

Warum wir dieses Buch schreiben

Hallo, ich bin Bruce Lipton.
Und ich bin Steve Bhaerman.

Bruce: Wir heißen Sie zu unserem neuen Buch *Spontane Evolution* willkommen.

In meinem vorigen Buch *Intelligente Zellen* lag der Schwerpunkt darauf, wie sich unsere Geisteshaltung und unsere Gefühle auf unsere Physiologie, unsere Biologie und den Ausdruck unserer Gene auswirken. Aber fast noch bedeutender ist, wie sehr auch unsere kulturellen und gesellschaftlichen Überzeugungen unsere persönliche Biologie und unser Verhalten beeinflussen.

Die Gesellschaft beginnt zu erkennen, dass unsere gegenwärtigen Überzeugungen schädlich sind und dass sich unsere Welt in einer äußerst heiklen Situation befindet. Also wird es Zeit, dachte ich, allgemein bekannt zu machen, welche Rolle die neue Biologie und andere Erkenntnisse der Wissenschaft für unsere gesellschaftlichen Überzeugungen spielen und wie sie uns helfen können, mit unserer bedrohlichen Situation umzugehen. In diesem Buch erkläre ich viel über Biologie, Überzeugungen und Verhalten. Doch um die Botschaft wirklich verständlich zu machen, erläutert mein Freund Steve Bhaerman, wie sich diese Informationen auf unsere sozialen Strukturen, auf die Politik und auf unsere Wirtschaft anwenden lassen.

Steve: Seit 22 Jahren arbeite ich als kosmischer Komiker unter dem Pseudonym Swami Beyondananda. Komik ist ein wundervoller Weg, um die Wahrheit zu sagen und den Leuten unter Umgehung der mentalen Verteidigungsstrategien neue Informationen und Sichtweisen unterzujubeln.

Bevor ich zum Swami wurde, war ich in meiner ersten beruflichen »Inkarnation« in den 1960er-Jahren als Politikwissenschaftler und Sozialaktivist tätig. In Washington D.C. gründeten wir eine alternative Highschool für Schüler, die über das traditionelle Schulsystem hinausgewachsen waren. Das waren aufregende Zeiten, in denen neue Ideen aufkamen und ausprobiert wurden. Leider musste ich mit ansehen, dass der wichtigste Teil des Tests – ob wir nämlich nach den großartigen Prinzipien, die wir verfochten, auch leben konnten – vielerorts nicht bestanden wurde. Zum Beispiel erinnere ich mich, dass ich einmal jemanden kennenlernte, der weltweit als Experte für gemeinschaftliches Leben galt. Leider konnte es niemand aushalten, mit ihm zusammenzuleben.

Als ich erkannte, wie wenig ich das Ideal in die Realität umzusetzen wusste, machte ich mich auf eine 25-jährige Reise durch Psychologie, Selbsterkenntnis, Meditation und Spiritualität. Im Lauf der letzten sieben Jahre hatte ich immer wieder die Idee, alle meine diesbezüglichen Gedanken und Erkenntnisse unter dem Titel *Healing the Body Politic* (Heilung des Staatskörpers) in Buchform zu bringen. Als ich Bruce kennenlernte, entstand der Plan, dieses Projekt gemeinsam zu verwirklichen.

Bruce: In der Welt der Medizin gibt es manchmal Patienten, die als todkrank gelten; man wartet nur noch auf ihr Ende. Und dann passiert irgendetwas: In den Überzeugungen dieses Menschen findet ein grundsätzlicher Wandel statt – es geschieht eine Spontanheilung, eine spontane Remission, wie man das medizinisch nennt. Eben war der Patient noch sterbenskrank, und jetzt ist er völlig gesund. Das erschreckt die Mediziner, kommt aber gar nicht so selten vor, und jeder weiß, dass es das gibt.

Die Erde und ihre Biosphäre – zu der wir auch gehören – sind ein integriertes lebendiges System. Das System scheint instabil zu werden, aber der Planet selbst ist genauso zu einer Spontanheilung fähig wie ein Individuum. Dazu ist jedoch ein grundlegender Wandel unseres Bewusstseins und unseres Selbstverständnisses notwendig. Wir haben den Begriff der Spontanheilung in den Mittelpunkt dieses Buches gestellt, weil wir meinen, dass die neuesten Erkenntnisse der Wissenschaft die allgemeinen Vorstellungen vom Leben von Grund auf verändern werden.

Wir haben diese neue Wissenschaft in eine hoffnungsvolle Geschichte des zukünftigen Potenzials der Menschheit eingebaut, um die planetarische Heilung zu unterstützen. *Spontane Evolution* verbindet heutige wissenschaftliche Erkenntnisse mit alten Weisheiten und offenbart damit, wie machtvoll wir tatsächlich sind und wie viel Einfluss wir auf unsere eigene Evolution haben.

Nach der konventionellen darwinistischen Theorie ist Evolution ein sehr langsamer und gradueller Prozess, der in Millionen von Jahren Arten hervorbringt und verändert. Neue wissenschaftliche Erkenntnisse zeigen jedoch, dass die Evolution eigentlich aus langen, relativ ereignisarmen Zeiten besteht, die immer wieder von plötzlichen, dramatischen Umwälzungen durchbrochen werden. Diese Umwälzungen sind die Zäsuren – *Punktualisierungen* genannt –, die den Verlauf der Evolution prägen und zu neuen Lebensformen führen.

Unsere Zivilisation befindet sich in einem Zustand der Zerrüttung und Auflösung. Wir bedürfen dringend eines evolutionären Fortschritts und haben keine Zeit für langsame, allmähliche Entwicklungen. Doch die Krise, in der wir stecken, zeigt uns, dass wir uns offenbar bereits mitten in einer solchen Umwälzungsphase befinden.

Steve: Die drängendste Frage lautet vielleicht: Ist diese Punktualisierung ein Fragezeichen? Oder ein Ausrufungszeichen? Oder traurigerweise nichts als ein Endpunkt?

Die Leute merken, dass etwas im Gange ist. In den Nachrichten hören sie von der Endlichkeit der Ressourcen, vom Klimawandel und der Bevölkerungsexplosion. Die Atomkriegsuhr* bewegt sich bedrohlich nahe auf Mitternacht zu, religiöse Menschen sprechen von »Endzeiten«. Gleichzeitig erkennen wir auch, wie sehr die ganze Menschheit miteinander verbunden ist. Am deutlichsten wird das am Internet, durch das wir rund um die Welt mit Lichtgeschwindigkeit Nachrichten versenden und empfangen können. Diese unmittelbare Kommunikation macht aus der Welt ein globales Dorf. Alles hängt zusammen, alles steht miteinander in Beziehung.

Als Beweis dafür beobachten wir, wie die Wissenschaft den sprichwörtlichen Berg des Wissens und der Weisheit erklimmt, um auf dem Gipfel Buddha zu begegnen. Wenn wir Bruces wissenschaftliche Erkenntnisse über den Körper mit meinem Wissen über Spiritualität und Politik verbinden, wird deutlich, dass alles zu der gleichen Schlussfolgerung führt: Wir leben in einer Welt der Beziehungen. Niemand kann dem entkommen. Wir sitzen alle im selben Boot.

Mit dieser Einsicht geht unsere Erkenntnis einher, dass die alte Art, die Dinge zu sehen und zu erklären, uns nicht mehr hilft, uns über unsere Situation zu erheben und das Neue zu beschreiben. Unser Überleben steht auf dem Spiel. Wir brauchen ein neues Paradigma. Wir brauchen eine spontane Evolution. Deswegen schreiben wir dieses Buch.

---

* Die Atomkriegsuhr (*doomsday clock*, eigentlich »Uhr des Jüngsten Gerichts«) ist eine symbolische Uhr, welche die Zeitschrift *Bulletin of the Atomic Scientists* verwendet, um der Öffentlichkeit zu verdeutlichen, wie groß – nach Meinung der Wissenschaftler – das derzeitige Risiko eines Atomkrieges ist. Die Entscheidungen trifft der BAS-Aufsichtsrat gemeinsam mit einem Sponsorenrat, in dem 18 Nobelpreisträger vertreten sind. (Quelle: Wikipedia; Anm. d. Übers.)

Einleitung

Eine universelle Liebesgeschichte

Dies ist eine Liebesgeschichte – eine universelle Liebesgeschichte, denn das ganze Universum ist beteiligt: Sie, wir, jeder lebendige Organismus.

Der erste Akt begann vor Milliarden von Jahren, als eine Lichtwelle der Sonne mit einem Materieteilchen zusammenstieß. Dieser Funke der Liebe zwischen Vater Sonne und Mutter Erde brachte auf dieser blaugrünen Kugel ein Kind hervor, und dieses altkluge Kind namens *Leben* betrachtet diese Erde seitdem als seine Spielwiese und hat sich in zahllosen wundervollen Formen vervielfältigt. Manche dieser Formen sind heute noch um uns, doch viele sind bereits ausgestorben und werden uns immer unbekannt bleiben.

Vor etwa 700 Millionen Jahren hob sich der Vorhang für den zweiten Akt, als gewisse *Einzeller* beschlossen, dass sie das Single-Leben satt hatten. In irgendeiner Einzeller-Sprache sagten sie zueinander: »Baby, I need your lovin'«, wandten sich einander zu und erschufen so den *Vielzeller*.

Der dritte Akt fing vor über einer Million Jahren an, als sich die vielzelligen Organismen zu einem Wesen entwickelten, das über Bewusstsein verfügte: Der *Mensch* betrat die Bühne. Dank seines Bewusstseins konnte sich das Leben selbst beobachten, reflektieren und seine eigene Zukunft gestalten. Das Leben konnte Liebe und Freude erfahren. Es lernte sogar, über sich selbst zu lachen und Bücher zu schreiben, so wie dieses hier.

Im vierten Akt rotteten sich die Menschen in verschiedenen Gruppen zusammen und teilten den Globus in Nationalstaaten auf.

Zum gegenwärtigen Zeitpunkt nähern wir uns dem Ende dieses Aktes, ohne zu wissen, ob das Schauspiel hier zu Ende ist – wie eine der griechischen Tragödien, die immer traurig und schlecht enden. Angesichts unserer chaotischen Welt mit all dem menschlichen Fehlverhalten und den Umweltkrisen scheint der Zusammenbruch unaufhaltsam. Doch zu unserem Glück kannten die alten Griechen auch Komödien – Stücke voller Lachen, Freude, Fröhlichkeit und Liebe.

Spontane Evolution erzählt davon, wie wir sicher vom vierten zum fünften Akt gelangen können. Das Gute dabei ist: Biologie und Evolution sind auf unserer Seite.

Allen lebendigen Organismen wohnt der Trieb zum Überleben inne. In der Wissenschaft nennt man das den *biologischen Imperativ*. Im Gegensatz zu den Lehren der konventionellen Wissenschaft und der Religion verläuft die Evolution weder zufällig noch vorherbestimmt, sondern ähnelt eher einem intelligenten Tanz der Organismen mit ihrer Umwelt. Wenn die Bedingungen reif sind – sei es durch Krisen oder durch Möglichkeiten –, ereignet sich das Unvorhersehbare und die Biosphäre findet auf einer höheren Kohärenzebene wieder in ihr Gleichgewicht.

Spontanheilungen betrachten wir meist als Wunder, vielleicht als einen Gnadenakt Gottes, aber wenn wir genauer hinschauen, sehen wir, dass dort etwas anderes am Werk ist: Häufig waren diese glücklichen Individuen bewusst oder unbewusst an ihrer Heilung beteiligt, indem sie ihre Überzeugungen und ihr Verhalten auf grundlegende Weise geändert haben.

Der Ausgang der Geschichte des menschlichen Lebens auf der Erde ist offen. Ob es einen fünften Akt geben wird, hängt davon ab, ob wir Menschen bereit sind, unsere individuellen und kollektiven Überzeugungen und Verhaltensweisen zu ändern und ob wir das rechtzeitig schaffen.

Seit Jahrtausenden verweisen unsere spirituellen Lehrer auf die Liebe. Jetzt kann die Wissenschaft das bestätigen. Wir alle sind Zellen im Körper des riesigen Superorganismus *Menschheit*. Und weil wir einen freien Willen haben, können wir uns entscheiden, uns auf die neue Entwicklungsebene aufzuschwingen und zu diesem Superorganismus zu werden oder wie die Dinosaurier am Wegesrand liegen zu bleiben.

Die Religionen, die aus der sogenannten »Wiege der Zivilisation« hervorgingen – dem fruchtbaren Halbmond, dem heutigen Irak, der ironischerweise Gefahr läuft, diese Region auch zum Grab dieser Zivilisation zu machen –, alle diese Religionen beruhten auf dem Glauben, durch einen Erlöser gerettet zu werden. Vielleicht wird das Auftauchen des Messias im fünften Akt aus dem Stück des Lebens doch noch eine menschliche Komödie machen.

Alle guten Komödien brauchen eine Pointe. Die Pointe unseres Stückes lautet: Die Antwort auf unsere Gebete sind wir selbst.

Der Aufstieg des Phönix

Zum gegenwärtigen Zeitpunkt starren viele Menschen ängstlich auf die verstörenden Symptome für den Niedergang der Zivilisation. Doch diese kurzsichtige Perspektive hindert uns daran, das Licht in der Dunkelheit wahrzunehmen. Ob man dieses Licht nun *Liebe* oder *Erkenntnis* nennen will – seine Flamme leuchtet Tag um Tag heller. Sie offenbart, dass sich diese Zivilisation buchstäblich in einem Geburtsprozess befindet, bei dem das alte Paradigma abfallen und ein neues hervortreten wird.

Dieses Evolutionsmuster ähnelt dem Mythos des Phönix, eines heiligen Feuervogels der ägyptischen Überlieferung. Am Ende seines Lebens errichtet der Phönix ein Nest aus Zimtzweigen und entzündet es. In dem Feuer gehen Nest und Vogel unter, doch aus der Asche erhebt sich ein neuer, junger Phönix, dem das gleiche Schicksal vorbestimmt ist.

Eine moderne Version dieses Mythos erzählt der Film *Der Flug des Phönix*, der ein episches Beispiel für Konfliktlösung und Transformation zeigt: Die Geschichte beginnt damit, dass sich die Mannschaft einer Ölförderstation in der Sahara auf den Heimweg begibt. Kurz vor dem Abflug stößt ein Fremder hinzu und fliegt mit. Die zweimotorige Maschine stürzt über der Wüste ab, Mannschaft und Passagieren droht der Tod durch Verdursten. Räuberische Nomaden sind den Bruchstücken des Flugzeugs bis zur Absturzstelle gefolgt. Angesichts all dieser Bedrohungen versucht die Gruppe, einen Ausweg zu finden.

Wie in der wirklichen Welt findet zunächst ein Machtkampf statt. Wer wird ihn gewinnen – der Stärkste oder derjenige, der die Ressourcen verwaltet? Letztendlich keiner von beiden. Kurz bevor sich die Gruppe durch ihre Streitigkeiten selbst zu vernichten droht, entscheiden sie sich für die ungewöhnliche Lösung des Fremden, der sich als Flugzeugkonstrukteur ausgibt. Er schlägt vor, aus den Wrackteilen ein neues Flugzeug zu bauen. Die Gruppe hat keine Alternative, als es auszuprobieren. Die neue Vision gibt ihnen die Kraft, sich zusammenzuraufen und das Unmögliche zu wagen. In echter Hollywood-Manier erhebt sich das klapprige Fluggefährt in allerletzter Minute unter den Schüssen der angreifenden Nomaden zu seinem Jungfernflug.

Die Geschichte einer zusammenbrechenden Struktur und eines neu Entstehenden wird in der Biosphäre ständig wiederholt. Das Leben befindet sich in einem konstanten Zustand der Wiedergeburt.

Unsere »Humanifestation«

Falls Sie sich nur schwer vorstellen können, wie wir je aus der gegenwärtigen Krise zu einer liebevoll funktionierenden Welt finden sollen, denken Sie doch mal an die Geschichte einer anderen Transformation: Stellen Sie sich vor, Sie sind *eine* unter Millionen Zellen einer Raupe. Die ganze Struktur um Sie herum hat eine Weile wie eine gut geölte Maschine funktioniert, doch die Welt des Larvenzustands kommt unabwendbar auf Sie zu. Eines Tages beginnt die Maschine zu stottern. Das System fängt an, zusammenzubrechen. Zellen begehen Selbstmord. Es herrscht eine Atmosphäre von Zerfall und drohender Vernichtung.

Doch mitten in der sterbenden Population tauchen neue Zellen auf, sogenannte *imaginale Zellen*. Sie sammeln sich und beschließen, aus den Wrackteilen etwas ganz Neues zu erschaffen. Und so erhebt sich eines Tages aus den Ruinen eine großartige Flugmaschine – ein Schmetterling – und erlaubt den überlebenden Zellen, der Asche zu entkommen und eine herrlichere Welt zu erleben, als sie sich je vorstellen konnten. Das wirklich Erstaunliche daran: Die Raupe und der Schmetterling haben genau die gleiche DNA. Es ist der gleiche

Organismus, der zu unterschiedlichen Zeiten andere Organisationssignale empfängt und verarbeitet.

An diesem Punkt stehen wir heute. Wenn wir die Zeitung lesen und die Nachrichten verfolgen, erfahren wir das Neueste aus der Raupenwelt. Und gleichzeitig erwachen überall imaginale menschliche Zellen und wissen um eine neue Möglichkeit. Sie sammeln sich, kommunizieren und stimmen sich auf ein neues, kohärentes Liebessignal ein. Dabei lernen sie, dass Liebe kein süßlich-kuscheliges Gefühl ist, sondern eine Schwingung: Sie liefert den entscheidenden Klebstoff, um die neue Flugmaschine zu bauen und die Bestimmung der Menschheit zu manifestieren – das Mittel zur »Humanifestation«.

Höchstwahrscheinlich gehören auch Sie zu jenen imaginalen Zellen, die zur Geburt dieser neuen Version der Menschheit beitragen. Auch wenn es nicht so aussieht: Die Zukunft liegt in unseren Händen. Um diese Zukunft zu sichern, müssen wir uns allerdings zuerst mit dem Wissen darüber stärken, wer wir wirklich sind. Ein fundiertes Verständnis davon, wie unsere Programmierungen unser Leben formen und wie wir diese Programmierungen ändern können, wird uns helfen, unsere Bestimmung neu zu definieren.

Spontane Evolution beruht auf der Vorstellung, dass auf diesen Planeten eine Wunderheilung zukommen kann, wenn wir die kollektive Verantwortung dafür übernehmen, gemeinsam den »Garten« zu pflegen, statt den Rasen nur zu nutzen, um uns die Köpfe einzuschlagen. Ist diese Überzeugung wirklich in den Herzen und Köpfen einer kritischen Anzahl von Menschen verankert und leben diese Menschen aus dieser Überzeugung heraus, dann wird unsere Welt aus der Dunkelheit auferstehen, und zwar auf eine Weise, die einer Spontanheilung oder einer spontanen Evolution gleicht.

Wir hoffen, dass Sie nach der Lektüre dieses Buches die Programmierungen der Vergangenheit, das gegenwärtige Wissen und die zukünftigen Möglichkeiten besser durchschauen. Vor allem werden Sie hoffentlich wissen, wie Sie – ja, wir alle gemeinsam – unsere individuellen und kollektiven Programmierungen so ändern können, dass wir die Welt erschaffen, von der wir immer geträumt haben.

Bruce H. Lipton und Steve Bhaerman
März 2009

Präambel

Spontanheilung

*»Ich habe gute Neuigkeiten.
Es wird tatsächlich Frieden auf Erden geben.
Ich hoffe nur, dass wir Menschen noch da sein werden,
um uns daran zu erfreuen.«*

SWAMI BEYONDANANDA

Frei nach dem amerikanischen Revolutionär Tom Paine kann man sagen, dies sind beschwerliche Zeiten für die Seele. Irrsinn und Funktionsstörungen scheinen unvermeidbar. Früher träumten wir noch davon, auf eine einsame Insel oder in die hohen Berge zu entfliehen, um dort unsere geistige Gesundheit zu pflegen und zu genießen. Doch inzwischen kann man nicht mehr fliehen. Wohin auch? Der radioaktive Regen nach Tschernobyl hat vor keinen Nationalgrenzen haltgemacht. Die Luftverschmutzung aus China weht auch über den Himalaja. Ins Meer verklappter Giftmüll treibt an paradiesische, exotische Strände.

Die Luft, die wir atmen, und das Wasser, das wir trinken – alles gehört zu unserem empfindsamen, eng verknüpften Ökosystem. Doch wir leben nach den Maßstäben unseres »Ego-Systems«, das eine Berücksichtigung derart unbequemer Wirklichkeiten leider nicht zulässt.

Von Albert Einstein stammt der berühmte Satz, dass ein Problem nicht auf der gleichen Ebene gelöst werden kann, auf der es entstanden ist. Diese Aussage war niemals zutreffender als heute, da scheinbar alle unsere Realitätschecks ins Wanken geraten sind. Es ist offensichtlich, dass wir unsere Probleme nicht lösen, indem wir so weitermachen wie bisher. Mehr Waffen bringen nicht mehr Frieden. Mehr Gefängnisse reduzieren nicht die Kriminalität. Ein teureres Gesundheitssystem macht uns nicht gesünder, genauso wenig wie uns mehr Informationen weiser machen.

Statt uns auf die Bewältigung der Krisen zu konzentrieren, werden wir verlockt, in Süchte und Ablenkungen zu entfliehen, um uns zu beschäftigen und passiv zu halten. Doch die Wirklichkeit funkt immer wieder dazwischen. Alles scheint auf eine unaufhaltsame, überwältigende Krise hinauszulaufen. Jene von uns, die Kinder und Enkel haben, sorgen sich, was für eine Welt wir ihnen und ihren Kindern hinterlassen.

Anfang 2007 wurde die Atomkriegsuhr auf fünf vor zwölf gestellt. Seit 1945 – jenem Jahr, in dem die erste Atombombe geworfen wurde – zeigt sie die Gefahr eines nuklearen Holocaust an und war der Weltuntergangsstunde seither nur einmal so nahe, nämlich 1953, als die Sowjets ihre erste Wasserstoffbombe zündeten.

Diese Bewegung der Zeiger in unserer Zeit repräsentiert nicht nur die größere atomare Bedrohung, sondern auch die Gefährdung unseres Überlebens durch die Zerstörung der Biosphäre, der Meere und des Klimas, jener »Bedrohungen ohne Feinde«, wie Lord Martin Rees, der Präsident der Royal Society, es nannte.[1] Tatsächlich gibt es Feinde, aber sie bestehen aus falschen, sich selbst bestätigenden Geisteshaltungen und den aus ihnen hervorgehenden überflüssigen Institutionen.

Angesichts der verstörenden Nachrichten, dass die Auswirkungen der globalen Erwärmung viel früher erhebliche Ausmaße annehmen könnten als erwartet, und angesichts der Beobachtung, dass dies in einem System stattfindet, das sich beharrlich weigert, sich zu verändern, sieht es immer mehr so aus, als ob diese Welt wirklich eine Wunderheilung braucht: gleichsam eine Spontanheilung von einem fortgeschrittenen tödlichen Krankheitsverlauf.

Nachdem wir die Misere unserer Zivilisation mithilfe neuester wissenschaftlicher Erkenntnisse eruiert haben, freuen wir uns, Ihnen mitteilen zu dürfen, dass in der Dunkelheit unserer Krise tatsächlich goldene Chancen liegen. Wer bereit ist, sich der Situation zu stellen und sich mit anderen zusammenzutun, wird dazu beitragen, aus der bedrohlichen Lage fantastische Alternativen zu entwickeln.

Die Spontanheilung, nach der wir streben, scheint davon abhängig zu sein, dass unsere Zivilisation die Grundlage unseres Daseins nicht mehr nur im Überleben des Einzelnen sieht, sondern sie um das Überleben der Art erweitert. Dies ist unsere fundamentale evolutionäre Aufgabe, unser biologischer Imperativ. Zugunsten dieser Spontanheilung ist es notwendig, dass wir individuell und kollektiv viele der Grundannahmen unserer Gesellschaft überprüfen: Was sich dabei als unpassend oder unvollständig erweist, muss überarbeitet und in neuer Weise in die Zivilisation eingebaut werden.

Sobald wir begreifen, was uns die Wissenschaft heute über unser wahres Sein lehrt, werden die Strukturen, die uns von dieser Wahrheit getrennt haben, zugrunde gehen – ein neuer Weg wird sich zeigen.

Wir hoffen, mit *Spontane Evolution* die Lücke zu füllen zwischen unserem heutigen Kenntnisstand und dem, was wir zur Manifestation dieser Spontanheilung wissen müssen. Allerdings sind einige dieser wissenschaftlichen Erkenntnisse so weit von dem entfernt, was konventionell als richtig angesehen wird, dass selbst Wissenschaftler sie kaum glauben können. Sollte es Ihnen Schwierigkeiten bereiten, zu begreifen, dass die Realität nicht so ist, wie wir immer gedacht haben, befinden Sie sich in bester akademischer Gesellschaft.

Also schnallen Sie sich bitte an, machen Sie die Augen auf und halten Sie sich gut fest, denn Ihnen steht das größte Abenteuer Ihres Lebens bevor. Erkennen wir unsere Rollen als erwachte und bewusste Zellen des Körpers der Menschheit; nehmen wir alle bewusst am bedeutendsten und herausragendsten Augenblick der Geschichte dieses Planeten teil, dann werden wir erleben, wie sich aus diesem Chaos in einem spontan aufflammenden Erscheinen eine neue, harmonische Ordnung materialisiert. Woher wir das wissen? Aus der Wissenschaft.

Ach, wirklich?

Wenn uns tatsächlich so eine wundervolle Wirklichkeit bevorsteht, warum scheinen die Dinge dann immer chaotischer und vereinzelter zu werden? Die Antwort lautet: Diese Krisen sind nur Symptome, durch welche die Natur uns mitteilt, dass unsere Zivilisation die Biosphäre bis an ihre Grenze belastet hat und sich jetzt eine neue Lebensart einfallen lassen muss, um unsere Existenz aufrechtzuerhalten.

Wir wissen, dass es nicht wie bisher weitergehen kann, und wir sind frustriert, weil wir keinen Weg sehen, es anders zu machen. Doch der Ausweg ist kein geradliniger Weg. Er lässt sich eher mit einer höheren Bewusstseinsebene beschreiben, die von einer kritischen Masse der Bevölkerung erreicht werden muss. Vielleicht werden wir, sobald der Augenblick der Entrückung kommt, nicht unsere Kleider zurücklassend gen Himmel fahren. Vielleicht können wir einfach hier auf der Erde bleiben, angezogen oder nicht. Statt uns von Scottie emporbeamen zu lassen, geht es vielleicht eher darum, Buddha herunterzubeamen.

An Ihrer Stelle würden wir jetzt wahrscheinlich sagen: »Nun, dieser ganze Kram über die spontane Evolution klingt ja wirklich gut, aber woher weiß ich, dass das kein reines Wunschdenken ist, sondern eine echte Möglichkeit?« Diese Frage hoffen wir, mit diesem Buch zu beantworten. Und der Punkt, mit dem wir anfangen möchten, ist die Evolution selbst.

Es ist Zeit, die Evolution voranzutreiben.

Diese ganze Diskussion über die Evolution ist nichts als ein Aufeinanderprallen von Glaubenssystemen. Es gibt vor allem zwei einander gegenüberstehende Überzeugungen, die versuchen, einander mit so viel Getöse niederzuschreien, dass wir anderen kaum noch klar denken können: Auf der einen Seite stehen die wissenschaftlichen Materialisten, die darauf bestehen, dass wir zufällig hier sind: Ihre Argumentation gleicht der Annahme, dass eine unendliche Anzahl von Affen, die auf unzähligen Schreibmaschinen unendlich lange herumhacken, irgendwann die Werke Shakespeares produzieren. Auf der anderen Seite stehen die religiösen Fundamentalisten, die meinen, dass Gott die Welt genau so erschaffen hat, wie es in der Bibel steht: Manche von ihnen haben sogar errechnet, dass Gott die Welt am 23. Oktober des Jahres 4004 vor Christi Geburt genau um 9 Uhr morgens erschaffen habe.

Beide Standpunkte sind in ihrer Radikalität höchstwahrscheinlich falsch, aber zusammen könnten sie in die richtige Richtung weisen. Neue wissenschaftliche Erkenntnisse legen die Vermutung nahe, dass die Schöpfung zwar nicht in sieben Tagen stattfand, aber sich auch nicht völlig zufällig ereignete. Die Wissenschaft der fraktalen Mathematik zeigt uns, dass die Natur überall von selbstähnlichen, intelligenten und sich wiederholenden Mustern durchzogen ist. Wenn man mithilfe dieser universellen Muster den Zustand der menschlichen Zivilisation betrachtet, erkennen wir, dass sich die Evolution unserer Art auf dem Weg in eine hoffnungsvolle, positive Zukunft befindet.

Jetzt fragen Sie vielleicht: »Wenn es doch so hoffnungsvoll sein soll, warum leben wir dann in so einem Chaos?« In unseren Ausführungen zur Evolution werden wir näher auf das Wesen des *Punktualismus* eingehen. Er beschreibt die Art, wie Krisen die Evolution vorantreiben. Dieser Theorie zufolge gibt es lange Phasen der Stabilität, die von Phasen radikaler und unvorhersehbarer Umbrüche unterbrochen werden. Während dieser Umbruchsphasen kommt es häufig zu Massenaussterben – die Evolution bringt jedoch in sehr kurzer Zeit auch eine Menge neuer Arten hervor.

Krisen fördern die Evolution. Die Herausforderungen, vor denen wir heute stehen, sind Anzeichen dafür, dass uns spontane Veränderungen unmittelbar bevorstehen. Die Evolution steht vor der Tür.

Wie wird der evolutionäre Fortschritt stattfinden? Unser Weg gleicht jenem der Zelle in der Metamorphose des Larvenzustands: Wenn sich ihre Orientierung ändert, wirken die Zellen der zerfallenden Larve zusammen darauf hin, sich so umzustrukturieren, dass die nächsthöhere Evolutionsstufe erreicht wird.

Wir haben auf das Beispiel von der Entwicklung der Raupe zum Schmetterling zurückgegriffen, um unsere gegenwärtige Situation zu beschreiben. Allerdings gibt es einen entscheidenden Unterschied: Raupen werden unweigerlich zu Schmetterlingen, aber der Erfolg unseres nächsten Evolutionsschrittes ist nicht vorgegeben. Die Natur schubst uns zwar in Richtung dieser aufregenden Chance, aber ohne unser Mitwirken geht es nicht. Wir sind bewusste Mitschöpfer der Evolution des Lebens. Wir verfügen über einen freien Willen. Und wir können uns entscheiden. Unser Erfolg hängt von unseren Entscheidungen ab, die wiederum vollkommen von unserem Bewusstsein geprägt sind.

Das Gute ist, dass wir bereits auf dem Weg zur nächsten Bewusstseinsebene der menschlichen Evolution sind. Wir meinen, dass dieser Evolutionssprung durch ein Ereignis im Jahr 1969 ausgelöst wurde; es hat die Wahrnehmung unserer Zivilisation für immer verändert: Die ersten Aufnahmen unseres Planeten, die aus dem Weltraum zur Erde zurückgefunkt und öffentlich bekannt wurden, waren der fotografische Beweis für die Erkenntnis, die von den spirituellen Weisen seit Jahrhunderten verkündet wurde: Die Erde ist eins.

Ein Bild sagt mehr als tausend Worte, heißt es, aber die Kraft des Bildes unseres Planeten, wie es am 10. Januar 1969 auf dem Titelblatt des Magazins *LIFE* prangte, war in ihrer Auswirkung auf das Leben von Milliarden von Menschen unermesslich. Nicht nur die Schönheit unseres blaugrünen Planeten war beeindruckend, sondern auch, wie klein und fragil er wirkte. Die Anthropologin Margaret Mead nannte das Bild »das am meisten Demut erzeugende Foto, das je gemacht wurde. Da schwebt unser lieber, einsamer Planet in dem endlosen schwarzen Weltall. So schön und doch so tragisch zerbrechlich. Und so abhängig von so vielen Leuten in allen Ländern.«[2]

Dieses Bild der Erde aus dem Weltraum inspirierte den amerikanischen Visionär John McConnell dazu, 1969 die Erdflagge zu kreieren. Und in den 1970er-Jahren führte die zunehmende Besorgnis um die Erde zur ersten US-amerikanischen Umweltgesetzgebung.

Und was kam dann? Warum scheint es seitdem eher rückwärts als vorwärts zu gehen?

Obwohl die imaginalen Zellen der Erde durch dieses neue Bewusstsein aktiviert wurden, ist der größte Teil des globalen Körpers der Menschheit immer noch eine Raupe, die sich natürlicherweise bedroht fühlt und den imaginalen Zellen Widerstand leistet. Dieses Ringen formt zurzeit das Energiefeld der Erde.

Um unsere Zukunft zu sichern, müssen wir uns mit dem Wissen darum stärken, wer wir wirklich sind. Wenn wir begreifen, wie unsere Programmierungen unser Leben formen, und wissen, wie wir die Programmierungen ändern können, können wir unsere Bestimmung entsprechend umschreiben.

Spontane Evolution soll dieser Transformation als Grundlage dienen. Wir hoffen, damit all jenen Leserinnen und Lesern Informationen, Inspiration und Ermutigung zu geben, die nach einer gesunden, friedvollen und tragfähigen Welt streben.

Teil I

Und wenn alles, was wir wissen, falsch wäre?

»The best way to face the unknown is by not knowing.«*

SWAMI BEYONDANANDA

Betrachten Sie in einer klaren, mondlosen Nacht den Sternenhimmel: Sie werden Tausende von winzigen Lichtpunkten sehen – riesige, herrliche Sterne in einem Universum, das größer ist, als wir uns vorstellen können. Konzentrieren Sie sich auf einen Stern und machen Sie sich klar, dass er vielleicht nicht mehr existiert, sondern längst verglüht ist und nur noch aus einem Haufen Weltraumschutt besteht. Aber weil er so weit von uns entfernt ist, können wir immer noch das Licht seiner früheren Existenz wahrnehmen, und unsere Seeleute bestimmen nach ihm ihren Kurs.

Und dann wenden Sie Ihren Blick vom Sternenhimmel auf unsere nicht ganz so himmlische Welt. Wäre es möglich, dass wir auch auf philosophischer Ebene unseren Kurs nach längst verglühten Ster-

---

* Manche Bonmots von Swami Beyondananda sind Wortspiele, die nicht adäquat übersetzt werden können. Deswegen lassen wir sie in solchen Fällen im Original und geben in den Fußnoten annähernde Übersetzungen. In diesem Fall: »Der beste Weg, sich dem Unbekannten (oder: dem, was wir nicht wissen) zu stellen, ist, nicht(s) zu wissen.« (Anm. d. Übers.)

nen ausrichten? Was wäre, wenn unsere Annahmen über das Leben falsch wären?

Oberflächlich betrachtet erscheint diese Behauptung seltsam. Schließlich erzeugen und verarbeiten wir zurzeit durch Bücher, CDs, DVDs, Radio, Fernsehen und Internet mehr wissenschaftliche Informationen als je zuvor. Aber Informationen allein reichen nicht. Der richtige Inhalt in einem falschen Kontext kann immer noch zu Fehlinformationen führen, die uns vom Kurs abbringen oder uns in eine gefährliche Richtung lenken.

Kennen Sie die Geschichte des Kapitäns, der verlangte, dass das Licht, das er vor sich in der Dunkelheit erblickte, ihm ausweichen solle? Als die Stimme dieses anderen Lichts über Funk meinte, der Kapitän möchte doch bitte seinerseits den Kurs ändern, bestand der Kapitän lautstark auf seinem Recht, seinen Kurs beizubehalten. Doch die Stimme erwiderte: »Käpt'n, wir sind ein Leuchtturm!«

Sie sehen, es hängt von unserer Perspektive ab, welchen Weg wir einschlagen.

Abb. A

Abb. B

Dieses einfache Beispiel
verdeutlicht unsere Aussage.

In Abbildung A können Sie entweder ein altes Weib oder eine junge Dame sehen (der Mund der alten Frau ist dann der Halsschmuck der jungen; die Nase der Greisin ist das Kinn der jungen Schönen). In Abbildung B sehen Sie den binären Code für Abbildung A. In den Daten von Abbildung B ist der Inhalt von Abbildung A enthalten, aber welches der beiden Bilder Sie in Abb A jeweils wahrnehmen, steht nicht darin. Das obliegt völlig Ihrer Interpretation als Beobachter.

Die Botschaft ist einfach: *Dieselben wissenschaftlichen Daten* können *zwei völlig unterschiedliche Wahrnehmungen* beschreiben. Doch wenn wir von einer Wahrnehmung überzeugt sind, betrachten wir sie als die einzige Wirklichkeit und ignorieren alle anderen Möglichkeiten.

Als Individuen und als Gesellschaft navigieren wir unseren Kurs nach alten, wissenschaftlich widerlegten philosophischen Annahmen. Wie bei jenen verglühten Sternen hat uns die Nachricht von ihrem Dahinscheiden noch nicht erreicht. Doch es gibt durchaus auch Lichtstrahlen, die uns den neuen Weg weisen können – wenn wir sie richtig wahrnehmen.

Die menschliche Evolution steht heutzutage an einem Scheideweg. Das alte Paradigma und das neue Bewusstsein versuchen tapfer, miteinander auszukommen. Gewohnheit und Tradition binden uns an eine überholte Sicht des Universums, während die Zivilisation mit einem neuen, aufregenden und optimistischen Verständnis des Lebens schwanger geht.

Um unsere missliche Lage besser zu verstehen, begeben wir uns 500 Jahre zurück in die Zeit, als der Astronom Nikolaus Kopernikus bei seiner Himmelsbeobachtung eine welterschütternde Beobachtung machte: Die Erde ist mitnichten der Mittelpunkt des Universums! Täglich dreht sie sich um ihre Achse, während sie alljährlich um die Sonne wandert.

Die Kirchenfürsten hielten seine Idee für Blasphemie und klammerten sich an ihre alten Überzeugungen. Noch 90 Jahre später zwangen sie Galileo Galilei mit Gewalt, sich von der kopernikanischen Theorie abzuwenden, und sperrten ihn für den Rest seines Lebens im Gefängnis ein. Ironischerweise waren ihnen die mathematischen Formeln des Kopernikus jedoch recht, um ihren kirchlichen Kalender zu berichtigen. Wie Galileo schmerzlich erleben musste, braucht es Zeit, bis das menschliche Bewusstsein größere Veränderungen integrieren kann.

Seit Einstein bewiesen hat, dass alles im Universum aus Energie besteht und miteinander zusammenhängt, ist inzwischen ein Jahrhundert vergangen. Doch die überwiegende Mehrheit der Menschheit lebt immer noch nach den veralteten Prinzipien der Newton'schen Physik: Die Welt wird hier als eine Reihe von Aktionen und Reaktionen betrachtet, die nach dem Prinzip von Ursache und Wirkung ablaufen. Die Machthabenden verwendeten zwar Einsteins Relativitätstheorie, um damit Atomwaffen herzustellen – ähnlich wie die Kirche mit Kopernikus' Berechnungen ihren Kalender auf Vordermann brachte –, aber die ungeheuren Auswirkungen, welche die Bombardierung auch nur eines kleinen Teils unseres gemeinsamen Planeten nach sich zieht, wurden im Wesentlichen ignoriert.

Inzwischen hat unsere Neigung zu Missverständnissen und Wahrnehmungs-Mythen die Menschheit so weit von der Natur entfernt, dass das menschliche Tun im wahrsten Sinn des Wortes »lebensbedrohlich« geworden ist. In den Schlagzeilen lesen wir von den Selbstmordattentätern im Nahen Osten und merken nicht, dass unsere gesamte Art zu einer tickenden Zeitbombe für den Planeten geworden ist. Wissenschaftlich ist eindeutig erwiesen, dass die menschliche Prasserei und Umweltverschmutzung zum größten Massenaussterben seit dem Verschwinden der Dinosaurier vor 65 Millionen Jahren geführt hat. Wenn die gegenwärtigen Trends fortgesetzt werden, wird noch in diesem Jahrhundert die Hälfte aller Arten ausgestorben sein.[1]

Natürlich meinen wir, weiterhin unseren Alltag fortsetzen zu können, auch wenn keine Löwen mehr durch die Serengeti wandern – schließlich können wir sie uns im Zoo anschauen, oder? –, aber wir vergessen dabei, dass alles zum großen Netzwerk des Lebens gehört. Kaum jemand spricht darüber, doch letztlich ist bei all den Warnungen über das Aussterben von Pflanzen und Tieren die Gefahr unserer eigenen Vernichtung inbegriffen.

Die moderne Menschheit ist sehr stolz auf das Wissen, das sie über das Universum und das Leben angesammelt hat. Wir sind die am höchsten gebildete und am meisten mit Informationen beladene Bevölkerung der Geschichte. Aber was wissen wir wirklich? Sicher verfügen wir über eine Menge Daten, aber die Krisen, in denen wir stecken, offenbaren, dass es uns doch an einem echten Verständnis dieses Wissens mangelt.

Unsere Probleme haben weniger mit den Daten als solchen zu tun, sondern mehr mit deren Interpretation. Wie das Bild von der Greisin und der jungen Frau gezeigt hat, kann man aus den gleichen Daten zwei völlig verschiedene Wahrnehmungen ableiten. Und wenn es um das Leben selbst geht, kann die Art, wie wir die Daten interpretieren, über Leben und Tod einer ganzen Zivilisation entscheiden. Zum Glück bieten die radikal neuen Wissenschaften, die in diesem Buch dargestellt werden, uns eine neue Deutung der wissenschaftlichen Daten, welche die konventionellen Sichtweisen infrage stellt.

René Descartes riet uns, alles anzuzweifeln. Es ist Zeit, damit anzufangen. Nicht alles, was wir wissen, ist falsch, aber alles, was wir denken, sollte überprüft und bedacht und neu bewertet werden.

In Teil I dieses Buches erfahren Sie, wie wir aus biologischer Sicht zu den Überzeugungen gekommen sind, die uns so lieb und teuer sind. Wir erkennen die Beziehung zwischen Überzeugungen und biologischen Prozessen und wie die Wechselwirkung zwischen beiden unsere Wirklichkeit erschafft.

Im 1. Kapitel *(Man sieht, was man glaubt)* stellen wir den alten Spruch »Man glaubt, was man sieht« auf den Kopf. Wir schauen uns an, wie Zellen Informationen verarbeiten, und verfolgen dann biologische Pfade, auf denen aus Wahrnehmungen Überzeugungen und scheinbare Realitäten werden. Wir führen unwiderlegbare Beweise dafür an, dass der Geist (engl. *mind*)* tatsächlich der Herr über die

---

* Im Kontext dieses Buches steht in der Regel »Geist« für den englischen Begriff *mind* und »*Geist*« *(kursiv gesetzt)* für *spirit*. »Geist« im Sinne des englischen *mind* erklärt Bruce Lipton anhand der Analogie eines Radioprogramms: Das Gehirn entspricht dem Radio. Das Programm ist nicht »im« Radio, aber es benötigt das Radio, um in einen für uns wahrnehmbaren Zustand zu kommen. Darüber hinaus sei der Geist (Mind) auch die Schnittstelle zwischen unseren sinnlichen Erfahrungen und unserem *Geist (Spirit)* = dem Feld. Durch den Geist (Mind) kann sich der *Geist (Spirit)* oder die Quelle mit dem Körper verbinden und auf ihn einwirken. (Anm. d. Übers.)

Materie ist. Dann begeben wir uns auf die zelluläre Ebene, um zu zeigen, wie das Leben wirklich funktioniert, und warum.

Im 2. Kapitel *(Handle lokal – wirke global)* erklären wir, wie unterbewusste Programmierungen auch die besten Absichten durchkreuzen. Wir verfolgen die evolutionäre Entwicklung des Geistes (Mind) und zeigen, wie jeder von uns zugleich schuldlos und für sein Handeln voll verantwortlich ist.

Im 3. Kapitel *(Ein neuer Blick auf die alte Geschichte)* begeben wir uns von der Biologie zur Philosophie und beschreiben, wie die Geschichte, mit der wir die Wirklichkeit erklären, unsere Wahrnehmung steuert und damit auch unser Verhalten. Sie erfahren, wie es im Lauf von Jahrtausenden zu Zivilisationen kam und wie jedes neue Paradigma die Welt unserer Ahnen prägte – sowie die Welt, die wir heute sehen und erschaffen.

Wenn wir aus unseren Geschichten heraustreten, können wir erkennen, dass sie nur Geschichten sind, nicht realer als die Worte auf einer Speisekarte. Dennoch hat die Bedeutung, die wir diesen Worten beimessen, einen großen Einfluss auf unsere Entscheidung, was wir essen wollen. Wenn wir uns über die Matrix der fraglos akzeptierten Überzeugungen erheben, lassen wir den Blick auf neue Geschichten zu, die uns von der Tragödie des vierten Akts zu einem leichteren, heitereren fünften Akt führen.

Im 4. Kapitel *(Die Wiederentdeckung Amerikas)* beziehen wir die Prinzipien und Praktiken, die zur Unabhängigkeitserklärung geführt haben, auf die Evolution, die gerade stattfindet. Dabei geht es nicht um einen patriotischen Lobgesang, sondern um die Anerkennung der revolutionären, visionären Wahrheit, »dass alle Menschen gleich erschaffen wurden und dass sie von ihrem Schöpfer mit gewissen unveräußerlichen Rechten begabt wurden, worunter Leben, Freiheit und das Streben nach Glückseligkeit sind«. Diese Wahrheit, die immer noch ihrer Umsetzung harrt, war eigentlich ein Geschenk an die ganze Welt, ein Geschenk, das von den indigenen Völkern Nordamerikas stammte.

Die Lektüre von Teil I sollte ein wenig Erleichterung verschaffen. Es wird erklärt, warum in der Welt so vieles im Argen liegt, und eine neue, lebensfördernde Geschichte wird entwickelt. Wenn wir verstehen, dass unsere kulturelle Philosophie und unsere individuellen

Wahrnehmungen *erworbene Überzeugungen* sind, die nicht nur unsere Biologie bestimmen, sondern auch die Welt formen, in der wir leben, gelangen wir zu Erkenntnissen, die unser Selbstbild und unser Weltbild verändern. Wir hören auf, benommene, dahindämmernde Unfallopfer zu sein, und fangen an, unser Recht in Anspruch zu nehmen, machtvolle Mitschöpfer und Architekten einer schönen, liebevollen, neuen Welt zu werden.

1. Kapitel

Man sieht, was man glaubt

> »*We don't need to save the world,
> just spend it more wisely.*«*
>
> SWAMI BEYONDANANDA

Wir wollen alle die Welt retten, ob wir es realisieren oder nicht. Auf einer bewussten Ebene fühlen sich viele inspiriert, den Planeten aus altruistischen oder ethischen Gründen zu retten. Unbewusst werden unsere Bemühungen jedoch von einem tieferen Verhaltensprogramm angetrieben, dem sogenannten *biologischen Imperativ* oder Selbsterhaltungstrieb. Wir spüren instinktiv: Wenn dieser Planet unterginge, gäbe es auch für uns kein Halten mehr. Voll bester Absichten schauen wir uns um und stellen erschrocken fest: Wo anfangen?

Terrorismus, Völkermord, Armut, Klimawandel, Seuchen, Hungersnöte ... *Es reicht!* Jede neue Krise intensiviert unsere Verzweiflung.

---

* Spielt mit der Doppelbedeutung des englischen Verbs *to save,* was sowohl *sparen* als auch *bewahren* und *retten* heißen kann, sowie mit der Doppelbedeutung von *to spend,* was sowohl *ausgeben* als auch *verbringen* (im Sinne von Zeit verbringen oder einen Urlaub verbringen) bedeutet. Sinngemäß also: »Wir brauchen die Welt nicht zu retten, zu bewahren oder zu sparen; wir müssen sie nur klüger ausgeben bzw. die Zeit auf ihr klüger zubringen.« (Anm. d. Übers.)

Die Dringlichkeit und die ungeheure Größe der Bedrohungen können überwältigend wirken. »Ich bin doch nur ein einziges Menschlein – eines von Milliarden. Wie soll ich denn etwas bewirken?« Das schiere Ausmaß der Aufgabe, verbunden mit unserem Gefühl der Kleinheit und Hilflosigkeit – und alle guten Absichten schwinden dahin.

Bewusst oder unbewusst akzeptieren die meisten, dass wir ohnmächtig und gebrechlich durch eine Welt treiben, die sich jeder Kontrolle zu entziehen scheint. Wir empfinden uns als schwache Sterbliche, die nur versuchen, ihren Alltag zu bewältigen.

In ihrer Hilflosigkeit flehen die Menschen zu Gott, er möge ihre Probleme lösen. Das Bild eines fürsorglichen Gottes, der schon halb taub ist von den unaufhörlich auf ihn eindringenden Appellen, die von diesem leidenden Planeten ausgehen, wurde sehr amüsant in dem Film *Bruce allmächtig* dargestellt: Jim Carrey spielt darin Bruce, der Gottes Job übertragen bekommt. Betäubt vom Lärm der Gebete, die ständig durch seinen Kopf dröhnen, verwandelt Bruce alle Anfragen in Post-it-Notizen – und findet sich sofort unter einem Berg von Klebezetteln begraben.

Viele behaupten zwar, nach der Bibel zu leben, aber die Überzeugung von unserer Ohnmacht sitzt so tief, dass selbst die Gläubigsten für die häufige Betonung unserer Macht in der Bibel blind zu sein scheinen. Zum Beispiel heißt es dort: »Wenn ihr Glauben habt wie ein Senfkorn, so könnt ihr sagen zu diesem Berge: Heb dich dorthin!, so wird er sich heben; und euch wird nichts unmöglich sein.«[1] So ein Senfkorn ist schwer zu verdauen. Wir brauchen nichts als Glauben, und alles wäre uns möglich? Wow!

Aber im Ernst: Angesichts dieser göttlichen Anweisungen kann man sich fragen, ob unsere angenommene Ohnmacht und Gebrechlichkeit wirklich ein notwendiger Bestandteil unseres Menschseins ist. Neue Erkenntnisse der Biologie und der Physik haben da erstaunliche Alternativen zu bieten. Sie weisen darauf hin, dass unser Gefühl der Ohnmacht nur eine *erlernte Beschränkung* ist. Wenn wir fragen: »Was wissen wir wirklich über uns selbst?«, müsste es eigentlich heißen: »Was haben wir über uns gelernt?«

Sind wir so gebrechlich, wie wir es gelernt haben?

Was unsere Evolution betrifft, betrachten wir zurzeit die materialistische Wissenschaft als unsere offizielle Quelle der Wahrheit. Dem gängigen Medizinverständnis zufolge ist der menschliche Körper eine von Genen gesteuerte biochemische Maschine und der Geist (Mind) nichts als ein flüchtiges Epiphänomen, ein nebensächliches Produkt der mechanischen Funktionen des Gehirns. So kann man es intellektuell verbrämt ausdrücken, dass der Körper das einzig Echte sei und der Geist nur ein Fantasiegebilde des Gehirns.

Bis vor Kurzem leugnete die Medizin jeden Einfluss des Geistes auf die Körperfunktionen, doch um eine ärgerliche Ausnahme kam sie nicht herum: Der Placebo-Effekt beweist, dass der Geist die Fähigkeit hat, den Körper zu heilen, wenn die betreffende Person von der heilenden Wirkung eines bestimmten Mittels oder eines Verfahrens überzeugt ist, selbst wenn es sich dabei nur um eine Zuckerpille ohne direkte therapeutische Wirkung handelt.

Medizinstudenten lernen, dass ein Drittel aller Krankheiten durch den Zauber des Placebo-Effekts geheilt wird.[2] In ihrer weiteren Ausbildung empfiehlt man ihnen dann, den Wert des Geistes für die Heilung gänzlich außen vor zu lassen, weil er nicht in die Fließdiagramme des biochemischen Paradigmas der Newton'schen Medizin passt. Solche Ärzte schwächen unbeabsichtigt ihre Patienten, weil sie die heilende Kraft des Geistes, die jedem innewohnt, nicht fördern.

Ein weiteres Problem ist unsere stillschweigende Akzeptanz der darwinistischen Theorie, dass die Evolution vom ständigen *Kampf ums Überleben* geprägt sei. Dieses Programm einer Der-Mensch-ist-dem-Menschen-ein-Wolf-Welt hält die Menschheit in einem ständigen Ringen um die nackte Existenz gefangen. Tennyson hat die Realität dieses brutalen darwinistischen Albtraums poetisch als eine Welt mit »roten Zähnen und Klauen« beschrieben.[3]

Der Strom der Stresshormone, die von unseren durch Angst aktivierten Adrenalindrüsen ausgeschüttet werden, treibt unsere Zellgemeinschaft unbewusst dazu an, ständig zu Flucht oder Kampf bereit zu sein, um in dieser feindlichen Welt nicht unterzugehen. Tagsüber kämpfen wir um unser »täglich Brot«, und nachts fliehen wir in Fernsehkonsum, Alkohol, Drogen oder andere Formen der Massenablenkung.

Und doch lauern da immer die gleichen Fragen in unserem Hinterkopf wie: »Gibt es Hoffnung? Wird es irgendwann Erlösung geben? Wird unser Flehen erhört werden, vielleicht nächste Woche, nächstes Jahr, oder überhaupt?«

»Wahrscheinlich nicht«, sagen die Darwinisten. »Das Leben und die Evolution sind ein ewiger Kampf.«

Als wäre das nicht genug, ist unsere Verteidigung gegen die größeren Wölfe nur die Hälfte der Geschichte. Wir werden auch von innen bedroht: Keime, Viren, Parasiten und selbst Nahrungsmittel mit glitzernden Namen wie Twinkies* können unsere gebrechlichen Körper leicht ins Verderben stürzen und unser biologisches System sabotieren. Eltern, Lehrer und Ärzte programmieren uns mit der Überzeugung, dass unsere Zellen und Organe empfindlich und verletzlich sind. Körper nehmen leicht Schaden, sie neigen zu Krankheiten und genetischen Fehlleistungen. So harren wir ängstlich aus und untersuchen unseren Körper aufmerksam nach Knoten, Verfärbungen oder sonstigen Signalen für unseren baldigen Untergang.

Verfügen gewöhnliche Menschen über übermenschliche Kräfte?

Wenn wir schon solche Anstrengungen unternehmen müssen, um unser eigenes Überleben zu sichern, wie sollen wir dann je die Welt retten können?

Angesichts der gigantischen globalen Krisen zucken wir zurück, überwältigt vom Gefühl der Bedeutungslosigkeit und unfähig, auf die Angelegenheiten der Welt Einfluss zu nehmen. Es ist viel leichter,

---

* Fertig abgepackte, kleine, mit weißer Creme gefüllte Biskuitrollen, die ewig haltbar sind und in den USA als ein Inbegriff des süßen Junkfoods gelten. (Anm. d. Übers.)

sich von Reality-TV unterhalten zu lassen, als an unserer eigenen Realität teilzunehmen. Aber wussten Sie Folgendes?

Feuerlaufen: Seit Jahrtausenden praktizieren Menschen aller Kulturen und Religionen das Feuerlaufen. Vor nicht allzu langer Zeit wurde der neueste Rekord im Guinnessbuch verzeichnet: Die 23 Jahre alte Kanadierin Amanda Dennison lief im Juni 2005 67 Meter über Kohlen, die etwa 900 Grad Celsius heiß waren.[4] Amanda sprang nicht, sie flog auch nicht, ihre Füße waren in direktem Kontakt mit den glühenden Kohlen, während des ganzen 30 Sekunden dauernden Feuerlaufs.

Viele Menschen meinen, die Fähigkeit, etwas Vergleichbares ohne Verletzungen zu tun, sei ein übersinnliches Phänomen. Manche Physiker hingegen behaupten, dass es gar nicht so gefährlich sei, weil die glühenden Kohlen die Hitze nicht gut leiteten und die Füße nur kurz in Kontakt mit den Kohlen seien. Doch nur wenige dieser Spötter haben sich die Schuhe ausgezogen und es selbst ausprobiert, und mit Sicherheit hat keiner Amandas Leistung wiederholt. Wären die Kohlen wirklich so harmlos, wie erklärt man dann die zahllosen Verbrennungen von »Touristen«, die einfach irgendwo bei einem Feuerlauf mitgemacht haben?

Unser Freund, der Autor und Psychologe Dr. Lee Pulos, hat sich viel mit dem Phänomen des Feuerlaufens beschäftigt. Eines Tages wagte er sich mutig selbst auf den Weg über das Feuer. Mit hochgekrempelten Hosen und klarem Geist lief er über die Glut. Auf der anderen Seite angekommen, stellte er froh und erleichtert fest, dass seine Füße keinerlei Blessuren zeigten. Und er war noch begeisterter, als er die Hosenbeine wieder zurechtstreichen wollte und sah, dass deren Rand tatsächlich Brandspuren aufwies.

Egal ob der Mechanismus, der das Feuerlaufen ermöglicht, physischer oder metaphysischer Art ist – eines scheint klar zu sein: Wer erwartet, sich an den Kohlen zu verbrennen, der verbrennt sich, und wer es nicht erwartet, der bleibt verschont.

Die Überzeugung des Gehenden ist das Entscheidende. Wer einen Feuerlauf erfolgreich absolviert, hat aus erster Hand ein wesentliches Prinzip der Quantenphysik erfahren: Der Beobachter – in diesem Fall der Feuerläufer – bestimmt seine Realität.

Gleichzeitig gehen am anderen Ende der Temperaturskala die persischen Bachtiaren tagelang barfuß durch Schnee und Eis über einen 3000 Meter hohen Bergpass. In den 1920er-Jahren filmten die beiden Forscher Ernest Schoedsack und Merian Cooper eine preisgekrönte Dokumentation darüber unter dem Titel *Grass: A Nation's Battle for Life*. Man sieht die alljährliche Wanderung der Nomaden des Bachtiaren-Stammes, die bis dahin noch kaum Kontakt mit der Zivilisation hatten. Seit Jahrtausenden wandern sie zweimal jährlich mit über 50 000 Menschen und einer halben Million Schafe und Ziegen über Bergflüsse und gletscherbedeckte Berge, um zu den Weidegründen zu gelangen. Damit diese abgehärteten, barfüßigen Menschen mitsamt ihrem Hausstand über diese Bergpässe kommen, graben sie Wege in den Schnee. Wie gut, dass ihnen niemand verraten hat, dass man sich schrecklich erkältet, wenn man barfuß durch den Schnee geht.

Der entscheidende Punkt ist: Sei es extreme Kälte oder extreme Hitze, seien es »verkühlte« oder »verkohlte« Füße – wir Menschen sind nicht so gebrechlich, wie wir meinen.

Schwergewichte: Wir kennen Gewichtheben als Sport, bei dem muskelbepackte Männer und Frauen massive Metallgewichte in die Luft stemmen. Solche Leistungen erfordern viel Bodybuilding und vielleicht noch ein paar Steroide. Die Weltrekorde für Männer liegen im Bereich von 250 Kilo, für Frauen um 170 Kilo.

Diese Fähigkeiten sind natürlich eindrucksvoll, aber es gibt Berichte von untrainierten, unsportlichen Leuten, die noch mehr Kraft entwickelten: Um ihren eingeklemmten Sohn zu retten, hob Angela Cavallo einen 1964er Chevrolet fünf Minuten lang an, sodass die Nachbarn den Wagenheber wieder richtig hinstellen und den ohnmächtigen jungen Mann hervorziehen konnten.[5]

Ein Bauarbeiter hielt einen 1300 Kilo schweren Hubschrauber hoch, der in einen Graben gefallen war und seinen Kollegen unter sich begraben hatte. Bei der auf Video festgehaltenen Rettung hob der Mann die Maschine an, während andere Leute den Kollegen darunter hervorzogen.

Diese »Kunststücke« sind nicht einfach auf eine erhöhte Adrenalinausschüttung zurückzuführen. Mit Adrenalin oder ohne – wie können eine durchschnittliche Frau oder ein untrainierter Mann ein Gewicht von mehr als einer Tonne stemmen?

Weder Ms. Cavallo noch der Bauarbeiter hätten diese Leistungen unter normalen Umständen vollbringen können. Man kann sich gar nicht vorstellen, ein Auto oder einen Hubschrauber hochzuheben. Aber da das Leben des eigenen Kindes oder eines Freundes davon abhing, haben diese Menschen unbewusst ihre begrenzenden Überzeugungen über Bord geworfen und sich nur auf das konzentriert, was in dem Augenblick am wichtigsten war: Leben zu retten.

Gift trinken: Jeden Tag reinigen wir unsere Körper mit antibakteriellen Seifen und unsere Häuser mit antibiotischen Reinigungsmitteln. So meinen wir, uns gegen die allgegenwärtigen bösen Keime in unserer Umgebung zu schützen. Damit wir nicht vergessen, wie empfindlich wir gegenüber invasiven Organismen sind, ermahnt uns die Werbung, unsere Welt mit diesem fluorhaltigen Karieskiller zu desinfizieren und unsere Münder mit jenem meisterhaften Saubermacher zu reinigen ... oder war es anders herum? Das Gesundheitsministerium und die Medien warnen uns ständig vor drohenden Gefährdungen wie der letzten Grippewelle, AIDS und irgendwelchen Seuchen, die von Mücken, Vögeln oder Schweinen übertragen werden.

Warum lassen wir uns von diesen Voraussagen verängstigen? Weil wir darauf programmiert wurden, die Abwehrfähigkeiten unseres Körpers als schwach zu betrachten.

Und wir müssen uns nicht nur vor natürlichen Gefahren schützen, sondern auch vor allerlei Nebenprodukten der menschlichen Zivilisation. Unsere Umwelt wird von unzähligen Chemikalien und Medikamenten verpestet, die uns, wie wir alle wissen, schaden können. Aber es gibt Menschen, die nicht an diese Realität glauben – und die lebendig genug sind, uns davon zu berichten.

In einem Artikel des Magazins *Science* über die Verbindung zwischen Genetik und Epidemiologie schrieb die Mikrobiologin V.J. DiRita: »Die moderne Epidemiologie beruht auf dem Werk des englischen Arztes John Snow, der in seinen sorgfältigen Studien über die Cholera herausfand, dass sich diese Seuche über das Wasser verbreitet. Cholera spielte auch bei der Entstehung der modernen Bakteriologie eine wichtige Rolle: 40 Jahre nach Snows wegweisender Entdeckung entwickelte Robert Koch die Keimtheorie, nachdem er das kommaförmige Bakterium *Vibrio cholerae* als den Verursacher der Cholera identifiziert hatte. Kochs Theorie hatte natürlich Gegner, von denen einer so davon überzeugt war, dass *V. cholerae* nicht die Ursache von Cholera sei, dass er ein Glas voll davon trank, um ihre Harmlosigkeit zu beweisen. Aus unerklärlichen Gründen blieb er ohne Symptome, hatte aber trotzdem unrecht.«[6]

1884 lebte also ein Mann, dem die herrschende medizinische Meinung so gegen den Strich ging, dass er ein Glas voll Cholera-Bakterien trank, um seine Ansicht zu beweisen, und der dennoch symptomfrei blieb. Doch die wissenschaftliche Gemeinschaft wollte sich nicht lächerlich machen und erklärte, er liege trotzdem falsch.

Wir lieben diese Geschichte. Die Wissenschaft ignorierte das mutige Experiment dieses Mannes einfach, ohne zu untersuchen, wie seine offensichtliche Immunität zustande kam. Wahrscheinlich steckte dahinter sein unerschütterlicher Glaube, dass er recht habe. Den Wissenschaftlern fiel es sehr viel leichter, ihn als eine seltsame Ausnahme abzustempeln, als die Regeln zu ändern, die sie aufgestellt hatten. In der Wissenschaft repräsentiert eine Ausnahme jedoch einfach etwas noch Unbekanntes oder bislang Unverstandenes. Die meisten bedeutenden wissenschaftlichen Fortschritte erwuchsen aus der Beschäftigung mit ungewöhnlichen Ausnahmen.

Behalten Sie die Erkenntnis aus der Cholera-Geschichte im Sinn, wenn Sie Folgendes lesen: Im ländlichen Ost-Kentucky, in Tennessee und Teilen von Virginia und North Carolina leben christliche Fundamentalisten der Pfingstbewegung. In religiöser Ekstase demonstrieren Gemeindemitglieder, wie sehr sie unter Gottes Schutz stehen, indem sie mit Klapperschlangen und anderen Giftschlangen hantieren. Viele werden dabei gebissen, aber sie zeigen keinerlei Vergiftungssymptome. Und das mit den Schlangen ist nur der Anfang. Die wirklich Gläubigen gehen noch einen enormen Schritt weiter: Als Beweis für den göttlichen Schutz, unter dem sie stehen, trinken sie tödliche Dosen Strychnin, ohne dass es ihnen irgendwie schadet.[7] Solche »Mysterien« sind für die Wissenschaft wirklich schwer zu verdauen.

Spontanheilungen: Jeden Tag hören Tausende von Patienten: »Wir haben jetzt alle Laborergebnisse und Aufnahmen und ... es tut mir leid, aber wir können nichts mehr für Sie tun. Gehen Sie nach Hause und bringen Sie Ihre Angelegenheiten in Ordnung, denn Sie haben nicht mehr viel Zeit.« Bei den meisten Patienten mit tödlichen Krankheiten wie Krebs ist das der Anfang vom letzten Akt.

Doch es gibt auch Menschen mit tödlichen Krankheiten, die einen ungewöhnlicheren und glücklicheren Weg gehen – den der Spontanheilung. Gestern waren sie noch sterbenskrank, und heute sind sie es nicht mehr. Die Schulmediziner, unfähig, solche Ereignisse zu erklären, stellen dann oft ihre vorherige Diagnose infrage – trotz aller Tests und Bilder.

Dr. Lewis Mehl-Madrona, Autor des Buches *Coyote Wisdom*[8], erklärt, dass Spontanheilungen oft mit einer »Änderung der Geschichte« einhergehen. Viele holen ihre Kraft aus der inneren Entscheidung, dass es ihnen – allen Wahrscheinlichkeiten zum Trotz – doch möglich sei, ihr Schicksal abzuwenden. Andere verabschieden sich von ihrer bisherigen Lebensart mit all ihrem Stress und beschließen, die ihnen noch beschiedene Zeit lieber fröhlich und entspannt zu verbringen. Und während sie sich ganz ihrem erfüllten Leben widmen, verschwindet irgendwann die nicht beachtete Krankheit. Das ist das ultimative Beispiel für die Macht des Placebo-Effekts! Hier ist nicht mal mehr ein Zuckerdragee nötig.

Wäre es nicht sinnvoll, ernsthaft das Phänomen der Spontanheilungen und anderer Heilungen im Umfeld des Placebo-Effekts zu erforschen, anstatt alles Geld in die Untersuchung angeblich Krebs verhindernder Gene oder in die Entwicklung irgendwelcher nebenwirkungsfreier Wundermittel zu stecken? Aber da man Placebo-Heilungen nicht abpacken und teuer verkaufen kann, hat die Pharmaindustrie keine Motivation, diesen Weg der Heilung zu fördern.

Brauchen wir eine OP –
oder nur ein »Überzeugungs-Lifting«?

Alle, die über glühende Kohlen gingen, Gift tranken, Autos hochhoben oder Spontanheilungen erlebten, haben eines gemeinsam: die unerschütterliche Überzeugung, dass sie bei ihrer Mission erfolgreich sein werden.

Wir verwenden die Begriffe *Glauben* und *Überzeugung** nicht leichtsinnig. Man kann Glauben oder Überzeugungen, wie wir sie verstehen, nicht auf einer Skala von 0 bis 100 Prozent messen. Strychnin trinken ist kein Spiel für die »Ich meine wirklich, dass ich glaube«-Anhänger. Es ist eher wie mit einer Schwangerschaft: Entweder man ist schwanger oder man ist es nicht. Das ist das Schwierigste am Spiel mit Glauben und Überzeugungen: Entweder man hat sie, oder man hat sie nicht. Es gibt keinen Mittelweg.

Viele Physiker mögen sagen, dass die Kohlen nicht wirklich heiß seien; deswegen holen sie aber noch lange nicht die Glut aus ihrem Gartengrill und laufen darüber. Vielleicht meinen Sie, an Gott zu glauben – aber tun Sie es so felsenfest, dass Sie glauben, Gott kann Sie auch schützen, wenn Sie Gift trinken? Anders gefragt: Wie mögen Sie Ihr Strychnin – geschüttelt oder gerührt? Bevor Sie diese Frage beantworten, sollten Sie lieber absolut keinen Zweifel mehr haben. Selbst wenn Sie zu 99,9 Prozent an Gott glauben, sollten Sie vielleicht die Sache mit dem Strychnin sein lassen und lieber Eistee trinken.

Wenn Sie die außergewöhnlichen Beispiele, von denen wir berichtet haben, als Ausnahmen betrachten, sind wir ganz einverstanden. Doch es gibt ständig Ausnahmen dieser Art, welche die konventionelle Wissenschaft nicht erklären kann. Es sind Erfahrungen gewöhnlicher Menschen. Das bedeutet: Da auch Sie ein Mensch sind, könnten Sie die gleichen Dinge tun – ja sogar mehr als dies, wenn Sie nur den Glauben hätten. Das kommt Ihnen bekannt vor?

---

* Die Bedeutung des engl. Begriffs *belief*, den die Autoren hier erwähnen, kann je nach Kontext den ganzen Bereich zwischen unseren deutschen Begriffen *Glauben* und *Überzeugung* abdecken. (Anm. d. Übers.)

Vergessen Sie nicht: Obwohl diese Geschichten außergewöhnlich sind, ist es doch möglich, dass das Außergewöhnliche von heute zur anerkannten Wissenschaft von morgen wird.

Ein letztes eindrucksvolles Beispiel von der Macht des Geistes (Mind) über die Biologie stammt aus dem Bereich der geheimnisvollen Funktionsstörung, die wir *Multiple Persönlichkeitsstörung* – oder offiziell: *Dissoziative Identitätsstörung (DIS)* – nennen. Ein Mensch mit DIS verliert immer wieder seine eigene Ich-Identität und nimmt die Persönlichkeit und das Verhalten einer ganz anderen Person an.

Wie ist das möglich? Nun, es ist ähnlich, wie wenn man beim Autofahren einen Sender im Radio eingeschaltet hat, der irgendwo auf der Strecke erst knistert und dann instabil wird; und plötzlich taucht auf der gleichen Frequenz ein anderer Sender auf. Das kann unangenehm sein, wenn man zum Beispiel lustig mit den Beach Boys dahinrollt und sich ein paar knatternde Augenblicke später mitten in einer Himmel und Hölle beschwörenden Erweckungspredigt befindet. Oder wenn man gerade Mozart genießt und dann unverhofft die Stones hereinpoltern.

Neurologisch betrachtet, ähneln multiple Persönlichkeiten funkgesteuerten Bio-Robotern, deren Empfang unkontrollierbar von einer Ich-Identität zur anderen wandert. Die verschiedenen Verhaltensweisen und Persönlichkeiten, die dabei zum Ausdruck kommen, können so unterschiedlich sein wie Gutenachtlieder oder Volksmusik vom Heavy-Metal-Hardrock.

Das wissenschaftliche Augenmerk liegt vor allem auf den psychiatrischen Merkmalen der DIS-Patienten, aber es gibt auch ein paar erstaunliche physiologische Charakteristika, die mit dem Ich-Wechsel einhergehen.[9] Jede der einzelnen Persönlichkeiten hat zum Beispiel ein eigenes EEG-Profil, was auf neurologischer Ebene dem individuellen Fingerabdruck entspricht. Jede der Persönlichkeiten hat also eigene Gehirn-Programmierungen. So unglaublich das erscheinen mag: Bei manchen Menschen mit DIS wechselt sogar die Augenfarbe. Manche haben in einer Persönlichkeit Narben, die auf unerklärliche Weise verschwinden, wenn sie in die andere Persönlichkeit gehen. Viele weisen in einer Persönlichkeit Allergien auf, aber in anderen nicht.

Wie ist das möglich?

Menschen mit DIS könnten uns helfen, diese Frage zu beantworten, denn sie sind ein Paradebeispiel für das neue wissenschaftliche Feld der *Psychoneuroimmunologie,* also der Wissenschaft *(-ologie),* wie die Psyche *(Psycho-)* das Gehirn *(-neuro-)* steuert, welches seinerseits das Immunsystem *(-immun-)* beeinflusst.[10]

Die bahnbrechenden Erkenntnisse dieses neuen Wissenschaftszweigs besagen: Das Immunsystem steuert zwar unser inneres Umfeld; der Geist (Mind) beeinflusst jedoch das Immunsystem, was bedeutet, dass der Geist unseren Gesundheitszustand bestimmt. DIS ist natürlich eine Fehlfunktion, aber sie macht deutlich, dass die Programme in unserem Geist eine enorme Kontrolle über unsere Gesundheit, unser Wohlbefinden und unsere Fähigkeit zur Regeneration haben.

Jetzt sagen Sie vielleicht: »Wie bitte? Überzeugungen steuern unsere Gesundheit? Der Geist ist stärker als die Materie? Positives Denken? Ist das nicht wieder nur New-Age-Schaumschlägerei?« Ganz sicher nicht! Während wir uns mit den Erkenntnissen der neuen Wissenschaften befassen, werden Sie sehen, dass das nichts mit rosafarbenen Auras und Feenstaub zu tun hat.

Die Welt aus Sicht der neuen Wissenschaften

Was sagt die Wissenschaft zum Kräfteverhältnis von Geist (Mind) und Materie? Die Antwort hängt davon ab, welche Wissenschaft Sie befragen.

In der klassischen Schulmedizin versucht man uns zu versichern, dass von den eben beschriebenen Phänomenen nichts wirklich ernst zu nehmen sei. In ihren Lehrbüchern und in den Massenmedien wird der Körper mitsamt seinen Zellen als eine aus biochemischen Bausteinen bestehende Maschine beschrieben.

Diese Perspektive hat die allgemeine Öffentlichkeit darauf programmiert, an den genetischen Determinismus zu glauben, also anzunehmen, dass unsere körperlichen und psychischen Merkmale durch die Gene bestimmt werden. Dieser traurigen Interpretation zufolge ist unser Schicksal untrennbar von den Eigenschaften abhängig, die wir via genetischer Blaupause von unseren Eltern, Großeltern, Urgroßeltern und so weiter geerbt haben. So halten sich die Menschen für Opfer ihrer Erbanlagen.

Zum Glück hat das Human-Genom-Projekt (HGP) dieser Annahme einer genetischen Kontrolle den Boden unter den Füßen weggezogen. Der Witz ist, dass dieses Projekt eigentlich das Gegenteil beweisen sollte. Nach konventioneller Meinung sollten wir Menschen viel mehr Gene benötigen als niedere Organismen. Doch im HGP stellte sich heraus, dass wir kaum mehr Gene haben als die niederen Tiere – was der Vorstellung des genetischen Determinismus widerspricht.[11] Ein wissenschaftliches Lieblingsdogma muss begraben werden.

Also, wenn unser Leben nicht durch unsere Gene gesteuert wird ... (Stille, um die Spannung anwachsen zu lassen) ... *Was bestimmt dann, wie, wer und was wir sind?*

Die Antwort lautet: *Wir selbst!*

Die neuesten Forschungsergebnisse machen ganz klar, dass die wesentliche Steuerung unseres Lebens durch unseren Geist erfolgt und nicht durch unsere Gene vorprogrammiert ist.[12]

Das sind gute Neuigkeiten. Die Macht, etwas zu verändern, liegt in uns! Doch um diese erstaunliche Macht des Geistes zu aktivieren, müssen wir ein paar grundlegende Überzeugungen überdenken: unsere Interpretationen und Fehlinterpretationen des Lebens.

Unsere erste wichtige Fehlinterpretation erfolgt, wenn wir in den Spiegel schauen und uns als singuläre, individuelle Einheit betrachten. Tatsächlich besteht jeder von uns aus einer Gemeinschaft von etwa 50 Billionen Zellen. Man kann diese Zahl leicht aussprechen, allerdings ist sie unergründlich. Die Anzahl der Zellen in einem menschlichen Körper ist ungefähr so groß wie die Bevölkerung von 8000 Erden! Beinahe jede Zelle in Ihrem Körper verfügt über alle Funktionen, die auch der gesamte Körper hat. Jede Zelle hat ein Nerven-, Verdauungs-, Atmungs-, Fortpflanzungs-, Immun- und Skelett-System. Da sich also jede Zelle in gewisser Weise einem Miniaturmenschen vergleichen lässt, kann man auch sagen, dass jeder Mensch einer kolossalen Zelle entspricht.

Wie wir noch sehen werden, entspricht unser Geist (Mind) einer Regierung, die alle Funktionen der riesigen Zell-Zivilisation unseres Körpers koordiniert und integriert. Ähnlich wie die Entscheidungen unserer menschlichen Regierungen das Leben ihrer Bürger steuern, formt auch unser Geist die Rahmenbedingungen unserer Zellgemeinschaft.

Die wahre Macht des Geistes erkennen wir, wenn wir genauer betrachten, wie er Einfluss nimmt und wo er zum Ausdruck kommt. Wenn wir uns dessen bewusst sind, können wir aktiv an der Entfaltung unseres individuellen Lebens und an der Evolution unserer kollektiven Welt teilhaben.

Und jetzt ... das ECHTE Geheimnis des Lebens!

Die konventionellen und die avantgardistischen Wissenschaften sind sich einig, dass das Leben, wenn man die Basisebene betrachtet, aus molekularen Bewegungen innerhalb eines biochemischen Mechanismus entsteht. Wollen wir das echte Geheimnis des Lebens erkunden, das jenseits der reinen Mechanik liegt, müssen wir zuerst das mechanische Wesen unserer Zellen besser verstehen. Dieses Verständnis ist heute mehr denn je für unser Überleben notwendig.

Um die Funktionen in der Zelle nach dem neuesten Stand der Wissenschaft besser verständlich zu machen, haben wir ihr metaphorische Bestandteile verpasst: Zahnräder, die von einem Motor angetrieben werden, einen Schalter und eine Anzeige. (Weniger technisch interessierte Leser bitten wir um Geduld. Es lohnt sich.)

Der Schalter schaltet den Mechanismus ein und aus und kontrolliert damit die Funktion. Die Anzeige des Messgeräts bietet eine Rückkopplung darüber, wie der Mechanismus funktioniert. Man schaltet ihn ein, die Zahnräder bewegen sich, und man kann die Funktion auf der Anzeige überprüfen.

Die Zahnräder: Sie sind die beweglichen Teile.

In einer Zelle heißen die beweglichen Teile Proteine. Proteine sind physische Bausteine, die je nach ihrer Kombination und Wechselwirkung das Verhalten und die Funktionen der Zelle erzeugen. Jedes Protein hat eine bestimmte Struktur und Größe. Es gibt über

150 000 verschiedene Protein-Teile. Auch von Menschen erbaute Maschinen können sehr komplex sein, doch sie sind nichts im Vergleich zu der ausgeklügelten Technologie unserer Zellen.

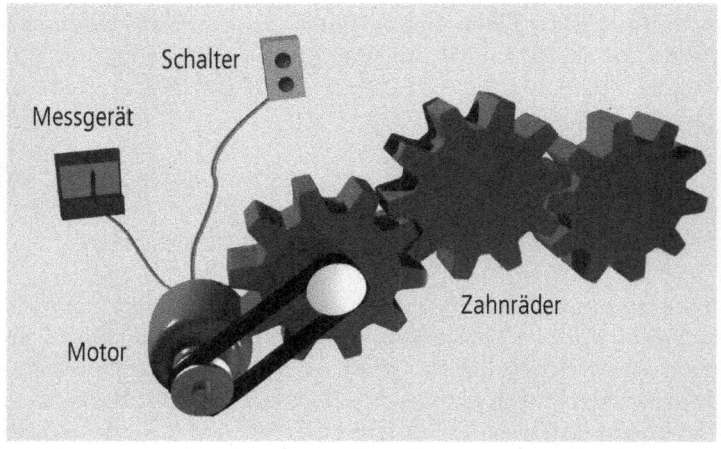

Ein Signal aus der Umgebung der Zelle setzt die Zahnräder, den Motor, den Schalter und die Anzeige in Bewegung.

Bestimmte Gruppen zusammengesetzter Protein-Zahnräder, die gezielte Funktionen ausführen, nennt man *Pfade*. Der Atmungs-Pfad zum Beispiel besteht aus zusammengesetzten Protein-Zahnrädern, die für die Atmung verantwortlich sind. Genauso gibt es einen Verdauungs-Pfad, eine Gruppe von Proteinmolekülen, deren Zusammenwirken zur Verdauung führt. Und der Pfad der Muskelkontraktionen bezeichnet Proteine, die Körperbewegungen erzeugen.

> **Neue Biologie – Schlussfolgerung 1:**
> Proteine sorgen für die Struktur und Funktion
> biologischer Organismen.

Der Motor: Der Motor repräsentiert die *Kraft,* welche die Protein-Zahnräder in Bewegung versetzt.

Der Motor ist notwendig, weil Bewegung das primäre Merkmal von Leben ist. Wenn sich die Proteine in Ihrem Körper nicht mehr bewegen, sind Sie auf dem besten Weg, zu einem Leichnam zu werden. Leben entsteht also durch die Kraft, die die Proteinmoleküle in Bewegung versetzt und damit Verhalten erzeugt.

Der Schalter: Der Schalter ist jener Mechanismus, der dem Motor befiehlt, die Protein-Zahnräder in Bewegung zu setzen.

Wir brauchen den Schalter, weil das Leben eine präzise Integration und Koordination des Zellverhaltens erfordert. Sie können sich die Funktionen der Zelle – Atmung, Verdauung, Ausscheidung und so weiter – wie die Instrumente eines Orchesters vorstellen. Ohne Dirigenten würde ein Orchester nur Lärm produzieren. In lebendigen Organismen wirken die Schalter, die in der Zellmembran sitzen, wie ein Dirigent, der die verschiedenen Zellfunktionen harmonisch steuert.

Die Anzeige des Messgeräts: Die Anzeige steht für die Fähigkeit des Körpers, die physiologischen Funktionen seines Systems zu überwachen.

Solche Rückkopplungssysteme sind für die Aufrechterhaltung des Lebens äußerst wichtig. Sie können sich das wie die Anzeigen auf dem Armaturenbrett Ihres Autos vorstellen: Sie sind mit Funktionen verbunden, die überall im Wagen verteilt sind. So wie Sie über die Temperatur, den Ölstand, die Batterieladung oder die Geschwindigkeit informiert werden, gibt Ihnen auch Ihr Körper ein Feedback, damit Sie Ihr Verhalten entsprechend einstellen und Ihr Leben erhalten können. Doch die biologischen Anzeigen funktionieren nicht mit Diagrammen, Zeigern oder LED-Dioden, sondern dank unserer *Empfindungen.*

Diese Empfindungen entstehen durch chemische Nebenprodukte, die in den Zellen bei normalen Prozessen abfallen. Diese Chemikalien werden in die Umgebung der Zelle, also unseren Körper, abgegeben. Spezialisierte Zellen des Nervensystems erkennen diese Chemikalien durch bestimmte Membran-Schalter und überwachen deren Konzentration. Wenn diese Nervenzellen aktiviert werden, übersetzen sie die Signale dieser Nebenprodukte in Empfindungen, die unser Bewusstsein dann als Gefühle, Emotionen oder Symptome wahrnimmt. Um beispielsweise eine Infektion abzuwehren, setzen aktivierte Immunzellen chemische Botenstoffe wie Interleukin 1 frei. Wenn bestimmte Membran-Rezeptoren in den Zellen der Blutgefäßwände diese Interleukin-1-Moleküle erkennen, senden sie das Signal-Molekül Prostaglandin E2 ans Gehirn. Prostaglandin E2 aktiviert den Fieber-Pfad und produziert Symptome wie ansteigende Körpertemperatur und Zittern.

Ein Grundproblem unseres Gesundheitssystems liegt darin, dass die medizinische Industrie ihre Erfolge daran misst, wie gut sie Symptome beseitigt. Ärzte verschreiben Pillen, um Schmerzen zu vertreiben, Schwellungen verschwinden zu lassen oder Fieber zu senken. Doch das Tilgen der Symptome durch Medikamente kann ähnlich schädlich sein, wie wenn Sie die Anzeigen in Ihrem Wagen mit Klebeband verdecken. Damit wird das Problem nicht gelöst, sondern einfach ignoriert – bis der Wagen liegen bleibt. Auf vergleichbare Weise stellt die medikamentöse Manipulation der Zellen und das Ausblenden von Symptomen durch äußere Einwirkung nur eine Missachtung der Körpersignale dar.

Der Finger auf dem Schalter

Wir haben dargestellt, dass die molekularen Schalter Protein-Zahnräder aktivieren, deren Bewegungen Verhalten erzeugen. Doch die große Frage im Hinblick auf das Geheimnis des Lebens ist: Wer oder was knipst den Schalter an? Um den Schalter zu betätigen, führen wir deshalb an dieser Stelle das *Signal* ein.

Das Signal: Ein Signal ist eine Kraft aus der Umgebung, also eine Information; es schaltet den Motor in einer Zelle an und setzt damit die Protein-Zahnräder in Bewegung.

Die gesamte Welt, in der wir leben, besteht aus physischen oder energetischen Informationen, die Signale sind. Die Luft, die wir atmen, die Nahrung, die wir zu uns nehmen, die Menschen, die wir berühren, selbst die Nachrichten, die wir hören – sie alle repräsentieren Umweltsignale, die Protein-Bewegungen auslösen und Verhalten erzeugen. Wenn wir daher in unserem Zusammenhang von Umwelt oder Umgebung sprechen, meinen wir alles – von der Grenze unseres Körpers bis zum Rand des Universums. Dies ist unsere Umwelt im umfassenden Sinn.

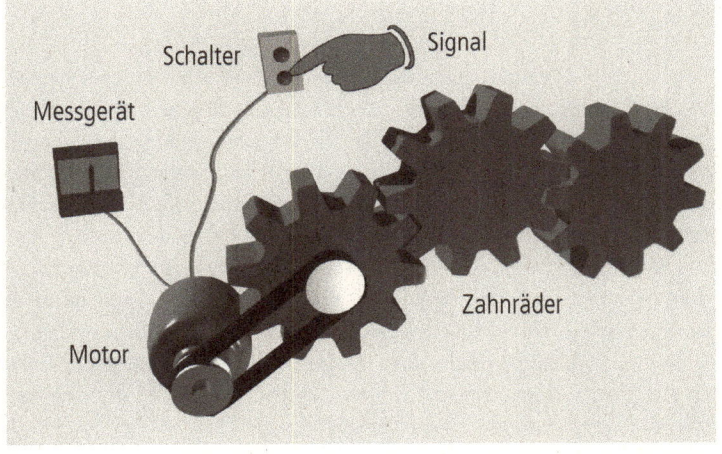

Ein Signal aus der Umgebung der Zelle setzt die Zahnräder, den Motor, den Schalter und die Anzeige in Bewegung.

Jedes Protein reagiert auf ein bestimmtes Umweltsignal mit der Genauigkeit eines Schlüssels, der in ein bestimmtes Schloss passt. Wenn sich ein Proteinmolekül mit dem dazugehörigen Umweltsignal verbindet, verändert es seine Form, was naturgemäß zu einer Bewegung führt. Die Zelle nutzt diese Molekular-Bewegungen, um ihre lebensnotwendigen Pfade wie Atmung, Verdauung etc. zu betreiben. Durch Protein-Bewegungen erwacht die Zelle zum Leben.

Neue Biologie – Schlussfolgerung 2:
Umweltsignale bewirken,
dass Proteine ihre Form verändern;
die dabei entstehenden Bewegungen
erzeugen die Funktionen des Lebens.

Hirn gegen Keimdrüsen

Wir wollen betonen, dass zwar eine enorme Vielfalt an Protein-Pfaden in unseren Zellen die *Lebensfunktionen* gewähren; doch sie *erzeugen* noch kein Leben. Das Leben braucht eine präzise Koordination und Regulation der Protein-Pfade der Zellen. Das Gehirn und das Nervensystem stellen den Steuerungsmechanismus dar: Er koordiniert all diese Pfade, die für das Leben notwendig sind.

Also ... wo sitzt das Gehirn der Zelle? Nun, im Gegensatz zu dem, was Sie vielleicht bislang angenommen haben, sitzt es nicht in den Genen. Wenn Sie sich an Ihren Biologieunterricht erinnern, wissen Sie vielleicht noch, dass die größte Organelle, der Zellkern, als das Kontrollzentrum der Zelle betrachtet wurde. Man nahm an, dass die Gene das Leben steuern, und da die Gene im Zellkern sind, erschien es nur logisch, dass er dem Gehirn der Zelle entspricht. Doch wie so viele Annahmen muss auch die Stimmigkeit dieser Lehre irgendwann infrage gestellt werden.

Schon vor 80 Jahren wurden Experimente veröffentlicht, deren Ergebnisse nicht zu der Vorstellung passen, dass die Steuerung der Zelle von den Genen ausgeht. Wenn man einem lebenden Organismus den Kopf abschneidet, stirbt er. Aber wenn man einer Zelle den Zellkern entnimmt – man nennt das *Enukleation* –, überlebt die Zelle, in manchen Fällen sogar zwei Monate und länger. Ohne Gene![13] Zellen ohne Zellkern können so lange normal weiterfunktionieren, bis sie lebenswichtige Proteine neu herstellen müssen.

Gene sind einfach Vorlagen für Protein-Bausteine. Zellen ohne Zellkern sterben nicht an der Abwesenheit der Gene, sondern an der Unfähigkeit, abgenutzte Proteine zu ersetzen – was zu mangelhafter Funktion führt. Das traditionelle Verständnis lehrt uns, dass der Zellkern dem Gehirn der Zelle entspricht, aber tatsächlich entspricht er von seiner Funktion her mehr den Keimdrüsen, dem Fortpflanzungssystem.

Dieses Missverständnis ist nachvollziehbar. Die Wissenschaften waren seit jeher eher ein »Männerverein«. Und weil Männer, wie der Volksmund weiß, eher mit den Keimdrüsen als mit dem Hirn denken, konnte ihnen auch bei den Zellen leicht so ein Irrtum unterlaufen.

Wenn das Gehirn der Zelle also nicht im Zellkern sitzt, wo sitzt es dann? In der Membran, sozusagen der Haut der Zelle. In der Zellmembran sind Protein-Schalter, die auf Umweltsignale reagieren und deren Informationen an zellinterne Protein-Pfade weiterleiten. Zu fast jedem Umweltsignal, das von einer Zelle erkannt werden kann, gibt es passende Membran-Schalter. Manche dieser Schalter reagieren auf Östrogen, andere auf Adrenalin, wieder andere auf Kalzium oder Lichtwellen und so weiter.

Es gibt zwar vielleicht 100 000 solcher Schalter in der Zellmembran, doch besteht keine Notwendigkeit, jeden einzelnen zu untersuchen: Ihre grundlegenden Strukturen und Funktionen sind sich immer ähnlich. Betrachten wir uns die allgemein gehaltene Illustration eines solchen Membran-Schalters (siehe S. 50).

Jeder Membran-Schalter besteht also aus zwei Teilen: dem Rezeptor-Protein und dem Effektor-Protein. Wie der Name nahelegt, dient das Rezeptor-Protein dem Empfang, dem Erfassen von Umweltsignalen. Wenn es ein primäres, zu ihm komplementäres Signal empfangen hat (siehe Primäres Signal in Abb. B), bewegt sich der aktivierte Rezeptor so, dass er sich mit dem passenden Effektor-Protein verbinden kann.

Auf der rechten Abbildung sieht es fast so aus, als würden sich das Rezeptor-Protein und das Effektor-Protein die Hände reichen (siehe geschwungener Pfeil). Durch diese Verbindung werden Informationen von außerhalb der Zelle ins Zell-Innere übermittelt, wo sie in Verhalten umgesetzt werden können.

Wenn er durch einen Rezeptor aktiviert wird, sendet der Effektor ein sekundäres Signal (siehe Sekundäres Signal in Abb. B) durch das Zytoplasma in der Zelle und steuert damit die spezifischen Funktionen und Pfade. Die koordinierte Aktivität der Membran-Schalter befähigt die Zelle, sich durch die Abstimmung ihres Stoffwechsels und ihrer Physiologie auf die sich ständig verändernde Umgebung am Leben zu erhalten.

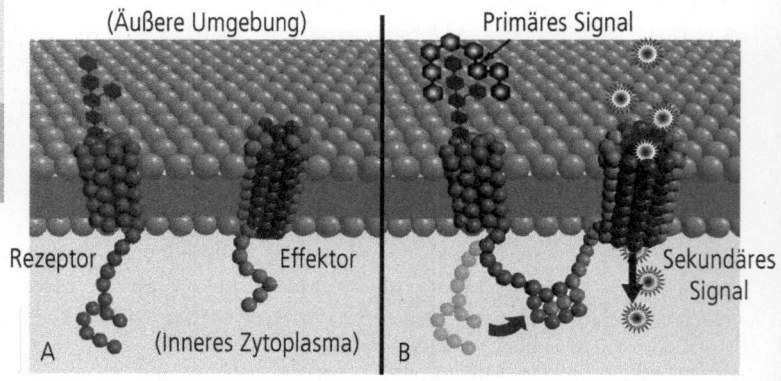

Abb. A: Jede Zelle hat Rezeptor-Proteine und Effektor-Proteine, die das Zytoplasma der Zelle mit der Umgebung der Zelle verbinden. Metaphorisch gesehen dienen diese Proteine als Schalter, die den Motor und die Zahnräder der Zelle in Bewegung setzen.

Abb. B: Wenn ein Rezeptor-Protein aus der Umgebung ein Signal empfängt, verändert es seine Form und verbindet sich mit dem Effektor-Protein.

Die Rezeptor-Proteine versorgen die Zelle mit Informationen über die Elemente ihrer Umgebung, während die Effektor-Proteine Signale erzeugen, die bestimmte Zellfunktionen steuern. Zusammen führen diese beiden Schalter in der Zellmembran zur »Erfassung der Elemente der Umgebung durch physische Empfindungen«.[14]

Dieser Satz enthält den Schlüssel zum Geheimnis des Lebens. Sind Sie bereit?

Genau diese Worte findet man im Lexikon als Definition für *Wahrnehmung*.* Die Protein-Schalter in der Zellmembran bilden grundlegende molekulare Wahrnehmungseinheiten. Und weil diese Schalter die molekularen Pfade und spezifischen biologischen Funktionen in der Zelle steuern, kann man getrost sagen: *Die Wahrnehmung steuert das Verhalten* – und zwar, liebe Leserinnen und Leser, sowohl auf der zellulären als auch auf der menschlichen Ebene. Das ist das echte Geheimnis des Lebens!

> **Neue Biologie – Schlussfolgerung 3:**
> Protein-Schalter in der Zellmembran reagieren auf Umweltsignale, indem sie die Zellfunktionen und das Zellverhalten steuern.

Vom Wesen der Krankheit°

Manchmal bricht die natürliche Harmonie des Körpers zusammen und wir erfahren Unwohlsein oder Krankheit, die nichts weiter sind als ein Spiegel der Unfähigkeit des Körpers, seine Funktionssysteme normal zu steuern. Da Verhalten durch die Wechselwirkung zwischen Proteinen und Signalen entsteht, gibt es eigentlich nur zwei Ursachen für Unwohlsein und Krankheit: Entweder sind die Proteine defekt, oder die Signale sind verzerrt.

Ungefähr fünf Prozent der Weltbevölkerung kommen mit Geburtsfehlern zur Welt, also mit mutierten Genen, die zu dysfunktionalen Proteinen führen.[15] Strukturell deformierte oder defekte Gene

---

* Die Autoren erklären hier die lateinischen Wurzeln des englischen Begriffs *perception* (dt. »Perzeption«, Wahrnehmung): *Verständnis, Erkenntnis, Begriffsvermögen, Auffassung, Aufnahme.* (Anm. d. Red.)

° Im Englischen spielen die Autoren mit dem Wort *disease* (dt. *Krankheit*) indem sie einen Bindestrich setzen: *dis-ease.* Sie betonen damit, dass Krankheit ein Gegenteil von *ease* (dt. *Behagen, Leichtigkeit, Ungezwungenheit, Muße*) darstellt. (Anm. d. Red.)

können die Funktionen der Pfade stören und dadurch die Lebensqualität beeinträchtigen. Doch immerhin 95 Prozent der Menschheit werden mit vollkommen funktionsfähigen Genen geboren.

Weil die meisten von uns einen völlig gesunden Satz Gene haben und funktionsfähige Proteine herstellen können, lassen sich alle Krankheiten dieser Gruppe auf die Signale zurückführen.

Es gibt drei grundlegende Situationen, in denen Signale zu Fehlfunktionen, Unwohlsein und Krankheit beitragen:

Traumata: Wenn Ihre Wirbelsäule verletzt wird und deshalb die Übertragung Ihres Nervensystems gestört ist, kann es zu einer Verzerrung des Kommunikationsaustauschs zwischen dem Gehirn und den Zellen, Geweben und Organen des Körpers kommen.

Toxische Stoffe: Gifte sind Chemikalien, die für unser System unangemessen sind und daher die Informationsübertragung zwischen dem Nervensystem und den angegriffenen Zellen und Geweben stören können. Die dadurch verursachten veränderten Signale behindern ein normales Verhalten und äußern sich in Krankheit.

Gedanken: Sie bilden den häufigsten Einfluss auf den Krankheitsprozess. Eine durch Gedanken ausgelöste Krankheit braucht keinen äußeren Anlass. Gesundheit hängt davon ab, dass das Nervensystem Informationen aus der Umwelt zutreffend wahrnehmen und in angemessenes, lebensförderndes Verhalten umsetzen kann. Wenn der Geist (Mind) Umweltsignale fehlinterpretiert und damit unangemessene Verhaltensweisen des Körpers auslöst, gerät das Überleben in Gefahr, weil Verhalten und Umwelt nicht mehr zusammenpassen. Wir denken nicht, dass ein Gedanke ausreichen könnte, ein ganzes System zu unterminieren, aber es ist so: Missinterpretationen können tödlich sein.

Nehmen wir die Situation eines Menschen mit Magersucht. Freunde und Verwandte sehen zwar deutlich, dass die Person nur Haut und Knochen ist und sich noch zu Tode hungert, doch die Person selbst betrachtet sich im Spiegel als dick. Diese verzerrte Wahrnehmung – wie in einem irrwitzigen Spiegelkabinett auf dem Jahrmarkt – bringt das Gehirn der Person dazu, gegen das vermeintliche Übergewicht anzugehen – indem es die Stoffwechselfunktionen hemmt.

Wie jede leitende Institution strebt das Gehirn nach Harmonie. Neurale Harmonie erleben wir, wenn die Wahrnehmungen unseres Geistes zu dem Leben passen, das wir erfahren.

Ein tieferes Verständnis dessen, wie der Geist seine Wahrnehmungen mit der realen Welt in Übereinstimmung bringt, können wir gewinnen, wenn auf einer Bühne mit Hypnose gearbeitet wird: Ein Freiwilliger aus dem Publikum wird aufs Podium gebeten und soll ein Glas Wasser hochheben, nachdem ihm vermittelt wurde, dass es 500 Kilo schwer sei. Derart fehlgeleitet, müht sich der Freiwillige erfolglos ab. Man sieht, wie seine Muskeln arbeiten, wie ihm der Schweiß auf die Stirn tritt. Wie ist das möglich? Das Glas ist nicht schwerer geworden, aber der Geist des Freiwilligen glaubt, es sei so.

Um die wahrgenommene Realität eines 500 Kilo schweren Wasserglases zu manifestieren, sendet der hypnotisierte Geist dieser Person zeitgleich das Signal an die Muskeln, das Glas sowohl hochzuheben als auch abzusetzen! Das artet in eine isometrische Übung aus, in der zwei Muskelgruppen schwer daran arbeiten, genau entgegengesetzte Bewegungen zu vollführen. Das Ergebnis: Keine Bewegung, aber viel Anstrengung.

Zellen, Gewebe und Organe stellen die Informationen, die sie vom Nervensystem erhalten, nicht infrage. Sie führen lebenserhaltende Anweisungen mit dem gleichen Eifer aus wie lebensvernichtende. Unsere Wahrnehmung hat daher einen entscheidenden Einfluss auf unser Schicksal.

Viele von uns wissen um die heilende Wirkung des Placebo-Effekts, doch nur wenige kennen seinen dunklen Bruder, den Nocebo-Effekt. Genauso effektiv, wie positive Gedanken heilen, können negative Gedanken – auch die Überzeugung, dass wir anfällig für eine bestimmte Krankheit oder einem schädlichen Gift ausgesetzt sind – die unerwünschten Folgen zeitigen.

Japanische Kinder, die gegen eine efeuartige Pflanze allergisch sind, haben an einem Experiment teilgenommen: Ein Blatt der giftigen Pflanze wurde auf ihren einen Unterarm gerieben und ein Blatt einer ähnlich aussehenden, ungiftigen Pflanze auf ihren anderen Unterarm. Wie zu erwarten, hatten fast alle Kinder auf dem Arm, der mit dem (mutmaßlich) giftigen Blatt in Kontakt kam, einen Ausschlag, während der andere Arm makellos war.

Die Kinder wussten jedoch nicht, dass die Blätter absichtlich vertauscht worden waren. Der negative Gedanke, mit einem giftigen Blatt in Berührung gekommen zu sein, ließ einen Ausschlag entstehen, obwohl das Blatt ungiftig gewesen war. Und der Kontakt mit dem giftigen Blatt blieb in den meisten Fällen ohne Folgen, weil sie es für harmlos hielten.[16] Die Schlussfolgerung ist klar: Positive Wahrnehmungen fördern Gesundheit, und negative Wahrnehmungen fördern Krankheit. Dies war eines der eindrucksvollen Experimente, die zur Gründung der Wissenschaft der Psychoneuroimmunologie geführt haben.

In Anbetracht der Tatsache, dass mindestens ein Drittel aller medizinischen Heilungen dem Placebo-Effekt zu verdanken sind: Wie viele Krankheiten gehen dann wohl auf das Konto des Nocebo-Effekts? Vielleicht mehr als wir meinen. Manche Psychologen schätzen, dass 70 Prozent unserer Gedanken negativ und redundant sind.[17]

Wahrnehmungen haben einen enormen Einfluss auf die Ausformung der Art und der Erfahrungen unseres Lebens. Sie sind der Grund, weshalb manche Gläubigen Gift schlucken, lustvoll mit Giftschlangen spielen oder Autos anheben können, um einen geliebten Menschen zu befreien. Wahrnehmungen sind die Grundlage für den Placebo- und den Nocebo-Effekt. Sie haben mehr Einfluss als positive Gedanken, weil sie mehr sind als nur Gedanken. Wahrnehmungen sind Überzeugungen, die bis in jede Zelle reichen. Die Art, wie ein Körper zum Ausdruck kommt, entspricht genau den Wahrnehmungen des Geistes, oder noch einfacher gesagt: Man sieht, was man glaubt.

> **Neue Biologie – Schlussfolgerung 4:**
> Zutreffende Wahrnehmungen
> fördern Erfolg;
> unzutreffende Wahrnehmungen
> gefährden das Überleben.

Wir alle haben unwissentlich beschränkende, selbstzerstörerische, unzutreffende Wahrnehmungen angenommen, die unsere Kraft, unsere Gesundheit und unsere Zufriedenheit sabotieren.

Wie wir im nächsten Kapitel zeigen werden, stammen unsere einflussreichsten Programme von anderen und passen nicht unbedingt zu unseren eigenen Zielen und Bestrebungen. Viele unserer Stärken und Schwächen – jene Teile, die wir als unser Eigen betrachten und mit denen wir uns identifizieren – sind unmittelbar familiären und kulturellen Wahrnehmungen zuzuschreiben, die unserem Geist (Mind) eingeprägt wurden, bevor wir sechs Jahre alt waren. Die Wahrnehmungen, die wir in diesen für unsere Entwicklung so wichtigen Jahren als Programm übernommen haben, sind die Hauptursache für Gesundheits- und Verhaltensprobleme in unserem Erwachsenenalter. Bedenken Sie nur einmal, wie viele Kinder niemals ihr ganzes Potenzial ausleben oder ihre Träume verwirklichen können, weil ihre einschränkenden Überzeugungen es nicht zulassen.[18]

Da überrascht es nicht, dass diese uns selbst sabotierenden Programme uns auch beim Versuch, den Zustand der Welt zu verbessern, in die Quere kommen. Bevor wir also losziehen können, um die Welt zu verändern, müssen wir nach innen schauen und uns selbst wandeln. Und indem wir unsere Überzeugungen ändern, verwandeln wir auch die Welt.

Doch was für die Verbesserung der Welt gilt, trifft auch für die Veränderung unserer selbst zu: Sie erfordern ein wenig mehr als nur gute Absichten. Wir müssen begreifen, wie unser Geist (Mind) funktioniert und wie seine göttliche Dualität, das Bewusste und das Unbewusste, auf unsere Wahrnehmungen Einfluss nehmen. Im nächsten Kapitel werden wir sehen, wie unsere lokalen Wahrnehmungen das Tor zur globalen Evolution bilden.

2. Kapitel

Handle lokal – wirke global

>»In a shrinking world that can use a good shrink,
>we don't need another theory of evolution.
>What we need is a practice of evolution.«*

SWAMI BEYONDANANDA

Die Verheißung spontaner Evolution bedeutet nicht weniger als eine globale Transformation. Doch bevor wir unsere äußere Umgebung umwandeln können, müssen wir uns der Welt in uns selbst voll bewusst werden.

Unter unserer Haut lebt eine geschäftige Gemeinschaft von 50 Billionen Zellen, von denen jede biologisch und funktionell einem winzigen Menschen entspricht. Dies ist keine übertriebene Behauptung, um Eindruck zu schinden. Wenn wir erst einmal die erstaunliche Ähnlichkeit zwischen unseren Zellen und uns selbst erkennen, können wir anfangen, auch jene Prozesse zu lernen, die unsere Zellen im Lauf von Jahrmilliarden verfeinert haben. Wir lernen auch, wie unsere Zellen Bewusstsein entwickelt haben. Und wenn wir erkennen, wie

---

* »In einer schrumpfenden Welt, die eine gute Schrumpfung (im Sinne von Zurückschrauben; engl. *shrink* heißt aber zugleich auch *Psychiater, Seelenklempner*) brauchen kann, brauchen wir keine weitere Theorie der Evolution. Wir brauchen eine Praxis (Ausübung) der Evolution.« (Anm. d. Übers.)

dieses Bewusstsein in unseren Zellen funktioniert, können wir lernen, an diesem entscheidenden Punkt der menschlichen Evolution unsere einschränkenden Überzeugungen umzuprogrammieren.

Die konventionelle Weisheit meint, das Schicksal und das Verhalten unserer inneren »Zellbürger« seien in ihren Genen festgeschrieben. Seit die Molekularbiologen James Watson und Francis Crick 1953 den genetischen Code entdeckten, wurde die Öffentlichkeit mit der Wahrnehmung gefüttert, dass die Desoxyribonukleinsäure – besser bekannt als DNS oder DNA (dt. *Säure* = engl. *acid*) –, die wir von unseren Eltern geerbt haben, vom Augenblick unserer Empfängnis an unsere Eigenschaften und Merkmale bestimmt. Die konventionelle Sichtweise der Genetik hat uns auch weisgemacht, dass unsere ererbten genetischen Programme unveränderlich seien wie eine Read-only-Software eines Computers.

Die Annahme, unser Schicksal sei unauslöschlich in unseren Genen verankert, stammt aus einem veralteten wissenschaftlichen Konzept, dem genetischen Determinismus, demzufolge wir alle Opfer genetischer Kräfte sind, auf die wir keinen Einfluss haben. Leider ist diese Annahme die Einbahnstraße zu persönlicher Verantwortungslosigkeit. Viel zu viele von uns haben schon gesagt: »Hey, ich kann nichts dafür. In meiner Familie sind alle übergewichtig, da kann man nichts machen. Also schieb mal die Torte rüber ...«

Jenseits der Gene

Noch bis in die 1980er-Jahre waren die Wissenschaftler davon überzeugt, dass die Gene unser Leben steuern. Also rief man ein Projekt ins Leben, um das menschliche Genom zu kartieren und damit alle erblichen Anlagen des menschlichen Organismus definieren zu können. Sobald man diesen Code hätte – so hoffte man –, könne man mit seiner Hilfe endlich viele Krankheiten verhindern oder heilen.

Wir werden später noch näher auf das Human-Genom-Projekt eingehen. Im Augenblick wollen wir nur sagen, dass den Gentechnologen dabei etwas Merkwürdiges widerfuhr. Im Verlauf ihrer Forschungen begannen sie, eine ganz neue, revolutionäre Einsicht in die Funktionsweisen des Lebens zu gewinnen. Ein neuer Wissenschaftszweig entstand: die *Epigenetik*.[1] Sie hat die Grundlagen der Biologie und der Medizin erschüttert, weil sie zeigt, dass wir nicht Opfer, sondern Meister unserer Gene sind.

Die Vorsilbe *Epi-* kommt aus dem Griechischen und bedeutet *auf, über*. Während viele Schüler immer noch lernen, dass unsere Gene die Merkmale des Lebens festlegten, weiß man inzwischen dank der Entdeckung der epigenetischen Kontrolle, dass das Leben durch etwas bestimmt wird, das höher steht als die Gene. Je mehr wir darüber erfahren, was dieses Etwas ist, desto mehr können wir unsere Rolle als Mitschöpfer unserer Wirklichkeit angemessen anerkennen.

Wie im vorigen Kapitel dargestellt, wirken Umweltsignale durch die Membran-Schalter auf die Funktionen in der Zelle. Man hat festgestellt, dass Umweltsignale auf dem gleichen Weg auch Einfluss auf die Genaktivität nehmen. Signale aus der Umgebung aktivieren Membran-Schalter, die sekundäre Signale in den Zellkern senden. Diese Signale wählen im Zellkern Genvorlagen aus und steuern die Herstellung bestimmter Proteine.

Das ist etwas ganz anderes als die konventionelle Meinung, der zufolge Gene sich selbstständig an- und abstellen. Gene sind keine *emergenten Einheiten,* das heißt, sie können nicht selbstständig ihre Aktivität steuern. Gene sind einfach molekulare Vorlagen, sozusagen Bauzeichnungen. Sie sind nicht die Handwerker, die das Gebäude tatsächlich errichten. In der Epigenetik geht es um den Mechanismus, mittels dem der Handwerker die jeweils angemessenen Genpläne aussucht und die Herstellung und Aufrechterhaltung des Körpers überwacht. Gene *steuern* nicht das biologische Leben – sie werden vom Leben *verwendet*.

Nach konventioneller Überzeugung besteht das Genom nur aus Read-only-Programmen, die unabhängig von der Umgebung funktionieren. Auch das gehört zu den Dingen, die wir einmal als wahr betrachtet haben, obwohl wir uns geirrt haben. Epigenetische Mechanismen nehmen darauf Einfluss, wie der genetische Code abgelesen wird. Die kreative Kraft der epigenetischen Faktoren kommt zum Beispiel in folgender Zahl zum Ausdruck: Durch Umwelteinflüsse können aus der gleichen genetischen Vorlage über 30 000 verschiedene Proteine hergestellt werden![2]

Je nach Art des Umweltsignals kann der epigenetische Mechanismus bewirken, dass ein Gen gesunde oder dysfunktionale Proteine produziert. Ein Mensch kann also mit gesunden Genen geboren werden, aber durch bestimmte Umwelteinflüsse Mutationen entwickeln, zum Beispiel Krebs. Auf der anderen Seite kann durch den gleichen Mechanismus ein Mensch mit genetischen Mutationen geboren werden, die schädigend wirken könnten, und trotzdem normale, gesunde Proteine herstellen.[3]

Epigenetische Mechanismen verändern das Ablesen eines genetischen Codes. Die Gene sind also keine Read-only-Programme, sondern Read-and-write-Programme. Das bedeutet: Lebenserfahrungen können auf unsere genetischen Veranlagungen aktiv Einfluss nehmen.

Das ist eine wahrhaft radikale Entdeckung. Einst waren wir uns sicher, unsere Gene seien unser Schicksal, und jetzt finden wir heraus, dass die Natur schlauer ist. Organismen stehen in Wechselwirkung mit ihrer Umgebung, und ihre Wahrnehmungen setzen epigenetische Mechanismen in Gang, die den genetischen Ausdruck genau darauf abstimmen, unsere Überlebenschancen zu maximieren.

In Studien über eineiige Zwillinge kommt dieser Effekt besonders deutlich zum Vorschein. Bei der Geburt und kurze Zeit danach ist die Genaktivität bei eineiigen Zwillingen praktisch gleich. Doch mit zunehmendem Alter macht jeder der beiden seine eigenen Erfahrungen; ihre Wahrnehmungen führen zu deutlich unterschiedlichen Gensätzen.[4] Die Regenbogenpresse begeistert sich immer wieder für Geschichten über die scheinbar parallelen Lebenswege eineiiger Zwillinge, die seit der Geburt getrennt aufgewachsen sind, aber trotzdem irgendwann den gleichen Beruf ausüben oder Partner mit dem gleichen Namen heiraten. Das Phänomen wird dann verallgemeinert; in Wahrheit handelt es sich um äußerst seltene Ausnahmen. Noch wichtiger: Die bedeutsame Phase der vorgeburtlichen Programmierung wird völlig außer Acht gelassen, obwohl sie einen starken Einfluss auf das Erwachsenenleben hat.[5]

Nehmen Sie sich einen Augenblick Zeit, um ganz zu begreifen, was diese neuen Erkenntnisse der Biologie bedeuten.

Unsere Wahrnehmungen steuern nicht nur unser Verhalten, sie steuern auch die Aktivität unserer Gene! Das bedeutet, dass wir in jeder Sekunde unseres Lebens einen aktiven Einfluss auf unseren genetischen Ausdruck haben. Wir sind lernende Organismen, wir können in unseren Genomen Lebenserfahrungen verarbeiten und an unsere Nachkommen weitergeben, die wiederum ihre Lebenserfahrungen integrieren und so die menschliche Evolution vorantreiben.

Statt uns als hilflose Opfer unserer Gene zu betrachten, sollten wir also lieber die machtvolle Tatsache akzeptieren, dass unsere Wahrnehmungen und unser Umgang mit dem Leben auf dynamische Art unsere Biologie und unser Verhalten beeinflussen.

Schauen wir uns daher einmal an, wie solche machtvollen Wahrnehmungen entstehen.

Vom Mikrokosmos der Zelle zum Makrokosmos des Geistes

Die ersten 3,8 Milliarden Jahre des Lebens auf diesem Planeten bestand die Biosphäre aus einer riesigen Population von einzelligen Organismen wie Bakterien, Hefen, Algen und Protozoen wie Amöben und Wimpertierchen. Vor etwa 700 Millionen Jahren begannen die Zellen, sich zu Zellgemeinschaften zusammenzuschließen. Die gemeinsame Sinneswahrnehmung* einer Zellgemeinschaft ist viel größer als die einer einzelnen Zelle. Und weil dies ein wichtiger Faktor für das Überleben eines Organismus ist, hatten die Zellgemeinschaften größere Chancen, zu überleben und sich zu vermehren.

---

* Im Englischen steht hier *awareness*. *Awareness* ist mehr als Wahrnehmung, weil es auch die Verarbeitung und Reaktion auf die Wahrnehmung miteinbezieht, aber weniger als Bewusstsein, weil *awareness* nicht unbedingt die reflektive Ebene umfasst. Im Kontext dieses Buches übersetzen wir *awareness* meistens mit *Bewusstheit*, außer im Zusammenhang mit Einzellern, wo der Begriff der *Bewusstheit* wohl etwas weit hergeholt wirkt. Dort sprechen wir dann notgedrungen von *Wahrnehmung*. (Anm. d. Übers.)

Die ersten Zellgemeinschaften waren – ähnlich wie die frühesten menschlichen Gemeinschaften – Sammler- und Jäger-Gruppen, in denen jeder auf die gleiche Weise zum Überleben der Gemeinschaft beitrug. Doch als die Anzahl der Mitglieder der Gemeinschaften zunahm, war es nicht mehr effektiv, wenn alle die gleichen Aufgaben erfüllten. Die Evolution führte zu Spezialisierungen. In menschlichen Gemeinschaften übernahmen einige die Jagd, während sich andere um häusliche Aufgaben und die Kinderaufzucht kümmerten. In Zellgemeinschaften bedeutete die Spezialisierung, dass sich manche Zellen zu Verdauungszellen, andere zu Herzzellen und wieder andere zu Muskelzellen ausdifferenzierten.

Die meisten Zellen in menschlichen oder tierischen Körpern nehmen nicht direkt wahr, was jenseits der Haut vor sich geht. Leberzellen zum Beispiel merken zwar, was in der Leber los ist, aber nicht, was in der Welt passiert. Deshalb müssen das Gehirn und das Nervensystem die Umweltreize interpretieren und die Zellen mit entsprechenden Signalen versorgen, die dann in integrierende und regulierende Lebensfunktionen der Körpersysteme umgesetzt werden, um das Überleben in der wahrgenommenen Situation zu sichern.

Die vielzelligen Gemeinschaften waren so erfolgreich, dass die sich entwickelnden Gehirne es sich leisten konnten, enorme Mengen an Zellen der Einordnung, Speicherung und Integration komplexer Wahrnehmungen zu widmen. Durch evolutionäre Fortschritte erlangte die Zellpopulation des Gehirns die Fähigkeit, Millionen erfahrener Wahrnehmungen zu speichern und aus ihnen eine leistungsfähige Datengrundlage zu entwickeln. Aus dieser Datengrundlage abgeleitete komplexe Verhaltensprogramme verleihen dem Organismus das Merkmal der *Bewusstheit*. Wir verwenden diesen Begriff hier im ganz grundlegenden Sinne von *wach, wissend und gewahr*.

Viele Wissenschaftler meinen, ein Organismus habe entweder Bewusstheit oder eben nicht. Die Erforschung der Evolution lässt jedoch eher vermuten, dass sich die Bewusstheit im Lauf der Zeit entwickelt hat. Insofern gibt es auch Abstufungen von niederen Bewusstheitsstufen bei einfacheren Organismen bis zur *Selbst-Bewusstheit* (Ich-Bewusstsein), die sich in Menschen und höheren Säugetieren zeigt. Selbst-Bewusstheit meinen wir nicht im Sinne von Selbstbewusstsein (z.B.: »Ich weiß, dass ich mich auf diesem Gebiet bestens auskenne«), sondern im Sinne der Fähigkeit, sowohl Teilnehmer als auch Beobachter des Lebens zu sein.

Selbst-Bewusstheit hat mit einer kleinen evolutionären Anpassung des Gehirns zu tun, die *präfrontaler Cortex* genannt wird. Dies ist der Bereich des Gehirns, der es dem Menschen ermöglicht, sich seiner persönlichen Identität bewusst zu sein und die Qualität des Denkens wahrzunehmen. Affen und andere Tiere, die keine bewusste Wahrnehmung ihrer selbst haben, nehmen ihr Spiegelbild immer als ein anderes Wesen wahr. Neurologisch höher entwickelte Affen wie Schimpansen erkennen hingegen ihr eigenes Spiegelbild als solches wieder.[6]

Ein wichtiger Unterschied zwischen der Bewusstheit des Gehirns und der Selbst-Bewusstheit des präfrontalen Cortex liegt darin, dass Ersteres dem Organismus erlaubt, die Bedingungen seiner jeweiligen Umwelt wahrzunehmen und in angemessenes Handeln umzusetzen; Selbst-Bewusstheit versetzt das Individuum hingegen in die Lage, die Konsequenzen seiner Handlungen oder eines Geschehens bis in die Zukunft hinein abzuschätzen.

Selbst-Bewusstheit macht es uns möglich, Mitschöpfer zu sein und nicht nur auf Reize zu reagieren. Unser *Selbst* nimmt an einem Entscheidungsprozess teil. Mit einfacher Bewusstheit kann ein Organismus an der Dynamik des Lebens teilhaben, doch mit Selbst-Bewusstheit sind wir nicht nur Mitspieler, sondern gleichzeitig auch Publikum und Regisseur. Selbst-Bewusstheit ermöglicht Selbst-Reflexion und die Fähigkeit, die Vorstellung zu überprüfen und zu beeinflussen.

So wesentlich die Selbst-Bewusstheit für unsere Identität auch ist: Sie bildet doch nur einen kleineren Teil dessen, was wir den Geist (Mind) nennen. Während sich der selbst-bewusste Teil unseres Geistes mit Selbst-Reflexion befasst, kümmert sich ein anderer Teil um die laufenden Geschäfte, vom Atmen bis zum Autofahren. Die Bühne betritt nun das *Unterbewusstsein*.

Umgangssprachlich nennen wir die Mechanismen des Gehirns, die für unser automatisiertes Reiz-Reaktion-Verhalten zuständig sind, das *Unterbewusstsein* oder das *Unbewusste*, weil sich seine Funktionen der bewussten Beobachtung und Wahrnehmung entziehen. Die Funktionen des unterbewussten Geistes existierten bereits lange vor dem präfrontalen Cortex. Niedriger entwickelte Organismen, die keine Selbst-Bewusstheit haben, können trotzdem geschickt mit ihrem Körper und den Herausforderungen einer dynamischen Umwelt umgehen. Genauso können Menschen auf Autopilot schalten und sich auf die selbstregulierenden Systeme in sich verlassen, die auch ohne Einflussnahme des selbst-bewussten Geistes auskommen.

Das Unterbewusstsein ist ein erstaunlich effizienter Informationsprozessor, der wahrgenommene Erfahrungen aufzeichnet und sie auf Knopfdruck ewig wiederholen kann. Manchmal bemerken wir diese Programme jedoch erst, wenn jemand anderes unsere »Knöpfe drückt«.

Eigentlich ist das Bild des Knöpfedrückens viel zu schwerfällig und linear, um der beeindruckenden Fähigkeit des Unterbewusstseins, Daten zu verarbeiten, gerecht zu werden. Man schätzt, dass die im Verhältnis sehr viel größere Gehirnmasse des Unterbewusstseins pro Sekunde über 40 Millionen Nervenimpulse bewältigen kann. Im Gegensatz dazu kann der kleinere, selbst-bewusste präfrontale Cortex nur 40 Nervenimpulse pro Sekunde umsetzen. Das bedeutet: *Das Unterbewusstsein ist bei der Verarbeitung von Informationen eine Million Mal schneller als der selbst-bewusste Geist.*[7]

Das Unterbewusstsein ist zwar unglaublich schnell, doch es hat nur eine geringe Neigung zur Kreativität. Es lässt sich am besten mit einem altklugen Fünfjährigen vergleichen. Der selbst-bewusste Geist verfügt über einen freien Willen, das Unterbewusstsein kann dagegen nur abgespeicherte Reaktionsgewohnheiten abspulen. Sobald wir ein Verhaltensmuster erlernt haben – wie Gehen, Anziehen, Autofahren –, überlassen wir diese Programme dem Unterbewusstsein, das auf dieser Grundlage dann komplexe Handlungen durchführen kann, ohne dass wir darauf achten müssen.

Der unterbewusste Geist kann sich um alle internen Systeme kümmern und ist damit noch lange nicht ausgelastet, doch der kleine präfrontale Cortex vermag nur wenige Aufgaben gleichzeitig zu bewältigen. Er ist weit besser darin, sich jeweils einer einzigen Aufgabe zu widmen. Er ist das Zentrum unseres Fokus und unserer Konzentration.

Früher nahm man an, dass sich die sogenannten unwillkürlichen Funktionen des Körpers wie Herzrhythmus, Blutdruck und Körpertemperatur durch den bewussten Geist nicht beeinflussen lassen, doch heute wissen wir, dass Menschen mit einer höheren geistigen Entwicklung, wie Yogis und andere erfahrene Meditierende, durchaus diese Funktionen lenken können.

Dies zeigt uns, dass beide Aspekte des Geistes ein wunderbares Team bilden: Das Unterbewusstsein steuert alles Verhalten, um das sich der bewusste Geist gerade nicht kümmert. Es hat sich herausgestellt, dass das den allergrößten Teil unseres Lebens passiert. Bei den meisten von uns ist der selbst-bewusste Geist so mit Gedanken über die Vergangenheit oder Zukunft oder mit irgendwelchen imaginären Problemen beschäftigt, dass unser Alltag im Wesentlichen vom Unterbewusstsein abgewickelt wird. Wissenschaftler gehen davon aus, dass der selbst-bewusste Geist nur etwa fünf Prozent unserer kognitiven Aktivitäten bestimmt. Das bedeutet, dass 95 Prozent unserer Entscheidungen, Handlungen, Emotionen und Verhaltensweisen aus dem unbeobachteten Wirken des Unterbewusstseins stammen.[8]

Wer sitzt eigentlich am Steuer unseres Karmas?

Wenn Sie je gesagt haben, dass Sie im Hinblick auf eine Sache hin- und hergerissen waren, hatten Sie vermutlich recht. Wer das denkt, ist der selbst-bewusste Geist, jener kleine 40-Bit-Prozessor, in dem unser bewusstes Denken, unsere persönliche Identität und unser freier Wille verankert sind. Dies ist der Teil von uns, der Wünsche und Absichten formuliert und damit Gott immer wieder zum Lachen bringt. Der Clou ist, dass dieser Teil unseres Geistes auch zu wissen meint, wer wir sind, aber er steuert nur fünf Prozent oder weniger unseres Lebens.

Die Wissenschaft bestätigt, was all jene von uns, die es schon mal erfolglos mit positivem Denken probiert haben, schon lange wissen: Unser Leben wird nicht durch unsere bewussten Wünsche und Absichten bestimmt. Rechnen Sie doch nur mal nach: Wenn 95 Prozent unseres Lebens vom Unterbewusstsein gesteuert werden, hängt unser Schicksal vor allem von unseren abgespeicherten Programmen ab, von den Gewohnheiten, die aus den Instinkten und Wahrnehmungen unseres bisherigen Lebens entstanden sind.

Am meisten Einfluss haben dabei die Programme, die zuerst gespeichert wurden. Während der ungeheuer wichtigen formativen Zeit zwischen unserer fötalen Entwicklung und dem Alter von sechs Jahren haben wir sämtliche lebensbestimmenden Programme abgespeichert, indem wir die Menschen um uns herum beobachteten und ihnen zuhörten. Wie Psychiater, Psychologen und Psychotherapeuten wissen, beruht ein großer Teil des einst Gelernten auf Fehlinterpretationen und unzutreffenden Wahrnehmungen, die sich später in Form von einschränkenden, selbstsabotierenden Überzeugungen bemerkbar machen.

Die meisten Eltern sind sich nicht bewusst, dass ihre Worte und Handlungen vom Unterbewusstsein ihres Kindes abgespeichert werden. Wird ein Kind häufig beschimpft, dass es böse sei, begreift es die Nuance nicht, dass sich die Schelte auf einen vorübergehenden Zustand im Zusammenhang mit einer bestimmten Tat bezieht. Es versteht die Aussage als einen dauerhaften Zustand seiner selbst. Das Gleiche gilt für ausgesprochene oder unausgesprochene Erklärungen, das Kind sei nicht gut genug, nicht intelligent genug, ungeschickt, schwächlich oder krank.

Diese unabsichtlich geäußerten elterlichen Ansagen werden direkt im unterbewussten Geist des Kindes abgespeichert. Und weil es zu den Aufgaben des Geistes gehört, dafür zu sorgen, dass die inneren Programme und das äußere Leben zusammenpassen, erzeugt er Verhaltensweisen, die sicherstellen, dass die einprogrammierten Perspektiven wahr bleiben. Unterbewusste Programmierungen manifestieren ihre Sichtweisen automatisch als die Wirklichkeit, die das Leben eines Menschen prägt.

Schauen wir uns das am Beispiel einer unglücklichen Erfahrung aus dem wirklichen Leben an. Stellen Sie sich vor, Sie sind ein fünf Jahre alter Junge, der im Kaufhaus einen Wutanfall kriegt, weil er ein bestimmtes Spielzeug haben will. Ihrem Vater ist das peinlich, und um Sie zum Schweigen zu bringen, sagt er, was seine Eltern schon zu ihm gesagt haben: »Du hast das gar nicht verdient!«

Spulen wir den Film Ihres Lebens 20 oder 30 Jahre vorwärts: Sie sind jetzt erwachsen und sollen einen neuen Job antreten, der außergewöhnlich gut bezahlt wird. Sie haben sich schon all die großartigen Dinge vorgestellt, die Sie sich demnächst leisten können. Doch dann kommt es zu Schwierigkeiten. Sie machen Fehler. Der Weg zu Wohlstand und Reichtum wird komplizierter als gedacht. Sie wissen, Sie haben die Fähigkeit, diesen Job erfolgreich zu erfüllen, aber plötzlich geht alles schief, Sie fangen an, sich unsicher und unprofessionell zu verhalten – und Ihr Chef merkt es auch.

»Was ist los?«, fragen Sie. Das Problem liegt im Grunde auf der Hand: Die Programme Ihres Unterbewusstseins stehen im Konflikt mit dem, was Ihr bewusster Geist will. Während Ihr selbst-bewusster Geist die Sache positiv und hoffnungsvoll sieht, tönt die Botschaft Ihres Vaters – »Du hast das gar nicht verdient!« – weiterhin durch Ihr Unterbewusstsein. Und wie bei dem hypnotisierten Freiwilligen, der glaubt, das Glas Wasser vor ihm wiege eine halbe Tonne, erzeugt Ihr Unterbewusstsein pflichtbewusst Schwierigkeiten, um sicherzustellen, dass Ihre Realität Ihren Programmierungen entspricht. Und wahrscheinlich passiert das alles, ohne dass Sie es bemerken.

Wie das? Nun, die automatischen Programme prägen Ihren Alltag und spulen die Show ab, während der bewusste Geist eifrig nachdenkt – zum Beispiel, was Sie sich von dem neuen Gehalt Schönes kaufen könnten. Der selbst-bewusste Geist ist also beschäftigt und bemerkt nicht die automatischen Verhaltensweisen, die vom Unterbewusstsein stammen. Und weil 95 Prozent unserer Programme unbewusst ablaufen, ereignet sich der größte Teil unseres Verhaltens, ohne dass wir es mitkriegen!

Nehmen wir an, Sie haben einen Freund namens Bill, den Sie schon seit der Kindheit kennen. Sie sind so vertraut mit ihm und seiner Familie, dass Sie deutlich sehen, wie sehr Bills Verhalten dem seines Vaters ähnelt. Eines Tages machen Sie darüber eine beiläufige Bemerkung: »Bill, du bist wirklich genau wie dein Vater«, und Bill ist entrüstet, wie Sie so etwas behaupten können. »Wie kannst du so etwas Absurdes sagen?«, fragt er verärgert.

Der Witz ist, dass jeder merkt, wie sehr sein Verhalten dem seines Vaters ähnelt, außer Bill selbst. Warum? Wenn Bill sich so verhält, wie er es in seiner Jugend bei seinem Vater beobachtet und in seinen unterbewussten Programmen abgespeichert hat, ist sein selbst-bewusster Geist gerade mit etwas anderem beschäftigt und merkt es nicht. Seine automatisierten Programme laufen ab, ohne dass er sich dessen bewusst ist – deswegen nennt man sie ja *unbewusst*.

Ein weiteres bekanntes Beispiel für die Funktion des automatisierten Verhaltens ist das Autofahren. Stellen Sie sich vor, Sie fahren Auto und unterhalten sich intensiv mit Ihrem Beifahrer. Sie sind sehr in das Gespräch vertieft. Erst als Sie den Blick wieder bewusst auf den Verkehr richten, fällt Ihnen auf, dass Sie minutenlang gar nicht beachtet haben, was auf der Straße passiert ist. Weil der selbst-bewusste Geist mit der Unterhaltung beschäftigt war, lenkte der Autopilot des Unterbewusstseins den Wagen. Und wenn man Sie fragen würde, wie Sie gefahren sind, würden Sie wahrscheinlich antworten: »Keine Ahnung, ich habe nicht aufgepasst.«

Genau das ist der Punkt! Wenn der bewusste Geist beschäftigt ist, bemerken wir unser programmiertes, unterbewusstes Verhalten nicht. Unsere Aufmerksamkeit liegt woanders.

Verläuft das Leben dann nicht wie geplant, erkennen wir nur selten, dass wir selbst zu unseren Enttäuschungen beigetragen haben. Da uns der Einfluss unseres unterbewussten Verhaltens in der Regel entgeht, nehmen wir uns als Opfer äußerer Kräfte wahr.

Diese Opferhaltung bewirkt dann leider, dass sie sich im Sinn einer sich selbst bestätigenden Bedingung realisiert: Wenn wir uns als Opfer fühlen, kommt unser Gehirn pflichtschuldigst seiner Aufgabe nach, unsere äußere Wirklichkeit unserer inneren Wahrnehmung anzupassen. Als Opfer fühlen wir uns unfähig, unsere Absichten zu verwirklichen. Aber mit der Wahrheit der Situation hat das nichts zu tun.

Wie wir noch genauer sehen werden, ist die Datenbasis der in unserem Geist abgespeicherten Wahrnehmungen und Überzeugungen ein wesentlicher Faktor der Gestaltung unseres Lebens. Die gute Nachricht dabei ist, dass wir auf den Inhalt dieser Datenbasis Macht ausüben können. Der Schlüssel zur spontanen Evolution liegt in der Bewusstmachung unserer unterbewussten Überzeugungen und Programmierungen.

Transformation der Trance

Weil unsere programmierten Wahrnehmungen so starken Einfluss auf unsere Biologie, unser Verhalten und den Charakter unseres Lebens haben, ist es für uns wichtig, die drei wesentlichen Quellen unserer Wahrnehmungen zu kennen.

Die ersten programmierten Wahrnehmungen bekommen wir durch Vererbung. Unsere Genome enthalten Verhaltensprogramme für grundlegende Reflexe, die wir *Instinkte* nennen. Die Hand aus einer offenen Flamme zurückzuziehen ist ein genetisch verankertes Verhalten. Zu den komplexeren Instinkten gehört zum Beispiel, dass ein Neugeborenes wie ein Delfin schwimmen kann oder dass der Körper innere Heilungsmechanismen in Gang setzt, um Krebswucherungen entgegenzuwirken. Bei diesen Wahrnehmungen und Verhaltensweisen sprechen wir von *Veranlagung*. Sie entsprechen unserer Natur.

Die zweite Quelle lebenswichtiger Wahrnehmungen sind Erinnerungen an Erfahrungen, die im Unterbewusstsein abgespeichert wurden. Bei diesen erlernten Wahrnehmungen und Verhaltensweisen sprechen wir von *Vermittlung*. Zu den frühesten derart abgespeicherten Wahrnehmungen des Lebens gehören die emotionalen Muster unserer Mutter während der Schwangerschaft.

Eine Mutter versorgt das Kind in ihrem Leib nicht nur mit Nahrung. Durch die Plazenta wandern auch vielfältige Signale, Hormone und Stressfaktoren in das Kind und beeinflussen seine Physiologie und Entwicklung. Ist die Mutter guter Dinge, dann ist es das Kind auch. Wenn die Mutter Angst hat, hat sie der Fötus auch. Lehnt die Mutter ihr ungeborenes Baby in Gedanken ab, wird Ablehnung in das Nervensystem des Fötus einprogrammiert.

Sue Gerhardts lesenswertes Buch *Why Love Matters*[9] verdeutlicht, wie das Nervensystem des Fötus im Mutterleib Erfahrungen speichert. Beim Zeitpunkt der Geburt ist die Persönlichkeit des Kindes bereits stark durch die emotionalen Informationen geprägt, die es aus den Erfahrungen der Mutter mitgenommen hat.

Die einflussreichste Wahrnehmungsprogrammierung des Unterbewusstseins erfolgt jedoch von der Geburt bis zum Alter von sechs Jahren. Während dieser Zeit speichert das Gehirn alle sensorischen

Erfahrungen und lernt komplexe motorische Programme zum Sprechen, Krabbeln, Stehen, später dann Laufen und Springen. Gleichzeitig nehmen die sensorischen Systeme des Kindes Unmengen an Informationen über die Welt auf.

Indem sie Verhaltensmuster der Menschen ihrer unmittelbaren Umgebung beobachten – das sind meistens die Eltern, Geschwister und nahe Verwandte –, lernen Kinder, annehmbares von unannehmbarem Sozialverhalten zu unterscheiden. Man muss sich klarmachen, dass die Wahrnehmungen, die bis zum Alter von sechs Jahren abgespeichert werden, die Grundlagen der unterbewussten Programme bilden, die das Leben eines Menschen prägen.

Während dieser Zeit des intensiven, beschleunigten Lernens fördert die Natur den Prozess der sozialen Enkulturation, indem sie die Fähigkeit des Unterbewusstseins zur Verarbeitung großer Informationsmengen unterstützt. Wir wissen das durch Untersuchungen der Gehirnwellen von Erwachsenen und Kindern. Die EEG-Diagramme von Erwachsenen zeigen, dass die neurale Aktivität mit bestimmten Bewusstseinszuständen zusammenhängt.

Das Gehirn erwachsener Menschen kennt mindestens fünf verschiedene Frequenzbereiche, die jeweils mit einem spezifischen Bewusstseinszustand verbunden sind:

Aktivität	Frequenz	Entsprechender Bewusstseinszustand bei Erwachsenen
Delta	0,5–4 Hz	Schlaf/Unbewusst
Theta	4–8 Hz	Imagination/Träumerei
Alpha	8–12 Hz	Entspannte Aufmerksamkeit
Beta	12–35 Hz	Fokussierte Aufmerksamkeit
Gamma	>35 Hz	Höchste Konzentration

Während der normalen Verarbeitungsprozesse des Gehirns wechseln die EEG-Schwingungen bei Erwachsenen zwischen allen Frequenzen. Doch bei Kindern sieht das ganz anders aus. Die verschiedenen Frequenzbereiche und damit auch die dazugehörigen Bewusstseinszustände entwickeln sich im Lauf der Zeit stufenweise.[10]

Die Gehirnaktivität während der ersten zwei Lebensjahre des Kindes findet vorwiegend in *Delta* statt, dem niedrigsten Frequenzbereich des EEG.

Bei 2- bis 6-jährigen Kindern steigert sich die Gehirnaktivität und bewegt sich hauptsächlich in *Theta*. In dieser Zeit verbringt das Kind viel Zeit in einer Mischung aus realer und erträumter Welt.

Die entspannte Bewusstheit des *Alpha*-Zustands entwickelt sich als dominanter Frequenzbereich erst ab dem Alter von sechs Jahren.

Mit zwölf Jahren ist das Gehirn dann in der Lage, alle Frequenzbereiche zu produzieren, auch wenn es sich ab diesem Alter vorwiegend im *Beta*-Zustand befindet. Die Kinder verlassen zu dieser Zeit die Grundschule und treten in die anspruchsvolleren weiterführenden Schulen ein.

Falls es Ihnen nicht aufgefallen ist: Die *Alpha*-Frequenzen der bewussten Informationsverarbeitung treten bei Kindern erst ab dem Alter von sechs Jahren stärker auf. Die dominierenden Frequenzbereiche *Delta* und *Theta* weisen darauf hin, dass das Gehirn unterhalb der bewussten Ebene arbeitet. *Delta*- und *Theta*-Frequenzen bedeuten einen Bewusstseinszustand, den wir als *hypnagogische Trance* bezeichnen. Das ist der gleiche neurale Zustand, in dem sich auch Menschen befinden, die mithilfe eines Hypnotherapeuten neue Verhaltensweisen direkt in ihr Unterbewusstsein einspeichern.

Mit anderen Worten: Ein Kind verbringt die ersten sechs Jahre seines Lebens im Wesentlichen in hypnotischer Trance.

Alles, was ein Kind wahrnimmt, wird direkt in sein Unterbewusstsein eingebaut, ohne Unterscheidung und ohne die Filter eines analytischen, selbst-bewussten Geistes, der sich noch gar nicht vollkommen entwickelt hat. Unsere grundlegenden Einstellungen gegenüber dem Leben und unserer Rolle darin werden daher erlernt, ohne dass wir uns dafür oder dagegen entscheiden könnten. Wir werden einfach programmiert.

Die Jesuiten waren sich dieses programmierbaren Zustands bewusst, wenn sie stolz behaupteten: »Gebt uns einen Jungen unter sieben Jahren und wir werden einen Mann aus ihm machen.« Sie wussten, dass der Trancezustand des Kindes es erlaubt, das kirchliche Dogma direkt in sein Unterbewusstsein zu pflanzen und damit 95 Prozent des Verhaltens dieses Menschen für den Rest seines Lebens zu beeinflussen.

Die Abwesenheit bewusster Informationsverarbeitung (also der *Alpha*-Aktivität im EEG) und die hypnagogische Trance sind während der Entwicklung des Kindes notwendig. Der Denkprozess des selbst-bewussten Geistes braucht eine Grundlage, auf der er arbeiten kann. Er braucht Daten, die auf erlernten Wahrnehmungen basieren. Bevor ein Mensch selbstständig denken bzw. Selbst-Bewusstheit zeigen kann, muss das Gehirn eine funktionstüchtige Wahrnehmung der Welt entwickelt haben. Dies tut es, indem es Erfahrungen und Beobachtungen direkt ins Unterbewusstsein abspeichert.

Diese Art, Wahrnehmung zu entwickeln, hat jedoch schwerwiegende Nachteile. Die Konsequenzen sind so weitreichend, dass sie nicht nur das Leben eines Einzelnen, sondern eine ganze Zivilisation beeinflussen können. Problematisch ist nämlich, dass wir unsere Einstellungen dem Leben gegenüber abspeichern, lange bevor wir differenziert und kritisch denken können. Haben wir als kleine Kinder einschränkende oder selbstzerstörerische Überzeugungen verinnerlicht, werden diese Perspektiven zu unserer Wahrheit, und unser Unterbewusstsein wird alles tun, was in seiner Macht steht, um Verhalten zu erzeugen, das diesen Wahrheiten entspricht.

Die in dieser Entwicklungsphase abgespeicherten Überzeugungen können sogar genetisch verankerte Instinkte überlagern. Erinnern wir uns nur daran, dass ein Mensch von Geburt an schwimmen kann wie ein Delfin. Warum muss man dann eigentlich den Kindern das Schwimmen erst beibringen? Und warum fürchten sich viele Kinder vor dem Wasser?

Nun, stellen Sie sich vor, Ihr Kleinkind torkelt in die Nähe eines offenen Gewässers. Sie sorgen sich um die Sicherheit des Kindes und ziehen es schnell dort weg. Aus der Sicht des Kindes heißt das: Wasser ist gefährlich. Die erlernte Angst, dass Wasser lebensbedrohlich ist, überlagert die instinktive Fähigkeit, zu schwimmen, und das zuvor völlig kompetente Kind droht zu ertrinken.

Jetzt denken Sie vielleicht: »Na, das ist ja großartig. Ich bin ja so erleichtert, dass ich kein Opfer meiner Genetik bin. Aber jetzt bin ich offenbar ein Opfer meiner Programmierungen. Welche Chancen hat mein kleiner 40-Bit-Prozessor schon gegen diesen unterbewussten Riesenrechner? Wo bleibt die gute Nachricht?« Nun, unsere Botschaft lautet: Was programmiert wurde, kann auch gelöscht oder umprogrammiert werden!

Das bringt uns zur dritten Quelle von Wahrnehmungen, die unser Leben bestimmen. Im Gegensatz zu dem per Knopfdruck reagierenden, reflexhaften Unterbewusstsein stellt der selbst-bewusste Geist eine kreative Plattform dar, auf der Wahrnehmungen mit Imaginationen gemixt und infiltriert werden können. Dieser Prozess erzeugt eine unbegrenzte Zahl von Überzeugungs- und Verhaltensvariationen. Der selbst-bewusste Geist verleiht Organismen eine der machtvollsten Eigenschaften des Universums: die Fähigkeit des freien Willens.

Quellen lebensformender Wahrnehmungen:
1. Genetische Programmierung (Instinkte)
2. Erinnerungen des Unterbewusstseins
3. Handlungen des selbst-bewussten Geistes

Jenseits von Schuld

Die meisten unserer persönlichen und kulturellen Probleme rühren daher, dass wir unsere eigenen unterbewussten Verhaltensweisen nicht sehen. Wie bereits erwähnt, wurden diese Verhaltensweisen unbedarft und wahllos aufgenommen und stammen aus den Worten und Taten anderer, die ihrerseits mit diesen einschränkenden Überzeugungen programmiert wurden. Während unser selbst-bewusster Geist versucht, uns der Erfüllung unserer Träume näher zu bringen, untergraben unsere unterbewussten Programmierungen möglicherweise jeden Fortschritt.

Zum Glück ist das Unterbewusste kein ominöser freudianischer Hort des Bösen und der Verderbnis. Es ist ein simpler Aufnahme-Wiedergabe-Mechanismus, der Lebenserfahrungen speichert und daraus Verhaltensmuster macht. Während der selbst-bewusste Geist kreativ ist, kann der unterbewusste Geist nur vorhandene Aufnahmen abspulen. Im Gegensatz zum selbst-bewussten Geist, der von einem Lebewesen überwacht wird (nämlich von Ihnen), ähnelt das Unterbewusstsein eher einer Maschine, das heißt, es gibt kein denkendes, bewusstes Wesen, das die unterbewussten Programme kontrolliert.

Wenn Sie sich das nächste Mal dabei ertappen, dass Sie mit sich selbst reden in der Hoffnung, damit Ihre sabotierenden unterbewussten Programme zu ändern, denken Sie daran: Der Versuch, mit Ihrem Unterbewusstsein vernünftig reden zu wollen, ist ähnlich fruchtlos, wie wenn Sie ein Tonband ändern wollten, indem Sie auf es einreden. In beiden Fällen ist niemand da, der auf Ihre Worte antworten oder reagieren könnte.

Unsere unterbewussten Programme sind glücklicherweise dennoch nicht für immer unveränderlich festgeschrieben. Wir haben die Fähigkeit, unsere einschränkenden Überzeugungen umzuschreiben und damit wieder die Kontrolle über unser Leben zu gewinnen. Dazu ist allerdings nötig, dass wir einen Prozess aktivieren, anstatt uns in einen nutzlosen, einseitigen Dialog mit dem Unterbewusstsein einzulassen. Im Anhang dieses Buches (S. 468) finden Sie eine Liste von Techniken, die erfahrungsgemäß die Veränderung einschränkender und selbstsabotierender Überzeugungen des Unterbewusstseins unterstützen.

Sobald wir erkannt haben, dass unser Verhalten in der Vergangenheit durch die unbemerkten Einflüsse des Unterbewusstseins zustande kam, haben wir die Möglichkeit, uns selbst zu vergeben. Es hilft dabei, zu wissen, dass diese Verhaltensweisen einfach Programme sind, die durch die Überzeugungen anderer Leute entstanden sind, die wiederum selbst durch andere Leute programmiert waren, und so weiter. Statt von der Ursünde zu reden, sollte man vielleicht lieber von der Ur-Fehlwahrnehmung sprechen.

Auf jeden Fall waren sich weder unsere Eltern noch deren Eltern bewusst, dass sie ein vorgeschriebenes Skript an uns weitergaben. Alle Menschen, mit denen wir je zu tun hatten, waren ihrerseits von unterbewussten Programmen geprägt, die sie während ihrer Kindheit verinnerlicht haben. Das bedeutet, sie waren sich auch nicht bewusst, wie sie auf unser Leben Einfluss nahmen.

Diese Erkenntnisse sind sehr hilfreich, um Frieden in eine Welt zu bringen, deren Bürger zum größten Teil unbewusst auf kulturelle Irrtümer reagieren, die seit Generationen tradiert werden. Aus dieser Perspektive ist es an uns, die das erkannt haben, einen Schritt zurückzutreten und unsere emotional aufgeladenen Einstellungen im Hinblick auf Schuldzuweisungen, Schuldgefühle und Täter zu überprüfen. Die biblische Haltung – »Vergib ihnen, denn sie wissen nicht, was sie tun«[11] – erscheint also auch aus wissenschaftlicher Sicht sinnvoll.

Wenn wir uns mit dem Leben und den Lehren Jesu beschäftigen, wird deutlich, dass er diese neue Wissenschaft des Bewusstseins anwandte. So konnte er sagen, es liege nur an unserem mangelnden Glauben, dass wir nicht all die Wunder vollbringen können, die er bewirkte. Er traf genau den Punkt, als er verkündete, wir könnten mithilfe unseres Glaubens unser Leben erneuern. Vor allem hatte er erkannt, dass Vergebung der wichtigste Pfad zum Frieden ist. Wenn genügend Menschen diese einfache Handlung vollzögen, wäre es für unsere globale Evolution ein echter Fortschritt.

Die neuesten wissenschaftlichen Erkenntnisse über die Funktionsweise unseres Geistes legen uns nahe, dem Rat der großen Propheten aller Zeiten zu folgen und jedem zu vergeben, der sich gegen uns vergangen hat. Wir sind in den emotionalen Ketten der dysfunktionalen Verhaltensweisen gefangen, die durch vergangene Geschichten programmiert wurden. Vergebung befreit uns und die anderen und ermöglicht allen Beteiligten, die alten Geschichten loszulassen. Dann, und nur dann, sind wir frei, um eine positive Zukunft zu erschaffen.

Wie Dr. Fred Luskin, ein Experte für Lebensberatung, Psychologie und Vergebung, in seinem Buch *Forgive for Good*[12] schreibt: »Vergebung hilft uns, nicht in der Vergangenheit stecken zu bleiben.« Colin Tipping, ein weiterer Guru der Vergebung, geht in seinem Buch *Radical Forgiveness*[13] sogar noch weiter, wenn er meint, Vergebung »transformiert den Opfer-Archetyp« ein für alle Mal.

Neben unseren *individuellen* unterbewussten Programmen gibt es auch unbeachtete *kollektive* Überzeugungen. Erinnern Sie sich an Bills individuelle unterbewusste Programmierung, die ihn dazu bewegte, sich wie sein Vater zu verhalten. Unsere unterbewussten kulturellen Wahrnehmungen sind uns hingegen allen gemeinsam; daher bemerkt sie keiner. Das macht diese Überzeugungen umso gefährlicher.

So ist es letztlich die Philosophie, die unsere Biologie bestimmt, denn unser Gehirn tut alles, um unsere kollektiven unterbewussten Überzeugungen mit der Wirklichkeit, die wir erfahren, in Übereinstimmung zu bringen. Im nächsten Schritt unserer Reise wollen wir daher betrachten, wie sich unsere kulturellen Geschichten entwickelt haben und wie sie sich wohl als Nächstes entfalten.

3. Kapitel

Ein neuer Blick auf die alte Geschichte

»Stick to your story and you're stuck with it.«*

SWAMI BEYONDANANDA

Eine Geschichte über eine Geschichte

Ein Freund von uns, ein Psychologe Mitte fünfzig, durchlebte kürzlich eine Familienkrise, die mit seinen alten Eltern zusammenhing. Der Auslöser des Tumults war nicht etwa Krankheit oder Altersschwäche, sondern etwas viel Ungewöhnlicheres: Seine Eltern, die sich vor einem halben Jahrhundert scheiden ließen und andere Partner geheiratet hatten, waren inzwischen beide verwitwet und hatten beschlossen, sich wieder zu versöhnen. Mitte achtzig und bei guter Gesundheit, waren sie sich wieder nähergekommen und hatten verabredet, den Rest ihres Lebens gemeinsam zu verbringen.

Großartige Geschichte! Wo ist das Problem? Nun, die Kinder der ursprünglichen Familie und die Kinder der beiden neuen Familien, die die Eltern gegründet hatten, mussten sich ziemlich umstellen. Ihr ganzes bisheriges Leben hatten ihnen die bissigen Vorwürfe wegen Untreue in den Ohren gedröhnt. Sie hatten sich diese Geschich-

---

* »Halte dich an deine Geschichte und du steckst in ihr fest.«

te angeeignet – und Tausende von Dollar und Jahre drangegeben, um sie therapeutisch zu bearbeiten. Und jetzt sollten sie sich plötzlich umgewöhnen und akzeptieren, dass ihre Eltern es sich anders überlegt hatten?! Die Kinder mussten mit der Tatsache fertig werden, dass ihre Eltern ihre letzten, kostbaren Jahre lieber noch glücklich beisammen sein wollten, als an alten, überholten Geschichten festzuhalten.

Wir Menschen leben und sterben durch unsere Geschichten. Wir sind eine sinngebende Spezies, und der Sinn, den wir etwas verleihen, wird uns so wichtig wie das Leben selbst. Ende der 1930er-Jahre lief die berühmte Sendung von Orson Welles' *Krieg der Welten* im Radio. Wer ein paar Minuten zu spät eingeschaltet hatte, konnte meinen, dass es sich bei dem Hörspiel tatsächlich um die aktuellen Nachrichten handelte, die von einer Invasion von Marsmenschen auf der Erde berichteten. Es kam zu einer Massenhysterie – ganze Nachbarschaften verließen panikartig ihre Häuser. Manche Menschen wollten schon Selbstmord begehen, weil diese Veränderung der Geschichte für sie unerträglich schien.[1]

Unser Leben beruht auf unseren Geschichten. Je mehr wir in eine Geschichte investieren, desto wichtiger wird es, sie fortzuführen, selbst wenn klar ist, dass sie eine Pleite ist. Denken Sie nur an die Israelis und Palästinenser im Nahen Osten oder an die Katholiken und Protestanten in Nordirland. Die Feindseligkeiten gehen weiter, weil jeder Tod und jede Demütigung die Geschichte noch um ein Stockwerk höher baut.

Viele unserer Geschichten begleiten uns seit Jahrtausenden. Aber was passiert, wenn sich die bislang angenommenen Wahrheiten als falsch entpuppen? Wenn wir es verkehrt herum verstanden haben? Was wäre, wenn sich der angeblich natürliche Kampf, von dem man uns erzählt hat, als das Unnatürlichste der Welt erweisen würde? Wenn die Sozialdarwinisten unrecht gehabt hätten? Wenn Kooperation – nicht Konkurrenz – der Schlüssel zum Überleben wäre?

Während die Atomuhr unbarmherzig auf Mitternacht zukriecht: Könnte es sein, dass es unsere kollektive Geschichte war, die uns an den Rand des Abgrunds gebracht hat? Könnten wir von den Eltern unseres Freundes etwas lernen, die erkannten, dass ihnen die alten Geschichten in ihren letzten kostbaren Tagen nichts mehr nützen?

Unsere ganze Spezies steht vor der gleichen Entscheidung: Geschichte oder Leben? Unsere Geschichte ist voll der vertrauten Erzählungen von Kriegen, Fehden, Ausbeutung und Misstrauen. Vor uns liegt jedoch eine neue Geschichte, die den Schlüssel zu unserem kollektiven Überleben birgt. Werden wir mit unserer alten Geschichte untergehen oder werden wir weiser und schwingen uns zu einer neuen auf?

Irrsinn wird unter anderem dadurch definiert, dass jemand immer wieder das Gleiche tut und dabei unterschiedliche Ergebnisse erwartet. Vor diesem Hintergrund stellen wir eine provokante Frage: Was wäre, wenn unsere irrsinnige Welt eine besonnene würde?

Wie wählt man eine offizielle Wahrheitsquelle?

Um unsere gegenwärtige Geschichte wirklich zu verstehen und zu erkennen, warum und wie wir sie ändern müssen, wollen wir uns zuerst die Historie unserer Geschichten anschauen.

Seit den frühen Anfängen der Menschheit suchen wir nach Antworten auf drei ewige Fragen:

1. Wie sind wir entstanden?
2. Wozu sind wir hier?
3. Wie können wir das Beste aus unserem Dasein machen?

Wer oder was auch immer auf diese Rätsel Antworten zu geben weiß, die besonders befriedigend klingen, der wird zur offiziellen Wahrheitsquelle der Gesellschaft. Ab und an wechselt dieser Titel den Inhaber. Die Zivilisation stand immer wieder vor Schwierigkeiten, für deren Bewältigung die alten Wahrheiten nicht mehr ausreichten. Dann suchte man nach neuen, weiter reichenden Erklärungen für das Leben.

Heute scheinen wir wieder vor einer solchen Situation zu stehen: auf der Schwelle zu einer neuen Weltanschauung, aber noch den alten Metaphern und Erklärungen verhaftet.

Im Lauf der Historie gab es zwei verschiedene Beschreibungen der menschlichen Existenz: die statische und die dynamische.

In den statischen Geschichten wird die Welt als unveränderlich und zyklisch dargestellt. Hier geht es meistens um vorhersehbare, sich wiederholende Muster der Natur und der Sterne, verbunden mit der Überzeugung, dass wieder geschehen wird, was bereits im letzten Jahr oder in den letzten 10 000 Jahren geschah. Das beste Bild für die statische Sicht der Zivilisation ist das eines Kreises – oder besser: einer Schlange, die sich in den Schwanz beißt.

Dynamische Geschichten hingegen weisen Fortschritte auf, die auf Evolution und Lernen beruhen. Die Historie zeigt deutlich, wie die Menschheit ihr Verhalten grundlegend geändert hat, sooft ihr neue Informationen oder Erfahrungen zur Verfügung standen. Unsere Vorfahren entdeckten das Feuer, fertigten Werkzeuge an, erfanden das Rad, lernten zu jagen und Samen auszusäen, erschufen Waffen und bauten Behausungen. In den letzten 100 Jahren haben unsere technologischen Entwicklungen nicht nur unser Leben verändert, sondern jede Art auf dem Planeten beeinflusst. Ein gutes Bild für die dynamische menschliche Existenz wäre das eines fliegenden Pfeils als ein Vektor des Fortschritts – oder noch besser: das Bild einer emporsteigenden Rakete.

Welche Geschichte ist jetzt wahr? Leben wir in einem zyklischen, sich ewig wiederholenden Muster? Oder entwickeln wir uns und wachsen? Die Antwort lautet: Ja. Und Ja. Beides findet gleichzeitig statt.

Die Urvölker und jene, die noch immer naturverbunden leben, überleben durch ihren Einklang mit den Zyklen der Natur. Dieses Leben in Harmonie sichert das Überleben, aber es fördert und erfordert keine technologischen Fortschritte.

Die westliche Zivilisation und einige asiatische Nationen haben sich jedoch eher dem Pfeil des Fortschritts verschrieben. Leider hat der Glanz der Technik die Verbindung des Menschen mit der Natur ausgeblendet, und unsere technische Entwicklung hat zu Ungleichgewichten in der Natur und zu globalen Krisen geführt. Unser Pfeil des Fortschritts ist zu einer außer Kontrolle geratenen Rakete geworden, die von einer Katastrophe zur nächsten jagt.

Um zu überleben – und zu gedeihen –, müssen wir uns glücklicherweise nicht zwischen Statik und Dynamik oder zwischen Naturkost und MP3-Player entscheiden. Wir können eine Lösung wählen, die uns beides ermöglicht.

Zum einen gäbe es kein Leben ohne Technologie. Als aus freien Einzellern eng gepackte Zellgemeinschaften wurden, wurde die Technologie zu einer evolutionären Notwendigkeit. Um diese enorm vielzelligen Körper zu errichten und in Betrieb zu halten, entwickelten die Zellen geniale Technologien, um eine leichtgewichtige Stützstruktur (die Knochen), stahlartige Verbindungskabel (das Bindegewebe), formbare, bewegliche Bewehrungsmaterialien (Faserknorpel) und Hunderte anderer biologischer Erfindungen zu erzeugen.

Diese technologischen Strukturen sind deshalb so erstaunlich, weil sie *nicht in den Zellen zu finden sind*, sondern *von Zellen erzeugt* wurden und in der Umgebung der Zellen durch zielgerichtete Interaktion zusammengesetzt wurden. Wir sollten diese technologischen Errungenschaften mehr würdigen! Ohne sie wären wir wahrscheinlich nicht hier.

Der Kreis repräsentiert zyklische Existenz, Harmonie und Gleichgewicht. Der Vektor symbolisiert den gerichteten Fortschritt und die technologische Evolution. In Kombination bilden sie die universell anwendbare Spirale der Evolution einer nachhaltigen, gedeihenden Zivilisation.

Das Wesen der Natur ist ganz offensichtlich zwiefältig: Es kann sich gleichzeitig ändern und gleich bleiben. Was passiert also, wenn wir statische Muster mit dynamischer Evolution verbinden? Verbinden

Sie einen Kreis als Symbol für die zyklische Existenz mit einem Vektor als Zeichen für den gerichteten Fortschritt – und voilà!, da haben Sie eine im wahrsten Sinn des Wortes universelle benutzerfreundliche Spirale der Evolution. Eine Vereinigung der Prinzipien von Harmonie und Balance mit den Prinzipien der technologischen Evolution führt zu einer nachhaltigen, gedeihenden Zivilisation.

Doch seien Sie gewarnt: Eine derartige Lösung erfordert die Umformulierung grundlegender Überzeugungen, auf denen unsere gegenwärtige Kultur beruht. Zum Glück kennen wir das schon. Dies ist nicht das erste Mal, dass neues Gedankengut den Verlauf der Menschheitsgeschichte lenkt. In den letzten 8000 Jahren hat die westliche Zivilisation ihre Grundsätze viermal von Grund auf verändert – was jedes Mal große soziale Umwälzungen mit sich brachte.

Grundlegende Paradigmen: Eine kurze Geschichte der Geschichte

Archäologen und Historiker legen dar, dass die Zivilisationen unserer Welt vier grundlegende Paradigmen durchlaufen haben, das heißt, sich auf vier Erklärungen der Existenz geeinigt haben: *Animismus*, *Polytheismus*, *Monotheismus* und *Materialismus*. Jedes Mal, wenn eine dieser Stufen die Grenzen ihres Verständnisses und Einflussbereichs erreicht hatte, entstand eine evolutionäre Entwicklung, die eine neue Stufe hervorbrachte; diese widerlegte das bisherige Paradigma, behielt aber auch Überreste davon bei, sei es als integrierte Bestandteile oder als isolierte Überbleibsel.

Jedes dieser Paradigmen war davon geprägt, wie die Bevölkerung der jeweiligen Zeit ihre Existenz und ihre Beziehung zum Kosmos wahrnahm. Seit den frühen Anfängen der Zivilisation haben die Menschen das Universum in zwei polarisierte Bereiche aufgeteilt: das Materielle und das Nichtmaterielle. Der materielle Bereich enthält das physische Universum. Der nichtmaterielle Bereich umfasst die unsichtbaren Kräfte, welche in alter Zeit *Geist (Spirit)* genannt wurden und welche heutige Wissenschaftler als *Energiefelder* beschreiben.

Wissenschaftler und alte Mystiker sind sich einig, dass die nichtmateriellen Kräfte – seien sie als *Geist (Spirit)* oder *Feld* bezeichnet – unsere menschliche Existenz stark prägen. In unserem Kontext behandeln wir die Begriffe *Energiefelder* und *Geist (Spirit)* als austauschbar.

Die vier grundlegenden Paradigmen, die jede Phase der Zivilisation geprägt haben, definieren die Beziehung der jeweiligen Kultur zu den materiellen und den nichtmateriellen Bereichen. Manche Kulturen betrachten das Spirituelle als den wichtigsten Faktor für das Leben auf der Erde, andere sehen eher das Materielle als die formgebende Kraft des Universums. Doch manche glauben auch, dass beide Bereiche für die Erfahrungen des Lebens von kausaler Bedeutung sind. Wenn man die gesellschaftliche Sicht der Beziehung zum Kosmos auf einer Zeitlinie aufträgt, erhält man erstaunliche Erkenntnisse über die Evolution und Zukunft der Menschheit.

Wir verwenden die folgenden Illustrationen, um die Überzeugungen einer Kultur im Hinblick auf ihre Verbindung zum Spirituellen und zum Materiellen nachzuvollziehen.

Geist (Spirit) repräsentiert das Reich des Nichtmateriellen, Spirituellen. Materie repräsentiert den Bereich des Materiellen, Physischen.

In der ersten Abbildung sind beide Bereiche voneinander getrennt. Die zweite Abbildung kommt der realen Situation jedoch insofern näher, als hier die Bereiche ineinander übergehen. Wir haben es mit Gradienten zu tun, die von 100-prozentigem Glauben an die Vorherrschaft des Spirituellen bis zu 100-prozentiger Überzeugung vom Primat des Materiellen reichen. Die mittlere Linie kennzeichnet ein Gleichgewicht von 50 Prozent Betonung des Spirituellen und 50 Prozent Betonung des Materiellen.

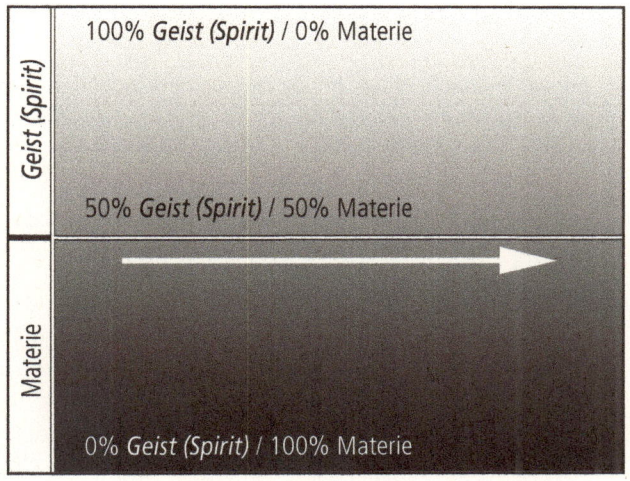

In der Realität gehen Geist und Materie ineinander über und erzeugen alle Abstufungen zwischen 100 % *Geist (Spirit)* / 0 % Materie und 0 % *Geist (Spirit)* / 100 % Materie.

Die Mittellinie der zweiten Abbildung steht für das Voranschreiten der Zeit. Auf dieser Linie werden wir die evolutionäre Entwicklung unserer Zivilisation eintragen. Der Verlauf von einem Basisparadigma zum nächsten in der Geschichte zeigt, dass sich die Menschheit exponentiell entwickelt. Die gewonnenen Erkenntnisse der vorigen

Wahrnehmungsebene erleichtern die rascheren Entwicklungen der nächsten. Wenn wir die historischen Daten auftragen, werden wir sehen, wie sehr sich die Zeit beschleunigt.

Alles weist darauf hin, dass sich die Zivilisation jetzt auf der Schwelle zu ihrem fünften Basisparadigma befindet. Aber bevor wir weiter darauf eingehen, wollen wir uns ansehen, was wir hinter uns haben.

Animismus: Einssein mit allem

Animismus ist wahrscheinlich die älteste religiöse Praxis der Menschheit. Man vermutet seine Ursprünge in den primitiven Kulturen des Neolithikums, um 8000 v. Chr.

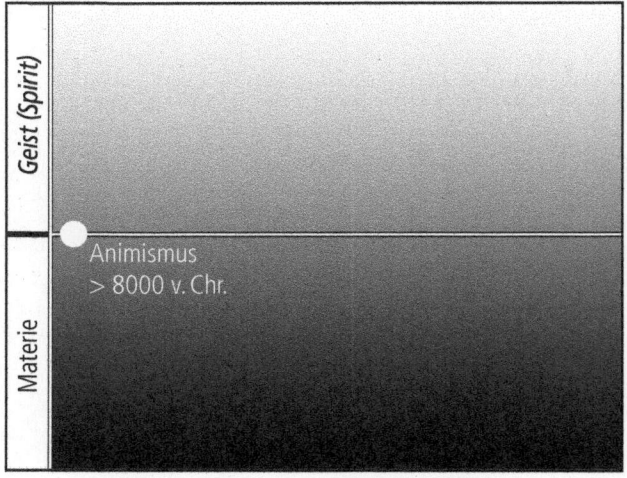

Während des Animismus war das herrschende Paradigma ein Gleichgewicht zwischen Spirituellem und Materiellem.

Animismus beruht auf der Überzeugung, dass der *Geist* allgegenwärtig ist, in allen Dingen existiert, seien sie belebt oder unbelebt. Die animistischen Kulturen leben in einem Gleichgewicht zwischen den Bereichen des Materiellen und des Spirituellen; deshalb haben wir sie auf der Mittellinie angesiedelt.

Das lateinische Wort *anima* bedeutet *Atem* oder *Seele*. Animismus ist die spirituelle Erfahrung des Gartens Eden, in dem es keine Unterscheidung zwischen dem Selbst und der Umgebung gibt. Alles – Regen, Himmel, Steine, Bäume, Tiere und natürlich Menschen – ist vom unfassbaren *Geist* durchdrungen. Jeder Bestandteil der Natur hat seinen eigenen *Geist* und gleichzeitig ist jeder »*Geist*« der Welt Teil eines Ganzen.

Mancher meint vielleicht, der paradiesische Garten Eden sei eine Erfindung der jüdisch-christlichen Tradition, doch der Mythologe Joseph Campbell hat untersucht, dass alle menschlichen Kulturen ähnliche Überlieferungen kennen.[2] Die Universalität dieses Mythos verweist auf eine ganz ursprüngliche Erinnerung an unsere Verbindung mit allem, was ist.

Unter Eingeborenen-Kulturen gibt es auch heute noch Animismus. Die australischen Aborigines sehen die wahre Realität im Bereich des Spirituellen. Das Leben in der physischen Welt wird als Wachtraum betrachtet. Der Schleier zwischen dieser Welt und der nächsten, zwischen der Materie der physischen Welt und den unsichtbaren Kräften der spirituellen Welt ist dünn. Für manche alten Völker gibt es auch keine Zeit. Jeder Augenblick ist ein weiteres Jetzt.

Die ewigen Fragen werden im Animismus wie folgt beantwortet:

1. *Wie sind wir entstanden?*
   Wir sind Kinder von Mutter Erde (dem Bereich des Materiellen) und Vater Himmel (dem Bereich des Spirituellen).

2. *Wozu sind wir hier?*
   Um den »Garten« zu hegen und um zu gedeihen.

3. *Wie können wir das Beste aus unserem Dasein machen?*
   Indem wir im Gleichgewicht mit der Natur leben.

Der Animismus ist vielleicht die am besten ausbalancierte Haltung, welche die Menschheit jemals seit dem Garten Eden eingenommen hat. Während dieses Paradigmas herrschte Harmonie zwischen den unsichtbaren Bereichen des Spirituellen und den sichtbaren Bereichen des Materiellen. Alles war eins – eins mit dem Einen. Wenn das Leben nur zyklisch verliefe, wären wir immer noch in diesem paradiesischen Zustand, voll in unsere Umgebung integriert, praktisch nicht von ihr zu unterscheiden, nur mit einem Feigenblatt bekleidet oder mit noch weniger.

Aber irgendein Impuls, vielleicht die dem Menschen innewohnende Neugier, sandte unsere Ahnen auf den Weg, der aus dem Paradiesgarten herausführte, auf dass wir uns als Spezies weiterentwickeln und wissend würden. Der in der Theologie beschriebene »Fall« aus der gnadenreichen Unwissenheit war eigentlich ein »Aufstieg«, eine Zunahme an Weisheit, welche die Evolution der Menschheit auf ihren Weg der Suche nach Verständnis und Bewusstheit brachte.

Ein Biss von der Frucht der Erkenntnis, und die Erde erbebte. Die Einheit des Gartens Eden war gebrochen und die Zivilisation machte sich auf den Weg, die Bereiche des Spirituellen und der Materie getrennt zu erkunden. Doch leider hatte das Unternehmen einen Haken: Unsere Ahnen mussten sich aus der Welt herausnehmen, um in sie hineinschauen und sie beobachten zu können. Diese Sichtweise veränderte ihre Beziehung zur Natur von Grund auf: Plötzlich teilte sich das Universum in *Ich* und *Nicht-Ich* auf. Und irgendwie mussten alle Kräfte, die zum *Nicht-Ich* geworden waren, beschwichtigt werden, damit *Ich* und *Die anderen, die wie ich sind*, nicht Opfer jener Kräfte werden, mit denen wir uns einst in Harmonie und *eins* gefühlt hatten.

Polytheismus: Die erste spirituelle Aufteilung

Als die Menschen die Unterschiede zwischen *Ich* und *Nicht-Ich* zu betonen anfingen, verlor sich die Einheit des Paradieses: Es entstand die erste spirituelle Unterteilung. Der Bereich des Spirituellen löste sich von der physischen Welt und nahm eine eigene Energie an.

Um 2000 v. Chr. wurde der Polytheismus populär. Die Gesellschaft ließ die Einheit des Animismus hinter sich und führte eine Menge Gottheiten ein, die die Elemente der Natur repräsentierten. Jede dieser Gottheiten musste mit bestimmten Ritualen und Zeremonien gewürdigt werden, um das Wohl der Menschheit zu sichern. Indem die Polytheisten die Antworten auf die Geheimnisse des Lebens im Spirituellen suchten, begannen sie, sich von der Natur zu entfernen.

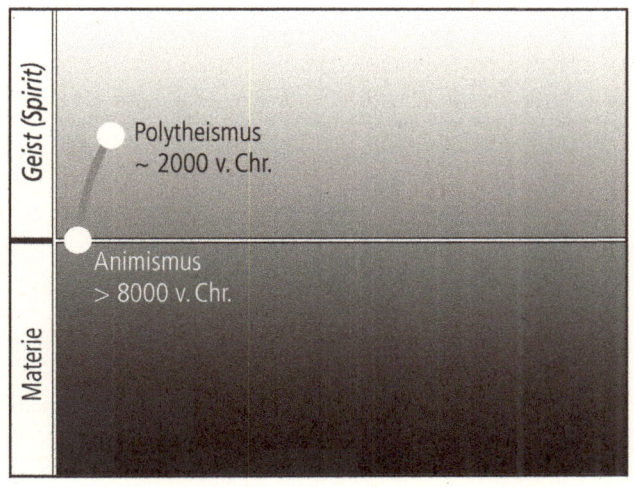

Mit dem Aufkommen des Polytheismus wanderte
das herrschende Paradigma in den spirituellen Bereich.

Der Polytheismus erreichte seinen Höhepunkt zur Zeit der griechischen Göttinnen und Götter, die über menschliche und übermenschliche Fähigkeiten verfügten. Sie lebten hoch oben auf dem Olymp, von wo sie die Menschen ab und zu in den verschiedensten Verkleidungen heimsuchten. Die normalen Menschen konnten nie wissen, ob eine Person oder eine Kreatur nicht in Wirklichkeit ein Gott war. Das hatte ernsthafte Konsequenzen: Eine Gottheit, die sich nicht gewürdigt oder nicht ernst genommen fühlte, konnte großen Schaden anrichten. Die Botschaft war daher: Lebe so, als wäre alles und jeder ein Gott, nur dann kannst du sicher sein, niemandem auf den Schlips zu treten, der dich hinterher eine Ewigkeit lang Steine den Berg hinaufrollen lässt.

Die ewigen Fragen wurden in dieser Zeit so beantwortet:

1. *Wie sind wir entstanden?*
   Aus dem Chaos.

2. *Wozu sind wir hier?*
   Um die Götter bei Laune zu halten.

3. *Wie können wir das Beste aus unserem Dasein machen?*
   Indem wir nie die Götter verärgern.

Wo ihre primitiven Vorfahren die Dinge einfach so hingenommen hatten, suchten die Menschen jener Zeit nach Antworten und brachten die ersten Philosophen hervor.

Das griechische Denken entwickelte sich in zwei einander ausschließende Richtungen: Die erste Perspektive wurde vor allem von Demokrit (um 460–380/370 v. Chr.) verbreitet und ging vom Primat der Materie aus. Demokrit prägte den Begriff des *Atoms,* des »Unteilbaren«. Er vermutete, dass unsichtbare, nicht weiter teilbare Atome – als kleinste Teile der materiellen Wirklichkeit – den Kern jeder physischen Struktur bildeten und dass das Universum aus im leeren Raum schwebenden Atomen bestehe. Für Demokrit und seine Anhänger zählte nur die Materie. Es gibt nur das, was man sehen kann – oder zumindest mit einem starken Mikroskop sehen könnte.

Im Gegensatz dazu entwickelte Sokrates (um 470–399 v. Chr.) eine ganz andere Philosophie. Er nahm das Universum seinem Wesen nach als Dualität wahr: Auf der einen Seite gibt es das nichtmaterielle Reich, in dem Gedanken *Form* annehmen. Das gebräuchlichere Wort für Form war seinerzeit *Seele.* Er behauptete, die Formen der nichtphysischen Welt seien perfekt, während die greifbare materielle Welt nur eine Annäherung an diese perfekten Formen, ein grober Schatten sei. Ein Mensch kann sich zum Beispiel einen perfekten Stuhl vorstellen, aber ein konkreter, konstruierter Stuhl wird immer nur eine Annäherung an die Perfektion des ursprünglichen Gedankens bleiben.

Im Lauf der Zeit lebten die Griechen mit beiden Sichtweisen nebeneinander.

Monotheismus: Gott wohnt nicht mehr hier

Nachdem die Menschen den Göttern ein paar Jahrtausende dabei zugeschaut hatten, wie sie mit ihren Tollheiten Chaos anrichteten, wurde es Zeit, die Geschichte weiterzubringen, tiefer ins Spirituelle hinein.

Ähnlich wie Kinder in einem gewissen Alter ein Bedürfnis nach Ordnung und Disziplin erspüren, führte auch der Drang nach einem tieferen spirituellen Verständnis zum Monotheismus und zum Glauben an den *einen* allwissenden, allmächtigen und allgegenwärtigen Gott, der für alle die Regeln aufstellt. Dieser Gott war nicht nur völlig außerhalb dieser Welt, er versprach auch uns ein gemütliches Plätzchen im Jenseits – wenn wir uns an seine Spielregeln halten würden, die von seinen Vertretern hier auf Erden verwaltet wurden.

Das kleine Volk der Hebräer betete zwar schon seit 2000 Jahren nur *einen* Gott an, doch erst der christliche Monotheismus führte im Abendland zur Ausbreitung des Glaubens an einen einzigen, allumfassenden Gott, der zum dominierenden theologischen Paradigma der westlichen Welt wurde.

Der Aufstieg der Römischen Kirche im 1. Jahrtausend dient als hervorragendes Beispiel dafür, wie eine neue Stufe der Zivilisation Überreste der vorangegangenen Gesellschaft subsumiert und in ihrem Sinn abwandelt. Viele der Götzenbilder und Feste des heidnischen Rom erfuhren eine Rundumerneuerung und tauchten als christliche Heilige und Feiertage wieder auf.

Unter der Führung von Albertus Magnus und seinem Schüler Thomas von Aquin polierte die Kirche auch die alten wissenschaftlichen und philosophischen Ideen des klassischen Griechenland wieder auf. Sie »säuberten« die anstößige polytheistische Rhetorik und veränderten die Inhalte so, dass sie sich mit den Ideen des Alten und Neuen Testaments vereinbaren ließen. Aus der Synthese christlicher und aristotelischer Philosophie erschuf Thomas von Aquin die *Natürliche Theologie,* in der man bestrebt ist, Gott durch das Studium der Natur näherzukommen.

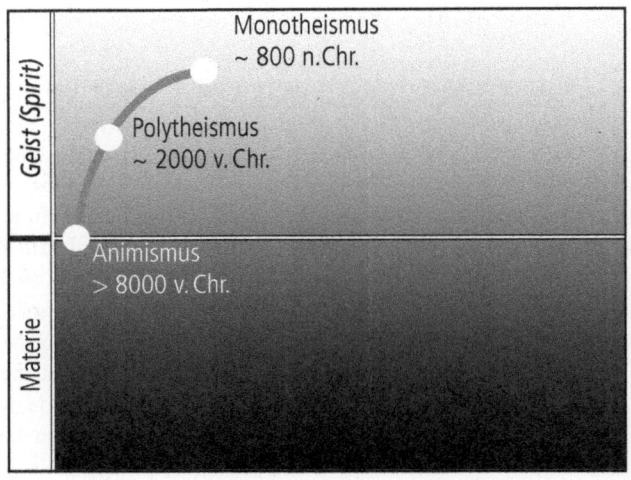

Im Monotheismus wanderte das herrschende Paradigma noch tiefer in den Bereich des Spirituellen.

Die jüdisch-christliche Kirche fühlte sich eher zu Sokrates' Annahme eines dualistischen Universums und des Konzepts einer perfekten Form oder Seele hingezogen. Die Kirche lehrte, dass das unvollkommene Leben auf der Erde, dieser groben, materiellen Schattenwelt, dem entspricht, was die moderne visionäre Aktivistin Caroline Casey einen »spirituellen Härtetest« nennt.[3] Dieser Ort, an dem wir uns in Moralstücken bewähren, sei nur eine Übergangsstation auf dem Weg zur himmlischen Vollkommenheit. Diese »Die Letzten werden die Ersten sein«- und »Leide jetzt und feiere später«-Verkaufsstrategie machte aus einem unerträglichen *hiesigen* Leben – das nur aus dem Dienst am Höherstehenden bestand – die Vorstufe für ein segensreiches *jenseitiges* Leben der Seele.

Einfach ausgedrückt: Im Monotheismus lag der ganze Schwerpunkt auf dem Spirituellen, während die materielle Welt als ein Ort der Verdammnis galt. Im monotheistischen Paradigma konzentrierte sich die Zivilisation ganz auf das Geistige und wich weit vom Punkt der Balance auf der Mittellinie ab. Die Menschheit war so mit dem versprochenen Leben jenseits dieser Welt beschäftigt, dass das Leben in dieser Welt aus dem Gleichgewicht geriet.

Einen grundlegenden Unterschied zwischen dem Polytheismus und dem neuen monotheistischen Paradigma stellten die Örtlichkeit und die Zugänglichkeit des Göttlichen dar. Die griechischen Götter lebten auf dem Bergrücken des Olymps. Der neue christliche Gott wohnte unter geheimer Adresse irgendwo in den höheren Sphären.

Ein Gott, der so weit über den Dingen stand, brauchte eine hierarchische Kommandokette, die von ganz oben bis ganz unten reichte. Da die Menschen jetzt völlig von ihrem Schöpfer getrennt waren, brauchten sie Priester als Mittelsmänner. Die Missionare trieben die Macht der Kirche und ihren persönlichen Heldenmut noch voran, indem sie durch die Welt reisten, um animistische »Primitive« zu bekehren, ungeachtet dessen, dass diese bereits mit jedem Atemzug mit ihrem Schöpfer vereint waren und sich dabei eigentlich sehr wohl fühlten.

Die Monotheisten beantworteten die drei ewigen Fragen folgendermaßen:

1. *Wie sind wir entstanden?*
   Durch göttliche Intervention.

2. *Wozu sind wir hier?*
   Um Tugendhaftigkeit zu üben.

3. *Wie können wir das Beste aus unserem Dasein machen?*
   Indem wir der Heiligen Schrift gehorchen – sonst setzt es was.

Die Kirche bestätigte, dass das Leben kurz und grausam sei, und machte ein unwiderstehliches Angebot: Tu, was wir dir sagen, und du wirst nach deinem Tod ewig hinter der Himmelspforte mit dem einzigen Gott vereint sein. Ihr Marketingplan war klar und höchst wirksam: Kaufe unser Produkt, und du kommst in den Himmel. Kaufe es nicht, und du landest in der Hölle.

Doch mit der religiösen Hierarchie gingen viele Regeln einher, ganz zu schweigen von Folter und Repressionen im Namen von Gottvater. Die selbst ernannte Unfehlbarkeit musste auch absolutes Wissen beanspruchen. Da Wissen Macht ist, bedeutet absolutes Wissen absolute Macht. Zweifel an der Unfehlbarkeit der Kirche galten als Häresie und wurden mit dem Tod bestraft, was der Kirche eine unglaubliche Autorität und Macht verlieh. Die Kirche konzentrierte sich im Lauf der Zeit derart auf ihr absolutes Wissen, und ihre absolute Macht wurde so korrupt, dass sie brüchig wurde und von ihrer Spitzenposition als Wahrheitsanbieter der Zivilisation verdrängt werden konnte.

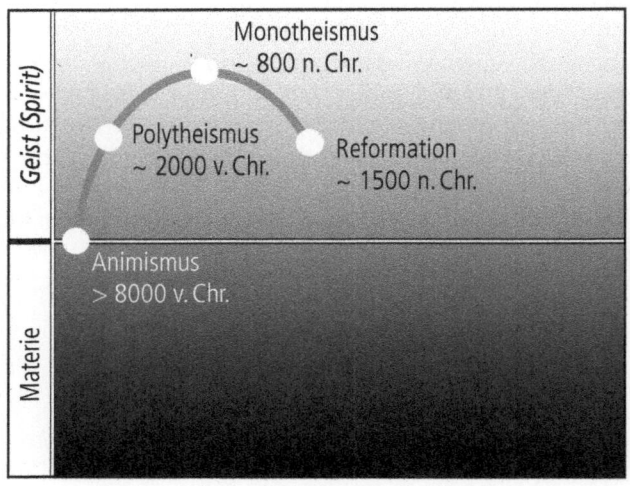

Die Reformation stellt den ersten Richtungswechsel dar.
Das herrschende Paradigma wendet sich mehr
einem Ausgleich zwischen Geist und Materie zu.

Ein zentrales Ereignis beim Absturz der kirchlichen Vorherrschaft war 1517 der Protest von Martin Luther gegen den Ablasshandel, bei dem sich wohltätige, gebewillige Sünder von der Hölle freikaufen konnten. Dies führte zur Reformation und in der Folge verlor die Kirche immer mehr Einfluss. Mithilfe der Beiträge von Descartes, Bacon, Newton und anderen wandte sich der evolutionäre Weg der Menschheit von seiner Fixiertheit auf das Spirituelle ab und den Geheimnissen des physischen Universums zu.

Deismus:* Eine Frage der Vernunft

Seit Ende des 17. Jahrhunderts bis hinein ins 18. Jahrhundert kehrte sich der evolutionäre Weg der Zivilisation weiter dem kraftvollen mittleren Bereich des Gleichgewichts zwischen *Geist* und Materie zu. Die westliche Zivilisation erlebte das Zeitalter der Aufklärung. Sie begann als eine europäische intellektuelle Bewegung, die mehr Gewicht auf die Vernunft und das Individuum legte als auf monotheistische religiöse Traditionen. Die aufklärerische Philosophie sah Gott und Natur als eins an; man glaubte, die Menschheit würde durch ein wissenschaftliches Verständnis der Natur besser lernen, in Harmonie mit Gott zu leben.

Interessanterweise stammten die ausgleichenden Aspekte der Philosophie der Aufklärung aus Studien des französischen Philosophen Jean-Jacques Rousseau über die animistische Kultur der amerikanischen Indianer. Seine idealisierende Beschreibung dieser sogenannten »edlen Wilden«, in denen er das natürliche Gute im Menschen zu erkennen meinte, das von den korrumpierenden Einflüssen der Zivilisation verdorben wird, gab gleichsam den Startschuss für eine europäische Auswanderungswelle in die neu gegründeten amerikanischen Kolonien.

---

* Als *Deismus* bezeichnet man im Allgemeinen den Glauben an Gott aus Gründen der Vernunft und im Speziellen eine freidenkerische Glaubensströmung, die im 17. Jh. in England aufkam. (Anm. d. Übers.)

Wie wir im nächsten Kapitel ausführlicher darstellen werden, waren viele der Gründungsväter Deisten, Anhänger der Philosophie der Aufklärung, die zwar die Existenz eines Höchsten Wesens anerkannten, jedoch nicht an eine übernatürliche Gottheit glaubten, die mit der Menschheit in Wechselwirkung steht. Ihr Glaube beruhte auf den »Naturgesetzen« und der »Vernunft«. Wie 8000 Jahre zuvor die Animisten, würdigten die Deisten sowohl ihre Beziehung zu den materiellen als auch zu den nichtmateriellen Bereichen der Natur.

Verankert in der deistischen Philosophie und mit Elementen angereichert, die von der Kultur der amerikanischen Ureinwohner abgeleitet wurden, stellt die US-amerikanische Unabhängigkeitserklärung und Verfassung eine hervorragende Balance zwischen tiefen spirituellen Wahrheiten und physischen Prinzipien eines eleganten, materiellen Universums dar. Dieses vielversprechende Ereignis, das die Rückkehr unserer Zivilisation zu einem spirituell-materiellen Gleichgewicht markiert, bildete die Grundlage der Vereinigten Staaten von Amerika.

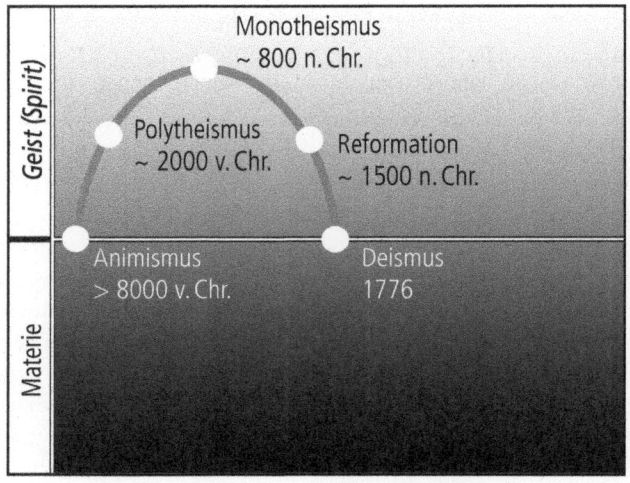

In der deistischen Phase herrschte für einen kurzen Moment ein harmonisches Gleichgewicht zwischen Geist und Materie. Es währte nicht lange, aber es zeigt, dass es möglich ist.*

Doch die Zeit steht niemals still. Die Evolution schritt weiter voran, durch die Mittellinie hindurch in das noch unerforschte Gebiet des Materiellen – weg von der Jenseitigkeit, hin zur Diesseitigkeit.

Im Lauf dieser Entwicklung führte die wissenschaftliche Erforschung des materiellen Universums zu Erkenntnissen und Technologien, die uns ein besseres physisches Leben ermöglichten, als sich je jemand hätte träumen lassen. Wie will man die Wunder Jesu, der Wasser in Wein verwandelte, mit den Wundern einer Eisenbahnfahrt durch den Orient oder eines Impfstoffs gegen Pocken vergleichen? Doch trotz aller technologischen Errungenschaften konnte sich die moderne Wissenschaft zunächst nicht als offizielle Wahrheitsquelle durchsetzen. Sie hatte auf die Frage nach unserem Ursprung keine besseren Antworten als die Bibel und spielte daher noch eine ganze Weile gegenüber den anerkannten Wahrheiten der Kirche die zweite Geige.

Wissenschaftlicher Materialismus: Nur die Materie zählt

Der Monotheismus beruhte allein auf Glauben. Doch Philosophen und Wissenschaftler wie Sir Francis Bacon und Sir Isaac Newton boten der Menschheit die Chance, die Dogmen infrage zu stellen und selbst auf die Suche nach Antworten zu gehen. Für die Menschen jener Zeit mussten sich wissenschaftliche Wahrheiten verstärkt durch mathematische Wahrscheinlichkeit und Zuverlässigkeit auszeichnen. Die technologischen Wunder wurden zur Grundlage der industriellen Revolution.

---

* Das Datum 1776 im Schaubild steht für das Jahr der Unabhängigkeitserklärung der USA am 4. Juli (einige Tage zuvor: Erklärung der Menschenrechte in der neuen Verfassung von Virginia). Grundsätze waren Freiheit und Gleichheit aller Menschen im Sinne des Naturrechts; Volkssouveränität; Recht des Widerstandes gegen »tyrannische« Regierungen. (Anm. d. Red.)

Währenddessen bemühte sich die Kirche verzweifelt, die Kontrolle über das Wissen zu behalten. Wer kreativ dachte, sah sich mit der Inquisition konfrontiert, und die daraus folgenden Konsequenzen waren ein wirksamer Anreiz, »richtig« zu denken. Die Kirche versuchte, den Drang nach Wissen und den Mut neugieriger Wissenschaftler auch dadurch einzudämmen, dass sie viele Themen zum Tabu erklärte. Der menschliche Körper galt zum Beispiel als unantastbares »Geheimnis Gottes«: In ihn hineinzuschauen war Sünde. Christen durften demzufolge keine Ärzte werden, denn sie hatten es zu unterlassen, sich mit den inneren Vorgängen im Körper zu beschäftigen. Die Medizin blieb eine ganze Zeit lang den Juden, Moslems und anderen sogenannten »Ungläubigen« vorbehalten.

Doch trotz aller Verbote der Kirche drangen die Wissenschaften weiter in die verschiedensten Bereiche vor. Der Philosoph und Mathematiker René Descartes und später Isaac Newton erklärten, das Universum sei eine Maschine. Die Newton'schen Prinzipien der Mathematik wandten die Präzision eines Uhrwerks auf das Sonnensystem an. Man leugnete zwar nicht, dass Gott der eigentliche Uhrmacher gewesen sein könnte. Doch einmal aufgezogen, schien das Uhrwerk dieser Welt rein auf mathematischen Prinzipien zu beruhen.

In einer Welt, in der die Wissenschaft herrscht, war Gott so weit weg, dass seine Schöpfung ohne ihn funktionierte. Die nachfolgende industrielle Revolution und die dazugehörigen technologischen Erfindungen drängten Gott noch weiter aus dem Bild. Wer braucht schon einen Gott, wenn wir selbst technische Wunderwerke erschaffen können?

Erst als Mitte des 19. Jahrhunderts der englische Naturforscher Charles Darwin die Szene betrat, wurde der wissenschaftliche Materialismus zum dominanten Paradigma unserer Zivilisation. Sie erinnern sich bestimmt: Ein grundlegendes Paradigma muss alle drei ewigen Fragen beantworten können. Vor der Veröffentlichung von Darwins *The Origin of Species** konnte die Wissenschaft auf die Fra-

---

* Dt. Ausgabe: *Die Entstehung der Arten*. Siehe vollständigen Titel im 6. Kapitel unter der Überschrift »Darwins unfeines Arrangement«. (Anm. d. Red.)

ge des Woher keine befriedigende Antwort geben. Darwins Theorien gingen davon aus, dass sich die Menschen im Lauf von Jahrmillionen durch einen niemals endenden Überlebenskampf aus niedrigeren Lebensformen entwickelt hatten. Die Bevölkerung des 19. Jahrhunderts konnte diese Theorien gut annehmen, denn die Regeln der Tier- und Pflanzenzucht waren allgemein bekannt.

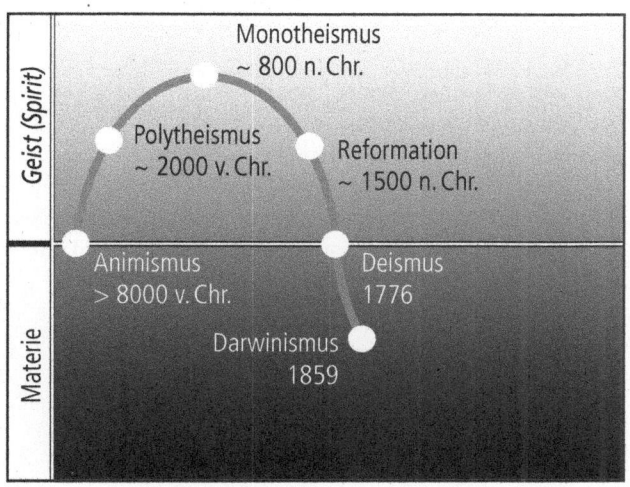

Der Darwinismus kennzeichnet den Vormarsch des herrschenden Paradigmas in den Bereich der Materie.

Nachdem die Theorie der Evolution als wissenschaftliche Tatsache anerkannt worden war, verlor die Kirche schnell ihre Position als höchste Autorität und musste die Position der offiziellen Wahrheitsquelle an den wissenschaftlichen Materialismus abgeben.

Die Materialisten beantworteten die drei ewigen Fragen so:

1. *Wie sind wir entstanden?*
   Aus zufälligen Vererbungsreihen.

2. *Wozu sind wir hier?*
   Um uns zu vermehren.

3. *Wie können wir das Beste aus unserem Dasein machen?*
   Indem wir nach dem Gesetz des Dschungels leben.

Ja, so war das: ein unglaublich schneller Abstieg vom Gesetz der Heiligen Schrift zum Gesetz des Dschungels. Das zweischneidige Schwert des Materialismus hat uns mit den Bequemlichkeiten einer Technologie versorgt, von der unsere Ahnen niemals träumen konnten, und die Zivilisation hat eine absolute Autorität gegen eine andere ausgetauscht. Angesichts der Wunder, die die Wissenschaft zu bewirken schien, wich die dogmatische Religion des Monotheismus der dogmatischen Religion des wissenschaftlichen Materialismus. Aus der Sicht der Wissenschaften gibt es nur die materielle Welt und sonst nichts. Was nicht zu dieser Ideologie passt, gilt als Häresie.

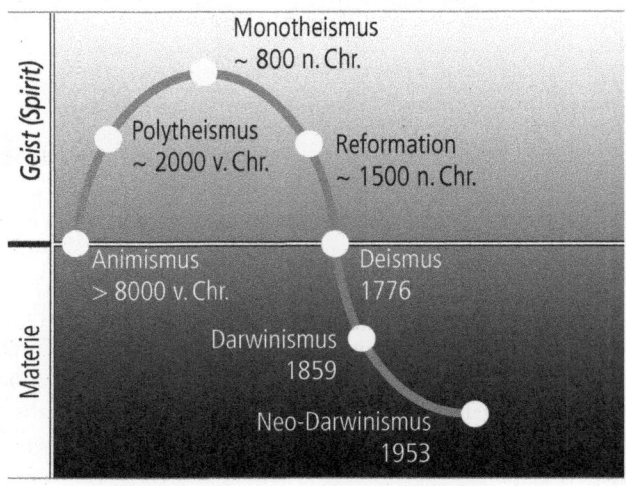

Mit dem Neo-Darwinismus rückte das herrschende Paradigma noch tiefer in den Bereich der Materie.

Wie ein Jugendlicher, der zum ersten Mal nach Unabhängigkeit strebt, stellten wir Menschen uns vor, dass wir nur die Mechanik dieses Universums ergründen müssten und damit alle Geheimnisse des Lebens entschlüsseln könnten.

Der Weg der Zivilisation erreichte seine größte materielle Abweichung von der Mittellinie im Jahr 1953, als die Molekularbiologen James Watson und Francis Crick erklärten, sie hätten mit ihrer Entdeckung der DNA-Doppelhelix das ultimative Geheimnis der Biologie gelüftet. Indem sie das Wesen des *Ursprungselements* der Zelle definierten, hatten Watson und Crick die materiellen Ursprünge des Lebens erfasst.

Das Blatt wendet sich

Hochmut kommt vor dem Fall – oder: Wer hoch steigt, wird tief fallen. In den letzten 50 Jahren hat die vergöttlichte Technologie unvorstellbare negative Folgen nach sich gezogen.

Wie in Goethes »Zauberlehrling« spielt Micky Maus in dem Disney-Film *Fantasia* den Zauberlehrling, der versucht, die Magie seines Meisters nachzuahmen, ohne über dessen Wissen oder Weisheit zu verfügen. Das Ergebnis ist verheerend: Micky kann die Kräfte, die er entfesselt hat, nicht mehr unter Kontrolle bringen. Auf ähnliche Weise hat die moderne Zivilisation die Kräfte der Technologie entfesselt und versucht, mit einem beschränkten Micky-Maus-Bewusstsein ihrer Herr zu werden. Die gleiche materiell orientierte Medizin, die uns Penicillin, Polio-Impfstoffe und Operationen am offenen Herzen bescherte – ohne über ein ausreichendes Verständnis der unsichtbaren Bereiche zu verfügen –, wurde zur Haupttodesursache der westlichen Welt.

In einem letzten Versuch, die Kultur des wissenschaftlichen Materialismus zu kapitalisieren, überzeugten Risiko-Kapitalanleger die Wissenschaftler und die Öffentlichkeit, in das Human-Genom-Projekt (HGP) zu investieren. Dieses Projekt sollte alle 150 000 Gene identifizieren und patentieren, die aus Sicht der Neo-Darwinisten nötig waren, um einen Menschen zu bilden.

Am Ende des Human-Genom-Projekts kam jedoch heraus, dass es im menschlichen Genom nur etwa 23 000 Gene gibt. Die »fehlenden« 125 000 Gene machen deutlich, dass das neo-darwinistische Konzept einer genetisch programmierten Biologie ziemlich hinkt.[4]

Zusammen mit anderen grundlegenden Fehlinterpretationen hat die Tatsache, dass unser ganzes Gesundheitssystem auf diesem mangelhaften Konzept beruht, den Fortschritt im Gesundheitswesen stark behindert und entscheidend zur sinkenden Wirksamkeit und den steigenden Kosten der allopathischen Medizin beigetragen. Die öffentliche Unzufriedenheit mit der gegenwärtigen schulmedizinischen Versorgung spiegelt sich auch darin wider, dass inzwischen fast die Hälfte der US-amerikanischen Bevölkerung Hilfe in der Komplementärmedizin sucht.

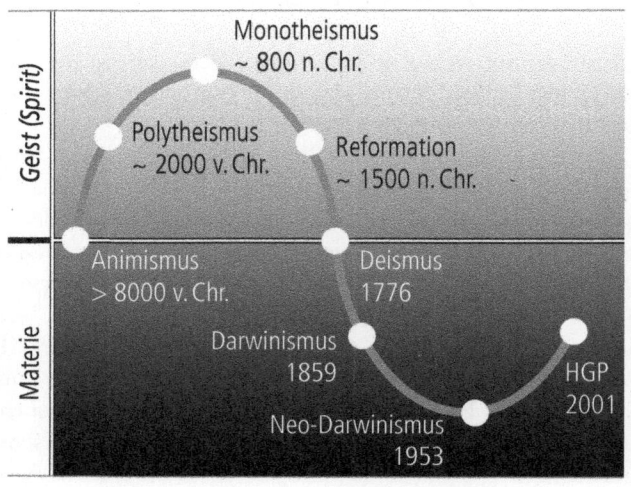

Das Human-Genom-Projekt (HGP) war zwar ein materielles Unterfangen, bewirkte jedoch, dass sich das herrschende Paradigma wieder der Mittellinie zuwandte.

Interessanterweise betonen die meisten alternativen Heilweisen die Bedeutung der unsichtbaren Energiefelder für das menschliche Leben. Die Abbildung zeigt den Trend unserer Zivilisation weg vom Materialismus hin zu einem Gleichgewicht mit dem Bereich des Unsichtbaren, des Spirituellen.

Ein neuer Wissenschaftszweig ist entstanden, der dem irrigen Glauben zuwiderarbeitet, dass wir die Opfer unserer Gene seien: Die sogenannte *Epigenetik* erforscht den Einfluss und die Wechselwirkung zwischen der Biologie und der genetischen Aktivität eines Organismus und seiner Umgebung. Aus den Resultaten wird deutlich, dass wir durch unsere Kontrolle über unsere Umgebung auch die Macht haben, unsere Biologie zu beeinflussen und zu Herren über unser Schicksal zu werden.

Die gute Nachricht dabei ist, dass die evolutionäre Entwicklung der Menschheit wieder rasch auf die Mittellinie zuwandert, und zwar keinen Augenblick zu früh. Jeden Tag erfahren wir, wie unsere einseitige Beschäftigung mit dem Materialismus die Existenz allen Lebens auf dem Planeten gefährdet. Zum Glück scheinen wir schnell zu lernen. Um jedoch aus der unkontrollierbaren Achterbahnfahrt der Sinuskurve auszusteigen, müssen wir uns voll bewusst werden, dass wir keine weiteren Polarisierungen in Spirituell und Materiell mehr brauchen, sondern eine harmonische Integration.

Das Aufflammen des religiösen Fundamentalismus, vor allem die Begeisterung für Verzückungen und andere jenseitige Belohnungen, scheint ein Symptom der kollektiven Ahnung zu sein, dass wir uns auf einem Höllenritt der Selbstzerstörung befinden. Weder die schwarz gewandeten Priester noch die weiß gewandeten Wissenschaftler können uns jetzt helfen – zumindest nicht im Rahmen der vorhandenen Überzeugungen. Sowohl der Monotheismus als auch der wissenschaftliche Materialismus haben uns von der Natur entfremdet. Der religiöse Fundamentalismus betrachtet die Menschheit als etwas Höherstehendes als die Natur, und der wissenschaftliche Materialismus meint, das Wunder des Lebens sei nur ein zufälliges Ergebnis eines genetischen Würfelspiels.

Die Geschichte hinter der Geschichte

Fangen Sie an, zu erkennen, warum wir eine neue Geschichte brauchen? Die alten Geschichten halten uns machtlos – der Gnade eines fernen Gottes oder irgendwelchen zufälligen Mutationen ausgeliefert. Sie rauben uns unsere Aufmerksamkeit und unsere Energie, indem sie uns polarisierte Positionen aufzwingen, statt uns in die Lage zu versetzen, vorwärtszugehen.

Müssen wir uns wieder so weit von der Mittellinie entfernen? Oder können wir die Einheit und Kohärenz kultivieren, die uns einen strebsamen Schritt voranbringen, auf einen Weg der Evolution, der die Zivilisation in naher Zukunft wieder an den machtvollen Punkt eines Gleichgewichts zwischen Spiritualität und Materialität lenkt?

Zu einer Zeit, in der uns hartnäckige Muster der Vergangenheit in die Dualität zwängen, ist es weise, sich daran zu erinnern, was uns die Quantenphysiker über das Wesen der physischen Existenz sagen: Hinter jedem Teilchen gibt es eine Welle, die dem Teilchen sagt, was es zu tun hat. Genauso wie Animisten und Deisten erkannten, dass *Geist* und Materie miteinander koexistieren, geht es auch für uns darum, über die Entweder-oder-Haltungen hinauszuwachsen ins Sowohl-als-auch. Es ist wie bei der Bier-Reklame: viel Geschmack *und* wenig Alkohol. *Geist (Spirit) und* Materie. Welle *und* Teilchen. Männlich *und* Weiblich. Sie *und* ich *und* alle anderen auch.

Denken Sie nur an die Entstehung des Lebens. Das Leben entstand am Mittelpunkt, am Nullpunkt, wo sowohl Energie als auch Materie ganz präsent sind. Milliarden Jahre lang traf die Energie der Sonne auf die Teilchen der Materie, aus denen *Mater*, unsere Mutter Erde, besteht. Die Energie dieser Lichtwellen verband sich mit der anorganischen Chemie und es entstand der Prozess der Photosynthese. Aus der Verbindung von Lichtwellen und chemischen Teilchen ging die *organische Chemie* hervor, die Chemie der lebendigen Organismen. Durch die *Photosynthese* wurde die träge Materie belebt. Das Leben begann also tatsächlich damit, dass sich das Licht vom Himmel mit der Materie der Erde vereinigte. Sie sehen: Das Konzept der animistischen amerikanischen Ureinwohner von Vater Himmel und Mutter Erde erzählt genau davon.

Auf ähnliche Weise enthält die Samenzelle, die nur zum Transport von Genen erschaffen wurde, eigentlich nur Informationen. Sie entspricht damit der Welle, die sich mit der Materie in Form der Eizelle verbindet.

Auch hier erkennen wir die selbstähnlichen Muster, nach denen das Universum aufgebaut ist. Aus Information und Materie entsteht neues Leben – was sich in keiner Weise allein aus einem Studium der Eizelle und der Samenzelle vorhersagen ließe. Wäre es möglich, dass wir durch die Integration von *Geist* und Materie, Energie und Teilchen, Männlichem und Weiblichem eine emergente* menschliche Gesellschaft erschaffen könnten, die es noch nie gab und deren Qualitäten sich unmöglich aus dem ableiten lassen, was wir jetzt haben und sind?

Die Annahme einer emergenten Menschheit mag als unrealistisches Ideal erscheinen, aber bedenken Sie nur die Alternativen! Wir stehen vor einer Situation, in der wir gezwungen sind, uns entweder weiterzuentwickeln oder auszusterben. Was ist Ihnen lieber? Wie Sie im Teil II *(Vier apokalyptische Wahrnehmungs-Mythen)* sehen werden, haben unsere persönlichen Präferenzen sehr viel mehr Einfluss auf unsere Wirklichkeit, als wir bisher angenommen haben. Das bedeutet, unsere Vorlieben könnten für das Schicksal der Menschheit tatsächlich von Bedeutung sein.

Im Gegensatz zu unseren deistischen Vorfahren kämpfen wir heute nicht gegen einen fernen König, sondern gegen unsere eigenen bewussten und unbewussten Beschränkungen, gegen unsere verzerrte Fehlinterpretation des Wesens und des Potenzials der Menschheit. Wir befinden uns im Krieg; unsere Gegner sind die Hirngespinste unserer eigenen Ängste sowie die gewohnten Abwehrhaltungen gegenüber Dingen, die es vielleicht gar nicht mehr gibt. Die meis-

---

* Emergenz (lat. *emergere* = dt. *auftauchen, hervorkommen, sich zeigen*) ist die spontane Herausbildung von Phänomenen oder Strukturen auf der Makroebene eines Systems auf der Grundlage des Zusammenspiels seiner Elemente. Dabei lassen sich die emergenten Eigenschaften des Systems nicht offensichtlich auf Eigenschaften der Elemente zurückführen, die diese isoliert aufweisen. (Quelle: Wikipedia; Anm. d. Übers.)

ten von uns werden von den Überzeugungen und Beschränkungen längst verstorbener Personen »ferngesteuert« – und wissen es nicht einmal!

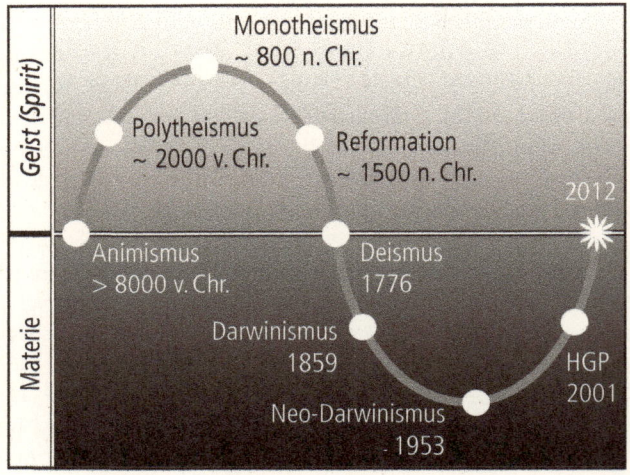

Wenn die bevorstehende spontane Evolution, wie wir hoffen, in den Holismus mündet, wird das herrschende Paradigma wieder im Gleichgewicht zwischen Geist und Materie sein und sich der besten Qualitäten beider Bereiche bedienen können.

Wird ein junger Elefant ausgebildet, bindet man ihn mit einem starken Seil an einen Pfosten. Er kann ziehen und zerren, wie er will: Er kommt nicht los. Irgendwann erkennt der Elefant das Seil als eine übermächtige, unbewegliche Kraft an. Sobald er ausgewachsen ist, braucht man ihm nur noch ein Seil um das Bein zu binden, und er bleibt auf demselben Fleck stehen, denn er hat sich der Allmacht des Seils ergeben. Obwohl er die Kraft hätte, jedes Seil zu zerreißen und jeden Pfosten umzulegen, hält die in jungen Jahren angenommene einschränkende Überzeugung den Elefanten unbeweglich und gefügig.

Wir können uns also fragen: Welche Geschichten und Überzeugungen halten uns unbewusst in Fesseln und ohnmächtig? Was hindert uns daran, unsere wahren Fähigkeiten auszuleben? Sind es unhinterfragte Ideen über die Ursünde oder ein sinnleeres Universum? Fürchten wir vielleicht, dass trotz allem Macht vor Recht geht? Haben wir uns dem alles durchdringenden Glauben ergeben, dass es immer Krieg und Armut geben wird, weil die Welt nun mal so ist?

Nun, sagen Sie das mal Mahatma Gandhi oder Martin Luther King Jr. oder Washington, Jefferson und Franklin. Wie wir im nächsten Kapitel sehen werden, gibt es in den Hinterlassenschaften der amerikanischen Gründerväter möglicherweise wichtige Hinweise auf unsere nächste evolutionäre Stufe. Einst gründeten sie die Vereinigten Staaten von Amerika auf den sogenannten »natürlichen Gesetzen«. Vielleicht brauchen wir heute ein modernisiertes natürliches Gesetz, das es uns erlaubt, unser höheres Wesen als Zellen des Körpers von Mutter Erde *und* als spirituelle Energie des ewigen Universums zum Ausdruck zu bringen.

Diese neue Richtung könnte unsere Rückfahrkarte in den Garten Eden sein, aber diesmal als bewusste Gärtner, um noch schönere, besser funktionierende und liebevollere Ausdrucksformen des Lebens zu ko-kreieren.

4. Kapitel

Die Wiederentdeckung Amerikas

»Wir brauchen in den USA keine Revolution. Wir hatten bereits eine. Was wir jetzt brauchen, ist eine amerikanische Evolution, in der wir, das Volk, zu den Bürgern werden, von denen die Gründer unseres Staates geträumt haben.«

SWAMI BEYONDANANDA

Evolution in der Petrischale

Als wir anfingen, dieses Buch zu schreiben, lautete unser Arbeitstitel zunächst *Die amerikanische Evolution*. Wir beide, Bruce und Steve, kommen aus völlig unterschiedlichen Bereichen – aus der Biologie und der Politikwissenschaft –, doch wir sahen beide das evolutionäre Potenzial im politischen Experiment genannt USA. Der Gründungsslogan unserer Nation – *E Pluribus Unum* (Aus vielen [wird] eins) – spiegelt das neue Verständnis der evolutionären Wissenschaft wider, dass jeder von uns eine bewusste, teilnehmende Zelle im Körper der Menschheit ist. Diese Sichtweise erscheint noch sinnvoller, wenn wir uns die USA als eine menschliche Zellkultur vorstellen, ein makroskopisches, experimentelles Projekt, aus dem die ganze Welt lernen kann.

Aus biologischer Perspektive ist die Erde eine gigantische Petrischale, die dem Wachstum und dem Überleben aller Organismen dieser Biosphäre dient. Meere, Flüsse, Berge und Wüsten stellen natürliche geologische Grenzen dar; sie teilen das Terrain in einzelne Habitate, die von bestimmten Flora- und Fauna-Gemeinschaften besiedelt sind. Die Eigenschaften jedes Gebiets formen die evolutionären Merkmale seiner Einwohner.

Das gilt auch für die menschlichen Bewohner der Erde. Mit dem Aufkommen der Zivilisation entstanden geopolitische Grenzen, welche Staaten und Nationen umreißen. Die Bürger dieser Länder und Staaten waren bis vor Kurzem relativ stark vom Einfluss der umgebenden Völker getrennt. Jedes politische Territorium bildete daher einen klar definierten Lebensraum, der die Eigenschaften und den Charakter seiner Einwohner prägte.

Diese eingegrenzten Nationen lassen sich mit Zellkulturen vergleichen, die auch dem Wachstum und der Entwicklung ihrer Bewohner dienen. Im Lauf der Zeit kristallisierten sich aus den kulturellen Gegebenheiten in jeder souveränen Petrischale eigene Sitten und Gebräuche heraus, die den Nationalcharakter der jeweiligen Bewohner bilden.

Wie man in jedem Landwirtschaftsseminar lernt, lassen sich durch Inzucht die speziellen Eigenschaften eines Organismus verstärken. Die positive Seite der Inzucht sehen wir in den vielen Hunde- und Katzenrassen, die es heute gibt. Leider gibt es jedoch auch eine Schattenseite: Durch Inzucht kann es zu genetischen Defekten und degenerativen Krankheiten kommen: zu Missbildungen, Bluterkrankheit, Schwachsinn und vielen anderen Störungen.

Im 18. Jahrhundert hatte die kulturelle Inzucht die jeweiligen positiven und negativen Charakterzüge der Nationalstaaten der westlichen Zivilisation deutlich herausgebildet. In dem Scherz über die Europäer im Himmel und in der Hölle wird das schön skizziert: Im Himmel sind die Polizisten Engländer, die Mechaniker Deutsche, die Köche Franzosen, die Liebhaber Italiener und das Ganze wird von den Schweizern organisiert. In der Hölle sind die Polizisten Deutsche, die Köche Engländer, die Mechaniker Franzosen, die Liebhaber Schweizer und das Ganze wird von den Italienern verwaltet. Wir lachen darüber, doch jeder erkennt die Merkmale der verschiedenen menschlichen »Rassen« sofort wieder.

Neben diesen Persönlichkeitsmerkmalen hatten sich im Europa des 18. Jahrhunderts die Bürger der einzelnen Länder auch in kastenähnliche* hierarchische Schichten pressen lassen, in denen Macht und soziale Stellung von der familiären Abstammung abhingen. Durch die rigiden Gesellschaftsstrukturen war die Zukunft eines Menschen schon vor seiner Geburt festgelegt.

Als dann die deistische Philosophie der Aufklärung durch die westliche Zivilisation schwappte, inspirierten die Berichte Jean-Jacques Rousseaus über die Freiheit der »edlen Wilden« in der Neuen Welt zu kühnen Visionen. Angetrieben von Träumen über ungehinderte Möglichkeiten in einer kastenlosen Neuen Welt, strebten Menschen aus allen Ländern nach einem besseren Leben und emigrierten in die fruchtbaren Gefilde der amerikanischen Kolonien.

Die Gründung der Vereinigten Staaten von Amerika stellt in der Evolution der menschlichen Zivilisation ein grandioses Experiment dar. In den amerikanischen Kolonien kamen Menschen aller möglichen Rassen, religiösen Überzeugungen und Nationalitäten zusammen. Eingefasst von geopolitischen Grenzen, von Europa und Asien durch Ozeane getrennt, bildeten die USA eine Zellkultur, in der die Dynamiken und das Potenzial einer globalen Zivilisation ausprobiert werden konnten.

Bauern, Genetiker und Kleintierzüchter wissen schon lange, dass Kreuzungen unter verschiedenen Rassen dazu neigen, bessere Qualitäten aufzuweisen als ihre reinrassigen Eltern. Wissenschaftlich wird dieses Phänomen *Heterosis* genannt. Der meteorhafte Aufstieg der USA zu ihrer globalen Vormachtstellung ist ein Zeugnis genau dieser interkulturellen Heterosis.

Neben den interkulturellen Vermischungen führte die Gründung der USA auch zur weltweiten Anerkennung des notwendigen Gleichgewichts zwischen dem Spirituellen und dem Materiellen. Der erstaunliche Erfolg der USA liegt zumindest zum Teil darin begründet, dass fortschrittliche evolutionäre Prinzipien einer auf der Philosophie der Aufklärung beruhenden egalitären Gesellschaft in die Unabhängigkeitserklärung und in die Verfassung einflossen. Die Gründungsväter, die damit ihr Leben riskierten, taten dies nicht nur

---

* Gemeint sind die Kasten (Sing.: Kaste): sich streng absondernde Gesellschaftsschichten mit überzogenem Standesbewusstsein. (Anm. d. Red.)

um ihrer selbst oder um der amerikanischen Kolonisten willen. Nein, ihre Erklärung, in der sie die Anerkennung des Wertes menschlichen Lebens forderten, richtete sich an die ganze Menschheit.

Wie in der Grafik im letzten Kapitel dargestellt, war diese harmonische Phase der menschlichen Zivilisation leider nur ein kurzes Übergangsstadium auf dem Weg in den Bereich des Materiellen. Um 1860 führten Darwins Theorien die Welt in eine gottlose, materiell orientierte Existenz. Zur gleichen Zeit leiteten der amerikanische Bürgerkrieg und die nachfolgende Industrialisierung eine neue, materialistische Grundhaltung ein, welche die Vereinigten Staaten verführte, ihre deistischen spirituellen Wurzeln aufzugeben und stattdessen als Währung den Goldstandard zu übernehmen. Die neue Gottheit des wissenschaftlichen Materialismus hatte damit ihr Monument: das Geld. Dessen Anbetung ging Hand in Hand mit der Herrschaft der Maschine.

Der enorme finanzielle Erfolg Amerikas in dieser Zeit entstand auch durch die Stärkung einer leblosen Entität, die nur darauf aus war, um jeden Preis Profit zu machen. In den Achtzigerjahren des 19. Jahrhunderts wurden Kapitalgesellschaften die juristischen Rechte von Personen verliehen. Ihnen fehlte jedoch das moralische Gewissen eines menschlichen Herzens. In der Natur erleben wir es oft, dass eine Art aufgrund einer mangelnden Balance in ein System eindringen kann und dann selbst zum Ausdruck dieses Ungleichgewichts wird. Die Kapitalgesellschaften waren darauf programmiert, auf jeden Fall zu wachsen. Man könnte sagen, dass die einst nützlichen Organismen der Unternehmen durch diesen Schritt zu Parasiten des Staatskörpers wurden. Sie beuteten das materielle Vermögen der USA aus und untergruben die moralischen und spirituellen Ideale, welche die Gründungsväter eingeführt hatten. Wie wir in diesem Kapitel noch verdeutlichen werden, stellt die ursprüngliche Vision der Vereinigten Staaten in der Evolution der Menschheit einen bedeutsamen Schritt dar – trotz der Tatsache, dass die Vereinigten Staaten dieser Vision in vielfacher Weise nicht gerecht geworden sind.

Doch dieses großartige Experiment ist noch nicht vorbei. Manche meinen, im Erwachen nach den Bush-Jahren würde man sich wieder dem Impuls widmen, die Vision der Gründer mit Leben zu erfüllen. Während wir aus einer Ära des Zynismus in eine Zeit der evolutionären Möglichkeiten übergehen, erkennen wir, wie die ursprüngliche Intention der Vereinigten Staaten verloren gegangen ist ... und wie sie wiederbelebt werden kann.

Amerika: Von der Revolution zur Devolution*

Wenn wir uns den Aufstieg und Fall von Paradigmen auf dem Weg der menschlichen Evolution ansehen, sollten wir nicht vergessen, dass die Geschichte von denen geprägt wird, die sie schreiben und interpretieren, und dass Interpretationen in der Regel den Ansichten derer entsprechen, die sie verfassen.

Wer von Ihnen in den USA aufgewachsen ist, wird sich an die Geschichten von der Unabhängigkeitserklärung, der Freiheitsurkunde und der idealistischen Gründung dieses Landes erinnern, die wir in der Grundschule gehört und die den Gründervätern eine schier übernatürliche Aura verliehen haben. Verdeutlicht wird dies auch durch das Gemälde von Emanuel Leutze *Washington überquert den Delaware,* auf dem wir General George Washington heroisch am Bug eines Bootes stehen sehen, das während des Unabhängigkeitskrieges von seinen Männern durch die eisigen Fluten des Delaware-Flusses gerudert wird.

Ihrem historischen Beitrag entsprechend, wurden die Gründerväter schnell auf ein Podest gestellt. Doch schon ein Jahrhundert, nachdem die Tinte auf den Pergamenten getrocknet war, hatten enorme politische Auseinandersetzungen die Heiligenscheine getrübt. Die aufsteigende amerikanische Industrie mit ihrer Maschinen-Mentalität und die harten Angriffe von Enthüllungsjournalisten, Autoren und Gelehrten holten alle gefeierten Idole vom Sockel herunter.

Die Unschuld der Gründerjahre erlitt im Bürgerkrieg schweren Schaden. Der nachfolgende Wandel der US-Wirtschaft von der

---

* Devolution = Übertragung eines Herrschertitels oder Übertragung administrativer Unabhängigkeit auf regionale Körperschaften. Oft synonym mit politischer Dezentralisierung verwendet. (Anm. d. Übers.)

Landwirtschaft zur Industrie förderte die Entwicklung der Maschine, vor allem in den Bereichen Kohleabbau, Stahlproduktion und Eisenbahn. Selbst städtische politische Organisationen, die mit Thanksgiving-Truthähnen um Wählerstimmen warben, wurden *Maschinen* genannt.

Ende des 19. Jahrhunderts erfreuten sich die schlichten »Vom Tellerwäscher zum Millionär«-Geschichten größter Beliebtheit. Anfang des 20. Jahrhunderts versiegte dieser Optimismus jedoch angesichts der literarischen Offenbarung harter Realitäten durch Bücher wie *The Jungle** von Upton Sinclair, der die schrecklichen Zustände in den riesigen amerikanischen Schlachthöfen anprangerte. Journalisten wie Ida Tarbell, Lincoln Steffens und andere stiegen in die schmutzigen Niederungen und dunklen Seiten des Maschinenzeitalters hinab und deckten seine zerstörerischen Seiten auf, zum Beispiel die Misshandlungen durch Unternehmensgiganten wie die Standard Oil Company.

Der vielleicht einflussreichste amerikanische Historiker der ersten Hälfte des 20. Jahrhunderts war Charles Beard, der während des amerikanischen Maschinenzeitalters herangewachsen war. In dieser Zeit unhinterfragter Eigennützigkeit ist es verständlich, dass ein kritischer Geist wie Beard auch unter die Heiligenscheine der Gründerväter schaute und dabei ähnlich gewöhnliche Menschen mit egoistischen Interessen fand wie seine Zeitgenossen des frühen Industriezeitalters.[1]

Durch den zunehmenden Zynismus des postmodernen Paradigmas gestärkt, setzte sich Beards geringschätzige Sicht der Gründerväter allgemein durch. So wurden sie in den letzten 50 Jahren vorwiegend als erzkonservative Patrioten betrachtet, die versuchten, sich eine weniger lästige Regierung zu verschaffen.

Zur gleichen Zeit betrachteten linke Gelehrte aus der Perspektive ihres eigenen Paradigmas der *politischen Korrektheit* die Gründerväter als privilegierte Weiße, zum großen Teil Sklavenhalter, welche die Enteignung der Ureinwohner absegneten. Wenn die Verfasser der Freiheitsurkunde wirklich so aufgeklärt waren – so klagen sie

---

* Dt. Ausgabe: *Der Dschungel*

an –, warum haben sie dann geschrieben, nur alle »Männer«* seien gleich(wertig) erschaffen? Und warum war die einzige Frau, die sie je erwähnten, Betsy Ross, die die Flagge nähen durfte?

Wie erginge es heute wohl Washington, Jefferson, Adams, Franklin, Hancock und all den anderen der 56 Delegierten, die sich 1787 zum Verfassungskonvent versammelten und die deswegen vielfach gesellschaftlich geächtet wurden und harte wirtschaftliche Konsequenzen erleiden mussten? Was würden sie wohl sagen, wenn sie sähen, wie die Ideen, für die sie ihr Leben aufs Spiel setzten, in Vergessenheit geraten sind und ihre Beiträge als reiner Eigennutz abgetan werden?

Die amerikanische Revolution war keine Teegesellschaft

Thom Hartmann, ein zeitgenössischer Radio-»Unkommentator« und Autor des Buches *What Would Jefferson Do?* (Was würde Jefferson tun?) nimmt eine eher integrative Haltung ein und stellt das Etikett der »elitären Weißen« infrage, das sowohl Konservative als auch Liberale den Gründervätern gern verpassen. Hartmann, der seine politische Perspektive die »radikale Mitte« nennt, fand bei seinen Nachforschungen heraus, dass der Reichste der amerikanischen Revolutionäre, John Hancock, nach heutigem Wert der Währung ein Vermögen von ungefähr 750 000 Dollar besaß. Thomas Nelson aus Virginia, ebenfalls einer der vermögenden Unterzeichner, wurde von den Briten enteignet und starb völlig verarmt im Alter von 50 Jahren.[2]

---

* Im Originaltext heißt es: »*... all men ... were created equal.*« In der deutschen Übersetzung lesen wir an dieser Stelle *Menschen,* was die Tatsache verschleiert, dass im Englischen häufig das Wort *man* (dt. *Mann*) oder *men* (dt. *Männer*) gleichbedeutend mit *Menschen* verwendet wird. (Anm. d. Übers.)

In der Schule klingt die Geschichte oft so, als wäre es zu jener Zeit eben die angesagte Sache gewesen, die Briten aus den Kolonien zu vertreiben; tatsächlich aber befanden sich die Revolutionäre auch unter den Kolonisten in der Minderheit. Hartmann schreibt: »Diese Männer [die Unterzeichner] waren höchst entschlossene Idealisten unter den Kolonisten. Die Konservativen jener Zeit meinten, Amerika sollte auf ewig britische Kolonie bleiben, doch diese liberalen Radikalen glaubten sowohl an persönliche Freiheiten als auch an soziale Verpflichtungen.«[3]

Die Gründerväter waren sich völlig im Klaren, dass sie mit der Unabhängigkeitserklärung auch ihr eigenes Todesurteil unterzeichneten. Sie wussten, dass sie sich mit den Worten »Und zur Behauptung und Unterstützung dieser Erklärung verpfänden wir, mit festem Vertrauen auf den Schutz der göttlichen Vorsehung, uns untereinander unser Leben, unser Vermögen und unser geheiligtes Ehrenwort« zu Verrätern machten – und auf Verrat stand die Todesstrafe. Wenn Patrick Henry erklärte: »Gebt mir die Freiheit, oder gebt mir den Tod!«, war das keine rhetorische Übertreibung. Und auch Benjamin Franklin meinte es wörtlich, wenn er sagte: »Wir müssen aneinander hangen, sonst werden wir mit Sicherheit einzeln hängen.«

Auf den Kopf von John Hancock, der als Erster die Unabhängigkeitserklärung unterzeichnete und dessen Unterschrift mit Abstand die größte ist (»damit King George sie auch ohne Brille lesen kann!«), war bereits wegen Aufwiegelung eine Prämie ausgesetzt. Als er mit seiner Frau vor der britischen Armee fliehen musste, starb dabei sein eben erst geborenes Kind.[4]

Hartmann zufolge verloren neun der 56 Unterzeichner im Krieg ihr Leben und 17 weitere ihren ganzen Besitz. Er schlussfolgert: »Während viele der konservativen Tory-Familien immer noch in Kanada und England über ein beträchtliches Vermögen verfügen, ist keine einzige der Familien der Gründer heute noch wohlhabend oder von besonderem Einfluss.«[5]

Angesichts des Zynismus, der auch heute noch die politische Konversation beherrscht, mag man sich leicht der ermüdenden, hartnäckigen Überzeugung hingeben, dass sich die Dinge nie wirklich ändern werden. Doch man muss sich das vor Augen führen: Eine Gruppe größtenteils junger Männer – Franklin war mit seinen

72 Jahren bei Weitem der Älteste, Jefferson entsprach mit 33 eher dem Durchschnittsalter – stellte sich gegen die Supermacht der damaligen Welt, das British Empire.

King George III. nutzte nicht nur seine militärische Stärke gegen die Revolutionäre, er setzte auch seine enorme Wirtschaftskraft ein, denn ihm gehörte das größte multinationale Unternehmen jener Zeit: die East India Company. Und so kam es zur berühmten Boston Tea Party.

Souveräne Bürger ohne König

Noch bemerkenswerter als die Rebellion – denn Rebellionen hatte es schon früher gegeben – waren die evolutionären Ideale, auf denen sie beruhte. »Wir halten diese Wahrheiten für ausgemacht, dass alle Menschen gleich erschaffen wurden, dass sie von ihrem Schöpfer mit gewissen unveräußerlichen Rechten begabt wurden, worunter Leben, Freiheit und das Streben nach Glückseligkeit sind.« Aufklärung hin oder her, diese Aussage war für die europäischen Gesetze ein Schlag ins Gesicht.

Dem Gesetz Englands zufolge verlieh Gott dem König die Herrschaft, der seinerseits, wie in der Magna Charta festgehalten, seinen Untertanen Rechte gewähren konnte. Diese klassische Hierarchie lässt den gewöhnlichen, nicht adeligen Menschen nur die untersten Ränge. Die Idee, dass gewöhnliche Menschen gleichberechtigte Bürger sein könnten, die einer Regierung Autorität verleihen (statt anders herum), war – gelinde gesagt – unerhört. Woher kamen diese Ideen?

Wie wir uns vielleicht vage aus der Schule erinnern, stammt dieses Gedankengut aus der europäischen Aufklärung, von Philosophen wie John Locke und Jean-Jacques Rousseau und dem sogenannten *natürlichen Gesetz*. Dem natürlichen Gesetz zufolge sind alle menschlichen Gesetze danach zu beurteilen, wie eng sie sich an die Gesetze Gottes und der Natur halten.

Das lässt natürlich weiten Spielraum für Interpretationen. Die ursprüngliche Idee war: Gott sowie Gottes Vertreter, der Staat, streben danach, die Menschen glücklich zu machen. Das natürliche Gesetz sorgt am besten dafür, dass möglichst viele glücklich sind.

In seinem klassischen Werk *Leviathan,* das 1651 veröffentlicht wurde, versuchte der englische Philosoph Thomas Hobbes, dieses natürliche Gesetz in neun Grundsätze zu fassen, die hier stark verkürzt dargestellt werden:[6]

1. Strebe zuerst nach Frieden, nutze den Krieg nur als letzte Möglichkeit.
2. Sei bereit, anderen die gleichen Freiheiten zuzugestehen wie dir selbst.
3. Halte dich an deine Vereinbarungen.
4. Übe dich in Dankbarkeit.
5. Richte deine eigenen Bedürfnisse nach den Gesetzen der Gemeinschaft.
6. Vergib auf angemessene Weise jenen, die bereuen.
7. Wenn es um Rache geht, schau nicht auf das Schlimme in der Vergangenheit, sondern auf das übergeordnete Gute, das folgen wird.
8. Schüre niemals Hass gegen jemanden.
9. Erkenne die Ebenbürtigkeit aller anderen an.

John Locke forderte von den Regierungen, sich an diese Prinzipien zu halten. In seinem Werk *Two Treatises of Government*[7] das 1689 zunächst anonym erschien, meinte Locke, ein Herrscher, der gegen diese natürlichen Gesetze verstoße und nicht »Leben, Freiheit und Besitz« schütze, könne gerechtfertigterweise von der Bevölkerung gestürzt werden. Haben wir das nicht schon mal gehört? Genau dieses Argument verwendete Thomas Jefferson, als er die Unabhängigkeitserklärung verfasste.

Die Graswurzel-Demokratie wurzelt in heiligem Boden

Würden wir bei den Philosophen der Aufklärung aufhören, entginge uns der vielleicht wichtigste Einfluss auf die Gründung unserer Nation. Woher hatten die europäischen Philosophen ihre Ideen? Die Antwort lautet: Aus Jeffersons, Washingtons und Franklins Hinterhof – aus der Neuen Welt.

Sicher gab es seit der griechischen Antike in Europa hochfliegende Philosophien über menschliche Vollkommenheit, doch sie blieben abstrakte Ideale in Sokrates' perfekter Welt der Formen und schafften es nie bis in die Schattenwelt unserer Wirklichkeit. Jedenfalls nicht, bis die ersten Berichte über die Sitten und Gebräuche der Ureinwohner Amerikas auftauchten.

Rousseaus Beschreibung der »edlen Wilden« Nordamerikas war sicher überidealisiert, doch sie enthielt einen Kern Wahrheit. 300 bis 400 Jahre bevor die Gründerväter auch nur einen Federkiel in die Hand nahmen, waren die Konzepte von Demokratie und einem Gleichgewicht der Kräfte bei diesen Völkern bereits bekannt und wurden gelebt! Vielleicht bereits im 12. Jahrhundert, nach anderen Quellen eventuell auch erst im 15. oder 16. Jahrhundert, kamen im Gebiet der nordöstlichen USA und des südöstlichen Kanada sechs Stämme zusammen und bildeten den Völkerbund der Irokesen.[8]

Die Geschichte dieses Völkerbundes beginnt mit einem großen Seher und Lehrer, dessen Herkunft im Verborgenen liegt und dessen Name »Zusammenfluss zweier Flüsse« bedeutet. Two-Rivers machte den Vorschlag, einen Bund des Friedens und der Macht zu gründen, um so unter den kriegsführenden Stämmen des heutigen Upstate New York Ruhe einzuführen. Er wählte einen Vermittler aus, Hiawatha, der die Stämme zusammenbringen sollte. Das Ergebnis war der Bund der *Haudenosaunee;* auf Onondaga bedeutet dies: *Volk der Langhäuser.* Diese Konföderation bestand aus den Stämmen der Mohawk, Oneida, Onondaga, Cayuga und Seneca. Später kamen noch die Tuscaroras hinzu, die aus dem Süden zugewandert waren. So entwickelten fünf, später sechs verschiedene Völker ein politisches System, das ihnen erlaubte, relativ friedlich und harmonisch miteinander zu leben, und das erstaunliche Ähnlichkeiten mit der Verfassung der Vereinigten Staaten aufwies.[9]

Es gibt weitere Parallelen zwischen dem Völkerbund der Irokesen und der Regierung der Vereinigten Staaten: Wie in unserem föderalen System behielten die einzelnen Stämme bei lokalen Themen die Entscheidungsbefugnis. Der Völkerbund war ein Verteidigungsbündnis, das nach außen einen starken Schutz gewährleistete. So wurden Leben, Ressourcen und Energien geschont, die sonst in Kriegen verbraucht worden wären. Der Völkerbund entwickelte drei Regierungszweige und ein komplexes System der Überprüfung und des Ausgleichs zwischen ihnen.

In der Nation der Irokesen fanden die Philosophen der europäischen Aufklärung einen hervorragenden Anschauungsunterricht in Freiheit. Wie der anerkannte Historiker der Irokesen Donald A. Grinde, Amerikanistik-Professor und selbst Yamasee-Indianer, erklärt, hielten die Irokesen die Ausdrucksfreiheit in hohen Ehren – vorausgesetzt, niemand kam dabei zu Schaden. Im Gegensatz zur europäischen Gesellschaft, die Grinde »schuldorientiert« nennt und die von zahlreichen »Du sollst nicht ...«-Geboten durchdrungen war, war die Stammeskultur eher »schamorientiert«. Die starke Identifikation mit der Gemeinschaft brachte die einzelnen Mitglieder dazu, Übertritte zu vermeiden, die sie selbst und den Clan beschämen könnten.[10]

Die »Amerikanisierung« des weißen Mannes

Die Ähnlichkeiten zwischen der politischen Struktur der Indianer und jener der Vereinigten Staaten gehen zweifellos auf den starken Einfluss zurück, den die Indigenen auf das tägliche Leben der Kolonisten hatten. Das traf besonders auf jene zu, die nicht in England, sondern bereits in der Neuen Welt geboren waren.

Mehr als in Europa befand man sich in Amerika praktisch überall in der Wildnis. In den Kolonien setzte sich eine gewisse erdnahe Formlosigkeit und natürliche Gleichberechtigung durch. Der indianische Jurist Felix Cohen schreibt dazu: »Das eigentliche Epos Amerikas ist die noch unbeendete Geschichte der Amerikanisierung des weißen Mannes.«[11]

Wenn neue Siedler aus der Alten Welt von Bord gingen, staunten sie zunächst sehr darüber, dass die Kolonisten Lederkleidung trugen und fremde Sitten angenommen hatten – wie etwa das Baden. In Europa galt das Baden zu jener Zeit als gesundheitsschädlich. Wie schockiert sie wohl waren, wenn sie sahen, wie ihre Landsleute gemeinsam mit den Ureinwohnern fröhlich in den Flüssen planschten.

Auch Thomas Jefferson stand in seiner Jugend stark unter indianischem Einfluss. Sein Vater Peter Jefferson war ein Kartograf; er nahm seinen Sohn auf zahlreiche seiner Reisen mit. Der Cherokee-Häuptling Ontasseté kam häufig in Jeffersons Elternhaus zu Besuch und der junge Tom hörte gerne zu, wenn der Häuptling und sein Vater bis tief in die Nacht miteinander sprachen.[12]

Es war auch ein amerikanischer Ureinwohner der Irokesen, der als Erster den Vorschlag machte, die Vereinigten Staaten zu gründen, und zwar ausgerechnet an einem 4. Juli.

Am 4. Juli 1744 gab es ein Treffen, um eine Allianz zwischen Irokesen und den englischen Kolonisten gegen die Franzosen zu gründen. Zu diesem Anlass sprach der charismatische Häuptling Canassatego zu den Kolonisten: »Unsere weisen Vorfahren schufen zwischen den fünf Stämmen eine Union und Freundschaft. Das hat uns beachtlichen Eindruck verschafft. Gegenüber unseren Nachbarstämmen verlieh uns das großes Gewicht und Autorität. Wir sind ein mächtiger Völkerbund, und wenn ihr den Methoden folgt, die unsere weisen Vorfahren angenommen haben, werdet ihr stark und mächtig werden. Daher, was immer euch geschieht, lasst euch von nichts auseinanderbringen.«

Benjamin Franklin, der bei diesem Zusammentreffen dabei war, erzählt, dass Canassatego seine Aussage kraftvoll demonstrierte: Er nahm einen Pfeil und brach ihn mit Leichtigkeit entzwei. Doch dann bündelte er zwölf Pfeile – einen für jede der Kolonien –, und nicht einmal der stärkste Mann im Raum konnte sie zerbrechen.[13] Das große Siegel der Vereinigten Staaten, das 1782 von Charles Thomson, dem Sekretär des Kontinentalkongresses, und von dem Anwalt William Barton entworfen wurde, zeigt einen Adler, der 13 Pfeile in seinen Krallen hält.

Kurz nach dem Treffen mit Canassatego begann Franklin mit seiner Kampagne für eine föderale Gemeinschaft. 1751 schrieb er: »Es wäre doch sehr seltsam, wenn sechs Völker ungebildeter Wilder eine solche Gemeinschaft bilden und sie über lange Zeit hinweg aufrechterhalten könnten, während zehn oder ein Dutzend englische Kolonien eine ähnliche Union nicht hinbrächten.«[14]

Abgesehen von dem Seitenhieb auf die »ungebildeten Wilden« hatte Franklin großen Respekt vor der politischen Weisheit der Irokesen. In seinem *Albany Plan of Union,* den er dem Kongress 1754 vorstellte, hatte er viele Elemente des Völkerbunds der Irokesen aufgenommen, unter anderem die Position eines Präsidenten-Generals, der von der britischen Krone und den kolonialen Delegierten ernannt werden sollte.[15]

Der Albany Plan kam nicht durch, aber er diente den Artikeln der Konföderation als Vorlage, die 1781 zum ersten Regierungsdokument der neuen Vereinigten Staaten wurden. So erscheint es nur angemessen, dass bei der verfassungsgebenden Versammlung auch irokesische Delegierte anwesend waren.

Während der Verfassungskonvent in Philadelphia tagte, brach in Europa eine weitere Revolution gegen eine Monarchie aus: Die französische Nationalversammlung hatte nach dem Vorbild der Unabhängigkeitserklärung der Vereinigten Staaten ihre eigene Erklärung der Menschen- und Bürgerrechte verfasst. Auch im französischen Dokument ging es unter anderem um die Unterstreichung der grundlegenden Menschenrechte.

Allerdings konnte sich die französische Version nicht durchsetzen. Vielleicht waren die Energiefelder der europäischen Monarchien noch so stark, dass auch eine aufgebrachte Bevölkerung sie nicht überwinden konnte. Auf der anderen Seite des Atlantiks war der Arm der britischen Monarchie jedoch schwächer: Es gelang den revolutionären und evolutionären Kolonialisten, eine neue Republik zu gründen.

Amerikas evolutionäre Tradition

Abgesehen vom Einfluss der amerikanischen Ureinwohner auf die Bildung der US-Regierung gibt es einen weiteren Aspekt der Geschichte, der selten erzählt wird und der viel mit der evolutionären Schwelle zu tun hat, auf der wir heute stehen.

Je nachdem, welcher Standpunkt vertreten wird, werden die Gründer unserer Nation als Wissenschaftler, gläubige Männer oder Deisten beschrieben. Tatsächlich treffen alle drei Schlagwörter auf sie zu.

In seinem Buch *America's Secret Destiny* taucht Robert Hieronimus tief in das spirituelle Leben von Benjamin Franklin, George Washington und Thomas Jefferson ein. Alle drei waren mit den moralischen und metaphysischen Idealen der Freimaurer vertraut und hatten intensiven Kontakt mit den indianischen Ureinwohnern gehabt, die das Göttliche anrufen, ohne eine Religion zu etablieren.[16]

Viele der Gründerväter waren Freimaurer. Der Begriff leitet sich von den Bauleuten ab, denen im Mittelalter die Freiheit zugestanden wurde, zwischen den verschiedenen Ländern hin und her zu reisen, um beim Bau von Kathedralen und anderen Gebäuden mitzuwirken. Der Bund der Freimaurer, dessen Ursprung bei den Geheimgesellschaften der Templer bzw. Tempelritter zu finden ist, widmet sich dem weltlichen Ausdruck von Idealen wie der moralischen Erneuerung und der Vervollkommnung der Menschheit.[17]

Freimaurer streben durch die – mithilfe okkulter Praktiken und mystischer Lehren erlangte – harmonische Entwicklung von Geist und Herz danach, ihr Leben dem selbstlosen Dienst an der Menschheit zu widmen. Zweifellos standen unsere Gründerväter unter dem Eindruck besonderer freimaurerischer Rituale, von denen der Historiker Charles Leadbeater meint, dass sie den Körper energetisch dahin beeinflussen, »dass sich die Evolution beschleunigt.«[18]

Benjamin Franklin war so sehr von der Freimaurerei eingenommen, dass er nicht warten wollte, bis er das notwendige Eintrittsalter von 21 erreicht hatte, sondern lieber mit 20 seine eigene Geheimgesellschaft gründete, die er *The Leather Apron Club* nannte – in Anspielung auf die Lederschürzen der Steinmetze. Später änderte er den Namen in *Junto Club* und schließlich in *American Philosophi-*

cal Society. Das Credo all dieser Gesellschaften lautete einfach: »Ein Universum des Friedens aufbauen, frei von Angst und gegründet in Liebe.«[19]

Franklin rief in Frankreich eine weitere Geheimorganisation ins Leben – die *Apollonische Gesellschaft* –, um seinen lebenslangen Traum der Vereinigung von Wissenschaft und Religion vorwärtszutreiben. Aus seiner Sicht waren die freimaurerische Lehre und der Glaube des Deismus an einen Gott, der sich durch Vernunft und Natur beweisen lässt, nicht zu trennen. So nannte er Gott den »Höchsten Architekten«.[20]

Über das religiöse Leben George Washingtons gibt es gegensätzliche Ansichten. Das liegt daran, dass Washington ein Bindeglied zwischen den deistischen Praktiken der Geheimgesellschaften und den religiösen Sitten und Gebräuchen der allgemeinen Religion bildete. So konnte er mit allen seinen Brüdern in Kontakt bleiben. Manche Quellen zitieren daher eher seine strenggläubigen Aussagen, während die Freidenker behaupten, er sei nie getauft worden und habe den Kirchgang seiner Frau Martha überlassen.

Nichtsdestotrotz übergab Washington nur Generälen das Kommando, die auch Freimaurer waren, und machte sich die Prinzipien der »Brüderschaft der Menschen und der Vaterschaft Gottes« zu eigen. Jeden Tag verbrachte er Zeit mit Gebet und Meditation; außerdem ordnete er an, dass seine Soldaten jeden Morgen beten sollten. Wenn kein Priester oder Pfarrer da war, leitete er oft selbst Bibellesungen an.[21]

Thomas Jefferson war zwar nicht so öffentlich religiös, verfasste aber die Jefferson-Bibel und soll gesagt haben: »Ich bin ein echter Christ, das bedeutet, ein Anhänger der Lehren Jesu.« Für Jefferson waren Brüderlichkeit und Gleichberechtigung biblische und wissenschaftliche Tatsachen, die nach seiner Ansicht auf die gesamte Menschheit anzuwenden seien.[22]

In seiner Antrittsrede erklärte Jefferson 1801, Amerika sei »beseelt von einer gütigen Religion, zu der man sich durch Taten bekennt und die in unterschiedlichen Formen ausgeübt wird; alle jedoch schließen Ehrlichkeit, Wahrhaftigkeit, Mäßigkeit, Dankbarkeit und Menschenliebe ein. Wir anerkennen und verehren eine allmächtige Vorsehung.«[23]

Noch interessanter und bedeutender für unsere heutige Zeit ist laut Robert Hieronimus die theosophische »Bruderschafts«-Tradition von Franklin, Washington und Jefferson, die davon ausgeht, »... dass jede Nation eine spirituelle Bestimmung hat, wobei alle ethisch vertretbaren Mittel genutzt werden sollten, um den göttlichen Plan durch den Willen der Führer der Nation zu verwirklichen.«[24]

Vielleicht ist es die Bestimmung der Vereinigten Staaten, was die deistische Balance zwischen *Geist* und Materie betrifft, allen Nationen ein Vorbild darin zu sein, die eigene heilige Aufgabe zu finden. Das bedeutet nicht nur, mutig handelnd vorwärtszuschreiten, sondern auch rückwärts schauend die verdrängte Vergangenheit anzuerkennen.

Was unsere indianischen Wurzeln angeht, gibt es zwei unerledigte und im Wesentlichen nicht anerkannte Themen: Das erste ist die traurige Wahrheit, was aus unseren spirituellen Wohltätern geworden ist. Das andere hat mit einem zentralen Aspekt der indianischen Kultur zu tun, von dem sich nicht einmal unsere aufgeklärtesten Gründerväter vorstellen konnten, ihn zu übernehmen.

Wie wir es unseren Wohltätern vergolten haben: Von Squanto zu Tonto

Als Christopher Columbus 1492 meinte, die Neue Welt entdeckt zu haben, lebten Donald Grinde zufolge mindestens 6 Millionen indigene Ureinwohner in dem Gebiet, das heute die Vereinigten Staaten ausmacht. Das ist eine konservative Schätzung. Andere gehen von 15 bis 20 Millionen aus. Bis 1900 waren die Ureinwohner auf 250 000 Menschen reduziert worden.[25]

Dieser enorme Rückgang ist zum großen Teil auf Krankheiten wie Pocken, Masern und Syphilis zurückzuführen, die die Europäer aus ihren dicht bevölkerten Städten mitbrachten und gegen die die Indianer keine Abwehrkräfte hatten. Doch Kriegszüge, gewaltsame Vertreibungen und Verschleppungen bis hin zu regelrechtem Abschlachten haben das Werk vollendet, das die Krankheiten angefangen hatten.

Grinde weist auf eine augenfällige Beziehung zwischen der Dezimierung der indigenen Bevölkerung und der Unterdrückung von Informationen über ihren Beitrag zur Gründung der Vereinigten Staaten hin: »Man kann nicht die Eroberung, Unterdrückung und Vernichtung eines Volkes rechtfertigen und gleichzeitig zugeben, dass dieses Volk über wertvolle Errungenschaften verfügt«, schreibt er.[26]

Bis 1970 kannte der größte Teil der amerikanischen Bevölkerung die Ureinwohner ihres Landes nur aus den Erzählungen über Squanto, den Patuxet-Indianer, der den Pilgern in den ersten schwierigen Jahren beim Überleben half, sowie aus dem Radio und durch Fernsehserien wie *The Lone Ranger*. Die Bandbreite reichte also gerade mal von Squanto bis Tonto*.

Doch 1970 veröffentlichte der Schriftsteller und Historiker Dee Brown sein berühmtes Buch *Bury My Heart at Wounded Knee*°, das vielen Amerikanern im Hinblick auf ihre Landesgeschichte und die Bedeutung der Ureinwohner die Augen öffnete.

Nach diesem außergewöhnlichen Buch und seiner Fernsehverfilmung (Drehbuch: Daniel Giat) konnte die Öffentlichkeit den Völkermord nicht mehr länger leugnen, den die europäischen Eroberer – äh, wir meinen Siedler – an den Ureinwohnern verübt hatten. Gleichzeitig wurde endlich auch unter dem Teppich hervorgekehrt, welchen Beitrag die Indianer bei der Staatsgründung geleistet hatten. Und wie wir gleich sehen werden, wartet dieser Beitrag bis heute darauf, wirklich umgesetzt zu werden.

---

* Tonto ist der indianische Begleiter der Hauptfigur in *The Lone Ranger*, einer amerikanischen Radiosendung, die von 1933 bis 1954 lief und größte Popularität genoss. Es folgten Comics und verschiedene Kino- und Fernsehverfilmungen. (Anm. d. Übers.)

° Dt. Ausgabe: *Begrabt mein Herz an der Biegung des Flusses*

Würdigung unserer Gründermütter

Wie bereits gesagt: Die wichtigste Lektion, die wir von der Stammesgesellschaft der Irokesen lernen können, ist vielleicht die Einstellung, dass Autorität von unten nach oben vergeben wird und nicht umgekehrt. Erinnern Sie sich: Selbst in den aufgeklärtesten europäischen Gesellschaften wurde davon ausgegangen, dass der König seine Macht von Gott habe und dass es ihm freistehe, von dieser Macht etwas an seinen Adel weiterzugeben. Aber weiter nach »unten« reichte die »Gnade« nicht. Die radikalste evolutionäre Haltung unserer Gründer, die sie direkt von den indianischen Kulturen übernommen hatten, war die Überzeugung, dass das Bedürfnis nach einer Regierung von souveränen Bürgern ausgeht – auf der Basis eines Abkommens zum gegenseitigen Schutz und Wohlergehen. Noch einmal Grinde: »Das Volk überantwortet den Anführern die Macht, und diese Anführer wirken mit dieser Unterstützung. Wenn diese Unterstützung nicht mehr da ist, haben sie auch keine Macht mehr.«[27]

Franklin und die anderen erkannten zwar viele Beiträge der Irokesen an, doch eine Sache ließen sie in der amerikanischen Verfassung auffällig außen vor: die Rolle der Frauen. Es gab einen Grund, weshalb die indianische Kultur keine Könige und keinen Adel brauchte, weshalb die Sozialstruktur relativ gleichberechtigt war und die Ressourcen nicht nach sozialem Stand, sondern nach Bedürftigkeit verteilt wurden. Der Grund dafür lag im sogenannten Ältestenrat der Großmütter.

In der indianischen Kultur galten die Erde, die Pflanzen und das Land als weiblich. Weil ältere Frauen den Grundlagen des Lebens wie Nahrungsmittelanbau und -zubereitung oder Geburtshilfe und Fürsorge für Kinder am nächsten standen, war ihre grundlegende Macht für die Männer keine Frage.

Die soziale Grundeinheit war der Clan, dem in der Regel eine ältere Frau vorstand.[28] Die Clans verfügten über gemeinsames Eigentum und pflanzten genug Nahrungsmittel für alle an. Den Irokesen war klar, dass das harmonische Zusammenleben und gemeinsame Wirken von Männern und Frauen politisch notwendig war. Der Ältestenrat der Großmütter war das eigentliche politische Machtzentrum. Nur sie konnten einen Häuptling ernennen oder ihn für ein

Fehlverhalten anklagen. Die Frauen hatten sogar das letzte Wort darüber, ob der Stamm in den Krieg ziehen würde oder nicht.

Wir wollen den Einfluss der Frauen nicht verherrlichen. Die männlichen Irokesen klagten auch manchmal darüber, dass die Frauen zu oft in den Krieg ziehen wollten! Die Irokesen-Konföderation verhinderte zwar Auseinandersetzungen zwischen ihren Beteiligten, aber es gab Streitigkeiten mit den umliegenden Stämmen und es kam oft zu Kindesentführungen. Die Frauen waren leidenschaftlicher dabei, diese Entführungen zu ahnden. Außerdem trauerten sie tiefer um verlorene Ehemänner oder Söhne, was auch manchmal den Ruf nach Rache und Vergeltung hervorbrachte.[29]

Frauen, die zum Kinderkriegen zu alt waren, wurden zu Clanmüttern und manchmal auch zu Kriegerinnen. Sie nahmen oft an Kriegszügen teil, auch um sicherzustellen, dass die Männer sich nicht um ihre Pflichten drückten. In manchen Berichten heißt es, die Krieger nahmen Gefangene und übergaben sie den Frauen, die sie folterten. Auf die Frage, warum, antwortete ein Häuptling: »Ich tue das, damit sie kriegsmüde werden.«[30]

Es ist interessant, wenn auch nicht überraschend, dass die Frauenbewegung der Vereinigten Staaten möglicherweise auch aus Kontakten mit den Ureinwohnern entstand. Die Sozialwissenschaftlerin Sally Roesch Wagner, die als eine der Ersten einen Doktortitel in Frauenforschung erhielt, berichtet, dass die Gründerinnen der Frauenrechtsbewegung Ende des 19. Jahrhunderts, unter anderem Susan B. Anthony und Elizabeth Cady Stanton, frühen und intensiven Kontakt mit Irokesinnen gehabt hatten.[31]

Stanton erzählte, dass sie als Mädchen im Alter von 12 oder 13 Jahren eine Irokesen-Reservation besucht hatte. Mit Überraschung sah sie, wie die Mutter ihrer indianischen Spielkameradin ein Pferd verkaufte und von einem Mann Geld dafür entgegennahm. Die kleine Elizabeth fragte die Frau, was wohl ihr Mann bei seiner Heimkehr dazu sagen werde. Die Frau erwiderte, das Pferd gehöre ihr und sie könne damit tun, was sie wolle.[32]

Das war erstaunlich in einer Zeit, in der es Frauen in der sogenannten zivilisierten Kultur nicht erlaubt war, eigenen Besitz zu haben. In der Irokesen-Kultur hatten beide Geschlechter die gleichen Rechte, und alle Klassen genossen Freiheit und Demokratie, denn unter diesen Umständen war es sehr viel schwieriger, jemanden ökonomisch unter Druck zu setzen.

Wenn wir diese Geschichten von Güte und Grausamkeit, von Weisheit und Geringschätzung hören, ist es wichtig, diese Situationen aus einer höheren Warte zu betrachten. Statt ein Volk – das heißt »die anderen« – bestimmter schlechter Eigenschaften zu beschuldigen und nach dem Motto »Ich habe recht – du liegst völlig falsch« zu leben, ist es nützlicher, diese Wesenszüge als eine allgemein menschliche Tendenz anzuerkennen, die durch unsichtbare Überzeugungen aufrechterhalten wird.

Wie wir sehen werden, halten wir das Schlechte in unserer Gesellschaft fest, wenn wir es auf andere projizieren. Erkennen wir diese »Unarten« jedoch in uns selbst und in unserer eigenen Kultur an – nicht aus Hass auf unsere Kultur, sondern aus Liebe zu ihr –, dann hören wir auf, sie nach außen zu projizieren, und nehmen ihnen ihre Macht. Diese Bewusstwerdung und Anerkennung sind die ersten Schritte zur Erweckung des Bewusstseins in uns selbst und in anderen.

Die Vereinigung der Hemisphären: Der Kondor und der Adler

Die indigenen Völker Amerikas halten noch mehr Geschenke für uns bereit, unter anderem eine ermutigende Prophezeiung aus den Anden. Dort wird erzählt, die Menschen hätten vor vielen Hunderten von Jahren unterschiedliche Wege eingeschlagen: den Weg des Kondors und den Weg des Adlers.

Der Weg des Kondors, den die Völker der südlichen Hemisphäre gewählt haben, wird mit dem Herzen, mit Intuition und Spiritualität assoziiert. Der Weg des Adlers, den die Völker der nördlichen Hemisphäre gehen, hat mehr mit dem Gehirn, der Vernunft und der Materie zu tun. Die Macht des Adlers – das Mentale und Materialistische – hat in den letzten 500 Jahren die Spiritualität und Herzzentriertheit des Kondors dominiert. Doch die Prophezeiung sagt, das wird sich jetzt ändern.

Die indigene Tradition der Völker Südamerikas teilt die Zeit in Epochen auf, die *Pachacutis* genannt werden und jeweils etwa 500 Jahre umfassen. Nach dem aztekischen Kalender, dem sogenannten *Heiligen Stein-Kalender des mexikanischen Volkes,* begann das vierte Pachacuti 1492. Die Prophezeiung nennt diese Epoche eine Zeit »der Umbrüche, der Kämpfe und der Auseinandersetzungen«. Seit 12. Oktober 1992 befinden wir uns im fünften Pachacuti, das eine Zeit der Partnerschaft und Einheit sein soll, in der Adler und Kondor gleichberechtigt durch den Himmel fliegen.[33]

Das geschieht auch keinen Moment zu früh. Auf unserer evolutionären Reise durch die grundsätzlichen Paradigmen sind wir im Lauf der Jahrhunderte tief in die Bereiche des Spirituellen und des Materiellen eingetaucht. Beiden gemeinsam war jedoch, dass sie keine Verbindung zum heiligen Weiblichen hatten – und damit keine Verbindung zur Erde. Wie wir später noch ausführen werden, hat die Verleugnung des Weiblichen in der westlichen Gesellschaft wesentlich zu unserer Getrenntheit von der Natur beigetragen. Die jahrhundertelange Herrschaft zuerst eines männlichen Gottes und dann einer männlichen Wissenschaft hat unsere Welt so weit aus dem Lot gebracht, dass wir kurz davor sind, endgültig den Boden zu zerstören, auf dem wir stehen.

In seinem unendlichen Sinn für Humor fordert uns das Universum jetzt endlich auf, die beiden Hemisphären, Links und Rechts, Norden und Süden, miteinander zu versöhnen. Diese spirituelle Wiedervereinigung, in der wir das heilige Männliche mit dem heiligen Weiblichen verbinden, ist nicht nur eine Angelegenheit indigener Naturverehrung oder eines neuen Göttinnenkults. Auch der Dalai Lama hat davon gesprochen. Er sagte, er werde der letzte Dalai Lama aus dem Himalaja sein, der nächste komme wahrscheinlich aus den anderen hohen Bergen, den Anden. Inzwischen haben sich viele internationale Organisationen unter dem Banner der *Pachamama Alliance* zusammengefunden, um dieser neuen Menschheitskultur ins Leben und den Menschen des Kondors und den Menschen des Adlers beim Austausch ihrer Gaben zu helfen.

Die Menschen des Kondors müssen auf der materiellen Ebene mit wenig auskommen, doch ihr Leben ist reich an fröhlichen Beziehungen und naturverbundener Weisheit. In der Konfrontation mit den Kräften der Entwicklung und Zivilisation müssen die Menschen des Kondors lernen, sorgsam zu entscheiden, welche dieser Gaben sie annehmen und welche sie ablehnen wollen.

Die Menschen des Adlers sind oft materiell reich, aber spirituell verarmt. Ihr Wohlstand und ihre Besitztümer scheinen ihr Leben und ihre Gemeinschaft beschädigt zu haben. Besonders in den Vereinigten Staaten entgeht den Bürgern offenbar völlig, in welch absurder Unersättlichkeit sie leben: Sie stellen nur fünf Prozent der Weltbevölkerung, verbrauchen jedoch 30 Prozent der Weltressourcen – und geben 35 Milliarden Dollar im Jahr aus, um abzunehmen![34]

Um mit dem Wahnsinn umzugehen, in dem wir zurzeit leben, müssen wir die unsichtbaren Überzeugungen überprüfen, mit denen wir programmiert sind. Der Psychologe James Hillman schlägt vor, wir »nördlichen Denker« müssten mit unserem linearen Intellekt »südwärts« ziehen, um die Beschränkungen des uns vertrauten »psychologischen Terrains« hinter uns zu lassen.[35]

In Teil II *(Vier apokalyptische Wahrnehmungs-Mythen)* werden wir klarmachen, wie die westliche Zivilisation durch ihr Festklammern an den nördlichen Werten des wissenschaftlichen Materialismus auf paradoxe Weise südwärts gezogen ist. Wir werden uns die Konsequenzen von vier Wahrnehmungs-Mythen ansehen, die das Überleben unserer Zivilisation infrage stellen. Die Menschheit wird gezwungen sein, eine Versöhnung der Hemisphären herbeizuführen. Mit den Worten des Aktivisten und Autors John Perkins: »Wenn Kondor und Adler diese Chance wahrnehmen, werden daraus die bemerkenswertesten Nachkommen hervorgehen, die es je gab.«[36]

Vier apokalyptische Wahrnehmungs-Mythen

*»When you find yourself on a vicious cycle,
for goodness sake, stop peddling!«**

SWAMI BEYONDANANDA

Wir haben gesehen, wie unsere Wahrnehmung unsere Biologie beeinflusst und – umgekehrt – helfen kann, unsere Realität zu gestalten. Wir haben auch gesehen, dass unsere Geschichte – die philosophische Linse, durch die wir die Welt sehen und verstehen – im Wesentlichen die Parameter unserer kollektiven Wirklichkeit bestimmt. Unser Rückblick auf die Geschichte macht deutlich, dass sich Zivilisationen immer in einem dynamischen, spiralförmigen Tanz von einem Paradigma zum nächsten entwickeln.

Zivilisation ist in der Tat ein spiralförmiger Tanz, aber unser Drehen scheint außer Kontrolle geraten zu sein. Globale Krisen und zunehmendes Chaos sprechen für einen unmittelbar bevorstehenden evolutionären Wendepunkt – ein Zeichen dafür, dass der nächste Paradigmenwechsel nicht weit ist. Nachdem wir die Polarität des

---

* Spielt mit der Doppelbedeutung von engl. *cycle* = dt. *Kreis,* aber auch *Fahrrad.* »Wenn du merkst, dass du dich in einem Teufelskreis (bzw. auf einem tückischen Fahrrad) befindest, hör um Himmels willen auf zu treten!«

wissenschaftlichen Materialismus mit ganzer Wucht erfahren haben, wendet sich unser Weg rasch wieder der kraftvollen Mittellinie zu – dem kraftvollsten Bereich der Skala.

Die Menschheit hat diesen mittleren Bereich des Ausgleichs zwischen der spirituellen und der materiellen Welt schon zweimal erlebt. Das erste Mal war im Garten Eden, als unsere animistische Weltsicht noch nicht zwischen *Geist* und Materie unterschied. Das war, bevor wir uns auf dieses große Lernabenteuer einließen.

Auf dem ersten Abschnitt unserer evolutionären Reise folgte die Zivilisation einem Weg, der tief in die nichtmaterielle Domäne eines irgendwo im Kosmos existierenden Gottes führte. Nachdem wir das Spirituelle erkundet hatten, bewegte sich der Weg der Menschheit kurz durch die Mittellinie, um dann ins Reich der Materie weiterzuwandern. Dieser flüchtige Flirt mit dem Gleichgewicht ereignete sich zur Zeit der Aufklärung und des Deismus, als in der herrschenden Philosophie sowohl Platz für das Spirituelle als auch für das Materielle war. Die Unabhängigkeitserklärung der Vereinigten Staaten ist ein perfektes Beispiel für die Verbindung von spirituellem Idealismus mit praktischem Realismus. Doch die Zivilisation eilte rasch weiter und stürzte sich in die Polarität des wissenschaftlichen Materialismus.

Unsere Streifzüge in die Polaritäten der Spiritualität und des Materialismus haben uns tiefe Einblicke in das Wesen der Wirklichkeit geschenkt. Jetzt wendet sich unser evolutionärer Weg wieder der Mitte zu – die Menschheit steht an einer Weggabelung und ist mit zwei fundamentalen Pfaden konfrontiert: Wir können uns entweder als globale Gemeinschaft zusammenfinden, unsere polarisierten Ansichten einander angleichen und integrieren und damit einen evolutionären Quantensprung machen. Oder wir können den bipolaren Wahnsinn weitertreiben und es der Auseinandersetzung zwischen religiösen und wissenschaftlichen Fanatikern überlassen, wer von beiden das letzte Paradigma eines sterbenden Planeten stellen will.

Ob wir diesen Quantensprung machen oder nicht, hängt davon ab, wie gut wir aus dem gegenwärtigen und den vergangenen Paradigmen lernen. Wenn wir begreifen, dass Evolution ein Prozess zunehmender Bewusstheit ist, und wenn wir unsere kollektive Bewusstheit entsprechend fokussieren, könnten wir den evolutionären Prozess beschleunigen.

Entschleierung des Alten,
Offenbarung des Neuen

In Teil II wollen wir uns die lebensbedrohlichen Konsequenzen des wissenschaftlichen Materialismus, unseres gegenwärtigen Paradigmas, genauer ansehen. Dabei liegt unser Fokus besonders auf vier kulturellen Überzeugungen, welche die Eckpfeiler unserer Wirklichkeit darstellen, obwohl inzwischen jeder von ihnen wissenschaftlich als fehlerhaft bis falsch entlarvt wurde. Wir nennen diese vier Überzeugungen die *Vier apokalyptischen Wahrnehmungs-Mythen* – in Anlehnung an das, was auf uns zukommt, wenn sich nichts ändert.

Der Glaube der modernen Gesellschaft an die Materie – um nicht zu sagen: die Anbetung des Materiellen – hat uns auf eine Spur gesetzt, auf der wir mit albtraumhaftem Tempo einem alles erschütternden Desaster entgegenrasen. Ein ständig ansteigendes Wachstum, das auf der beschleunigten Ausbeutung von natürlichen Ressourcen beruht, ist nicht aufrechtzuerhalten. Wir missbrauchen das Land als Mülldhalde und lagern Gifte in der Luft, im Wasser und im Boden – ein Kamikaze-Kommando! Auch Krieg als Konfliktlösung hat höchstens das Potenzial, uns der ultimativen Lösung sämtlicher Probleme der Menschheit näherzubringen: keine Menschen, kein Problem.

Das gegenwärtige Paradigma des wissenschaftlichen Materialismus ist der vor uns stehenden evolutionären Aufgabe offensichtlich nicht gewachsen. Auch das vorige Paradigma, der Monotheismus, bringt uns da nicht weiter. Wir scheinen in einer Sackgasse zu stecken. Der Schlüssel zur Vermeidung eines apokalyptischen Zusammenbruchs liegt jedoch bereits im Wort *Apokalypse* selbst.

Bevor es zum Synonym für den Untergang der Welt wurde, bedeutete es *Enthüllung, Offenbarung*. Es geht also um das Offenlegen von etwas Verborgenem. Seit der griechischen Klassik wird es mit Offenbarungen am Ende der Zeit assoziiert. Eine neue – oder vielleicht alte – Interpretation des Begriffes kann jedoch darauf hinweisen, dass eine Enthüllung unserer unbewussten Programmierungen das Desaster vermeiden könnte, das uns am Ende unserer jetzigen Spur unweigerlich erwartet.

Der wissenschaftliche Materialismus kennt vier Grundbehauptungen, die bis vor Kurzem als unwiderlegbare wissenschaftliche Tatsachen galten:

1. Nur die Materie zählt – es gibt nichts als die für uns wahrnehmbare physische Welt.
2. Nur die Stärksten überleben – die Natur hilft immer den Stärksten, und das Gesetz des Dschungels ist das einzige echte Naturgesetz.
3. Die Gene sind entscheidend – wir sind Opfer unseres Erbguts und können nur hoffen, dass die Wissenschaft einen Weg findet, unsere angeborenen Fehler und Schwächen irgendwie zu kompensieren.
4. Die Evolution gehorcht dem Zufall – das Leben ist im Grunde zufällig und sinnlos. Wir sind ungefähr auf die gleiche Weise an unseren jetzigen Platz gekommen, wie eine unendliche Anzahl von Affen, die über unendliche Zeit auf unendlich vielen Schreibmaschinen herumhacken, irgendwann die Werke Shakespeares produzieren könnten.

In den nächsten vier Kapiteln verfolgen wir die Entwicklung jeder dieser Aussagen von ihrem Ursprung als Wahrnehmungs-Mythos bis zu den profunden Gegendarstellungen der neuen Wissenschaft.

Im 9. Kapitel, das wir dem Thema *Fehlfunktionen am Rand des Abgrunds* widmen, erkunden wir die Konsequenzen, die sich ergeben, wenn man jede dieser Überzeugungen bis zu ihrem logisch-unlogischen Schluss durchdenkt. Die Institutionen, die wir prüfen – die Wirtschaft, die Politik, das Gesundheitswesen und die Medien –, leiden alle unter der gleichen Not: Sie sind dem wissenschaftlichen Materialismus bis zum bitteren Ende gefolgt und haben Geld, Materialismus und Technik höher geschätzt als das menschliche Leben.

Im 10. Kapitel *(Geistige Gesundung)* widmen wir uns dann der Frage, wie man gesunde Entscheidungen treffen kann, durch die wir von Kindern Gottes zu Erwachsenen Gottes werden. Wir werden sehen, wie wir synergistisch aus dem lernen können, was evolutionär hinter uns liegt, und wie wir dann bereitwillig miteinander, mit der Natur und mit dem Göttlichen in allem wieder in Verbindung treten. Wir werden lernen, wie wir unsere ungenutzte Kraft annehmen können – und zwar mit freundlicher, liebevoller Demut.

Die Überprüfung der gegenwärtigen Situationen und zukünftigen Möglichkeiten ist notwendig, denn nur wenn wir die Welt mit Klarheit, liebevollem Mitgefühl und Humor betrachten, haben wir eine Chance, die Trance zu durchbrechen und die spontane Evolution zu bewirken. Will man wissen, wo unsere Zivilisation jetzt steht, ist es nützlich, sich dem Unterhaltungsgenre der Science-Fiction-Literatur zuzuwenden, das es wahrscheinlich gar nicht gäbe, wären wir nicht so von allem Technischen und Wissenschaftlichen fasziniert. Schauen wir uns zum Beispiel den Film *Matrix* an.

Das Szenario liegt in der nahen Zukunft. Der junge Computerhacker Neo findet sich plötzlich in zwei parallelen Welten wieder. Die eine Welt, die Matrix, scheint der alltäglichen Welt des Cyber-Age zu entsprechen. Die andere Welt spielt sich jenseits davon in einer Wirklichkeit ab, in der Neo roboterähnliche Humanoide antrifft: Sie gaukeln dem Geist der lebendigen und atmenden Menschen die ablenkende, mehr oder weniger glücklich machende Alltagswelt vor, während sie die Menschen als Kraftquelle für ihre Maschinen nutzen. Die überwiegende Mehrheit der Menschen in Neos Welt haben wissend oder unwissend die *Blaue Pille* der seligen oder zumindest passiven Ignoranz geschluckt. Neo und seine Gefährten Morpheus und Trinity haben die *Rote Pille* genommen, die für den gefährlicheren Weg des Erwachens außerhalb der Matrix steht.

Erwachen zu was? Wie Morpheus zu Neo sagt: Die Matrix sei eine computergesteuerte Traumwelt, die uns unter Kontrolle hält, damit man aus Menschen *das* machen kann ... Und er zeigt auf die kupferbedeckten, von Menschen erfüllten Batterien.

Wenn wir bedenken, dass Science-Fiction oft der Vorläufer technischer Wirklichkeiten ist – man erinnere sich nur an die U-Boote in Jules Vernes *Zwanzigtausend Meilen unter dem Meer* –, dann sind wir gut beraten, aus der Matrix des »normalen« Lebens herauszutreten und uns neugierig die Welt zu betrachten, die man vor uns ausgebreitet hat.

In unserem Abschnitt über *Massenablenkungswaffen* (siehe in Kapitel 9) machen wir deutlich, dass sich die meisten Menschen entschieden haben, die *Blaue Pille* zu schlucken und die Wirklichkeit gegen Reality-TV einzutauschen. Doch jeden Tag wählen auch mehr Menschen die *Rote Pille* und erwachen in einer neuen Welt mit verwundertem Staunen und tiefer Verwirrung.

Die Verwirrung lichtet sich, wenn wir erkennen, wie viel von dem, was wir als natürliches menschliches Verhalten betrachten, eigentlich die Auswirkung von Programmierungen ist.

In Teil II beschreiben wir, wie es dazu kam, dass wir diese Überzeugungen übernahmen. Zu einer gewissen Zeit erschienen sie sinnvoll, doch jetzt tragen sie zur Zerstörung unserer Welt bei. Und da uns niemand sagt, was wir denn angesichts der Krise anders machen könnten, sitzen wir hilflos in einer Situation, die uns hoffnungslos erscheint.

Das eigentliche Problem ist, dass wir seit Jahrtausenden darauf programmiert wurden, uns ohnmächtig zu fühlen, und deshalb meinen, unser Überleben hinge von anderen ab, insbesondere in den Bereichen der Spiritualität und der Gesundheit. Natürlich hatte das seinen Preis, und dieser Austausch hat enorm zu unserer gegenwärtigen globalen Krise beigetragen. Doch es gibt einen einfachen Ausweg aus dieser selbst auferlegten Matrix: Wir können unser Leben umprogrammieren. Wenn wir zu einer neuen Bewusstheit gelangen und entsprechend handeln, haben wir die Chance, die Programme der kulturellen Umprogrammierung umzuschreiben.

Der erste Schritt der Umprogrammierung ist die Deprogrammierung. Dafür schauen wir uns das Programm von *außerhalb* der Matrix an. Wie? In seinem Buch *Jetzt! Die Kraft der Gegenwart: Ein Leitfaden zum spirituellen Erwachen* beschreibt Eckhart Tolle eine Zeit in seinem Leben, in der er so verzweifelt und unglücklich war, dass er über Selbstmord nachdachte. Da überkam ihn ein tollkühner Gedanke: »Wer genau ist das eigentlich, der hier wen loswerden will?« Diese Epiphanie machte Tolle klar, dass er selbst auch der Beobachter außerhalb der Matrix und jenseits der Welt der Bedingungen ist. Dies befreite ihn von der Anhaftung an das, wer er bis dahin zu sein meinte.

Die Quantenphysik erklärt uns, dass unsere Beobachtungen unsere Realität beeinflussen. Wenn dem so ist, sollten die Erkenntnisse, die wir hier zu den vier Wahrnehmungs-Mythen und den dazugehörigen menschlichen und sozialen Fehlfunktionen vermitteln, Ihnen und uns allen helfen, unsere Sicht der Welt zu verändern. Dies wird uns hoffentlich ermöglichen, unser kollektives Bewusstsein aufzuwecken und unsere kollektive Wirklichkeit zu verändern.

5. Kapitel

Erster Wahrnehmungs-Mythos: Nur die Materie zählt

*»Man sagt, dass unsere Welt
von unsichtbaren Kräften regiert wird,
aber ich persönlich sehe das nicht so.«*

SWAMI BEYONDANANDA

Ist Wissenschaft eine Religion?

In den dunklen Zeitaltern wurde der Monotheismus zum herrschenden Paradigma der westlichen Zivilisation, weil er die besten und am ehesten annehmbaren Antworten auf die drei ewigen Fragen bot:

*Wie sind wir entstanden?
Wozu sind wir hier?
Wie können wir das Beste aus unserem Dasein machen?*

Die Kirche ersetzte das frühere Paradigma des Polytheismus und positionierte sich als einzige Wissensquelle unserer Zivilisation. Da sie auch das gesamte Bildungswesen unter Kontrolle hatte, konnte sie ihre Macht über das Wissen nutzen, um enorme Mengen an Wohlstand und Einfluss anzusammeln. Als selbst ernannte Mittlerin zwischen Gott und König konnte sie auch den Arm des Gesetzes dazu bringen, ihre Herrschaft zu sichern.

Im Lauf der Zeit, berauscht von immer mehr Autorität, rückte die eigentliche Aufgabe der Kirche, der Menschheit zu helfen, immer mehr in den Hintergrund gegenüber der dringlicheren Aufgabe, sich selbst zu helfen. Doch ihre Macht beruhte weiterhin auf dem zerbrechlichen Fundament des Anspruchs auf absolute Wahrheit.

Seien wir realistisch. Keine Autorität, vor allem keine, die sich auf statisches, altertümliches Wissen beruft, kann einen solchen Anspruch auf die Dauer bewahren. So mussten sich auch die Theologen damit auseinandersetzen, dass andere zu anderen Ansichten über die Wahrheit gelangten als sie selbst.

So kam es zur Inquisition, in der die mafiös organisierten Glaubenshüter den kritisch denkenden Menschen ein unwiderstehliches Angebot machten: »Lass von diesen Gedanken oder du musst dein Leben lassen.« Wessen Ansichten mit dem Dogma der Kirche querlagen, der landete im Gefängnis und sah Folter und Todesstrafe entgegen.

Die bedrückende Herrschaft der Kirche fand in den Wissenschaftlern der Renaissance endlich eine Gegenkraft, die frischen Wind in die Gesellschaft brachte. Die Wissenschaftler betrachteten die Welt mit liberalerem und menschlicherem Blick und gelobten, die Wahrheiten mit offenem Geist und ohne Vorurteile anzusehen.

Doch im Lauf der Zeit, nachdem sich die Wissenschaft ihre Position als offizielle Wahrheitsquelle der Zivilisation gesichert hatte, fingen auch die Vertreter dieses Paradigmas an, ihre Wahrheiten mit Nachdruck als absolut und unfehlbar darzustellen. In der modernen Welt ist der Begriff »wissenschaftlich« gleichbedeutend geworden mit »wahr«. Eine als »unwissenschaftlich« abgestempelte Überzeugung gilt dagegen bestenfalls als fragwürdig und schlimmstenfalls als illegal und strafbar.

Unter dem Deckmantel des »Wir wissen, was am besten für Sie ist« führen wissenschaftliche Autoritäten auch heute noch Hexenjagden auf wissenschaftliche Häretiker durch. Chiropraktiker, Heilpraktiker, Hebammen und andere, deren Modalitäten nicht in das allgemein anerkannte Wissenschaftsbild passen, werden verfolgt, beschimpft und manchmal sogar für ihre »unwissenschaftlichen« Praktiken eingesperrt.

Selbst Zivilisten, die sich nicht nach den wissenschaftlichen Normen richten wollen, müssen damit rechnen, arretiert und verklagt zu werden. Zum Beispiel hat das Gericht schon Eltern das Sorgerecht abgesprochen, weil sie ihre an Krebs oder anderen ernsten Krankheiten leidenden Kinder nicht den konventionellen Therapien unterziehen wollten, obwohl diese letztendlich auch keine besseren Ergebnisse aufweisen als alternative Heilmethoden.

2004 hatten die Ärzte beschlossen, dass das Baby von Amber Marlowe zu groß sei, um auf natürlichem Weg geboren zu werden, und dass sie einen Kaiserschnitt bräuchte. Als sie sich wehrte, erwirkte das Wilkes-Barre General Hospital eine gerichtliche Verfügung, dass sich die Schwangere operieren lassen müsse, »um das Leben des Kindes nicht zu gefährden«, sonst drohe ihr eine Gefängnisstrafe. Zum Glück ging diese Geschichte gut aus: Die Zeitungen berichteten, dass Amber Marlowe aus dem Krankenhaus floh und woanders eine leichte, natürliche Geburt hatte.[1]

Kann die moderne Wissenschaft die unfehlbare Quelle absoluter Weisheit sein, die sie zu sein behauptet? Auf keinen Fall.

Doch hier kommt die gute Nachricht: Der ursprüngliche Geist der Wissenschaft ist trotz allem quicklebendig und wohlauf. Es gibt ausreichend Querdenker, die an der wissenschaftlichen Front für Unruhe sorgen und mit ihren Gedanken unsere Weltsicht gründlich auf den Kopf stellen. Die Revolution ist im Anmarsch, obwohl die alten Ordnungshüter die Hacken in den Boden stemmen. In ihrem Bemühen, ihr liebes altes, aber leider überholtes Dogma zu verteidigen, hat sich das wissenschaftliche Establishment – genauer gesagt: jene, die von der Wissenschaft profitieren, zum Beispiel die Pharmaindustrie – in den Bereich der Religion begeben, wenn sie verkünden: »Es ist wahr, weil wir es sagen!«

Wenn wir die Newton'sche lineare Logik bis zu ihrem unlogischen Ende verfolgen, dass nur die Materie zählt, enden wir mit einer Weltsicht, welche die gesamte Dimension des Unsichtbaren außen vor lässt. Dabei entdecken wir gerade, dass dieser Bereich der Wirklichkeit möglicherweise für die Natur und die Mechanik des Universums von größter Bedeutung sein könnte. Die Vordenker der neuen Wissenschaften haben ihre Thesen an das Tor des wissenschaftlichen Materialismus genagelt. Möge die Re-form-ation beginnen!

Hochmut kommt vor dem Fall

Der Film *Am Anfang war das Feuer* schenkt tiefe Einblicke in die Welt der prähistorischen Menschheit. Feuer war für die damalige Erdbevölkerung überlebenswichtig, denn es schützte sie vor fleischfressenden Tieren und stellte daher einen enormen Schritt bei der Kontrolle über ihre Umgebung dar. Am Anfang lernten die Menschen, das Feuer zu bändigen, aber sie konnten es nicht entfachen. Viel kollektive Energie wurde darauf verwendet, die Glut niemals verlöschen zu lassen, selbst wenn der Stamm wanderte. Wenn ein Stamm sein Feuer verlor, fiel er schnell wieder auf die Stufe des wehrlosen Opfers wachsamer Raubtiere, die ihm in der Dunkelheit auflauerten.

In der letzten Szene lernt unser prähistorischer Held, Feuer zu machen. Der Film hält damit auf brillante Weise einen der herausragenden Augenblicke der Evolution fest. Bis zu diesem Augenblick war das Bewusstsein der Menschen vorwiegend mit dem unmittelbaren Überleben in einer feindlichen Umwelt beschäftigt. Durch die Beherrschung des Feuers erhoben sich die Menschen über das Tierreich und machten sich auf den Weg, zur dominierenden Kraft der Biosphäre zu werden. Der Film endet damit, dass der Stamm sicher um das Lagerfeuer sitzt und der Protagonist sinnend zum Mond und zum Sternenhimmel emporschaut. Mit der Sicherung des unmittelbaren Überlebens gewann der Mensch die Freiheit, über das Wesen dieser Welt nachzudenken.

Dies waren die bescheidenen Anfänge der Wissenschaft, die sich aufmachte, unsere Welt zu erforschen, zu klassifizieren und zu verstehen. In der westlichen Zivilisation begann die konventionelle Wissenschaft offiziell mit dem Goldenen Zeitalter der Griechen, in der Philosophen wie Aristoteles Beobachtungen und Erkenntnisse sammelten und aus einfachen Experimenten Schlussfolgerungen ableiteten.

Als der christliche Monotheismus zum herrschenden Paradigma wurde, integrierte er die alte griechische Wissenschaft und ließ sie in seinen Mix an Weltwissen einfließen. Thomas von Aquin und Albertus Magnus passten die griechische Philosophie den Grundsätzen der christlichen Heiligen Schrift an. Die neue kirchliche Wissenschaft, die sogenannte *Natürliche Theologie,* formalisierte die Art, wie sich die Wissenschaft der göttlichen Schöpfung zu nähern hatte. Und die Wissenschaft ging gehorsam in den Dienst.

Wie bereits erwähnt, änderte sich das, als die Wissenschaft gebeten wurde, zu helfen, das Durcheinander des kirchlichen Kalenders zu ordnen. Kopernikus' Entdeckung, dass unser kosmisches System heliozentrisch ist, war die Geburt der modernen Wissenschaft als formeller, von der Kirche losgelöster Institution. Die Verkündung dieser Entdeckung bildete einen Wendepunkt, der zu weiteren Anfechtungen der Unfehlbarkeit der Kirche führte und schließlich zum Zusammenbruch des monotheistischen Paradigmas.

Das Jahr 1543 gilt als der Anfang der modernen wissenschaftlichen Revolution. In diesem Jahr veröffentlichte Kopernikus, der sein Ende nahen fühlte, sein Buch *De Revolutionibus Orbium Coelestium** und stellte damit erfolgreich die Unfehlbarkeit der Kirche in Zweifel.

Eines der ersten Themen, mit denen die moderne Wissenschaft rang, war das Rätsel: »Was ist Wahrheit?« Die Wissenschaft des 16. Jahrhunderts war eine Ansammlung alter Spekulationen, die seit der Antike weitergegeben und von den christlichen Theologen modifiziert worden waren. Es herrschte Verwirrung, denn man wusste nicht, wie man eine echte *Wahrheit* von einer leidenschaftlichen *Überzeugung* unterscheiden sollte.

Also stellte sich als Erstes die Aufgabe, eine *wissenschaftliche Methode* zu entwerfen, um Daten zu sammeln und abzuwägen. Zur wissenschaftlichen Methode gehört im Wesentlichen, zu beobachten, zu messen, erklärende Hypothesen zu entwickeln, Experimente durchzuführen, um diese Hypothesen zu überprüfen und diesen Prozess dann so weit zu verfeinern, bis es zu vorhersehbaren Ergebnissen kommt. So wurde die Berechenbarkeit zu einem entscheidenden Merkmal des wissenschaftlichen Wahrheitsbegriffs.

René Descartes entwickelte dieses neue Paradigma weiter, indem er eine vollständige wissenschaftliche Reform einführte. Er brachte den kühnen Vorschlag vor, die alten griechischen Überzeugungen

---

* Dt. Ausgabe: *Von den Drehungen der Himmelskreise*

über Bord zu werfen und sie durch nachweisbare Wahrheiten zu ersetzen, die durch Francis Bacons wissenschaftliche Methode abgesichert waren. »Zweifle alles an«, empfahl Descartes, und das Einzige, was er für zweifellos wahr hielt, war seine eigene Existenz. *Cogito, ergo sum* (Ich denke, also bin ich) – so lautete sein berühmter Ausspruch. Wie wir in Kürze darstellen werden, gilt das möglicherweise auch für das Universum.

Die wissenschaftliche Methode erfordert direkte Beobachtungen und Messungen des infrage stehenden Objekts. Ohne die heutige Technologie waren die damaligen Wissenschaftler so auf die Dinge beschränkt, die sie sehen, berühren und messen konnten. Das Konzept einer unsichtbaren energetischen Matrix – die von den heutigen Quantenphysikern *das Feld* genannt wird und die Einstein als *alleinige Kraft, die die Materie bestimmt,* bezeichnete – war zur Zeit von Newton und Descartes nicht wissenschaftlich beobachtbar.

Daher ist es nicht verwunderlich, dass die Parameter der wissenschaftlichen Methoden die Wissenschaften auf die Erkundung der physischen, materiellen Welt beschränkten. Durch diese Einschränkung mussten nichtmaterielle Konzepte wie Geist (*Spirit* und Mind) oder Bewusstsein ausgeschlossen bleiben, und die Wissenschaft brachte den wissenschaftlichen Materialismus hervor. Elemente des unsichtbaren Reichs galten als metaphysische Annahmen, welche die Wissenschaft gerne der Kirche überließ; diese wiederum behielt sich vor, außerhalb der Gesetze der Wissenschaften zu stehen.

Durch Loslösung von der Kirche und Beschränkung ihrer Beobachtungen auf das physische, greifbare Universum erschufen die Wissenschaftler eine neue Philosophie. Das Universum war aus ihrer Sicht nicht von spirituellen Kräften bestimmt, sondern funktionierte wie eine physische Maschine. Sterne, Planeten, Pflanzen und Tiere waren nichts als Zahnräder in einem gigantischen Uhrwerk.

Die Wissenschaftler gingen zwar davon aus, dass Gott dieses Uhrwerk erschaffen hatte, doch nachdem er es einmal in Gang gesetzt hatte, sei er nicht mehr in die tagtägliche Funktion involviert. Statt sich einen Gott vorzustellen, der über den Dingen schwebt und alles wie ein Marionettenspieler dirigiert, sah die Wissenschaft das Universum als ein Perpetuum mobile, dessen Verhalten von seinen mechanischen Bestandteilen bestimmt ist.

Sir Isaac Newton verwendete die Mathematik, um Descartes' Annahme, dass das Universum eine Maschine sei, wissenschaftlich zu untermauern. Durch Beobachtung und Messung der Himmelskörper erschuf Newton eine neue Philosophie rund um die generelle Funktion des Universums und des Lebens. Er gründete die Wissenschaft der Mechanik, auch bekannt als Physik, welche die Funktionsweisen des Universums erforscht.

Die Newton'sche Wissenschaft beruhte auf zwei absoluten Vorstellungen: des absoluten Raums und der absoluten Zeit. In einem quantifizierbaren Universum, wie er es definierte, bewegen sich Objekte durch diese beiden Absoluti aufgrund der Schwerkraft. Die Schwerkraft ist zwar unsichtbar, aber Newton erkannte sie an ihren Früchten, vor allem an den fallenden Äpfeln. Die materialistischen Anhänger Newtons ließen sich von der Unsichtbarkeit der Schwerkraft nicht beirren. Sie gingen davon aus, dass die Schwerkraft durch ein Zusammenwirken von Materie und einer Gas-artigen Substanz, die sie »Äther« nannten, entsteht. So war die Schwerkraft aus ihrer Sicht ein Merkmal der Masse eines Objekts.

Seit dem 18. Jahrhundert haben drei Grundsätze der Newton'schen Philosophie die Ansätze geprägt, mit denen sich die Wissenschaftler dem Universum nähern:

1. *Materialismus:* Die physische Materie ist die einzige Realität. Das Universum kann durch die Kenntnis seiner sichtbaren physischen Teile begriffen werden. Statt von unsichtbaren Kräften oder Geistern leitet sich das Leben aus einer mit sich selbst reagierenden Chemie ab, die den Körper ausmacht. Schlicht gesagt: »Nur die Materie zählt.«

2. *Reduktionismus:* Egal wie komplex etwas erscheinen mag, es lässt sich immer zerlegen und durch das Studium seiner Komponenten begreifen. Schlicht gesagt: »Um etwas zu verstehen, nehme man es auseinander und erforsche seine Teile.«

3. *Determinismus:* Natürliche Ereignisse haben einen kausalen Ursprung. Das ist eine Konsequenz des Konzepts, dass jede Aktion zu einer Reaktion führt. Ein Ergebnis lässt sich aus den Ereignissen ab-

leiten, die zu ihm hingeführt haben. Schlicht gesagt: »Wir können die Ergebnisse natürlicher Prozesse vorhersehen und kontrollieren.«

Der Materialismus, Reduktionismus und Determinismus Newtons boten nicht nur eine Analyse des Universums, sondern verhießen auch eine kontrollierbare Zukunft – allerdings um den Preis, dass die denkende Welt ihre Beschäftigung mit Gott, »*Geistern*« und unsichtbaren Kräften opfern musste.

Irgendwann zwischen der Zeit Newtons kurz nach 1700 und dem Zeitalter der Aufklärung am Ende des 18. Jahrhunderts lösten sich die Spannungen zwischen dem aufkommenden Paradigma der modernen Wissenschaft und dem immer noch dominanten, von der Kirche verwalteten Paradigma des Monotheismus. Indem man das Universum für beide Seiten bequem in das Materielle und das Spirituelle aufteilte, konnte die Wissenschaft über die physische Welt herrschen, während die Religion die Kontrolle über die metaphysische Welt behielt.

So konnte die Wissenschaft frei das materielle Universum erforschen, und die Religion steuerte den Kurs der transzendenten Seelen. Dies war eine bequeme Einigung zwischen zwei intellektuellen Supermächten, doch die Trennung von *Geist (Spirit)* und Materie hat zu einem Ungleichgewicht geführt, das noch heute unsere Welt bedroht.

Als sich das 19. Jahrhundert seinem Ende näherte, ruhte das gesamte materielle Universum auf einem bequemen Fundament unwiderlegbarer Newton'scher Wahrheiten. Die Wissenschaft hatte festgestellt, dass das Universum eine physische Maschine war, die aus elementaren Teilchen – *Atome* genannt – bestand, und dass man die universalen Dynamiken verstehen und bestimmen kann, wenn man die billardähnlichen Bewegungen der atomaren Aktionen und Reaktionen kennt. Ende des 19. Jahrhunderts waren einige Physiker von ihrer Arbeit so begeistert, dass sie öffentlich verkündeten, die Wissenschaft der Physik sei vollständig und es gebe nichts Neues mehr zu lernen.

William Thomson, bekannt als The Right Honorable Lord Kelvin, war ein mathematischer Physiker und Ingenieur aus Irland, der 1900 in einem Vortrag vor einer Versammlung von Physikern der British Association for the Advancement of Science behauptete: »Es gibt in der Physik jetzt nichts Neues mehr zu entdecken. Alles, was noch bleibt, sind immer genauere Messungen.«[2]

Eine ähnliche Aussage kennen wir von Albert Michelson, dem ersten amerikanischen Physiker, dem ein Nobelpreis verliehen wurde. Die Newton'sche Wissenschaft schien so vollständig, dass Michelson als Vorsitzender der physikalischen Fakultät der Universität von Chicago erklärte, man brauche kein Aufbaustudium der Physik mehr, denn »die großen grundlegenden Prinzipien sind klar …, weitere Wahrheiten der Physik sind höchstens noch in der sechsten Stelle hinter dem Komma zu finden.«[3]

Doch kurz vor der absoluten Gewissheit passierte etwas Komisches. Wie der Volksmund weiß, kommt Hochmut oft vor dem Fall. Unerwartete Anomalien begannen, die Welt der Newton'schen Physik auf den Kopf zu stellen.

Der erste Riss im mechanischen Weltbild entstand 1895 durch die Arbeiten des deutschen Physikers Wilhelm Conrad Röntgen: Mit Röntgenstrahlen wies er die Existenz einer mysteriösen Kraft nach, die von der Materie ausgeht und andere Materie durchdringt.

Kurz darauf entdeckten die französischen Physiker Antone Becqueral und Marie und Pierre Curie das Phänomen der Radioaktivität, woraus hervorging, dass atomare Elemente nicht so unwandelbar sind, wie man angenommen hatte, sondern dass sie zu anderen Elementen werden konnten.

Zwei Jahre später stieß der britische Physiker Sir Joseph John Thomson auf die ersten Elektronen. Die Atome waren also nicht die kleinsten Teilchen des Universums, wie die Newton'sche Physik behauptet hatte, sondern bestanden selbst aus Untereinheiten.

In seinen Studien des Lichtspektrums, das erhitzte Elemente aussenden, fand der deutsche Physiker Max Planck heraus, dass Elektronen von einer Energiehülle eines Atoms auf eine andere springen können, also unmittelbar von einem Energieniveau zum anderen wechseln, ohne dass dazwischenliegende Energiewerte erkennbar wären. Daraus schloss Planck, dass Elektronen aus einzelnen Einheiten von Strahlungsenergie bestanden, die er *Quanten* nannte. Seine Arbeiten zeigten, dass Elektronen bei ihren Sprüngen zwischen den Energiehüllen entweder ein Quantum Energie gewinnen oder verlieren. Das war der Ursprung der Wissenschaft der *Quantenphysik*.

1905 fand der deutsche Physiker Albert Einstein bei seiner Erforschung des fotoelektrischen Effekts heraus, dass nichtmaterielle Lichtwellen physikalische Eigenschaften aufweisen, die man zuvor nur der Materie beimaß. Auf Basis seiner Beobachtungen postulierte er die Existenz der *Photonen:* Quanten von strahlender Lichtenergie, die bestimmte Merkmale haben. Wenn sich Materie wie Licht verhält und Licht wie Materie, werden die Gewissheiten der Newton'schen Physik plötzlich unscharf.

1926 meinte der französische Physiker Louis-Victor de Broglie, dass sich alle Materieteilchen auch wie nichtmaterielle Wellen verhalten sollten. Diese De-Broglie-Hypothese bestätigte sich drei Jahre später in Experimenten mit Elektronen, die sowohl Wellen- als auch Teilchen-Eigenschaften aufwiesen, das heißt, sie sind gleichzeitig nichtmateriell und materiell.

Mit diesen Entdeckungen hatten sich die scheinbar soliden Grundlagen der Newton'schen Physik nur ein Vierteljahrhundert nach Thompsons und Michelsons Behauptungen, in der Physik gebe es nichts mehr zu entdecken, als Zen-artiges Paradox entpuppt.

Die Teilchen-gegen-Welle-Verwirrung wurde letzlich durch die Entwicklung der *Quantenmechanik* aufgelöst. Die *Welle-Teilchen-Dualität,* einer der Eckpfeiler der Quantenphysik, bot einen einheitlichen theoretischen Rahmen, um zu verstehen, dass alle Materie Eigenschaften hat, die sowohl zu Teilchen als auch zu Wellen gehören. Willkommen im verrückten Reich der Quanten!

Einsteins Masse-Energie-Gleichung, die oft als $E=mc^2$ dargestellt wird, stellt die Beziehung zwischen Energie und Masse dar. Die Energie (E) ist gleich der Masse (m) mal Lichtgeschwindigkeit (c) im Quadrat. Damit machte Einstein klar, dass Atome nicht wirklich aus Materie bestehen, sondern aus nichtmaterieller Energie. Heute ist ganz klar, dass physische Atome aus einer Menagerie von subatomaren Teilchen wie *Quarks, Bosonen* und *Fermionen* zusammengesetzt sind. Teilchenphysiker betrachten diese grundlegenden atomaren Einheiten als Energiewirbel, die wie *Nano-Tornados* aussehen.

Mit anderen Worten: Die lang gehegte Wahrnehmung eines Newton'schen Universums, das nur aus physischen Objekten besteht, entpuppt sich als eine komplexe Illusion. In seiner einheitlichen Feldtheorie, mit der Albert Einstein das Wesen und das Verhalten aller Materie und Energie zu erfassen versuchte, ging er hingegen davon aus, dass das Universum ein einziges, dynamisches, unteilbares Ganzes ist, in dem alle physischen Teile und Energiefelder voneinander abhängig und in gegenseitiger Wechselwirkung sind.

Während die Quantenmechanik die wissenschaftliche Fixiertheit auf den Materialismus untergrub, hinterfragte Plancks Werk auch die Betonung des Reduktionismus, der sich lieber auf die einzelnen Teile als auf das Ganze konzentriert. Mit dem reduktionistischen Ansatz lassen sich zwar einfache, mechanische Prozesse erklären, aber Planck zeigte, dass sich manche Ereignisse nicht durch lineare Ursache-Wirkung-Reaktionen erklären lassen, sondern simultan als Teil einer interagierenden Energiematrix zu geschehen scheinen, die Planck *das Feld* nennt. Er betonte, um das Wesen des Universums zu verstehen, müssten wir die reduktionistische Sichtweise loslassen und uns dem *Holismus* zuwenden, in dem alles mit allem in Wechselwirkung steht.

Die klassische Analogie zur Beschreibung des Reduktionismus ist das Auseinandernehmen eines Uhrwerks, um zu sehen, wie es funktioniert. Wenn man sich das Zusammenwirken der Zahnräder und Federn gründlich anschaut, sollte man in der Lage sein, auch den Mechanismus jedes anderen Uhrwerks zu reparieren oder zu verändern. Auf ähnliche Weise, meinten die Wissenschaftler, könne man herausfinden, wie ein lebendiger Organismus funktioniert, indem man seinen Körper auseinandernimmt und die Teile erforscht.

Zum Glück sind sowohl der Reduktionismus als auch die Uhrwerk-Analogie völlig aus der Mode geraten. Denken Sie nur an eine Digitaluhr. Sie können sie wohl auseinandernehmen, sich ihre Teile betrachten, aber das wird Sie nicht weiterbringen. Digitaluhren beruhen auf einer Technologie, die aus der Quantenmechanik kommt. Sie funktionieren durch Energiebewegungen, nicht mit Zahnrädern. Das Begutachten der einzelnen Teile würde niemandem offenbaren, wie die Uhr funktioniert. Der Reduktionismus mit seinem Fokus auf individuelle, materielle Teile, hilft einfach nicht weiter, wenn es um die integrierte Mechanik eines interagierenden Quantenuniversums geht.

Die Quantenphysik fordert nicht nur unsere Fixiertheit auf den Materialismus und den Reduktionismus heraus; sie macht auch den Determinismus überflüssig, der davon ausgeht, dass alle Ereignisse, inklusive menschlicher Entscheidungen, auf vorhersehbaren Ursache-Wirkung-Ketten beruhen, die nach Naturgesetzen ablaufen. Der Determinismus behauptete, kurz gesagt, dass wir, wenn wir nur alle Informationen hätten, die Zukunft vorhersagen könnten.

Der deutsche Physiker Werner Heisenberg, einer der Begründer der Quantenmechanik, entdeckte jedoch, dass es unmöglich ist, gleichzeitig die Position und den Impuls eines Elektrons zu bestimmen. Je genauer man die Position misst, desto ungenauer wird die Aussage über seine Geschwindigkeit, und umgekehrt. Diese sogenannte Heisenberg'sche Unschärfe-Theorie lässt sich auf jegliche zwei Variablen anwenden, zum Beispiel Position und Geschwindigkeit oder Drehwinkel und Winkelmoment. Sie besagt, dass das Messen einer der Variablen immer zu einer Störung der anderen führt, sodass man niemals beide gleichzeitig akkurat bestimmen kann. Heisenbergs Theorie stellt nicht nur einen Affront für den Determinismus dar; sie legt auch die Vermutung nahe, dass die Existenz der Materie selbst eine gewisse Unschärfe besitzt.

Bitte beachten Sie, dass die Quantenmechanik nicht bedeutet, man müsse die Newton'sche Physik aus dem Fenster werfen. Sie setzt sie eher in Proportion. Die Quantenphysik ist das größere Wahrnehmungsfeld. Es schließt die Informationen der Newton'schen Physik mit ein und ergänzt sie erheblich. Die Quantenmechanik umfasst also alles, was uns bereits bekannt ist, plus einen ganz neuen Bereich bislang unbekannter Kräfte, welche die Entfaltung unseres Universums mitgestalten. Die Quantenmechanik betont, dass das materielle Universum mit all seinen Atomen und Teilchen eigentlich eine Komponente der unsichtbaren, universellen Matrix von Energiekräften ist, die zusammen das Feld bilden.

Vielleicht erinnern Sie sich an das Schulexperiment mit dem Magneten, dem Blatt Papier und den Eisenspänen: Man streut Eisenspäne auf das Papier und sie liegen zufällig verteilt da. Wenn man dann den Magneten unter das Papier hält, bilden die Späne ein bestimmtes Muster, die das unsichtbare magnetische Feld nachbildet. Die Späne tun das Gleiche, sooft man den Prozess wiederholt.

Jetzt stellen Sie sich vor, Sie müssten sich das Phänomen, wie dieses Muster geformt wird, erklären, ohne dass Sie etwas von Magneten oder unsichtbaren Feldern wüssten. Zu welchem Schluss würden Sie kommen, wenn Sie nur die Späne sähen? Sie könnten leicht annehmen, diese Eisenspäne seien ganz tolle Objekte, die sich nach Belieben eine Ordnung geben können.

Das beschreibt das Dilemma, in dem wir uns befinden, wenn wir versuchen, unsere Welt ausschließlich durch die Materie zu verstehen. Die Ungeheuerlichkeit dieses Irrtums wird umso deutlicher angesichts unserer heutigen Kenntnis, dass es die unsichtbaren Felder sind, die die Materie steuern und bestimmen. Oder wie Einstein mit umwerfender Schlichtheit sagte: »Das Feld ist die alleinige Kraft, die die Materie bestimmt.« Das heißt, dass das Feld die Energiematrix des Universums ist, die über alle Materie herrscht, auch über jene Eisenspäne.[4] Einstein betonte die Bedeutung des Feldes für die Bildung unseres Universums weiter mit den Worten: »… in dieser neuen Physik ist kein Platz für beides, Feld und Materie, denn das Feld ist die einzige Realität.«[5]

Ein Jahrhundert nachdem Einstein seine Masse-Energie-Gleichung präsentierte und deutlich machte, wie innig Materie und Energie miteinander verquickt sind, klammern sich viele Menschen immer noch hartnäckig an die Illusion einer rein materiellen Wirklichkeit. Der Wahnsinn, den wir um uns herum sehen – vorausgesetzt, wir sind nicht so darin verstrickt, dass wir ihn nicht bemerken –, ist ein Nebenprodukt des Versuchs, in einer Einstein'schen Welt eine Newton'sche Existenz zu führen.

Interessanterweise hat das unsichtbare Energiefeld, das die Materie bildet, wie es die Quantenphysiker definieren, die gleichen Eigenschaften wie die unsichtbar gestaltenden Felder, welche die Metaphysiker *Geist (Spirit)* nennen.

Und wenn Jesus UND Einstein recht hätten?

Falls Sie sich darüber wundern, wie die Wissenschaft Einstein 100 Jahre lang unbeachtet lassen konnte, dann sollten Sie sich umso mehr wundern, dass die Gesellschaft Jesus 2000 Jahre ignorieren konnte. Wenn wir die Botschaften von Jesus und Einstein zusammen betrachten, lässt sich vielleicht eine wissenschaftliche Grundlage für Jesu Goldene Regel »Liebe deinen Nächsten wie dich selbst« ableiten. In einer Einstein'schen Welt, in der du und dein Nächster ein und dasselbe sind, leuchtet seine Aufforderung vollkommen ein. Der Grundgedanke der Relativitätstheorie lautet: Wir sind alle miteinander verbunden.

In den wissenschaftlich hoch entwickelten Nationen hat man kein Problem, mithilfe der Quantenphysik Atomwaffen herzustellen, doch wenn es darum geht, die alltägliche Welt zu verstehen, stellen sich viele gegenüber der unsichtbaren Welt immer noch blind. Im Bereich der Politik und Diplomatie operieren zum Beispiel die Regierungen nach wie vor in einer Newton'schen Welt der individuellen Teile, die sie *Nationen, Regierungen, Abteilungen* oder *Territorien* nennen.

Statt sich auf das kooperative Wesen des Energiefeldes und der natürlichen Ressourcen zu konzentrieren, die wir alle miteinander teilen, arbeitet man mit einem konkurrierenden, auf Kriegsdrohungen beruhenden politischen System, das Getrenntheit und Entzweiung, Grenzen und Barrieren, »wir« und »die anderen« betont. Die gleiche Newton'sche Aktion-Reaktion-Mechanik hält auch eine Justiz aufrecht, die auf Strafe beruht. »Auge um Auge« ist eindeutig ein Newton'sches Prinzip, mit dem die ganze Welt erblinden wird.

Wir haben nichts gegen Isaac Newton. Sein Genius wird berechtigterweise gewürdigt werden, solange es eine menschliche Geschichtsschreibung gibt. Newtons Wissenschaft schenkte der Menschheit eine technische Grundlage für eine gewisse Kontrolle über ihre Umgebung. Viele Verbesserungen unserer physischen Lebensumstände verdanken wir der Tatsache, dass sich die Newton'sche Wissenschaft vom religiösen Dogma frei gemacht und zu ihren eigenen Aussagen gefunden hat. Doch jetzt muss sich die Gesellschaft mit den Schrecken und Irrsinnigkeiten auseinandersetzen, die eine von den unsichtbaren Welten losgelöste Wissenschaft mit sich gebracht hat.

Um zu erkennen, was passiert, wenn nur die Materie zählt, müssen wir uns nur die westliche Gesellschaft und ihr monströses Stiefkind, die *Globalisierung,* anschauen. Die Menschheit hat eine rein materialistische, mechanische und leblose Schöpfung à la Frankenstein auf die Welt losgelassen: die Kapitalgesellschaft. Wir haben nicht nur dem Leblosen Leben verliehen, wir haben ihm sogar mehr

Rechte überantwortet als den Menschen. In der industrialisierten Welt gelten die Wünsche und das Begehren von Kapitalgesellschaften in der Regel mehr als die notwendigen Ansprüche und die Bedürfnisse der Bevölkerung.

Die moderne Kapitalgesellschaft hat kein anderes Ziel, als Gewinn zu machen. Sicher, immer mehr Unternehmen werden von Managern geführt, die Bewusstsein und Gewissen haben. Dies sind ermutigende Samen für eine zukünftige Welt, in der die Unternehmen den Menschen dienen. Doch das ist in der heutigen Welt, in der die Menschen den Unternehmen dienen, noch ferne Zukunftsmusik. Im 9. Kapitel *(Fehlfunktionen am Rand des Abgrunds)* werden wir näher darauf eingehen, wie die Regel des Goldes die Goldene Regel außer Kraft gesetzt hat.

Eine weltbedrohliche Konsequenz der Newton'schen Fixiertheit auf die Materie ist das Bedürfnis, Materie anzuhäufen. Niemals zuvor hat diese Erde eine Zivilisation erlebt, die so von materiellem Besitz besessen ist, so eingenommen von ihrem Konsumbedürfnis.

Wer nach dem Ende des Zweiten Weltkriegs in der westlichen Gesellschaft geboren wurde, vor allem in den Vereinigten Staaten, wurde vom Fernsehen in einem so großen Umfang beeinflusst und programmiert, dass er die Macht der Medien über unser Leben kaum noch begreift. Von den frühen Tagen, in denen Sympathieträger die Kinder dazu aufriefen, ihren Müttern zu sagen, sie sollten Wunderbrot kaufen, bis zur Gegenwart, in welcher der Baby Channel* schon Wickelkindern Markenbewusstsein vermittelt, wurden Menschen zu Konsumenten und Kunden degradiert, die den unersättlichen Appetit der Dinosaurier stillen sollen.

Immer mehr Individuen und Organisationen werden sich der lebensbedrohlichen Konsequenzen der Vermarktung globaler Ressourcen bewusst und versuchen, menschliche Werte in die Ökonomie einfließen zu lassen.

Die Kräfte, welche die menschliche Evolution und die geistige Gesundheit fördern, werden oft als defensive, auf verlorenem Posten kämpfende Randgruppen angesehen, trotz der Tatsache, dass die

---

* Fernsehkanal für werdende Eltern (Anm. d. Red.)

meisten Menschen Leben höher schätzen als Geld. Die Vorläufer der neuen Menschheit sind tatsächlich mit einem mächtigen Gegner konfrontiert – vielleicht mit der größten Macht der Welt, die darüber hinaus weitgehend unsichtbar ist –, denn sie greifen das herrschende Paradigma dieser Zivilisation an, die grundlegenden Überzeugungen, die unser Leben gestalten.

Das konventionelle Paradigma des Newton'schen Materialismus, Reduktionismus und Determinismus bildet auch die Grundstruktur unserer akademischen Institutionen. Die Produkte dieser Einrichtungen, die Studenten, werden nach ihren *messbaren* Leistungen sortiert und bewertet. Wie könnte man besser herausfinden, wer der Beste ist, als es zu messen? Und wie könnte man den finanziellen Lohn des Materialismus besser verteilen als danach, wer am besten produzieren kann? Die Frage »Was produzieren – und wozu?« wird in der Regel nicht gestellt, geschweige denn beantwortet.

Im Bereich der Medizin, dem Flaggschiff der materialistischen Wissenschaft, wurden zweifellos viele Menschenleben gerettet. Doch die vorwiegend Newton'schen Behandlungen haben sich immer wieder als teuer, mäßig effektiv und manchmal sogar lebensbedrohlich erwiesen.

Ganz im Sinne des Materialismus konzentriert sich die konventionelle Medizin nur auf den physischen Aspekt des Körpers, auf Bemühungen, die Chemie des Körpers zu manipulieren, obwohl inzwischen bewiesen ist, dass die Arbeit mit den Energiefeldern des Körpers wirksamer und günstiger ist.

Wir wollen unbedingt anerkennen, dass die moderne Medizin wahre Wunder bewirken kann, vor allem in der Traumabehandlung, die dem Newton'sche Ansatz folgt und den Körper als Maschine betrachtet. Zu ihren Meisterwerken gehört die Fähigkeit, den Körper auseinanderzunehmen und wieder zusammenzusetzen, Organe zu transplantieren und Ersatzteile zu kreieren und einzubauen. Doch trotz allem technischen Wissen leben wir immer noch in Furcht vor winzigen Bakterien und Viren, die ständig unser Leben bedrohen.

Wer außerhalb der Schulmedizin Wunderheilungen und Spontanremissionen erlebt, begegnet oft einem erstaunlichen Mangel an Neugierde seitens der medizinischen Autoritäten. Dies gilt vor allem in den Fällen, in denen der Arzt für die Heilung keine allgemein akzeptable, physisch-materielle Erklärung hat. Dann kommt es häufig vor, dass die Ärzte behaupten, der Patient habe das Problem oder die Krankheit gar nicht wirklich gehabt – trotz der sichtbaren Beweise auf Röntgenaufnahmen und sonstigen bildgebenden Verfahren wie der Magnetresonanztomografie. Sie erklären das Phänomen zur Fehldiagnose. Und viele Ärzte stellen sich taub gegenüber den Patienten, die davon berichten. Sie wollen davon nichts wissen.

Zum Glück hilft die immer größere Akzeptanz der Komplementärmedizin, das materialistische medizinische Dogma aufzulösen. Es gibt keine bessere Motivation, um einen naturheilkundlichen Arzt oder Heilpraktiker aufzusuchen, als die erfolgreiche Behandlung eines Freundes oder Bekannten. Was den Abbau der Beschränkungen durch Newton'sches Gedankengut betrifft, haben wir noch einen weiten Weg vor uns, doch wir werden gleich sehen, dass das wichtigste Forschungsfeld dabei das Feld selbst ist.

Das Feld ist entscheidend

So, der erste apokalyptische Wahrnehmungs-Mythos, dass nur die Materie zählt, ist also widerlegt.

Durch ihr mutiges Streben nach Wahrheit hat die Wissenschaft selbst ihr Lieblingsdogma abgeschafft. Aber wenn die Materie nicht so wichtig ist, wie wir immer gedacht haben, was ist dann wichtig? Einstein sagt: »Das Feld ist die einzige Realität.«

Doch wenn die Materie so nichtmateriell ist, wie kann sie dann so real erscheinen? Wenn diese Wand eine Illusion ist, warum kann ich nicht meine Hand durchstrecken? Wie die Physiker entdeckt haben, hindert uns nicht die Dichte der Materie daran, sondern die Dichte der Energie.

Auf subatomarer Ebene besteht alles aus Energiewirbeln, die sich ständig drehen und immer schwingen. Sie können sich gleichsam einen Mini-Tornado vorstellen, also einen Wirbel aus Windenergie: Wenn wir einen Tornado beobachten, sehen wir eigentlich nur die wirbelnden Teilchen – Dreck, Dachziegel, Äste, Schmidts Katze; sie sind in einem Feld gefangen, das stark genug ist, Gebäude zum Einsturz zu bringen und Fahrzeuge hochzuheben. Man kann aus dem gleichen Grund die Hand nicht durch die Wand stecken, aus dem man nicht durch einen Tornado fahren kann. Die Kräfte sind zwar nicht zu sehen, aber deutlich spürbar.

Und wir sollten nicht denken, dass der leere Raum wirklich leer ist. Das Unsichtbare brummt vor Energie, wie wir es uns gar nicht vorstellen können. Was Aristoteles *das Plenum* und die Physiker *das Nullpunkt-Feld* genannt haben, ist ein *Quantenmeer von Licht*. Dem amerikanischen Physiker Richard Feynman zufolge enthält die Energie eines Kubikfußes* scheinbar leeren Raums genug Energie, um alle Meere der Welt zum Kochen zu bringen.[6] Paradoxerweise hat also »Nichts« mehr Kraft als »Alles«. Vielleicht ist diese sogenannte Nullpunkt-Energie die Energieform der Zukunft. Das wäre doch ein guter Anreiz, überhaupt eine Zukunft zu haben!

Ein weiteres wundervolles Paradox der physischen Realität: Eigentlich existiert sie gar nicht. Laut der Journalistin Lynne McTaggart, Autorin von *The Field: The Quest for the Secret Force of the Universe,* ist dieses Nullpunkt-Feld »ein Meer mikroskopisch kleiner Schwingungen in dem Raum zwischen den Dingen – ein Zustand reinen Potenzials und unendlicher Möglichkeiten.« McTaggart schreibt: »Teilchen existieren in allen möglichen Zuständen, bis sie von uns gestört werden – sei es durch Beobachten oder durch Messen. Dann lassen sie sich nieder und werden etwas Reales.« Das bedeutet, die Realität existiert nur nach Bedarf.[7]

Obwohl die Physiker sich damit schwertun, sich über etwas so Großes und Unvorstellbares einig zu werden, legt unser gegenwärtiges unkonventionelles Wissen den Verdacht nahe, dass alles immer überall ist und dass sich unser Geist (Mind) nur die Dinge aus der kosmischen Suppe herausfischt, die er gerade in Zeit und Raum einsortieren möchte, um sich damit eine Realität zu erschaffen.

Wissenschaftler, die in der kosmischen Suppe des Feldes herumspielen, konnten dort schon Signale ohne Zeitverlust über große Entfernungen schicken und sogar Ereignisse beeinflussen, die bereits eingetreten waren! Doch davon später mehr.

---

* 1 Kubikfuß = 0,028 Kubikmeter (Anm. d. Red.)

Vorerst wollen wir uns nur einem einfachen Experiment zuwenden. Es beruht auf Beobachtungen, die vielen Menschen vertraut sind und die von dem britischen Biologen Rupert Sheldrake in dem Buch und Film *Dogs That Know When Their Owners Are Coming Home*[8] beschrieben werden. In einem Artikel des *Journal for the Society of Psychical Research* wird berichtet, dass 45 Prozent der Hundebesitzer behaupten, ihre Tiere wüssten es schon vorher, wenn eines der Familienmitglieder bald nach Hause kommt.[9]

In Sheldrakes Experiment, das vom österreichischen Fernsehen aufgezeichnet wurde, wurden die Hundebesitzerin Pam Smart und ihr Hund Jaytee von Videokameras mit Zeitcode überwacht. Während Pam unterwegs war, wurde ihr zu einem bestimmten Moment, den sie und ihr Hund im Voraus nicht kannten, telefonisch mitgeteilt, dass sie jetzt nach Hause gehen solle. Genau in diesem Augenblick lief Jaytee zur Tür, um sein Frauchen zu erwarten. Ähnliche Versuche wurden hundertfach aufgezeichnet, immer mit dem gleichen Ergebnis.

Was daran interessant ist? Die meisten von uns wissen vielleicht, dass es zwischen Haustieren und ihren Besitzern besondere, womöglich sogar telepathische Verbindungen gibt – so wie es etliche von uns schon erlebt haben, dass sie intuitiv Bescheid wussten, wenn einer ihrer Lieben in Schwierigkeiten war. Das Interessante ist nicht, dass Rupert Sheldrake etwas bewies, das viele bereits wissen, sondern dass diese Experimente in wissenschaftlichen Kreisen praktisch unbeachtet blieben. Man muss sich das vorstellen: Hunde empfangen Botschaften unmittelbar, schneller als Lichtgeschwindigkeit – und kein Wissenschaftler wird neugierig, wie das wohl geht?!

Das Problem ist, dass die materialistische Wissenschaft dieses Phänomen nicht erklären kann – und es auch gar nicht will. Sie verhält sich ähnlich wie die Kirche, die mit den exakten Berechnungen und unausweichlichen Schlussfolgerungen von Kopernikus im Hinblick auf die Position der Erde in einem heliozentrischen Sonnensystem konfrontiert war. Die orthodoxe Wissenschaft muss die Beweise für tierische Instant-Kommunikation ignorieren, weil sie ihrem Grunddogma widersprechen, dass nur die Materie zählt. Hier ist ein unerklärliches unsichtbares Feld am Werk, das uns mit telepathischer Kommunikation versorgt, aber weil die Wissenschaftler nicht an das Unsichtbare glauben, können sie es leider auch nicht wahrnehmen.

Sheldrake geht davon aus, dass es ein *morphisches Feld* gibt, das er als das »Gedächtnis der Natur« begreift und in dem Kommunikation mit Gedankengeschwindigkeit stattfinden kann.[10] Er wäre der Erste, der zugibt, dass sein Konzept des morphischen Felds nur eine spekulative Erklärung ist, die noch gar nichts beweist. Doch dieser Mangel an Beweisen hat ihn angetrieben, weitere Experimente mit dem Feld durchzuführen.

Das Wichtige an Sheldrakes Experiment: Es beweist, dass es tatsächlich ein einflussreiches, unsichtbares Feld gibt. Was daraus folgt, reicht viel weiter, als dass man seinen Hund rufen kann, indem man nur gedanklich pfeift. Wir sehen anhand von sorgfältig durchgeführten Doppelblind-Experimenten, dass Gebete und heilende Absichten eine nachweisbar positive Wirkung auf AIDS-Patienten und postoperative Genesungsprozesse haben. Eine Studie besagt auch: Wenn so viele Menschen transzendente Meditation praktizieren, dass es der Quadratwurzel der Bevölkerung eines bestimmten Gebiets entspricht, können diese durch ihre Absicht die Kriminalitätsrate in diesem Gebiet deutlich senken.[11]

Es wäre töricht von uns, die Macht des Feldes zu ignorieren, nur weil wir sie nicht erklären können. Zum Glück werden immer mehr Wissenschaftler neugierig. Physiker sind da gewissermaßen schon mittendrin, wenn sie diese Felder mit ihrem Begriff der *unsichtbaren, bewegenden Kraft* bezeichnen. Interessanterweise ist das der gleiche Ansatz, mit dem manche Leute auch den traditionellen Gestalter der Felder beschreiben: Gott, Schöpfer, Geist, Spirit – wie auch immer Sie die vereinigende Kraft des Universums nennen wollen. Es ist geradezu ein kosmischer Scherz: Wissenschaft und Religion beschreiben im Wesentlichen die gleiche Sache mit unterschiedlichen Begriffen.

Warum ist es also wichtig, das Feld zu verstehen? Und wie kann uns ein Verständnis des Feldes helfen?

Zum Ersten könnten wir dann ein für alle Mal den unsinnigen Streit zwischen Wissenschaft und Religion beenden. Statt uns über die Existenz eines fernen Gottes zu streiten, könnten wir gemeinsam ein nahes Gutes erwirken.

Zum Zweiten würden wir durch die Anerkennung der Kraft der unsichtbaren Felder – selbst wenn wir sie nicht verstehen – ein ganz neues Forschungsfeld eröffnen und die Wissenschaft herausfordern, etwas zu erkunden, das sie bislang ignoriert hat. Wir könnten erkennen, dass die Menschheit in einem einheitlichen Feld der Träume operiert. Und erfreulicherweise ist dieses Feld ein Spielplatz, kein Schlachtfeld.

6. Kapitel

Zweiter Wahrnehmungs-Mythos: Nur die Stärksten überleben

»*Wenn Sie nur auf die Nummer eins fixiert sind, werden Sie alles andere zweitrangig behandeln.*«

SWAMI BEYONDANANDA

»Der Mensch ist dem Menschen ein Wolf ... Da draußen herrschen die Gesetze des Dschungels ... Letztlich ist jeder ein Einzelkämpfer ...«

Wir haben solche Sätze so oft gehört, dass sie ein Teil unserer selbstverständlichen Realitätssicht geworden sind.

Doch was wäre, wenn die darwinistische Philosophie über das Leben als Konkurrenzkampf falsch wäre? Wenn Zusammenarbeit und Miteinander-Teilen die Grundlagen der Evolution wären?

Was wäre, wenn unser Überleben vielmehr davon abhinge, wie gut wir kommunizieren und wie schnell wir akkurate Informationen verarbeiten und weitergeben?

Was wäre, wenn etwas viel Besseres auf dieser Welt möglich wäre als das schiere Überleben? Wenn es auch echtes *Gedeihen* gäbe?

Was war zuerst: Darwin oder der Darwinismus?

Charles Darwin spielte eine der wichtigsten Rollen bei der Einführung des Paradigmas des wissenschaftlichen Materialismus, vor allem hinsichtlich der menschlichen Gesundheit und der Evolution der Menschheit. Vor dem Hintergrund seiner Zeit waren Darwins Theorien radikal, aber er selbst war es nicht. Die Ideen der Evolution waren fast ein Jahrhundert lang gereift und selbst sein eigener Großvater Erasmus Darwin hatte schon über das Thema geforscht und geschrieben.

Der erste wissenschaftliche Artikel über Evolution wurde 1809, in dem Jahr, in dem Darwin geboren wurde, von dem französischen Biologen Jean-Baptiste de Lamarck unter dem Titel *Philosophie zoologique* veröffentlicht.[1] Und Ausdrücke wie *das Gesetz des Dschungels* oder *das Überleben des Stärksten,* die wir mit den Theorien Darwins verbinden, waren auch schon vor Darwins Geburt bekannt.

Der Eröffnungsakt für Darwins Opus wurde von Thomas Robert Malthus aufgeführt. Malthus war ein Ökonomie-Professor, dessen Überzeugungen und Schriften die theoretische Grundlage der Darwin'schen Theorie bildeten. Er war auch der Sohn eines führenden Manns der Aufklärung; sein Vater zählte Männer wie Jean-Jacques Rousseau und David Hume zu seinen Freunden. Vielleicht in Auflehnung gegen seinen Vater, sah der junge Malthus die Welt aus einer finstereren Perspektive als seine Mentoren. Er wollte beweisen, dass das Glas nicht nur halb leer (statt halb voll) ist, sondern auch bald drei Viertel leer sein wird, und dann sieben Achtel leer, und auf diese Weise unendlich weiter.

Malthus schlussfolgerte mithilfe der logischen Konstrukte und linearen Projektionen, die zu seiner Zeit so populär waren, dass sich die Vegetation arithmetisch vermehren würde:

$1 \Rightarrow 2 \Rightarrow 3 \Rightarrow 4 \Rightarrow 5 \Rightarrow$ etc.,

während sich das tierische Leben geometrisch fortpflanzt:

$2 \Rightarrow 4 \Rightarrow 8 \Rightarrow 16 \Rightarrow 32 \Rightarrow$ und so weiter.

Malthus' Logik ging so: Ein Bauer kann auf seinem Land mit Mühe und Glück jedes Jahr einen Scheffel mehr Futter erwirtschaften. Seine Tiere verdoppeln sich jedoch mit jeder weiteren Generation. Der Bauer könnte die Tiere sehr bald nicht mehr ernähren. Das tierische Leben, zu dem natürlich auch die Menschen gehören, pflanzt sich so lange fort, bis es nichts mehr zu fressen bzw. zu essen gibt. In einer derartigen Wirklichkeit ist das Leben tatsächlich ein ständiger Überlebenskampf, den nur die Stärksten und Rabiatesten gewinnen.

1798 beschrieb Malthus die Konsequenzen seiner Vision der Wirklichkeit in seinem Werk *An Essay on the Principle of Population* (Ein Aufsatz über das Prinzip der Population): »Die Macht der Population ist der Macht der Erde, ihr die Lebensgrundlagen zu bieten, derart überlegen, dass die Menschheit früher oder später einen vorzeitigen Tod sterben wird. Die Laster der Menschheit sind fähige Gehilfen der Depopulation. Sie sind die Vorboten der großen Armee der Zerstörung und bringen das schreckliche Werk oft schon selbst zu Ende. Sollten sie das nicht schaffen, folgen ihnen schlechte Jahreszeiten, Epidemien, Seuchen und Pestilenz und lassen Tausende dahinsiechen. Sollte es dann immer noch nicht vollendet sein, bilden gigantische, unausweichliche Hungersnöte die Nachhut und machen der Bevölkerung durch ihren mächtigen Streich den Garaus.«[2]

Nun, das Gute am Pessimismus ist, dass man nicht enttäuscht werden kann. Doch das vorrangige Augenmerk von Malthus galt nicht etwa der Sorge, dass die Dinge schlimmer werden, sondern ihrer Verbesserung: Was wäre, wenn die Nationen weniger Kriege führten? Wenn es keine Armut mehr gäbe und mehr Krankheiten heilbar wären? Malthus zufolge hätten wir dann erst ein *echtes* Problem: Je erfolgreicher wir Leben retten würden, desto eher hätten wir nichts mehr zu essen. Die Malthusianer des 19. Jahrhunderts riefen alle möglichen Sozialprogramme ins Leben, um diesem Szenario vorzubauen, indem sie die Armen davon abzubringen versuchten, sich fortzupflanzen, oder Armensiedlungen in sumpfigem Gelände anlegten, damit die Auslese durch Krankheit stattfände.

Doch Malthus' schaurige Visionen haben einen kleinen Fehler: Sie sind völlig verkehrt! Infolge seiner strikt materialistisch-linearen Weltsicht konnte Malthus nicht erkennen, dass das Netzwerk des

Lebens viel dynamischer und komplexer ist und dass die Natur zu Ausgleich und Harmonie neigt. Außerdem verdoppeln sich tierische Populationen nicht einfach jedes Jahr, sondern reagieren auf die jeweiligen Umgebungsbedingungen. Malthus' lineare mathematische Schlussfolgerung, die man heute *statische Projektion* nennt, könnte sich nur in einem linearen, mechanistischen Newton'schen Universum erfüllen.

Zum Glück leben wir in einer auf Wahrscheinlichkeiten beruhenden Quantenwirklichkeit. Sie wird stark vom Chaos beeinflusst, welches aus mathematischer und physikalischer Sicht ein System ist, das von außen zufällig und unordentlich wirkt, aber innerlich durchaus geordnet und bestimmbar ist. In einem chaotischen Universum sind statische Projektionen sinnlos, denn sie beziehen nicht die dynamischen und unvorhersehbaren Prozesse lebendiger Systeme mit ein. Die ganze Haltung von Malthus und seinen Anhängern, dass die Evolution von einem ewigen grausamen Kampf ums Überleben geprägt ist, entbehrt jeder wissenschaftlichen Grundlage.

Darwins Evolution

Die Lebensspanne Darwins umfasste drei Viertel des 19. Jahrhunderts. Er kam in eine Welt, in der viele Weltanschauungen angespannt nebeneinander existierten. Die strahlende Welle der Aufklärung, die eine Generation zuvor die Amerikanische und die Französische Revolution hervorgebracht hatte, leuchtete noch – wenn auch gedämpft durch die aufkommende Dunkelheit des Malthusianismus. In Frankreich hatte die Rückkehr der Monarchie der Kirche den Rücken gestärkt und ihre Bemühungen wiederbelebt, ihr Paradigma aufrechtzuerhalten. Und im Hintergrund marschierte die materialistische Wissenschaft beharrlich vorwärts, vor allem durch die Arbeiten des englischen Chemikers John Dalton und seine Atomtheorie, die er 1805 veröffentlicht hatte und die die Prinzipien Newtons auf das junge Wissenschaftsfeld der Chemie anwandte.

Charles Darwin wurde in eine Oberschichtfamilie von Unitariern und Freidenkern geboren; sein Vater ließ ihn jedoch mit Rücksicht auf die Konvention anglikanisch taufen. Als Kind ging Darwin mit seiner Mutter zur unitarischen Kirche. Später schrieb er sich an der Universität von Edinburgh für Medizin ein. Er liebte die Naturwissenschaften und hörte Vorlesungen über Lamarcks radikale Theorien der Evolution.

Er schien jedoch nicht wie sein Vater zum Arztberuf zu neigen, jedenfalls verließ er die Universität ohne Abschluss. Sein besorgter Vater drängte ihn, an der Universität von Cambridge Theologie zu studieren. Geistlicher zu werden war für einen Studienabbrecher der englischen Mittelklasse oft der letzte Weg, sich einen Lebensunterhalt zu verdienen.

Unmittelbar nachdem Darwin sein Theologiestudium abgeschlossen hatte, heuerte er trotz des Protestes seines Vaters als Gesellschafter von Kapitän Robert FitzRoy für eine zweijährige Reise auf der HMS Beagle an. In der britischen Seefahrt jener Zeit war es Aristokraten wie FitzRoy nicht gestattet, mit der Mannschaft gesellschaftlich zu verkehren. Um sich die Reise erträglicher zu machen, bot er Darwin an, mitzufahren. Die Reise galt der geografischen Kartierung und dem Studium der Naturwunder.

Auf See geriet Darwin so sehr mit dem Arzt und offiziellen Naturforscher der Beagle aneinander, dass der Arzt das Schiff in Südamerika verließ. So konnte Darwin den Posten übernehmen und als offizieller Naturalist der Beagle die historisch bedeutende Reise zu den Galapagos-Inseln mitmachen. Die ganze Reise dauerte letztendlich fünf Jahre statt zwei, und die ganze Zeit widmete sich Darwin seinen Naturstudien.

Vor der Reise hatte er ein Exemplar von *Principles of Geology* in die Hände bekommen, der wahrscheinlich bedeutendsten wissenschaftlichen Publikation seit Newtons *Philosophiae Naturalis Principia Mathematica*. Der Autor Charles Lyell galt als der am meisten anerkannte und einflussreichste Wissenschaftler der damaligen Welt, und das aus gutem Grund. Sein dreibändiges Werk *Principles of Geology*, das von 1830 bis 1833 erschienen war, gründete die Wissenschaft der Geologie und untergrub damit die kirchliche Version der Schöpfungsgeschichte.

Bis zu diesem Zeitpunkt waren die Menschen davon überzeugt, dass Himmel, Erde und alles Leben dank Gottes großartiger sechstägiger Tour de Force entstanden seien, wie es in der Bibel beschrieben wird. Die Kirche war sich ihrer Sache so sicher, dass sie sogar das genaue Schöpfungsdatum angab. Falls Sie Gaia* mal eine Geburtstagskarte schicken wollen: Der anglikanische Bischof James Ussher hat durch Berechnung der biblischen Stammbäume bis zurück zu Adam ermittelt, dass die Erde genau am 23. Oktober 4004 v. Chr. erschaffen wurde.[3]

Die meisten Menschen jener Zeit akzeptierten diese Lehre, doch die jungen Geologen, angeführt von Lyell, vermuteten, dass sich unser Planet durch Äonen von allmählichen, jedoch dynamischen Prozessen entwickelt hat, in denen die Erdkruste sich bewegte und neu ordnete. Lyell schloss, dass der physische Zustand der Kontinente, Meere und Berge auf langsame, ständige Veränderungen durch Wind, Regen, Überflutungen, Erdbeben und Vulkanausbrüche zurückgeht.

Lyells Buch enthielt vier Kapitel über Lamarcks Theorien, die ebenfalls zugrundelegten, dass sich das Leben in einem langen, langsamen evolutionären Prozess über Jahrmillionen hinweg entwickelt hat: Manche Organismen starben dabei aus, was eine Erklärung für Fossilienfunde war. Aus Lyells Sicht war die Evolution der Biosphäre das perfekte Gegenstück zur Evolution des physischen Planeten. Lyells Schriften trugen viel dazu bei, der Öffentlichkeit eine ganz neue Sicht der Ursprünge der Welt näherzubringen.

Während seiner fünfjährigen Reise studierte Darwin Lyells Buch und wurde in gewisser Weise sein Anhänger. Er betrieb eine rege Korrespondenz mit dem Autor, und die Erkenntnisse von Lyell und Lamarck trugen viel zu Darwins ultimativer Schlussfolgerung bei, dass die Entstehung der verschiedenen Lebensformen im Lauf der Erdgeschichte genau wie die geologischen Phänomene natürlichen Ursachen zuzuschreiben ist.[4]

Die zweite Ausgabe seines *Journal of Researches* (1845) macht deutlich, wie sehr Darwin den Beitrag Lyells zu seiner Arbeit anerkannte, denn er schreibt in der Widmung: »Welchen wissenschaftlichen Verdienst dieses Tagebuch und andere Arbeiten des Autors

---

*   Gaia, die Erdgöttin (Anm. d. Red.)

auch immer haben mögen: Der Hauptteil entstand durch das Studium der bekannten und bewundernswerten *Principles of Geology*.«[5]

Am 2. Oktober 1836 traf Darwin wieder zu Hause in London ein. Er begegnete Lyell und es wurde eine lebenslange Freundschaft daraus. Lyell ermutigte ihn, seine Studien über die Theorie der Evolution fortzusetzen. Ein erstes Ergebnis ihrer Gespräche war die Veröffentlichung von Darwins Notizen in *Transmutation of Species* (Transmutation der Arten); Lamarck hatte diesen ursprünglichen Begriff für das, was wir heute *Evolution* nennen, bereits 1809 in seiner *Philosophie zoologique* geprägt.[6]

Während also Lamarck die wissenschaftliche Grundlage der biologischen Evolution lieferte und Lyell von hier eine Verbindung zur Evolution des physischen Planeten zog, konzentrierte sich Darwin darauf, mehr über die Kräfte oder Mechanismen herauszufinden, die den evolutionären Prozess bewirkten. Vor allem bewegte ihn, warum sich überhaupt neue Arten bilden sollten. Darwins Theorien stagnierten jahrelang, weil er keine Antwort auf diese Frage fand, bis er – ironischerweise – ausgerechnet bei der Beschäftigung mit den Werken von Malthus die Idee hatte, wie er mit seinem Konzept weiterkommen könnte.[7]

In seiner Biografie schrieb Darwin: »Im Oktober 1838, fünfzehn Monate nachdem ich meine systematischen Nachforschungen begonnen hatte, las ich nur zu meiner Unterhaltung in Malthus' *Population*. Ich war infolge meiner langen Beobachtungen der Gewohnheiten von Tieren und Pflanzen darauf vorbereitet, den Existenzkampf anzuerkennen, der überall vor sich geht, da begriff ich plötzlich, dass unter solchen Umständen günstige Variationen eher bewahrt und ungünstige eher zerstört werden würden.«[8]

Mit anderen Worten: Im Gegensatz zu Malthus, der im Ausleseprozess eher ein Mittel sah, die schwachen Elemente einer Gesellschaft auszusortieren, betonte Darwin darin eher das Überleben der stärkeren Individuen. Dies war politisch geschickt, denn Darwin lebte im viktorianischen England, in dem es eine Oberschicht und eine Unterschicht gab. Statt den Selektionsprozess dem Wirken der knechtischen niederen Klassen zuzuschreiben, betonte er, dass der Fortschritt der Evolution eine Frage der guten Abstammung der oberen Klasse sei – jener, welche über die günstigen Variationen verfügten und daher offensichtlich die »Fittesten« waren. In seinen Schriften formulierte Darwin daher die Elimination ungünstiger Individuen, die Malthus den *Ausleseprozess der Natur* nannte, um und nannte es von nun an den Prozess der *natürlichen Auslese*.

Darwins unfeines Arrangement

Anfang der 1840er-Jahre begann Darwin, seine Theorie zu entwickeln, aber er erzählte niemandem davon, nicht einmal Charles Lyell. 1844 schrieb Darwin an den hervorragenden Botaniker Sir Joseph Dalton Hooker: »Endlich sehe ich Licht, und ich bin fast überzeugt (ganz im Gegensatz zu meiner anfänglichen Meinung), dass Arten nicht (es ist, als ob ich einen Mord gestehe) unveränderbar sind.«[9]

Der Mord, auf den sich Darwin bezog, war der Mord an Gott. Wenn die Theorie gültig war, dass sich Arten individuell durch einen Prozess der evolutionären Transformation entwickelten, würde das der Legitimation des ersten Buchs der Bibel den Garaus machen – also jenem Teil der Heiligen Schrift, in dem die Beziehung zwischen Gott und Mensch definiert wird. Es ist daher interessant, dass Darwin schrieb: »Ich bin *fast* überzeugt«, dass Arten mutieren können. Offenbar glaubte er selbst noch nicht ganz an die Evolution.

Später in jenem Jahr veröffentlichte der schottische Journalist Robert Chambers anonym das bald populäre Buch *Vestiges of the Natural History of Creation**, in dem er der Evolution gegenüber dem christlichen Schöpfungsmythos den Vorrang gab. Natürlich war dieses Werk in der viktorianischen Gesellschaft sehr umstritten, aber es brachte den Gedanken der Evolution weiter an die Öffentlichkeit und ebnete den Weg für Darwin, seine Gedanken zu veröffentlichen, ohne sich wissenschaftlich zu diskreditieren.

Doch Darwin zögerte. Er zögerte noch mehr als ein Jahrzehnt lang, bis er durch das Werk eines Kollegen zum Handeln gezwun-

---

* Dt. Ausgabe: *Natürliche Geschichte der Schöpfung, des Weltalls, der Erde und der auf ihr befindlichen Organismen*

gen wurde. Im Juni 1858 erhielt Charles Darwin ein Paket, das sein Leben ins Wanken brachte. Es stammte von Alfred Russel Wallace, einem englischen Naturalisten, der auf Borneo arbeitete. Wallace war ein genauso guter oder vielleicht noch besserer Naturforscher als Darwin, aber er hatte das Pech, ein einfacher Bürger und Autodidakt zu sein. Um sich seinen Lebensunterhalt zu verdienen, fing er exotische Arten und verkaufte sie an Museen, Zoos und wohlhabende Sammler, und bei dieser Tätigkeit hatte er viel gelernt.

Wallace hatte Darwin eine Kopie eines Manuskripts geschickt, das den Titel trug: *On the Tendency of Varieties to Depart Indefinitely from the Original Type* (Über die Neigung von Variationen, sich vom ursprünglichen Typus aus unendlich fortzusetzen). Beigefügt war ein Brief, in dem er Darwin bat, sich das Material anzusehen und, wenn er es verdienstvoll fände, es an Charles Lyell weiterzugeben.[10] In diesem Manuskript legte Wallace seine Theorie der Evolution dar. Es war kurz, elegant, gut geschrieben, akademisch bewandert und gut genug, um Wallace den rechtmäßigen Titel »Begründer der Evolution« zu verleihen, den wir heute nur mit Darwin verbinden.

Darwin wollte verhindern, dass die Ehre, die Theorie der Evolution formuliert zu haben, einem gemeinen Bürger zukäme. Also bat er Lyell um Rat, wie er in dieser bedeutenden Sache seine Priorität bewahren könne. In einem Brief vom 26. Juni 1858 schrieb Darwin: »Es scheint mir hart, dass ich so gezwungen werden sollte, meine seit vielen Jahren bestehende Priorität zu verlieren ...«[11] Lyell kam seinem jüngeren Kollegen in Not zu Hilfe, indem er sich an den gemeinsamen Freund Sir Joseph Hooker wandte. Das Ganze wurde später bekannt als ein »delikates Arrangement« zur Verdeckung einer der größten Verschwörungen der Wissenschaftsgeschichte.[12]

Lyell und Hooker verfassten einen Brief, in dem sie erklärten, Darwin und Wallace seien Verwandte im Geist. »Diese Herren sind, unabhängig und ohne voneinander zu wissen, zu der gleichen genialen Theorie gelangt ... So dürfen beide für sich den Ruhm in Anspruch nehmen, die ursprünglichen Entdecker dieser wichtigen Forschungsgedanken zu sein.«[13]

Die Wahrheit war jedoch, dass von Wallace eine vollständig entwickelte Theorie vorlag und Darwin lediglich auf lange gehegten, aber noch nicht ausformulierten Ideen saß. Lyell nutzte jedoch seinen Status, um Dokumente abzuändern und zu manipulieren, sodass Darwin, der Aristokrat, als Erster in Erscheinung träte, während Wallace, dem Gemeinen, nur die Ehre widerfuhr, als Zweiter oder als Beitragender aufgeführt zu werden.

Die Theorie der Evolution – offiziell als die Darwin-Wallace-Theorie veröffentlicht – wurde formell am 1. Juli 1858 in der Linné'schen Gesellschaft in London vorgestellt – einen Monat, nachdem Darwin das Paket erhalten hatte.

Oberflächlich betrachtet mag dieses Gaunerstück im Verhältnis zur Menschheitsgeschichte trivial erscheinen, doch der Schein trügt. Dieses Ereignis hatte tief greifende Auswirkungen, deren Folgen wir heute noch spüren. Der Unterschied, ob man Darwin oder Wallace als Hauptbegründer der Evolutionstheorie Priorität gibt, entspricht der alten Geschichte, ob ein Glas halb leer oder halb voll ist.

Aus der Sicht eines einfachen Bürgers interpretierte Wallace die Evolution als die Eliminierung der Schwächsten, während Darwin anhand der gleichen Grundlagen den Impuls der Evolution mit dem Überlebenswillen des Stärksten gleichsetzte.

Was das bedeutet? Wallace zufolge würden wir uns verbessern, um nicht zu den Schwächsten zu zählen, doch in einer Darwin'schen Welt kämpfen wir, damit wir den Status des Besten erwerben. Wenn sich Wallace durchgesetzt hätte, wären wir vielleicht weniger auf Konkurrenz fixiert und mehr auf Kooperation.

Ein Jahr nach diesem »delikaten Arrangement« verschwand Alfred Russel Wallace immer mehr im Hintergrund, während Darwin mit der Veröffentlichung seines Meisterwerks *The Origin of Species by Means of Natural Selection* weltweite Aufmerksamkeit fand. Der Inhalt dieses Bestsellers stellte das Konzept der Evolution und der natürlichen Auslese allgemein verständlich vor und setzte die grauenhafte Haltung in die Welt, dass nur die Stärksten überleben.

Es war vor allem der Untertitel, der diesem Werk besondere Aufmerksamkeit verschaffte, denn er schenkte einen tiefen Einblick in den Darwinismus, den wir kennenlernen sollten. Der volle Titel des Originals lautete: *The Origin of Species by Means of Natural Selection, or The Preservation of Favoured Races in the Struggle for Life**. Wir wollen hier noch einmal betonen, dass Darwin ein Kind seiner Zeit war. Er war zwar radikal genug, die geologischen Gedanken Lyells weiterzuführen, aber er akzeptierte auch fraglos Malthus' Erkenntnisse, von denen wir wissen, dass sie falsch waren. Sicherlich entsteht biologischer Erfolg durch Anpassung an die Umgebung, doch aus Malthus' Sicht findet diese Anpassung vor allem im Kampf um knappe Ressourcen statt.

Das Konzept des *sozialen Darwinismus* – ein Begriff des Philosophen Herbert Spencer, dem auch zugeschrieben wird, den Begriff *Survival of the Fittest* (Überleben des/der Stärksten) geprägt zu haben – betont die harten Auswirkungen der Darwin'schen Theorie: Sie fördert den Gedanken, die Menschheit durch Läuterung der Rasse zu verbessern, was natürlich bedeutet, unerwünschte, genetisch Unterlegene auszuschalten. Ihre volle Anwendung fand die Theorie Darwins dann als vom Staat sanktionierte wissenschaftliche Grundlage des Nazi-Regimes.

In seinen späteren Jahren entfernte sich Darwin vom akademischen Darwinismus. Statt den Überlebenskampf zu betonen, wandte er sich mehr der Evolution von Liebe, Selbstlosigkeit und den genetischen Wurzeln menschlicher Güte zu. Er begann auch, immer mehr das Lamarck'sche Konzept der Umgebung als treibender Kraft der Evolution anzuerkennen.

Leider meinten Darwins Anhänger, diese Ideen sollten lieber verschwiegen werden, da sie alles untergruben, wofür Darwin berühmt geworden war. Die Darwinisten hielten an ihrer Version der Theorie fest und schoben Darwins spätere Ideen auf zunehmende Altersschwäche.

10 Jahre nach ihrer Veröffentlichung hielt die Mehrheit der Wissenschaftler in aller Welt Darwins Theorie für wahr. Doch ihre Auswirkung reichte noch viel weiter, als den meisten Menschen klar ist, denn Darwin versorgte die Menschheit mit dem Stück Information, das noch fehlte, um ein neues Basisparadigma einzuführen. Bis zum Erscheinen von Darwins Werk waren die Überzeugungen der westlichen Zivilisation vom Monotheismus beherrscht, denn er war die

---

* Dt. Ausgabe: *Über die Entstehung der Arten im Thier- und Pflanzen-Reich durch natürliche Züchtung, oder Erhaltung der vervollkommneten Rassen im Kampfe um's Daseyn*

einzige Wahrheitsquelle, die auf alle drei ewigen Fragen eine befriedigende Antwort geben konnte:

Wie sind wir entstanden?
Wozu sind wir hier?
Wie können wir das Beste aus unserem Dasein machen?

Die Wissenschaft machte zwar unglaubliche Fortschritte und untergrub immer weiter die Machtgrundlage der Kirche, doch sie konnte den Monotheismus als offizielle Wahrheitsquelle unserer Zivilisation nicht ablösen – bis sie auf die Frage *Wie sind wir entstanden?* antworten konnte: Wir haben uns entwickelt.

Wie wir das Überleben des Stärksten geerbt haben

Zu der Zeit, als Darwin *The Origin of Species* veröffentlichte, war die Öffentlichkeit stark an Tier- und Pflanzenzucht interessiert; die Lehre, dass Erbanlagen das Aussehen und das Verhalten der Nachkommen beeinflussen, war kein fremder Gedanke. So fiel es den Laien leicht, Darwins Sicht zu akzeptieren, dass sich das Leben auf diesem Planeten im Lauf von Jahrmillionen aus primitiven Vorfahren durch Variationen der Nachkommenschaft entwickeln konnte. Die Theorie der Evolution erschien daher sowohl den Wissenschaftlern als auch der allgemeinen Öffentlichkeit sinnvoll. Diese Akzeptanz versetzte die Wissenschaft in die Lage, eine allgemein anerkannte Antwort auf die lästige Frage nach den Ursprüngen zu bieten, eine Antwort, die den meisten sehr viel mehr einleuchtete als die Geschichte, die der Monotheismus dazu anzubieten hatte.

Natürlich startete die Kirche eine aggressive Kampagne, um die Häresie der gottlosen Evolutionisten zu bekämpfen. Nur sieben Monate nach der Veröffentlichung von *The Origin of Species* kam es zu einer großen Konfrontation zwischen Religion und Wissenschaft. Der Showdown fand in einer Versammlung statt, die im Juni 1860 von der British Association for the Advancement of Science in Oxford abgehalten wurde. Auf dieser Versammlung sollten zwei wissenschaftliche Artikel zur neuen Evolutionstheorie vorgestellt werden. Dem folgte eine Debatte zwischen Bischof Samuel Wilberforce als Vertreter der Kreationisten und Thomas Huxley, einem Freund von Darwin und Anhänger seiner Theorie.

In einer Zeit, in der es weder Radio noch Kino oder Fernsehen gab, zogen solche Debatten die Aufmerksamkeit der Leute auf sich und dienten quasi als Unterhaltungsprogramm. Es waren große Spektakel, in denen sich die Kandidaten verbal bis zu ihrem metaphorischen Todesstoß maßen, voller Dramatik und beißender Satire. Bischof Wilberforce galt als Meister dieses Fachs; sein Spitzname war *Soapy Sam,* weil er sich jedem Angriff schlüpfrig wie ein feuchtes Stück Seife entwenden konnte.

Wilberforce ging es in dieser Veranstaltung nicht darum, das Konzept der Evolution zu widerlegen; er war da, um das Böse aus den Gedanken der Menschen zu vertreiben. Er beabsichtigte ausdrücklich, die Evolutionisten zu demütigen und den allgemeinen Glauben an die biblische Schöpfung wiederherzustellen.

Uns sind keine Aufzeichnungen dieses Streitgesprächs überliefert, aber es wird erzählt, Wilberforce habe seine Argumentation schließlich mit einer perfiden Frage abgeschlossen, bei deren Beantwortung Huxley so oder so als Narr erscheinen würde. Eine Version der Frage, die auf die viktorianische Ehrerbietung gegenüber der Familie und der Ahnenreihe anspielte, lautete: »Ich möchte Mister Huxley eine Frage stellen. Meint er, durch seinen Großvater vom Affen abzustammen – oder eher durch seine Großmutter?«

Huxley, der auch *Darwins Bulldogge* genannt wurde, hatte zuerst gezögert, sich auf den Disput einzulassen, weil er fürchtete, von Soapy Sams Rhetorik aufs Glatteis geführt zu werden. Doch seine berühmt gewordene Antwort muss Wilberforce durch Mark und Bein gefahren sein: »Ich werde Eure Frage beantworten, Eure bischöfliche Gnaden. Ein Affe mag in Euren Augen eine armselige Kreatur sein, von niederer Intelligenz und hängendem Gang, der schnattert und grinst, wenn wir vorübergehen. Doch ich habe lieber einen Affen als Vorfahren statt einen Mann, der bereit ist, seine unzweifelhafte Eleganz und Kultiviertheit in den Dienst des Vorurteils und der Falschheit zu stellen.«[14] Huxleys magische Kugel fällte nicht nur Wilberforce wie einen Baum, sondern fügte auch der Kirche eine tödliche

Wunde zu. Die Debatte war kurz darauf beendet – genauso wie das monotheistische Paradigma. Nachdem die Kirche beinahe 2000 Jahre über die Geschicke der Menschheit gewacht hatte, musste sie die Fackel des Wissens, und damit die Kontrolle über das Basisparadigma der westlichen Zivilisation, endlich abgeben. Die Zukunft lag jetzt in den Händen des wissenschaftlichen Materialismus.

Dies ist keine Wolf-frisst-Wolf-Welt!

Vor dem 17. Jahrhundert betrachtete die Wissenschaft das Leben als einen harmonischen Prozess. Es war in gewisser Weise ein letzter Rest des Animismus und seines Nachfolgers, des Deismus. Doch im Jahrhundert vor Darwin und in den Jahren nach seinem Tod verwandelte sich das Bild der nährenden Mutter Natur in das eines gewalterfüllten Dschungels.

Dieser Wandel beruhte im Wesentlichen auf irrigen Schlüssen, die eine verzerrte wissenschaftliche Sichtweise aus voreingenommenen Beobachtungen zog. Was uns in der Natur als gewalttätig erscheint, ist nur das Ergebnis von Räuber-Beute-Beziehungen und territorialen Rivalitäten um Nahrung und Fortpflanzungspartner. Diese Formen der Gewalt sind jedoch in den seltensten Fällen tödlich. Wenn klar ist, welches Tier das dominante ist, schleicht sich der Unterlegene meistens still, aber lebendig davon. Wir leben also nicht in einer Wolf-frisst-Wolf-Welt. Ja, dies ist eine Wolf-frisst-Kaninchen-Welt sowie eine Wolf-knurrt-Wolf-an-Welt, aber Wölfe fressen einander in der Regel nicht auf – genauso wenig wie die allermeisten anderen Raubtiere.

Wir Menschen sind zwar auch ein Teil vom Netzwerk des Lebens, aber wir haben das Glück, an der Spitze der Nahrungskette zu stehen. Es gibt keine Raubtiere mehr, die unsere natürlichen Feinde wären, deshalb berauben wir einander und stellen einander nach – wie ein zynischer Philosoph bemerkte. Es gibt einen feinen Unterschied zwischen der Gewalt einer Hirschjagd – was dem natürlichen Prozess im Netzwerk entspricht – und der Gewalt einer Jagd auf den Hirschjäger – was völlig aus dem Rahmen der Moral fällt, welche der Natur innewohnt. Unsere Vorstellung, Gewalt gegen andere sei eben ein natürlicher Bestandteil des Lebens, ist eine schwere Fehlinterpretation der Natur.

Natürlich gab es schon lange vor Darwin Gewalt unter Menschen, doch Darwins Theorie bot der Menschheit eine wissenschaftliche Rechtfertigung für unmenschliches Verhalten, für individuelle und für kollektive Gewalt – vor allem, wenn Letztere hilft, die aufstrebenden, umstürzlerischen Massen der niederen Klassen auszuschalten.

Der Darwinismus versetzte der Kirche einen weiteren Schlag unter die Gürtellinie, indem sie die religiös begründete Moralität hinsichtlich der Mittel und der Ziele unterminierte. Wenn es nur um das Überleben der Stärksten geht, wird es zur höchsten Priorität einer Bevölkerung, möglichst viele Nachkommen zu hinterlassen. Stärke durch Gesundheit oder durch fitte neue Generationen ist in dieser Hinsicht das Ziel. Wie das zustande kommt, ob es dabei freundlich oder gewalttätig zugeht, ist zweitrangig.

Darwins Theorie ermutigte die »vorteilhaften Rassen«, sich noch mehr Vorteile zu verschaffen. Schlimmer noch: Der Darwinismus enthielt die stillschweigende Erlaubnis, dass eine Nation die von ihr erwünschte Rasse auf Kosten des ganzen Rests der Menschheit begünstigen kann. So rutschte die westliche Zivilisation von der Herrschaft der monotheistischen Gesetze der Heiligen Schrift in die Herrschaft der wissenschaftlich-materialistischen Gesetze des Dschungels. Jetzt gab es keine Regeln und keine Richtlinien mehr – nur noch »Darwinner« und »Darloser«*.

Die wenigsten haben wirklich Darwins Schriften gelesen, deshalb konnte sich um den Ausdruck *Nur die Stärksten überleben* (engl. *survival of the fittest*) ein derartiges Missverständnis entwickeln. Der Satz beschreibt eigentlich kein wissenschaftliches Konzept, sondern ist eine Tautologie. In einer Tautologie wird eine Sache durch einen Begriff beschrieben, der das Gleiche aussagt.

---

* Das Wortspiel der Autoren mit Darwins Namen und den englischen Wörtern für *Gewinner und Verlierer – Darwinners and Darlosers –* wurde im Deutschen beibehalten. (Anm. d. Red.)

Das englische Wort *fit* wird im Wörterbuch im Hinblick auf die Biologie beschrieben: als die Fähigkeit, zu überleben. Wenn Darwinisten also von *Survival of the Fittest* sprechen, als wäre es ein Mantra, sagen sie eigentlich: *das Überleben derer, die am besten überleben.* Nicht mehr und nicht weniger. Aber wenn die menschliche Psyche damit gefüttert wird und sie das Motto mit Bildern von Löwen sättigt, die hinter Gazellen herjagen, wird diesem Satz eine lebensbedrohliche, Adrenalin aktivierende Bedeutung verliehen.*

Und selbst wenn wir in den Dschungel schauen, stellen wir fest, dass das sogenannte *Gesetz des Dschungels* dort nicht gilt. Wenn ein Löwe eine Gazelle jagt, schert er sich nicht darum, welche die fitteste ist oder welche die größten Hörner hat, damit er sie sich als Trophäe in seine Höhle hängen kann. Im Gegenteil, der Löwe interessiert sich vielmehr für die am *wenigsten* fitte, denn er ist hungrig und will vor allem etwas zu fressen haben. Beim Gesetz des Dschungels geht es also genau genommen um das Nichtüberleben der Schwächsten. Um zu überleben, muss man überhaupt nicht die Fitteste, die Stärkste oder der Tüchtigste sein. Es reicht vollkommen, fit zu sein. Man bedenke nur die Anzahl Gazellen, die jeden Tag *nicht* von einem Löwen gefressen werden.

Die evolutionäre Lektion, nicht der Schwächste zu sein, wird auf humorvolle Weise in der Geschichte von den zwei Campern erzählt, die in einem Wald übernachten und aufwachen, weil ein Bär in ihren Sachen herumwühlt. Der eine fängt an, sich die Schuhe anzuziehen, und der andere wundert sich: »Warum ziehst du dir die Schuhe an? Niemand kann schneller rennen als ein Bär.« Da erwidert der Erste: »Wer will denn schneller sein als ein Bär? Ich muss nur schneller sein als du.«

---

* Der Ausdruck *Survival of the Fittest* wird im Deutschen auch manchmal mit *Nur die Tüchtigsten überleben* übersetzt, was der eigentlichen Bedeutung des Wortes näher kommt.

Das Gedeihen des am besten Angepassten*

Wir erleben zurzeit, wie sich der Evolutionsweg der Menschheit wieder einer ausgeglicheneren, ganzheitlicheren Sicht des Lebens zuwendet, und wir lernen, dass die neuen Regeln der Quantenphysik auch auf die Theorie der Evolution anwendbar sind.

Forschungen haben gezeigt, dass Evolution im Kontext einer Umgebung stattfindet – nicht unabhängig davon. Der Fortschritt der Evolution kann auch als der ständige Versuch eines bestimmten Milieus nach Ausgleich betrachtet werden.

Nehmen wir zum Beispiel an, Organismus 1 frisst X und scheidet Y aus. Wenn die Population von 1 zunimmt, wird seine Nahrung X abnehmen, während sein Abfallprodukt Y zunimmt. Durch weniger X und mehr Y gerät das Milieu ein wenig ins Ungleichgewicht, doch die Situation bietet die Gelegenheit für die evolutionäre Entwicklung von Organismus 2, der von Y lebt und Z ausscheidet. Wenn die Population von 2 zunimmt, kommt die Menge von Y wieder in eine gewisse Balance, aber dafür nimmt Z zu, was die Entwicklung von Z-konsumierenden Organismen fördert. Und so weiter. Dies ist ein stark vereinfachtes Beispiel, doch es entspricht genau dem, was uns die Systemtheoretiker zeigen.

In einem Artikel, der 1998 in dem angesehenen Magazin *Nature* veröffentlicht wurde, unterstützte der britische Wissenschaftler Timothy Lenton die Gaia-Hypothese des Wissenschaftlers, Umweltforschers und Futuristen James Lovelock. Lovelock hat die Hypothese aufgestellt, dass die Erde selbst ein Lebewesen sei, das mithilfe der Evolution seinen extrem komplexen Stoffwechsel regelt. Lenton beschreibt, seit vor 3,8 Milliarden Jahren das Leben auf der Erde begann, sei die Sonne um 25 Prozent wärmer geworden. Doch die Erde war irgendwie in der Lage, ihr Klima darauf einzustellen und diesen gigantischen Temperaturunterschied auszugleichen. Lenton geht davon aus,

---

* Der Titel dieses Unterkapitels lautet im Englischen: *Thrival of the Fittingest*. Die Autoren spielen bei der Wortschöpfung *fittingest* mit den Adjektiven *fit* und *fitting* (engl. *fitting* = dt. *passend, geeignet*). Gemeint ist also das Gedeihen jener, die zwar fit, aber auch am besten geeignet sind. (Anm. d. Red.)

dass Merkmale, die dem System als Ganzem dienlich sind, evolutionär eher verstärkt werden, während Merkmale, die die Gesamtsituation verändern oder destabilisieren, eher unterdrückt werden.

Lenton schließt daraus: »Wenn ein Organismus eine Mutation erfährt, die ihn veranlasst, sich auf eine Gaia-unfreundliche Art zu verhalten, wird das seine Ausbreitungsfähigkeit einschränken, denn das ist ein evolutionärer Nachteil.«[15] Auf unsere gegenwärtige Situation bezogen, folgert Lenton ganz klar: Wenn wir Menschen keinen Weg finden, harmonischer mit unserem Planeten zu leben, könnten wir heimatlos werden.

Wir haben bislang noch nicht bemerkt, dass das eigentliche evolutionäre Prinzip das *Gedeihen des Geeignetesten* ist. Die Organismen, die am besten in eine bestimmte Umgebung passen, indem sie ihre Harmonie unterstützen und zu ihr beitragen, werden gedeihen, während die anderen – nun ...

Die Antwort liegt im Ganzen

Doch das vielleicht am meisten überzeugende Beispiel für das wahre Wesen des Lebens, das uns den Weg heraus aus dem Malthusischen Dilemma des Mangels und hin auf unsere nächste Evolution weist, finden wir in den Ursprüngen und der Entwicklung der vielzelligen Lebensformen auf diesem Planeten.

Warum und wie ist es möglich, dass sich Billionen von Einzellern zusammenschließen konnten, um zu Menschen zu werden?

Um diese Frage zu beantworten, müssen wir uns erinnern, dass es während der ersten 3,8 Milliarden Jahre auf diesem Planeten nur einzellige Organismen wie Bakterien, Algen, Hefen und Urtierchen gab. Vor etwa 700 Millionen Jahren begannen Zellen, sich zu primitiven vielzelligen, kolonialen Organismen zusammenzuschließen. Informationen wurden ausgetauscht und boten diesen neuen Gemeinschaften mehr Möglichkeiten, ihre Umgebung wahrzunehmen, was ihre Lebenssituation verbesserte. Die Wahrnehmung der Umgebung ist ein wichtiges evolutionäres Mittel, das einem Organismus mehr Gelegenheit bietet, effizient und effektiv in einer dynamischen Welt zu überleben. Zwei leben so billig wie einer, und mit vereinten Kräften schafft man mehr als allein.

In den frühen Stufen der Evolution hatten alle Zellen eines solchen kolonialen Organismus die gleichen Funktionen. Wir hatten es weiter vorne erwähnt: Irgendwann kam der Zeitpunkt, als die Anzahl der Zellen, die sich zusammengeschlossen hatten, so groß war, dass es nicht mehr vorteilhaft war, dass alle das Gleiche taten.

Stellen Sie sich vor, wir lebten immer noch als Jäger und Sammler, und jeden Morgen machten sich 8 Millionen New Yorker auf, um in der umliegenden Landschaft nach Nahrung zu suchen. Es ist viel effektiver, sich die lebenswichtigen Verantwortlichkeiten aufzuteilen: Die Jäger ziehen in die Welt, während andere zu Hause bleiben und dort das Nötige tun – wie kochen, Kinder hüten, Werkzeuge herstellen, fernsehen und so weiter.

Genau das geschah in der Evolution der Vielzeller. Während ihre Gemeinschaften auf Tausende, Millionen und Milliarden Zellen anstiegen, übernahmen einzelne Zellen bestimmte Aufgaben, um das Überleben des ganzen Organismus zu unterstützen. Biologen nennen diese Arbeitsteilung unter den beteiligten Zellen *Differenzierung*.

Die Differenzierung der Zellgemeinschaften schritt immer weiter fort, bis eine Vielzahl von Arten dabei entstand – eine Evolution, die auf der Ebene der einzelligen Organismen während der ersten 3,8 Milliarden Jahre niemals vorstellbar gewesen wäre. Die Bildung vielzelliger Gemeinschaften stellte in gewisser Weise einen Quantensprung der Evolution auf diesem Planeten dar. Daraus könnte die Annahme entstehen, der gegenwärtige, empfindungsfähige menschliche Organismus sei der voll ausgereizte Höhepunkt der Evolution. Doch tatsächlich stellt der Mensch nur den Anfang der nächsthöheren Evolutionsstufe dar, der Emergenz des multimenschlichen Superorganismus, den wir *Menschheit* nennen.

Die Idee vom Überleben des Tüchtigsten wurde in unserer individualistischen Kultur als das Überleben des tüchtigsten Individuums interpretiert. Die traurige Wahrheit ist jedoch, dass es Gaia vollkommen egal ist, wer der Tüchtigste ist. Sie macht sich viel mehr Sorgen um die Auswirkungen, welche die gesamte Population auf ihren globalen Metabolismus, die Umwelt, hat. Wie viele Gandhis,

Mutter Teresas und Leonardo da Vincis wir auch hervorbrächten – zum jetzigen Zeitpunkt werden wir nicht an unserer individuellen Tüchtigkeit gemessen, sondern an unserer Angepasstheit. Vielleicht gilt es nun, dass wir – wie einst unsere einzelligen Vorfahren – unsere Individualität hinter uns lassen und zu einem kohärenten, vielzelligen Ganzen werden, bei dem Selbstinteresse und planetarisches Interesse ein und dasselbe sind.

Vom selbstsüchtigen Gen zum selbstlosen Genie

Die gegenwärtige menschliche Gesellschaft hat die Konkurrenz als Überlebensmechanismus völlig verinnerlicht, obwohl unser Verständnis dieses Begriffs nicht mehr viel mit seiner ursprünglichen Bedeutung im Lateinischen zu tun hat.* Im ursprünglichen Sinn ging es darum, die Leistungen der anderen zu nutzen, um seine eigene Leistung zu steigern. Das bedeutete nicht, dass man die Unterlegenen niedermachte oder versuchte, um jeden Preis zu gewinnen.

Es ist ein ehrenwertes Ziel, das Beste aus sich selbst herauszuholen, doch wenn man an all die Wettbewerbe und Spiele denkt, wird deutlich, dass es viel, viel mehr Verlierer gibt als Gewinner. In dem Dokumentationsfilm *Mad Hot Ballroom* wird auf hervorragende Weise dargestellt, wie schwierigen Großstadtkindern durch Standardtanzen Selbstachtung vermittelt wird. Doch die Schattenseite ist, dass die Wettbewerbssituation fehlinterpretiert wird. Trotz all des Spaßes und der Entwicklungen, die das Lernen und das gemeinsame Arbeiten mit sich gebracht haben, brechen nachher alle außer den Endsiegern in Tränen aus, weil sie verloren haben. Wozu um Himmels willen soll das gut sein?

Auf der dunkleren Seite steht Enron. Einst von *Forbes Magazine* und *The Wall Street Journal* als das »Unternehmen der Zukunft«

---

* *Konkurrenz* leitet sich ab von lateinisch *concurrere* = *zusammenlaufen*, während der englische Begriff *competition* von *competere* = *zusammentreffen, etwas gemeinsam anstreben* kommt. (Anm. d. Übers.)

angepriesen, doch, wie sich später herausstellte, durch und durch faul, hatte Enron den Darwinismus zu seinem Unternehmens-Credo erhoben. Der Vorstandsvorsitzende Jeffrey Skilling erklärte das Buch *The Selfish Gene** des britischen Wissenschaftsautors Richard Dawkins zu seiner Bibel und war in echter darwinistischer Manier stolz darauf, unter seinen Mitarbeitern regelmäßig Auslese zu betreiben, um die »Fitness« des Unternehmens zu steigern. Er ging in die Abteilungen und erklärte den Angestellten, dass er die im nächsten Quartal leistungsschwächsten zehn Prozent feuern würde. Und das tat er dann auch. Der Druck dieses Selektionsprozesses erzeugte eine rücksichtslose Atmosphäre, in der alles erlaubt war und in der beste Freunde über Nacht zu Feinden werden konnten.

Diese missverstandene Übertragung der Konkurrenz als Richtschnur für evolutionäre Tüchtigkeit wurde auf grausame Weise in allen Bereichen des Unternehmens umgesetzt. Falls Sie Gelegenheit haben, den Film *Enron: The Smartest Guys in the Room* zu sehen, können Sie Händler erleben, die fröhlich ausplaudern, dass sie »Großmüttern ihre Pensionen abgegaunert« haben; sie jubeln über verheerende, lebensbedrohliche Waldbrände, weil das ihre Aktien in die Höhe treibt, oder feiern den wirtschaftlichen Zusammenbruch eines ganzen Staates, weil sie von den Opfern unverhoffte Profite erwarten.[16]

Das Lachen blieb ihnen jedoch im Hals stecken, als herauskam, dass die Vorstandsmitglieder von Enron, wie echte Reptilien, ihre Jungen aufgefressen hatten, indem sie das Unternehmen untergehen ließen, während sie sich mit dem restlichen Vermögen aus dem Staub machten. Der Sturz von Enron und die Schockwellen, die dabei durch die bis dahin unbekümmert darwinistische freie Wirtschaft rollten, diente als ein wichtiger Weckruf, um ins Bewusstsein zu rufen, dass der ausschließliche Blick auf kurzfristige individuelle Gewinne und den Profit des nächsten Quartals nicht funktioniert. Doch das irrige Denken in selbstsüchtigen Genen geht immer noch weiter und hält uns davon ab, unser wahres Genie zu erkennen.

---

* Dt. Ausgabe: *Das egoistische Gen*

Wir sitzen alle im selben Boot

Die vielleicht wichtigste Botschaft der Quantenphysik und der Feldexperimente ist, dass alles mit allem verbunden ist. Unser Universum funktioniert nicht hierarchisch und linear, sondern relational (alles steht in Beziehung zueinander) und fraktal.

Was bedeutet fraktal? Die fraktale Geometrie ist, wie wir später noch genauer erklären werden, ein Zweig der Mathematik, der sich mit den Mustern der Natur beschäftigt. Wenn Sie sich ein Blatt ansehen, einen Zweig, einen Baum, einen Wald, oder wenn sie sich eine Küstenlinie aus verschiedenen Distanzen betrachten, dann werden Sie selbstähnliche Muster erkennen, die sich auf verschiedenen Komplexitätsebenen wiederholen.

Auf jeder Ebene der Organisation der Natur finden sich selbstähnliche, fraktale Muster. Unsere Zellen, wir selbst und unsere Zivilisation brauchen alle Sauerstoff, Wasser und Nahrung, um zu überleben. Warum das wichtig ist? Weil jenes, was für das Einzelne gut ist, auch für alle gut ist, und umgekehrt, was dem einen schadet, schadet allen. Das entspricht durchaus dem gesunden Menschenverstand, doch unter dem Bann der Wahrnehmungs-Mythen scheint unser Menschenverstand nicht mehr allzu gesund zu sein. Die gute Nachricht dabei ist, dass uns die schrecklichen Auswirkungen unseres Ausstiegs aus dem Netzwerk des Lebens allmählich aufwecken.

Alarmierende Probleme wie der Klimawandel und der Artenrückgang machen deutlich, dass kein Individuum überleben kann, wenn die Art nicht überlebt – egal wie dick die Sicherheitswände sein mögen, hinter denen wir uns verstecken. Der umfassend gebildete Schriftsteller Arthur Koestler prägte den Begriff des *Holons*, um etwas zu beschreiben, das ein Ganzes ist, das aus Teilen besteht und seinerseits wiederum Teil eines Ganzen ist.[17]

Menschen sind Holons. Wir bestehen aus Teilen – Zellen, Geweben, Organen. Doch wir sind auch Teil von etwas Größerem. Wir gehören zu Gemeinschaften, Nationen, zur Menschheit. Wir können uns sogar als Zelle von Mutter Erde sehen. Der Schlüssel zum Überleben ist das Gedeihen des gesamten Weltsystems: gesunde Zellen, gesunde Menschen, gesunder Planet. Oder anders gesagt: Ohne Erde stehen wir im Nichts.

Der sogenannte biologische Imperativ scheint also zwei gleich wichtige Aspekte zu haben: das Überleben des individuellen Organismus und das Überleben der Art. Im Allgemeinen kommt der Impuls, das Überleben der Art zu sichern, im Fortpflanzungstrieb zum Ausdruck. Doch wenn eine Art durch Umweltveränderungen bedroht ist, ist es nicht sinnvoll, sich weiter fortzupflanzen. Wir haben jetzt eine Umwelt geschaffen, die bald kein menschliches Leben mehr aufrechterhalten kann – wenn wir so weitermachen.

Das bedeutet, dass der neue biologische Imperativ für die Menschheit unbedingt das Verständnis mit einschließen muss, dass wir alle im selben Boot sitzen und dass es nicht mehr um das Überleben des Stärksten, sondern um das Gedeihen der »am besten Geeigneten« geht. Das bedeutet, dass wir unsere menschlichen Aktivitäten danach ausrichten müssen, was für das gesamte System optimal ist. Wir scheinen jetzt eine Ebene der Komplexität erreicht zu haben, auf der fast 7 Milliarden menschliche Zellen, die unbewusst und auf zerstörerisch unkoordinierte Weise agieren, nicht mehr biologisch tragfähig sind.

So wie die Einzeller eine Wahrnehmung der Umwelt entwickelten, um zu komplexeren, effizienteren Organismen zu werden, muss auch die Menschheit ein neues Paradigma ihrer sozialen und wirtschaftlichen Beziehungen annehmen. Paradoxerweise bedeutet diese neue Ebene kooperativer Bewusstheit maximale Ausdrucksmöglichkeiten für das Individuum und maximale Vorteile für das Ganze. Nur die scheinbar unmögliche Versöhnung dieser scheinbaren Gegensätze kann den Menschen hervorbringen, der wir – spirituellen Lehrern zufolge – sind, wenn wir unserer Bestimmung folgen.

7. Kapitel

Dritter Wahrnehmungs-Mythos: Die Gene sind entscheidend

*»Die schlechte Nachricht lautet:
Es gibt keinen Schlüssel zum Universum.
Die gute Nachricht ist: Es wurde nie abgeschlossen.«*

SWAMI BEYONDANANDA

Schlüssel zum Leben gefunden – doch das Geheimnis bleibt verschlossen

Wie schon vor 400 Jahren von Francis Bacon erklärt, ist es die Mission der modernen Wissenschaft, die Natur zu dominieren und zu kontrollieren. Die Gelehrten waren sich sicher, ein Verständnis der Materie würde der Menschheit die absolute Herrschaft über die Natur sichern. Ein materialistisch orientiertes System sucht den Schlüssel des Lebens natürlich in der Materie – genauer gesagt: in den Genen.

Bei der Suche nach diesem Schlüssel hat die Genetik ihren kurzsichtigen Blick ganz darauf gerichtet, die Struktur und das Verhalten der Moleküle unserer Körper zu identifizieren. Man nahm an, sobald man den Mechanismus der biologischen Vererbung erkannt habe, stünde der Kontrolle der Natur und damit auch des menschlichen Lebens nichts mehr im Weg.

Doch auf dem Weg zum Schlüssel des Lebens geschah etwas ähnlich Merkwürdiges wie auf dem Weg zur absoluten Gewissheit, dass nur die Materie zählt. Der kosmische Schelm bescherte uns einen weiteren Witz von globalen Dimensionen: Gerade als wir dachten, wir hätten den Schlüssel zum Leben in unseren Händen, und als wir das Geheimnis erschließen wollten, mussten wir feststellen, dass der Schlüssel nicht passte.

Ist das Gen der Schlüssel?

Als Darwin seine auf Vererbung basierende Theorie der Evolution veröffentlichte, verstand jeder, der jemals Tiere züchtete, dass Eigenschaften von den Eltern an die Kinder weitergegeben werden. Und weil zu jener Zeit die Newton'sche Sichtweise der Dinge das Primat der Materie betonte, schien es sicher zu sein, dass das Geheimnis des Lebens irgendwo in den Molekülen des Körpers stecken musste.

Von den Informationen seiner Zeit ausgehend, stellte Darwin die Hypothese auf, dass es im ganzen Körper verteilt sogenannte *Gemmulae** gebe, die mit bestimmten physischen und Verhaltensmerkmalen ausgestattet sind. Im Lauf der Entwicklung sammeln sich diese Gemmulae irgendwie in den Keimzellen und können so an die nächste Generation weitergegeben werden.

Die Newton'sche materialistische Logik ging davon aus, dass es in den Molekülen der Keimzellen physische Determinanten geben muss, welche die Merkmale ihrer »Wirts-Organismen« haben. In Kombination mit der grundlegenden Darwin'schen Annahme der natürlichen Auslese – das heißt, dass sich eher Merkmale durchsetzen, die das Überleben der Art fördern – standen die post-darwinistischen Genetiker vor einer Herausforderung: die physischen Elemente zu finden, in denen die Erbanlagen codiert sind; zu beschreiben, wie sie auf zellulärer Ebene funktionieren; schließlich mithilfe dieser Information »Designer-Menschen« zu erschaffen.

---

* Lateinisch für »kleine Knospen« (Anm. der Red.)

Es dauerte fast 100 Jahre intensivster Forschung, bis die Genetiker Darwins Spekulationen über die Vererbung konkret belegen konnten. Der deutsche Zytologe Walther Flemming machte den ersten Schritt, indem er 1882 die materiellen Elemente der Vererbung entdeckte. Flemming beschrieb als Erster die Mitose, den Prozess der Zellteilung. In seinen Arbeiten betonte Flemming die Bedeutung der fadenförmigen Filamente im Zellkern für die Fortpflanzung. Sechs Jahre später prägte der deutsche Anatom Heinrich Waldeyer für diese – Erbanlagen übertragenden – Fäden den Begriff des *Chromosoms*.

Kurz darauf, nach der Wende zum 20. Jahrhundert, beschrieb der amerikanische Genetiker und Embryologe Thomas Hunt Morgan als erster Wissenschaftler das seltene Ereignis der *genetischen Mutation*, die er in seinen Kulturen rotäugiger Drosophila-Fliegen beobachtet hatte: Dort war eine weißäugige Fliege aufgetaucht, die weißäugigen Nachwuchs erzeugen konnte. Anhand seiner Beobachtungen an diesen und anderen mutierenden Fruchtfliegen schloss Morgan, dass sich die genetischen Faktoren, welche die Vererbung steuern, in linearer Anordnung auf den Chromosomen befinden.

Die chemische Analyse ergab, dass die Chromosomen aus Proteinen und Desoxyribonukleinsäure (DNS bzw. DNA) bestehen. Die Frage, ob der Schlüssel zur Vererbung in den Proteinen oder in der DNA liegt, wurde jedoch erst 1944 beantwortet, als die Wissenschaftler Oswald Avery, Colin McLeod und Maclyn McCarty vom Rockefeller Institut empirisch herausfanden, dass die vererbbaren Merkmale in der DNA liegen.[1]

Ihr Experiment war einfach und elegant: Sie entfernten die Chromosomen von der Bakterien-Art Nr. 1 und trennten die DNA von den Proteinen. Dann gaben sie das isolierte Material in Kulturen der Bakterien Nr. 2. Das Ergebnis war, dass die Bakterien Nr. 2, wenn die DNA von Nr. 1 hinzugefügt wurde, anfingen, die Merkmale der Bakterien Nr. 1 zu entwickeln, während sie es nicht taten, wenn das Chromosomen-Protein hinzugefügt wurde. Dies war die erste Studie, die zeigte, dass die DNA das für die Vererbung entscheidende Molekül ist. Allerdings machte es noch keine Aussage darüber, wie die DNA das anstellt.

Interessanterweise gab es in der vorderen Reihe der Wissenschaftler, die das Geheimnis des Lebens entdecken wollten, keine

Biologen. Die Erkenntnisse über die Mechanismen der DNA wurden von den wahren Mechanikern der Wissenschaften gewonnen: von den Physikern.

In seinem Buch *What is Life?* stellte der Nobelpreisträger Erwin Schrödinger 1944 die Idee vor, dass genetische Informationen theoretisch in den Molekularbindungen kristalliner Moleküle eincodiert sein könnten. Schrödinger bot eine gut abgeleitete theoretische Vorausschau auf das, was die Biologen suchten. Von Schrödingers mechanistischer Vision inspiriert, fanden sich der Molekularbiologe James D. Watson und der Physiker Francis Crick zu einem gemeinsamen Projekt zusammen, das zu einer der bedeutendsten Entdeckungen in der Geschichte der Biologie führen sollte.

Genetischer Determinismus: Das Dogma ohne Biss*

Es veränderte den Verlauf der Menschheitsgeschichte, als Watson und Crick 1953 im anerkannten britischen Wissenschaftsmagazin *Nature* ihren Artikel über die Molekularstruktur der Nukleinsäuren veröffentlichten. In ihren Arbeiten mit Röntgen-Kristallografie stellten sie fest, dass das DNA-Molekül ein langer, linearer Strang aus vier verschiedenen molekularen Bausteinen war, den Nukleobasen Adenin, Thymin, Guanin und Cytosin, abgekürzt A, T, G und C. Sie fanden auch heraus, dass sich diese DNA-Stränge paarweise zu einer Doppelhelix anordnen. Vor allem aber entdeckten sie, dass die Sequenz von A, T, G und C auf dem DNA-Molekül einen Code darstellt, aus dem die Proteinmoleküle des Körpers synthetisiert werden.

Ein Gen stellt daher einen bestimmten Abschnitt des DNA-Codes dar, der die Sequenz für ein bestimmtes Protein enthält. Proteinmoleküle sind die materiellen Bausteine der Zelle und als

---

* In Anlehnung an die englische Überschrift »The Dogma That Wouldn't Hunt«; engl. *dog* = dt. *Hund*. (Anm. d. Übers.)

solche verantwortlich für alle Körper- und Verhaltensmerkmale. Auf der Grundlage dieses Codierungsmechanismus der DNA postulierte Francis Crick das Konzept des *zentralen Dogmas der Molekularbiologie*.[3] Dieses zentrale Dogma, auch *Primat der DNA* genannt, definiert den Informationsfluss in biologischen Systemen. Die ATCG-Basensequenz der DNA repräsentiert Informationen zur Proteinstruktur: das Gen. Die Zelle erzeugt eine Kopie des Gens in Form einer anderen Nukleinsäure, der sogenannten Ribonukleinsäure (RNS bzw. RNA).

Diese RNA ist das Molekül, das aktiv an der Übersetzung des Codes in ein Proteinmolekül beteiligt ist. Die Information wird also in die RNA überschrieben und dann von der RNA in Proteinmoleküle übersetzt. Cricks zentrales Dogma stellte den Informationsfluss der meisten biologischen Systeme als Einbahnstraße dar: von der DNA – zur RNA – zum Protein.

Weil die ursprünglichen Muster für die merkmalbildende Proteinstruktur in der DNA sitzen, galt dieses Molekül als die *primäre Determinante* unserer biologischen Merkmale. Das zentrale Dogma bedeutet also, dass die DNA die primäre Ursache unseres Lebenszustands ist. Watson und Crick hatten das Geheimnis des Lebens auf eine molekulare Kaskade reduziert, die davon ausgeht, dass im Zellkern bestimmte DNA-Gene an- oder ausgeschaltet werden. Das war der Inbegriff des biologischen Reduktionismus: Das Leben entsteht aus materiellen Genen.

Das zentrale Dogma wurde zu einem der wichtigsten Grundsätze der modernen Wissenschaft und hatte größten Einfluss auf die genetische Forschung der nächsten 50 Jahre. Die Newton'sche Weltsicht hatte die Biologen völlig davon überzeugt, dass das Leben und seine Mechanismen eindeutig das Ergebnis materieller Wechselwirkungen sind, ähnlich wie in der alten Geschichte vom Uhrwerk. Schon bevor Watson und Crick überhaupt geboren waren, hatte die Wissenschaft beschlossen, dass die Steuerung des Lebens von gewissen physischen Molekülen ausgehen muss. Die Frage war nur, welche Moleküle das sein könnten.

Als Watson und Crick ihre Ergebnisse veröffentlichen, zog jeder den logischen Schluss: Die DNA-Moleküle steuern das Leben. Die Wissenschaftler übernahmen die Schlussfolgerungen des zentralen

Dogmas unhinterfragt als Wahrheit, weil sie mit dem Ergebnis bereits gerechnet hatten. Erstaunlicherweise zogen auch die Biologen sofort mit, obwohl Cricks Hypothese nie verifiziert wurde. Es ist wichtig, zu bemerken, dass Crick seine Hypothese des DNA ⇒ RNA ⇒ Proteinmoleküle-Pfades als *Dogma* bezeichnete. Dieser Begriff steht definitionsgemäß für »eine Überzeugung, die auf religiösem Glauben beruht und nicht auf wissenschaftlichen Tatsachen«.

Indem er ein nicht verifiziertes Dogma übernahm und es zur Grundlage der Biomedizin machte, rutschte der wissenschaftliche Materialismus offiziell in den Bereich der Religion! Die Frage, ob die moderne Wissenschaft eine Wissenschaft oder eine Religion ist, hing nun von der Frage ab, ob die DNA das Leben steuert. Bevor wir jedoch in jedes Hotelzimmer der Welt gehen und die Gideon-Bibel durch ein Buch über Genetik ersetzen, wollen wir uns anschauen, ob das Primat der DNA überhaupt wahr ist.

Eine bedeutsame Implikation von Cricks zentralem Dogma ist, dass vererbbare Informationen nur in eine Richtung weitergegeben werden: von der DNA zu den Proteinen – niemals umgekehrt. Laut Crick können Proteine nicht die Struktur und Aktivität des DNA-Codes beeinflussen.

Der entscheidende Punkt dabei ist: Der Körper, der Lebenserfahrungen macht, besteht aus Proteinen. Weil die Proteine keine Informationen über diese Lebenserfahrungen zurück zur DNA übermitteln können, haben die Informationen aus der Umgebung keinen Einfluss auf die genetische Entwicklung. Das bedeutet, dass die genetische Information völlig unabhängig von der Umwelt ist.

Der Informationsfluss, wie er im zentralen Dogma beschrieben wird, zementierte das Konzept des genetischen Determinismus. Das hat sich auf das Leben von jedem Einzelnen auf diesem Planeten ausgewirkt.

Genetischer Determinismus ist die Überzeugung, dass die Gene alle unsere Merkmale bestimmen: unseren Körper, unser Verhalten, unsere Gefühle. Deshalb achten wir auf die Merkmale, die in einer Familie weitergegeben werden, und deshalb sucht die Wissenschaft nach Genen, die diese oder jene Eigenschaft dirigieren.

Dieser Überzeugung nach liegt unser Schicksal in unseren Genen und weil wir unsere Gene nicht verändern können, sind wir, so wird behauptet, letztlich Opfer unserer Erbanlagen. Im Lauf der Zeit tauchten jedoch neue Entdeckungen auf, die dieser Überzeugung widersprachen.

Ende der 1960er-Jahre forschte der Genetiker Howard Temin aus Wisconsin darüber, wie sich Tumor-Viren die Kontrolle über den genetischen Code einer infizierten Zelle aneignen. Der Virus, mit dem er arbeitete, enthielt als genetisches Molekül nur RNA. Als Temin seine Forschungsergebnisse veröffentlichte, denen zufolge RNA-Informationen sozusagen rückwärts fließen und die DNA der Wirtszelle verändern können, wurde er aus der Wissenschaftsgemeinde ausgestoßen und als Häretiker beschimpft. Die religiöse Konnotation ist hier sehr angebracht, denn er wurde ja beschuldigt, sich gegen das Dogma vergangen zu haben.[4]

Zu jener Zeit war niemand auf die Auswirkungen von Temins Entdeckungen vorbereitet, doch inzwischen haben wir erkannt, dass die mit RNA beladenen HIV-Viren, die angeblich AIDS verursachen, genau diesen Mechanismus verwenden. Temin erhielt schließlich 1975 für seine Entdeckung der *Reverse Transkriptase,* jenem Enzym, das die RNA-Informationen auf den DNA-Code überträgt, zusammen mit anderen den Nobelpreis für Physiologie.

Temins Arbeiten brachen Cricks zentralem Dogma das Rückgrat, indem sie bewiesen, dass Erbinformationen in beide Richtungen fließen: Die DNA übermittelt Informationen an die RNA und die RNA kann Informationen an die DNA zurückfließen lassen. Das bedeutet, dass sich das Erbmaterial infolge dieses Umkehrprozesses sowohl durch Manipulation als auch durch Umwelteinflüsse verändern kann – nicht nur durch Mutationen, wie man bis dahin annahm.

1990 wurde ein weiterer Grundsatz des zentralen Dogmas und des genetischen Determinismus widerlegt. Der Biologe H. Frederik Nijhout von der Duke Universität berichtete, dass Gene nicht »selbstemergent« sind und sich nicht selbstständig »an- und abschalten« können.[5] In seinem Artikel betont Nijhout, dass Gene einfach Blaupausen sind, Werkpläne sozusagen, und die Idee, dass sich ein Werkplan selbstständig an- und abschalten könne, sei absurd. Man stelle sich vor, man betrachte die Werkpläne in einem Architekturbüro und frage sich, ob dieser Plan nun an- oder abgeschaltet sei.

Viel angemessener sei die Frage: »Wird dieser Werkplan gelesen oder nicht?«

Gene lesen sich nicht selbst ab, das heißt, sie sind nicht fähig, sich selbst zu aktivieren, sie sind nicht selbstemergent, sie verwirklichen sich nicht aus sich selbst heraus. Die nächste Frage lautet also: »Was bewirkt dann, dass ein Gen gelesen wird?« In Nijhouts Worten: »Wenn ein Genprodukt gebraucht wird, wird es durch ein Signal aus seiner Umgebung aktiviert, und nicht durch eine emergente Eigenschaft des Gens selbst.« Einfach gesagt: *Umweltsignale steuern die Genaktivität.*

Wie wir bereits wissen, erleben die Biowissenschaften zurzeit durch die neue Wissenschaft der *Epigenetik* eine philosophische Umwandlung. Die Vorsilbe *Epi-* bedeutet *über,* das heißt, die neue Wissenschaft befasst sich mit einer Kontrollinstanz, die der Genetik übergeordnet ist. Die Epigenetik beschreibt, wie Genaktivität und Zellexpression letztlich durch Informationen aus dem äußeren Einflussbereich bewirkt werden, statt eine interne Angelegenheit der DNA zu sein.

Die unbequeme Wahrheit, dass Gene ihre Aktivität nicht selbst bestimmen und dass Erbinformationen nicht nur in eine Richtung fließen, ist also seit über 20 Jahren bekannt. Doch ungeachtet dieser kleinen Misslichkeiten halten die Lehrbücher, die Medien und vor allem die Pharmakonzerne unwandelbar am zentralen Dogma fest. So fördern sie weiterhin die Überzeugung der unbedarften Öffentlichkeit, dass die Gene unser Leben bestimmen. Es scheint, als könne durch beharrliches Füttern selbst ein totes Dogma noch am Leben erhalten werden.

Obwohl die Wissenschaft bewiesen hat, dass dem Dogma des genetischen Determinismus der »Biss« fehlt, fördern die öffentlichen Medien die Idee weiterhin. Jeden Tag erscheinen Artikel, dass ein Gen entdeckt wurde, das dieses oder jenes Merkmal bestimmt. Ängstliche Menschen stehen Schlange, um mithilfe der Angebote der Gentechnologie einen Blick auf ihr Genom und damit ihr Schicksal zu werfen. Das Konzept des genetischen Determinismus passt so gut zum vorherrschenden Basisparadigma, dass selbst unbestrittene wissenschaftliche Gegenbeweise nichts dagegen ausrichten können.

Das egoistische Gen

Die Ungültigkeit des zentralen Dogmas hat auch weder die vehemente Suche nach neuen Genen verlangsamt, noch die Popularität von Richard Dawkins' wissenschaftlich unzulänglichem Buch *The Selfish Gene*[6] eingeschränkt. Dawkins vertritt die Theorie, dass Gene uns eigentlich nur erschaffen haben, um sie umherzutragen und für ihre Reproduktion zu sorgen. Das ist nicht nur eine absurde Science-Fiction-Parodie, sondern auch die absolute Übersteigerung eines Reduktionismus, der in Organismen nur noch Vehikel sieht, die den Genen dazu dienen, sich einander anzubieten.

Er argumentiert, Gene seien schließlich über Generationen hinweg beständig, während wir Menschen immer nur ein Menschenleben lang existieren. Dawkins zufolge sind die Gene die Fahrer, während wir nur das Fahrzeug sind, das spätestens nach 8 Millionen Kilometern oder 120 Jahren gegen ein neues Modell eingetauscht werden muss. Dawkins' Ideen erinnern an die alte Geschichte, dass ein Huhn nur eine Erfindung des Eies sei, um mehr Eier zu produzieren.

Aber warum ist das Gen egoistisch? Weil Dawkins zufolge Gene den gleichen Überlebenstrieb haben wie wir: Sie sichern ihr Überleben sogar ohne Rücksicht auf das Überleben des Organismus oder sogar der Art, in der sie sich befinden. Die evolutionären Anpassungen, die über Generationen hinweg stattfinden, dienen nach Dawkins nicht dem Überleben der Organismen; sie sind stattdessen dazu da, die generative Kraft der Gene zu steigern. Außerdem ist es dem egoistischen Gen egal, ob diese Anpassungen dem Überleben des Organismus wirklich nützen oder nicht.

Und weil das zentrale Dogma festsetzt, dass alles von den Genen ausgeht, erscheint es nur logisch – so unlogisch diese Logik auch ist –, wenn Dawkins sagt: »Wir sind von Geburt aus selbstsüchtig.«[7] Er ist auch davon überzeugt, dass die natürliche Auslese jene bevorzugt, die betrügen, lügen, täuschen und ausnutzen. Gene, die Kinder dazu verleiten, sich unmoralisch oder amoralisch zu verhalten, haben demzufolge einen genetischen Vorteil. Altruismus ist aus seiner Sicht nutzlos, weil er der natürlichen Auslese widerspricht. Auch Kindesadoption ist seiner Meinung nach »gegen die Instinkte und die Interessen unserer egoistischen Gene«.

Zum Glück haben nur wenige Menschen Dawkins' extreme materialistische Sichtweise übernommen. Aber wir haben am Beispiel von Enron gesehen, dass sein Standpunkt zur wissenschaftlichen Untermauerung und zur rationalen Rechtfertigung eines der rücksichtslosesten Auswüchse des sozialen, kommerziellen, industriellen und politischen Darwinismus geführt hat. Als erklärter Atheist leugnet Dawkins nicht nur einen fürsorglichen Schöpfer, er glaubt auch nicht an fürsorgliche Menschen. Im Gegensatz zu vielen Humanisten, die ebenfalls nicht an einen personifizierten Gott glauben, lehnt Dawkins alles ab, was nicht rein deterministisch, materialistisch und egoistisch ist.

Wenn, wie Dawkins behauptet, Überleben gleich Erfolg ist, dann ist ein metastasierender Krebs höchst erfolgreich. Natürlich nur, bis sein Wirt stirbt. Aber wenn wir glauben sollen, dass unser Schicksal von unserer DNA bestimmt wird, dann haben sich die egoistischen Gene, die den Krebs verursacht haben, zu diesem Zeitpunkt bereits erfolgreich ihr Überleben gesichert, indem sie sich in die Erbanlagen der Nachkommen ihres Wirts geschlichen haben, die sicherstellen, dass das Gen in Zukunft immer wieder das Gleiche tun kann – in metastasierendem Ausmaß.

Aus Sicht unserer planetarischen Umwelt scheint es oft so, dass sich menschliche Unternehmungen zu einer Art Krebs entwickelt haben, indem sie sich auf Kosten der Umwelt vervielfachen und reproduzieren. Schließlich haben wir ja die Raumfahrt entwickelt; wir könnten also überleben, indem wir andere planetarische Systeme infizieren, sobald wir unsere arme, sterbende Erde hinter uns lassen müssen.

Das Human Genom

Mittlerweile hat die Vorstellung von den Genen als dem schöpfungswirksamen Faktor zu einem der ehrgeizigsten Wissenschaftsprojekte – und zu einer der größten Enttäuschungen – der Geschichte der Biologie geführt: dem Human-Genom-Projekt (HGP).

Das HGP begann 1990 unter der Federführung von James Watson; er stand dem Projekt im Auftrag der U.S. National Institutes of Health (NIH) vor, einer Agentur des Gesundheitsministeriums. Vordergründig und in der öffentlichen Darstellung handelte es sich beim HGP um ein altruistisches Projekt mit drei Zielen: Identifikation der genetischen Grundlagen aller menschlichen Merkmale, sowohl der positiven als auch der negativen; Einrichtung einer Datengrundlage und Entwicklung von Instrumenten zur Datenanalyse, die der biotechnischen Industrie und dem privaten Sektor zur Verfügung gestellt werden sollten; Entwicklung neuer medizinischer Anwendungen in aller Welt.[8]

Man dachte sich das so: Wenn es im Körper über 100 000 Proteine gibt und für jedes Protein eine genetische Vorlage existieren muss, dann müsste es mindestens 100 000 menschliche Gene geben. Die führenden Köpfe, die hinter dem ganzen Konzept des HGP standen, waren davon überzeugt, dass sie mithilfe einer Zusammenstellung aller menschlichen Gene ein menschliches Utopia erzeugen könnten.

Doch damit Richard Dawkins von den humanitären Absichten des Projekts nicht zu sehr enttäuscht sei, gab es noch Hintergedanken. Die Genetiker hatten Risiko-Kapitalanleger davon überzeugt, dass man mit der Identifikation des menschlichen Genoms ein Vermögen verdienen könne. Durch die Patentierung der Nukleotidbasen-Sequenzen jedes Gens und dem Verkauf dieser Patentrechte an Pharmakonzerne berge die Investition phänomenale Gewinnspannen.

Doch wieder einmal hielt die Natur jene, die sich ihre Geheimnisse aus finanziellen Erwägungen unter den Nagel reißen wollten, zum Narren. Da die HGPler irrigerweise annahmen, die Gene würden die Merkmale eines Organismus bestimmen, erwarteten sie, dass komplexere Organismen mehr Gene hätten als einfachere. Zur Vorbereitung auf das Projekt analysierten die Wissenschaftler daher zuerst die Genome niederer Organismen, die traditionellerweise für wissenschaftliche Zwecke missbraucht werden. Sie stellten fest, dass Bakterien, die primitivsten Organismen der Natur, zwischen 3000 und 5000 Gene haben. Als Nächstes fanden sie heraus, dass der winzige Fadenwurm *Cenorhabditias elegans*, ein Organismus, der aus nur 1271 Zellen besteht und dessen Name länger ist als er selbst, ungefähr 23 000 Gene hat. So weit, so gut.

So erklommen sie weiter die Leiter der Komplexität und untersuchten nun die höher entwickelten Fruchtfliegen. Zu ihrer Überraschung fanden sie bei diesen nur 18 000 Gene. Das war unerklärlich. Wie konnte ein viel komplexeres Lebewesen – hier: die Fruchtfliege – weniger Gene haben als ein Fadenwurm?

Doch sie ließen sich nicht beirren und machten sich an das menschliche Genom.

Als das Human Genom vollständig analysiert war, standen sie vor dermaßen verblüffenden Ergebnissen, dass aus der zu erwartenden Fanfare nur ein leises Blöken wurde. Wir ach so komplexen Menschen mit unseren 50 Billionen Zellen haben nur ungefähr 23 000 Gene, fast genauso viele wie der niedere Fadenwurm.[9]

Die Ergebnisse des Projekts wurden 2003 veröffentlicht. Das Ereignis wurde nichtsdestotrotz als eine der größten Errungenschaften der Menschheit gefeiert. Doch dass man so viel weniger Gene gefunden hatte als erwartet, führte letztlich zu einer wesentlichen Reduzierung der biotechnischen Unternehmen Celera und Human Genome Sciences, die aus dem Projekt hervorgegangen waren, und zum Rücktritt ihrer Vorstände.

Dr. Paul Silverman, ein Pionier der Genom- und Stammzellenforschung und ein früher Verfechter und wesentlicher Architekt des Projekts, reagierte auf das überraschende Ergebnis mit dem Vorschlag, die Wissenschaft müsse ihre Idee des genetischen Determinismus überdenken. Ach, wirklich? Silverman schrieb: »Der Signalprozess der Zelle hängt offenbar stark von extrazellulären Stimuli ab, welche die nukleäre DNA-Transduktion auslösen.«[10] Kurz gesagt: Die Umwelt macht's, Dummkopf!*

Trotz des Scheiterns des HGP im Hinblick auf das Auffinden der erwarteten 100 000 Gene und trotz der Entdeckung, dass sich Gene nicht selbst aktivieren, ist der Glaube an den genetischen Determinismus zumindest in der allgemeinen Öffentlichkeit immer noch ungebrochen. Die Idee des Gens als Blaupause oder Werkplan ist

---

*   In der englischsprachigen Ausgabe heißt es*: It's the environment, stupid* – eine Anspielung auf den berühmten Spruch aus dem Wahlkampf Bill Clintons: *It's the economy, stupid!* (Anm. d. Übers.) – Lipton, *The Biology of Belief,* 49 (siehe Literaturverzeichnis); K. Powell, »Stem-cell niches: It's the ecology, stupid!«, *Nature,* Nr. 435 (2005): 268–270.

zwar allgemein angekommen, aber niemand scheint die Fragen zu stellen, die sich daraus ableiten, wie: »Wer ist denn der ausführende Bauunternehmer?«, oder vielleicht noch wichtiger: »Wo kam das erste egoistische Gen denn her?«, und: »Wer oder was hat es darauf programmiert, selbstsüchtig zu sein?«

Von Pavianen und Bonobos

Wie bei allen Wahrnehmungs-Mythen hat auch die konventionelle Weisheit nicht nur die Idee übernommen, wir Menschen würden von unserer DNA bestimmt, sondern auch, dass Egoismus, Gewalt und Aggressionen in die menschliche Festplatte unveränderbar einprogrammiert seien. Diese Schlussfolgerungen haben die Menschen davon überzeugt, dass die Gewalt, die unsere Zivilisation untergräbt, unvermeidbar sei, weil sie angeblich in unseren Genen sitzt. Schließlich sind Menschen nichts anderes als nackte Affen, oder?

Nun, eigentlich nicht. Zwei interessante Studien hinterfragen die übliche Vorstellung des menschlichen Raubtierwesens. Robert Sapolsky, ein amerikanischer Primatologe, hatte fünf Jahre lang das Verhalten einer Paviangruppe im Masai-Mara-Reservat in Kenia studiert, als diese 1983 von einem schweren Schicksalsschlag heimgesucht wurde: Über die Hälfte der Männchen starb an Tuberkulose. Ursache des Unglücks war eine verseuchte Müllhalde, und die aggressivsten, dominantesten Männchen, die am erfolgreichsten um die Nahrung gekämpft hatten, waren auch diejenigen, die daran starben.[11]

Sapolsky beschloss, diese Gruppe sich selbst zu überlassen und mit einer anderen weiterzuarbeiten, in der ein Gleichgewicht zwischen Männchen und Weibchen herrschte. Zehn Jahre später kehrte er jedoch an die Stelle zurück und war verblüfft, dass alle Männchen, die damals zur Gruppe gehört hatten, verschwunden waren – auch jene, die nicht gestorben waren – und dass sich eine ganz andere Kultur entwickelt hatte. Im Wettstreit um die Vorherrschaft bedrängten die größeren Paviane nicht mehr die kleineren, sondern setzten sich mit den gleich Großen auseinander, und die Männchen zeigten weniger Aggressionen gegenüber den Weibchen.

Während seiner ersten Studien zehn Jahre zuvor hatte Sapolsky in den Pavianen hohe Werte bestimmter Hormone gefunden, und zwar der Glucocorticoide. Diese hängen mit dem Kampf-oder-Flucht-Reflex zusammen und werden in besonders konflikthaften bzw. aggressiven Situationen ausgeschüttet. Doch diesmal stellte Sapolsky in den Männchen sehr viel weniger physiologische Anzeichen für Stress fest; auch die Glucocorticoid-Werte waren deutlich niedriger.[12]

Wie war es zu dieser neuen, friedvolleren Kultur gekommen? Sapolsky stellte die Hypothese auf, dass die ältesten Weibchen die Führung übernommen hatten, nachdem die alten Männchen weg waren. Diese Weibchen erzogen die jüngeren Männchen und wählten offenbar solche aus, die weniger aggressiv waren und weniger Stressverhalten zeigten. Sapolsky beobachtete die Gruppe noch lange Zeit aufmerksam, um herauszufinden, ob einwandernde Paviane dieses empfindliche Gleichgewicht zerstören würden, aber bislang blieb die neue Kultur intakt.

So egoistisch die Gene dieser Primaten auch gewesen sein mögen: Eine Veränderung der Umwelt veranlasste eine kulturelle Entwicklung, die sich als nachhaltig erwies, vielleicht weil sie eine höhere Ebene der Funktionalität darstellte.

Ein noch eindrucksvolleres Beispiel kommt von den Bonobos, einer Primatenart, die früher als Zwergschimpansen bezeichnet wurden und die zu unseren nächsten Verwandten gezählt werden. Während andere Schimpansen meistens in Gruppen leben, in der die größeren, dominanten Männchen die kleineren Männchen drangsalieren und die Weibchen verprügeln, leben die Bonobos in einem wundervollen Beispiel für eine Make-love-not-war-Gesellschaft. Wenn ein sozialer Konflikt auftaucht, wenden sich die Bonobos sexuellen Aktivitäten zu, die die Spannung auflösen und wieder für Sicherheit und Freundschaft sorgen. Die vorherrschende Form der Sexualität findet zwischen Männchen und Weibchen statt, aber es gibt auch polymorphe und polyamouröse sexuelle Aktivitäten. Während sich Schimpansen-Männchen nach einem Kampf oft küssen, um wieder Frieden zu schließen, küssen sich die Bonobos vorher und vermeiden auf diese Weise überhaupt das Kämpfen. Und obwohl die Bonobos viel mehr Sex haben als ihre Schimpansen-Verwandtschaft, ist ihre Geburtenrate erstaunlich gleich.

Die Bindungsrituale zwischen männlichen Schimpansen und weiblichen Bonobos weisen auch interessante Unterschiede auf. Wenn bei den Bonobos ein neues Weibchen in die Gruppe einwandert, sucht es sich sofort ein oder zwei ältere Weibchen, mit denen es die Genitalien aneinanderreibt. Dieses Verhalten knüpft ein dauerhaftes Band zwischen diesen Weibchen, die sich unter anderem unterstützen, wenn eine von ihnen von einem Männchen drangsaliert wird. In den anderen Schimpansengruppen ist es jedoch so, dass sich vor allem Männchen zusammenrotten, um dann gegen die kleineren Weibchen vorzugehen.

Bei den Bonobos sind Männchen und Weibchen in der Regel ungefähr gleich groß, was zu der Gleichberechtigung der Geschlechter beitragen mag.

Zoologen, welche die Bonobos erforscht haben, meinen jedoch, vor allem Umweltfaktoren hätten dazu beigetragen, dass dieses Schimpansen-Paradies erhalten bleiben konnte. Der holländische Zoologe und Psychologe Frans de Waal, Autor der Buches *Bonobo: The Forgotten Ape**, geht davon aus, dass die Bonobos nie außerhalb des schützenden Dschungels gelebt haben.[13] Wie alle Schimpansen sind Bonobos Allesfresser, die auch kleinere Tiere jagen und töten. Doch im Gegensatz zu den anderen Schimpansen sind sie mit einer Futterpflanze gesegnet, die ein weiterer Forscher, Gottfried Hohmann, das »Bonobo-Kraftfutter« nennt. In ihrem Habitat wächst in Hülle und Fülle die Pflanze *Haumania liebrechtsiana,* die äußerst proteinreich ist und – Malthus zum Trotz – seit Jahrhunderten Generationen hungriger Bonobos ernährt hat.[14]

Die meisten Schimpansen müssen hart arbeiten, um sich ihre Nahrung zu beschaffen, denn die Vegetation in ihren Lebensräumen ist reich an Tanninen und anderen Giften, mit denen sich die Pflanzen gegen das Gefressenwerden schützen. Doch die Bonobos leben mitten im Schlaraffenland und brauchen daher nur wenig Zeit, sich um Nahrung zu kümmern oder um Ressourcen zu kämpfen. Sobald Nahrung oder andere ersehnte Dinge das Potenzial für Konflikte liefern, lassen sich die Bonobos auf ein sexuelles Ritual ein, statt um

---

* Dt. Ausgabe: *Bonobos, die zärtlichen Menschenaffen*

das begehrte Objekt zu streiten, und befreien auf diese Weise ihre Anspannung; schließlich teilen sie friedlich.

Was können wir von den Bonobos lernen? Die Idee, angesichts eines Konflikts sexuell aktiv zu werden, ist faszinierend – das würde sicherlich einiges in unseren Gerichtssälen verändern, ganz zu schweigen von Fußballspielen –, doch die eigentliche Botschaft ist: Wenn Ressourcen in Fülle vorhanden sind, braucht man weniger zu kämpfen. Und wenn weniger gekämpft wird, gibt es mehr Ressourcen.

Das ist eine außerordentlich wichtige Erkenntnis in einer Welt, die jedes Jahr mehr als eine Billion Dollar für Waffen ausgibt, die zu Pflugscharen umgeschmiedet werden könnten. Wie wir noch sehen werden, führen Ressourcen, die zum Wachstum anstatt zum Schutz eingesetzt werden, zu einem enormen Zuwachs an Gesundheit und Wohlstand – sowohl in der Gesellschaft als auch im Körper.

Andere Fragen, die wir uns stellen müssen, lauten: Wenn die friedvollen Bonobos in Reichtum und Balance leben können und wenn eine Truppe eigentlich gewaltbereiter Paviane feststellt, dass es ihnen im Frieden besser geht als im Krieg – was können dann wir als empfindungsfähige Menschen, die viel mehr Ressourcen zur Verfügung haben, bewirken? Treiben wir das Spiel weiter, uns ohnmächtig zu stellen und unsere Verantwortung zu leugnen, während wir die Schuld lieber der schrecklichen Welt und den egoistischen Genen zuschieben? Oder sind wir bereit, unsere Intelligenz intelligent zu nutzen?

Es wäre in der Tat schade – sowohl für die Kreationisten als auch die Evolutionisten –, wenn uns unsere Primatenverwandtschaft rechts außen überholte ...

Es liegt nicht am Motor, es liegt am Fahrer

Es scheint so, als erschiene jede Woche irgendwo ein Artikel oder eine Studie, die irgendeiner Krankheit eine genetische Ursache zuschreibt. Das Krebs-Gen, das Alzheimer-Gen, das Parkinson-Gen – all das nährt die beharrlich sture Haltung, dass unsere Gene unser Schicksal bestimmen. Aber wenn wir tiefer schürfen, stellen wir fest, dass nur ein recht kleiner Prozentsatz von Krankheiten wirklich mit genetischen Anomalien zu tun hat. Während viele Krebsforscher noch auf der genetischen Ebene nach dem Wundermittel suchen, hat das National Cancer Institute festgestellt, dass mindestens 60 Prozent aller Krebsarten durch Umwelteinflüsse zustande kommen.[15]

Schürfen wir noch tiefer, dann stellen wir fest: Selbst wenn es eine enge Wechselbeziehung zwischen Umweltfaktoren und einer Krankheit gibt, erkranken tatsächlich oft nur wenige, die dem Umweltfaktor ausgesetzt sind. Vor einigen Jahren machte eine Studie deutlich, dass von 1000 Menschen, die einer chronischen Asbestbelastung ausgesetzt sind, einer ein Mesotheliom, eine tödliche Form von Krebs, entwickelt. Das ist zwar immer noch eine alarmierend hohe Rate im Vergleich zum allgemeinen Vorkommen dieser Krankheit, aber die interessante Frage ist doch auch: Was ist mit den übrigen 99,9 Prozent, die nicht krank wurden? Gibt es etwas, das sie getan oder nicht getan haben und das sie gesund erhielt? Welche Faktoren tragen noch dazu bei, dass die Krankheit ausbricht?

Im Hinblick auf die unbegreiflichen und unsichtbaren Aspekte von Krankheit und Heilung erstaunt es, wie wenig neugierig die moderne medizinische Forschung ist. 300 Jahre Programmierung und das zentrale Dogma haben dazu geführt, dass wir uns als biochemische Roboterfahrzeuge betrachten. Wenn etwas nicht stimmt, wenn wir Symptome haben, dann schauen wir mal kurz in der nächsten medizinischen Werkstatt vorbei, wo uns jemand unter die Haube bzw. in den Rachen guckt.

Wie Fritjof Capra in seinem Buch *The Turning Point* deutlich gemacht hat, besteht die medizinische Praxis heutzutage meistens aus Reparatur, Ersatz oder Entfernung.[16] Die ganze Geschichte der modernen biochemischen Medizin beruht auf dieser mechanischen Metapher. Seit Descartes' Verkündigung, der Körper sei eine Maschine – und dabei ging er so weit, zu behaupten, Tiere litten nicht bei einer Vivisektion, und ihre Schreie seien nicht mehr als das Quietschen eines Rades –, haben wir uns der Idee hingegeben, dass Medizin mehr mit den einzelnen Teilen zu tun hat als mit dem Ganzen.

Während die alte chinesische Medizin das Herz als Sitz der Seele betrachtet und die ayurvedische Tradition im Herzen den Vermittler zwischen Himmel und Erde sieht, ist die moderne Medizin mit der vorsintflutlichen Definition des berühmten Renaissance-Physikers William Harvey zufrieden, der das Herz nur für eine mechanische Pumpe hält. Äußerungen von Wissenschaftsphilosophen des 20. Jahrhunderts verstärkten den Eindruck, der Körper sei ein physikalischer Mechanismus: »Der Mensch ist eine Maschine oder gar nichts«, behauptete der britische Biochemiker Joseph Needham; und der deutschstämmige Physiologe und Biologe Jacques Loeb fügte hinzu: »Lebende Organismen sind chemische Maschinen.«[17]

Die Wissenschaft der Epigenetik erkennt an, dass die Umwelt – nicht die DNA im Zellkern – die Aktivität der Zelle bestimmt. Informationen aus der Umwelt werden von der Zellmembran in biologische Reaktionen umgesetzt. Die Zellmembran ist dabei sowohl die Haut als auch das Gehirn der Zelle.[18] Genauer gesagt ist sie ein »kristalliner Halbleiter mit Toren und Kanälen«. Das sind genau die Worte, mit denen auch ein Computerchip beschrieben wird. Sowohl Computer als auch Zellen sind programmierbar. Und – Trommelwirbel, bitte! – bei beiden befindet sich der Programmierer außerhalb des Mechanismus.

Wer oder was ist dann der biologische Programmierer? Wer oder was ist das Genie hinter der Bühne? Vielleicht ist das Problem nicht das Fahrzeug (sprich: das »Karma«), sondern der Fahrer.

Angenommen, Sie verkaufen Ihr Auto mit Schaltgetriebe. Der Käufer ist kein Schaltgetriebe gewohnt. Sie sehen also dem Wagen nach, wie er spuckend und stotternd die Straße hinunterhoppelt. Eine Woche später ruft der neue Besitzer an und sagt: »Hey, der Wagen, den Sie mir verkauft haben, hat Probleme mit der Kupplung!« Sie sagen ihm, er soll damit »zum Onkel Doktor« in die Werkstatt gehen. »Ja«, sagt der Mechaniker, »Sie haben eine schlechte Kupplung. Da müssen wir operieren und eine Ersatzkupplung einsetzen.« Die Kupplungs-Transplantation verläuft erfolgreich. Der neue Besitzer des Wagens fährt genauso ruckend und stotternd davon wie beim ersten Mal. Und siehe da, wenige Wochen später ist er wieder in der Werkstatt und behauptet, die Kupplung sei kaputt. »Hm«, meint der Mechaniker, »Ihr Wagen hat offenbar eine chronisch gestörte Kupplung.« Und er bietet dem Besitzer an, regelmäßig alle zwei Monate die Kupplung auszutauschen.

So sieht das aus, wenn das Verhalten des Fahrers ignoriert wird und alle Funktionsstörungen als ein Problem des Fahrzeugs betrachtet werden.

Genauso geht die allopathische Medizin mit menschlichen Krankheiten um: Sie betrachtet sie als Ausdruck eines physischen Defekts im Körper, vielleicht genetisch bedingt. Eine solche Diagnose ignoriert die Bedeutung, die der Fahrer des Körpers hat: der Geist (Mind).

In jedem Straßenverkehrsamt werden Unfallstatistiken geführt. Da gibt es eine Stelle, bei der die Beamten ankreuzen müssen, ob die Unfallursache vermutlich ein mechanischer Fehler war oder ein Fehlverhalten des Fahrers. Raten Sie mal, was in 95 Prozent der Fälle angekreuzt wird? Richtig: das Fehlverhalten des Fahrers.

Wenn man die Metapher noch weiter treiben will: Vielleicht wäre es ja eine gute Idee, Fahrstunden für alle Menschen anzubieten, damit sie ihr eigenes Karma besser steuern? Ein wirklich wirksames Gesundheitssystem würde sich vielleicht mehr um die Schulung der Fahrer kümmern als um die Beseitigung des Schrotts von schlimmen, aber vermeidbaren Unfällen.

Was bedeutet das alles für eine planetarische Spontanheilung? Ganz einfach: Wir Menschen verfügen über sehr viel mehr Verantwortung – *Fähigkeit, zu antworten* –, als wir meinen. Der Programmierer unseres Feldes, das Genie hinter der Bühne, ist niemand anderes als unser eigener Geist – unsere eigenen Gedanken und Überzeugungen.

Die folgende Geschichte stellt ein wunderbares Beispiel für die unsichtbare Macht unseres Geistes dar: 1952 behandelte der junge britische Anästhesist Dr. Albert Mason gemeinsam mit dem Chirurgen Dr. Moore einen 15 Jahre alten Jungen, dessen Haut lederartig wie bei einem Elefanten und mit zahllosen Warzen überzogen war. Moore versuchte, dem Jungen zu helfen, indem er gesunde Haut von seiner Brust auf erkrankte Bereiche seines Körpers verpflanzte. Weil Mason und seine Kollegen anderen Patienten bereits erfolgreich mit Hypnose geholfen hatten, ihre Warzen loszuwerden, fragte Mason Moore, warum er es nicht mit Hypnose probiere. Der Chirurg antwortete nur sarkastisch: »Warum probieren Sie es nicht selbst?« Und Mason tat es.[19]

Bei der ersten Hypnosesitzung konzentrierte sich Mason auf einen Arm. Der Junge befand sich in hypnotischer Trance, während

Mason ihm vermittelte, dass die Haut an diesem Arm heile und sich in gesunde, weiche, rosa Haut verwandle. Als ihn der Junge eine Woche später wieder konsultierte, nahm Mason zufrieden wahr, dass der behandelte Arm gesund aussah. Doch als er den Jungen Dr. Moore vorstellte, blieb diesem vor Staunen der Mund offen stehen.

Erst jetzt teilte Moore seinem Kollegen Mason mit, dass der Junge nicht an Warzen litt, sondern an einer unheilbaren, tödlichen Erbkrankheit, der Kongenitalen Ichthyosiformen Erythrodermie. Indem Mason und der Junge die Symptome lediglich mithilfe des Geistes verschwinden ließen, hatten sie etwas getan, das zuvor als unmöglich galt. Mason arbeitete mit dem Jungen weiter und erzielte erstaunliche Ergebnisse. Der Junge, der in der Schule schrecklich gehänselt worden war, kehrte mit gesunder Haut in seine Klasse zurück und konnte ein normales Leben führen.

Mason veröffentlichte seine Fallstudie im *British Medical Journal,* einem der weltweit meistgelesenen medizinischen Journale.[20] Die Nachricht von seinem Erfolg breitete sich aus, sodass er zum Magneten für Menschen wurde, die unter der seltenen, bis dahin unheilbaren und zum Tod führenden Krankheit litten.

Die Hypnose bewies sich allerdings nicht als Allheilmittel. Mason wandte die Behandlung zwar bei vielen anderen Ichthyose-Patienten an, doch die Ergebnisse, die er mit dem Jungen erzielt hatte, ließen sich nie wiederholen.

Mason schob den Misserfolg auf seine eigenen Überzeugungen. Nach seinem ersten Patienten war sich Mason bewusst, dass er jemanden behandelt hatte, der nach Meinung aller medizinischen Fachleute an einer angeborenen, unheilbaren Krankheit gelitten hatte. Mason versuchte, so zu tun, als wäre er weiterhin bester Dinge, doch es gelang ihm nicht mehr, die kecke, unverfrorene Haltung einzunehmen, mit der er als junger Arzt meinte, einen besonders schlimmen Fall von Warzen zu behandeln. Als alter Mann erklärte er während eines Interviews im Hinblick auf die Patienten, die danach zu ihm kamen: »Ich spielte ihnen etwas vor.«[21]

Wenn wir uns die erstaunliche Macht der Überzeugung auf unseren physischen Zustand bewusst machen, müssen wir uns fragen: Enthalten unsere Überzeugungen ein ungenutztes Heilungspotenzial? Oder anders gesagt: Könnte die Macht der Überzeugungen

Heilung bewirken, *ohne* teure Medikamentenprüfungen, kostspielige Krankenhausaufenthalte oder auch nur die Notwendigkeit einer Krankenversicherung?

Wie wir sehen werden, meinen einige Leute, dieses Potenzial zur Einflussnahme auf das unsichtbare Feld sei natürlicher Bestandteil der menschlichen Kultur, ja vielleicht sogar – sind Sie bereit? – unserer Gene!

Der Faktor, der uns davon abgehalten hat, diese Macht einzusetzen, ist der gleiche, der uns gehindert hat, andere transformierende Potenziale zu nutzen: die falsche Vorstellung, dass die Macht der Heilung außerhalb von uns liege. Jene, die aus unserem Ohnmachtsgefühl Gewinn schlagen, fördern diese Überzeugung. Wer das sein könnte? Nur ein kleiner Tipp: Die Pharmaindustrie setzt pro Jahr 600 Milliarden Dollar um.

Nachdem wir jetzt verstanden haben, dass es tatsächlich ein Spielfeld gibt, das die materielle Welt beeinflusst, und nachdem wir erkannt haben, dass die Spontanheilung unserer Erde einen Wandel unseres Fokus vom Überleben auf Gedeihen bedeutet, wissen wir, dass die Macht und die Verantwortung, diese Veränderungen in Gang zu setzen, bei uns liegen.

Wir sind unserem Erlöser begegnet. Wir sind es selbst!

8. Kapitel

Vierter Wahrnehmungs-Mythos: Die Evolution gehorcht dem Zufall

*»Ich glaube, wir wurden erschaffen,
um uns weiterzuentwickeln.
Sonst hätte Jesus gesagt:
›Und jetzt sitzt ganz still
und tut gar nichts, bis ich wiederkomme!‹«*

SWAMI BEYONDANANDA

Aufstieg und Fall des Jean-Baptiste de Lamarck

Manche von uns erinnern sich vielleicht noch an den Biologieunterricht und an Jean-Baptiste Lamarck, dessen Name mit der Idee assoziiert ist, Giraffen hätten so einen langen Hals, weil sie gerne an die Blätter und Früchte der hohen Bäume herankommen wollen.

Der Gedanke, primitive Organismen hätten ein Bewusstsein, durch das sie auf ihre eigene Evolution Einfluss nehmen können, lässt Lamarck als Narren erscheinen. Doch genau das war die Absicht des Naturforschers und Zoologen Baron Georges Cuvier, des führenden Wissenschaftlers der Kirche und Frankreichs: Lamarck zum Narren zu machen und dessen häretische, die Bibel herausfordernde Theorien in Misskredit zu bringen. 1829 verfasste Cuvier seine grausam verleumderische Zusammenfassung von Lamarcks Theorie, um dessen Werk in Verruf zu bringen.

Jean-Baptiste de Lamarck wurde 1744 in Frankreich geboren. Nachdem er im Jesuiten-Kolleg zur Schule gegangen war, diente er sieben Jahre lang in der französischen Armee. Er musste den Militärdienst schließlich wegen einer Infektion quittieren. Nach einem abgebrochenen Medizinstudium fand er Arbeit in einer Pariser Bank. Dort begegnete er unter anderem dem Philosophen Jean-Jacques Rousseau, der in ihm ein lebenslanges Interesse an Botanik weckte und sicherlich auch so manche aufklärerische Idee in ihm wachrief.

Nachdem er zehn Jahre lang in seiner Freizeit ein dreibändiges Werk über die Flora Frankreichs verfasst hatte, wurde Lamarck in die erhabene *L'Académie Française,* die französische Akademie der Wissenschaften, eingeladen. Obwohl er nur von niederem Adel war, ohne Geld und ohne Einfluss, wurde er schließlich unter der Regentschaft von Ludwig XVI. königlicher Botaniker. Im Gefolge der Französischen Revolution, die 1799 mit der Machtübernahme Napoleons endete, wurde ihm die Aufgabe anvertraut, aus dem *Jardin du Roi,* den ehemaligen Gärten des Königs, einen *Jardin des Plantes* zu machen, einen Garten der Pflanzen.

Die Französische Revolution schenkte Europa eine kurze Periode, in der die Natur zum König und Frankreich zur Republik wurden. In einem Umfeld, das sich vom Dogma der Kirche befreit hatte, gewannen Lamarcks Ideen über die Evolution und den Drang der Natur zur Perfektion immer mehr Anerkennung. »Durch das sukzessive Hervorbringen aller Tierarten«, schrieb er, »angefangen mit dem am wenigsten Vollkommenen oder Einfachsten bis hin zum Vollkommensten, hat die Natur ihre Struktur zunehmend komplizierter gemacht.«[1]

Lamarck hatte das Pech, dass seine Ideen über den evolutionären Fortschritt als natürlichen Prozess gefährliche soziale Implikationen hatten: Wenn sich die Natur derart entwickelte, dann war es auch für die niederen Klassen natürlich, sich weiterzuentwickeln.

Als die Revolution niedergeschlagen wurde und Ludwig XVIII. die Monarchie wiederherstellte, hatten weder die Kirche noch die Herrschenden an diesem Emporkömmling und seinen Vorstellungen ein Interesse. Diese ideologische und theologische Uneinigkeit war einer der Gründe, dass Lamarcks akademischer Rivale Baron Cuvier seine Arbeiten absichtlich verzerrte und falsch zitierte.

Andere Gründe lagen in den Persönlichkeiten und den Egos. Zu einem früheren Zeitpunkt, als Napoleon die oberen Klassen entmachtet hatte, war der Aristokrat Cuvier auf eine subalterne Stelle unter dem sozial geringer gestellten Lamarck degradiert worden. Lamarck nutzte seinen Einfluss, um Cuvier zu helfen, in Paris Fuß zu fassen, doch Cuvier hatte offenbar Mühe, diese Unterstützung anzunehmen.

Nach Napoleons Niederlage kehrte ein verstimmter Cuvier in seine Position an der Spitze der Académie Française zurück und machte sich einen Namen als Lobredner auf verstorbene Akademiemitglieder. Viele seiner Lobreden waren wohl gerecht und wohlgesonnen, doch bei Lamarcks Tod nutzte Cuvier die Gelegenheit, sowohl den Mann als auch seine neue Lehre der Evolution zu verleumden und ins Lächerliche zu ziehen.

Offenbar war Cuviers Rede auch derart mit Feindseligkeiten gegen die niederen Stände gespickt, dass die Akademie sie nicht verlesen oder veröffentlichen ließ. 1832, drei Jahre nach Lamarcks Tod und sechs Monate nach Cuviers Tod, kam jedoch eine veränderte Fassung in Umlauf.[2] Doch trotz dieser nicht sehr wissenschaftlichen Umstände wurde Cuviers Einschätzung von Lamarcks Werk immer wieder aufgewärmt, um Lamarck als einen Hanswurst dastehen zu lassen.

Hätte Lamarck noch die Chance gehabt, sich zu verteidigen, dann hätte er wohl betont, dass Evolution auf einer instruktiven Kooperation zwischen Organismen der Biosphäre beruht, die den Lebensformen erlaubt, durch Anpassung an die Veränderungen einer dynamischen Umwelt zu überleben. Man kann das gut an der perfekten Beziehung zwischen Organismen und ihrem Lebensraum sehen: Dicht bepelzte Eisbären leben nicht in tropischen Temperaturen, und zarte Orchideen wachsen nicht am Polarkreis. Lamarck nahm an, dass Evolution entsteht, indem Organismen Anpassungen vornehmen und weitergeben, die durch die Umgebung bewirkt worden sind.

Die Fehlinterpretation von Lamarcks Werk hatte viel mit Cuviers absichtlichem Missverständnis des französischen Wortes *besoin* zu tun. *Besoin* kann sowohl *Bedürfnis* als auch *Verlangen* bedeuten. Lamarck hatte behauptet, evolutionäre Variationen entstünden in der Natur durch das *besoin* – das biologische Bedürfnis – eines Organismus, zu überleben. Aber Cuvier schrieb, Lamarck habe das Wort *besoin* im Sinn von *Verlangen* verwendet, also behauptet, »Tiere entwickeln sich, weil sie sich entwickeln *wollen*«.³ Cuvier verkündete, Lamarck sei der Ansicht gewesen, Vögel hätten Flügel und Federn, weil sie fliegen wollten, und Wasservögel hätten Schwimmhäute an den Füßen, weil sie schwimmen wollten, während Watvögel lange Beine hätten, um trocken zu bleiben. Vielleicht kennen Sie den Cartoon, der sich auf den falschen Gebrauch von *besoin* bezieht: Über dem Kopf eines Fisches am Ufer liest man in einer Gedankenblase: »Ich wünschte, ich hätte Beine.«

Cuviers Verunglimpfungen führten dazu, dass Lamarcks Ideen über die Evolution lächerlich gemacht wurden – schließlich kann kein ernst zu nehmender Wissenschaftler annehmen, dass sich Fische Gedanken machen, wie sie sich weiterentwickeln wollen.

Cuvier zerstörte nicht nur Lamarcks Ruf als ehrenwerter Begründer der Wissenschaft der Biologie und der Evolution; seine bissigen Verleumdungen dienen manchen Wissenschaftlern bis zum heutigen Tag dazu, Lamarcks Theorien sowie eventuelle Verfechter dieser Theorie als albern hinzustellen.

Interessanterweise stellt die Wissenschaft heute, rund 180 Jahre nach Lamarcks Tod, fest, dass die Idee einer evolutionären Absicht der Wahrheit näher kommen könnte, als Lamarck es sich je hätte träumen lassen. Doch in der Zwischenzeit haben andere Wissenschaftler dafür gesorgt, dass Lamarck und seine Ideen noch tiefer in der Versenkung verschwanden.

Drei Jahrzehnte nach Cuviers schändlichem Nachruf veröffentlichte Charles Darwin *The Origin of Species* und stellte seine Version der Evolution vor, die besagt, dass vererbbare Variationen zufällig entstehen. Natürlich löste Darwins Theorie eine weitere, heiß umstrittene Attacke auf Lamarck aus. Diesmal kam der Anlass nicht von einem Kreationisten, sondern von einem anderen Evolutionisten.

Als entschiedener Verfechter von Darwins Theorie der zufälligen Evolution trug der deutsche Biologe August Weismann dazu bei, Lamarck noch weiter in den Hintergrund zu drängen, indem er meinte, Lamarcks Theorie der evolutionären Anpassung widerlegt zu haben. Weismann schnitt einer männlichen und einer weiblichen

Maus den Schwanz ab und behauptete, Lamarck zufolge müssten jetzt auch die Nachkommen schwanzlos sein.[4]

Die erste Maus-Generation wurde mit Schwanz geboren, und Weismann erzeugte aus diesen Nachkommen über einen Zeitraum von fünf Jahren 21 weitere Generationen: Keine einzige Maus kam ohne Schwanz zur Welt. Nun, jeder der einmal Dobermänner gezüchtet hat, weiß, dass sich kupierte Ohren und Schwänze nicht vererben, egal wie viele Generationen man kupiert hat. Die Natur sagt nicht einfach: »Also gut, ihr habt gewonnen, jetzt machen wir Hunde ohne Schwänze.«

Aber Weismanns Behauptungen waren aus verschiedenen Gründen wissenschaftlich nicht haltbar. Zum einen hatte Lamarck vermutet, dass sich evolutionäre Veränderungen im Lauf von »immensen Zeiträumen« ereignen, vielleicht von Jahrtausenden. Weismanns Fünf-Jahres-Experiment war eindeutig nicht lange genug, um Lamarck zu bestätigen oder zu widerlegen. Zum Zweiten hatte Lamarck nie behauptet, dass sich jede Veränderung durchsetzen würde. Er hatte vielmehr geschrieben, dass Organismen so lange an bestimmten Merkmalen festhalten, wie diese für ihr Überleben sinnvoll sind.

Auch wenn Weismann meinte, seine Mäuse bräuchten keine Schwänze, wissen wir noch lange nicht, ob die Mäuse selbst ihre Schwänze vielleicht zum Überleben nützlich fanden. Nichtsdestotrotz unterstützte Weismanns Experiment Darwins Theorie und führte mit dazu, dass Lamarcks Theorie endgültig verworfen wurde.

Als ein Ergebnis von Weismanns Arbeit ließen Biologen die Umwelt als genetisch wirksamen Faktor für Mutationen und evolutionäre Entwicklungen völlig außen vor. Doch vor dem Hintergrund der neueren Erkenntnisse der Epigenetik und der angepassten Mutationen scheint Lamarcks teleologische, zielgerichtete Sicht auf die Evolution wieder sinnvoll und gültiger, als jemals angenommen. Ja, die Forschung bestätigt immer noch, dass die Evolution Zufallsprozesse verwendet, um Gene umzuschreiben, wie die Darwinisten und die Neo-Darwinisten behaupten. Doch es ist ein Zufallsprozess, der in einem bestimmten Kontext steht. Jeder Organismus auf diesem Planeten ist Teil eines komplexen – und manche sagen: *absichtlichen* – Prozesses, der darauf ausgerichtet ist, die Gesamtsituation im Gleichgewicht zu halten.

Sind Mutationen doch kein Glücksspiel?

Zu ihrer Zeit konnten weder Lamarck noch Darwin ihre Evolutionstheorien überprüfen, weil ihnen dazu die wissenschaftliche Technologie fehlte. Doch spätere Wissenschaftler-Generationen entdeckten, dass letztendlich beide recht hatten.

Offiziell begann die Genetik 1910, eine experimentelle Wissenschaft zu sein. Wir hatten es bereits erwähnt: Zu dieser Zeit entdeckte Thomas Hunt Morgan, dass eine weißäugige Fruchtfliege, die in einer Population von rotäugigen Fruchtfliegen aufgetaucht war, weißäugige Nachkommen zeugte. Morgan konnte nachweisen, dass es in den Chromosomen Gene gab, die bestimmte Merkmale steuerten. Er stellte fest, dass genetische Mutationen zwar durch äußere Einwirkungen wie Bestrahlung oder Gifte erzeugt werden können; allerdings hätten Ereignisse in der Außenwelt keinen Einfluss auf das Ergebnis dieser Einwirkung.

Detailliertere Experimente bestätigten später genau das, was Darwin angenommen hatte: dass genetische Veränderungen unvorhersehbar seien.

1943 führten die Wissenschaftler Salvador Luria und Max Delbrück Experimente mit Bakterien durch, die ein für alle Mal zu beweisen schienen, dass sich Mutationen rein zufällig ereignen.[5] Sie begannen mit einer genetisch identischen Population von Bakterien, die sie viele Generationen lang in Nährlösung züchteten, bis Kolonien in großer Zahl zur Verfügung standen. Dann impften sie die jeweils gleiche Anzahl dieser Bakterien in viele einzelne Kulturschalen. Diesen identischen Kulturen fügten sie eine Lösung mit Bakteriophagen zu, das sind Viren, die Bakterien infizieren und töten. Dieser Prozess ist für die Bakterien mit großer Sicherheit tödlich, doch einige Bakterien waren resistent und bildeten neue Kolonien.

Um herauszufinden, ob diese überlebenswichtige Mutation rein zufällig auftrat oder ob es sich um eine gezielte Reaktion der Zellen auf eine lebensbedrohliche Situation handelte, überprüften Luria und Delbrück die Verteilung der überlebenden Bakterienkolonien. Falls es sich bei dieser Mutation wirklich um eine Anpassung an eine neue Situation handelte, müsste in allen Kulturschalen eine ähnliche Anzahl überlebender Zellen auftauchen. Doch wenn die Mutation rein zufällig entstand, müsste es zwischen den verschiedenen Schalen deutliche Unterschiede geben.

Das Ergebnis zeigte, dass die Anzahl der überlebenden Kolonien in den einzelnen Schalen sehr unterschiedlich war. Das legte die Vermutung nahe, dass Mutationen völlig unabhängig von Umweltreizen auftreten. Die überlebenden Bakterien hatten es nur dem Glück zu verdanken, dass sie zufällig die richtige Mutation erwischt hatten. Im Lauf der nächsten 45 Jahre wurden viele ähnliche Experimente durchgeführt, die Luria und Delbrücks Ergebnisse bestätigten und die Wissenschaft annehmen ließen, dass *alle* Mutationen, die dem Überleben förderlich sind, rein zufällig entstehen.

Aufgrund dieser Beobachtungen übernahm die Wissenschaft den scheinbar hieb- und stichfesten Grundsatz: Mutationen treten rein zufällig auf und sind unvorhersehbare Ereignisse, die nicht mit einem Bedürfnis zu tun haben, die ein Organismus jetzt hat oder in Zukunft haben könnte. Weil die Evolution nur von Mutationen getrieben zu sein schien, schlussfolgerte man, diese zufällig betriebene Evolution habe keinen Sinn.

Diese Vorstellung passte gut zu der Überzeugung des wissenschaftlichen Materialismus, dass das Universum rein materialistisch sei, und half, den allgemeinen Fokus von einer von Absicht durchdrungenen Schöpfung auf eine Evolution des Glücksspiels zu lenken. Ein Mensch ist demzufolge nichts als ein zufälliger Passant, der durch eine Reihe ungeordneter Ereignisse zufällig in der Biosphäre aufgetaucht ist.

1988 stellte jedoch der international bekannte Genetiker John Cairns diese allgemein anerkannte Haltung auf die Probe. Cairns' Forschungen an Bakterien, die er in Anspielung auf Darwin *The Origin of Mutants* (Die Entstehung der Mutanten) nannte, erschien im anerkannten britischen Journal *Nature*.[6]

Cairns arbeitete mit Bakterien, die den genetischen Defekt hatten, dass sie keine Laktase herstellen konnten; dieses Enzym ist notwendig, um den in Milch enthaltenen Zucker Laktose zu verdauen. Dann impfte er diese »laktasebehinderten« Bakterien in Kulturen, in denen kein anderer Nährstoff vorhanden war als Laktose. Die Bakterien konnten diesen Nährstoff nicht verarbeiten, also konnten sie nicht wachsen und sich nicht vermehren. Daher musste man damit rechnen, dass keine Kolonien entstanden. Doch erstaunlicherweise gab es in vielen Kulturen Bakterienwachstum.

Cairns überprüfte noch einmal die Bakterien, von denen er ausgegangen war, und versicherte sich, dass es im ursprünglichen Stamm keine Mutationen gegeben hatte. Daraus schloss er, dass die Mutationen des Laktase-Gens erst nach der Konfrontation mit der neuen Umgebung entstanden waren. Im Gegensatz zu dem Experiment von Luria und Delbrück, in dem die Viren die Bakterien in sehr kurzer Zeit umbrachten, wurden sie in Cairns' Experiment ganz langsam ausgehungert. Das bedeutete, Cairns gab den gestressten Bakterien genug Zeit, ihre Mutationsprozesse in Gang zu setzen, um zu überleben.

In Cairns' Arbeiten schienen die überlebensfähigen Mutationen eine direkte Reaktion auf die traumatische Umweltkrise zu sein. Weitere Untersuchungen ergaben, dass die Mutationen nur die für die Laktoseverarbeitung zuständigen Gene betrafen. Außerdem hatten sich alle überlebenden Bakterien aus fünf möglichen Mutationsmechanismen genau den gleichen Typ ausgewählt. Diese Ergebnisse passen nicht zu der Annahme, dass Mutationen nur rein zufällig erfolgen und dass evolutionäre Entwicklungen kein Ziel verfolgen.

Cairns nannte den neu entdeckten Mechanismus *zielgerichtete Mutation**. Doch die Idee, dass Umweltreize in einem Organismus eine Rückkopplung auslösen könnten, die eine Veränderung der genetischen Informationen bewirkt, war für das zentrale Dogma eine Zumutung: Die Reaktion der Wissenschaftsgemeinde war entsprechend ablehnend. Sowohl in *Nature* als auch im amerikanischen Magazin *Science* erschienen Artikel der Herausgeber, die sich über Cairns' Erkenntnisse empörten. In *Science* lautete die Überschrift des Artikels: »Eine Häresie in der Evolutionsbiologie«[7]. Das ließ keinen Zweifel daran, dass die weiß berockten Priester des wissenschaftlichen Materialismus ihren Kollegen Cairns auf dem Scheiterhaufen sehen wollten. Wage bloß keiner, am Dogma zu rütteln!

Im Lauf der nächsten zehn Jahre kamen andere Wissenschaftler zu ähnlichen Ergebnissen wie Cairns – was die Glaubwürdigkeit sei-

---

* Engl.: *directed mutation*

ner Arbeit bestätigen sollte. Die allgemeine Haltung war allerdings nach wie vor nicht bereit dafür. Also schwächten führende Genetiker die Begrifflichkeiten ab: von *zielgerichteter Mutation* über *adaptive Mutation* zu *vorteilhafter Mutation*. Darüber hinaus wurde Cairns aufgefordert, doch bitte zu erklären, durch welchen Mechanismus diese Mutationen überhaupt erfolgen sollten, nenne man sie nun zielgerichtet, adaptiv oder vorteilhaft.

Aus konventioneller Sicht tauchten Mutationen nur als Kopierfehler während des Reproduktionsprozesses auf. Die Milliarden von Nukleinsäure-Basen, aus denen der genetische Code besteht, müssen präzise abgeschrieben werden, damit die beiden Tochterzellen genau das gleiche Genom erhalten. Doch bei diesem Kopierprozess kann einiges schiefgehen.

In gewissem Sinn ist das Kopieren der DNA mit den Abschriften der Mönche zu vergleichen, die vor der Erfindung der Druckkunst die Heilige Schrift per Hand kopieren mussten. Man kann sich leicht vorstellen, wie schnell sich in diesen Millionen von Wörtern ein Fehler einschleichen kann und welche Folgen das hätte, wenn zum Beispiel irgendwo ein *»nicht«* vergessen würde. Einfache Abschreibfehler können den ganzen Sinn eines Textes entstellen. Man denke nur an die berühmte Geschichte des Mönchs, der nochmals in den alten, ursprünglichen Schriftrollen nachliest und erschüttert ausruft: »Mein Gott! Es hieß *celebrate* (feiern), nicht *celibate* (Zölibat)!«

Zum Glück hat die Natur dies bedacht und genialerweise in die Gene einen Mechanismus eingebaut, der fehlerhaft abgelesene DNA-Sequenzen repariert. Doch falls ein Kopierfehler dieser Überprüfung entgehen sollte, verändert sich die Genvorlage und es entsteht eine zufällige Mutation. Nach Darwin ist die Evolution durch solche zufälligen Veränderungen der DNA entstanden.

Doch in Cairns' Experiment waren die ursprünglichen Bakterien nicht in der Lage gewesen, Laktose zu verarbeiten; ihnen fehlten die notwendigen Bausteine und die Energie, um ihre normalen Reproduktionsprozesse zu durchlaufen. Daher konnten sie sich nicht durch zufällige, auf Kopierfehlern beruhende Mutationen das Leben retten. Es scheint so, als hätten Cairns' hungernde Bakterien ihre Gene durch einen anderen, der Wissenschaft bis dahin unbekannten Prozess mutiert. Wir wollen Bakterien nicht unbedingt Bewusstheit attestieren, doch eine gewisse, den Zellen innewohnende, proaktive Intelligenz scheint den Zellen zu erlauben, sich schnell auf Umweltveränderungen einzustellen – wie Lamarck angenommen hatte.

Wir wissen heute, dass gestresste, sich nicht teilende Bakterien ein einzigartiges fehleranfälliges DNA-Kopier-Enzym einsetzen, um mutierte Kopien von Genen zu erzeugen, die mit einer bestimmten Fehlfunktion zu tun haben. Der Organismus stellt genetische Variationen her, um ein besser funktionierendes Gen zu finden, das es ihm ermöglicht, die stressbeladene Situation zu meistern. Man kann sich diesen Mutationsmechanismus wie ein schlampiges Kopiergerät vorstellen, das zielgerichtet Fehler macht.

Die Zelle, die mithilfe dieses DNA-synthetisierenden Enzyms große Mengen zufällig erzeugter Genkopien herstellen kann, beschleunigt damit ihre Mutationsrate, um ihr Überleben zu sichern. Die sogenannte *somatische Hypermutation,* also der Mechanismus der raschen Veränderung der Gene durch zielgerichtet erzeugte, zufällige Mutationen, ist der Darwin'sche Teil des Prozesses. Er versorgt die gestressten Bakterien mit einer großen Anzahl duplizierter Gene, die alle unterschiedliche Variationen aufweisen. Wenn eine dieser Varianten ein Protein produzieren kann, das den Stress des Organismus mindert, entfernt das Bakterium das ursprüngliche, ineffektive Gen aus seinem Chromosom und ersetzt es durch die neue Version. Das ist der Lamarck'sche Teil des Prozesses, eine gerichtete Interaktion zwischen der Umwelt und der Zelle, die zur Auslese des besten neuen Gens führt.

Cairns' Arbeiten und nachfolgende Studien machten klar, dass sich Organismen nicht nur an eine Umgebung anpassen, sondern dass sie zielgerichtet ihre Genetik ändern, um diese Anpassung auch an zukünftige Generationen weiterzugeben. Mit anderen Worten: Die Wissenschaft beginnt zu erkennen, dass es sich bei der Evolution nicht nur um die zufällig rollenden Würfelspiele Darwins handelt, sondern dass sie ein koordinierter, Lamarck'scher Tanz zwischen Organismen und ihrer Umgebung ist, ein dynamischer Prozess, durch den sich Organismen ständig auf stressbeladene Situationen einstellen können.

Die Technologen haben sich diesen Mutationsmechanismus bereits zunutze gemacht, indem sie Bakterien arrangiert haben, die ausgelaufenes Erdöl verdauen oder aus Roherz bestimmte Mineralien extrahieren können. Gleichzeitig hat dieser genetische Mechanismus die Medizin in Verlegenheit gebracht, denn er ermöglicht auch Mikroben, Resistenzen gegen Antibiotika zu erwerben.

Was also die Frage betrifft, ob unsere Evolution zielgerichtet oder zufällig erfolgt, so kann man sie nur mit Ja beantworten. Wie bei vielen Dingen, die wir zurzeit herausfinden, treffen beide Polaritäten, in diesem Fall Absicht und Zufall, gleichzeitig zu. Ohne dass wir hier zu anthropomorph werden wollen – Bakterien hassen es, wenn wir das tun –, scheint es so, als hätten Bakterien die Absicht, zu überleben.

Genau genommen zeigen alle Lebensformen diesen Trieb, den Biologen *den Überlebenswillen* nennen. Auf der zellulären Ebene kann dieser Mechanismus eine Kaskade zufälliger Mutationen auslösen, bis eine gefunden wird, die den Jackpot knackt.

Sooft Cairns' Experimente auch wiederholt wurden: Man konnte hinsichtlich der erfolgreichen Mutationen kein generelles Muster finden. Insofern bleibt der Prozess zufällig. Und gleichzeitig auch nicht. Man kann den Prozess der Hypermutation mit menschlichem Brainstorming vergleichen: Stellen Sie sich vor, eine Gruppe von Leuten versucht, für ein neues Produkt einen Namen zu finden. Den Regeln des Brainstormings folgend, werden alle Ideen zufällig in den Raum geworfen und unzensiert auf eine Tafel geschrieben. Der Prozess des Brainstormings lässt viele »falsche« Antworten zu, bis jemand einen Namen vorschlägt, der in den anderen eine Resonanz anklingen lässt. Niemand weiß vorher, ob man fünf, zehn oder hundert Antworten brauchen wird, bis die richtige auftaucht. Das nimmt man wissend in Kauf. Und viele verschiedene Brainstorming-Gruppen, denen die gleiche Aufgabe gestellt wird, nehmen viele verschiedene zufällige Wege, um zur bestmöglichen Lösung zu finden.

Ja, Evolution ist ein zufälliger Prozess, aber diese Zufälligkeit scheint ein sinnvolles Ziel zu haben. Woher wir das wissen? Weil der Prozess aufhört, sobald die richtige Mutation zur Anpassung gefunden wurde – wie bei den Bakterien. Es ist wie mit der Scherzfrage: Warum findet man etwas, das man verloren hat, immer dort, wo man zuletzt sucht? Weil man aufhört zu suchen, sobald man es gefunden hat.

Sind wir wirklich tippende Affen?

Die Vorstellung, der Ursprung des Lebens sei rein zufälliger Natur, erscheint nur aus einer materiellen Weltsicht sinnvoll, in der die Idee von kausalen Feldern als irrelevant erklärt wird. Erinnern wir uns an die unterschiedliche Erscheinung zwischen den zufällig auf einem Blatt Papier verstreuten Eisenspänen und dem Muster, das durch das unsichtbare magnetische Feld entsteht. Hat womöglich ein ähnlich einflussreiches Feld mit bewirkt, dass aus einzelligen Organismen elegante, kohärente Formen wie Bäume, Hunde oder Menschen entstanden sind? Wer oder was hat diese Zellen veranlasst, etwas zu tun, was *das* bewirkte?

Wie wir bereits erfahren haben, wird in der Physik durchaus anerkannt, dass das nichtmaterielle Feld die alleinige Kraft ist, die die Materie bestimmt, wozu natürlich auch Zellen und Menschen gehören. Wer oder was steuert also diese Felder? Vielleicht, wie einige Geistesgrößen der Quantenphysik bereits angemerkt haben, werden wir bald entdecken, dass das Universum – gemäß Descartes – *denkt* und daher *ist*. Vielleicht werden wir erkennen, dass Gedanken – mehr als ererbte Merkmale – tatsächlich unsere Realität manifestieren.

Doch für Menschen, die keine Kreationisten sind, müssen Fragen nach dem Ursprung des Lebens und der Biosphäre auf die Dynamiken eines zufälligen Universums geschoben werden, in dem wir Menschen unsere gegenwärtige Gestalt irgendwie durch reinen Zufall angenommen haben. Leider wirkt die dogmatische Anbetung des Gottes der Sinnlosigkeit genauso schwächend wie der dogmatische Glaube an einen alles kontrollierenden Gott. In beiden Fällen überantworten wir unsere Macht etwas, das außerhalb von uns ist.

In einem zufällig entstandenen, sinnlosen Universum hat das egoistische Gen natürlich freie Bahn. Warum? Zum Ersten, weil die moralische Autorität einer liebevollen, harmonischen Präsenz fehlt. Zum Zweiten, weil es sicher in Ordnung wäre, sich selbst auf jeden Fall am wichtigsten zu nehmen und alles und jeden anderen als sekundär zu betrachten, da doch ohnehin nichts einen Sinn hat.

Da wir uns auf die Idee eingelassen haben, dass unser Universum eine unpersönliche Maschine ist und wir zufällig entstanden sind, wundert es nicht, dass wir so folgsam sind, wenn die Maschine fordert, dass wir konkurrieren, konsumieren, ruhig sein und gehorchen sollen. Indem wir uns sowohl unterschwellig als auch hörbar vorsagen, dass das Leben keinen Sinn hat, lassen wir zu, dass das Maschinenbewusstsein aus unserem Verlangen nach persönlicher Weiterentwicklung eine Art naiven Idealismus macht. Im Lauf der letzten beiden postmodernen Generationen sind Apathie und Zynismus »hip« geworden. Diese inneren Haltungen haben unser Streben, zu besseren Menschen zu werden, zunichte gemacht. Sie haben uns davon abgehalten, für unsere positive Rolle der Ko-Evolution des Planeten zu erwachen, und haben uns blind gemacht für die Muster, die uns helfen können, vom Überleben ins Leben zu kommen.

Wo sich Zufall und Determinismus begegnen

Wir fangen jetzt an zu erkennen, dass viele unserer geschätzten Grundüberzeugungen nicht nur falsch, sondern geradezu destruktiv sind. Das trifft besonders auf die entmutigende und unzutreffende neodarwinistische Annahme zu, dass Biologie und Evolution eine Sache des reinen Zufalls seien. Die Tatsache, dass Organismen wie Cairns' Bakterien aktiv auf Anpassung ausgerichtete Mutationsprozesse in Gang setzen können, um in einer bedrohlichen Situation zu überleben, bestärkt die Idee einer zielgerichteten Evolution, die davon ausgeht, dass Organismen alles tun, um sich anzupassen, auch wenn es ihren genetischen Code betrifft. Wie es sich Lamarck gedacht hatte, stehen evolutionäre Prozesse also in innigem Zusammenhang mit der Fähigkeit der Organismen, sich auf die Veränderungen ihres Umfelds aktiv einzustellen.

Können wir also Einblick gewinnen in die zukünftige Evolution? Zu einem Zeitpunkt, da die Zukunft unserer Zivilisation von der Möglichkeit unserer Vernichtung überschattet ist, könnte uns ein Blick auf den Pfad unserer Evolution zeigen, dass unser Überlebenstrieb bereits gut gewappnet ist.

Ob wir uns entscheiden, dies auch zu nutzen, hängt davon ab, ob wir daran glauben, dass diesem Universum eine gewisse Ordnung zugrunde liegt, oder ob wir alles für zufällig auftretende Umweltdynamiken halten, die wir in der Kollision von Sternen, in Wirbelstürmen und in den Flugbahnen luftübertragener pathogener Keime sehen.

Unserer Ansicht nach liegt die Antwort in einer Kombination aus beidem. Ein zufällig entstandenes Universum würde sich auch zufällig weiterentwickeln. Seine Zukunft wäre völlig unvorhersehbar. Das Primat des Zufalls ist die Essenz der neodarwinistischen Evolutionstheorie. Doch nicht alles, was zufällig aussieht, ist es auch. Vielleicht ist es eher chaotisch. Von außen betrachtet, ähneln sich zufällige Systeme und chaotische Systeme so sehr, dass die Begriffe häufig synonym verwendet werden, obwohl sie eigentlich Antonyme, also Gegensätze, sind. Zufallssysteme werden, wie der Name sagt, vom Zufall beherrscht, während chaotischen Systemen eine unsichtbare Ordnung zugrunde liegt.

Der Unterschied zwischen beiden lässt sich leicht an folgendem Szenario erklären: Stellen Sie sich vor, Sie schauten von oben in die Haupthalle des Hauptbahnhofs von New York. Es ist Rushhour, Scharen von Menschen eilen hin und her. Es wirkt zufällig, doch abgesehen von sehr wenigen Ausnahmen hat jede dieser Personen ein bestimmtes Ziel. Wenn wir über die Intelligenz verfügten, die Gedanken all dieser Menschen zu durchschauen, wäre uns die Sinnhaftigkeit ihrer Bewegungen, ihrer Beschleunigungen, ihres Anhaltens und ihrer Richtungswechsel klar. Sämtliche Bewegungen erscheinen von oben betrachtet zufällig, aber genau genommen sind sie chaotisch, denn jeder verfolgt einen bestimmten, zielgerichteten Weg.

Würde jetzt auch noch jemand plötzlich »Feuer« schreien, dann würde das Chaos sofort in eine völlig zufällige Massenpanik ausarten, weil alle durcheinanderrennen, ohne zu wissen, wohin sie eigentlich wollen.

Die Begriffe *Zufall* und *Chaos* dienen dazu, komplexe Organisationsstrukturen von Systemen zu beschreiben. Wie in der folgenden Grafik dargestellt, bilden Zufälligkeit und Ordnung zwei polare Extreme, und das Chaos steht in der Mitte.

Zufällige Systeme sind von Ungewissheit geprägt und daher lebensfeindlich, weil ihnen die Organisationsstruktur fehlt, die für eine regulierte und integrierte Physiologie notwendig ist.

SYSTEMORGANISATION

Zufall	Chaos	Ordnung
	LEBEN	
Unsicherheit		Determinismus

◄―――――――― Vorhersehbarkeit ――――――――►

> In diesem Kontinuum des Lebens bilden Zufall und Ordnung die
> beiden Extreme, während Chaos in der Mitte steht. Eine Skala
> der Vorhersehbarkeit reicht von der Ungewissheit im Bereich des
> Zufalls bis zum Determinismus im Bereich der Ordnung.

Auf der anderen Seite kann aus einem rigiden, kristallinen System kein Leben entstehen, weil ihm die Dynamik fehlt, die lebendige Organismen brauchen. Wie bei Goldlöckchen und den drei Bären* braucht das Leben ein System, das gerade richtig ist – eine fruchtbare Vorhersehbarkeit eines dynamischen, kontrollierbaren Chaos.

Die Möglichkeit, das Schicksal eines Systems vorherzusehen, hängt von der Art seiner Organisation ab. Sind wir uns der Muster bewusst, die einem System höherer Ordnung zugrunde liegen, können wir die vergangenen und zukünftigen Zustände dieses Systems zutreffend ableiten. In Zufallssystemen hingegen macht das vollkommen unberechenbare Verhalten jede Prognose schwierig bis unmöglich. Die Organisation eines Systems – und damit die Möglichkeit, seine Entwicklung zu prognostizieren – ist auf seine Mechanik – seine Physik – gegründet. Systeme, die nach der Physik Newtons ar-

---

* *Goldilocks and the Three Bears* – ein Märchen aus dem englischen Sprachraum: Ein kleines Mädchen stößt auf ein momentan verlassenes Waldhäuschen. Auf dem gedeckten Tisch findet es drei Schüsseln: Das Porridge in der ersten Schüssel ist zu heiß, jenes in der zweiten zu kalt, doch der Inhalt der dritten ist genau richtig. Der erste Stuhl ist zu groß, der zweite zu klein, doch der dritte gerade richtig. Ähnlich geht es mit dem Bett, in das sich das Mädchen legen möchte: Das erste ist zu hart, das zweite zu weich, das dritte genau richtig … (Anm. d. Übers./Red.)

beiten, sind deterministisch und ordentlich, während Systeme, die eher quantenphysikalisch orientiert sind, ein gewisses Maß an Unberechenbarkeit aufweisen. Im Gegensatz zu diesen beiden zeichnen sich chaotische Systeme sowohl durch Ordnung als auch durch Unordnung aus. Sie beruhen sowohl auf Newton'scher Physik als auch auf Quantenmechanik. Wie im 5. Kapitel über die Materie bereits betont, steht die Quantenmechanik nicht im Widerspruch zur Newton-Mechanik, sondern bezieht sie mit ein. In Bezug auf chaotische Systeme ist die Frage nach Newton- oder Quanten-Mechanik kein Fall von Entweder-oder, sondern von Sowohl-als-auch.

Vielleicht fangen Sie jetzt an, zu erkennen, dass es bei den neuen Erkenntnissen der Wissenschaften ein durchgängiges Thema gibt. Zuvor als polar betrachtete Standpunkte – wie Absicht und Zufall, Darwins und Lamarcks Theorien, Materie und *Geist (Spirit)*, Newton'sche Physik und Quantenphysik – werden zu einer ganzheitlicheren Sicht auf unsere Welt verbunden. Das Schicksal lebendiger Systeme ist sowohl von deterministischen als auch von unberechenbaren Merkmalen geprägt.

Pst ...! Das Spiel ist absehbar: Pierre-Simon Laplace

Im physischen Universum der Newton-Mechanik verhalten sich Materieteilchen wie Billardkugeln. In einem derartigen Universum kann jeder gute Mathematiker oder herausragende Billardspieler voraussagen, wohin die Kugel nach einer Kollision rollen wird.

Aus der Erkenntnis, dass sich die Grundbausteine des Universums wie »Nano-Billardkugeln« verhalten, entwickelte der französische Mathematiker Pierre-Simon Laplace das Konzept des *wissenschaftlichen Determinismus*[8]. Kurz zusammengefasst meint Laplace: Wenn wir die Positionen und die Geschwindigkeiten aller Billardkugel-Teilchen des Universums erfassen könnten, dann könnten wir ihr Verhalten zu jedem beliebigen Zeitpunkt in der Vergangenheit oder Zukunft berechnen. Hätten wir nur genügend Daten über frühere

Ereignisse und wendeten wir die richtige Mathematik an, dann könnte man nachvollziehbare dynamische Systeme gestalten und zutreffende Prognosen für zukünftige Ereignisse ableiten. Das Prinzip des wissenschaftlichen Determinismus geht davon aus, dass jede Situation – inklusive menschlicher Handlungen und Entscheidungen – die unabwendbare, logische Konsequenz vorhergehender Ereignisse ist.

Doch auch hier schwimmt eine kleine Fruchtfliege in der Suppe. Nach Darwin hat sich die Evolution aus zufälligen Mutationen geformt, die unabhängig vom Umfeld stattfinden. Das scheint zu Laplace' Modell eines vorhersehbaren Universums im Widerspruch zu stehen. Darwins Theorie betont ausdrücklich, dass die Umwelt keinen Einfluss auf das Ergebnis einer Mutation hat. Eine auf Zufall beruhende Evolution wäre so etwas wie der Joker des Universums – sozusagen die Motte, die plötzlich auf den Billardtisch flattert, von der Kugel überrollt wird und dadurch den Verlauf eines sonst absehbaren Spiels auf unberechenbare Weise verändert.

Die bereits erwähnten Erkenntnisse von Cairns über adaptive Mutationen, durch die sich Organismen aktiv so entwickeln, dass sie einer bestimmten Situation besser angepasst sind, machen es der Vorstellung des wissenschaftlichen Materialismus von einer zufälligen Evolution auch nicht leichter. Sie erinnern sich: Genetisch identische Bakterienkulturen, die in die gleichen lebensbedrohlichen Situationen verpflanzt werden, folgen jedes Mal den gleichen evolutionären Schritten, um die Möglichkeiten ihrer Situation optimal auszunutzen.[9] Das bestätigt Laplace' Annahme, dass die Zukunft berechenbar sei: Wenn wir nur genügend Daten über die Ausgangsbedingungen hätten, könnten wir mit hoher Wahrscheinlichkeit die Entwicklung der bakteriellen Evolution dieser Kulturen vorausberechnen.

In gewisser Weise greift die Medizin bereits seit ungefähr 100 Jahren in die Evolution ein. Sooft ein Arzt einem Patienten eine Impfung verabreicht, manipuliert er die Evolution bestimmter Gene des Immunsystems. Indem er gezielt mit viralen oder bakteriellen Antigenen impft, wird das menschliche Immunsystem veranlasst, genau strukturierte Antikörper-Proteine zu bilden, die sich an diese Antigene binden und die damit für deren Zerstörung sorgen.

Wir wollen betonen, dass es die Gene, welche die Struktur für die induzierten Antikörper-Proteine enthalten, in dieser spezialisierten Form vor der Impfung noch nicht gab. Sie entstehen durch den gleichen adaptiven Prozess der somatischen Hypermutation, den wir oben bei den Bakterienkulturen beschrieben haben. Wissenschaftler steuern gezielt die Mutation von Antikörper-Genen und damit die Evolution des Immunsystems. Auf ähnliche Weise greifen Mikrobiologen in die Evolution ein, wenn sie Bakterien gezielt in bestimmte Substrate einbringen, um Mutationen zu provozieren, die Erdöl oder andere Umweltgifte verarbeiten können.

Der MIT-Professor* und Pionier der Chaos-Theorie Edward Lorenz kreierte auf der Grundannahme eines deterministischen Universums einen Ansatz, um das Wetter besser vorauszusagen. Mit ziemlich simplen Newton'schen Gleichungen versuchte er 1960, das Wetter mathematisch zu berechnen. Als Lorenz den Computer anwies, auf Grundlage dieser Gleichungen die Ergebnisse bis auf sieben Stellen nach dem Komma zu berechnen, ergab sich ein erstaunlich zuverlässiges Modell.

Seine am meisten überraschende Entdeckung machte Lorenz jedoch, als er den Computer nur noch vier Dezimalen berechnen ließ, weil er selbst unter Zeitdruck war. Dabei kamen völlig andere Ergebnisse heraus, als er erwartet hatte. Indem er weniger als ein Tausendstel veränderte, erhielt er Daten, die ganz andere Schlussfolgerungen ergaben. Er erkannte, dass ein winziger Unterschied der Ausgangssituation das Ergebnis vollkommen verändern kann.

So stolperte Lorenz über das Konzept der *Sensibilität,* das sich als einer der wichtigsten Einblicke in die Verhaltensmuster komplexer dynamischer Systeme erweisen sollte. Sensibilität bedeutet in diesem Zusammenhang, dass kleinste Unterschiede in der Ausgangssituation zu enormen Unterschieden im Ergebnis führen können, die dann als zufällige Ereignisse wahrgenommen werden. Vieles von dem, was wir bislang als zufällig angenommen haben, erweist sich damit als durchaus berechenbar – wenn man mit hinreichender Sensibilität die Ausgangssituation erfasst.[10]

Lorenz' Konzept ist unter dem Begriff des *Schmetterlingseffekts* bekannt geworden, demzufolge ein Schmetterling, der heute in Pe-

---

*   MIT = Massachusetts Institute of Technology

king mit seinem Flügelschlag die Luft bewegt, Einfluss darauf hat, wie sich vier Wochen später in New York eine Wetterfront aufbaut. Man kann sich so etwas kaum vorstellen, aber Lorenz' Entdeckung zeigt uns: Dynamische Systeme – sei es das Wetter, Meeresströmungen oder die Evolution der Biosphäre – sind letztlich deterministisch und daher vorhersehbar, auch wenn sie von außen betrachtet zufällig wirken.[11]

Gott spielt mit ungezinkten Würfeln: Werner Heisenberg

Bevor Sie jetzt Haus und Hof auf die Vision eines deterministischen Universums verwetten, sollten Sie diese Gewissheit durch eine kleine Erkenntnis des berühmten Quantenphysikers Werner Heisenberg abmildern. Laplace vertrat die klassische Sicht auf die Dinge, dass die zukünftige Bewegung von Teilchen vollkommen berechenbar wäre, wenn man zu einem bestimmten Zeitpunkt ihre Positionen und Geschwindigkeiten wüsste.[12] Diese Ansicht musste modifiziert werden, als Heisenbergs Unschärferelation klarmachte, dass es unmöglich war, gleichzeitig die genaue Position *und* die genaue Geschwindigkeit eines Teilchens zu bestimmen, denn während der Beobachter den einen Faktor misst, verzerrt er unweigerlich den anderen.

Die Unschärferelation widerspricht der Gewissheit des Newton'schen Determinismus. Nicht dass die Quantenmechanik ihn negieren wollte – sie relativiert nur die Wahrscheinlichkeit. Mit anderen Worten: Wir werden die Zukunft vielleicht nie völlig zuverlässig voraussagen können – aber wenn wir ausreichend Informationen haben, können wir die Wahrscheinlichkeit, dass eine Prognose zutrifft, stark erhöhen.

Seit Jahrtausenden haben Menschen beobachtet, dass die Sonne im Osten aufgeht und im Westen untergeht. Man kann voraussagen, dass am kommenden Montag in *einem* Jahr die Sonne auch wieder im Osten aufgehen und im Westen untergehen wird. Die Wahrscheinlichkeit, dass das passiert, ist so hoch, dass wohl niemand dagegen wetten wird. Es wäre allerdings möglich, wenn auch unwahrscheinlich, dass ein Komet auf die Erde trifft und die Drehbewegung des Planeten aus der Bahn wirft. Das will nur sagen: Die Zukunft beruht auf Wahrscheinlichkeiten, nicht auf Gewissheiten. Einstein, der mit der Unschärferelation der Quantenphysik große Probleme hatte, entschloss sich zu der Überzeugung: »Gott würfelt nicht.«

Darwins Theorie zufolge entsteht Evolution durch unendlich viele, ganz allmähliche Veränderungen, durch die sich über sehr lange Zeiträume hinweg aus einer Art eine andere entwickelt. Im Gegensatz dazu haben die Geologen Gould und Eldredge festgestellt, dass sich die Evolution eher aus langen, stabilen, veränderungsarmen Phasen ergibt, die von kurzen, katastrophalen Umwälzungen unterbrochen werden. Im Rahmen der Katastrophe sterben manche Arten aus, wohingegen die Anzahl neuer Arten sprunghaft ansteigt. Diese neuen Arten tauchen sehr viel schneller auf, als es sich mit Darwin'schen Mechanismen erklären ließe. Evolution geschieht also sprunghaft, nicht graduell.

Schon mal gehört? Vielleicht erinnern Sie sich an die Quantensprünge, mit denen Elektronen von einer energetischen Hülle eines Atoms zur nächsten springen. Das war die zentrale Entdeckung von Max Planck, die vor 100 Jahren die Quantenphysik begründete. Die Evolution von Organismen scheint also auch ein Quantenprozess zu sein in dem Sinne, dass bei einem bestimmten Grad an Komplexität völlig neue Formen auftauchen, deren Art aus den vorherigen Bestandteilen der Situation nicht vorhersehbar ist.

Wenn man sich das wirklich bewusst macht, ist es kaum vorstellbar, wie aus einer Eizelle und einer Samenzelle ein Mensch werden kann. Aber wir haben uns an diese Idee so gewöhnt, dass wir sie akzeptieren, ohne mit der Wimper zu zucken. Vielleicht besteht die nächste große Herausforderung an unser Vorstellungsvermögen darin, wie aus unserem derzeitigen Umgang miteinander eine neue Menschheitskultur auftauchen kann, in der die Menschen nicht nur überleben, sondern auf einer neuen Ebene der Komplexität kooperieren, wachsen und gedeihen.

Die in emergenten Prozessen wirksamen Antriebskräfte wurden durch die Erforschung des Schwarmverhaltens bei Insekten, Vögeln und Fischen erkundet. Was befähigt diese Tiere, sich so koordiniert zu gebärden, dass sie ihr Verhalten von einem Augenblick zum nächsten verändern können?

Der britische Forscher Iain Couzin und sein Team fanden mittels eines mathematischen Modells heraus, dass das Verhalten von Schwarmfischen von der Nähe zu anderen Fischen des Schwarms abhängt.[13] Sind die Fische so weit voneinander entfernt, dass sie keinen Einfluss aufeinander haben, schwimmen sie in zufälligen Mustern umher. Sobald jedoch eine bestimmte Anzahl Fische zusammenfindet oder durch Umweltfaktoren gezwungen wird, näher zueinander zu schwimmen, taucht ein neues Muster auf. Ab einer gewissen gegenseitigen Nähe beginnen die Fische, sich kreisförmig in der Form eines Donuts zu bewegen. Und wenn die Dichte noch weiter zunimmt, gehen sie zum nächsten Muster über, indem sie parallel zueinander in der bekannten Schwarmformation schwimmen. Doch was veranlasst diese unterschiedlichen Verhaltensmuster?

Auf der Suche nach einer Antwort wandten sich Couzin und sein Team der Gruppendynamik von Ameisenschwärmen zu. Frühere Studien über Herdenverhalten hatten bereits gezeigt, dass es sich hierbei um Konsens-Entscheidungen handelt: Wenn 51 Prozent einer Herde in eine bestimmte Richtung schaut, geht die ganze Herde in diese Richtung.

Couzin entdeckte jedoch darüber hinaus einzelne Tiere, die eine gewisse Führungsrolle übernahmen und die er »Experten« nannte: Sie schienen besser wahrzunehmen, wo Nahrung zu finden ist oder wo Gefahren lauern. Größere Gruppen einer Art verließen sich in ihrem Verhalten auf kleinere Gruppen solcher Experten. 30 Ameisen zum Beispiel brauchten vier bis fünf Experten, also 16 bis 20 Prozent. Aber auch eine Gruppe von 200 Tieren konnte von nur fünf Experten angeführt werden, was lediglich 2,5 Prozent der Population entspricht.[14]

Die Experten-Ameisen scheinen sich nicht durch physische Merkmale von anderen Ameisen zu unterscheiden. Doch sie sind offenbar besser auf das Feld eingestimmt, und die anderen Ameisen scheinen das zu wissen. Hätte Couzin einen anderen kulturellen Hintergrund gehabt, dann hätte er sie aufgrund ihrer Fähigkeit, sich im Einklang mit dem Ganzen zu verhalten, vielleicht *Schamanen-Ameisen*, *Priester-Ameisen* oder *Ameisen-Visionäre* genannt.

Auch unser menschliches Schwarmverhalten scheint von der Dichte und der Anzahl von Experten abzuhängen. Wenn eine menschliche Population eine gewisse Dichte erreicht und wir gezwungen sind, näher zusammenzurücken, wird der Einfluss von proportional wenigen kreativen, kulturellen Experten uns anleiten, das Muster und die Richtung unseres Verhaltens zu ändern und uns zu einer erwachten, bewussten und lebensfreundlichen Version der Menschheit hinzuentwickeln. Ganz im Sinne Lamarcks werden uns diese Experten helfen, uns vor uns selbst zu retten.

Was wissen wir also – und warum ist es wichtig?

Was bleibt uns nun an Gewissheiten, nachdem wir die vier apokalyptischen Wahrnehmungs-Mythen demaskiert haben?

Auch wenn der wissenschaftliche Materialismus unsere Aufmerksamkeit auf die Materie lenken will, wissen wir doch, dass die Partikel letztlich vom Feld gesteuert werden. Wenn wir unseren Blickwinkel so ausdehnen, dass er auch das Feld miteinschließt, erkennen wir, dass Wissenschaft und Religion auf die gleichen lebensbildenden Faktoren hinweisen.

Wir wissen, dass eine gesunde Weltanschauung sowohl die sichtbare Materie als auch das unsichtbare Feld anerkennen und umfassen muss, sonst bleibt die Hälfte der Wirklichkeit außen vor.

Wir wissen auch, dass das Universum relational, also »beziehungsbezogen« ist. Wenn wir uns entscheiden, auf Kosten eines anderen Gewinn zu machen, operieren wir eindeutig nicht mit optimaler Effizienz.

Manche Vertreter unserer Spezies scheinen mit dem Konzept vom Überleben des Stärksten ziemlich weit gekommen zu sein, doch das Überleben der Einzelnen bedroht jetzt das Überleben aller – was, nebenbei gesagt, auch die Einzelnen betrifft.

Wir wissen: Durch die Idee, dass unser Schicksal von unseren Genen bestimmt wird, haben wir unsere Einflussmöglichkeiten auf die Wirklichkeit drastisch reduziert. Sie hat uns veranlasst, der neuen Priesterschaft im weißen Kittel die Macht zu überlassen.

Die gute Nachricht lautet: Wenn wir die uns innewohnende Kraft anerkennen und anwenden, können wir eine effektivere, effizientere und überlebensfähige Welt erschaffen.

Wir wissen, dass die Evolution, an der unsere Vorfahren viele Generationen lang herumgerätselt haben, kein reiner Zufallsprozess ist, sondern dass sie den vorhersehbaren Mustern chaotischer Systeme folgt. Erkennen wir diese Muster, können wir mit ihrer Hilfe auf intelligente Weise mit der Natur zusammenarbeiten. Wir könnten sogar sagen, dass es einen *evolutionären Imperativ* gibt, der uns zu mehr Wissen und mehr Erfahrung treibt – mit Betonung auf der Weiterführung des Lebens.

Doch bevor wir uns zu sehr auf unsere Fähigkeit verlassen, in die Zukunft zu schauen, wäre es klug, sich daran zu erinnern, dass Vorhersagen in diesem Quantenuniversum, dem kosmischen Schelm, eigentlich eher Wahrscheinlichkeiten sind und dass immer Quantensprünge möglich sind, durch die unvorhersehbare neue Formen oder Merkmale auftauchen. Wie die Bakterien in John Cairns' Experiment, die schnell gelernt haben, in einer bedrohlichen Situation zu überleben, müssen wir Menschen jetzt einen adaptiven Mutationsprozess einleiten und ein Brainstorming zu möglichen Denk- und Verhaltensänderungen abhalten, bis wir Lösungen finden, die in unserer schwierigen Umweltsituation ein Überleben ermöglichen.

Wir haben großes Glück, dass es heutzutage das Internet gibt, jene unmittelbare Form weltweiter »Graswurzel-Kommunikation«. Informationen über soziale Mutationen, die sich an einem Ort bewähren, können darüber schnell weltweite Verbreitung finden. Noch nie gab es in der Geschichte der Menschheit solche Möglichkeiten, Bewusstheit miteinander zu teilen. Wenn wir bedenken, dass Wissen Macht ist, verfügt die Menschheit als Ganzes heute über genug Macht, um unseren Planeten und uns selbst auf vorhersehbare Weise zu nähren und zu heilen.

Ein wichtiger Schritt auf dem Weg dorthin besteht darin, uns zuerst vollkommen bewusst zu machen, wo die Menschheit jetzt steht. Bei jedem Therapieplan wird zuerst festgestellt, was der jetzige Stand der Dinge ist. Auf jeder guten Anzeigetafel für Wanderwege markiert ein roter Punkt den gegenwärtigen Standort. Und der jetzige Standort der Menschheit ist … nun, nicht gerade ansehnlich.

Zum großen Teil hängt das mit dem institutionalisierten Wahnsinn zusammen, den die Gesellschaft erschaffen hat, um die dysfunktionalen Überzeugungen aufrechtzuerhalten, die wir als die *vier apokalyptischen Wahrnehmungs-Mythen* bezeichnen:

> *Nur die Materie zählt.*
> *Nur die Stärksten überleben.*
> *Die Gene sind entscheidend.*
> *Die Evolution gehorcht dem Zufall.*

Jede dieser Überzeugungen erschien zu einem gewissen Zeitpunkt logisch, doch inzwischen wissen wir, dass keine von ihnen wahr ist. Diese irrigen Paradigmen halten die dysfunktionalen Zustände aufrecht, die unser Überleben gefährden. Wenn wir uns von diesen Fehlwahrnehmungen befreien, eröffnet sich uns eine ganz neue Welt der Chancen. Ein radikal neues Denken führt zur Emergenz einer Zukunft, die wir uns von unserem gegenwärtigen Standpunkt aus kaum vorstellen können.

9. Kapitel

Fehlfunktionen am Rand des Abgrunds

»The truth shall upset you free.« *

SWAMI BEYONDANANDA

Auch wenn sich die vier apokalyptischen Wahrnehmungs-Mythen längst als falsch erwiesen haben, sind sie immer noch wirksam und treiben uns in närrischem Tempo und »volle Kraft voraus« auf der falschen Spur. Sie bilden die Grundlage von Institutionen und Strukturen, die angelegt waren, um die pragmatische Weisheit des wissenschaftlichen Materialismus zu propagieren. Im Lauf der Zeit haben diese Institutionen ein Eigenleben und – wie jedes Lebewesen – einen Überlebenstrieb erworben.

In diesem Kapitel werden wir diese institutionellen Vertreter unseres kulturellen Fehlverhaltens identifizieren, um zu verhindern, dass sie uns endgültig in den Abgrund treiben.

---

* Das Bibelzitat »... und die Wahrheit wird euch frei machen« – auf Englisch: »The Truth shall set you free« – wird hier leicht abgewandelt und lautet dann sinngemäß übersetzt: »Die Wahrheit wird euch aufbringen und [dadurch] befreien.« (Anm. d. Übers.)

Die amerikanische Devolution*

Die Geschichte des wissenschaftlichen Materialismus spiegelt sich in der Geschichte der Vereinigten Staaten von Amerika wider, die einst im Zeitalter der Aufklärung als eine Nation des Ausgleichs zwischen Spiritualität und Materialismus gegründet worden waren. Wie bereits dargestellt, waren die Gründungsväter der Vereinigten Staaten zutiefst spirituelle Männer, die sowohl unter dem Einfluss der westlichen christlich-philosophischen als auch der indianisch-animistischen Weisheiten standen. Ihre institutionellen Strukturen für die Justiz und die Regierung erwiesen sich als sehr praktikabel – immerhin haben sie mehr als zwei Jahrhunderte gehalten.

Die Gründungsdokumente der Vereinigten Staaten waren im tiefsten Sinne lebensfördernd. Zu einer Zeit, in der praktisch alle Menschen der sogenannten »zivilisierten Welt« Untertanen von Monarchen und Kriegsherren waren, entwickelten die Kolonialisten das revolutionäre Konzept, dass alle Menschen das Recht auf Leben, Freiheit und Streben nach Glückseligkeit haben. In den letzten zwei Jahrhunderten haben sich Menschen, die unter machthungrigen Regierungen litten, immer wieder an den ermutigenden, richtungsweisenden Worten der Unabhängigkeitserklärung orientiert.

Doch viele sind der Ansicht, dass sich die Vereinigten Staaten in diesen 200 Jahren von einem Leuchtfeuer der Freiheit in ein machtgieriges Imperium verwandelt haben, das vom Rest der Welt als hochgerüstet und gefährlich betrachtet wird. Wie viele Länder beneiden uns noch um unsere Freiheit, wie es unsere Regierung gerne in Anspruch nimmt? Oder sind diese kostbaren Freiheiten so dahingewelkt, dass sich die sogenannte »freie Presse« dieses Landes nicht mehr traut oder nicht mehr fähig ist, die Schattenseiten unserer Nation zu reflektieren?

In seinen Anfängen verkörperte Amerika das Beste, was die damalige Welt zu bieten hatte: unveräußerliche Rechte und Freiheiten – zumindest für weiße Männer. Doch je mehr sich das Streben

---

* Begriffserklärung siehe Unterkapitel »Amerika: Von der Revolution zur Devolution« (Anm. d. Red.)

nach Glückseligkeit in ein Streben nach materiellen Gütern verwandelte, desto mehr relativierten sich auch die anderen Aspekte. Was ist da schiefgelaufen? Wie konnte es dazu kommen?

Ein neuer Gott

Wie wir bereits gesehen haben, bringt jedes neue Basisparadigma eine neue Welle besserer Funktionalität und nachvollziehbarer Wahrheiten mit sich. Zu einer Zeit der Götzenverehrung und des Aberglaubens stellten die Ordnung und der spirituelle Fokus des Monotheismus einen Schritt nach vorne dar. Der wissenschaftliche Materialismus brachte frischen Wind in eine Welt, die an den rigiden Glaubensvorstellungen religiöser Hierarchien schier erstickte. Doch bei jedem Glaubenswechsel ging auch etwas verloren. Als die industrielle Gesellschaft die agrarischen Gemeinschaften verdrängte, lösten sich mit den sozialen Bindungen auch die moralischen.

Wissenschaft ist naturgemäß wertneutral. Sie kennt weder Moral noch Unmoral. Als uns der wissenschaftliche Materialismus von den Gesetzen der Bibel befreite, entstand daher ein moralisches Vakuum. Und weil die menschliche Natur ein moralisches Vakuum verabscheut, wurde es gefüllt – leider (ganz im Sinn Darwins) von den Gesetzen des menschlichen Dschungels, die keine Moral kennen.

Ganz allmählich und beharrlich wurden die alten Hüter der Moral verdrängt und ein neuer, ungeheuer mächtiger Gott kam an die Macht: der dreieinige Gott von Materialismus, Geld und Maschine. Wir beten die Materie nicht nur an, wir betrachten sie als unsere Erlöserin. Trotz dringlichster Rückmeldungen aus der Wirklichkeit, dass das Gegenteil wahr ist, hämmert uns die konventionelle Weisheit immer weiter ein, dass uns Geld glücklich, Waffen sicher, Medikamente gesünder und immer mehr Informationen weiser machen werden.

Die gute Nachricht dabei ist, dass diese dysfunktionalen Elemente dem Menschen nicht von Natur aus innewohnen, sondern nur aus unmenschlichen Gedanken hervorgegangene Überzeugungen sind.

Der erste Schritt zur Deprogrammierung dogmatischer Fehlfunktionen: Wir müssen die Beziehung zwischen den angeblich wahren

Paradigmen und den sie unterstützenden Institutionen und Strukturen erkennen. In Erinnerung an Einsteins Aussage »Das Feld ist die alleinige Kraft, die die Materie bestimmt« machen wir uns bewusst, dass das Feld im Wesentlichen aus unsichtbaren Überzeugungen besteht und die Teilchen die institutionalisierten Strukturen darstellen, die diese Überzeugungen materialisieren.

Der zweite Schritt: Wir müssen den ungeheuren Einfluss dieser paradigmatischen Strukturen durchschauen. Diese Institutionen formen die Verhaltensmuster, aus denen die Grundlagen einer Kultur bestehen. Sie beeinflussen die Welt, indem Unternehmen, Regierungen, Schulen und Organisationen ihre Überzeugungen fördern und unterstützen. Mit anderen Worten: Hier geht es um einen wesentlichen Teil der mentalen und physischen Struktur einer Gesellschaft.

Der dritte Schritt: Wir müssen die Manifestationen dieser institutionellen Strukturen in der modernen Gesellschaft benennen.

Alle beschriebenen Wahrnehmungs-Mythen, die wir zuvor vorgestellt und widerlegt haben, haben ihre eigenen Institutionen hervorgebracht.

- Die Überzeugung, dass nur die Materie zählt, unterstützt die *Geldwechsler im Tempel*.
- Die Überzeugung, dass nur die Stärksten überleben, fördert das Prinzip des *kleinsten gemeinsamen Nenners*.
- Die Überzeugung, dass allein die Gene entscheidend sind, ist die Grundlage für ein *ungesundes Gesundheitswesen*.
- Und die Überzeugung, dass Evolution zufällig stattfindet, hat zur Entwicklung von *Massenablenkungswaffen* geführt, welche die Menschen davon abhalten sollen, ihre naturgegebenen Kräfte zu nutzen.

Wenn wir diese Institutionen genauer betrachten, wird deutlich, dass jede von ihnen in einem funktionalen Gleichgewicht von *Geist (Spirit)* und Materie begonnen hat, aber mit zunehmender Entfernung von dieser Balance an Funktionalität verlor. Sie alle hatten zu ihrer Zeit ihren Wert, doch dieser nahm immer mehr ab und machte Platz für das nächste, höher geschätzte Konzept. Betrachten wir die Entwicklung dieser Institutionen, können wir besser die wesentliche

Evolution erkennen, die sich hinsichtlich der Antworten auf die ewigen Fragen ereignet:

Wie sind wir entstanden?
Wozu sind wir hier?
Und wie können wir jetzt das Beste aus unserem Dasein machen?

Geldwechsler im Tempel

Dem Neuen Testament und den Aufzeichnungen des Historikers Josephus zufolge hatten die Pharisäer, die damals die herrschende Klasse der jüdischen Gesellschaft bildeten, zur Zeit Jesu ein umfangreiches Zahlungssystem für Gebete entwickelt. Um am Pessach-Gottesdienst teilzunehmen, musste man einen halben Schekel Eintritt bezahlen. Im Vorhof des Tempels hatten sich Geldwechsler ausgebreitet, die diese Gebühr einzogen und den Betenden Opfertiere verkauften, damit sie sich mit Gott gutstellen konnten.

Im Evangelium ist dies die einzige Situation, in der Jesus wütend wurde. Es wird erzählt, er habe mit einer Peitsche um sich geschlagen und die Tische der Geldwechsler umgestoßen.

Man kann sich kaum vorstellen, was Jesus heute sagen würde, wenn er sähe, dass es zwar vor dem Tempel keine Geldwechsler mehr gibt, dass die Menschen stattdessen aber für fast jedes Gut bezahlen müssen, das einst umsonst zum Leben, für die Freiheit und für das Streben nach Glückseligkeit zur Verfügung stand. Wie groß wäre wohl seine Peitsche in der Chefetage eines Unternehmens, dessen Vorstand offen seine Absicht erklärt, sich das Recht auf alle Saaten für Nahrungsmittel zu eigen machen zu wollen? Und wie würde er die Amerikaner züchtigen, von denen 83 Prozent behaupten, Christen zu sein, obwohl sie angesichts solch ungeheuerlicher Vergehen gegen allgemeine Menschenrechte nicht mit der Wimper zucken?

Monsanto Clause Is Coming to Town*

In der jüdischen Überlieferung wird *Chutzpe* klassischerweise so definiert, dass einer seine Eltern umbringt und dann das Gericht um mildernde Umstände bittet, weil er ein Waise ist. Doch vielleicht gibt es jetzt ein noch drastischeres Beispiel für Chutzpe.

Monsanto ist einer der weltweit größten Agrarchemie-Konzerne, der seinerzeit das tödliche Herbizid Agent Orange produzierte und heute vor allem für seine gentechnisch veränderte Saatgutproduktion bekannt ist, zum Beispiel der Raps-Sorte Round-Up Ready Canola.[1] Wenn Pollen dieser gentechnisch veränderten Pflanzen auf ein Nachbargrundstück fliegen, auf dem konventioneller oder biologisch-organischer Raps angebaut wird, kann er diese Pflanzen befruchten, sodass ebenfalls gentechnisch veränderte Samen entstehen. Falls der betroffene Landwirt diese Samen dann wieder aussät, zieht Monsanto los und verklagt den Nachbarn, er setze Monsantos gentechnisch veränderten Samen ein, ohne dafür bezahlt zu haben.[2]

Monsanto verfügt über 674 Biotechnologie-Patente – also sozusagen firmeneigene Lebensformen – und operiert gemäß folgendem Geschäftsmodell: Die Bauern, die Monsanto-Saatgut kaufen wollen, müssen ihre Unterschrift leisten, dass sie die Samen dieser Pflanzen nicht aufbewahren, sondern wieder aussäen werden. Das bedeutet, dass die Bauern jedes Jahr neue Samen von Monsanto erwerben müssen.

Um dieser Bedingung Nachdruck zu verleihen, hat Monsanto eine Armee von Detektiven und Ermittlern beauftragt, die prüfen, ob irgendjemand heimlich oder unbeabsichtigt Monsanto-Samen aussät. Den Enthüllungs-Journalisten Donald L. Bartlett und James B. Steele zufolge hat Monsanto Tausende von Ermittlungen und Hunderte von Gerichtsverfahren laufen. Die meisten Bauern lassen sich von der Übermacht des Konzerns einschüchtern und bezahlen, ohne sich zu verteidigen.[3]

---

*   In Anspielung auf das amerikanische Weihnachtslied *Santa Claus is Coming to Town* heißt es hier sinngemäß übersetzt: »Die Monsanto-Klausel kommt in unsere Stadt.« (Anm. d. Übers.)

Seit Jahrtausenden ist es in der Landwirtschaft üblich, von der eigenen Ernte etwas Saatgut für die Aussaat im nächsten Jahr aufzubewahren. Noch heute macht das 80 bis 90 Prozent des weltweiten Saatgutes aus. Doch Monsanto möchte das ändern. In seinem Buch *Seeds of Deception* schreibt Jeffrey M. Smith, dass Monsanto von einer Welt träumt, in der alles Saatgut weltweit genetisch modifiziert und patentiert ist.[4] Ein Teil der Strategie besteht darin, Bauern einzuschüchtern. Ein weiterer Teil ist das Aufkaufen konventioneller Saatgutunternehmen. 2005 übernahm Monsanto innerhalb von zwei Wochen sowohl Seminis, ein Unternehmen, das 40 Prozent des amerikanischen Marktes für Gemüsesamen kontrollierte, als auch Emergent Genetics, die drittgrößte amerikanische Firma für Baumwollsamen.[5]

Weltweit versuchen viele Konsumenten und Bauern, Monsanto zu meiden, doch das Unternehmen hat einflussreiche Freunde in den oberen Etagen: Clarence Thomas, Richter des Obersten Gerichtshofs, war in den 1970er-Jahren Unternehmensanwalt bei Monsanto. 2001 verfasste er entscheidende Regelungen über gentechnisch verändertes Saatgut, die Unternehmen wie Monsanto begünstigen.[6]

Wir könnten ganze Bücher mit Horrorgeschichten füllen, wie private Unternehmen mit ihren gierigen Fingern nach dem Motto »Alles gehört mir!« in jeden Winkel unseres Planeten vordringen. Die Macht des Geldes ist nicht zu leugnen, doch sie kann nur mit unserem Einverständnis aufrechterhalten werden.

Das letzte Wort zu Monsanto und ihresgleichen möchten wir den Ojibwa-Ältesten überlassen. Als die indianische Aktivistin Winona LaDuke ihnen erklärte, was es mit der Gentechnik auf sich hat, fragten sie: »Wer hat ihnen das Recht gegeben, so etwas zu tun?«[7]

Ja, wer war das eigentlich? Lesen Sie weiter.

Der große Bankraub

Um zu begreifen, in welchem Ausmaß unsere Gesellschaft nicht nur der Macht des Geldes Raum gibt, sondern auch der spekulativen Ökonomie freien Lauf lässt, wollen wir uns ansehen, wie das Geld gleichzeitig mit dem wissenschaftlichen Materialismus an die Macht gelangte.

Schon lange ist Geld als Handelsmittel üblich. Zuerst wurden Gold und andere Edelmetalle in Münzen gepresst; sie bildeten einen echten Gegenwert zu den Waren, die damit bezahlt wurden. Es war sehr viel einfacher, mit Geld zu handeln, als ein Zwanzigstel Ziege gegen ein Huhn zu tauschen.

Als die Händler allmählich mehr Geld anhäuften, als sie mit sich schleppen konnten, hinterlegten sie die Münzen bei Goldschmieden, die dafür Schuld- oder Wechselscheine ausstellten. Auf Dollarscheinen steht noch heute: »This note is legal tender for all debts, public and private.«*

Irgendwann machten die Goldschmiede die freudige Entdeckung, dass zum jeweiligen Zeitpunkt immer nur ein geringer Teil der Händler ihre Einlagen wiederhaben wollten. So entstand das Mindestreserve-Bankwesen, bei dem zehnmal mehr Papiergeld ausgegeben werden darf, als das Bankhaus an Gold vorrätig hat. In seinen Grundzügen prägt dieser Ansatz auch noch das heutige Bankwesen.

Die Kirche verbot den profitorientierten Geldverleih, doch nach der Reformation und der Auflockerung der Verleihgesetze durch den englischen König Heinrich VIII. begann die westliche Zivilisation im 16. Jahrhundert, sich auf den Weg in das Reich der Materie zu begeben, und die Macht des Geldes blieb ihr auf den Fersen.

Im darauf folgenden Jahrhundert führte die Verleihpolitik von überschüssigem Geld, gefolgt von knappem Geld, in England zu einer Wirtschaftskrise. Als jede Menge Kredite zu haben waren, borgten sich die Leute reichlich. Doch dann kam der Punkt, an dem die Bankleute meinten, jetzt sei es genug; sie schnürten ihre Verleihpraktiken enger und forderten ihre Kredite zurück. Viele, die während der wirtschaftlichen Expansion Geld geliehen hatten, konnten es jetzt nicht zurückzahlen. Die Bankleute pfändeten das Eigentum dieser unglücklichen Seelen, ihr Haus, ihr Land, und veräußerten es mit großem Gewinn.

---

* »Diese Banknote ist legales Zahlungsmittel für alle Schulden, öffentliche und private.« (Anm. d. Übers.)

Der Krieg, ein weiterer Günstling der Banken, führte dazu, dass die britische Krone im 17. Jahrhundert zum größten Schuldner der Welt wurde. Doch die Bankleute boten der Krone eine königliche Lösung an: die Erschaffung der Bank von England, die trotz ihres Namens keine öffentliche Einrichtung ist, sondern ein Privatunternehmen der Bankiers.

Die Bank von England entwickelte das perfekte Schneeballsystem, eine Form des Betrugs, bei dem der Glaube an den Erfolg eines nicht existenten Unternehmens aufrechterhalten wird, indem das Geld der späteren Investoren an die früheren Investoren weitergeleitet wird. Die Bankiers baten die britische Regierung, die erste Million Pfund zu hinterlegen. Dann verliehen sie das Zehnfache davon, 10 Millionen Pfund, an ihre Kumpane, die mit diesem aus der Luft gezauberten Geld Anteile der neuen Bank kauften. Die Bank erklärte sich einverstanden, der britischen Regierung das Geld zurückzuverleihen, und die Kreditzinsen beglichen die Steuerzahler.[8]

Währenddessen blühte drüben in New York die Ökonomie. Edelmetalle waren rar, deshalb mussten die Kolonialisten ihre eigene Währung drucken, den sogenannten *Colonial Scrip*. Dieser Scrip war reines Papiergeld, eine Währung, die nur noch auf der Vereinbarung beruhte, dass sie einen gewissen Wert darstellte. Doch da sie nicht auf Schulden basierte, sondern nur den Wert von Gütern repräsentierte, ohne Zinsen, war sie jedem nützlich.

Weil Benjamin Franklin zur falschen Zeit am falschen Ort damit prahlte, wurde diese Währung allerdings zunichte gemacht und die amerikanische Revolution beschleunigt. Bei einem Besuch in England wurde er gefragt, wie er sich den Wohlstand der Kolonien erkläre. Er erzählte von der Emission des kolonialen Scrip und fügte stolz hinzu: »Wir kontrollieren die Kaufkraft des Geldes und müssen keine Zinsen zahlen.« Das machte König George III. und die Bank von England natürlich hellhörig.[9]

1764 verabschiedete das Parlament den Currency Act, der den Kolonien verbot, in irgendeiner Form eigenes Papiergeld zu drucken. Ohne Mittel, die täglichen Geschäfte abzuwickeln, ging die Wirtschaft der Kolonien schnell in die Knie. 1766 reiste Franklin nach London, um eine Aufhebung des Gesetzes zu bewirken, doch ohne Erfolg. Der Verlust der Souveränität über eine eigene Währung war einer der wesentlichen Gründe für den Revolutionskrieg und bewegte die Gründerväter, sich vehement gegen eine Nationalbank auszusprechen.[10]

Trotz dieser guten Ansätze herrschte während der ersten 120 Jahre der US-amerikanischen Geschichte ein ständiger Kampf, wer die Währung ausgeben durfte: die Banken oder die Regierung. Da der Weg der Menschheit immer tiefer in den Materialismus führte, gewannen die Banken.

Amerika führte 1873 den Goldstandard als Währung ein, nur 13 Jahre nachdem der Evolutionist Thomas Huxley die Debatte gegen den Kreationisten Bischof Samuel Wilberforce gewonnen hatte und damit den wissenschaftlichen Materialismus zur offiziellen Wahrheitsquelle der Zivilisation machte. Jetzt war der Paradigmenwechsel sowohl in der Wissenschaft als auch in der Wirtschaft vollzogen: Die Goldene Regel unterlag der Regel des Goldes.

Zur gleichen Zeit zog der Weg in den Materialismus auch in anderen Bereichen Konsequenzen nach sich. 1886 traf der Oberste Gerichtshof der USA eine Entscheidung, die (angeblich) Kapitalgesellschaften die gleichen Rechte verlieh wie natürlichen Personen. Eine Kapitalgesellschaft ist eigentlich eine Anomalie: Sie ist ein lebloses Ding mit einer Geburtsurkunde, die ihr erlaubt, ewig zu existieren. Sie wirkt in der Gesellschaft wie eine Person, doch sie kennt keinerlei menschlich-moralische Bedenken.

Noch anormaler wird die Sache dadurch, dass der Oberste Gerichtshof dies nie beschlossen hat. Der zweifelhafte Beschluss war das kreative, vielleicht sogar bösartige Werk von J.C. Bancroft Davis. Davis war Anwalt, Diplomat und früherer Eisenbahn-Präsident und diente 1886 in dem Fall Santa Clara County gegen Southern Pacific Railroad Company als Gerichtsschreiber.[11]

Zu den Funktionen eines Gerichtsschreibers gehört es, bei Fällen, die am Obersten Gerichtshof verhandelt werden, die Leitsätze zu verfassen. Leitsätze geben die wesentlichen rechtlichen Entscheidungen wieder, die beim jeweiligen Prozess zum Tragen kamen. Diese Leitsätze spiegeln die Interpretation des Schreibers wider und gelten nicht als offizielle Meinung des Gerichts. Anwälte nutzen diese Leitsätze, um sich eine schnelle Übersicht über den Inhalt des Falls und das gerichtliche Urteil zu verschaffen.

Vor dem Fall Santa Clara County gegen Southern Pacific Railroad Company besagten die Bill of Rights und der 14. Zusatzartikel zur Verfassung, dass Kapitalgesellschaften genauso wie Gewerkschaften, Kirchen, Unternehmen und Regierungen *Privilegien* hatten, natürliche Personen hingegen *Rechte*.

Davis fügte in seine Leitsätze eine Falschaussage ein, als er schrieb: »Die beklagten Kapitalgesellschaften sind Personen im Sinne der Klausel in Abschnitt 1 des 14. Zusatzartikels zur Verfassung der Vereinigten Staaten, die es einem Staat verbietet, einer Person in ihrem Zuständigkeitsbereich den gleichberechtigten gesetzlichen Schutz zu versagen.« Mit anderen Worten: Davies' erfundener Zusatz erhob die Kapitalgesellschaften auf die rechtliche Ebene von natürlichen Personen.[12]

Für die Geschichte ist außerdem interessant, dass die Rechte der Kapitalgesellschaften nicht einmal Thema der Verhandlung waren. Der Vorsitzende Richter Morrison Waite berichtete, dass der Oberste Gerichtshof die Verfassungsfrage vermieden habe. Doch niemand achtete darauf, dass Davis' Erfindung die Absichten des 14. Zusatzartikels verdrehte. Davis' erfundene Leitsätze wurden in anderen Gerichtsverfahren zitiert und errangen so im Lauf der Zeit den Status eines juristischen Präzedenzfalls.[13]

Diese Leitsätze trugen enorm dazu bei, einer Geldmaschine Leben zu verleihen. Präsident Grover Cleveland warnte 1888: »Angesichts der Leistungen des angesammelten Kapitals ... wird der Bürger ... von Stahlstiefeln zu Tode getrampelt. Kapitalgesellschaften ... machen sich schnell zu Herren über das Volk.«[14]

Ein Vierteljahrhundert später gewannen die Banken den eindeutigen Sieg über die Kontrolle der amerikanischen Währung. 1913 unterzeichnete Präsident Woodrow Wilson während der Weihnachtspause, als die meisten Kongressabgeordneten im Urlaub waren, das Gesetz für die US-Notenbank, mit dem ein letzten Endes privatwirtschaftliches Unternehmen die Erlaubnis erhielt, die öffentliche Währung als Schulden herauszugeben. Genauso wie die Bank von England keine Bank der britischen Regierung war, ist die Federal Reserve Bank (US-Notenbank) nicht föderaler als Federal Express. Vielleicht bewegte Wilson der Zustand der US-amerikanischen Wirtschaft, den er in seinem im selben Jahr veröffentlichten

Buch *The New Freedom* beschrieb: »Mittlerweile sind wir eine der am schlechtesten verwalteten, am vollständigsten kontrollierten und bevormundeten Regierungen der zivilisierten Welt – nicht mehr eine Regierung der Meinungsfreiheit, die von Überzeugung und den Stimmen der Mehrheit getragen wird, sondern eine Regierung, die sich der Meinung und dem Herrschaftsanspruch einer kleinen Gruppe dominanter Männer beugt.«[15] Offenbar war Wilson in dem Glauben, mit der Einrichtung der US-Notenbank die amerikanische Wirtschaft zu stabilisieren; doch auch die Verwaltung der nationalen Finanzen durch die Banken konnte die große Depression 16 Jahre später nicht abwenden.*

Seit fast einem Jahrhundert wird unsere Währung als Schulden ausgegeben, und wir haben die rote Tinte, es zu beweisen. Anfang 2008 waren die USA mit 9,5 Billionen Dollar verschuldet, das sind 31 000 Dollar für jeden Einwohner – Kinder eingeschlossen. Diese Summe nimmt täglich um unfassbare 1,85 Milliarden Dollar zu. Wenn man die Schulden der Haushalte, Unternehmen, Finanzinstitutionen und der Regierung zusammennimmt, ist Amerika heute mit über 53 Billionen Dollar verschuldet.[16]

Wo ist das Streben nach Glückseligkeit geblieben?

Der Happy Planet Index ist eine Studie, die nicht nur die Zufriedenheit misst, sondern auch die Kosten, die im Sinne der ökologischen

---

* »Die Geschichte der Vereinigten Staaten war von Anfang an geprägt vom Streit zwischen jenen, die die Geldversorgung über die Banken (im Sinne privatwirtschaftlicher Interessen) laufen lassen wollten, und jenen, die das für ein Vorrecht der Regierung (also volkswirtschaftlicher Interessen) hielten. Heutzutage hat die Anti-Banken-Bewegung leider oft den Beigeschmack der jüdischen Weltverschwörung bekommen. Diese Idee lenkt meiner Ansicht nach jedoch nur vom eigentlichen Problem – der Herrschaft des Geldes – ab. Bei meiner Recherche habe ich mich bewusst von allen Quellen ferngehalten, die in diese Richtung gehen.« (Steve Bhaerman, 20. Juli 2009)

Auswirkungen aufgewendet werden, um diese Zufriedenheit zu erreichen. Die Rechnung ist einfach:

$$\text{Lebenszufriedenheit} \times \text{Lebenserwartung} \div \text{Ökologischer Fußabdruck} = \text{Zufriedenheits-Index}$$

Der Happy Planet Index misst also, wie effizient ein Land die endlichen Ressourcen unseres Planeten in die Zufriedenheit und das Wohlbefinden seiner Bürger umsetzt. Die Vereinigten Staaten rangieren von 178 Ländern an 150. Stelle, hinter Ländern wie Äthiopien, Nigeria und Pakistan, um nur einige zu nennen.[17]

Warum stehen wir so weit hinten? Nun, man könnte uns *Bigfoot* nennen. Unser ökologischer Fußabdruck gehört zu den größten der Welt. Um die Lebenszufriedenheit und die Lebenserwartung der Costa Ricaner zu erreichen (die in der Tabelle den 3. Platz belegen), verbraucht der durchschnittliche Amerikaner *viereinhalb Mal* mehr Ressourcen. Das ist echte Ineffizienz!

Doch unser Finanzsystem macht unbeeindruckt weiter und verkauft die wahnwitzige Hoffnung, dass immer mehr des gleichen Verhaltens – »Kaufe, shoppe, konsumiere bis zum Umfallen!« – irgendwann zu anderen Ergebnissen führen wird.

Diese Schnellspur zum ökonomischen Selbstmord wird durch das Festhalten an einem weiteren überholten Mythos verstärkt: dem Glauben an das Überleben der Stärksten. In unserer kollektiven Überzeugung, dass nur Materie uns retten kann, haben wir die wahnsinnigste, teuerste und gefährlichste Militärmaschinerie der Menschheitsgeschichte entwickelt und dabei eine finstere Kraft auf den Plan gerufen: den kleinsten gemeinsamen Nenner.

Der kleinste gemeinsame Nenner

Das Gesetz des Dschungels hat die moralische Instanz der Bibel nicht über Nacht verdrängt. Man kann auch nicht behaupten, die Menschen hätten die Gesetze der Bibel jemals wirklich beachtet. Schon sehr früh wurde »Du sollst nicht töten« zu »Du sollst nicht töten, außer in sehr großen Gruppen«. Infolgedessen starben im 20. Jahrhundert 260 Millionen Menschen an den Auswirkungen von Kriegen.[18] Dabei sind all die vielen Menschen nicht berücksichtigt, die zwar nicht starben, jedoch verstümmelt, heimatlos gemacht, vertrieben oder anders traumatisiert wurden. Man bedenke auch die zutage getretenen oder unbewussten Ängste und Traumata, die mit diesen Notlagen assoziiert sind und an die folgenden Generationen weitergegeben werden.

Die unglaubliche Anzahl von Menschenleben, die die Kriege des 20. Jahrhunderts gekostet haben – zuerst zwei heiße Kriege und dann ein sehr teurer Kalter Krieg –, sind teilweise auf die offizielle Institutionalisierung der alten Überzeugung zurückzuführen, dass recht hat, wer die Macht besitzt. Wir nennen das den kleinsten gemeinsamen Nenner.

Die Macht der Stärke regiert schon so lange, dass wir sie für natürlich halten. Von wenigen Ausnahmen abgesehen, zeigt die Geschichte der westlichen Zivilisation, wie Gewaltanwendung und Herrschaftsstrukturen verinnerlicht, veräußerlicht und verewigt wurden: Gewalt wurde zu einem natürlichen Bestandteil der menschlichen Natur erklärt, jetzt und für immer.

Menschlichkeit oder Unmenschlichkeit?

Der Mythos, dass das Böse ein natürlicher Bestandteil des menschlichen Wesens sei, beginnt zu bröckeln, wenn wir uns einige prähistorische Funde genauer betrachten. In ihrem Buch *The Chalice and the Blade* zitiert die Kulturhistorikerin Riane Eisler bemerkenswerte Funde der Archäologin Marija Gimbutas, die bei einigen prähistorischen Kulturen unter Tausenden von Artefakten keine einzige Waffe fand.[19]

Darüber hinaus hat der britische Archäologe James Mellaart bei seinen Ausgrabungen der neolithischen Fundstätte bei Catal Huyuk in der heutigen Türkei festgestellt, dass es in den frühen agrarischen Gesellschaften offenbar egalitär zuging. Mellaart konnte im Hinblick auf die Häuser, ihren Inhalt und die Grabbeigaben kaum

Hinweise auf soziale Hierarchien oder einen unterschiedlichen gesellschaftlichen Status ausmachen.[20]

Eisler betont, dass diese Gesellschaften keine Matriarchate, sondern gleichberechtigte Kulturen waren. Der Titel ihres Buches deutet auf die Unterscheidung zwischen dem Kelch als Symbol für die lebensspendende, weibliche Kraft und dem Schwert als Symbol für die männliche Herrschaft.

Die moderne, konventionelle Weisheit würde im Zweifelsfall das Schwert für die klügere Wahl halten, schließlich haben offenbar die schwerttragenden Krieger die kelchbildenden Kulturen besiegt. Doch scheint vieles zu signalisieren, dass das Überleben und das Gedeihen unseres Planeten davon abhängen, ob wir das nährende Kelch-Paradigma wieder zum Leben erwecken können.

Leider ist auf dem Weg der Zivilisation in das Reich der Materie der Kelch ausgetrocknet. Sowohl der Monotheismus als auch der wissenschaftliche Materialismus haben den Aufstieg des Schwertes und den Untergang des Kelches betrieben. Beide haben das Yang dem Yin, das Aktive dem Passiven, das Männliche dem Weiblichen vorgezogen. Die Kosten dieser Vorliebe sind so angestiegen, dass jetzt das Überleben unserer Spezies auf dem Spiel steht.

Kehren wir nochmals zu den Gründervätern Amerikas zurück. Als Benjamin Franklin und seine Jungs die politische Struktur der Irokesen übernahmen, ließen sie ein entscheidendes Element der indianischen Kultur beiseite, weil ihr eigener Stamm es niemals akzeptiert hätte. Nach unseren Informationen hat niemand je vorgeschlagen, dass Betsy, Martha und Dolly einen Rat der weisen Großmütter bilden sollten. So aufgeklärt unsere Gründer auch waren: Obwohl sie das Weibliche in gewissem Maß in die Unabhängigkeitserklärung einbrachten, indem sie die Achtung der »Gesetze der Natur und des natürlichen Gottes« hervorhoben, war es ihnen doch unvorstellbar, Frauen die moralische Autorität zu übertragen, Kriege zu verantworten oder Häuptlinge zu ernennen. Sicher waren das die Folgen europäischer Vorurteile, ganz zu schweigen von 5000 Jahren Unterdrückung des Weiblichen.

Vom Lamm-bo zum Rambo

Doch was passiert, wenn einer Kultur die weibliche Kraft fehlt? Sie erinnern sich bestimmt an die Bonobo-Schimpansen, von denen wir im 7. Kapitel erzählt haben. Im Gegensatz zu anderen Schimpansenarten, bei denen sich die männlichen Tiere zusammenrotten und die kleineren Männchen und die Weibchen schikanieren, verbünden sich bei den Bonobos die Weibchen und verhindern gemeinsam, dass es überhaupt zu Schikanen kommt. Sie drehen nicht den Spieß um und unterdrücken die Männchen – sie nutzen nur ihre Solidarität, um der männlichen Kraft etwas Ebenbürtiges entgegenzuhalten.

In ihrem neueren Buch *The Real Wealth of Nations* zitiert Riane Eisler die amerikanische Sozialaktivistin und führende Kraft der frühen Frauenrechtsbewegung Elizabeth Cady Stanton: »Die Welt hat noch nie eine wahrhaft rechtschaffene Nation erlebt, weil durch die Entwürdigung der Frauen die eigentlichen Quellen des Lebens an ihrem Ursprung vergiftet werden.«[21]

Dieses Gift kann in der heutigen amerikanischen Gesellschaft gesehen und gefühlt werden: Gemeinheit wird hier nicht nur toleriert, sondern geradezu kultiviert, sodass die Schwachen keine Chance mehr haben.

Armer Jesus. Wenn er heute wiederkäme, würde er sich selbst kaum wiedererkennen. Im Lauf der letzten zwei Jahrhunderte hat die religiöse Rechte sein Bild von einem Lamm-bo in einen Rambo verwandelt. Aus biblischer Überlieferung wissen wir, dass Jesus einen Ausgleich männlicher und weiblicher Eigenschaften verkörperte. Jesus war kraftvoll genug, um die Tische der Geldwechsler umzustoßen, standhaft genug, um die Kreuzigung zu ertragen, doch er predigte Liebe und segnete die Friedfertigen. Heutzutage gibt es Christen, die mit ihrer »God, Guns, and Guts«*-Haltung mehr damit beschäftigt sind, die Schwachen spirituell zu drangsalieren, als ihr kostbares Erbe zu pflegen.

---

* Auf Deutsch: »Gott, Gewehre und Mumm« (Anm. d. Übers.)

Die Macht des Geldes
begegnet der Macht der Macht

Nachdem es sich der moralischen Last der Nächstenliebe entledigt hatte, erschuf das Momentum der materialistischen Weltanschauung die unheiligste aller Allianzen: die Allianz zwischen der Macht des Geldes und der Macht der Macht.

In den Jahren nach dem amerikanischen Bürgerkrieg und noch bis ins 20. Jahrhundert war es durchaus üblich, dass Unternehmen eigene Milizen aufstellten, um ihre Arbeiter unter Kontrolle zu halten und Streiks zu verhindern.

Die Pinkerton Guards begannen als eine Privatarmee, mit der die Eisenbahn-Unternehmen ihre Schienen schützen wollten.[22] Später wurden sie als Streikbrecher von anderen Unternehmen angeheuert.[23]

Selbst der berühmte Henry Ford hatte seine eigene Truppe, die zu Ehren des Ford-Geschäftsführers Harry Bennett »Bennett's Boys« genannt wurden. Bennett selbst war früher Boxer und ein bekannter Schläger gewesen. Die Bennett's Boys hatten dafür zu sorgen, dass die Schwachen nicht zu aufmüpfig wurden – zum Beispiel Arbeiter, die sich zu Gewerkschaften zusammenschließen wollten.[24]

Die Gründerväter hatten die Idee einer stehenden Armee noch mit kritischem Blick betrachtet, doch schon ein Jahrhundert nachdem George Washington vor »verwickelten Allianzen« warnte, wie er es gerne nannte, standen die amerikanischen Streitkräfte im Dienst von Kapitalgesellschaften, die mit ihrer Hilfe versuchten, in Übersee ihr Glück zu machen.

General Smedley Butler, ein amerikanischer Kriegsheld und der am höchsten dekorierte Marinesoldat der US-Geschichte, sprach mit Bedauern über seine Rolle im Krieg. In einer Rede, die er 1931 vor der amerikanischen Legion hielt und später in seinem Buch *War Is a Racket* (Krieg ist eine Schiebung, eine Gaunerei, ein Schwindelgeschäft) veröffentlichte, sagte Butler: »Eine Schiebung ist etwas ..., was dem Wohl von sehr wenigen dient, auf Kosten von sehr vielen.« Und weiter: »Krieg ist wahrscheinlich die älteste, wahrscheinlich die profitabelste und sicher die bösartigste Form [der Schiebung]. Er ist die einzige Form, die internationale Ausmaße hat ... und deren Profit sich in Dollar und in Verlusten von Menschenleben bemisst.«[25]

Ein Krieg zur Beendigung aller Kriege ... funktioniert nie

Kurz nach General Butlers Rede ließ sich die Welt auf den zweiten »Krieg zum Ende aller Kriege« ein. Die Historiker berichten uns, dass es dabei um eine Schlacht gegen die bösen Nazis ging, doch die unbequeme Wahrheit ist, dass die Wahrung des amerikanischen Einflussbereichs im Pazifik mindestens genauso wichtig war.

Das amerikanische Imperium hatte auch zuerst zum Aufstieg der Nazis beigetragen. Die Maschinerie der Deutschen wurde von der amerikanischen Industrie unterstützt und in Teilen von amerikanischen Bankiers finanziert, unter anderem von Averell Harriman und Prescott Bush, dem Vater und Großvater der früheren US-Präsidenten George H.W. Bush und George W. Bush.[26]

Am Ende des Zweiten Weltkriegs waren die Vereinigten Staaten die Supermacht der Welt. Im Gegensatz zu den europäischen Staaten und dem Fernen Osten hatte das amerikanische Festland keine Bombardierungen, keine Invasion und keinen Schaden an ihrer Infrastruktur hinnehmen müssen. Doch der Frieden und die Ruhe währten nicht lange, denn am 14. Juli 1949 testete die Sowjetunion ihre erste Atombombe. Die amerikanische Reaktion darauf setzte den Kalten Krieg in Gang und lenkte die Vereinigten Staaten auf einen karmischen Kurs, der uns in die heutige Situation gebracht hat: bis an die Zähne bewaffnet, mit 10 Billionen Dollar hoch verschuldet, in dem Gefühl, mehr als jemals zuvor in Unsicherheit zu schweben.

Dieser Atomtest und die Tatsache, dass die USA bereits zwei Atombomben abgeworfen und damit in Hiroshima und Nagasaki 220 000 Zivilisten getötet hatten, erzeugten eine globale Spannung, die es noch nie zuvor gegeben hatte. Soldaten, die mit Knüppeln, Speeren oder Bajonetten gegen andere Soldaten kämpfen, sind *eine* Sache – ein rücksichtsloser Führer oder ein tollkühner General, der per Knopfdruck einen globalen Völkermord auslösen kann, ist eine andere. Oder, wie Albert Einstein prägnant bemerkte: »Ich weiß nicht, mit welchen Waffen der Dritte Weltkrieg ausgefochten werden wird, aber im Vierten werden es wieder Stöcke und Steine sein.«

Schauen wir uns an, welche Faktoren zur Entscheidung des Nachkriegs-Präsidenten Harry S. Truman beigetragen haben. Kurz nach dem Krieg schrieben Flugzeughersteller in Sorge um ihr ökonomisches Schicksal in einer Nachkriegswirtschaft dringende Briefe an ihre Kollegen im Auswärtigen Amt. Die Mitarbeiter des Auswärtigen Amtes überzeugten Truman daraufhin, dass mehr Investitionen in die Militärindustrie eine zweite große Depression abwenden könnten.[27] Allerdings wurde nicht gerade lange darüber diskutiert. Noam Chomsky erzählt: »Es war keine echte Debatte, denn die Sache war schon entschieden, bevor es losging, aber das Thema wurde immerhin angesprochen: Sollte die Regierung ihr Schwergewicht auf militärische Ausgaben legen oder auf soziale Ausgaben?«[28]

Was die Einberufungspolitik betraf, wurde Truman von zwei wichtigen Mitarbeitern des Außenministers Dean Acheson widersprüchlich beraten: George Kennan hatte eine Reputation als ein in der Sowjetunion stationierter antikommunistischer Diplomat, doch er sah in der Sowjetunion keine militärische Bedrohung der Vereinigten Staaten. Kennan war der Ansicht, dass die Sowjetunion unter Stalin hauptsächlich damit beschäftigt sei, ihre Kriegsschäden zu reparieren und keine expansionistischen Ziele verfolge. Diese Einschätzung wurde von den Erkenntnissen der Geheimdienste bestätigt.[29]

Der andere Berater war Paul Nitze, ein ehemaliger Investment Banker der Wall Street. Er war davon überzeugt, dass der Schlüssel zu Amerikas ökonomischer und politischer Sicherheit in einem Militärindustrie-Staat liege. Am 11. Oktober 1949, weniger als drei Monate nach dem Bombentest der Sowjets, präsentierte Kennan seinen Standpunkt, dass die Vereinigten Staaten mit der Sowjetunion ein Abkommen schließen sollten, in dem sich beide Staaten verpflichteten, niemals Atomwaffen anzuwenden. Am gleichen Tag vertrat auch Nitze seine Meinung, laut der es notwendig sei, den zivilen Lebensstandard eher zu senken als zu heben, um mehr Waffen produzieren zu können.«[30]

Anfang 1950 wies Truman Paul Nitze an, einen ausführlichen Entwurf für eine Wirtschaft des Kalten Kriegs vorzulegen. Das Dokument hieß *NSC-68: United States Objectives and Programs for National Security* (Ziele und Programme zur nationalen Sicherheit der Vereinigten Staaten). Der Rest ist Geschichte – eine traurige Geschichte, in der ein Dokument, das Nitze später als »dem Geist von 1950 angemessen« bezeichnete, einen Präzedenzfall schuf.[31]

In seinem passend betitelten Exposé *Addicted to War* berichtet der College-Professor Joel Andreas, dass die USA seit 1948 für die Militärindustrie 15 Billionen Dollar ausgegeben haben, mehr Geld als der Wert aller US-amerikanischen Fabriken, Maschinen, Straßen, Brücken, Abwassersysteme, Flughäfen, Eisenbahnen, Kraftwerke, Bürogebäude, Einkaufszentren, Schulen, Krankenhäuser, Hotels und Landhäuser zusammen![32] Und falls sich jemand verdeutlichen möchte, wie 15 Billionen für einen Buchhalter aussehen: 15.000.000.000.000 $. Dafür kriegt man schon eine Menge Munition! Kein Wunder, dass die Situation ein wenig aus dem Lot geraten scheint.

Gobble-ization*

Zweifellos gibt es Kräfte, welche die Macht Amerikas zu untergraben versuchen, doch jene, die von der Macht profitieren, haben die Begründung für ihr zerstörerisches Verhalten gut verborgen. Man verbinde die Macht der Geldwechsler und die Macht der Kapitalgesellschaften mit der Macht der stärksten Streitkräfte, die die Welt je gesehen hat, und man erhält eine unerbittlich auf Macht orientierte, gewissenlose Maschinerie, die auf noch nie da gewesene Weise die Ressourcen der Welt verschlingt.

Die Fürsprecher der internationalen Wirtschaftsverflechtungen werben damit, dass die Globalisierung den freien Handel fördere und dass dies zum Wohl aller sei, doch letztlich ist es die gleiche

---

* Engl. *to gobble* = dt. *verschlingen, hinunterschlingen,* in Anspielung auf *globalization* = *Globalisierung*. (Anm. d. Übers.)

Taktik, wie sie schon die Bank von England und die US-Notenbank angewendet haben: Mach es den Leuten leicht, Geld zu borgen, und mach es ihnen schwer, es zurückzuzahlen. Und wieder zahlt es sich aus – für die Banken.

Die beiden größten Banken der Welt sind heute die Weltbank und der Internationale Währungsfond (IWF). Sie wurden 1944 und 1945 von 45 alliierten Nationen mit der Absicht gegründet, am Ende des Zweiten Weltkriegs die internationale Geld- und Finanzordnung zu regeln. Angeblich stellt die Weltbank den sogenannten Entwicklungsländern und Nationen, die unter Konflikten, Naturkatastrophen und humanitären Notständen leiden, finanzielle und technische Hilfen zur Verfügung. Der IWF soll die globalen Finanzsysteme, Wechselkurse und den Zahlungsverkehr überwachen.

Zwar haben fast alle Nationen ihren Anteil an diesen mächtigen Einrichtungen, doch Kritiker sind davon überzeugt, dass diese in erster Linie den internationalen Wirtschaftsinteressen der USA dienen und dass ihr Vorgehen zur weltweiten Armut beiträgt, weil es dafür sorgt, dass die Entwicklungsländer hoch verschuldet bleiben.

In seinem Buch *Confessions of an Economic Hit Man*[33] beschreibt John Perkins, wie er in seiner früheren Rolle als internationaler Wirtschaftsberater den sogenannten Dritte-Welt-Ländern Kredite aufgeschwatzt hat, die von vornherein darauf ausgelegt waren, dass die Banken und die mit ihnen verbundenen Unternehmen auf Kosten der Armen Millionengewinne abschöpften. Wie? Indem sie wissentlich mehr verliehen, als die Entwicklungsländer je zurückzahlen können, um dann kostengünstig an die Ressourcen zu kommen, wenn den Schuldnern erwartungsgemäß das Geld ausgeht. Schon mal gehört? Genau, das ist die gleiche Viel-Geld-wenig-Geld-Masche, die schon die Geldwechsler im Mittelalter anwandten. Geht es um Gier, tauchen immer wieder die gleichen Muster auf.

Aber die Allianz zwischen Geld und Macht hat noch eine dunklere Seite. Perkins erklärt: »Economic Hit Men werden zuerst mit viel Geld losgeschickt, um die Räder ins Laufen zu bringen.« Wenn die zuständigen Amtsträger der Entwicklungsländer diese sogenannte »Gelegenheit« ausschlagen, kommen andere, um ihnen die Situation »genauer zu erklären«. Diese von der CIA abgesegneten Attentäter nennt Perkins die »Schakale«.[34]

Was würden wohl George Washington, Thomas Jefferson und Benjamin Franklin von dieser Art der Einmischung durch die Vereinigten Staaten halten? Würden sie sich wundern, wie es sein kann, dass ein Volk freier Männer und Frauen ihre kostbaren Rechte auf Leben, Freiheit und Streben nach Glückseligkeit in die Hände von Schakalen legt?

Nun, es war ein historisch sehr empfindlicher Zeitpunkt. Das amerikanische Volk, das gerade die Schrecken des Zweiten Weltkriegs hinter sich hatte und dessen Angst vor dem Kommunismus durch Luftschutzübungen und Atombombentests verstärkt wurde, ließ sich auf einen Akt der gegenseitigen Verleugnung ein. Ähnlich wie bei der späteren Haltung des Militärs hinsichtlich der sexuellen Orientierung seiner Soldaten – »Frage nichts, sage nichts« –, stellte die Öffentlichkeit keine Fragen, was zu ihrer Sicherheit unternommen wurde, und die Regierung verschwieg im Gegenzug, was sie genau tat.

Wir wollen auf keinen Fall so tun, als ob vonseiten der totalitären marxistischen Regimes keine echte Bedrohung ausgegangen wäre. Selbst konservative Schätzungen gehen davon aus, dass unter Stalin 20 Millionen Russen aus politischen Gründen sterben mussten, unter Mao Tse-tung waren es doppelt so viele Chinesen. Doch die gleichen Leute, die schon immer von Kriegen profitiert haben, versteckten sich auch hier hinter den berechtigten Ängsten, schürten sie und machten sie sich auf unfaire Art zunutze.

Und die gute Nachricht? Nun, jeder Mensch und jede Gesellschaft, die gesunden will, muss zuerst die Existenz ihrer Probleme anerkennen und genau betrachten. Wie der spirituelle Autor Eckhart Tolle in seinem Buch *Eine neue Erde: Bewusstseinsprung anstelle von Selbstzerstörung* schreibt: Die größte Errungenschaft der Menschheit besteht nicht in ihren Kunstwerken, ihren wissenschaftlichen Erkenntnissen oder ihren technologischen Erfindungen, sondern in der Erkenntnis ihrer eigenen Fehlfunktionen, ihres eigenen Irrsinns.

Gratuliere, Sie haben den ersten kleinen, aber notwendigen Schritt zur Gesundung gemacht: Sie haben erkannt, dass etwas nicht stimmt. Als Nächstes wollen wir uns eine sehr kranke Situation anschauen, in der bereits die ersten Anzeichen der Gesundung zu erkennen sind.

Das ungesunde Gesundheitssystem

Der wissenschaftliche Materialismus hat nirgendwo mehr Einfluss genommen als auf dem medizinischen Sektor. Daher verwundert es auch nicht, dass das Gesundheitssystem jetzt selbst schwer krank darniederliegt.

Zweifellos haben Sie oder jemand aus Ihrem Bekanntenkreis schon von der modernen Medizin profitiert. Wahrscheinlich kennen Sie etliche Personen, die heute nur noch dank moderner Operationstechniken, Medikamente oder anderer medizinischen Technologien am Leben sind oder ihr Leben genießen können. Wie wir von unseren Zellen wissen, ist Technologie eine gute Sache. Doch wie wir bei allen Wahrnehmungs-Mythen auch erkannt haben, können die gleichen Überzeugungen, die zum Gleichgewicht eines Systems beitragen, später auch zur Zerstörung oder Beschädigung dieses Systems führen. Der gleiche wissenschaftliche Materialismus, der der modernen Medizin ihre Wunderkräfte verliehen hat, hat auch ihre größten Schwächen gefördert. Gewinnorientierte Pharmakonzerne haben die Medizin von der Heilung zum Profit gelenkt.

In den vergangenen drei Jahrzehnten haben wir laut dem Medizinjournalisten Jacky Law den Aufstieg der *Blockbuster-Medizin* erlebt: hochwirksame, hochpreisige Medikamente und Behandlungen, die die Kosten für Gesundheitsfürsorge in den Vereinigten Staaten innerhalb von 25 Jahren verdoppelt haben. 2004 wurden in den USA 1,9 Billionen Dollar für das Gesundheitswesen ausgegeben, das sind 16 Prozent des Bruttoinlandsprodukts.[35] Und was haben wir im Gegenzug dafür erhalten? Nun, je nach Quelle ist die häufigste (vielleicht auch nur die dritthäufigste) Todesursache in den USA nicht Krebs, nicht Herz-Kreislauf-Erkrankungen, sondern ... die Ausübung der Medizin. – Hallo, wie bitte?

Auf der Grundlage von konservativen Schätzungen bestätigte ein selten selbstkritischer Artikel im *Journal of the American Medical Association,* dass 2000 die dritthäufigste Todesursache in den USA auf iatrogenische Krankheiten zurückzuführen sei, das heißt auf »Krankheiten, die durch medizinische Behandlung entstehen«.[36]

Das Nutrition Institute of America gab jedoch eine unabhängige Prüfung der medizinischen Praktiken in Auftrag. Das Resultat: »Die geschätzte Anzahl iatrogenischer Todesfälle – das heißt, von Todesfällen, die unabsichtlich durch Ärzte, medizinische Behandlungen oder diagnostische Verfahren zustande kamen – liegen in den Vereinigten Staaten bei jährlich 783 936.«

Diese Zahl taucht in einem Bericht auf, der passenderweise *Death by Medicine* (Tod durch Medizin) heißt und von drei Ärzten und zwei promovierten Philosophen verfasst wurde.[37] Im Vergleich zu diesen fast 784 000 Toten durch iatrogene Folgewirkungen verursachte die zweithäufigste Todesursache, die Herz-Kreislauf-Erkrankungen, knapp 700 000 Todesfälle, und die dritthäufigste Ursache war Krebs mit 550 000 Toten. Diese Zahlen zeigen, dass man die Medizin mit Fug und Recht als wichtigsten Feind der öffentlichen Gesundheit bezeichnen könnte.

Egal, ob sie die häufigste oder die dritthäufigste Todesursache ist: Die Medizin sollte auf dieser Liste überhaupt nicht auftauchen. Und noch alarmierender: Die »Macher« des Gesundheitssystems bezeichnen diese Todesfälle teilnahmslos als den Preis, den wir für eine medizinische Behandlung eben zu zahlen hätten.

Wie ist unser Gesundheitswesen so krank geworden und was ist die Ursache dieser scheinbar unaufhaltsamen finanziellen Ausblutung? Als Erstes wollen wir die Antwort in dem beharrlichen Wahrnehmungs-Mythos suchen, dass nur die Materie zählt. Man kann es auch die »Newton'sche Medizin« nennen.

Newton'sche Medizin

Die Newton'sche Medizin begann nicht mit Newton, sondern mit René Descartes. Mit seiner klaren Unterscheidung zwischen Körper und Geist schnitt er den Menschen in zwei Teile – von denen der eine Teil unsichtbar ist. Anfang des 17. Jahrhunderts, zur Zeit von Descartes, galten Geist (Mind und *Spirit*) und Seele vereinbarungsgemäß als Domäne der Kirche. Der Medizin blieb nur der materielle Rest, das Körperliche, Mechanische, Messbare. In den vergangenen vier Jahrhunderten hielt sich die Medizin an die Newton'sche Überzeugung, dass die Materie ihr eigenes Schicksal bestimmt.

Aus dieser Perspektive ist es kein Wunder, dass die medizinische Wissenschaft die Ursachen von Krankheiten nur auf der materiellen Ebene suchte. Ungefähr zu der Zeit, in der Darwin seine Evolutionstheorie formulierte, entdeckte der französische Mikrobiologe Louis Pasteur den Zusammenhang zwischen Krankheiten und Mikroben. Die Theorie über Krankheitserreger passte nicht nur gut zum Modell eigenständiger physischer Krankheitsursachen, sondern auch zu der Haltung »Herrsche oder werde beherrscht«. Immer wieder sagt man uns, dass wir von einer Armada tödlich gefährlicher Organismen umgeben sind – Viren, Bakterien, Parasiten –, die nur darauf aus sind, den Tempel unseres Körpers zu erobern. Die oder wir – so scheint es.

Wie jedes neue Basisparadigma hat uns auch der wissenschaftliche Materialismus am Anfang viele großartige Durchbrüche und Wohltaten beschert. Das gilt insbesondere für die moderne Medizin, die dazu beitragen konnte, dass viele Infektionskrankheiten ausgerottet und viele Wundermittel wie Penizillin und Insulin entwickelt werden konnten. Im Lauf des letzten Jahrhunderts hat sich durch solche medizinischen Fortschritte die durchschnittliche Lebenserwartung der Amerikaner um 30 Jahre erhöht.

Doch nicht alle sind der Meinung, dass dieser Fortschritt den medizinischen Errungenschaften zuzuschreiben ist. Thomas McKeown, Experte für öffentliche Gesundheit und Sozialmedizin, vertritt die Position, dass die wesentlichen Faktoren für den Anstieg der Lebenserwartung im 20. Jahrhundert in der besseren Ernährung und Hygiene sowie den allgemein besseren Lebensbedingungen liegen.[38]

In den Vierziger- und Fünfzigerjahren des letzten Jahrhunderts, zu der Zeit, als Watson und Crick meinten, in der DNA den Schlüssel zum Geheimnis des Lebens gefunden zu haben, erreichte die materieorientierte, Newton'sche Medizin ihren Höhepunkt. Traditionelle Methoden wie die natürliche Geburt und das Stillen galten als restlos rückständig in einer Zeit, in der der anwachsenden amerikanischen Mittelklasse die Überzeugung vermittelt wurde, der Arzt wisse alles am besten.

Aus der Newton'schen Sicht scheinen die Ursachen und die Heilungsmöglichkeiten einer Krankheit die Konsequenzen einer Reihe materieller Dinge zu sein, die nur ein Spezialist mit beeindruckend vielen Titeln versteht. Obwohl die Ergebnisse der allopathischen Medizin im Verhältnis zu den Kosten abnehmen, ist ihr Einfluss ungebrochen. Warum? Weil die Pharmaindustrie, wie wir gleich zeigen werden, zu den einträglichsten Unternehmen dieser Welt gehört.

Die hohen Kosten des Profits

Jeden Tag erfüllen in den USA Millionen kompetenter, gut meinender Menschen ihre beruflichen Aufgaben als Ärzte, Krankenschwestern, Sanitäter, Medizintechniker, Krankenhausverwalter und dergleichen. Weitere Tausende arbeiten in Labors an der Entwicklung neuer Heilmethoden für Beschwerden und Krankheiten. Die wenigsten davon sind pflichtvergessen oder böswillig, und doch bilden sie das teuerste Gesundheitssystem der Welt, allerdings nicht annähernd das wirksamste oder effizienteste.

Trotz der weltweit höchsten Pro-Kopf-Ausgaben für die Krankenversorgung stehen die USA am Ende der Liste der Industrieländer, wenn es um die Qualität geht. Die Zahlen sind unglaublich: 1960 waren es noch 114 Dollar pro Person, 1980 schon 2738 und im Jahr 2002 satte 5267 Dollar.[39] Und diese Zahlen sind bereits inflationsbereinigt. Wenn Sie es lieber in Prozent ausgedrückt haben möchten: Der Anteil des Bruttoinlandsproduktes, der in den USA für das Gesundheitswesen ausgegeben wurde, hat sich von fünf Prozent im Jahr 1960 auf 14,6 Prozent im Jahr 2002 fast verdreifacht.[40] 2008 waren 47 Millionen Amerikaner nicht krankenversichert, was die Gesundheitsversorgung in eine noch schiefere Lage bringt.[41]

Wie konnte das passieren? Der wesentliche Faktor, der zu unserem ungesunden Gesundheitssystem geführt hat, der fatale Fehler, der so viele gute Absichten zunichte macht, ist, dass das Gesundheitswesen zu einem gewinnorientierten Geschäft geworden ist – und zwar einem höchst profitablen. In einer Gesellschaft, die stillschweigend akzeptiert, dass Geld das Wichtigste ist und Gewinn das Einzige, was zählt, bestimmt der Profit letztendlich die Spielregeln.

Ein Beispiel: Als vor ein paar Jahren die Preisunterschiede für die gleichen Medikamente in den USA und in anderen Ländern publik wurden, regten sich die Amerikaner verständlicherweise auf. Der Grund, weshalb die Pharmakonzerne ihre Mittel woanders billiger verkauften: Sie verlangen und nehmen die Preise, die der Markt hergibt, und woanders gibt er weniger her als bei uns. Aber gar kein Problem: Sie zähmten den Bärenmarkt einfach mit dem kleinen Stier, indem sie uns weismachten, wie privilegiert wir doch seien, dass wir mehr bezahlen können.

Man denke nur an den vermeintlichen Sieg der Medicare-Patienten. Dem neuen Medicare Modernisation Act zufolge erhalten die Teilnehmer der öffentlichen amerikanischen Krankenversicherung für ältere und behinderte Menschen alle rezeptpflichtigen Arzneimittel kostenlos. Das ist doch großartig, oder? Sicher, aber nur so lange, bis der Steuerzahler die Rechnung serviert bekommt und erfährt, dass ihn die großzügige Geste über 400 Milliarden Dollar pro Jahr kostet.

Und es blieb nicht bei den 400 Milliarden. Lesen Sie das Kleingedruckte: Einen Monat nachdem der Kongress über den Gesetzentwurf abgestimmt hatte und bevor Präsident George W. Bush ihn durch seine Unterschrift rechtsgültig machte, legte die Bush-Administration bei den Kosten für die nächsten zehn Jahre auf die vom Kongress genehmigte Summe noch mal 134 Milliarden drauf.[42] Während die erste Summe den finanziell konservativen Republikanern wohl akzeptabel erschien, hätte die höhere Summe von 534 Milliarden Dollar wahrscheinlich den Gesetzentwurf gekippt, denn er erhielt nach einer langen, durchdiskutierten Nacht nur eine knappe Mehrheit von fünf Stimmen: 220 Ja, 215 Nein.[43]

Aber das ist noch nicht alles. Nur etwa ein Jahr nach Inkrafttreten des Gesetzes verdoppelte das Weiße Haus das Budget für die kostenfreien Medikamente auf satte 1,2 Billionen Dollar.[44] Und wenn Sie jetzt das Gefühl haben, das klinge gerade so, als habe ein Economic Hit Man einer Dritte-Welt-Nation einen Bären aufgebunden, dann haben Sie vielleicht gar nicht so unrecht. Während die amerikanischen Steuerzahler die bittere Pille schlucken müssen, stellt Uncle Sam den Pharmakonzernen dicke Schecks aus.

Es ist wohl kein Zufall, dass die Pharmaindustrie die profitabelste Unternehmenssparte der Welt ist. In ihrem Buch *The Truth About Drug Companies*[45] erklärt Marcia Angell, die als erste Frau Chefredakteurin des *New England Journal of Medicine* wurde, dass die 2001 in Fortune 500* aufgeführten Pharma-Unternehmen im Durchschnitt einen Profit von 18,5 Prozent nach Steuern hatten, während die anderen Fortune-500-Unternehmen nur einen Durchschnitt von 3,3 Prozent aufwiesen. Die einzige Sparte, die mit 13,5 Prozent an die Pharmaindustrie herankam, waren die Finanzunternehmen.

Noch erstaunlicher: 2002 machte der von den zehn größten Pharma-Unternehmen erwirtschaftete Profit von 35,9 Milliarden Dollar mehr aus als die Profite aller übrigen 490 bei Fortune 500 gelisteten Unternehmen zusammen.[46]

Sag »Ja« zu Drogen!?

Das Problem der Pharma-Unternehmen und ihrer Aktionäre liegt darin, dass es sehr teuer ist, neue Medikamente zu entwickeln, zu prüfen und zu vermarkten. Viel gewinnträchtiger ist es, alte Medikamente besser zu vermarkten oder sie chemisch geringfügig zu verändern und dann als neues Produkt zu bewerben. Daher wenden die Pharma-Unternehmen ungeheuer viel Energie auf, um neue Märkte zu erschließen und die Anwendungsbereiche ihrer vorhandenen Produkte möglichst kostengünstig zu erweitern.

Nehmen wir das Beispiel der Statine, einer Gruppe von Medikamenten, die zur Senkung des Cholesterinspiegels eingesetzt werden. Im Lauf der letzten zwei Jahrzehnte wurde die Öffentlichkeit stark unter Druck gesetzt, ihren Cholesterinspiegel messen zu lassen und etwas zu unternehmen, wenn er über den Richtwerten liegt. Ein hoher Cholesterinspiegel galt als Risikofaktor für Herz-Kreislauf-Erkrankungen, die zu Herzinfarkten und Schlaganfällen führen können.°

---

* Fortune 500 ist eine jährlich erscheinende Liste der 500 umsatzstärksten Unternehmen der USA. (Anm. d. Übers.)

° Diese gefährliche Schlussfolgerung hinsichtlich der Rolle von Cholesterin bei kardiovaskulären Erkrankungen hat sich seitdem als komplett fehlerhaft herausgestellt.

Als Statine wie Lipitor, Crestor und Zocor seinerzeit auf den Markt kamen, wurden sie vor allem Patienten mit koronarer Herzerkrankung verschrieben. Im Lauf der Zeit haben umfangreiche Werbekampagnen und Vermarktungsstrategien die Öffentlichkeit überzeugt, dass alle Leute mit erhöhten Cholesterinwerten Statine nehmen sollten. So kam es, dass weltweit pro Jahr für 20 Milliarden Dollar Statine konsumiert werden. Den Pharma-Unternehmen hat die Chose eine Menge Geld eingebracht, aber hat es die Lebenserwartung der Menschen verbessert?

In einem Leitartikel des hochrangigen Medizinjournals *The Lancet* wurden die Ergebnisse von acht Untersuchungen zur Prävention von Herzerkrankungen präsentiert: Sie ergaben, dass die Therapie mit Statinen das Todesrisiko nicht wirksam beeinflusst. Die Wahrscheinlichkeit, eine Herz-Kreislauf-Erkrankung zu bekommen, wurde durch die Statin-Therapie nur minimal gemindert. 67 Personen mussten fünf Jahre lang mit Statinen behandelt werden, um eine Herz-Kreislauf-Erkrankung zu vermeiden. Und die Untersuchungen zeigten erstaunlicherweise, dass Statin vor allem bei Frauen jedes Alters überhaupt keine Wirkung zu zeigen schien.[47]

Doch diese Mittel sind nicht nur ineffektiv, sie sind auch gefährlich. Die Warnung vor Nebenwirkungen, die jeder Packung Zocor beiliegt, ist 19 Seiten lang, alles klein gedruckt! Weder irgendein Patient noch ein verschreibender Arzt liest das jemals durch.

Warum scheint niemand zu bemerken, dass Statine wenig nützlich, ja sogar gefährlich sind? Könnten politische oder monetäre Interessen dahinterstecken? 2004 empfahl das National Cholesterol Education Program (NCEP), ein Gremium des National Institute of Health, das dem Gesundheitsministerium angehört, dass die bis dahin allgemein anerkannten Richtwerte für Cholesterin gesenkt werden sollten.

Eine wissenschaftliche Beurteilung der NCEP-Empfehlungen, die 2006 in den *Annals of Internal Medicine* veröffentlicht wurde, machte deutlich: »... wir haben keine hochwertigen klinischen Nachweise gefunden, die heutige Behandlungsziele für Cholesterin rechtfertigen würden.« Der Bericht erklärt auch, dass die empfohlene Praxis, durch Statin-Therapien die empfohlenen Cholesterinwerte zu erreichen, aus wissenschaftlicher Sicht nicht als hilfreich oder sicher gelten könne.[48] Untersuchungen haben ergeben, dass eine ausgewogene Ernährung genauso wirksam den Cholesterinspiegel senkt wie Statine. Der Kardiologe Dr. Dean Ornish hat gezeigt, dass die Veränderung der Ernährung, mehr Sport, weniger Stress und bessere soziale Unterstützung das sogenannte »schlechte Cholesterin« um fast 40 Prozent senken können.[49] Eine gesunde Lebensweise kann sogar die Ablagerungen in den Arterien wieder rückgängig machen – was für Statine dagegen niemals nachgewiesen wurde.

Warum wurden die neuen Richtwerte dann verabschiedet? Nach der Herausgabe der Empfehlungen wurde offenkundig, dass acht der neun Mitglieder des Gremiums finanzielle Verbindungen zu den Herstellern von Statinen hatten. Eine Senkung der Cholesterin-Richtwerte bedeutet natürlich Milliarden neuer Profite für die unersättlichen Pharma-Unternehmen. Die Herausgeber des NCEP-Berichts bezeichneten die fehlende Berücksichtigung dieses deutlichen Interessenkonflikts als ein »Versehen«.

Alles klar.

Auch die amerikanische Vereinigung der Kinderärzte entschied sich, den Elefanten vor ihrer Nase zu übersehen, und verabschiedete vor Kurzem neue Cholesterin-Richtwerte für Kinder.[50] Jugendliche und Kinder über acht Jahre, die zu hohe Cholesterinwerte aufweisen, werden zu lebenslangen Abnehmern für Statine gemacht, damit sie vielleicht irgendwann als Erwachsene keine Herz-Kreislauf-Erkrankung kriegen. Es ist wohl zweifellos moralisch äußerst fragwürdig, Kinder von dubiosen Medikamenten abhängig zu machen, ohne wissenschaftliche Beweise dafür zu haben, dass Statine wirklich Herzerkrankungen verhindern. Aber wie alle Kapitalgesellschaften kennen auch Pharmakonzerne keine moralischen Bedenken.

Auf ähnliche Weise brachte die Pharmaindustrie die medizinischen Institutionen dazu, die Definition von Bluthochdruck zu ändern. Jahrelang galt ein Blutdruck von über 140/90 als Hochdruck. 2003 wurde jedoch ein neues Krankheitsbild ins Leben gerufen: die sogenannte Prä-Hypertonie, die allen Patienten zugewiesen wurde, deren Blutdruck zwischen 120/80 und 140/90 lag. Voilà! So gab es eine neue Krankheit, die mit den alten Medikamenten behandelt werden konnte, und die Pharmaindustrie hatte viele neue Kunden gewonnen.[51]

Und da der Markt für die vorhandenen Krankheiten relativ gesättigt war, erschufen die Pharmariesen neue. Bei einem ihrer kreativen Schachzüge fassten sie mehrere relativ alltägliche Symptome zusammen und identifizierten sie als Störung.

Auf der Liste der neuen Krankheiten stehen Dinge wie *Intermittent Explosive Disorder,* was bedeutet, dass man ab und zu sehr wütend wird; das *Prämenstruelle Syndrom,* zu dem 150 verschiedene Merkmale gerechnet werden, die bei Frauen vor ihrer Periode auftreten; das *Restless Leg Syndrome,* bei dem man einen Drang verspürt, die kribbeligen Beine zu bewegen; und die *Sozialphobie,* ein Unwohlsein in neuen sozialen Situationen. Ein bisschen davon wird jeder schon mal erlebt haben, nicht?

Falls Sie meinen, unter einer dieser Störungen zu leiden, fassen Sie Mut, denn die Pharmaindustrie hat genau das richtige Mittelchen für Sie. Während auf den Reklametafeln immer steht: »Fragen Sie Ihren Arzt oder Apotheker«, empfehlen wir, dass Sie sich selbst fragen, ob Ihre Befürchtungen nicht vielleicht durch all die Werbekampagnen entstanden sind, mit denen diese Mittel verkauft werden sollen. In einer Gesellschaft, die darauf programmiert wurde, alle Beschwerden durch irgendwelche Pillen verschwinden zu lassen, haben solche Kampagnen auch ein leichtes Spiel.

Die Selbst-Gesundheits-Bewegung

Jede neu definierte Störung bürdet nicht nur unserem ohnehin überlasteten Gesundheitssystem neue Kosten auf; sie verstärkt auch unser Gefühl, verletzlich und ohnmächtig ums Überleben kämpfen zu müssen. Zum Glück beginnen immer mehr Menschen, diesen Mythos ihrer Gebrechlichkeit zu durchschauen. Sei es aufgrund des Risikos iatrogener Krankheiten oder aufgrund der immer höheren Kosten schulmedizinischer Behandlungen: Immer mehr Menschen fangen an, selbst die Kontrolle über ihre Gesundheit zu übernehmen.

Anfang der 1980er-Jahre erschien das wegweisende Buch *The Aquarian Conspiracy*[52] von Marilyn Ferguson, in dem sie die Auswirkungen der neuen wissenschaftlichen Erkenntnisse auf die gesellschaftlichen Institutionen untersucht. Ferguson stellt darin Fragen wie: »Was wäre, wenn wir vollständig begriffen, dass wir in einem Einstein'schen Universum leben, in dem die Materie von unsichtbarer Energie bestimmt wird?«, oder: »Was würde es bedeuten, die Erkenntnisse auf die Bildung, die Wirtschaft, die Politik und das Gesundheitswesen anzuwenden?« Ferguson prophezeite eine unmittelbar bevorstehende radikale Veränderung – ein evolutionäres Erwachen zu einer kooperativeren Gesellschaft und einer neuen menschlichen Ausrichtung. Ihre Botschaft beruhte auf der alten spirituellen Maxime, dass wir manifestieren, was wir glauben.

Als das Buch 1980 erschien, war Ferguson optimistisch, dass die Institutionen diesen Veränderungsimpuls annehmen würden. Doch heute wissen wir, dass die meisten Widerstand leisteten und in ihrer materiellen Ausrichtung stecken blieben. Doch im Bereich unserer persönlichen Gesundheit konnten einige ganzheitliche Ansätze Fuß fassen.

Warum? Weil es dort um uns persönlich geht, weil Fehlfunktionen im Gesundheitssystem uns oder unsere Lieben ganz direkt betreffen. Viele Menschen, bei denen das schulmedizinische System versagt hat oder die mit fatalen Diagnosen entlassen wurden, haben Alternativen gesucht und sind zu proaktiven Managern ihrer Gesundheit geworden.

Das Ergebnis ist, dass inzwischen über die Hälfte der amerikanischen Bevölkerung schon einmal die Hilfe von Komplementärmedizin in Anspruch genommen hat. Das liegt einfach daran, dass alternative Heilmethoden oft wirksamer, kostengünstiger und sehr viel sicherer sind als das, was die allopathische Medizin zu bieten hat.

Diese Erkenntnis kommt keinen Augenblick zu früh. Wir werden unsere gesamte Bewusstheit brauchen, um uns der letzten Front zu stellen, denn die Macht des Geldes und der Materie haben in dem wenig greifbaren Bereich unseres Geistes (Mind) bereits die ersten Pflöcke eingetrieben.

Massenablenkungswaffen

Der innere Raum: Die letzte Grenze

Vor dem Niedergang der Sowjetunion reiste eine Gruppe russischer Schriftsteller durch die USA und machte eine erstaunliche Entdeckung. Besonderen Eindruck schindeten weder die Wolkenkratzer noch die schicken Autos oder die 50 verschiedenen Waschmittelangebote im Supermarkt. Nein, sie hatten Zeitungen gelesen und Fernsehen geschaut, und das Bemerkenswerteste war ihrer Ansicht nach, dass in wesentlichen Dingen alle mehr oder weniger der gleichen Meinung zu sein schienen. Einer der Russen meinte: »In unserem Land kriegen wir das nur durch eine Diktatur hin. Wir sperren die Leute ein, ziehen ihnen die Fingernägel ab. Hier tut ihr nichts dergleichen. Wie macht ihr das? Was ist das Geheimnis?«[53]

Der Trick liegt im Einsatz von Massenablenkungswaffen und Massentäuschungswaffen, mit denen man die Menschen beherrschen kann, ohne die Spuren von Überwältigung zu hinterlassen. Der letzte Kampf um die Kontrolle über unseren Planeten findet nicht im Weltraum statt, sondern im inneren Raum unseres Geistes.

Wie wir gesehen haben, hat sich die Macht von brutaler Gewaltanwendung über wirtschaftliche Macht zu einer Kombination aus beidem entwickelt. Die Amtsinhaber der Macht im neuen Informationszeitalter haben herausgefunden, wie sie in die innersten Tiefen unseres Bewusstseins vordringen können, um unser Leben zu beeinflussen, ohne dass wir es auch nur merken.

Um zu verstehen, wie das geschehen konnte, wollen wir uns das Leben und die Geschichte von Edward Bernays anschauen: Bernays, ein Meister der Manipulation im Informationszeitalter.

Wie die Gehirnwaschmaschine im Schleudergang hängen blieb

Sicher kennen Sie *Public Relations,* auch *Marketing* oder *Werbearbeit* genannt. Vielleicht hat Ihre Firma schon einmal eine PR-Firma angeheuert, vielleicht arbeiten Sie sogar für eine. Aber haben Sie schon einmal den Namen Edward Bernays gehört? Wahrscheinlich nicht. Dabei gilt Bernays als der »Vater der Public Relations und des Marketings«; er war mit Sicherheit einer der einflussreichsten Menschen der Gegenwart.

Auf der Grundlage der Arbeiten seines Onkels Sigmund Freud und des russischen Psychologen Iwan Pawlow, der für seine sabbernden Hunde bekannt ist, begriff Bernays als Erster, wie man in Kunst und Wissenschaft durch unterbewusste Programmierungen mit den Massen kommunizieren kann. Seine Arbeiten umspannen einen großen Teil des 20. Jahrhunderts, vom Ersten Weltkrieg bis zum Kalten Krieg, und spiegeln in hohem Maß das Credo wider, dass in einem gleichgültigen, zufälligen Universum nur die Materie zählt.

Während des Ersten Weltkriegs arbeitete Bernays als junger Mann unter George Creel für das Committee on Public Information (CPI). Bernays war sehr beeindruckt von der Kriegspropaganda, die dieses Komitee entwarf, und von der Macht der gerade aufkommenden Massenmedien, die Menschen zu überzeugen und zu beeinflussen. Die Propagandisten hatten nicht nur den offiziellen Werbespruch für den Ersten Weltkrieg – »Making the world safe for democracy« (Eine sichere Welt für die Demokratie) – erfunden, sondern auch das klassische Plakat, das einen bedrohlich aussehenden Deutschen

---

* Liberty Bonds waren Kriegsanleihen, die während des Ersten Weltkriegs auch mithilfe bekannter Persönlichkeiten in den USA angepriesen wurden, um die horrenden Kriegskosten zu decken. Ihr Kauf vonseiten des Volkes wurde als »patriotische Tat« dargestellt: »Defend Your Country with Your Dollars« (Verteidigt euer Land mit euren Dollars). Sie konnten zum Originalwert plus Zinsen zurückgekauft werden. (Quelle: Wikipedia; Anm. d. Red.)

darstellt, dazu das Motto »Beat Back the Hun with Liberty Bonds«*
(wörtlich: Schlagt den Hunnen zurück mit Freiheitsfesseln).⁵⁴

Propagandaplakat, das der amerikanischen Öffentlichkeit
den Ersten Weltkrieg verkaufen sollte.

Zur Taktik jedes Krieges gehört es, den Gegner zu entmenschlichen, damit es möglichst leichtfällt, ihn zu töten – als würde man eine Kakerlake zertreten. Das CPI erfand Gräueltaten und griff alte Lügen aus früheren Kriegen wieder auf. Sie wussten – genau wie die heutigen Zulieferer negativer politischer Werbung –, dass miese Meinungsmache und Geschichten große Wirkung haben, weil sie eine innere Wut auslösen, die sich leicht auf ein beliebiges Ziel lenken lässt. Deswegen zog Amerika im Kalten Krieg gegen die »Roten« zu Feld und kämpfte Schlachten gegen die niederträchtigen »Hunnen«, »Japsen«, »Schlitzaugen« und dergleichen.

Nach dem Krieg wandte Bernays seine Aufmerksamkeit den Problemen des Friedens zu. In seinem Buch *Propaganda* schrieb er: »Es war natürlich der erstaunliche Erfolg der Kriegspropaganda, der den wenigen Intelligenten in allen Lebensbereichen die Augen öffnete für die Möglichkeiten der Einflussnahme auf das öffentliche Bewusstsein.«⁵⁵ Bernays nannte sich selbst »progressiv«, aber er hielt die

Massen trotzdem für eine »Herde, die geführt werden muss«, und schrieb freimütig über seine Mission, die Massen zu kontrollieren, »ohne dass sie davon wissen«.[56]

Haben Sie in letzter Zeit gesehen, wie sich eine Frau eine Zigarette angezündet hat? Auch dafür können Sie dem Genie Edward Bernays dankbar sein. In den 1920er-Jahren galt es noch als skandalös, wenn eine Frau rauchte. Die American Tobacco Company, die auch Lucky Strike herstellt, erkannte, dass hier ein neuer Markt erschlossen werden könnte, und heuerte Bernays an. Bernays, der sich immer gerne selbst lobte, bezeichnete das Resultat als eines der größten PR-Ereignisse des Jahrhunderts.

Jedes Jahr fand in New York und anderswo eine Osterparade statt. 1929 konnte Bernays ein paar attraktive junge Debütantinnen der besten Gesellschaft dafür gewinnen, auf der Parade als Suffragetten aufzutreten und zu rauchen. So sollte das Rauchen als eine moderne, freiheitsliebende Geste dargestellt werden. Die Presse wurde vorher heißgemacht und trat die Sache wie erwartet breit. Das Ganze wurde zu einem Wendepunkt der Akzeptanz rauchender Frauen. Zu Bernays Ehrenrettung muss man hinzufügen: Sobald die schädlichen Wirkungen des Rauchens bekannt wurden, setzte er sich vehement, wenn auch erfolglos dafür ein, dass die Public Relations Society von Amerika nicht weiter für Tabak-Unternehmen arbeiten sollte.[57]

Für die Kampagne, die Bernays eine Generation später für die United Fruit Company unternahm, hat er sich jedoch nie entschuldigt. Das Unternehmen heuerte ihn 1951 an, um bei einem Problem mit Guatemala zu helfen. Das Problem? Die Demokratie. Der neu gewählte Präsident Jacobo Arbenz hatte versprochen, Landreformen durchzuführen und den Wohlstand des Landes wieder seinen Bürgern zugute kommen zu lassen. United Fruit war zu jener Zeit der größte Landbesitzer in Guatemala und hatte überhaupt kein Interesse an Landreformen. So nahmen sie Bernays unter Vertrag, damit er ihnen half, die US-Regierung in ihrem Sinn zu beeinflussen.[58]

Bernays deklarierte die neue Regierung Guatemalas als »kommunistische Bedrohung«. Tatsächlich war Arbenz jedoch kein Kommunist, sondern ein Reformer, der in seiner Antrittsrede verkündet hatte, er wolle aus Guatemala ein »modernes, kapitalistisches Land« machen.[59] Nichtsdestotrotz arrangierte Bernays auf Kosten von United Fruit Journalistenreisen nach Guatemala, bei denen die Journalisten Zeugen vorgetäuschter kommunistischer Unruhen wurden.[60] Bernays' Aufgabe, die Medienmacher und die amerikanische Öffentlichkeit von der Gefahr zu überzeugen, wurde natürlich dadurch erleichtert, dass die ganze Sache mitten in der McCarthy-Ära* stattfand.

Das Ergebnis? Die CIA führte 1954 eine verdeckte Aktion namens *Operation PBSuccess* durch, bei der Arbenz gestürzt und eine Militärdiktatur eingeführt wurde. Es folgten 28 Jahre Terrorherrschaft. Die Landreformen wurden über den Haufen geworfen, und United Fruit hatte, was sie wollten. Im Rahmen brutaler Militärcoups, Aufstände und Unterdrückungen starben Tausende von Guatemalteken, und Millionen wurden zu Flüchtlingen.[61]

Man kann Bernays' brillanten, kreativen Geist nur bewundern. Er war weder unmoralisch noch skrupellos, er sah Propaganda nur als einen wissenschaftlich nachvollziehbaren Weg, um Einfluss zu nehmen. Das Problem liegt darin, dass die Wissenschaft für materielle Interessen missbraucht werden kann, wenn nur die Materie zählt. Was würde Bernays wohl dazu sagen, dass das Pentagon 2001 einer PR-Firma einen Viermonatsvertrag für 397 000 Dollar gegeben hat, um der Öffentlichkeit die Bombardierung Afghanistans zu verkaufen?[62]

Das neue Gesetz des Dschungels, der neue moralische Code lautet: Du sollst lügen, betrügen, stehlen und alles tun, womit du durchkommen kannst, um nach deiner eigenen Glückseligkeit zu streben.

Wovon sollen wir denn abgelenkt werden?

Jene, die uns manipulieren, wissen, dass wir von uns selbst und von der uns innewohnenden Gutherzigkeit abgelenkt werden müssen, um ihre auf Angst beruhenden Regeln zu akzeptieren.

---

* Im Zuge des Kalten Krieges agierte der amerikanische Politiker Joseph R. McCarthy als die treibende Kraft einer antikommunistischen Verfolgungswelle in der Verwaltung und im öffentlichen Leben der USA. (Anm. d. Red.)

Trotz all der »Nur die Besten zählen«- und »Sei ein Hai unter Haien«-Impulse, von denen wir umgeben sind, behandeln die meisten Menschen nicht automatisch alle anderen mit Geringschätzung, nur um die Besten zu sein. Die Misshandlung anderer muss erlernt werden, und die Manipulatoren wissen das. Deshalb wurde unsere Gesellschaft still und leise – oder manchmal auch nicht so leise – darauf programmiert, Gewissensbisse als Zeichen der Schwäche zu betrachten.

Eine Freundin von uns bekam einen gut bezahlten Job angeboten. Als sie herausfand, dass das Unternehmen mit falscher Propaganda operierte und sie in Umlauf brachte, lehnte sie den Job ab. Ihre Freunde schimpften mit ihr. »Irgendjemand wird das sowieso tun und dafür gut bezahlt, dann kannst du das Geld doch auch mitnehmen.« Diese offene Schelte für Menschen, die im Sinn des Allgemeinwohls integere Entscheidungen treffen, macht deutlich, dass viele in dem Wust von sinnlosen Informationen und zynischen Entscheidungen ihre innere Stimme, die sich nach einer liebevolleren, gesunden Welt sehnt, zum Schweigen gebracht haben. Diese Stimme wurde im geistigen Abgrund versenkt, über den hinweg die beiden Dogmen einander anbellen.

Wurde dieser Abgrund vielleicht in uns eingepflanzt, um uns davon abzuhalten, uns miteinander zu verbinden? Wenn Linke und Konservative, Fundamentalisten und Atheisten, Hippies und Glatzköpfe einander gegenübersäßen und einer dem anderen respektvoll zuhörte, wäre das für die Machthaber eine Bedrohung. All die Menschen, die entgegengesetzte Standpunkte zu haben glauben, könnten plötzlich ihre Gemeinsamkeit entdecken – ihre gemeinsame Menschlichkeit!

Wir werden nicht nur von unserer Gutherzigkeit und unserem Bedürfnis nach Verbundenheit weggelenkt, sondern auch von etwas außerordentlich Wichtigem: von unserer eigenen Macht. Beispielsweise von unserer Macht, unsere Überzeugungen und Geisteshaltungen zu verändern, wenn wir sie als unnütz erkannt haben. Sicher ist es erst mal angenehm, jene zu beschuldigen, die uns programmiert haben, um sich selbst Gewinne zu verschaffen; doch sobald wir erkannt haben, welche Wahrnehmungs-Mythen uns in die Irre geleitet haben, liegt die Verantwortung bei uns selbst. All das Getöse, die Fehlinformationen, die aufspaltende Animationsshow – all das dient nur dazu, dass wir nicht merken, wer eigentlich hinter dem Vorhang steht. Aber wer steht dahinter? Wir selbst!

In unserer Entwicklungsphase haben wir unbewusst all die kulturellen Paradigmen in uns aufgenommen. Aber jetzt wacht unser Bewusstsein auf und erkennt die Macht der unterbewussten Programme – und wir haben die Wahl, uns für andere, lebensfördernde Programme zu entscheiden.

Wenn wir uns individuell und kollektiv von der übernommenen Haltung lösen, dass Geld die Welt regiert und nur die Materie zählt, ermächtigen wir uns selbst, diese Überzeugungen hinter uns zu lassen. Dann kann ein neues Paradigma auftauchen, eines, das unsere ganze Bewusstheit, Aufmerksamkeit und aktive Teilnahme erfordert – im Hinblick auf uns selbst, in Bezug aufeinander sowie auf die bevorstehende kollektive Bewusstseinserweiterung.

In diesem Kapitel haben wir deutlich gemacht, wo wir stehen, wohin wir gehen und wo wir wahrscheinlich enden werden, wenn wir in der alten, ausgefahrenen Spur bleiben. Hoffentlich tragen die Erkenntnisse, die wir hier darstellen, zu einem kulturellen Wendepunkt bei, denn wir können das dysfunktionale Paradigma der geistlosen Materie nicht mehr länger beibehalten. Genauso wenig können wir wieder zum rein animistischen Paradigma der Naturvölker zurückkehren. Und auch nicht zur Zeit der Gründerväter mit ihrer unverfälschten Verfassung.

Es gibt keinen anderen Weg, als vorwärtszugehen. Und um vorwärtszugehen, müssen wir bereit sein, geistig zu gesunden.

10. Kapitel

Geistige Gesundung

*»If you can't take the craziness anymore,
there's only one thing to do.
Commit yourself to a sane asylum.«**

SWAMI BEYONDANANDA

Zur Besinnung kommen

Wie bei jedem Genesungsprogramm beginnt auch der Weg zu geistiger Gesundung damit, dass das Problem anerkannt wird. Wir sind gerade mutig durch das Schattenreich der verleugneten Dysfunktionalität gereist. Wir haben falsche, überflüssige und unhinterfragte Überzeugungen aufgespürt – Überzeugungen, die das Primat der Materie, das Überleben der Stärksten, die Steuerung durch die Gene und die zufällige Evolution propagieren. Wir haben festgestellt, dass sie nicht funktionieren.

---

* *To be insane* heißt: *irre oder wahnsinnig sein; sane* bedeutet dagegen: *geistig gesund, vernünftig; asylum* ist einerseits eine *Irrenanstalt,* andererseits aber auch ein *Asyl.* Sinngemäß übersetzt kann man also sagen: »Wenn Sie den ganzen Irrsinn nicht mehr aushalten können, gibt es nur eins: Weisen Sie sich in eine Besinnungsanstalt ein (oder: Suchen Sie in geistiger Gesundheit Asyl).« (Anm. d. Übers.)

Wenn wir die Matrix unsichtbarer Überzeugungen hinter uns lassen, die im Stillen unser Leben bestimmen, erkennen wir, dass die Welt, die wir erschaffen haben, unsere schlimmsten Ängste und unbewussten Gewohnheiten widerspiegelt. Nachdem wir diese hässlichen Wahrheiten angeschaut haben, werden wir uns im Folgenden auf die anderen Wahrheiten konzentrieren, auf die großartigen Möglichkeiten, die wir als Mitschöpfer unserer Welt haben. Beginnen wir den zweiten Teil unserer Reise mit der Besinnung auf unsere geistige Gesundheit.

Geistig gesund sein und *normal sein* – das ist nicht unbedingt das Gleiche. Geistige Gesundheit lässt sich nicht einfach so abfragen. Wie schon der Psychologe und humanistische Philosoph Erich Fromm feststellte: Aus Lastern werden keine Tugenden, nur weil sie von Millionen Menschen geteilt werden.[1]

Die geistige Gesundheit eines Menschen zeigt sich zum Beispiel in vernünftigen Einschätzungen und Gedankengängen. Menschen, die ständig verurteilen und voreingenommen denken, würden in diesem Sinne als geistig ungesund gelten.

In einer kollektiven Kultur hängen die Einschätzungen und das als vernünftig geltende Denken damit zusammen, was im Sinn des Basisparadigmas als wahr angenommen wird. Sind die paradigmatischen Überzeugungen einer Kultur verzerrt oder unwahr, kommt die Bevölkerung notgedrungen zu ungesunden Einschätzungen und Denkweisen. So kann es passieren, dass eine ganze Kultur in diesem Sinn als geistig ungesund zu bezeichnen wäre.

Angenommen, Sie sind immer noch davon überzeugt, dass es Ihnen genetisch vorbestimmt sei, Brustkrebs oder Prostatakrebs zu bekommen. Angesichts der heutigen Erkenntnisse aus der Epigenetik und der Psychoneuroimmunologie müssen die Gedankengänge, die zu dieser Idee führen, als geistig ungesund gelten. Zum Glück handelt es sich dabei um eine reparable Geistesschwäche, denn wenn Sie sich bewusst machen, wie die Umgebung, Ihre persönlichen Sichtweisen und Ihr Lebensstil auf die Aktivität Ihrer Gene und Ihres Immunsystems wirken, haben Sie die Chance, Ihre Gesundheit aktiv zu beeinflussen.

Wie an diesem Beispiel gezeigt, können kulturelle Wahrnehmungs-Mythen zur persönlichen Entkräftung und zu einer kollektiven geistigen Schwächung führen, die unser Überleben gefährden. Doch wie bereits angedeutet, handelt es sich beim Unheilsein der Zivilisation hoffentlich um einen vorübergehenden Zustand. Wenn die Bevölkerung wahrnimmt, dass die vier Wahrnehmungs-Mythen durch die neue Wissenschaft widerlegt wurden, hat sie die Chance, ihr Einschätzungsvermögen und ihr Denken mehr im Sinne unseres individuellen und kollektiven Überlebens einzusetzen.

Unserem unterbewussten Newton'schen Glauben an die Getrenntheit zum Trotz zeigt die Quantenphysik, dass alles im Universum mehr miteinander verbunden ist, als wir uns vorstellen können. Dinge wie Materie und Zeit, die wir für fest und greifbar hielten, sind nichts als Beziehungen, die nur Wirklichkeit zu werden scheinen, wenn wir sie wahrnehmen.

Wie wir gleich darlegen, wiederholen sich die Muster der Natur und die Muster des Universums auf verschiedenen Ebenen der Komplexität. Das bedeutet, dass unsere Gesundheit nicht außerhalb von unserer Haut aufhört, oder für die Metaphysiker: außerhalb von unserer Aura. So wie es in unserem Körper 50 Billionen Zellen gibt, ist jeder von uns eine Zelle im Körper der Menschheit. Wie oben, so unten. Gesunde Zellen, gesunde Organe, gesunde Organismen, gesunde Organisationen, gesunde Biosphäre. Das sind die Konsequenzen primärer geistiger Gesundheit.

Wahre geistige Gesundheit kann nicht in der Verleugnung der restlichen Welt existieren. Sie muss dem Wahnsinn der heutigen Welt ins Gesicht schauen und dabei den vorübergehend geistig Ungesunden einen Weg zu einer neuen Bewusstheit und zur Harmonie weisen.

Wenn wir die hier und da auftretenden Ausbrüche geistiger Gesundheit fördern, stärken wir das kohärente morphogenetische Feld, das bereits angefangen hat, die Welt zu verändern. Ein neues Funktionsprinzip für eine gesunde Welt sähe so aus: Das Leben ist eine kooperative Reise von kraftvollen Individuen, die sich darauf programmieren können, ein freudvolles Leben zu kreieren.

Statt sich immer tiefer in der einen oder der anderen Polarität zu verkriechen, geht es bei geistiger Gesundheit um die Integration von Gegensätzen. Stellen Sie sich ein Leben vor, bei dem Sie nur die Hälfte Ihrer Sinne beieinander haben! In vollem Besitz seiner Sinne zu sein bedeutet, die Ganzheit zum Vorschein zu bringen, die hinter den Dualitäten steckt. Zum Beispiel kann es sein, dass wir zur echten alten Religion zurückkehren müssen, doch das ist nur sinnvoll, wenn wir uns der wahren Bedeutung des Wortes *Religion* zuwenden.

Wie der britische politische Autor David Edwards in seinem Buch *Burning All Illusions* (Das Verbrennen aller Illusionen) deutlich macht, leitet sich das Wort *Religion* vom lateinischen Begriff *religare* ab, was *anbinden, zurückbinden* bedeutet. Die darin zum Ausdruck kommende Bindung wurde in der Vergangenheit oft im Sinne einer bindenden Verpflichtung interpretiert, doch Edwards versteht darunter eher die Verbindung des Einzelnen mit der Gesellschaft, die Verbindung der Welt mit dem Kosmos. In diesem Sinn hat Religion nichts mit einem persönlichen Gott, mit Theologie oder Dogma zu tun, sondern mit einer kohärenten Verbindung, die keine klerikalen Vermittler braucht.[2]

Leider liegt diese tiefere Bedeutung von Religion unter einem Haufen von Dogmen begraben. Alle spirituellen oder philosophischen Verbindungen, welche die Menschheit noch mit dem Kosmos verbanden, wurden beim Übergang vom Monotheismus zum wissenschaftlichen Materialismus gekappt. Statt die liebende Weisheit der irdischen und der theistischen Wege miteinander zu verbinden, haben wir unseren ganzen Glauben auf die materielle Welt und auf die Idee gestützt, dass Macht ein Ersatz für Liebe sein kann – wenn nicht sogar etwas Besseres.

Jetzt, da die Menschheit erkannt hat, dass die Anbetung der Materie zweifellos ein Fehler war, fangen wir an zu merken, dass Geld weder glücklich macht noch Leiden beendet.

Geistige Gesundheit bedeutet daher, dass wir über eine Religion, die uns ohnmächtig macht, ja über alles, was uns ohnmächtig macht, hinauswachsen. Geistige Gesundheit bedeutet, dass wir den blinden Gehorsam der Kindheit genauso hinter uns lassen wie die blinde Rebellion der Jugend. Geistige Gesundheit bedeutet, dass wir unser kindisches Verhalten endlich ablegen und von Kindern Gottes zu Erwachsenen Gottes werden.

Erwachsene Gottes

Die Desillusionierung durch die Ereignisse des Zweiten Weltkriegs mit seinen Völkermorden bewirkte, dass viele Menschen die Religion ernsthaft anzweifelten. Juden und Mitglieder sämtlicher religiöser Traditionen des Westens konnten sich des Gedankens nicht erwehren: »Wenn Gott so etwas zulässt, wer braucht dann noch Gott?« Die Existenzialisten gingen noch einen Schritt weiter und erklärten gleich: »Gott ist tot.«

Während das traditionelle Christentum im Süden und in ländlichen Gebieten der USA weiter lebendig blieb, entfernten sich große Teile der übrigen amerikanischen Bevölkerung vom Glauben. Mit den 1960er-Jahren manifestierten sich dann einige interessante Veränderungen. Immer mehr Hausfrauen gingen arbeiten. Das Fernsehen wurde zum beliebtesten Babysitter und häufig zum Mittelpunkt des Familienlebens. Selbst gekochte Mahlzeiten am Familientisch wurden seltener. Synagogen und Kirchen bekamen mehr den Charakter sozialer Treffpunkte, und die Gläubigen beschäftigten sich mehr mit materiellen Werten und dem Anliegen, wie man in der Welt vorwärtskommt, als mit der spirituellen Erleuchtung vom Himmel her.

Ende der Sechziger- und Anfang der Siebzigerjahre zeigte diese Tendenz allmählich ihre Konsequenzen: Junge Leute, die als radikale Hippies gen Osten gezogen waren, kamen zurück mit Perlen um den Hals, einem Mantra auf den Lippen und unaussprechlichen Namen, die ihnen ein Guru gegeben hatte. Andere wurden zu wiedergeborenen Jesus-Freaks und predigten leidenschaftlich die Lehren von Christus, ihrem Erlöser, zum Schrecken ihrer traditionell gläubigen Eltern. Ob neu-christlich oder neu-heidnisch: Diese jungen Leute wandten sich gegen die materialistischen Werte der vorigen Generation und versuchten, das spirituelle Vakuum zu füllen, das entstanden war.

Die Menschen in Amerika reagierten auf diesen Trend unterschiedlich. Rabbi Michael Lerner interviewte Tausende von normalen Bürgern. In seinem Buch *The Left Hand of God* (Die linke Hand Gottes) berichtet er: In einer Kultur, in der Geld das Wichtigste ist und in der eine Haltung von »Herrsche oder werde beherrscht« die

Arbeitswelt prägt, leidet die Bevölkerung unter spiritueller Entmutigung, um die sich weder die Gesellschaft noch die Politik kümmert. Lerner stellte fest, dass die Menschen in den Siebzigern anfingen, unter dem ungezügelten Materialismus sowie unter dem Verlust von Gemeinschaft und Verbindung – im Sinn von *religare* – zu leiden.[3] Diese entmutigten Leute suchten dann in spirituellen Gemeinschaften Zuflucht, in denen ihnen schlaue Priester eine Mischung von zwei Dingen anboten, an denen es in dieser säkularen Welt mangelt: echte Gemeinschaft und greifbare spirituelle Erfahrungen.

An der politischen Front rangen die Liberalen mit dem Phänomen der sogenannten »Reagan-Demokraten«, also resignierten Individuen, denen Werte wichtiger waren als ihre ökonomischen Interessen. Und konservative Gruppen wie die Moral Majority und die Christian Coalition of America bemühten sich, das spirituelle Vakuum zu füllen, das sie dem säkularen Humanismus ankreideten, ohne die eigentliche Ursache im Materialismus selbst zu erkennen.

Lerner macht deutlich, dass die Liberalen einfach nicht die Bedeutung und das Ausmaß des Herzeleids erkannten, unter dem das Land litt. So konzentrierten sie sich auf soziaökonomische Themen, doch die tiefen unbefriedigten Bedürfnisse ihrer Anhänger waren eigentlich psycho-spiritueller Art.

Die Ausbreitung christlich-konservativer Strömungen verstärkte die Trennung zwischen Religion und säkularer Welt. Einerseits boten sie einen willkommenen Kontrast zur Orientierung an den Marktwerten, andererseits bestätigten sie fatalistisch, dass die Welt eben so sei und auch nicht anders gemeint sei.

Die Menschen gingen beten, um sich spirituell für eine weitere Woche in der Tretmühle zu stärken. Doch gerade so, wie sich die Newton'sche Medizin nur mit den Symptomen der Patienten beschäftigt, ohne sich um die eigentlichen Probleme zu scheren, suchten Millionen von Gläubigen in ihren Gemeinden Schutz vor der schlechten Welt – ohne sich darum zu kümmern, wie sich diese schlechte Welt verändern ließe.

In den 1980er- und 1990er-Jahren kam die New-Age-Bewegung auf, die sich mit neuen spirituellen Gedanken und persönlichem Wachstum beschäftigte und weltliche Themen wie soziale Gerechtigkeit und ökonomisches Gleichgewicht weitgehend außer vor ließ.

Beim persönlichen Wachstum geht es eben um das Persönliche. In einer Gesellschaft, die das Individuum an die erste Stelle stellte, stand die Erschaffung der persönlichen Wirklichkeit im Vordergrund. Politik – was habe ich damit zu tun? Doch immer mehr von jenen, die die Mühsal des Daseins durch vorzeitige Himmelfahrt transzendieren wollten, erkannten, dass das *Dort* bereits *hier* ist. Man kann der Wirklichkeit, die wir kollektiv erschaffen haben, offenbar einfach nicht entgehen.

Wenn wir geistig gesunden wollen, müssen wir unsere Rolle als verantwortungsbewusste Mitschöpfer unserer Welt annehmen. Statt uns mithilfe religiöser Lehren zu schwächen, müssen wir aufhören, so zu tun, als wären wir ohnmächtig und dumm.

Alan Watts, Philosoph und Gelehrter der vergleichenden Religionswissenschaften, sagte: »Der verbreitete Irrtum gewöhnlicher religiöser Praxis ist, dass das Symbol mit der Realität verwechselt wird; dass auf den Finger geschaut wird, der den Weg weist, und dass dann zur Beruhigung an ihm genuckelt wird, statt ihm zu folgen.«[4]

Dieser Finger weist auf die nächste Ebene der menschlichen Evolution. Hier sind vier gesunde Alternativen zu den alten Dogmen:

**Erste Alternative:
Von der Ursünde zur Ursynergie**

Wie wir in Teil III *(Wachablösung und die Wiederbelebung des Gartens)* detaillierter besprechen werden, stellt universelle Liebe keine Bedingungen. Wie die Sonne strahlt sie ohne Unterschied auf jeden und alles. Doch in der westlichen Welt verehren viele einen Gott, der für seine Liebe und Zustimmung die Bedingung stellt, dass wir bestimmten religiösen Regeln folgen müssen. Die Praxis mancher religiöser Sekten artet sogar so extrem aus, dass sie sich geißeln, um das Böse aus sich zu vertreiben.

Zu den allgemein verbreiteten Ideen innerhalb des christlichen Gedankenfeldes gehört die Ursünde, die besagt, dass alle Menschen in Sünde geboren werden und dass Sündigen böse ist. Interessanterweise bedeutet das griechische Wort *Hamartia,* das in der Bibel in der Regel mit *Sünde* übersetzt wird, sinngemäß: *nicht treffen, ein Ziel verfehlen* oder *etwas falsch machen*. In diesem Sinne könnte man sagen, dass wir Menschen Sünder sind, weil wir so oft das Ziel verfehlen und unser Potenzial nicht erfüllen, während wir die Lektionen des Lebens lernen. Man könnte auch sagen, dass die rapide mutierenden Bakterien aus dem beschriebenen Experiment Sünder sind, zumindest solange sie ihr Ziel verfehlen, eine Mutation zu finden, die ihr Problem löst.

Aus linearer Sicht ist der Himmel ein dem Leben auf dieser Welt weit entrücktes Ziel. Aus der Quantensicht jedoch, in der es keine Zeit gibt außer dem Jetzt, ist ein zukünftiger Himmel nicht vorstellbar. Wir können im Jetzt nichts anderes tun, als zu *sein,* und das *ist* der Himmel. Anders gesagt: Der Himmel ist eine Lebensweise, kein Ort. Vielleicht sollte es neue spirituelle Autoaufkleber geben, auf denen steht: »Ich bin nicht perfekt, ich übe noch, zu sein.«

Um geistig zu gesunden, sollten wir den Fokus der Religion davon abwenden, einen auf Regeln pochenden, kosmischen Oberfürsten zufriedenzustellen, und lieber üben, den Himmel auf Erden zu verwirklichen.

Zweite Alternative: Von einem Modell der Bestrafung zu einem Modell des Lernens

Wenn Sünde bedeutet, das Ziel zu verfehlen, legt das den Gedanken nahe, dass wir Menschen öfter das Ziel treffen sollten. Das bringt uns dazu, den auf der Strafe liegenden Fokus unserer Gesellschaft infrage zu stellen.

Bestrafung ist etwas Unnatürliches, das in der Natur nirgends auftritt. Stellen Sie sich vor, der Magen erholt sich gerade von einer Virusinfektion und ist deshalb empfindlich, aber die Speiseröhre herrscht ihn an: »Von wegen Virus! Du bist einfach faul, und weil du mir all dieses Zeugs wieder nach oben geschickt hast, kriegst du jetzt nichts mehr zu essen.«

Strafen für Fehler sind unnatürlich, Konsequenzen jedoch nicht. Für die allermeisten von uns ist es sinnvoller, uns auf das zu Lernende zu konzentrieren anstatt auf die Strafe, die möglicherweise droht, wenn wir es nicht tun. Wir müssen aufhören, uns selbst zu bestrafen oder unbewusst um Bestrafung zu bitten.

Das Gesetz des Karmas und die Akzeptanz von Konsequenzen sind ein evolutionärer Schritt, der über das Konzept der Bestrafung hinausweist. Was wäre, wenn die Bakterien, die entweder mutieren oder sterben müssen, bei jeder erfolglosen Mutation erst einmal innehalten und sich geißeln würden? Würden sie ihr Ziel damit schneller erreichen? Wohl kaum.

Wenn wir aufs Lernen schauen statt auf die Sünde, erzeugen wir Mitgefühl mit uns selbst und mit anderen. Wir haben dann die Chance, die Konsequenzen unseres Tuns deutlicher zu bemerken, Verantwortung zu übernehmen und das nächste Mal besser zu zielen.

Sowohl die Evolution der menschlichen Kultur als auch die Evolution des Einzelnen ähnelt dem Versuch-und-Irrtum-Prozess der mutierenden Bakterien. Jeder Schritt – egal ob wir ihn als brillanten Durchbruch oder als entsetzlichen Irrtum bewerten – ist eine Mutation auf unserem evolutionären Weg. Thomas Edison konnte die Glühbirne auch nur durch Versuch und Irrtum entwickeln. Wenn wir aus unseren Fehlern lernen und uns dementsprechend weise verhalten, werden wir von Opfern des Lebens zu bewussten Teilnehmern.

Dritte Alternative:
Vom Opfer-Dasein zu einem Leben
als freie und bereitwillige Teilnehmer

Der Physiker John Wheeler, ein Kollege Albert Einsteins, kam beim Nachdenken über die Rolle der Menschheit in der Welt zu folgendem Schluss: »Wir hatten die alte Vorstellung, dass da draußen ein Universum ist und dass es hier den Menschen gibt, der sicher hinter einer Panzerglasscheibe sitzend das Ganze beobachtet. Jetzt lernen wir aus der Quantenwelt, dass wir, selbst um so etwas Winziges wie ein Elektron zu beobachten, die Glasscheibe durchbrechen müssen ... Der Begriff des *Beobachters* muss aus den Büchern gestrichen werden und durch den neuen Begriff des *Teilnehmers* ersetzt werden.«[5]

Anders gesagt: Wir erschaffen unsere Realität durch unsere Wahrnehmung.

Denkt man diesen Gedanken weiter, so kommt man zu dem logischen Schluss, dass es keine bestimmte Zukunft gibt, die uns gewiss ist. Manche zukünftigen Szenarien sind wahrscheinlich, viele andere sind nur Möglichkeiten. Das verflochtene Feld, das wir alle miteinander durch unsere kollektiven Gedanken erschaffen, beeinflusst alle potenziellen Zukünfte. Was die Theologen den freien Willen nannten, ist eigentlich unsere Macht der ko-kreativen – also mitschöpferischen – Teilnahme.

Unser Universum funktioniert keineswegs von oben nach unten. Die Realität wird nicht irgendwo da oben beschlossen und festgelegt. Unser Universum funktioniert vielmehr von unten nach oben: Unsere kollektiven Gedanken sammeln sich, bis sie die Kohärenz aufweisen, die eine – oder eine *andere* – Realität erscheinen lässt. Ein passendes Beispiel ist das Jüngste Gericht: Es ist weder unsinnig noch unausweichlich. Ob es stattfindet oder nicht, ist eine Frage der Entscheidung. Wenn es hier auf der Erde genug Menschen gibt, die glauben, dass das Jüngste Gericht kommt, dann werden sie einen Weg finden, es stattfinden zu lassen. Doch wenn genug Menschen eine Zukunft wählen, in der es kein Armageddon gibt, kann eine andere Wirklichkeit eintreten.

Gibt es also einen Gott oder eine göttliche Präsenz, die auf diese Welt Einfluss hat? Der Theologe David Ray Griffin geht davon aus, dass es tatsächlich einen göttlichen Einfluss gibt – und zwar einen, der von unseren Herzen ausgeht. Durch unsere freimütige Bereitschaft, Liebe zu zeigen – einfach indem wir die Goldene Regel der Nächstenliebe leben –, manifestiert sich ein liebevoller Gott in dieser Welt, und dabei ist es nicht so wichtig, »wie er, sie, es aussieht und wo er, sie, es genau wohnt«.

Die höllische Manifestation des Holocaust während des Zweiten Weltkriegs, aber auch die zahllosen Beispiele von kollektivem Mitgefühl, die damit einhergingen, sind Ausdruck dieser menschlichen Möglichkeit zur Entscheidung. Der verheißene und sehnsüchtig erwartete Messias – unser Erlöser – könnte sich als Do-it-yourself-Projekt erweisen. Alles hängt davon ab, wie wir uns kollektiv entscheiden. Wie der Theologe Griffin sagt: »Gott will überzeugen, nicht zwingen.«[6]

Vierte Alternative:
Von der Getrenntheit zur Verbundenheit

Mitgefühl – so nennen Buddhisten die liebevolle Teilnahme an der Welt. Dieses Wort wird im Westen oft missverstanden. Wir neigen dazu, Mitgefühl als eine nette Empfindung einzuordnen, so wie man sich ab und zu Zeit nimmt, um mit mehr oder weniger schlechtem Gewissen an die Hungernden in der Welt zu denken. Doch aus buddhistischer Sicht entspricht Mitgefühl einem tiefen Verständnis für jenes, wovon uns heute die Quantenphysik und die Zellbiologie erzählen.

In ihrem Buch *A Call to Compassion* (Aufruf/Berufung zum Mitgefühl) nennt Aura Glaser Mitgefühl die »Praxis der Erleuchtung«. Nach ihrem Verständnis kultivieren wir Erleuchtung in unserem alltäglichen Leben, wenn wir die Welt und unsere Beziehung zu ihr wirklich verstanden haben. Ein Bodhisattwa, das heißt ein Mensch, der sein Leben dem Erwachen der Menschheit gewidmet hat, kultiviert den »zwiefachen Geist (Mind)«: das Verständnis, dass die Liebe zu sich selbst und die Liebe zu anderen ein und dasselbe sind. »Mitgefühl ist ein Ausdruck menschlicher Freiheit«, schreibt Glaser, »die aus der gesunden Intuition hervorgeht, dass das Leben und alles Lebendige eins sind.«[7]

Wir werden sehen, dass dieses Verständnis der Verbundenheit aller Dinge und das Handeln, das aus diesem Verständnis hervorgeht, den Schlüssel zur spontanen Evolution bilden. Der Autor und Seminarleiter Gregg Braden reiste nach Tibet, um einen Weg zu finden, die Erkenntnisse der Quantenphysik und der alten spirituellen Traditionen zu verbinden. Mithilfe eines Übersetzers fragte er den Abt eines alten buddhistischen Klosters, was es sei, das uns miteinander, mit unserer Welt und dem Universum verbinde; welcher Art sei der »Stoff«, der über unseren Körper hinausreicht und die Welt zusammenhält.[8]

Der *Gesche* oder Lehrer antwortete mit einem kurzen Satz: »Mitgefühl hält alle Dinge zusammen.« Am nächsten Tag erklärte ein Mönch die Worte seines Lehrers. »Mitgefühl ist sowohl eine Kraft des Universums als auch eine menschliche Erfahrung.«[9] Mit anderen Worten: Mitgefühl ist sowohl das Feld als auch die Ausrichtung dieses Feldes.

Aus Sicht der Buddhisten hat die freie Entscheidung jedes Einzelnen, sich auf eine bestimmte Weise zu verhalten, eine direkte Wirkung auf die Menschheit als Ganzes. Die Auswirkungen unseres Handelns nennt man *Karma*. Die Selbstlosigkeit, die manchmal mit dem buddhistischen Mitgefühl assoziiert wird, ist eigentlich eine spirituelle Selbstbezogenheit, die beidem gleichzeitig dient: dem kleinen Selbst des Individuums und dem größeren Selbst der kollektiven Existenz. Diese traditionelle Überzeugung steht voll und ganz im Einklang mit unserem sich entwickelnden Bewusstsein, dass jeder Mensch eine empfindsame Zelle im Körper der Menschheit ist und gleichzeitig die Interessen des Individuums und des Ganzen zu berücksichtigen hat. Kein Wunder, dass Glaser die Bodhisattwas auch *Bürger des Universums* nennt.[10]

Die Wissenschaft hat der Welt ungeahnte Wunder geschenkt. Die Tatsache, dass Gregg Braden und andere Menschen der westlichen Zivilisation einfach so in ein Flugzeug steigen und alte Kulturen auf der anderen Seite der Erde besuchen können, ist dafür ein Beispiel. Viele schimpfen auf die Technologie. Wir sehen in ihr jedoch ein fundamentales Element der Evolution – schon deshalb, weil die Zellen des menschlichen Körpers über so viele Technologien verfügen, die viel komplexer sind als alles, was wir bislang erfunden haben.

Die wahre Weisheit, so wird uns allmählich klar, ist die Erkenntnis, dass eine Wissenschaft ohne *Geist (Spirit)* ihre Grenzen hat. Sicher wollen wir die technologischen Errungenschaften der Menschheit anerkennen. Noch viel wichtiger ist jedoch, dass wir unsere individuelle und kollektive Macht des Mitgefühls annehmen, um unsere Technologien weiser und mit angemessener Demut einzusetzen. Das passende Bild dafür ist die klassische Geschichte des Wissenschaftlers, der den Berg des Wissens erklimmt. Als er endlich am Gipfel ankommt, sitzt dort oben meditierend der Buddha.

»Was machen Sie denn hier?«, fragt der verblüffte Mann.

»Wo hast du denn so lange gesteckt?«, erwidert lächelnd der Erleuchtete.

Unsere Macht annehmen –
mit gebührender Demut

Der Schlüssel zu geistiger Gesundheit in einer geistig ungesunden Welt liegt in unserem Verständnis und der Pflege unserer Beziehung zur Wirklichkeit. Die Realität, die wir meinen, ist nicht die Unterschiede betonende Wirklichkeit des Reality-TV, sondern die wahre Realität der Verbundenheit von allem mit allem.

Wir Menschen sind nicht allmächtig, aber wir sind alle mächtig. Der entscheidende Schritt, damit unsere individuelle geistige Gesundheit zur Manifestation einer gesunden Welt beitragen kann, liegt darin, sowohl die Unendlichkeit als auch die Begrenztheit unserer Macht zu erkennen.

Wir sind weder Untertanen eines rachsüchtigen Gottes noch Opfer eines auf Zufall beruhenden Universums. So wie jede Zelle unseres Körpers alle unsere genetischen Informationen enthält, liegt auch in jedem von uns ein Schlüssel für die kollektive Menschheit. Das Programm für eine liebevolle Zukunft ist da – es muss nur durch unsere Bewusstheit und unser bewusstes Handeln aktiviert werden. Die sogenannten Sünden, über die wir klagen, sind nichts als Fehler – Fehlmutationen, wenn man so will. Ähnlich wie die Bakterien, für die die Suche nach der richtigen Mutation eine Frage von Leben und Tod ist, können auch wir Menschen die derzeitige Form der geistigen Misere nicht länger weiterführen.

Es liegt in unserer Hand, neue Antworten zu wählen. Manche dieser Lösungen könnten sich als Fehler oder Sackgassen erweisen, doch letztendlich werden sie uns alle gemeinsam sowohl in die Richtung unseres individuellen Selbst als auch unseres kollektiven Selbst führen.

Als Erwachsene Gottes verstehen wir, dass die Heilung der Welt von innen nach außen wirkt. Alles, was wir individuell tun, um kohärenter und mitfühlend zu werden, wird sich durch das ganze Feld bewegen wie die Wellen auf einem See. Kohärente und mitfühlende Menschen haben kein Bedürfnis, andere zu dominieren. Sie streben nach Kooperation, nicht nach Konkurrenz. Warum? Weil sie wissen, dass eine kohärente, harmonische Welt im Interesse aller ist.

Vielleicht meinte Jesus das, als er sagte, den Sanftmütigen werde die Welt gehören.*

Für alle, die sich bereits mit persönlichem und spirituellem Wachstum, ganzheitlicher Gesundheit und neuen Konzepten befasst haben, ist es jetzt Zeit, ihr Wissen und ihre Weisheit auf die Welt im Großen anzuwenden. Es ist Zeit, die Beschränkung der isolierten Suche nach dem persönlichen Glück hinter uns zu lassen. Es ist nicht mehr sinnvoll, ein kongruentes Leben in einer inkongruenten Welt zu führen. Es ist Zeit, dass diese Bewegung einen Schritt nach vorne macht und ihre spirituellen Prinzipien an der kollektiven Wirklichkeit überprüft.

Vor etwa 80 Jahren war ein 32 Jahre alter Möchte-gern-Geschäftsmann bereit, seinem Leben ein Ende zu setzen. Er hatte Bankrott gemacht, alle seine Unternehmungen waren fehlgeschlagen, und er war überzeugt, dass seine Frau, seine Familie und überhaupt die Welt ohne ihn besser dran wären. Während er darüber nachsann, sich in den Lake Michigan zu stürzen, schoss ihm ein unerwarteter Gedanke durch den Sinn: Es erschien ihm als Vergeudung, sein Leben wegzuwerfen. Da ihm ohnehin nichts mehr daran lag, konnte er es doch auch der Wissenschaft widmen. Warum sollte er sein Leben nicht der Welt zur Verfügung stellen und es als wissenschaftliches Experiment weiterführen?

Dieser Mann war Buckminster Fuller. Er lebte danach noch 55 Jahre und wurde ein berühmter Erfinder und Philosoph, der unter anderem die geodätische Kuppel und das Konzept des Raumschiffs Erde entwickelte. Möglicherweise liegt in seinem Leben eine Anregung für uns. Vielleicht haben wir unser Leben nicht nur um unser selbst willen geschenkt bekommen, sondern um es in einem großen Experiment der Welt zur Verfügung zu stellen, um zu sehen, ob wir alle gemeinsam vom Überleben zum Gedeihen gelangen können. Erinnern wir uns an die Analogie mit den Bakterien: Wir befinden uns in einem Wettlauf mit der Zeit. Werden wir die kritische Masse erreichen, bevor es zu einem kritischen Massaker kommt?

---

* »Selig sind die Sanftmütigen, denn sie werden das Land besitzen.« Matthäus 5,5

Wenn die Physiker recht haben, ist das Einzige, was uns gewiss ist, die Ungewissheit. Die Realität geschieht erst, wenn wir uns entscheiden, sie durch unsere kollektiven Überzeugungen wirklich werden zu lassen. Doch auch unserer liebevollen Absicht können wir uns gewiss sein. Das Experiment besteht darin, diese liebevolle Absicht auf unser Leben und unsere Welt anzuwenden.

Anders gesagt: Der beste Weg, mit der Ungewissheit in der Welt umzugehen, ist mit Gewissheit im Herzen. Das Ergebnis ist unklar, aber unsere Absichten können klar sein, und das wird Wirkung zeigen. Ich liebe, also bin ich.

Viele alte Traditionen, von den Veden bis zur Kabbala, betrachten die alltägliche Welt, die wir wahrzunehmen meinen, als eine Illusion. Und jetzt bestätigen es auch die Quantenphysiker, dass es ein Feld gibt, das jenes, was wir *Wirklichkeit* nennen, in die Materie projiziert. Die Getrenntheit zwischen uns und den anderen oder zwischen uns und der Natur, die wir in unserem Alltag immer wieder so lebhaft zu erfahren meinen, ist eine Illusion, die von unseren Überzeugungen aufrechterhalten wird.

Geistige Gesundung bedeutet, unsere Teilnahme an dieser kollektiv erzeugten Illusion aufzugeben. Es bedeutet, damit aufzuhören, den Wahnsinn durch Rationalisierungen, Verleugnungen, Wunschdenken und fehlgeleitete Hoffnungen in etwas oder jemand Äußeres zu verfestigen. Geistige Gesundung ist eine Entscheidung. Das Gute an der Geschichte ist: Es gibt einen Weg. Alles, was wir brauchen, ist der Wille, ihn zu gehen.

In Analogie zur Organisation eines gesunden, gedeihenden menschlichen Körpers zeigt uns dieses Modell einen Weg, die alten Ordnungshüter und Wächter abzulösen und den Garten Eden wiederzubeleben. Wir erkennen, dass vieles, vor dem wir uns bewahren wollten, auf programmierten Missverständnissen und alten Erinnerungen beruht.

Wir hoffen, dass eine geistig gesunde Welt am Ende von *Spontane Evolution* so lebendig geworden ist, dass sich die Brücke zwischen dort und hier eindeutig manifestieren kann.

Teil III

Wachablösung und die Wiederbelebung des Gartens

»Why don't we go for Heaven on Earth, just for the hell of it?«*

SWAMI BEYONDANANDA

Es gibt eine gute und eine schlechte Nachricht. Die schlechte Nachricht ist: Die uns bekannte Zivilisation geht ihrem Ende entgegen. Die gute Nachricht ist: Die uns bekannte Zivilisation geht ihrem Ende entgegen.

Sicher, die scheinbar überwältigenden Krisen, die gegenwärtig unsere Existenz bedrohen, können als böses Omen für unseren bevorstehenden Untergang betrachtet werden. Doch hinter den sichtbaren Problemen lauern noch tiefere, grundsätzlichere Gründe: Die wesentlichen Überzeugungen, auf denen wir unsere Welt errichtet haben, führen uns geradewegs ins Verderben. Das ist die schlechte Nachricht.

Die gute Nachricht ist, dass die neuesten wissenschaftlichen Erkenntnisse diese Überzeugungen drastisch umformuliert haben.

---

* *Just for the hell of it* (wörtlich: *nur für die Hölle davon*) ist der amerikanische Ausdruck für *nur so zum Spaß*. Im Zusammenhang mit »Warum setzen wir uns nicht für den Himmel auf Erden ein« ergibt die wörtliche Übersetzung natürlich mehr Sinn. (Anm. d. Übers.)

Wenn diese neuen, lebensfreundlicheren Erkenntnisse ins allgemeine Bewusstsein sinken, wird die Umkehrung der paradigmatischen Überzeugungen unausweichlich zu einer tiefen Transformation der Zivilisation führen.

Weitere gute Nachrichten: Es ist nicht das erste Mal, dass eine Zivilisationsform in Ungnade fällt. Drei frühere Formen der Zivilisation – Animismus, Polytheismus und Monotheismus – sind aufgetaucht und verschwunden und haben die Grundlagen für die heutige Kultur des wissenschaftlichen Materialismus gelegt. Es gibt also Präzedenzfälle.

Wie bei der Geburt jedes lebenden Organismus wird auch die Entstehung einer neuen Zivilisationsform zunächst von einer Entwicklungsphase eingeleitet: Neue kulturelle Ideen fließen in die allgemeine Öffentlichkeit. Im Lauf der Zeit werden lebensfördernde Überzeugungen kanonisiert und zum kulturellen Gesetz – was wiederum zu einer gewissen Rigidität der gesellschaftlichen Verhaltensmuster führt.

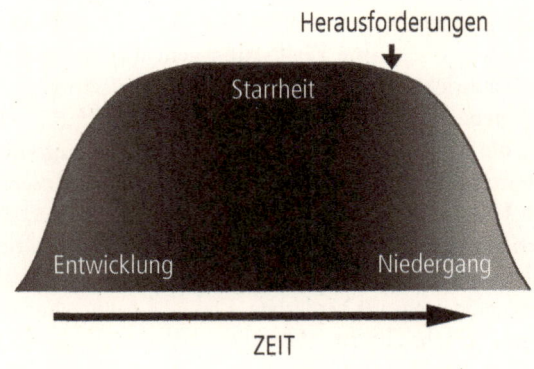

Die Lebensspanne einer Zivilisationsform beginnt mit neuen Entwicklungen, ist auf ihrem Höhepunkt von Starrheit geprägt und endet mit dem Niedergang.

Im Lauf der Zeit münden die fixierten gesellschaftlichen Überzeugungen in unlösbare Umweltprobleme. In dieser Phase kommt die allgemein vorherrschende Rigidität als aktiver Widerstand gegen Veränderungen zum Ausdruck, selbst wenn es sich um lebensbedrohliche Krisen handelt. In Zeiten des Aufruhrs beschleunigt mangelnde Flexibilität den Niedergang veralteter Gesellschaftsstrukturen.

Die heutige Weltsituation zeigt, dass wir uns tief in global lebensbedrohliche Herausforderungen verstrickt haben, die direkt mit den falsch verstandenen gesellschaftlichen Wahrheiten zusammenhängen. Wir bewegen uns durch eine Übergangsphase zwischen einer sterbenden Zivilisationsform und einer neuen, die darum ringt, das Licht der Welt zu erblicken. Aus der Asche des Alten steigt das Neue – wir leben den Mythos des Phönix.

Jeden Tag erkennen immer mehr Menschen, dass die uns bekannte Zivilisation ihrem Ende zugeht. Nein, das ist keine echte Überraschung. Schließlich stellt eine Welt, die unter überwältigenden Krisen im Chaos zu versinken droht, eine ernst zu nehmende Warnung dar.

Doch sind wir darauf vorbereitet, mit den Erfordernissen massiver gesellschaftlicher Umwälzungen umzugehen? Vielleicht lautet die wichtigere Frage sogar eher: Werden wir angesichts der unausweichlichen Transformation unserer Welt fähig sein, das Trauma einer Revolution zu vermeiden und uns stattdessen für eine globale Heilung durch Evolution zu entscheiden?

An der Weggabelung

Wir sausen nun auf den dritten Transit über die Mittellinie zwischen dem materiellen und dem spirituellen Bereich zu. Was auf uns zukommt, hängt davon ab, wie wir uns entscheiden. Wir können wählen, uns weiter an die uns vertraute Welt der duellierenden Dualitäten zu halten, in der religiöse Fundamentalisten und reduktionistische Wissenschaftler weiterhin die Öffentlichkeit zu polarisieren versuchen. Dieser Weg wird uns geradewegs zu dem Ziel führen, auf das wir jetzt schon zusteuern: unseren Untergang.

Oder wir können uns entscheiden, unsere Differenzen auszugleichen, indem wir die Harmonie höher bewerten als die Polarität. Wenn wir die vereinzelten Elemente zu einem vereinten, funktionellen Ganzen zusammenfügen, können wir die historisch überlieferten Dualitäten transzendieren und einen Evolutionsschritt erleben, der im besten Sinn zu einer funktionierenden, nachhaltigen Version der Menschheit führt.

Das Potenzial einer derart wundersam erscheinenden Lösung beruht nicht auf realitätsfernen, rosarot gefärbten New-Age-Ideen. Die positive Vision der Wahrscheinlichkeit einer solchen Zukunft entspringt vielmehr dem Basisparadigma der Gesellschaft. Damit meinen wir jedoch nicht das gegenwärtige Basisparadigma der verzerrten Wahrnehmungs-Mythen, die zum heutigen Chaos geführt haben. Wir meinen das neue Basisparadigma, das auf der Integration neuer wissenschaftlicher Erkenntnisse und alter spiritueller Weisheiten beruht.

Die nächste Zivilisationsform hat noch keinen Namen, doch wir wollen das neue Basisparadigma hier *Holismus* nennen.

Wie bei den vorigen Paradigmen – Animismus, Polytheismus, Monotheismus und wissenschaftlicher Materialismus – muss auch der Holismus in der Lage sein, die drei ewigen Fragen auf befriedigende Weise zu beantworten, bevor er zur neuen offiziellen Wahrheitsquelle werden kann:

Wie sind wir entstanden?
Wozu sind wir hier?
Wie können wir das Beste aus unserem Dasein machen?

Wie sind wir entstanden?
Die holistische Perspektive

Die Kosmologen sind sich einig, dass das Universum vor dem Erscheinen der Materie aus einer verwobenen Matrix unsichtbarer Energie bestand, die *das Feld* genannt wird. Nach dem Urknall, der vor etwa 15 Milliarden Jahren stattgefunden haben soll, entstand aus diesem Energiefeld Materie und ist seither mit ihm verwickelt.

Die Prinzipien der Quantenmechanik betonen den Einfluss der Energiefelder auf die Materie. Das bedeutet, dass die Materie des Universums von Informationen geprägt ist, die als Energiemuster im Feld enthalten sind. Die Prinzipien der Quantenmechanik sind ganz im Sinne von Sokrates' Annahme, dass der Bereich des Physischen von unsichtbaren Formen oder Seelen gestaltet wird.

Weil die Informationen des Feldes der materiellen Welt vorausgehen, kann man auch von einer Form des Kreationismus sprechen, denn die Form des Organismus existiert bereits als definiertes Energiemuster, bevor sie in der physischen Welt in Erscheinung tritt.

Im Lauf von Milliarden Jahren hat die physische Materie der Erde allmählich zu komplexen Formen gefunden, die den unsichtbaren Informationsmustern des Feldes entsprechen. In linearer Zeit erschienen als erste Lebewesen die Bakterien. Durch adaptive Mutationsmechanismen und epigenetische Modifikationen konnten die primitiven Zellen ihren genetischen Code so wählen und verändern, dass er besser zu ihren ökologischen Nischen passte. Prozesse zur Anpassung des Erbmaterials verliehen den Lebewesen die Möglichkeit, sich immer wieder neue Lebensräume zu erobern.

Nach dem Zusammenschluss physischer Materie zu Zellen folgte der Zusammenschluss einzelner Zellen zu komplexeren Organismen bis hin zum Menschen. Dies ist der lineare Evolutionsprozess. So sehen wir heute die Ursprünge der Organismen unserer Biosphäre sowohl in einem schöpferischen als auch in einem evolutionären Prozess.

In einem holistischen Paradigma wird erkannt, dass Gegensätze, die einst als polar betrachtet wurden, in Wahrheit miteinander verbundene Teile eines Ganzen sind. Dies gilt vor allem für die Polaritäten von Schöpfung und Evolution, die doch im täglichen Tanz des Lebens aufs Innigste miteinander verknüpft sind. Im Holismus wird erkannt, dass sowohl die kreationistische Annahme eines der Materie vorausgehenden Musters als auch die evolutionäre Theorie der allmählichen Manifestation dieser Muster Teile eines Puzzles sind: Erst wenn die beiden Positionen gemeinsam betrachtet werden, bieten sie eine Annäherung an die Wirklichkeit.

Wie wir im 11. Kapitel *(Fraktale Evolution)* sehen werden, hat die Natur den dynamischen Zusammenschlüssen von Gemeinschaften lebendiger Systeme eine geometrische Formel zugrunde gelegt. Im Gegensatz zu Darwin, der von einer zufälligen Evolution ausging, legen die neuesten Erkenntnisse nahe, dass die Evolution einen zielgerichteten Prozess darstellt, in dem einzelne Organismen durch Anpassung überleben und durch den Zusammenschluss in größere Gemeinschaften gedeihen. Alle Lebewesen sind dabei voneinander abhängige Mitglieder der Gemeinschaft, tragen zu ihr bei und profitieren von ihr.

Wozu sind wir hier?
Die holistische Perspektive

Wie bereits erwähnt, veröffentlichte James Lovelock 1972 seine Gaia-Hypothese. Er ging davon aus, dass die physische Erde und die lebendige Biosphäre ein komplexes, interagierendes System bilden, das man als einen einzigen Organismus betrachten kann. Die Hypothese besagt, dass die Biosphäre auf die Umwelt der Erde regulierend wirkt und dass sie die physischen Merkmale des Planeten ausgleicht und abfedert, um das Leben auf der Erde zu erhalten.

Organismen, die in eine Umgebung hineinkommen, verändern sie und stören die vorherigen Bedingungen dieses Ortes, einfach indem sie ihre lebenswichtigen Aufgaben erfüllen wie Atmen, Essen und Ausscheiden.

Beim Versuch, die Balance wiederzugewinnen, sucht die Natur nach passenden Mutationen und epigenetischen Mechanismen, um die Evolution nachfolgender Arten zu fördern, deren Lebensaktivität dem Gleichgewicht wieder zuträglicher ist.

Die Gaia-Hypothese betont die Tendenz der Natur zu Gleichgewicht und Harmonie. Ein wichtiges Beispiel für die Gaia-Hypothese liegt so deutlich auf der Hand, dass es oft nicht bemerkt wird, und zwar die enge Beziehung zwischen Pflanzen und Tieren. Pflanzen brauchen für die Photosynthese Kohlendioxid und scheiden Sauerstoff aus, während Tiere Sauerstoff einatmen und Kohlendioxid ausscheiden. Beide brauchen einander, um zu überleben. Wie alle Organismen der Biosphäre dienen auch die Menschen prinzipiell dazu, das Gleichgewicht zu erhalten und die Harmonie zu fördern. Doch das Besondere an den Menschen ist, dass wir uns unseres evolutionären Prozesses und Potenzials bewusst sind. Wir sind hier, um die Harmonisierung der Umwelt durch unsere Bewusstheit zu fördern.

Wir können die Umwelt wie eine Wippe betrachten, die in einer empfindlichen Balance schwebt: Kommt auf der einen Seite ein neuer Organismus hinzu, gerät die Wippe in Schieflage. Um das Gleichgewicht wiederherzustellen, wird die Natur entweder diesen Organismus entfernen oder auf der anderen Seite der Wippe einen entsprechenden Organismus entwickeln. Die Auswirkungen einer Spezies auf das Gleichgewicht der Umwelt hängen davon ab, wie nahe sie dem Hebelpunkt der Wippe ist. Eine Spezies, die mit gegrätschten Beinen über dem Angelpunkt steht, braucht nur ein wenig ihr Gewicht zu verlagern, um auf die Balance einzuwirken.

Die Menschheit hat einen Punkt erreicht, da sie auf dem Hebelpunkt der Wippe steht. Wir müssen erkennen, dass wir auf das Gleichgewicht der Natur enormen Einfluss haben. Die Missachtung unserer Verantwortung gegenüber der Natur hat zu vielen lebensbedrohlichen ökologischen Krisen geführt. Angesichts unserer neuen Erkenntnisse über unsere Rolle in der planetaren Evolution müssen wir uns unserer Macht in vollem Umfang bewusst werden. Wir müssen unsere Bewusstheit auf die Minderung unseres ökologischen Fußabdrucks lenken, damit wir unseren Einfluss im Sinn besserer Nachhaltigkeit nutzen.

Lovelock betrachtet die Biosphäre als ein gigantisches, relativ bewusstes Lebewesen, das aus allen Zellen, Pflanzen und Tieren der Welt besteht. Jede Zelle ist eine wahrnehmende, empfindsame Wesenheit. Durch die evolutionäre Entwicklung von Zellgemeinschaften konnten die Zellen ihre Wahrnehmungskapazität immer weiter ausdehnen, bis zuletzt die Intelligenz des menschlichen Geistes entstand. Die Geschichte der Evolution zeichnet die fortschreitende Entwicklung von Bewusstheit auf, die durch die Erweiterung von Gemeinschaft ermöglicht wurde. Diese evolutionäre Richtung – wachsende Bewusstheit durch immer mehr Gemeinschaft – könnte uns in unserer gegenwärtigen Situation als ein wichtiger Hinweis dienen.

Wie können wir das Beste aus unserem Dasein machen?
Die holistische Perspektive

Wir machen das Beste aus unserem Dasein, indem wir unser Leben so gut leben, wie wir können – für uns selbst, für andere und für unseren Planeten. Um herauszufinden, wie das gehen könnte, brauchen wir nur in unsere Körper zu schauen: Sie sind Gemeinschaftsmodelle aus jeweils 50 Billionen Individuen, die gelernt haben, harmonisch zusammenzuwirken. Wir Menschen können unser Bewusstsein darauf ausrichten, zu lernen, was unsere Zellen bereits können: eine Zivilisation der Gesundheit, der Harmonie und des Wohlbefindens zu bilden.

Da wir am Hebelpunkt der Wippe stehen, ist es unsere Aufgabe, unsere Bewusstheit zu nutzen, um nachhaltige Technologien zu entwickeln, die unserem Überleben dienen und die unsere Umwelt weniger belasten. Im 12. Kapitel *(Wie im Kleinen, so im Großen)* werden wir eine Reise unter unsere Haut unternehmen und beobachten, wie diese Zellgesellschaften erfolgreiche, lebensfördernde Gemeinschaften bilden. Die menschliche Hybris will uns weismachen, dass wir die intelligentesten Kreaturen der Erde seien und alle anderen Organismen uns nicht das Wasser reichen könnten. Viele Wissenschaftler würden sogar behaupten, dass primitive Organismen wie Zellen überhaupt keine Intelligenz haben.

Doch erinnern wir uns an eine Tatsache: Die Zellen haben uns erschaffen! Bei der Bildung des menschlichen Körpers haben Zellgemeinschaften erstaunliche Technologien entwickelt, um ihr Umfeld zu manipulieren, zu regulieren und zu kontrollieren. Interessanterweise sind die meisten Technologien der Zellen immer noch weit jenseits des wissenschaftlichen Begriffsvermögens. Daher argumentieren wir, dass wir von den Zellen noch viel lernen können.

Technologie ist ein integrales Element der Evolution. Wenn wir davon ausgehen, dass wir uns auf einem ähnlichen evolutionären Weg befinden, wie ihn unsere Zellen gegangen sind, werden wir für unser Überleben ebenfalls Technologien brauchen. Dies widerspricht der Überzeugung vieler Technikfeinde, die sämtliche technologischen Errungenschaften hinter sich lassen und als nackte Kreaturen in den Garten Eden zurückkehren wollen. Doch wir meinen, es entspricht unserer evolutionären Bestimmung, den »Garten« mit vollem Bewusstsein wieder urbar zu machen. Wir müssen erkennen, dass uns die menschliche Technologie helfen kann, als menschliche Gemeinschaft erfolgreich die Erde zu bewohnen – ähnlich wie die Technologie der Zellen zur erfolgreichen Entwicklung der Zellgemeinschaften des menschlichen Körpers geführt hat.

Ewige Fragen	Wissenschaftlicher Materialismus	Holismus
Wie sind wir entstanden?	Zufällige Mutationen und Vererbungen	Aus einer Mischung von Schöpfung und anpassungsfähiger Evolution
Wozu sind wir hier?	Um uns zu vermehren	Um den »Garten« zu bestellen und für die menschliche Evolution Bewusstheit zu entwickeln
Wie können wir das Beste aus unserem Dasein machen?	Indem wir nach den Gesetzen des Dschungels leben	Indem wir im Gleichgewicht mit der Natur leben und anerkennen, dass alles miteinander verbunden ist

Die ewigen Fragen sowie die paradigmatischen Antworten des wissenschaftlichen Materialismus und des Holismus

In dieser Übersicht vergleichen wir die Überzeugungen des gegenwärtigen Basisparadigmas des wissenschaftlichen Materialismus mit dem aufkommenden Basisparadigma des Holismus. Es wird deutlich, dass die Antworten auf die ewigen Fragen sehr unterschiedlich ausfallen – was dazu führen wird, dass die uns bekannte Zivilisation von ihrem gegenwärtigen Kurs der Selbstvernichtung abkommt.

Wenn sich die Zivilisation in das Paradigma des Holismus entwickelt, wird sich der Kreis schließen und wir kehren zurück zur Bewusstheit unserer animistischen Vorfahren. Wir werden wieder unser Einssein mit unserer irdischen Umwelt erkennen und gleichzeitig den Einfluss dessen ehren, was wir *Feld* oder *Geist (Spirit)* nennen und was unsere materialistische Existenz in jedem Augenblick formt.

Die menschliche Bevölkerung erwacht mit dem immer schneller wachsenden Bewusstsein, dass es für ein gesundes, glückliches Leben in einem gedeihenden »Garten« notwendig ist, uns als Zellen des Körpers der Menschheit zu betrachten und bewusste, gewissenhafte Hüter und Förderer dieses Organismus zu werden.

Das Universum scheint sich in einer unendlichen spiralförmigen evolutionären Entwicklung zu befinden. Nachdem wir uns die Vergangenheit und die Gegenwart angeschaut haben, sind wir jetzt bereit, die Merkmale einer gesünderen Zukunft zu bedenken. Wir sind bereit, die Programmierungen gewohnheitsmäßiger Ängste loszulassen, die uns gefangen hielten und unser Wachstum behinderten. Wir lernen, dass der Weg zur Heilung und zum Erfolg die Vereinigung der Polaritäten erfordert, welche die Zivilisation an den Rand des Abgrunds geführt haben. Auf der ganzen Welt sind die Menschen bereit, ihre »humaniteste Bestimmung« anzunehmen und zu bewussten Mitschöpfern zu werden.

Ein Zustand des »emergenten Sehens«

Wie geschildert, reicht der Einfluss des alten Paradigmas bis in alle Institutionen der Gesellschaft und tief in unsere Psyche. Damit Transformation stattfinden kann, muss eine kritische Anzahl von uns diese obsoleten Überzeugungen hinter sich lassen und ihre ganze Aufmerksamkeit und Aktivität darauf lenken, mit dem neuen Paradigma in Harmonie zu kommen.

Um den »Garten« wieder urbar zu machen, müssen wir zuerst die Wache der alten Ordnungshüter ablösen. Die veralteten Ideen des wissenschaftlichen Materialismus, die bislang die Tore unserer Wahrnehmung bewacht haben, müssen in den Ruhestand geschickt werden, sodass wir ein neues Basisparadigma willkommen heißen können, das auf der Integration von Wissenschaft und spiritueller

Weisheit beruht und die alten Dualitäten zu einem vereinten, ganzheitlichen Weltbild zusammenfügt.

In Teil III gehen wir von unserem gegenwärtigen Zustand der Emergenz aus und erklären unser Verlangen nach »emergentem Sehen«. Wir präsentieren eine Geschichte, die uns helfen kann, unsere beschränkende Vorstellung unserer selbst als individueller Zellen zurückzulassen und zu erkennen, dass wir einzigartige, bedeutsame, voneinander abhängige Zellen im Körper der Menschheit sind.

Neben den Kapiteln 11 *(Fraktale Evolution)* und 12 *(Wie im Kleinen, so im Großen)* finden Sie in Teil III vier visionäre Kapitel, in denen die fraktale Bewusstheit und die Weisheit der Zellen auf die menschliche Ökonomie, Politik, das individuelle Bewusstsein und das kollektive spirituelle Verständnis angewendet wird. Jedes Kapitel beruht auf den Erkenntnissen der Neuen Biologie und der Quantenphysik und stellt Entscheidungsmöglichkeiten vor, welche die Wahrscheinlichkeit einer lebenserhaltenden, spontanen Evolution dieser Zivilisation fördern.

Ein einziger guter Rat (13. Kapitel): Vielleicht waren zehn Gebote zu viel. Vielleicht brauchen wir nur einen einzigen guten Rat: »Wir sitzen alle im selben Boot.« In diesem Kapitel erkunden wir das *Feld,* jene geheimnisvolle Kraft, die uns alle verbindet und formt. Wir lernen, dass wir alle miteinander verwobene Teilchen des gleichen Felds der Träume sind. In diesem Kapitel wird deutlich, dass in einem holistischen Paradigma das Überleben der Menschheit davon abhängt, dass sie die Goldene Regel als universelles Prinzip übernimmt.

Ein Bund zur Stärkung des Gemeinwohls (14. Kapitel): Wir alle sind sowohl Zellen im Körper der Menschheit als auch Bürger der Biosphäre. Daher müssen wir erkennen, dass Ökonomie und Ökologie ein und dasselbe sind. Beide Wörter stammen von dem griechischen Wort *Oikos* ab, das *Haushalt, Heim, Familie* bedeutet und seinerzeit in den griechischen Stadtstaaten für die Grundeinheit der Gesellschaft stand. In diesem Kapitel stellen wir neue Wissenschaften und nachhaltige Trends vor: Sie verheißen eine neue Wirtschaft, die im Einklang mit dem Planeten und den wahren menschlichen Bedürfnissen ist.

Heilung des Staatskörpers (15. Kapitel): Hier möchten wir Ihnen eine ganzheitliche Behandlung vorstellen: Sie steht im Gegensatz zum Newton'schen Ansatz, in dem Therapien wie politische Unterdrückung nur dazu dienen, die Symptome zu kaschieren. Wir denken über ein neues Rechtssystem nach, das es uns erlaubt, unsere Energien nicht länger mit der Unterdrückung von Symptomen zu vergeuden, sondern sie lieber auf die Lösung von Problemen zu verwenden. Mithilfe der gesunden zentralen Stimme von *We the people** holen wir lebensfördernde Elemente ans Licht, die in unserem politischen Diskurs fehlen.

Eine ganz neue Geschichte (16. Kapitel): Um eine neue Geschichte zu beginnen, müssen wir die alte loslassen und abschließen. Die neue Geschichte integriert die Polaritäten auf eine Weise, die das Beste von allen Positionen einbezieht und gleichzeitig auf eine höhere Ebene aufschwingt, von der aus die Probleme gelöst werden können.

Wenn wir uns von unseren einschränkenden und selbstzerstörerischen Programmen auf individueller und kultureller Ebene lösen, sind wir frei für eine neue Geschichte. Wie würde unsere Welt aussehen, wenn wir die alte Geschichte der Herrschaft, der Gier, der Angst und des Hasses für beendet erklärten? Was wäre, wenn wir all den alten Kummer in einer weltweiten Zeremonie verabschiedeten und uns als geheilt erklärten? Wenn wir die alte Geschichte abschlössen mit den Worten: »Und sie lebten glücklich bis an ihr Ende ...«?

Nun, wir könnten auch jetzt schon anfangen, glücklich zu leben, jetzt sofort, indem wir unser eigenes Glücklichsein mitbringen. Die Möglichkeiten, die darin liegen, sind unvorstellbar!

---

* *We the people ... (Wir, das Volk ...)* sind die ersten Worte der amerikanischen Verfassung und heute ein Symbol für die ursprünglichen Werte der Gründerväter sowie für die Rechte und das Verantwortungsbewusstsein der amerikanischen Bürger. (Anm. d. Übers.)

11. Kapitel

Fraktale Evolution

*»Once we understand the math of evolution,
we will understand the aftermath as well.«**

SWAMI BEYONDANANDA

Hat die Futurologie eine Zukunft?

In Teil I *(Und wenn alles, was wir wissen, falsch wäre?)* sowie in Teil II *(Vier apokalyptische Wahrnehmungs-Mythen)* haben wir in einem kurzen Abriss der westlichen Zivilisation die Entwicklung der Grundparadigmen betrachtet. Unser Fokus lag darauf, wie persönliche Überzeugungen unsere Biologie beeinflussen und wie die paradigmatischen Überzeugungen unserer Kultur unser gesellschaftliches Schicksal bestimmen.

In Teil III lassen wir diese alten Geschichten hinter uns und fügen die Elemente einer neuen Geschichte zusammen, die uns durch das unerforschte Gebiet eines wahrhaft neuen Jahrtausends führen kann.

---

* Spielt mit dem Begriff *aftermath*, was eigentlich *Nachspiel* bedeutet, aber eben auch die Silbe *math* in sich trägt wie *Mathematik*. Übersetzung: »Wenn wir erst die Mathematik der Evolution begriffen haben, werden wir auch das Nachspiel verstehen.« (Anm. d. Übers.)

Über die Vergangenheit lässt sich leicht reden, denn hinterher ist man immer klüger. Doch in Teil III geht es um eine ganz andere Art von Geschichte: eine Vision der Zukunft. Informationen über Zukünftiges sind eine ganz andere Sache als eine Analyse des Vergangenen. Wir begeben uns hier in das Reich der Vorhersagen – oder formell ausgedrückt: der Futurologie. Die Futurologie ist die systematische Erkundung der Zukunft auf Grundlage der gegenwärtigen gesellschaftlichen Tendenzen.

Eine Vorhersage kann alles Mögliche umfassen: von reinem Vermuten bis zu scharfsinnigen Schlussfolgerungen. Das Vermuten beruht naturgemäß auf unzureichenden Informationen und ist daher eine recht unzuverlässige Vorhersage. Im Gegensatz dazu ist eine Schlussfolgerung aus Tatsachen und logischen Schlüssen abgeleitet und trifft mit größerer Wahrscheinlichkeit zu. Die Richtigkeit einer Schlussfolgerung hängt davon ab, welche Tatsachen angenommen wurden und welche Logik zur Anwendung kam. Wenn die Grundlagen falsch oder verzerrt sind, kann auch die beste Schlussfolgerung völlig daneben liegen.

Die Ford Motor Company hat für die Prognostizierung der Zukunft aufgrund falscher Annahmen ein hervorragendes Beispiel geliefert: 1958 lancierte Ford eine 400-Millionen-Dollar-Kampagne, um die Aufmerksamkeit der Öffentlichkeit auf sich zu ziehen – und deren Dollars. Mithilfe der besten Marketingfirmen entwickelte Ford einen Fahrzeugtyp, der ganz den Wünschen der Kunden entsprechen sollte. Der Ford Edsel sollte die stilistischen Trends der Zeit widerspiegeln, und die ganze PR-Kampagne war wissenschaftlich auf die Motivation von Autokäufern abgestimmt.

Doch der Edsel avancierte so sehr zum berühmtesten Marketing-Flop der Geschichte, dass sein Name als Synonym für wirtschaftliches Fiasko gilt und andere völlig am Markt vorbei konzipierte Produkte ironisch als *Edsel* bezeichnet werden.

Marketing-Experten meinen, der Edsel sei ein herausragendes Beispiel für die Unfähigkeit der amerikanischen Unternehmenswelt, die Konsumenten zu verstehen. Ein interessanter Aspekt des Fehlschlags wurde unter dem Titel *Die 50 schlechtesten Autos* im *TIME*-Magazin erwähnt: »Kulturkritiker spekulierten, dass der Wagen ein Flop war, weil der vertikale Kühlergrill einer Vagina ähnelte. Möglich. Die Amerikaner der 50er-Jahre waren sicherlich phobisch, was alles allzu Weibliche betraf.«

Futurologen, die mithilfe konventioneller Vorstellungen und Denkweisen eine Vorhersage machen, liegen manchmal weit daneben. Ganz im Sinne von *Hamartia,* dem griechischen Wort für *Sünde,* das – wie wir inzwischen wissen – *nicht treffen, ein Ziel verfehlen* heißt, lässt sich das Ausmaß der Sünde eines Prognostikers daran messen, wie viele Menschen er in die Irre geführt hat. Man denke nur an die Auswirkungen, wenn der Prognostiker ein Politiker, Ökonom oder Soziologe ist, der auf das Schicksal einer ganzen Nation Einfluss nimmt.

Ein tragisches Beispiel für irrige Annahmen und falsche Führung war die Versicherung des damaligen Verteidigungsministers Donald Rumsfeld, die USA würden im Irak innerhalb weniger Wochen einen schnellen Sieg erringen. Bekanntlich sind Rumsfelds Sünden die Vereinigten Staaten unglaublich teuer gekommen und haben zum Edsel aller Kriege geführt.

Ein guter Futurologe hat Zugang zu Daten und kann die ihnen innewohnenden Muster identifizieren. Das Erkennen von Mustern ist eine entscheidende Komponente im Lernprozess und unbedingt notwendig, um einen Plan für die Zukunft zu entwerfen.

Sie können gleich einmal testen, wie gut Sie als Futurologe taugen. Schauen Sie sich die vier Sequenzen an und sagen Sie voraus, welche Zahl oder welcher Buchstabe als Nächstes kommt:

(1) 13 – 26 – 39 – 52 – 65 –
(2) C – F – I – L – O – R –
(3) 7 – 3 – B – 16 – 2 – 9 – C – 0 – 4 – H – 1 – 1 –
(4) 3 – 1 – 4 – 1 – 5 – 9 – 2 – 6 –

Wir können solche Antworten nur finden, wenn wir ein Muster erkannt haben.

In der ersten Reihe ist das Muster, dass jede Zahl entsteht, indem man zur vorigen Zahl 13 hinzuzählt. In der zweiten Reihe ist jeder dritte Buchstabe des Alphabets aufgelistet. Wenn Sie die Leerstellen in der ersten und zweiten Reihe mit *78* und *U* ausgefüllt haben, gratulieren wir Ihnen herzlich: Sie haben die Zukunft vorausgesagt!

Doch in der dritten Reihe wird es schwieriger, weil es hier kein Muster gibt. Sie können nur raten, was als Nächstes kommt. Weil dies eine zufällige Reihe ist, kann aus philosophischer Sicht jede Annahme richtig oder falsch sein – und da wir in einem Quantenuniversum leben, hängt die Richtigkeit dieser Annahme vom Beobachter ab.

Den meisten Lesern wird die vierte Reihe auch zufällig erscheinen. Doch die korrekte Antwort lautet 5. Vielleicht haben Sie sogar erkannt, dass es sich hierbei um die Zahlen handelt, die der mathematischen Zahl Pi entsprechen. Die vierte Reihe ist ein Beispiel für das große Problem der Futurologen, dass manche Komponenten der Natur, die zufällig zu sein scheinen, in Wahrheit *chaotisch* sind, das heißt, dass ihnen ein noch unerkanntes Muster zugrunde liegt.

Diese einfache Übung illustriert drei wichtige Aspekte der Futurologie:

1. Wenn ein Muster erkannt werden kann, ist die Wahrscheinlichkeit einer zutreffenden Vorhersage relativ hoch.
2. Sind die Ereignisse, um die es geht, rein zufälliger Art, ist eine Vorhersage reine Glückssache.
3. Ist kein Muster zu erkennen, bedeutet es noch lange nicht, dass es keines gibt. Manche Muster sind offensichtlich, andere Muster sind nur schwer zu erkennen, und einige Dinge haben einfach kein Muster.

Überleben hängt von der Fähigkeit ab, Muster zu erkennen. Ein ursprüngliches Beispiel dafür sind die frühen Erkenntnisse des Menschen über die grundlegenden Muster der Natur, zum Beispiel den Tag-Nacht-Rhythmus, den Mondzyklus und den Zyklus der Jahreszeiten. Die Fähigkeit, himmlische Muster zu beobachten und vorherzusagen, war für die Entwicklung besonders der agrarischen Gesellschaft sehr wichtig, denn damit konnten Tätigkeiten wie Säen, Pflanzen und Ernten besser geplant werden.

Schon die frühen Menschheitskulturen brachten biologische Muster der Geburt, des Wachstums und des Todes mit den zyklischen Mustern des Planeten in Zusammenhang. Diese Muster waren für das Überleben so bedeutsam, dass man große Heiligtümer wie Stonehenge errichtete, durch die die Transite der Sonne, des Mondes und der Sterne markiert wurden. Heutzutage haben wir Kalender, um diese Muster der Zeit innerhalb eines Jahres zu berücksichtigen. Kalender erlauben es uns weltweit, zu wissen, wann die Meeresschildkröten nach Galapagos kommen, um ihre Eier abzulegen, oder wann die Schwalben nach Capistrano zurückkehren.

Die frühen menschlichen Kulturen erkannten auch einen Zusammenhang zwischen astronomischen Mustern und der menschlichen Physiologie, zum Beispiel die Parallele zwischen dem 28-tägigen Mondzyklus und dem Menstruationszyklus der Frau. Diese Verbindungen gingen so weit, dass sich die alte Wissenschaft und Kunst der Astrologie entwickelte, die sich in der Voraussage von menschlichem Verhalten so zuverlässig zeigte, dass Herrscher und politische Führer sie seit Jahrhunderten konsultieren, um etwas über das Schicksal ihres Volkes zu erfahren.

Mit der Einführung der neuen kulturellen Wahrheiten des Monotheismus und später des wissenschaftlichen Materialismus rückte dieses Wissen um die Fähigkeiten der Erde in den Hintergrund. Die heutige Wissenschaft und die wissenschaftsorientierte Gesellschaft betrachtet diese Art der Zukunftsschau als Humbug und als primitives metaphysisches Ritual. Doch vielleicht zeigt sich, dass sich die Muster hinter diesen Praktiken nur dem beschränkten Blick der konventionellen Wissenschaft entziehen, welche die Welt immer noch durch die Brille der vier Wahrnehmungs-Mythen betrachtet. Zum Glück haben wir Nachfahren der alten Naturvölker unter uns, welche die Sprache der Planeten noch verstehen. Doch diese Hüter der Erde werden immer weniger; wir müssen uns beeilen, wenn ihre Weisheit nicht verloren gehen soll.

Die heutige Zivilisation ist primär von den paradigmatischen Wahrheiten des wissenschaftlichen Materialismus geprägt, die eigentlich entstanden sind, nachdem Darwin Mitte des 19. Jahrhunderts seine Version der Evolutionstheorie veröffentlicht hatte. Trotz ihrer Fehler bildeten diese Scheinwahrheiten einen wichtigen Rahmen für die Entwicklung der Technologie und das Wachstum der Zivilisation. Nur leider gefährden sie heute unser Überleben.

Die kritischen Probleme, vor denen die Menschheit heute steht, sind Ausdruck unserer Unfähigkeit, in die Zukunft zu projizieren. Wie eine außer Kontrolle geratene Rakete schießt die Zivilisation von einer Katastrophe zur nächsten, ein mächtiger Vektor ohne Richtung oder Ziel.

Das konventionelle Weltbild trägt wesentlich zu diesem unheilvollen Kurs unserer Geschichte bei. Die allgemein anerkannte Denkungsart kann zwar dazu dienen, Muster zu erkennen und in die Zukunft zu projizieren, aber sie kann auch in die Irre führen, vor allem, wenn es um eine zutreffende Wahrnehmung der Energiefelder, der Bedeutung der Gene und des Wesens der Evolution geht.

Um klarzusehen, wohin uns das alles führt, müssen wir das Muster erkennen. Doch die konventionelle Wissenschaft beantwortet die Frage nach den Mustern der Evolution vor dem Hintergrund der beschränkten darwinistischen Idee einer zufälligen Evolution. Daher sind ihre Antworten verzerrt.

Was meint die konventionelle Wissenschaft, wie wir hierher gekommen sind?

Richtig, durch eine Milliarden Jahre dauernde, allmähliche Evolution, die aus einer Reihe zufälliger genetischer Mutationen bestand.

Wenn dem so war, können wir dann etwas darüber aussagen, wohin uns die weitere Evolution führen wird?

Vielleicht auf einen tollen Ritt ... zur Hölle?

Doch im Ernst: Wie könnte jemand etwas über unsere weitere Entwicklung aussagen, wenn alles vom Zufall bestimmt ist? Jede Vorhersage wäre reine Vermutung. Als zum Beispiel die ersten Heimcomputer populär wurden, nahmen die Zukunftsforscher an, dass die Menschen im Lauf der Zeit kleinere Körper und größere Köpfe entwickeln würden, weil sie den ganzen Tag am Computer sitzen. Doch wenn wir uns die epidemische Fettleibigkeit und die schwindende Intelligenz ansehen, die in unserem Land grassieren, wird klar, dass diese Zukunftsschau ein Edsel unter den Prognosen war.

Notwendigkeit ist die Mutter aller Erfindungen

Angesichts der globalen Krisen webt die neue Wissenschaft an einer neuen, lebenserhaltenden Geschichte, an einer neuen Art, die Welt zu betrachten, die ganz neue Möglichkeiten mit sich bringt und bislang unerkannte Muster ins Blickfeld rückt. Nehmen wir zum Beispiel die Frage nach der evolutionären Entwicklung der Menschheit. Im Gegensatz zur Darwin'schen Annahme, dass die Evolution durch zufällige Mutationen erfolgt, beschreibt Cairns vorteilhafte Mutationen, die durchaus zielgerichtet erscheinen. Der hypersomatische Mutationsprozess stellt einen evolutionären Mechanismus dar, durch den Organismen von Natur aus fähig sind, auf dynamische Veränderungen ihrer Umgebung zu reagieren, indem sie ihren genetischen Code aktiv anpassen.

Führende Evolutionstheoretiker haben in letzter Zeit das Konzept der *Ökologischen Artenbildung* aus dem 19. Jahrhundert wiederentdeckt, demzufolge neue Arten durch ökologischen Druck entstehen. Dieser Theorie zufolge zwingen enge, regionale Veränderungen zum Beispiel im Mikroklima einen Organismus, seine biologische Form und sein Verhalten schnell anzupassen, um in der neuen Situation zu überleben. Man kann zum Beispiel eine identische Population Fische oder Schnecken in zwei Gruppen aufteilen und jede Gruppe in die gleiche neue Situation bringen. Wenn wir Räuber einbringen, die den Fischen oder Schnecken nachstellen, können wir bei beiden Gruppen beobachten, wie sich die Entwicklung der Fische oder Schnecken verändert. Ähnliches hat man auch in natürlichen Ökosystemen dokumentiert.[1]

Die Fische oder Schnecken in der bedrohlicheren Situation reifen schneller aus, pflanzen sich früher fort und entwickeln noch weitere Verhaltensänderungen gegenüber den Populationen, die in einer vergleichsweise sicheren Umgebung leben. Vielleicht werden manche Individuen sich sogar gezwungen sehen, auf bislang unbewohnte Bereiche ihres Habitats auszuweichen oder sich anders zu ernähren. Egal ob diese Entwicklung durch einen epigenetischen Prozess oder durch adaptive Mutationen zustande kommt: Umweltveränderungen können die Form und das Verhalten von Arten so weit beeinflussen, dass sie nach einer Weile kaum noch als Mitglieder der gleichen Art erkennbar sind und sich auch nicht mehr kreuzen können.[2]

Der Einfluss der Umgebung auf die evolutionäre Entwicklung einer Art wurde vor Kurzem durch Langzeitstudien an Mikroben demonstriert. Um die Bedeutung des Zufalls zu erforschen, fragten sich die Wissenschaftler: »Wenn die Geschichte des Lebens vom gleichen Ausgangspunkt noch einmal abgespult werden könnte: Würde sie dann zu einem anderen Ergebnis führen?« Man brachte genetisch identische Bakterien in getrennte Kulturschalen, wo sie der gleichen bedrohlichen Umgebung ausgesetzt waren, und verfolgte ihre Entwicklung über 24 000 Generationen hinweg. Man stellte fest, dass sich die Anpassungsbemühungen der Bakterien jedes Mal auf die gleiche Weise entwickeln, abhängig von den zur Verfügung stehenden Umweltnischen.[3] In manchen Experimenten entstanden die Anpassungen in verschiedenen Kulturen durch verschiedene Arten genetischer Prozesse. In anderen Studien waren die Anpassungen erstaunlich reproduzierbar, bis hin zu den spezifischen Basensequenzen in der DNA. Welchen Weg sie auch einschlugen: In jeder Versuchsanordnung fanden die Bakterien einen Weg, sich der Situation anzupassen – in der Regel sogar auf dem gleichen Weg. Das weist darauf hin, dass identische Populationen angesichts ähnlicher Bedingungen ähnlichen evolutionären Wegen folgen. Durch Experimente wie diese macht die neue Wissenschaft deutlich, dass die Evolution direkt von Umweltdeterminanten beeinflusst wird und offenbar nicht zufällig erfolgt.

Wenn die Evolution von Umweltbedingungen bestimmt wird, wie es diese Experimente nahelegen, dann sollten wir auch den Verlauf der Evolution voraussehen können, wenn wir genug über die Umweltbedingungen wissen. Die Frage lautet also: »Können wir in einer dynamischen Welt voraussagen, wie sich die Umweltbedingungen entwickeln werden?«

Dynamische Systeme erscheinen uns zwar zufällig, doch Edward Lorenz hat entdeckt, dass selbst solche Systeme prognostizierbar sind, wenn man nur die Daten genau genug analysiert. Dynamische Systeme funktionieren chaotisch, doch dieses Chaos ist nachvollziehbar. Im Gegensatz zu Systemen, die tatsächlich zufällig organisiert sind, ist die Entwicklung von chaotischen Systemen vorhersehbar und, wie Lorenz herausgefunden hat, höchst sensibel gegenüber äußeren Einflüssen – siehe den Schmetterlingseffekt.

Immer wieder das gleiche Spiel

Dynamische oder chaotische Systeme sind – abgesehen von ihrer Sensibilität – auch ganz wesentlich von Iterationen geprägt. *Iteration* bedeutet die *Wiederholung eines Musters,* sei es einer physischen Struktur oder eines Verhaltensprozesses.

Nehmen Sie zum Beispiel Bilder einer Küstenlinie. Egal ob sie von einem Satelliten, von einem Flugzeug, von einem Boot oder vom Strand aus gemacht wurden: Die äußere Linie der Küste wird immer ein selbstähnliches Muster offenbaren.

Auch ein Baum weist auf jeder Organisationsebene ein selbstähnliches Muster auf: Die Form des Baumstamms mit seinen Zweigen ähnelt der eines Zweigs mit seinen Blättern und dieser wiederum ähnelt den Blättern mit ihren Blattrippen und Adern.

In der Mathematik bedeutet Iteration die wiederholte Anwendung der gleichen Funktion oder Formel, bei der jedes Mal das Ergebnis des vorigen Schritts als Ausgangspunkt für den nächsten Schritt dient. Das sieht zum Beispiel so aus:

Grundformel: *Die Länge einer Linie : 2 = x*

Zum Beispiel:
    12 cm : 2 = 6 cm
Dies wird wiederholt:
    6 cm : 2 = 3 cm
    3 cm : 2 = 1,5 cm
    1,5 cm : 2 = 0,75 cm
    0,75 cm : 2 = 0,375 cm

Und so weiter. Jedes Mal wird die Linie um die Hälfte kürzer, bis Ihre Bleistiftspitze zu dick wird, um die Linie nachzuzeichnen. Doch man kann das immer weiter führen. Man könnte ein Mikroskop nehmen, um die immer kleiner werdenden Linien zu sehen. Und wenn man einen Computer verwendet, könnte man diese Gleichung unendlich wiederholen.

Bei diesem Beispiel ging es nur um eine eindimensionale Linie. Doch wenn wir diese Art der iterativen Gleichung auf ein zweidimensionales Objekt beziehen, zum Beispiel ein Dreieck, kann schon diese einfache Formel zu sehr komplexen Resultaten führen.

Die zweidimensionale Koch'sche Schneeflocke entsteht aus einem Prozess, der mit einem einfachen gleichseitigen Dreieck beginnt, auf das dann die iterative Gleichung angewendet wird: An jeder Seite des Dreiecks wird ein neues gleichseitiges Dreieck angeschlossen, dessen Umfang der Länge der Seite entspricht, auf der es sitzt. Wenn man diese Formel unendlich oft wiederholt, entstehen entlang den Seitenlinien immer kleinere Dreiecke.

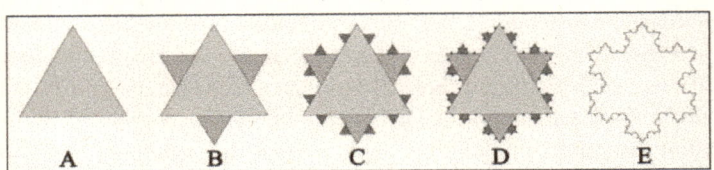

Die Koch'sche Schneeflocke zeigt, wie eine einfache geometrische Figur – hier ein gleichseitiges Dreieck – vielfach wiederholt eine hochkomplexe Form bilden kann.

Bei der obigen Abbildung A ist das Anfangsdreieck hellgrau. Die nachfolgenden Dreiecke der nächsten drei Wiederholungen werden immer dunkler (Abb. B, C und D). Die Komplexität des Bildes wird im Umriss von Abb. E deutlich, wo alle Dreiecke zusammengefügt sind. Von dem einfachen Dreieck am Anfang ausgehend, führen die ständigen Wiederholungen zu einer hochkomplexen Form.

Die Koch'sche Schneeflocke ist ein Beispiel für ein iteratives Muster in zwei Dimensionen. Doch wenn man den gleichen Prozess mit dreidimensionalen Objekten durchführt, nimmt die Komplexität noch dramatisch zu.

Man vergegenwärtige sich zum Beispiel, wie viele Variationen von Tieren es auf diesem Planeten gibt – von Würmern bis zu Grauwalen: Alle sind multidimensionale Systeme, die aus iterativen Mustern selbstähnlicher Zellen hervorgegangen sind. Diese komplexen Systeme lebendiger Organismen sind genauso chaotisch wie die Umwelt, in der sie sich entwickeln. Doch mithilfe mathematischer Modelle sind sie auch – Sie ahnen es schon – vorhersehbar!

Galileo hatte wohl dieses Konzept des berechenbaren Chaos im Sinn, als er den Satz prägte: »Die Mathematik ist die Sprache, in der Gott das Universum verfasst hat.«

Fraktale Mathematik – die Sprache der Natur

Wir brauchen also nur herauszufinden, mit welcher Mathematik das Universum erschaffen wurde, dann könnten wir verstehen, woher wir kommen und wohin wir gehen. Weil wir Muster in der Umwelt erkennen möchten – vor allem deren Beziehung zur Biosphäre –, müssen wir die Mathematik entdecken, welche die Natur verwendet hat, um im Weltraum physikalische Strukturen zu erzeugen.

Diese Aufgabe ruft nach dem Einsatz von Geometrie, denn dies ist der Bereich der Mathematik, der sich besonders mit den Eigenschaften, den Maßen und den Beziehungen von räumlichen Strukturen befasst. Die Geometrie spielt bei der Organisation des Universums eine so zentrale Rolle, dass Plato – noch lange vor Galileo – davon ausging, dass die Geometrie bereits vor der Schöpfung existierte.

Bis 1975 kannte die allgemeine Öffentlichkeit nur die euklidischen Prinzipien der Geometrie, wie sie in dem 13-bändigen alten griechischen Text *Die Elemente* um 300 v. Chr. festgehalten wurden. Das ist die Geometrie, die die meisten von uns in der Schule gelernt haben, um Würfel und Kugeln zu zeichnen. Die euklidische Geometrie hat uns befähigt, die Bewegungen der Himmelskörper nachzuvollziehen, großartige Bauwerke und Gärten zu konstruieren und sogar Raumschiffe und raffinierte Waffen zu entwickeln.

Doch die euklidische Geometrie passt nicht zur Natur. Wie kann man mithilfe euklidischer Formen einen Baum zeichnen? Erinnern Sie sich an die Bäume, die Sie im Kindergarten gemalt haben: eine Art Kreis auf einem (etwas schief geratenen) langen Rechteck? Ihre Erzieherin hat das zweifellos als Baum erkannt, aber ein wirkliches

Abbild eines Baumes ist das nicht, genauso wenig wie ein Strichmännchen einen Menschen vollständig darstellt.

Mit euklidischer Geometrie und einem Zirkel kann man einen perfekten Kreis zeichnen. Aber man kann damit keinen wirklichkeitsgetreuen Baum bilden, auch keinen Käfer, keinen Berg, keine Wolke oder andere natürliche Formen. Die euklidische Geometrie versagt, wenn es um die Strukturen des Lebens geht.

Wo finden wir also die Art von Mathematik, welche Plato und Galileo meinten und welche die Gestaltprinzipien der Natur beschreiben kann?

Den ersten Hinweis erhielten wir vor 90 Jahren, als ein junger französischer Mathematiker namens Gaston Julia einen Artikel über iterative Funktionen veröffentlichte. Er verwendete eine relativ einfache Gleichung, die nur aus Multiplikation und Addition bestand, und wiederholte diese ad infinitum. Um ein Bild davon zu gewinnen, was seine mathematische Formel erzeugte, hätte Julia seine Gleichung x Millionen Mal wiederholen müssen. Dazu hätte er Jahrzehnte gebraucht. So hat er zwar ein mathematisches Fraktal entdeckt, aber leider nie eines zu Gesicht bekommen.

Die weitreichenden Konsequenzen von Julias Formel wurden erst deutlich, als seine Rechnung 1975 in einen Computer eingegeben wurde. Benoit Mandelbrot, ein Mathematiker französisch-amerikanischer Abstammung, analysierte die Muster chaotischer Systeme in einem IBM-Computerlabor und sah als Erster, was Julia sich nur vorstellen konnte: Die wundervoll organischen und unendlich komplexen Bilder, die aus der fraktalen Formel hervorgingen, waren höchst beeindruckend. Mandelbrot beobachtete, dass sich fraktale Bilder in selbstähnlichen Mustern wiederholen, egal in welchem Maßstab man sie betrachtet. Je mehr er die Bilder vergrößerte, desto mehr schien sich die Struktur zu gleichen.

Die chaotische Komplexität der fraktalen Bilder besteht aus ineinander gebetteten, sich ständig wiederholenden Mustern. Das Prinzip lässt sich am ehesten mit den bekannten russischen Matroschkas vergleichen, bei denen etliche Puppen, deren Größe von Stück zu Stück abnimmt, in einer größeren Puppe stecken. Jede kleinere Puppe ist der vorigen ähnlich, wenn auch nicht genau gleich.

Russische Puppen sind ein gutes Beispiel für die sich wiederholenden Bilder der fraktalen Geometrie.

Mandelbrot führte daher den Begriff der *Selbstähnlichkeit* ein, um die Objekte zu beschreiben, die er in dem neuen mathematischen Bereich der *Fraktalen Geometrie* entdeckt hatte.

In diesen komplexen fraktalen Bildern beobachtete Mandelbrot lebhafte Muster, die sehr an natürliche Formen von Insekten, Muscheln oder Bäumen erinnern. Die Selbstähnlichkeit der natürlichen Strukturen war wissenschaftlich schon oft dokumentiert worden, aber erst durch Mandelbrots fraktale Geometrie wurde daraus mehr als eine Merkwürdigkeit.

Die fraktale Geometrie befasst sich mit der Beziehung zwischen dem Muster eines Ganzen und den Mustern in seinen Teilen. Sie erinnern sich an die Beispiele der Küstenlinie und des Baums mit seinen Zweigen.

Überall in der Natur gibt es selbstähnliche Muster, auch im menschlichen Körper. In der menschlichen Lunge wiederholt sich das Muster der Hauptbronchien in den Verästelungen der kleineren Bronchien bis hin zu den Bronchiolen. Auch die Arterien und Venen des Gefäßsystems bestehen aus sich wiederholenden, selbstähnlichen Mustern, ebenso das Nervensystem.

Weil die fraktale Geometrie wirklich das Gestaltungsprinzip der Natur ist, finden wir auf jeder ihrer Ebenen solche ineinander gebetteten selbstähnlichen Muster. Wir können uns die Fraktale auf den verschiedenen Organisationsebenen also ähnlich zunutze machen wie eine Landkarte. Erkenntnisse aus einer Organisationsebene lassen sich mit ihrer Hilfe auf andere Ebenen übersetzen. In der Biosphäre kann das fraktale Muster der menschlichen Evolution daher Ähnlichkeiten mit Evolutionsmustern auf anderen Ebenen der Natur aufweisen.

Ernst Haeckel, ein berühmter Embryologe und Zeitgenosse Darwins, berichtete 1868 unwissentlich von der ersten Wahrnehmung eines selbstähnlichen Musters in der Evolution. Damals veröffentlichte er eine heute berühmte Reihe mikroskopischer Bilder, auf denen die Stufen der embryonalen Entwicklung verschiedener Arten mit denen des Menschen verglichen werden. Er bemerkte, dass alle Embryonen von Wirbeltieren, inklusive des Menschen, eine ähnliche strukturelle Entwicklung durchlaufen. Haeckel schloss daraus, dass alle diese Organismen in ihrer frühen Entwicklung die einzelnen Stufen ihrer evolutionären Entwicklung nachvollziehen.

Haeckels Theorie wird kryptisch zusammengefasst durch die Definition *Ontogenese rekapituliert Phylogenese,* was übersetzt bedeutet: »Die individuelle Entwicklung ist eine Wiederholung der Abstammung.« Leider war Haeckel so ehrgeizig, dass er seine Darstellungen überzeichnete, damit die frühen Embryonalstadien mehr nach dem aussahen, was er vorweisen wollte.

Trotz dieser Verfälschungen ist es richtig, dass sich die menschlichen Embryonen durch eine Reihe verschiedener Formen entwickeln, bevor sie menschenähnlich werden. Dabei durchlaufen sie eine Reihe selbstähnlicher Strukturen, die sich mit den Embryonen früherer Stufen der Wirbeltierentwicklung vergleichen lassen. Der sich entwickelnde menschliche Embryo verwandelt sich von etwas, das einem Fisch-Embryo ähnelt, zu etwas, das eher an einen amphibischen Embryo erinnert. Er verändert sich immer weiter, weist dann Ähnlichkeit mit reptilischen Embryonen auf; dann erkennt man einen Säugetier-Embryo und endlich gewinnt er seine menschliche Gestalt. So ist auch das Werden eines Menschen ein hervorragendes Beispiel für die fraktale Selbstähnlichkeit.

Entschlüsselung der Evolution

Ist die Natur wirklich ein Ausdruck fraktaler Geometrie? Wenn eine mathematische Gleichung durch einen Computer Bilder erzeugt, die an Landschaften und biologische Organismen erinnern, dann ist das ein Hinweis – aber es beweist nicht, dass die Natur wirklich fraktal aufgebaut ist. Die Häufigkeit selbstähnlicher Muster in der Natur könnte auch einfach eine zufällige Übereinstimmung sein. Wir müssen uns also fragen: »Gibt es funktionale Gründe, warum die Evolution der Biosphäre durch fraktale Geometrie geprägt ist?«

Die Natur ist ein dynamisches System, das auf iterativen Prozessen und Chaos-Mathematik beruht und höchst sensibel ist. Rein mathematisch gibt es sogar noch einen weiteren Grund, warum die Parallelen zwischen der fraktalen Geometrie und den Strukturen der Natur kein Zufall sind.

Lamarck beschrieb die Evolution als eine *Transformation*, als einen linearen Prozess – wie eine aufstrebende Leiter –, der mit primitiven Organismen anfängt und sich dann weiter zu dem entwickelt, was er *Perfektion* nennt.

Auch die Darwinisten sahen in der Evolution eine Aufwärtsbewegung, allerdings verglichen sie diese eher mit einem Baum. Sie erkannten, dass die zufälligen Variationen, die zu neuen Arten führten, den Ästen eines Baumes ähnlich sind, weil sie nicht unbedingt zur vertikalen Entwicklung der Arten beitragen.

Heutzutage sehen wir den Weg der Evolution eher wie eine explodierende Chrysantheme. Die Arten entwickeln sich in alle Richtungen, getrieben von dem Drang, alle verfügbaren ökologischen Nischen auszunutzen. Es haben sich Organismen entwickelt, die im Gletschereis leben, in vulkanischen Schloten der Tiefsee, im Grundgestein kilometertief in der Erde und überall dazwischen.

Im Chrysanthemen-Modell ist es sinnlos, zu fragen: Wohin entwickelt sich die Evolution? Sie geht gleichzeitig in alle Richtungen. Um den Verlauf der Evolution zu verfolgen, müssen wir daher zunächst einen Parameter definieren, der uns als Maßstab evolutionären Fortschritts dienen kann.

Im Meer hat evolutionärer Fortschritt eine andere Bedeutung als an Land oder in der Luft. Wenn es um das Leben im Wasser oder in der Luft geht, sind die Menschen nicht besonders hoch entwickelt. Wodurch zeichnet sich der Mensch aus evolutionärer Sicht aus?

Als gleichzeitige Beobachter und Teilnehmer der Evolution haben wir uns aus der Vielfalt der Blütenblätter der Chrysantheme ein Merkmal ausgesucht, das uns von allen anderen Arten unterscheidet: die Bewusstheit. Es ist das gleiche Merkmal, das Lamarck verwendete, als ihm die Entwicklung des Nervensystems als Maßstab galt. Auch die Darwinisten ordnen die Hierarchie auf ihrem evolutionären Baum nach der Entwicklung des Nervensystems.

Wie im 1. Kapitel *(Man sieht, was man glaubt)* und detaillierter in *The Biology of Belief*[4] dargestellt, ist das Evolutionsverständnis der konventionellen Wissenschaft erheblich von der irrigen Annahme gestört, dass der Zellkern und die darin enthaltenen Gene das Gehirn und das Nervensystem der Zelle bilden. Daraus ist die engstirnige Sichtweise entstanden, den evolutionären Fortschritt anhand des Genoms bestimmen zu wollen.

Sie haben inzwischen erfahren, dass das eigentliche Gehirn der Zelle die Membran ist. In der Membran sind Rezeptor-Proteine und Effektor-Proteine, die als Schalter und Wahrnehmungsorgane dienen. Die Wahrnehmungsfähigkeit und damit die Bewusstheit eines Organismus lässt sich also physisch definieren durch die Anzahl von Wahrnehmungsproteinen, über die er verfügt.

Im 12. Kapitel *(Wie im Kleinen, so im Großen)* zeigen wir, dass die Wahrnehmungsproteine in der Membran aus physischen Gründen nicht mehr als eine Schicht bilden können. Das heißt, die Anzahl der Wahrnehmungsproteine eines Organismus hängt direkt von der Oberflächengröße seiner Membran ab. Um seine Wahrnehmungsfähigkeit zu vermehren und seine Gehirnkapazität zu verstärken, müsste ein Organismus also seine Membran vergrößern.*

Dies alles bedeutet, dass ein Mathematiker den evolutionären Fortschritt anhand der Größe der Membran-Oberfläche berechnen

---

* Das englische Wortspiel der Autoren im Hinblick auf die ähnlich klingenden Begriffe *brain* und *membrane* mag deutschen Lesern als »Eselsbrücke« dienen: »[...] for an organism's awareness to multiply and to increase its *brain* power, it would have to increase its *membrane* power.« (Anm. d. Red.)

kann.⁵ Und wie geht das? William Allman, Verfasser des Artikels *The Mathematics of Human Life* (Die Mathematik des menschlichen Lebens), sagt es so: »Mathematische Studien über Fraktale zeigen, dass die sich wiederholende, verästelte Struktur der Fraktale die optimale Art ist, im dreidimensionalen Raum die maximale Oberfläche zu bilden ...«⁶ Ein Evolutionsmodell muss also die fraktale Geometrie einbeziehen. Die selbstähnlichen Muster der Natur sind kein Zufall, sondern eine evolutionäre Notwendigkeit.

Die wundervollen Computerbilder von fraktalen Mustern – wie jene, die die Schmetterlingsflügel auf dem Einband dieses Buches zieren – sollten uns daran erinnern, dass es trotz unserer heutigen Befürchtungen und dieser scheinbar chaotischen Welt eine Ordnung in der Natur gibt. Und weil diese Ordnung ihrem Wesen nach aus selbstähnlichen, fraktalen Mustern besteht, gibt es nichts wirklich Neues unter der Sonne.

Die esoterische Welt der fraktalen Geometrie bietet ein mathematisches Modell, das die Beliebigkeit, Planlosigkeit und Zufälligkeit der Darwin'schen Theorie endgültig ablöst. Wir meinen, dass ein Beibehalten der veralteten Ideen unser Überleben gefährdet und dass sie möglichst schnell den gleichen Weg nehmen sollte wie die Idee, dass die Erde eine Scheibe ist.

Zielgerichtete Punktualisierung

Es steht also außer Zweifel, dass die Biosphäre fraktaler Natur ist. Die wichtige Frage lautet nun: »Sind biologische Organismen zufällig oder zielgerichtet fraktal?« Die konventionelle darwinistische Theorie geht davon aus, dass die Struktur und Organisation der Natur durch zufällige Mutationen entstanden ist. Die Entdeckung der somatischen Hypermutation zeigt uns jedoch einen Prozess, in dem Zellen zielgerichtet mutieren, um ihre Evolution voranzutreiben.

Die erwähnten Studien von Cairns und anderen über bakterielle Evolution haben deutlich gemacht, dass lebendige Systeme über die Fähigkeit verfügen, evolutionäre Veränderungen auszulösen, um in einer sich dynamisch verändernden Umgebung zu überleben. Die

Bezeichnungen für den neu entdeckten Mechanismus *(adaptive, zielgerichtete* oder *vorteilhafte Mutation)* weisen auf das Gleiche hin: Die Evolution scheint zielgerichtet zu verlaufen, nicht zufällig.

Evolution ist gekennzeichnet durch periodisches Massenaussterben, das offenbar durch dramatische Umwälzungen in der Umwelt verursacht wird; solche Punktualisierungen stören die Zeiten der Stasis, des relativen Stillstands. Der Prozess der adaptiven Mutationen erlaubte es dem Leben, diese Umwälzungen zu überleben, sich weiterzuentwickeln und sich wieder zu entfalten. Die Fähigkeit, Gene zielgerichtet zu mutieren, ermöglichte es den überlebenden Organismen, ihre Gene aktiv zu verändern und sich den neuen Umweltgegebenheiten anzupassen.

Die vorigen fünf Zeiten eines Massenaussterbens waren Punktualisierungen, die das Leben auf diesem Planeten radikal verändert haben. Genauso kurzfristig, wie alte Lebensformen durch katastrophale Ereignisse vom Erdboden verschwanden, tauchten unglaublich viele neue Lebensformen auf.

Die Einsicht in die Natur des punktierten Gleichgewichts lässt Zweifel an einer weiteren Grundannahme des Darwinismus laut werden, nämlich an der Überzeugung, dass die evolutionäre Entwicklung von einer Art zur nächsten im Lauf von Äonen in unendlich kleinen, langsamen Schritten erfolgt.

Wie bereits erwähnt, haben die Paläontologen Stephen Jay Gould und Niles Eldredge bestätigt, dass die Evolution aus langen stabilen Zeiten und kurzen Umwälzungen besteht. In ihrer Evolutionstheorie des punktuierten Gleichgewichts gehen Gould und Eldredge davon aus, dass jeder Katastrophe eine explosive Zunahme neuer Arten folgt, die viel schneller auftauchen, als es nach dem Darwin'schen Modell möglich wäre. Anders gesagt: Die Evolution findet in Sprüngen statt, nicht in allmählichen Übergängen.[7] Diese Erkenntnisse sind für unseren gegenwärtigen Zeitpunkt der Geschichte höchst relevant, vor allem, weil Wissenschaftler jetzt herausgefunden haben, dass wir mitten im sechsten Massenaussterben stecken.[8] Oh weh.

Werden wir überleben? Wir meinen, sobald die Öffentlichkeit von den Neuerungen der Evolutionstheorie erfährt und um die unglaublichen Möglichkeiten weiß, die sich aus dem punktuierten Gleichgewicht, den zielgerichteten Mutationen und den Erkenntnissen der Epigenetik ergeben, wird die evolutionäre Punktualisierung dieser Zivilisation einen höchst positiven Verlauf nehmen und zu einem lebensbejahenden Ausrufungszeichen werden.

Wenn sich selbst Bakterien zielgerichtet entwickeln können, warum dann nicht auch wir? Die Antwort lautet: Wir können es! Und darum geht es in diesem Buch.

Vom Menschen zur Menschheit

Bevor wir Ausschau danach halten, wohin uns die fraktale Evolution führen wird, wollen wir die Evolution noch einmal aus der Sicht des punktuierten Gleichgewichts betrachten. Wenn wir die Evolution als eine Reihe sich wiederholender Zeiten des Stillstands sehen, die von Umwälzungen punktuiert bzw. unterbrochen wurden, denen wiederum evolutionäre Sprünge folgten, dann erkennen wir vier grundlegende Punktualisierungen, die den Verlauf des Lebens auf diesem Planeten drastisch verändert haben. Aus dem Muster dieser Punktualisierungen können wir wichtige Erkenntnisse für die Bewältigung unserer derzeitigen Punktualisierungs-Krise gewinnen.

Die Zeit der Prokaryoten: Der erste Sprung geschah während der ersten 500 Millionen Jahre seit der feurigen Entstehung der Erde. In dieser Zeit bildeten sich die ersten primitiven Zellwesen und bevölkerten die Ozeane. Diese einfachen Bakterien, *Prokaryoten* genannt, sind die kleinsten, ursprünglichsten Zellen. Sie bestehen aus nichts weiter als einem Membranbeutel voller Plasma-Suppe. Die meisten Prokaryoten erhalten Struktur und Schutz durch eine relativ feste Zuckerkapsel, die ihre zarten Zytoplasma-Körperchen umhüllt. Diese Kapsel stellt jedoch auch eine Größenbeschränkung dar und begrenzt die Fähigkeit der Zelle, ihre Membran-Oberfläche zu erweitern.

Die Unfähigkeit, mehr Membran-Oberfläche und damit mehr Wahrnehmungsproteine zu entwickeln, hätte das Ende der evolutionären Entwicklung bedeuten können. Doch die Natur hatte Größeres vor. Als Reaktion auf den zunehmenden Druck, der durch die bakterielle Bevölkerungsexplosion entstand, trieb der biologische Imperativ, der Überlebenswille, die Prokaryoten-Evolution vorwärts.

Zu einem bestimmten Zeitpunkt fand jenes statt, was wir *spontane Evolution* nennen. Die individuellen Prokaryoten schwangen sich bei ihrer evolutionären Entwicklung zu einer neuen Stufe auf. Statt zu versuchen, die Größe und Intelligenz der einzelnen Zellen zu vermehren, fanden sie sich in Gemeinschaften zusammen, in denen sie als Gesamtheit eine größere Oberfläche hatten. Diese Prokaryoten-Gemeinschaften wurden zu einer Gruppe von Arten, die ihren Lebensraum miteinander teilten.

Wir halten Bakterien meistens für einzeln lebende Zellen, doch man weiß heute, dass auch einzellige Prokaryoten in funktional integrierten, wenn auch weit verteilten Gemeinschaften leben, die durch den Austausch von chemischen Informationen über relativ große Entfernungen miteinander in Kontakt sind.

Im Lauf der Zeit entwickelten manche Bakterienarten die Fähigkeit, sich physisch zusammenzuschließen und lebensfähige, steuerbare Mikrolebensräume zu bilden, die von einer gemeinsamen schützenden Membran eingehüllt waren. Dies war wohl der natürliche Prototyp der »geschlossenen Wohnanlage«. In diesen Membran-Gemeinschaften lebten funktionell komplexe, kooperative Gesellschaften aus verschiedenen Bakterien-Arten. Sie verbesserten ihre Überlebenschancen, indem sie die Vorteile ihrer speziellen Funktionen und ihrer DNA miteinander teilten.

In diesen eingekapselten Gemeinschaften, die man *Biofilme* nennt, waren die Bakterien vor Antibiotika und anderen toxischen Elementen geschützt, die für ihre vereinzelten Verwandten gefährlich waren.[9] Der Schutz und die Widerstandsfähigkeit der Biofilme ermöglichte es diesen Zellgemeinschaften, zu den ersten Lebensformen zu werden, die das Meer verließen und Lebensraum an Land eroberten.

Nur als Anmerkung am Rand: Auch die Bakterien, die zu Zahnlöchern führen, sind Biofilm-Gemeinschaften: Unseren Bemühungen, sie wegzuschrubben, widersetzen sie sich erfolgreich.

Die Zeit der Eukaryoten: Die zweite Punktualisierung, die sich in einem evolutionären Sprung niederschlug, geschah zu der Zeit, als sich die prokaryotischen Biofilm-Gemeinschaften in die höhere

Lebensform der Eukaryoten entwickelten. Dazu verwandelten sich manche der früheren Biofilm-Mikroben in Organellen, zum Beispiel Mitochondrien und Zellkerne, die das Zytoplasma der größeren Eukaryoten bevölkern. Viele Biologen meinen, diese organisatorische Entwicklung von den Biofilm-Gemeinschaften zu Eukaryoten-Gemeinschaften gehöre zu den bedeutsamsten Ereignissen der Evolutionsgeschichte, weil sie einen Strategiewechsel darstellt. Zuvor ging es darum, die Wahrnehmung der einzelnen Zelle zu steigern. Die neue Strategie beruhte darauf, die Wahrnehmungsfähigkeiten einer Gemeinschaft zusammenzufassen und daraus einen neuen Organismus zu entwickeln.

In ihrem Buch *Symbiosis in Cell Evolution* (Symbiose in der Zell-Evolution) diskutiert die amerikanische Biologin Lynn Margulis die Annahme, dass die größeren, höher entwickelten Eukaryoten aus Mikrobenkolonien hervorgegangen sind.[10] Margulis kommt zu dem Schluss, dass die wesentliche Schubkraft der Evolution die *Symbiose* ist, ein Zusammenschluss von Individuen zur Bildung allerseits vorteilhafter Beziehungen.

Nach ihrer Ansicht trifft die Darwin'sche Idee, dass die Evolution durch die ständige Konkurrenz zwischen Individuen und Arten vorwärtsgeht, nicht zu. Margulis sieht die Grundlagen für die Entwicklung des Lebens auf diesem Planeten eher in Kooperation, Interaktion und gegenseitiger Abhängigkeit: »Das Leben hat den Globus nicht durch Kampf erobert, sondern durch Vernetzung.«[11]

Halten Sie einen Moment inne, um sich klarzumachen, welch ein großartiger und das Paradigma erschütternder Prozess dieser Fortschritt der Eukaryoten war und welch unglaubliche Chancen uns ein ähnlicher Quantensprung im Hinblick auf die menschliche Kooperation und Symbiose heute bieten könnte.

Die Evolution der Eukaryoten teilte sich von nun an in zwei Hauptwege auf: die mobilen tierischen Protozoen wie Amöben und Pantoffeltierchen, und die Pflanzenzellen, die zunächst von den einzelligen Algen repräsentiert wurden.

Die tierischen Zellen erzeugten ein inneres, bewegliches Zytoskelett, um sich zu stabilisieren und zu bewegen. Im Gegensatz zu den primitiveren Prokaryoten, deren Größe von der sie umgebenden Kapsel begrenzt ist, konnten die von innen gestützten Eukaryoten wachsen und ihre Membran auf ähnliche Weise erweitern wie ein Luftballon. Große Eukaryoten-Zellen mit innerer Stützstruktur können tausendmal mehr Oberfläche haben als eine prokaryotische Zelle.

Doch selbst die Größe von Eukaryoten ist letztlich durch die Fragilität der Zellmembran begrenzt. Wenn ein Eukaryot immer weiter wächst, wird der Druck des Zellplasmas irgendwann zu hoch und die Membran reißt, was das Ende der Zelle bedeutet. Wie ihre prokaryotischen Ahnen erreichen auch die Eukaryoten eine Wachstumsgrenze und damit erneut einen evolutionären Endpunkt.

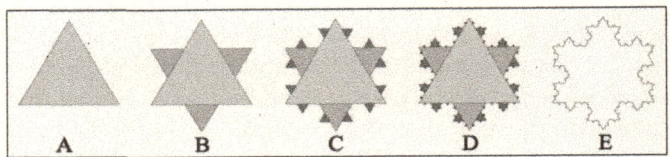

Die wesentlichen Evolutionssprünge, die zur Entwicklung des Menschen geführt haben: A: Einzelne, frei lebende Prokaryoten. B: Prokaryoten-Gemeinschaft in einem Biofilm. C: Einzelner Eukaryot, der aus einer biofilmähnlichen Quelle entstand. D: Primitive koloniale Organismen, einfache Eukaryoten-Gemeinschaft. E: Differenzierte vielzellige Eukaryoten-Gemeinschaft.

Die Zeit der Vielzeller: Fast dreieinhalb Milliarden Jahre lang gab es auf diesem Planeten keine anderen Organismen als frei lebende Prokaryoten und höher entwickelte Eukaryoten. Der dritte Evolutionssprung erfolgte vor etwa 700 Millionen Jahren, als die einzelnen Eukaryoten wie seinerzeit die Prokaryoten anfingen, ihre Wahrnehmung zu erweitern, indem sie sich zu Gemeinschaften zusammenschlossen.

Die ersten Vielzeller-Gemeinschaften waren einfache koloniale Organismen, Gruppen identischer Zellen, die sich massenhaft zusammenfanden, »um Miete zu sparen«. Jede Zelle repräsentiert eine

Wahrnehmungseinheit, insofern hatte eine Gemeinschaft umso mehr Wahrnehmungsvermögen, je mehr Zellen in ihr waren.

Die Populationsdichte dieser Eukaryoten-Gemeinschaften nahm immer weiter zu, bis es nicht mehr effizient war, dass alle Zellen das Gleiche taten. Sie erfanden die Arbeitsteilung, und einzelne Zellen spezialisierten sich zu Muskeln, Knochen und Nerven. Im Lauf der Zeit führte die kollektive Wahrnehmung der Eukaryoten-Gemeinschaften zu stark strukturierten Organismen aus vielen altruistischen Zellen, die das Überleben von Milliarden von Zellen gewährleisten konnten.

Abwandlungen der Merkmale und Funktionen dieser Zellgemeinschaften zogen die Entstehung von Zellgemeinschaften unterschiedlicher Strukturen nach sich, die eine eigene, spezifische Anatomie aufwiesen. Wissenschaftler nutzen diese anatomischen Merkmale, um die Zellgemeinschaften als einzelne Arten zu klassifizieren. Wenn wir uns Bäume oder Quallen, Hunde, Katzen oder Menschen anschauen, nehmen wir sie normalerweise als Individuen wahr, aber tatsächlich sind sie komplexe Zellgemeinschaften.

Die Zeit der sozialen Entwicklung: Die gegenwärtige Phase der evolutionären Entwicklung ist von einer noch höheren Ordnung von Gemeinschaftsentwicklung geprägt. Diesmal finden sich einzelne Mitglieder bestimmter Arten – die jeweils eine Gemeinschaft eukaryotischer Zellen darstellen, die ihrerseits Gemeinschaften prokaryotischer Zellen sind – zusammen, um ihr Überleben durch soziales Miteinander zu fördern. Fische und Vögel sammeln sich in Schwärmen, Wölfe in Rudeln, Büffel in Herden und Menschen in Stämmen, Reichen und Nationen. Die soziale Evolution lässt Gemeinschaften entstehen, die als Superorganismen ein Eigenleben entwickeln.

Vielleicht haben wir Evolutionssprünge bislang eher unter dem Aspekt der Entstehung neuer Arten betrachtet. Doch eigentlich handelt es sich um ein sprunghaftes Ansteigen der gemeinschaftlichen Komplexität und der wechselseitigen Beziehungen. Diese Muster lassen vermuten, dass es in der nächsten Phase der menschlichen Evolution weniger um Veränderungen im menschlichen Individuum, sondern eher um die gemeinschaftliche Entwicklung der Menschheit gehen wird.

Vor Millionen von Jahren haben sich die Menschen entwickelt. Jetzt liegt die nächsthöhere Evolutionsebene vor uns, die Entwicklung von Menschengemeinschaften – die Entwicklung der Menschheit.

Offenbar ist die Evolution kein kontinuierlicher Aufstieg durch graduelle Fortschritte, sondern besteht aus langen Zeiten der relativen Gleichförmigkeit, die von Quantensprüngen unterbrochen werden, in denen aus ineinander verschachtelten Gemeinschaften neue Merkmale hervorgehen, die nicht vorhersehbar sind.

Wir haben es bei den Prokaryoten gesehen, den grundlegenden Lebensformen, aus denen einzelne, durch eine Membran abgegrenzte Gemeinschaften hervorgegangen sind: die Eukaryoten. Dann bildeten sich aus Eukaryoten-Gemeinschaften die vielzelligen Organismen wie Tiere und Pflanzen. Dann fanden sich Tiere und Pflanzen zu Gemeinschaften höherer Ordnungen zusammen, die wir *gesellschaftliche* bzw. *soziale Organisationen* nennen.

Wenn wir das bildlich darstellen, sehen wir vier Zeilen des allmählichen Fortschritts, die sich vertikal durch evolutionäre Quantensprünge unterscheiden.

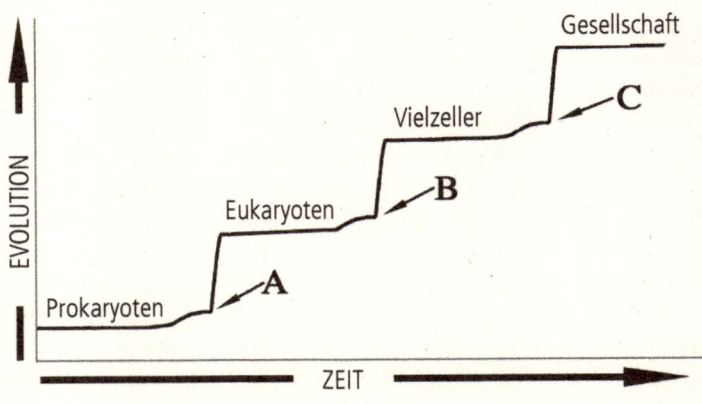

Die Evolution findet nicht in einem gleichmäßigen Anstieg statt, sondern besteht aus Zeiten der Stasis oder des graduellen Fortschritts, gefolgt von Quantensprüngen.

A. Prokaryoten ⇒ Eukaryoten
   (Entwicklung von Einzeller-Gemeinschaften)
B. Eukaryoten ⇒ Vielzellige Organismen
   (Entwicklung der Pflanzen, Tiere und Menschen)
C. Vielzellige Organismen ⇒ Soziale Organisationen
   (Entwicklung der Menschheit)

Wir sind davon überzeugt, dass die menschliche Zivilisation derzeit um ihre Existenz kämpft. Das evolutionäre Muster, das wir hier sehen, weist darauf hin, dass wir uns auf der Schwelle zur nächsten evolutionären Entwicklungsstufe befinden: zur eigentlichen Menschheit.

Keine neuen Geschichten:
Unsere Zukunft durch die fraktale Brille betrachtet

Da die Natur fraktal aufgebaut ist, sind sich die einzelnen Stufen nach oben und unten selbstähnlich. Die Strukturen, Funktionen und das Verhalten eines Prokaryoten auf der ersten Stufe, eines Eukaryoten auf der zweiten Stufe, der Menschen auf der dritten Stufe und der Gesellschaft auf der vierten Stufe weisen hinsichtlich ihrer Enwicklung und Organisation selbstähnliche Muster auf.

Diese fraktale Selbstähnlichkeit ist der entscheidende Grund, weshalb ein Verständnis der Zellbiologie uns helfen kann, sowohl die menschliche Biologie als auch das Verhalten der Gesellschaft besser zu begreifen. Fraktale Evolution bedeutet: Erkenntnisse über die Organisation und die Dynamiken der Zellen in der Zellgemeinschaft des menschlichen Körpers können uns auf die Muster hinweisen, die nötig sind, um unter den Menschen – also unter den Zellen des »Menschheitskörpers« – eine ähnlich gut funktionierende Harmonie zu schaffen.

Über Millionen von Jahren hinweg haben die Zellbürger der Vielzeller-Organismen einen Weg gefunden, so in Frieden miteinander zu leben, dass es ihrem eigenen Überleben und dem Überleben anderer Organismen der Biosphäre dienlich ist. Bedenken Sie nur den ungeheuren Grad an Kooperation und Harmonie zwischen den Milliarden von Zellen, aus denen ein gesunder menschlicher Körper besteht. Offenbar haben unsere Zellen für alles eine Lösung gefunden, was dem Zusammenwirken im Weg stand, und neigen heute dazu, sich eher zu unterstützen als zu bekämpfen. Oder haben Sie schon mal davon gehört, dass die Leber in die Bauchspeicheldrüse einmarschiert wäre, weil sie meinte, Anspruch auf die Langerhans-Inseln zu haben?*

Ganz im Sinne der fraktalen Selbstähnlichkeit entspricht der Zusammenschluss von einzelnen Menschen zu einer vielzelligen Menschheit dem gleichen Muster wie die Einzeller, die sich zu Vielzellern zusammengefunden haben. Der Weg der menschlichen Evolution bildet eine Parallele der früheren Evolution der Tiere, die in zwei verschiedenen Phasen stattfand: Zuerst kam die Phase der Wirbellosen und dann die Phase der weiter entwickelten Wirbeltiere.

Wir werden sehen, dass der grundlegende Unterschied zwischen den Wirbellosen und den Wirbeltieren in dem Mechanismus besteht, durch den sie sich aufrecht halten. Genauso unterscheiden sich auch die höher entwickelten von den frühen Menschen durch die bessere Fähigkeit, sich und ihre Gesellschaft zu stützen und aufrechtzuerhalten.

Wirbellose: Vielzellige, wirbellose Organismen wie Schalentiere und Insekten; sie ähneln Prokaryoten insofern, dass sie kein inneres Skelett haben und auf den äußeren Halt einer Schale oder eines Chitinpanzers angewiesen sind.

Die frühen Menschen kamen den Wirbellosen insofern gleich, weil sie das Gefühl hatten, völlig von Mutter Natur abhängig zu sein. Ohne ihre Unterstützung konnten sie nicht überleben.

Wirbeltiere: Der zentrale Halt der Wirbeltiere kommt wie bei den Eukaryoten, aus denen sie bestehen, von innen, von ihrem festen Rückgrat.

---

* Langerhans-Inseln: ein innersekretorischer Teil der Bauchspeicheldrüse, bestehend aus Zellinseln, die Insulin und Glucagon bilden; benannt nach dem Pathologen Paul Langerhans (1847–1888). (Anm. d. Red.)

Dies lässt sich vergleichen mit jener Zeit der menschlichen Zivilisation, in der die Menschen durch die ihnen innewohnende Intelligenz Technologien entwickelten, die ihr Leben vom Wohl und Wehe der Natur unabhängiger zu machen schienen.

Die Wirbeltiere wurden im Lauf ihrer Entwicklung auch immer komplexer: von Fischen über Amphibien zu Reptilien, Vögeln und Säugetieren, bis der Mensch auftauchte. Von daher können wir annehmen, dass in einem fraktalen Universum auch die menschliche Gemeinschaft eine Reihe selbstähnlicher Entwicklungsstufen durchlaufen hat, die dem Charakter der Fische, Amphibien, Reptilien, Vögel und Säugetiere entsprechen.

Fische: Das grundlegende Merkmal der Fische ist, dass ihr Überleben vom Wasser abhängt.

Auf ähnliche Weise waren die frühen menschlichen Gemeinschaften darauf angewiesen, in unmittelbarer Nähe des Wassers zu leben. Diese sogenannten *marikulturellen* Gesellschaften ernährten sich großenteils von Nahrung aus dem Meer und Wasser aus nahe gelegenen Seen oder Gewässern. Sie wanderten an Flüssen und Seen entlang und breiteten sich aus, indem sie von Ufer zu Ufer paddelten oder segelten.

Amphibien: Amphibien werden zwar im Wasser geboren, aber sie sind auch an Land lebensfähig, weil sie Möglichkeiten entwickelt haben, Wasser mit sich zu nehmen.

So gab es auch in der Menschheitsentwicklung eine amphibische Phase, in der die Menschen mehr das Landesinnere besiedeln konnten, weil sie herausfanden, wie sie Wasser transportieren oder es aus unterirdischen Quellen gewinnen konnten. Mit dem Aufkommen der *Agrikultur* fanden diese Menschen Wege, sich in ihrer neuen Umgebung zu versorgen und zu gedeihen.

Reptilien: Aus den Amphibien, die an Land recht schwerfällig und verletzlich sind, entwickelten sich die Reptilien, die die aquatischen Fähigkeiten ihrer Vorfahren gegen bessere Geländegängigkeit eintauschten. Durch Adaptation entstanden feste Körper, die an Land stark, schnell und geschickt agieren konnten. Die blitzschnellen Augen und Zungen der Reptilien und ihr mechanischer Gang erinnern an Maschinen.

Die Evolution der Menschheit folgte einem ähnlichen Weg, als das Industriezeitalter, das seiner Struktur nach eher den Reptilien entspricht, die agrarische Gesellschaft ablöste, die sich in ihrer Langsamkeit eher mit der Amphibienwelt assoziieren lässt.

Dinosaurier: Als die Natur den Entwurf für eine 15 Zentimeter lange Eidechse vergrößerte und daraus 15 Meter lange Dinosaurier machte, entstand ein besonders erfolgreicher Entwicklungszweig der Reptilien. Das Wort *Dinosaurier* stammt aus dem Griechischen und bedeutet ursprünglich *schreckliche Echse*.

Die Dinosaurier entwickelten zwar riesige Körper, doch das Gehirn wuchs nicht entsprechend mit. Wenn eine kleine Eidechse zehn Muskelzellen braucht, um ein Bein auf bestimmte Art zu bewegen, muss ein Dinosaurier für die gleiche Bewegung 10 000 Zellen zur Verfügung haben. Doch bei beiden ist im Gehirn nur *ein* Nerv notwendig, um diese Bewegung in Gang zu setzen.

Der Punkt ist: Die Körper der Dinosaurier wurden größer, doch das Gehirn blieb recht klein. Die Tatsache, dass es heute immer noch Eidechsen gibt, jedoch keine Dinosaurier mehr, lässt darauf schließen, dass das kleine Gehirn der Dinos zwar erstaunliche Reflexe bewältigen konnte, doch zum Überleben in Zeiten des Umbruchs reichte es offensichtlich nicht aus.

Betrachten wir diese Situation im Hinblick auf die gesellschaftliche Entwicklung, sehen wir, wie das Industriezeitalter menschliche Unternehmen erfolgreich von kleinen Familiengeschäften und Tante-Emma-Läden zu gigantischen internationalen Konzernen anschwellen ließ. Ähnlich wie die Dinosaurier haben diese Konzerne und Kapitalgesellschaften riesige Verwaltungskörper, die von wenigen Entscheidungsträgern mit kleinen reptilischen Gehirnen gesteuert werden.

Seien Sie gewarnt: Die Muster, die in den wirtschaftlichen Dinosauriern zum Ausdruck kommen, tragen die gleichen lebensbedrohlichen Elemente in sich, die zum Aussterben der tierischen Dinosaurier geführt haben! Wie bei den vorzeitlichen Giganten funktionieren die sogenannten Gehirne der konventionellen Konzerne und Kapitalgesellschaften gut, solange das Umfeld stabil bleibt und es nur darum geht, die Reflexe zu steuern und weiterzuwachsen. Doch wenn sich das Umfeld dramatisch ändert, fehlt ihnen die neurologische Kapazität, ihre massiven Körper zu bewegen und anzupassen.

Ein Beispiel dafür ist die amerikanische Autoindustrie. Ihren Vorstandsgehirnen fällt nichts anderes ein, als immerzu dicke Benzinfresser-Autos auf den Markt zu drücken, doch die Konsumenten merken, dass wir auf eine globale Ölkrise zusteuern. Dass dieser Gigant vom Aussterben bedroht ist, wird unter anderem am ungeheuren Wertverlust der Aktien deutlich.

Vielleicht sind die letzten Dinosaurier vor Verzweiflung auch in einen Fresswahn verfallen, als sie beobachteten, wie ihre Artgenossen nach und nach zusammenbrachen – ähnlich wie wir heute sehen, dass sich die Unternehmensgiganten auf Kosten anderer den Bauch vollhauen. Nehmen wir nur als Beispiel die fiskalischen Dinosaurier der amerikanischen Banken-Institutionen, die im Oktober 2008 schnell und gierig 700 Milliarden Dollar Steuergelder verschlangen.

Eine weitere interessante Parallele zwischen den ökonomischen Dinosauriern unserer Zeit und jenen aus der Vorzeit: Die heutigen werden vom Erdöl angetrieben – von dem Stoff, den manche »das Blut der Dinosaurier« nennen – und sind erheblich darauf angewiesen. So trinken die sterbenden Dinosaurier unserer Zeit den Rest des Dinosaurier-Bluts, und wenn wir nicht aufpassen, könnten wir diesmal mit ihnen untergehen.

Doch die fraktalen Parallelen der evolutionären Entwicklung geben auch Anlass zur Hoffnung. Zwar haben die Dinosaurier lange Zeit die Erde beherrscht, doch ihr Untergang ließ zwei andere Zweige der Evolution erstarken: die Vögel und die Säugetiere.

Vögel: Die Ausbreitung der Vögel war ein echtes Nachfolgeprodukt der erdgebundenen Dinosaurier.

Ein selbstähnliches Muster der Evolution begann noch während der Wachstumsphase der Industrialisierungs-Reptilien, als Erfinder und Ingenieure die Vogel-Phase der Menschheit einläuteten.

Eines der Schlüsselereignisse dafür war 1903 der motorisierte Flug der Gebrüder Wright über den Strand von Kitty Hawk in Nord-Carolina.

Säugetiere: Zur gleichen Zeit, als sich aus der Dinosaurierlinie die Vögel entwickelten, trat unter den kleineren Reptilien eine andere neue Gattung in die Welt. Diese Wesen, die nach der Art, wie sie ihre Jungen aufziehen, *Säugetiere* genannt werden, stellten eine ganz neue Klasse neurologisch hoch entwickelter Organismen dar, die sich besonders durch ihre Tendenz zur Fürsorge, zum Wachstum und zur Entwicklung auszeichnete.

Bis vor 65 Millionen Jahren waren die kleinen Reptilien und die schwachen Säugetiere hilflos den fleischfressenden gigantischen Dinosauriern ausgeliefert. Doch dann geschahen auf globaler Ebene große klimatische und geografische Umwälzungen, die zum Aussterben der Dinosaurier führten. Eine kurze Zeit lang war die Welt von Vögeln dominiert, doch in Abwesenheit der großen Räuber ergriffen die Säugetiere die Gelegenheit, sich weiterzuentwickeln und sich zu Herren der Welt aufzuschwingen.

Die Erde – aus der Vogelperspektive

Ähnlich wie die Emergenz der Vögel die Biosphäre nachhaltig veränderte, hatte auch die Entwicklung der Luftfahrt großen Einfluss auf die Zivilisation.

Bevor die Menschen fliegen konnten, erschien eine Integration der Weltbevölkerung schon durch die schiere Größe der Erde mit all ihren terrestrischen und maritimen Hindernissen unvorstellbar. Doch nur rund zehn Jahre nach dem Flug der Gebrüder Wright und vor Ende des Ersten Weltkriegs im Jahr 1918 waren Flugzeuge in der Lage, hoch über Berge, Wüsten und Meere zu fliegen. Der technologische Fortschritt ging so weit, dass heute die geografischen Distanzen zwischen Kontinenten und Nationen für Geschäfte oder persönliche Interessen keine Rolle mehr spielen, sei es im Krieg oder im Frieden.

Die Vogel-Phase der Menschheit erreichte ihren Höhepunkt Ende der 1960er-Jahre, als die Luftfahrt die Zivilisation mit einer neuen Vogelschau von Mutter Erde beglückte. Im Oktober 1968 sendete die Mannschaft der Apollo 7 die ersten Bilder zur Erde, auf denen unser Planet aus dem Weltraum zu sehen war. Ein weiteres berühmtes Bild, genannt »Erdaufgang – Apollo 8«, erschien im Dezember 1968 und zeigte ein dramatisches Bild der Erde, wie sie über der Mondoberfläche aufgeht.

Doch der Erfindungsreichtum der Menschheit strebte noch höher und erreichte im Juli 1969 einen weiteren Gipfel, als Neil Armstrong, Edwin Aldrin und Michael Collins mit der Apollo 11 auf dem Mond landeten. Armstrongs berühmte Worte – »One small step for man; one giant leap for mankind« (Ein kleiner Schritt für den Menschen, ein großer Schritt für die Menschheit) –, mit denen er in einem unförmigen Raumanzug den ersten Fuß auf den Mond setzte, sollten für den weiteren Verlauf der Menschheitsgeschichte prophetisch sein. Zum ersten Mal konnten alle Erdenbürger direkt sehen, wie *endlich* unser wunderschöner, einsamer Planet im Weltraum ist.

Wenn Vögel, Piloten oder Astronauten über die Erdoberfläche fliegen, haben sie einen größeren Überblick als ihre erdgebundenen Mitgeschöpfe. Indem die Astronauten ihre Sicht der Erde – ein blaugrünes Juwel in der schwarzen Leere des Alls – zu ihren Mitmenschen zurücksandten, konnte die ganze Menschheit an dieser Perspektive teilhaben.

Diese Bilder, diese neue Perspektive, hatte eine derart starke Wirkung auf unsere Zivilisation, dass sie den Verlauf der menschlichen Evolution veränderten. Sie konkretisierten die Vision der Hippies und genialer Philosophen wie Buckminster Fuller, dass wir alle ein Volk sind, das an Bord eines kleinen, zarten Raumschiffs namens Erde durchs All treibt.[12]

Diese Vorstellung von unserem Nest in den Sternen brachte eine Bewusstheit hervor, die bei verantwortungsbewussten Menschen ein (allen Säugetieren innewohnendes) Bedürfnis berührte: durch die Bewahrung der Umwelt, durch die Gesunderhaltung unserer Nahrung und unserer Körper und durch das Leben in einer Atmosphäre der Liebe und Harmonie das Überleben zu sichern.

Diese Bilder aus dem Weltall inspirierten den Visionär John McConnell, 1969 die Erdflagge zu kreieren. 1970 feierten die USA erstmals den *Earth Day* (Tag der Erde) und initiierten die amerikanische Umweltschutzbehörde. In den Siebzigerjahren erlebten die Vereinigten Staaten die Verabschiedung von fünf entscheidenden Gesetzen zum Schutz der Luft, des Wassers und des Bodens.

Als Reaktion auf die Bilder der Astronauten erlebten immer mehr bis dahin reptilisch denkende Menschen einen evolutionären Quantensprung, indem sie erkannten: Unser Überleben hängt davon ab, dass unser Planet und alle auf ihm lebenden Arten genauso gut versorgt werden wie wir selbst. Die zu diesem Bewusstsein erwachten Menschen sind die Samenkörner unseres nächsten Evolutionssprungs, der Emergenz der Säugetier-Phase der Menschheit.

In diesem Sinne ähnelt der gegenwärtige Zustand der Zivilisation der fraktalen Iteration eines selbstähnlichen Musters, das sich vor Millionen von Jahren in der Evolution der Tiere abgespielt hat, als Dinosaurier, Vögel und primitive Säugetiere notgedrungen zusammenleben mussten. Dieses Bild lässt an Steven Spielbergs Film *Jurassic Park* denken, in dem wild gewordene Dinosaurier, die an alles verschlingende Konzerne wie den *Enronosaurus Wrecks** erinnern, durch den Wald toben und alle Schwächeren um ihr Leben rennen lassen. Doch an einem gewissen Punkt der Erdgeschichte führte ein noch ungeklärtes Ereignis zur Vernichtung der Dinosaurier und schuf die Gelegenheit für die Säugetiere, die Erde zu bevölkern.

Die gegenwärtigen ökologischen, ökonomischen und sozialen Krisen sind die Anzeichen für den Untergang der dinosaurierähnlichen Konzerne und Kapitalgesellschaften und für den Aufstieg der umweltfreundlichen, menschlichen Fürsorger. Projizieren wir dieses fraktale Muster in die Zukunft, erscheint es wahrscheinlich, dass die derzeitigen globalen Probleme zum nächsten Evolutionssprung des Lebens auf diesem Planeten führen werden: Er wird durch die Emergenz der fürsorglichen Säugetiere als dominante Lebenskraft gekennzeichnet sein.

---

* Namensgebung der Autoren gemäß Dinosauriernamen wie *Tyrannosaurus Rex*. Hier: Anspielung auf *Enron* und engl. *wreck* = dt. *Wrack*. Zu *Enron* siehe Unterkapitel »Vom selbstsüchtigen Gen zum selbstlosen Genie« im 6. Kapitel. (Anm. d. Übers.)

Fraktale unter unserer Haut

Während die Selbstähnlichkeit in der Evolution der Wirbeltiere hilfreiche Einsichten in unsere eigene evolutionäre Entwicklung gibt, enthält dieses Muster im Hinblick auf unseren Kurs zur Sicherung unseres Überlebens keine nützlichen Informationen. Um auf dieser Ebene weiterzukommen, brauchen wir nicht so sehr die dynamische Entfaltung der Fraktale, sondern die strukturellen Muster, die in ihnen enthalten sind.

Unter unserer Haut lebt eine Gemeinschaft von Zellen, die 7000-mal größer ist als die Bevölkerung der Erde. Wenn die Menschen die Lebensart einer gesunden menschlichen Zellgemeinschaft nachbilden könnten, stünden wir vielleicht nicht vor einem sechsten Massenaussterben. Daher geht es im nächsten Schritt darum, das Universum unter unserer Haut durch die fraktale Brille zu erkunden. Dabei zeigen sich erstaunliche Parallelen zwischen der menschlichen und der zellulären Gesellschaft, die uns wertvolle Hinweise für ein gesundes, zufriedenes Leben in einer kohärenten Welt geben.

12. Kapitel

Wie im Kleinen, so im Großen

»Vielleicht sind unsere Zellen einfach klüger als wir.«

SWAMI BEYONDANANDA

In der fraktalen Geometrie entstehen aus einfachen, sich wiederholenden, selbstähnlichen Mustern unendlich komplexe Strukturen. Je tiefer man in ein fraktales Bild hineinschaut, desto mehr Details offenbaren sich. Eine Zelle und der menschliche Körper sind selbstähnliche fraktale Bilder voneinander, die in ihrem Streben nach Überleben ähnliche Funktionen und Bedürfnisse aufweisen. Das Leben einer Körperzelle und das Leben eines Menschen in dieser Zivilisation sind daher im Wesentlichen selbstähnliche, parallele Wirklichkeiten.

Weil sich Zellen und Menschen in ähnlichen biologischen Umständen befinden, stellt sich die Frage: Wie können 50 Billionen Zellen harmonisch und friedlich miteinander auskommen, während läppische 7 Milliarden Menschen kurz davor sind, sich gegenseitig auszurotten? Die Frage lässt sich beantworten, wenn man sich mit dem fraktalen Wesen der Natur befasst.

Aus fraktaler Sicht sollten die Organisationsstrukturen der Evolution vielzelliger Gemeinschaften den Prinzipien ähneln, die das Überleben der Menschheit gewährleisten können. Daher erscheint es sinnvoll, dass wir uns auf die Größe einer Zelle schrumpfen lassen und einen Erkundungsgang in den Körper unternehmen, um herauszufinden, wie die Zellen so erfolgreich wurden. Was bei der Zelle funktioniert, wird auch beim Menschen funktionieren, und was beim Menschen funktioniert, wird auch für die Menschheit sinnvoll sein.

Reverse Engineering – ein moderner Begriff für den Prozess, bei dem etwas bereits Vorhandenes (wie ein Produkt eines anderen Herstellers) sorgfältig studiert und dann nachkonstruiert wird. Durch das *Reverse Engineering* der Dynamiken und Prinzipien, mit denen die 50 Billionen Zellbürger erfolgreich den menschlichen Körper erschaffen und aufrechterhalten, können wir wichtige Dinge für den Erhalt unserer Zivilisation lernen.

CELLS-Я-US*

Während unserer gemeinsamen Reise haben wir immer wieder betont, dass der menschliche Körper nicht ein einziges Wesen ist, sondern eine Ansammlung von Billionen von Zellen. Zellen sind die individuellen Einheiten des Lebens, und unser Körper ist eine Gemeinschaftsform der Zellen. Weil wir aus Zellen bestehen, gehört zu den Erfordernissen unseres Lebens, dass wir uns um das Überleben unserer Zellen kümmern. Daher erscheint es nur logisch, dass unser Körper und unsere Zellen die gleichen Bedürfnisse haben: Sauerstoff, Wasser, Nährstoffe, eine kontrollierte Umgebung, in der bestimmte Lebensprozesse vor äußeren Extremen geschützt ablaufen können, und Schutz vor anderen Lebensformen wie Viren, die Energie und Ressourcen rauben könnten. Menschen und Zellen müssen auch gleichermaßen arbeiten, das heißt Energie aufwenden, um zu überleben. Menschen gehen arbeiten, um ihre Familien zu versorgen, und Zellen kooperieren, um für die Gesundheit des Körpers zu sorgen.

Warum? Was bewegt alles Leben – von den ersten Bakterien bis hin zu uns Menschen –, diesen Kreislauf des Lebens immer weiter

---

* Anspielung auf den Spielzeug-Giganten TOYS-Я-US. (Anm. d. Übers.)

fortzusetzen? Die mysteriöse Kraft ist der biologische Imperativ, dieser angeborene Mechanismus, der alle Organismen, ob groß oder klein, dazu bringt, überleben zu wollen.

Die Fähigkeit einer Art, diesem Überlebenstrieb nachzukommen, hängt von folgenden grundlegenden Faktoren ab: Energie, Wachstum, Schutz, Ressourcen, Effizienz und Wahrnehmung/Bewusstheit. Wenn wir einen Index erschaffen wollten, um die Überlebensfähigkeit eines Organismus zu bestimmen, sähe die Gleichung folgendermaßen aus:

*Überleben =
(Gesamtenergie – Wachstums- und Schutzmechanismen)
x (Ressourcen) x (Effizienz) x (Bewusstheit / Wahrnehmung)*

Gesamtenergie: Steht für die gesamte Energie, die einem Organismus für seine Lebensprozesse zur Verfügung steht. Energie ist für das Verhalten und die Bewegungen des Körpers notwendig. Ein Körper ohne jegliche Energie ist ein Leichnam oder Kadaver.

Wachstumsmechanismen: Die Energie, die ein Körper aufwendet, um seine Energie zu sichern, die Gesundheit des Körpers aufrechtzuerhalten und ihn wachsen zu lassen, nennen wir *Wachstumsaufwand*. Die Wachstumsmechanismen tragen zur Fähigkeit des Organismus bei, Nahrung zu finden, aufzunehmen, zu verdauen und die Abfallstoffe auszuscheiden. Wachstum findet statt, wenn der Organismus die Nährstoffe mithilfe von Energie in komplexe Moleküle umwandelt, die nötig sind, um neue Zellen zu bilden oder alte zu ersetzen.

Schutzmechanismen: Um zu überleben, muss sich der Organismus schützen können. Im menschlichen Körper gehören zu den Schutzmechanismen das Adrenalinsystem mit seinen Kampf-oder-Flucht-Reflexen gegen Bedrohungen von außen sowie das Immunsystem gegen Bedrohungen von innen, zum Beispiel durch Krankheitskeime.

Bedrohungen von außen zwingen einen Organismus, ein gewisses Maß an Energie aus seinen Energiereserven für den Schutz seines Lebens aufzuwenden. Je mehr Grund zu Angst oder Stress ein Organismus wahrnimmt, desto mehr Energie setzt er zum Schutz ein. Weil sowohl Wachstums- als auch Schutzmechanismen von den Energiereserven des Organismus leben, muss alles, was für Schutz aufgewendet wird, auf Kosten des Wachstums gehen. Deswegen sehen wir in unserem Überlebensindex, dass Wachstums- und Schutzprozesse dem Organismus Energie abziehen. Man kann auch sagen: Das Überleben eines Organismus kann durch die Menge an Energie beeinträchtigt werden, die er zu seinem Schutz einsetzt. Deshalb ist es möglich, jemanden buchstäblich zu Tode zu erschrecken.

Ressourcen: Organismen holen sich ihre Energie aus Ressourcen in ihrer Umgebung. Das Überleben hängt also davon ab, in welchem Verhältnis die Energie, die sich ein Organismus im Außen sichern kann, zu der Energiemenge steht, die er innerlich braucht, um an diese Ressourcen heranzukommen und sie zu verarbeiten. Den Akt des Erlangens und Verarbeitens von äußeren Ressourcen nennen wir *Arbeit*.

Zu den primären Ressourcen biologischer Organismen gehören Luft, Wasser und Nährstoffe, die sowohl aus der chemischen als auch aus der nichtmateriellen Energie der sie umgebenden Felder stammen. Bis zur Evolution des Menschen lebten alle Organismen von erneuerbaren Ressourcen. So konnten sich die Ressourcen der Umwelt immer wieder auffüllen, und die Arten konnten sich Jahrmillionen lang erhalten. Selbst wenn ein individueller Organismus starb, gingen seine Überreste in das Energiereservoir ein, das den anderen Organismen zur Verfügung stand.

Die Menschen veränderten das Gleichgewicht und die Harmonie der Biosphäre jedoch, als sie eine Zivilisation entwickelten, deren Überleben von nicht erneuerbaren Ressourcen des Planeten abhängt. Die gegenwärtige Ölkrise ist eines von vielen Beispielen, wie sehr unsere selbst gewählte Abhängigkeit von nicht erneuerbaren Ressourcen unsere Existenz gefährdet. Die Situation, dass das Überleben der Gesellschaft von immer knapper werdenden äußeren Ressourcen abhängt, kostet uns ungeheuer viel innere Energie und möglicherweise unsere Zukunft. Kein kluger Schachzug.

Effizienz: Effizienz ist das Verhältnis zwischen dem Ergebnis einer Arbeit und der Energie, die dafür aufgewendet wurde. Die Effizienz eines Organismus im Umgang mit seinen Energieressourcen ist ein primärer Faktor für seine Überlebensfähigkeit. Durch evolutionäre Fortschritte in der Struktur und Funktionalität verfeinerten die Organismen allmählich ihre operationale Effizienz. Die Energie, die sie damit einsparen, stand ihnen für die weitere evolutionäre Entwicklung zur Verfügung.

Bewusstheit/Wahrnehmung*: Bewusstheit bedeutet hier die Fähigkeit eines Organismus, Informationen aus seiner Umwelt zu erfassen, zu interpretieren und darauf zu reagieren. Diese Art von Bewusstheit reicht von einfachen reflexartigen Reaktionen bis zu bewusstem Handeln und selbstbewusster (das heißt: *seiner selbst* bewusster) Intelligenz.

Auf der Ebene der Zelle beginnt diese Art der Wahrnehmung mit den Grundbausteinen der Rezeptor- und Effektor-Proteine in der Zellmembran, die – wie zuvor beschrieben – wie Schalter funktionieren. Weil diese Wahrnehmungsproteine in der Membran nur Monoschichten bilden können, hängt die Wahrnehmungskapazität eines Organismus direkt mit dem Umfang seiner Membran-Oberfläche zusammen. Die kollektive Bewusstheit oder Wahrnehmung eines Organismus steht in direkter Relation zur Größe der Membran-Oberfläche, die der Organismus der Verarbeitung von Informationen aus der Umwelt widmet.

Überleben =
(Gesamtenergie – Wachstums- und Schutzmechanismen)
x (Ressourcen) x (Effizienz) x (Bewusstheit / Wahrnehmung)

Angesichts der globalen Krisen ist klar, dass die Überlebensfähigkeiten der Menschen bestenfalls fragwürdig sind. Wie bereits erwähnt, verlangt die Aufrechterhaltung des Lebens Energie, und ein Mangel an Energie schlägt sich in Schwäche, Krankheit und Tod nieder. Alle Lebewesen außer dem Menschen können die ihnen zur Verfügung

---

* Wie bereits im Unterkapitel »Vom Mikrokosmos der Zelle zum Makrokosmos des Geistes« innerhalb des 2. Kapitels angemerkt, steht hier der deutsche Begriff *Bewusstheit* für das englische Wort *awareness*. (Anm. d. Übers.)

stehende Energie hervorragend verwalten und effizient nutzen. Wir wissen das, weil Organismen, die mit ihrer Lebensenergie nicht haushielten, längst ausgestorben sind.

Den verschwenderischen Menschen steht dieses Schicksal möglicherweise ebenfalls bevor. Doch die Art, wie wir der Biosphäre Schaden zugefügt haben, könnte auch zum Aussterben all der viel intelligenteren und effizienteren Arten führen, die seit Jahrmillionen in Harmonie mit ihrer Umwelt gelebt haben.

Der Überlebensindex erinnert uns daran, wie wenig wach und effizient wir sind und wie viel Energie wir mutwillig und unbefugt auf Wachstum und Schutz verschwenden. Man denke nur an die unglaublichen Ausgaben für Sicherheit, sei es die individuelle oder die nationale. Ein Blick auf die Faktoren des Überlebensindex macht klar: Um zu überleben, müssen wir unsere Aufwendungen für Schutz senken, uns erneuerbaren Ressourcen zuwenden und insgesamt sehr viel effizienter leben und aufwachen.

Regierungen und Wirtschaftsführer, die versuchen, die globale Wirtschaftskrise zu bewältigen, indem sie hier einen Flicken aufsetzen, dort Geld verleihen und das Ganze mit einem dicken Schlag Schuldentilgung krönen, verhalten sich wie die Stewards der Titanic, die noch Liegestühle zurechtrücken, während das Schiff untergeht.

Vielleicht ist es im Sinn Einsteins endlich Zeit, unsere Probleme zu lösen, indem wir uns auf eine andere Ebene des Denkens begeben. Vielleicht sollten wir in unserem Streben nach lebenswichtigem Wissen von den alten Weisen lernen, die schon immer sagten: »Die Antwort liegt in dir.« Einstein riet im Prinzip das Gleiche, als er schrieb: »Schau tief, tief in die Natur, und du wirst alles besser verstehen.«[1]

Wenn wir uns gleich den inneren Zusammenhängen der Biologie zuwenden, werden wir uns an die Faktoren des Überlebensindex halten. Wir gehen davon aus, dass uns die sozialen und ökonomischen Muster, die wir bei erfolgreichen Eukaryoten und Vielzellern erkennen – zum Beispiel in unserem Körper –, helfen können, Wege zu einer gesünderen und erfolgreicheren Menschheit zu finden.

Große Erkenntnisse vom kleinen Volk

Das Gemeinschaftsleben fördert die Überlebensfähigkeit, weil es die Effizienz und die Wahrnehmungskapazität vergrößert. Wenn zum Beispiel eine einzelne Zelle das Wahrnehmungspotenzial X hat, dann hat eine Kolonie von 30 Zellen ein kollektives Wahrnehmungspotenzial von mindestens 30 X. Das bedeutet, die Gemeinschaft stellt jeder teilnehmenden Zelle ein Wahrnehmungspotenzial zur Verfügung, welches viel größer ist als das ihrer unabhängigen, frei lebenden Einzeller-Verwandten.

Es war wohl der Drang, diese Wahrnehmungskapazität zu vergrößern, der die einzelnen primitiven Prokaryoten dazu gebracht hat, sich zu ersten Gemeinschaften zusammenzufinden, den Biofilmen. Die Biofilme entwickelten sich dann zu einzelnen eukaryotischen Zellen wie Amöben oder Algen, die eigentlich von einer Membran umgebene Höherentwicklungen der Prokaryoten-Gemeinschaften sind.

Wir rekapitulieren noch einmal, um die Zusammenhänge zu verankern: Vor etwa 700 Millionen Jahren wiederholte die Natur eine alte Strategie zur Mehrung von Wahrnehmungsfähigkeit: Sammle einzelne Zellen, in diesem Fall Eukaryoten, und bilde vielzellige Gemeinschaften zum wechselseitigen Wohlergehen aller Beteiligten. In diesen eng verflochtenen Eukaryoten-Kolonien machten zunächst noch alle Zellen das Gleiche und addierten lediglich ihre Produktivität. Als die Kolonien immer größer wurden, war es jedoch nicht mehr effizient, dass alle Zellen den gleichen Job machten. Die kommunalen Zellen begannen, sich die Arbeit zu teilen und einzelnen Zellen bestimmte Aufgaben zuzuweisen. Diesen Prozess nennen wir *Differenzierung*.

Die gleichen Entwicklungsmuster gab es auch in der frühen Menschheit, zu der Zeit, als die Familien noch in Clans zusammenlebten. In diesen kleinen, undifferenzierten Gruppen erledigten zunächst alle Mitglieder die gleichen, lebensnotwendigen Aufgaben, die vor allem der Sicherung von Nahrung galten. Je größer die Clans wurden, desto weniger effizient war es, dass alle Mitglieder die gleichen Aufgaben verrichteten. Also übernahmen einzelne Personen bestimmte Verantwortlichkeiten: Manche jagten, andere sammelten, wieder andere passten auf die Kinder und Alten auf. Je größer die Gruppen wurden, desto mehr wurde die Arbeit aufgeteilt, was zu einer Hierarchie spezialisierter Arbeiter führte.

Die differenzierten Zellen einer Zellgemeinschaft lassen sich mit Handwerkern vergleichen. Ähnlich wie menschliche Handwerker in Gilden organisiert waren, bildeten die differenzierten Zellen Gewebe und Organe, deren Produkte und Dienstleistungen dem Überleben der Gemeinschaft dienten. Eine Herzmuskelzelle zum Beispiel ist eine Meisterin der Kontraktion, und die verschiedenen Gilden der Herzmuskelzellen bilden zusammen das Herz. Für ihre Dienste erhalten die Herzmuskelzellen Unterstützung von anderen hoch differenzierten Zellgilden: Sie bekommen Nährstoffe aus dem Verdauungssystem, Sauerstoff aus dem Atmungssystem, Schutz aus dem Immunsystem, Abfallentsorgung durch das Ausscheidungssystem und das Neueste aus aller Welt durch das Nervensystem.

Das erste Herz, die erste Leber, die erste Niere – sie waren die ersten Unternehmen auf der Erde. Das Herz gehört zum Energiesektor; seine Zellen sind sozusagen seine Angestellten. Das Immunsystem entspricht der Umweltschutzbehörde, mit den weißen Blutkörperchen als seinen Beamten. Die Niere ist ein Teil der Abfallwirtschaft, die ein beeindruckendes Recyclingprogramm entwickelt hat.

Das Wichtigste, was wir von diesen frühen Unternehmen lernen können: Der unternehmerische Erfolg dieser Systeme beruht nicht auf ihrer *Wettbewerbsfähigkeit* mit anderen Organen und Geweben. Ihr Erfolg bemisst sich vielmehr daran, wie gut jedes Organ mit den anderen Systemen *kooperiert*.

Primitive eukaryotische Zellkolonien bestanden aus bis zu mehreren Hundert Zellen. Aus diesen einfachen Anfängen konnten die Eukaryoten durch geschickte Gemeinschaftsverwaltung und erstaunliches Management unglaublich erfolgreich Zellgemeinschaften formen, deren Mitgliedszahlen in die Billionen gehen.

In diesen gigantischen Vielzeller-Zivilisationen hat jede Zelle die gleichen physiologischen Funktionen, Antriebe und Bedürfnisse wie ein Mensch in der menschlichen Gesellschaft. Zellen lassen sich wirklich mit winzigen Personen vergleichen, von denen jede ihr Eigenleben hat, während sie gleichzeitig an den Erfahrungen der Gemeinschaft teilnimmt – und das ist keine Metapher.

Die erstaunliche Harmonie, die auf der zellulären Ebene herrscht, ist ein bemerkenswertes Merkmal, durch das sich erfolgreiche Zellgemeinschaften von derzeitigen menschlichen Gemeinschaften unterscheiden. Die Zellgemeinschaften unseres Körpers leben wirklich das Motto der Vereinigten Staaten: *E Pluribus Unum* (Aus vielen [wird] eins). Jede Zelle ist ein Individuum, doch sie verhalten sich und unterstützen einander, als wären sie eins.

Einheit bedeutet nicht Gleichförmigkeit. Eine Leberzelle ist physisch und funktionell deutlich anders als eine Muskelzelle, die wiederum ganz anders aussieht als eine Nervenzelle. Sie wirken zwar zusammen, aber sie sind durch Grenzen in Gemeinschaften aufgeteilt, die wir als Organe und Gewebe erkennen. Jede Gemeinschaft verfügt über ein besonderes Talent und erfüllt eine bestimmte Funktion bzw. eine spezielle Mission, die das Überleben des Körpers sichert.

Jede Nation und jede Kultur auf dieser Welt entspricht einem Gewebe oder Organ im großen Superorganismus der Menschheit. Ähnlich wie jedes Organsystem zur allgemeinen Wirtschaftslage des Körpers beiträgt, leistet auch jede Nation einen Beitrag zur allgemeinen Lage der gesamten Menschheit.

Die Zellen eines Organs mögen anders aussehen und anders funktionieren als ihre Nachbarzellen jenseits der Grenze dieses Organs. Der Wert ihrer Arbeit hat mehr mit ihrer Unterschiedlichkeit zu tun als mit ihren Gemeinsamkeiten.

Überall auf der Welt betrachten die Länder einander heute als Rivalen, und viele Länder sind mit der Bemühung beschäftigt, ein anderes Land gänzlich verschwinden zu lassen. Wollten sich die Zellen in unserem Körper so verhalten, würden einige Gewebe oder Organe versuchen, andere Gewebe oder Organe komplett zu vernichten. Für welches ihrer Gewebe oder Organe würden Sie Partei ergreifen? Welche Auswirkungen hätte das auf Ihre Überlebensfähigkeit, geschweige denn Ihre Lebensqualität?

Falls es Ihnen etwas gewagt erscheint, Organe mit Nationen zu vergleichen, denken Sie an Folgendes: In der Zellmembran, die jede eukaryotische Zelle umgibt, sind Protein-Abgrenzungen eingebaut, die bestimmte Territorien definieren. Innerhalb jeder dieser Membrangrenzen gibt es spezielle Proteine, die bestimmte Funktionen erfüllen. Diese abgegrenzten Membranbereiche entsprechen Nano-

Organen. Wenn man diese Protein-Territorien im Labor mit verschiedenen Farben einfärbt, entsteht auf der runden Membranhülle einer Zelle ein Bild, das einer Darstellung aller Nationen auf einer Weltkarte verblüffend ähnelt.

Sind unsere Zellen klüger als wir?

Wir können von unseren Zellen noch viel mehr über erfolgreiches Gemeinschaftsleben lernen, wenn wir ihr Leben auf einer noch tieferen Ebene beobachten. Man denke nur an die Tatsache, wie unsere Zellen uns jeden Tag in der Welt funktionsfähig halten, und vergleiche das mit der mittelmäßigen Kooperation der Menschen untereinander. Angesichts dessen erscheint es angemessen, unsere selbstherrliche Vorstellung unserer Intelligenz ein bisschen herunterzuschrauben und anzuerkennen, dass unsere Zellen uns etwas voraushaben.

Eine genauere Betrachtung der täglichen Verrichtungen unserer Zelleinwohner könnte unserem Ego einen harten Schlag versetzen, denn praktisch alles, was wir meinen, erfunden zu haben, konnten unsere Zellen zuerst – und in der Regel besser.

Zum Beispiel verfügen Zellen über:
- Ein *monetäres System,* durch das Zellen abhängig von der Bedeutung ihrer Arbeit entlohnt werden und das erlaubt, Überschüsse in einer Gemeinschaftsbank zu speichern.
- Ein *Forschungs- und Entwicklungssystem,* mit dessen Hilfe Technologien entwickelt und biochemische Äquivalente von Stahltrossen, Sperrholz, Stahlbeton, elektrischen Leitungen und Hochgeschwindigkeits-Computern hergestellt werden.
- Ein *System für Umwelt- und Klimatechnik* zur Luft- und Wasseraufbereitung, deren Qualität unsere menschlichen Technologien weit übersteigt. Gleiches gilt für die Wärme- und Kältetechnik.
- Ein äußerst komplexes und extrem schnell funktionierendes *Kommunikationssystem,* ähnlich dem Internet, durch das sich zip-codierte Botschaften direkt an einzelne Zellen übermitteln lassen.

- Ein *Rechts- und Strafsystem,* das destruktive Zellen einsperrt, rehabilitiert und ihnen sogar im Sinne von Sterbehilfe zum Selbstmord verhilft.
- *Volle Gesundheitsfürsorge,* die dafür sorgt, dass jede Zelle alles hat, was sie braucht, um gesund zu bleiben.
- Ein *Immunsystem,* das die Zellen und den Körper ähnlich gut schützt wie eine hoch motivierte Nationalgarde.

Technologie: Unsere Zellen haben vor Urzeiten das Industriezeitalter erreicht

Viele große technologische Erfindungen wurden von Biologen mit Mechanismen des menschlichen Körpers verglichen: Die Dampfmaschine erinnerte sie an die Druckmechanismen im Körper. Und als die Physiker anfingen, die Elektrizität zu verstehen, dachten die Biologen jener Zeit an das Nervensystem.

In neuerer Zeit wurden die Supercomputer mit dem Gehirn verglichen. Computerwissenschaftler sind so von den Kapazitäten der Zelle zur Informationsverarbeitung fasziniert, dass sie zurzeit versuchen, Nervenzellen auf Computerchips zu züchten, um beide Technologien zu verbinden.

Die Technologie des Körpers hat noch viel mehr Staunenswertes zu bieten als nur die Zellen. Auf ähnliche Weise, wie Menschen für sich und ihre Unternehmen aus bearbeiteten Materialien Gebäude herstellen, tun das auch Zellen. Hier sind ein paar Beispiele:

Ungefähr die Hälfte der Körpermasse besteht aus extrazellulärer Matrix, dem sogenannten Kollagen. Kollagen ist ein fadenartiges Proteinsekret der Zellen. Ähnlich wie Spinnen einen Faden spinnen, erzeugen Zellen damit eine Struktur um sich herum. Die Form jedes Organs, Blutgefäßes, Nervs, Muskels und Knochens ist von dieser Matrix verwobener Kollagenfasern umgeben und gehalten. Selbst wenn alle Zellen aus einem menschlichen Körper entfernt würden, hielte das extrazelluläre Kollagen die Struktur des Körpers weiterhin wie eine bewegliche Skulptur intakt.

Kollagenproteine sind ein Meisterwerk der Ingenieurskunst: Aus diesen organischen Fasern kann ein Gewebe weich wie Seide und sanft wie ein Babypopo entstehen, doch wenn sich das Webmuster ändert, bilden sie Verbindungen, die eine Festigkeit wie kugelsicheres Aramidgewebe haben. Kollagenfasern, die zu seilartigen Strukturen verzwirnt sind und unsere Sehnen und Bänder bilden, sind stärker, beweglicher und viel leichter als Stahlseile gleichen Durchmessers.

Das von speziellen knochenbildenden Zellen, sogenannten Osteoblasten, erzeugte Kollagen lässt sich mit den Stahlträgern großer Wolkenkratzer vergleichen. Die Osteoblasten umgeben ihre Kollagenträger mit Proteinen, welche die spontane Bildung von marmorartigen Kalziumkristallen bewirken. Das Ergebnis sind die leichtgewichtigen, extrem starken mineralisierten Kollagengewebe, aus denen die Knochen bestehen.

Um diese Leistung richtig zu würdigen: Die Proportion einer Zelle gegenüber einem 1,80 Meter großen Menschen entspricht ungefähr der eines Menschen vor einem 10 000-stöckigen Marmorbauwerk, inklusive Zwischengeschosse, dreizehntem Stockwerk und Penthaus.

Chondrozyten sind Zellen, die Knorpelmatrix herstellen, was dem Zement des Körpers entspricht. Auf vorgeformten Höhlungen der Kollagenmatrizen erzeugen die Chondrozyten aus Knorpelmasse die freistehenden Skulpturen unserer Nasen und Ohrmuscheln. Ähnlich wie Zement ist Knorpel zerbrechlich. Ein zu fester Nasenstüber kann ihn schon mal in Stücke hauen.

Diese Zerbrechlichkeit ist auch ein Problem für die Knorpelscheiben, die der Körper als Puffer zwischen die Wirbelknochen gesetzt hat. Gewöhnlicher Knorpel würde an dieser Stelle unter dem Gewicht und dem Bewegungsdruck schnell zermahlen werden. Daher haben die Eukaryoten-Baumeister gelernt, ihren Knorpel mit stahlartigen Kollagenfasern zu verstärken und den sogenannten Faserknorpel zu bilden, das organische Äquivalent von Stahlbeton. Die Bedeutung dieser Puffer zwischen den Wirbeln wird in der Regel erst erkannt, wenn einer von ihnen Schaden genommen hat.

In dem von Haut umschlossenen Biotop des Körpers gleichen die Zellen Meerestieren, die in einer wässrigen Umgebung atmen und leben. Geniale Leitungs- und Filtermechanismen wie das lymphatische System und das Blutgefäßsystem sorgen ständig dafür, dass das lebensspendende Nass des Körpers gereinigt und in Umlauf gehalten wird. Zelluläre Technologien in der Leber, den Nieren, den Lungen, den Lymphknoten und der Milz bilden das hervorragendste und effizienteste Filtersystem auf unserem Planeten. Diese Organe scheiden alle Abfallprodukte und Giftstoffe aus, versorgen den Organismus mit lebenserhaltenden Komponenten und verteidigen ihn gegen eindringende Organismen viel wirkungsvoller als irgendetwas, das Menschen je erfunden und konstruiert haben.

Hoch entwickelte Ingenieurleistungen des Körpers, die später vom Menschen für chirurgische Eingriffe nachempfunden wurden, sind zum Beispiel hydraulische Klappen, osmotische Druckpumpen, gegenläufige Austauschsysteme, mechanische Hebelsysteme der Gelenke und Verbindungen und die Rückkopplungsmechanismen und Informationsschleifen.

Eine vertrautere technische Erfindung, bei der uns der Körper voraus war, ist das Farbfernsehen. Unsere Augen funktionieren nach dem gleichen Rot-Grün-Blau-Farbsystem, das auch das ganze Farbenspektrum auf unsere Mattscheiben zaubert.

In der kurzen Geschichte der Computerwissenschaften haben Elektroingenieure Transistoren, Kondensatoren und Batterien zu parallel-verarbeitenden Hochgeschwindigkeitsnetzwerken, stereoskoper 3-D-Sicht und Computersimulationen zusammengeschlossen.

Das sind beeindruckende technische Fortschritte, doch wir müssen anerkennen, dass die Eukaryoten diese Systeme schon vor Jahrmillionen entwickelt haben.

Eines der vielleicht erstaunlichsten Kunststücke der Zellgemeinschaft unseres Körpers ist das menschliche Gehirn – das effektivste Informationsverarbeitungssystem, das je erfunden wurde. Jeder ehrgeizige Computerdesigner kann nur davon träumen, ein Informationsverarbeitungssystem zu entwickeln, das der Kapazität des menschlichen Gehirns nahekommt.

Im neuen Wissenschaftsfeld der *Biomimikry* versuchen heute Wissenschaftler, die uralten technischen Errungenschaften der Natur nachzubauen, um neue Technologien zu finden, die das Leben auf diesem Planeten nachhaltig ermöglichen.

Zelluläre Ökonomie: Keine Zelle bleibt zurück

Die Bewegungen der Proteinmoleküle, die den Körperfunktionen zugrunde liegen, brauchen Energie für ihre Aktionen. Der Energiehaushalt des Körpers wird für uns spürbar durch die Wärme, die er erzeugt und speichert, um das System in der richtigen Betriebstemperatur zu halten.

Die Körperzellen verwalten ihre Energiebedürfnisse durch den Austausch von Adenosin-Triphosphat-Molekülen (ATP), an die drei Phosphatgruppen gebunden sind. ATP ist das molekulare Äquivalent zu aufladbaren Akkus, wie sie zum Beispiel in Mobiltelefonen verwendet werden. Die Zellen holen sich von den ATP-Molekülen Energie, um ihre Funktionen zu betreiben.

Wenn sich eine der Phosphatgruppen löst, setzt das ATP-Molekül eine Energieeinheit frei. Durch den Energieverlust wird aus dem ATP Adenosin-Diphosphat (ADP), ein Adenosin-Molekül mit zwei Phosphatgruppen. Zellen können dem ADP jedoch wieder eine Phosphatgruppe anhängen und es damit in ein energetisiertes ATP-Molekül verwandeln. Zellen arbeiten, um ATP herzustellen, und verbrauchen ATP, um zu arbeiten.

Ähnlich wie eine Währung werden ATP-Moleküle auch zwischen Körperzellen ausgetauscht. Tatsächlich wird ATP in Biologie-Lehrbüchern oft als die »Währung« des Körpers bezeichnet, so wie das Geld in der menschlichen Gesellschaft oft mit Energie gleichgesetzt wird. Je mehr Geld jemand hat, desto mehr Energie hat er, um etwas zu erzeugen oder sein Leben zu gestalten.

Der Umgang der Zellen mit ATP kann uns viel über eine gesunde Ökonomie lehren. Zellen arbeiten für das System, bringen ihre Produktivität ein und bekommen dafür ATP. Zellen können im Zytoplasma sogar ATP sparen. Das ATP-Einkommen einer Zelle entspricht ihrem Beitrag zum Körper. Zellen, deren Anstrengungen für die Gemeinschaft wichtiger sind, erhalten auch mehr ATP, vielleicht sogar eine zelluläre Begleitmannschaft, die sie in ihren Funktionen unterstützen. Und obwohl verschiedene Zellen unterschiedliche Einkommen haben, bekommt jede Zelle auf jeden Fall alles, was sie unbedingt zum Leben braucht: Nahrung, Behausung, Gesundheitsfürsorge und Schutz.

Überschüssige Energie – was dem Profit der Zellen entspräche – wird im Körperfett gespeichert, das man mit regionalen oder nationalen Banken vergleichen könnte. Diese Energiereserven sind echte Depots, aber sie enthalten keine individuellen Sparkonten. Alle Reserven stehen der gesamten Gemeinschaft zur Verfügung. Auf Geheiß der Körper-Regierung, die wir später noch genauer beschreiben werden, können diese Energiereserven im gesamten Körper zur Aufrechterhaltung, Reparatur oder Verbesserung der Körper-Infrastruktur eingesetzt werden. Durch dieses System der Gleichberechtigung ist jede Zelle motiviert, ihren Beitrag zur Gemeinschaft zu leisten, ohne sich Sorgen um ihre nächste Lohnauszahlung machen zu müssen.

In Bezug auf den ATP/ADP-Austausch ist der Körper ein geschlossenes System. Er verfügt nicht über die Möglichkeit, sich Energie von draußen zu leihen. Es gibt keine Institution, die einfach neues ATP drucken kann, wenn das System in Not ist: Die Energie muss aus Ressourcen geholt werden, die sich bereits im System befinden. Das bedeutet, dass Zellen auch keinen Kredit aufnehmen können, den sie dann in einem zukünftigen Leben abbezahlen – mit oder ohne Zinsen. Die echten fiskalischen Konservativen werden es zu schätzen wissen, dass der Energiehaushalt des Körpers immer ausgeglichen ist.

Eine gesunde zentrale Stimme: Der Zell-Geheimdienst

Jede Zelle im Körper ist ein unabhängiges, intelligentes, empfindungsfähiges Wesen, das in der richtigen Umgebung eigenständig überleben kann. Ein vielzelliger Organismus besteht jedoch nicht einfach nur aus einem Haufen egozentrischer Eukaryoten, die gemeinsam unter einer Decke stecken: Sie bilden eine funktionelle Gemeinschaft.

Eine Gemeinschaft ist naturgemäß eine Organisation, in der Individuen zusammenkommen, die Interessen, Geisteshaltungen oder

Ziele miteinander teilen. Das Entscheidende dabei ist das Teilen. Die teilnehmende Zelle stellt ihre eigenen Interessen zurück und unterstützt das Ganze. Die Gemeinschaft hingegen fördert die Überlebensfähigkeit der Zelle durch gesteigerte Wahrnehmungsfähigkeit und Bewusstheit und eine erhöhte Energieeffizienz.

Das Überleben eines Organismus hängt von seiner Fähigkeit ab, Informationen aus der Umgebung richtig aufzunehmen und zu verarbeiten. Die zerstreuten einfachen Prokaryoten der ersten Evolutionsstufe konnten auch über gewisse Entfernungen hinweg Informationen übermitteln, indem sie bestimmte Signale freisetzten: Andere Prokaryoten empfingen sie und reagierten darauf.

Auf der nächsten Stufe der Evolution wurde dieser Informationsaustausch verstärkt, als dicht beieinanderliegende Eukaryoten Membranverbindungen entwickelten, durch die sie körperlich miteinander Kontakt aufnehmen konnten. Solche Zellverbindungen lassen sich mit Computerkabeln vergleichen, mit denen man mehrere Computer zusammenschließen kann.

In Vielzellern führte die zelluläre Populationsdichte dazu, dass sich viele Zellen im Inneren des Organismus befanden, ohne direkten Zugang zu Informationen in der Umgebung zu haben. Daraus entstand das Bedürfnis nach Zellen, die diese Informationen von außen nach innen weiterleiteten.

Durch Differenzierung entstand also eine neue Art eukaryotischer Zellen: die Nervenzellen in der Haut, welche die Bedingungen, die im Außen herrschen, wahrnehmen und nach innen weiterleiten. Dies initiierte die Entwicklung des Nervensystems: eine Art Informationsnetzwerk, das alle Zellen der Gemeinschaft miteinander verbindet – egal wo sie sind – und die Kommunikation sowohl von innen nach außen als auch von außen nach innen gewährleistet. Aufgrund dieses Informationsflusses zwischen der äußeren Umgebung und den inneren Zellen ist die regulierende Funktion des Nervensystems für den Körper von höchster Bedeutung.

Das übergeordnete Nervensystem sagt den anderen Körperzellen nicht, wie sie ihren Job machen sollen. Die Herzzellen schlagen, und die Darmzellen verdauen Nahrung, weil das ihrem eigenen Impuls entspricht. In jedem Organsystem sitzen Nervenzellen-Knoten, die wir *Ganglien* nennen. Ganglien ähneln den Länderregierungen, indem sie organbezogene Informationen verarbeiten – im Gegensatz zum Gehirn, das als Zentralregierung fungiert und gewissermaßen die »Angelegenheiten der Organföderation« regelt. Zum Beispiel kann unser Verdauungssystem mitsamt den Nervenganglien auch ohne irgendeinen Kontakt mit dem Zentralnervensystem Nahrung komplett aufnehmen, verarbeiten und die Abfallprodukte ausscheiden.

Die Ganglien koordinieren nicht nur die Funktionen des Organsystems, sondern stehen auch im Austausch mit dem Gehirn, in dem Daten aus anderen Körpersystemen integriert und koordiniert werden. Als zentrales Informationsverarbeitungs-System vertraut das Gehirn darauf, dass die Organe und Organsysteme ihre Funktionen selbst regulieren, zumindest so lange, bis es eine Meldung erhält, dass irgendwo etwas nicht ordnungsgemäß läuft.

Diese Verteilung von Verwaltungshoheiten entspricht der ursprünglichen Absicht der amerikanischen Verfassung, der zufolge alles, was nicht ausdrücklich in die Zuständigkeit der föderalen Regierung fällt, von den regionalen Institutionen der Länder geregelt wird.

Das Nervensystem ist nicht nur für die Wahrnehmung und Reaktion auf Umweltreize zuständig; es lernt auch und erinnert sich an Informationen aus vergangenen Erfahrungen. Die Effizienz des gemeinschaftlichen Arbeitens ermöglichte es dem Körper, bedeutende Mengen an Energie in eine erstaunlich große Population von Nervenzellen zu investieren, die nur der Verarbeitung und Erinnerung erlernter Wahrnehmungen dienen. Diese enorme Kapazität zur Informationsverwaltung vonseiten unseres Drei-Billionen-Zellen-Gehirns ermöglichte es dem Menschen, zu lernen, durch das Aneinanderreiben zweier Stöcke Feuer zu erzeugen und im Lauf der Zeit mithilfe dieses Feuers sogar zum Mond zu fliegen.

Man kann gar nicht genug betonen, dass das Nervensystem kein hierarchisches System im Sinne autoritärer Kontrolle ist, sondern auf interaktiver Kommunikation beruht. Ähnlich wie eine Nationalregierung für ihre Bevölkerung Regeln und Gesetze erlassen kann, reguliert das Gehirn bestimmte Körperfunktionen. Und ähnlich wie unsere Nachrichtennetzwerke sendet es seine Wahrnehmungen des Neuesten vom Tage an alle seine 50 Billionen Zelleinwohner.

Doch gute Regierungen sind genauso wie gesunde Körper auf einen gegenseitigen Informationsaustausch angewiesen. Bürger eines

Staates können ihre Meinung durch Briefe an die Entscheidungsträger kundtun, sie können wählen und sie können auf der Straße demonstrieren. Die zellulären Körperbürger lassen dem zentralen Nervensystem ihre Reaktionen auf Informationsreize durch das zukommen, was wir als Emotionen und Symptome wahrnehmen – von denen manche angenehmer sind und andere unangenehmer.

Übt das Gehirn eine weise und förderliche Herrschaft aus, wird es auf die Rückmeldungen aus der Zellgemeinschaft so reagieren, dass es jedem Zelleinwohner ein glückliches Leben gewährleistet. Doch wie wir in unserer Welt oft sehen: Falls das Gehirn schlecht informiert ist, den Kontakt verloren hat oder aus irgendwelchen Gründen nicht reagieren will, kann es eine Zellgemeinschaft bis hin zum Zusammenbruch, zu Krankheit oder Tod schwächen – was auf gesellschaftlicher Ebene den Missständen von Anarchie, Aufruhr und Krieg entspricht.

Wachstum, Schutz und das Gleichgewicht des Lebens

In den letzten 150 Jahren hat die westliche Zivilisation die materielle Wissenschaft als ihre Quelle für Wahrheit, Weisheit und Wissen um die Geheimnisse des Lebens auserkoren. Wir können uns die Weisheit des Universums wie einen riesigen Berg vorstellen: Wir ersteigen den Berg, um Wissen zu sammeln, und unser Drang, den Gipfel zu erklimmen, wird von der Idee angetrieben, dass wir zu Meistern des Universums werden könnten, wenn wir nur genug wüssten. Dieses Bild eines allwissenden Meisters erinnert an einen Guru, der oben auf dem Berg im Lotussitz meditiert.

Wissenschaftler sind professionell Suchende. Sie ersteigen den Berg des Wissens und erkunden die unerforschten Bereiche des Universums. Mit jeder wissenschaftlichen Entdeckung gewinnt die Menschheit an Höhe. Entdeckung um Entdeckung klettern wir empor. Doch ab und zu kommen wir an eine Weggabelung. Geht es rechts weiter – oder links? Wie sich die Wissenschaft entscheidet, hängt davon ab, wie die Wissenschaftsgemeinde zur gegebenen Zeit die bekannten Fakten interpretiert. Manchmal wählen sie einen Pfad, der in einer Sackgasse endet. In diesem Fall gibt es zwei Möglichkeiten: Sie können weiter vorwärtsstreben und hoffen, dass die Wissenschaft schon irgendwie einen Weg finden wird, das Problem zu lösen. Oder sie können zur letzten Abzweigung zurückkehren und es mit dem anderen Weg versuchen. Doch je mehr Wissenschaft und Menschheit in eine Richtung investiert haben, desto schwerer fällt es ihnen leider, die mit diesem Weg verbundenen Überzeugungen loszulassen, selbst wenn klar ist, dass der Weg nicht weiterführt.

In seinem zwölfbändigen Werk *A Study of History*[2], einer Analyse des Aufstiegs und Falls von Zivilisationen, führte der britische Historiker Arnold Toynbee die Erkenntnis ein, dass der kulturelle Mainstream selbst angesichts erheblicher Umweltprobleme an fixen Ideen und rigiden Verhaltensmustern festhält. Gleichzeitig zeigt er, dass solche Schwierigkeiten regelmäßig von *kreativen Minderheiten* überwunden werden. Diese aktiven Betreiber der Veränderungen, die wir heute *kulturelle Kreative* nennen, transformieren alte, überholte philosophische Überzeugungen in neue, lebensfördernde kulturelle Wahrheiten.

Eine Internetrecherche macht schnell deutlich, dass zurzeit Tausende von kulturell Kreativen in aller Welt aktiv am gemeinsamen Bemühen teilnehmen, die Menschheit zu transformieren. Höchstwahrscheinlich werden es diese kulturell Kreativen sein, die mit ihren Informationen die spontane Evolution einläuten.

Die fundamentalen Faktoren, die diese kulturell Kreativen berücksichtigen müssen, wenn sie die Überlebensfähigkeit der Menschheit einschätzen wollen, entsprechen denen des zuvor beschriebenen Überlebensindex. Wenn wir uns anschauen, wo wir im Hinblick auf diese Determinanten stehen, wird offenbar, dass wir in vieler Hinsicht versagen.

Überleben =
(Gesamtenergie – Wachstums- und Schutzmechanismen)
x (Ressourcen) x (Effizienz) x (Bewusstheit / Wahrnehmung)

Hinsichtlich der globalen **Ressourcen** blicken wir derzeit einer harten Zukunft entgegen: Ein Mangel an nicht erneuerbaren Stoffen wird es uns erschweren, im alten Trott weiterzuleben. Das Bewusstsein, dass wir unseren Planeten ausverkaufen, hat zu einem Schwall von Überlebenshandbüchern, einschlägigen Videos, Websites und Umweltbewegungen geführt, die sich mit nachhaltigen Alternativen befassen.

Jeden Tag tragen die erwachenden kulturell Kreativen etwas zur Entwicklung erneuerbarer Ressourcen und wiederverwendbarer Produkte sowie zur verträglichen Bewirtschaftung des Bodens bei.

Beim Stichwort **Effizienz** erhält die menschliche Zivilisation eindeutig die niedrigste Punktzahl aller Lebewesen auf der Erde. Die Vereinigten Staaten – und in etwas geringerem Maße alle westlichen Nationen – trampeln auf der Biosphäre mit enorm großen ökologischen Fußabdrücken umher. Die planetarischen Kosten ihrer Existenz sind gigantisch. Die Ineffizienz einer Zivilisation, die auf fossilen Brennstoffen beruht, und das Ausmaß, mit dem sie den Planeten schändet, sind unfassbar. Erst die Meere, Seen und Flüsse zu verpesten und dann das mit viel finanziellem Aufwand gewonnene Trinkwasser teuer in Flaschen abzufüllen – das ist wahrlich der Edsel menschlicher Effizienz. Die gute Nachricht lautet jedoch, dass die kulturell Kreativen auf dem Vormarsch sind, voll neuer Ideen und Gedanken, um den Kamikazekurs unserer Effizienz zu wenden.

Der Aspekt des **Schutzes** hat einen direkten Einfluss auf die Bereiche Ressourcen und Effizienz. Die Tatsache, dass wir für 15 Billionen Dollar Energie und Ressourcen in die Militärindustrie gesteckt haben, um uns gegenseitig zu bekämpfen, ist wohl das ungeheuerlichste Beispiel für die größte Ineffizienz, die unsere Biosphäre je erlebt hat. Die Menschheit wird nicht überleben, wenn sie fortfährt, Menschen, Geld und Material in einen Bereich zu investieren, der auf Selbstzerstörung hinausläuft. Diese Erkenntnis ist der Anfang des Selbstheilungsprozesses. Erinnern wir uns an ein Motto der Friedensbewegung: »Schwerter zu Pflugscharen!«

Der Faktor der **Bewusstheit** ist nicht nur fürs Überleben wichtig; er ist auch die treibende Kraft der Evolution. Die ganze Menschheitsgeschichte besteht darin, dass wir einem verschlungenen Weg gefolgt sind, auf dem wir uns an jeder Weggabelung und Kehre von unserer sich entwickelnden, selbst korrigierenden kollektiven Bewusstheit leiten ließen. Die radikal neue Sicht unseres Universums und seiner Funktionsprinzipien, die sich uns dank der neuen wissenschaftlichen Erkenntnisse aufdrängt, ist ein Zeichen dafür, dass wir unmittelbar vor einer wesentlichen Kurskorrektur stehen.

Das Internet, das zu den wichtigsten technologischen Fortschritten der Zivilisation gehört, wird beim nächsten Evolutionsschritt eine entscheidende Rolle spielen. Dieses Informationsnetzwerk bietet jeder Menschenzelle, die Zugang zu dieser Technologie hat, die Gelegenheit, mithilfe der Gemeinschaft neue, lebensfördernde Bewusstheit in kürzester Zeit zu empfangen und zu verbreiten. In diesem Sinn ist das Internet das periphere Nervensystem der Menschheit, über das alle Menschen miteinander verbunden sind, um ihre kollektive Wahrnehmung und Informationsverarbeitung aufeinander abstimmen zu können.

Energie ist der letzte, aber sicherlich nicht der unwichtigste Faktor für unser Überleben. Der Überlebensindex zeigt: Energie ist Leben. Der vernünftige Umgang mit Energie ist daher für das Schicksal eines Organismus von entscheidender Bedeutung. Der Energiefaktor eines Organismus ergibt sich aus der Differenz zwischen seinem Energieverbrauch und seiner Energieerzeugung. Jeder Zweitklässler kann ausrechnen, dass wir mehr ausgeben, als wir verdienen.

Lasst sie Gewehre essen

Wachstum und Schutz sind energieaufwendige Arbeiten, die zum Überleben eines Organismus nötig sind. Im Lauf der Menschheitsgeschichte gab es ein allmählich ständig zunehmendes Ungleichgewicht zwischen den Energien für Wachstum und den Energien für Schutz. Psychologen wissen, dass ähnliche Ungleichgewichte im Energiehaushalt des Körpers eine wesentliche Ursache für Krankheit und Tod darstellen. Die fraktalen Auswirkungen dieses unausgeglichenen Musters wirken sich auch negativ auf die Vitalität der Zivilisation aus.

Die lebenserhaltenden Funktionen lassen sich leicht aufteilen in solche, die das Wachstum fördern – wozu auch die Fortpflanzung gehört –, und solchen, die Schutz bieten. Versuche mit Einzellern zeigen deutlich, dass es zwischen Wachstums- und Schutzverhalten einen physiologischen Konflikt gibt: Legt man Nährstoffe vor eine Zelle, bewegt sie sich auf die Nahrung zu, um sich zu öffnen und sie aufzunehmen. Bietet man ihr jedoch Gifte an, verschließt sich die Zelle und entfernt sich von der Bedrohung. Wachstumsverhalten ist daher von Offenheit und Vorwärtsbewegung geprägt – das klare Gegenteil der verschließenden, rückzugsorientierten Schutzreaktion. Es ist für die Zelle unmöglich, gleichzeitig offen *und* verschlossen zu sein oder sich gleichzeitig vorwärts- *und* rückwärtszubewegen. *Wachstum und Schutz schließen einander dementsprechend aus.*[3]

Die ersten Organismen, die auf der Erde auftauchten, hatten keine Feinde und konnten sich frei ausbreiten. Die primären physiologischen Prozesse waren daher Wachstumsprozesse. Später erforderte das Entstehen von Arten, die von anderen Organismen lebten, die Entwicklung eines wirksamen Schutzverhaltens, das vor allem für Notsituationen diente.

Idealerweise wird Energie hauptsächlich für Wachstum und Fortpflanzung und so wenig wie möglich für Verteidigung eingesetzt. Das hat vor allem damit zu tun, dass die für Wachstum aufgewendete Energie dem System mehr Energie verschafft, während die Energie für Schutz keinen Gewinn abwirft. Deswegen hat die Natur die natürlichen Schutzmechanismen so entwickelt, dass sie möglichst nie eingesetzt werden sollten – oder schlimmstenfalls, um gelegentlich in der Lage zu sein, gefährlichen Räubern zu entkommen. Die Schutzmechanismen des Körpers waren nie für den 08/15-Dauereinsatz ausgelegt, den viele Menschen heutzutage für nötig halten.

Wenn das Bedürfnis eines Organismus nach Schutz durch ständige Ängste und Bedrohungen überreizt wird, gehen die hohen Aufwendungen für diese Schutzhaltung direkt auf Kosten der Energiereserven, die für eine gute Gesundheit notwendig sind.

Nach ihrem Aufgabenbereich lassen sich die Körperzellen in zwei Gruppen aufteilen: die Zellen des autonomen oder unwillkürlichen Systems und die Zellen des somatischen oder willkürlichen Systems. Zu Ersterem gehören die wichtigsten Organe, die zum Wachstum und Lebenserhalt des Körpers notwendig sind, wie das Verdauungs-, Atmungs-, Nerven- und Fortpflanzungssystem. Das somatische System, zu dem Arme, Beine und die Außenhülle des Körpers gehören, sorgt für Schutz, Unterstützung und Beweglichkeit.

Wenn der Körper wächst, richtet er seine Energie vorwiegend auf das autonome System, während das somatische System zweitrangig erscheint. Falls jedoch eine äußere Gefahr droht, fließt mehr Blut in das somatische System, um sich zu wehren oder zu fliehen, und das autonome System tritt in den Hintergrund.

Erkennt die zentrale Intelligenz des Körpers im Außen bedrohliche Signale, aktiviert es die sogenannte hypothalamo-hypophyseo-adrenokortikale Achse (HPA-Achse). Zu den regulierenden Signalen der HPA-Achse gehören Stresshormone wie Adrenalin und Kortisol. Diese chemischen Signale ziehen die Blutgefäße der Organe zusammen, wodurch mehr Blut in die Gliedmaßen fließt. Mehr Blut bedeutet mehr Energie für die Muskeln und Knochen, die zum Schutz des Körpers gebraucht werden. Die mit einer Aktivierung der HPA-Achse verbundene schwächere Durchblutung der inneren Organe mindert die Energie, die zum Wachstum zur Verfügung steht.[4]

In bedrohlichen Situationen wird ein Organismus kämpfen oder fliehen, bis alle seine Energiereserven erschöpft sind und er dem Räuber zum Opfer fällt. Bestenfalls gelingt es dem Opfer, zu entkommen und seine HPA-Funktionen wieder herunterzufahren. Die Ausschüttung von Stresshormonen lässt dann nach, es kann wieder genug Blut durch die inneren Organe fließen, die verbrauchte Energie füllt sich wieder auf und die Wachstumsmechanismen setzen wieder ein.

Der gleiche physiologische Prozess findet statt, wenn die zentrale Stimme einer Nation ihren Bevölkerungszellen mitteilt, dass ein Angriff droht. Ist Gefahr im Verzug, wirkt die Aktivierung der HPA-Achse bei einer Nation genauso wie bei ihren Individuen: Das Land zieht seine Energiereserven vom Wachstum ab und setzt sie für Verteidigung ein.

Ein sehr gutes Beispiel dafür sind die Vorgänge in den Vereinigten Staaten nach dem 11. September 2001, als die Angst vor weiteren Angriffen die Wachstumsprozesse so weit herunterschraubte, dass die Wirtschaft praktisch zum Erliegen kam. Präsident George W. Bush, der von Wachstums- und Schutzdynamiken keine Ahnung hatte, versuchte, der biologischen Intelligenz der Nation entgegenzurudern, indem er im Fernsehen dazu aufrief, wieder mehr Geschäfte zu machen und zu konsumieren.

Das Verteidigungsministerium ist das nationale Äquivalent für das Adrenalinsystem, mit dem sich der Körper in Kampf- oder Fluchtbereitschaft bringt. Wenn es sich bedroht fühlt, neigt ein Land dazu, seine Energiereserven dem Militär zu übergeben. Das bedeutet natürlich, dass die Nation diese Mittel von wachstumsorientierten Bereichen abziehen muss, zum Beispiel vom Gesundheitswesen und vom Umweltschutz, der dem Immunsystem des Körpers entspricht. Mittelkürzungen in diesen Bereichen mindern unausweichlich das Wachstum und die Instandhaltung der Infrastruktur des Landes. Wie ein Lebewesen kann auch eine Nation ihre Ressourcen erschöpfen, wenn sie über längere Zeit in einer Verteidigungshaltung bleibt; dann wird sie anfällig für Störungen und Zusammenbrüche.

Ein eklatantes Beispiel dafür, wie regulierte Wachstums- und Schutzreaktionen auf eine Nation wirken, spielte sich in den 1950er- und 1960er-Jahren in den Vereinigten Staaten ab, als die Regierung der Bevölkerung weismachte, die Sowjets seien eine unmittelbare Bedrohung für sie. Im ganzen Land fanden regelmäßig Luftschutzübungen statt, bei denen heulende Sirenen die Bevölkerung in die Luftschutzbunker jagten. Bis zum Augenblick des Signals waren die Gemeinden in der Regel mit angenehmen, produktiven Wachstumsprozessen beschäftigt. Doch sooft die Sirenen losheulten, ließen die Leute ihre wachstumsbezogenen Tätigkeiten liegen und suchten Schutz im Bunker. Sobald das Entwarnungssignal kam, kehrten die Leute zu ihren Arbeiten zurück und wandten sich wieder dem Wachstum zu.

Doch was wäre, wenn es ein »richtiger« Alarm wäre – ohne ein Entwarnungssignal? Dann wären die Leute gezwungen, in ihrer Schutzhaltung zu verharren. Wie lange könnten sie so überleben? Bis ihre Nahrungs-, Wasser- und anderen lebenswichtigen Vorräte reichen – dann würden sie sterben.

Es ist leicht nachzuvollziehen, dass die Zeit, die man in einem Schutzbunker verbringt, den Handel oder andere konstruktive Aktivitäten nicht weiterbringen. Das Abschneiden der Wachstumsprozesse verschlimmert die Situation sogar auf indirekte Weise, weil Arbeiter, die sich in einer Schutzhaltung befinden, nichts tun können, um die lebenswichtigen Ressourcen nachzufüllen.

Bei diesem menschlichen Beispiel sehen wir genauso wie vorhin bei den Zellen, die Nährstoffen oder Giften ausgesetzt waren, dass

Schutz und Wachstum einander ausschließen. Ein weiteres Beispiel dafür ist der sich jetzt schon lange hinziehende, von den USA ausgerufene Krieg gegen den Terrorismus, der die Reserven der Nation erschöpft und damit ihre Überlebenschancen deutlich gemindert hat. Die von der Regierung geschürten Ängste haben die Amerikaner veranlasst, Gewehre für wichtiger zu halten als Butter, und das Ergebnis ist, dass sie jetzt für beides keine Ressourcen mehr haben.

Wir haben schon erwähnt, dass das Verteidigungsministerium quasi das Adrenalinsystem einer Nation darstellt. Doch der Name dieser Institution und ihre Funktionen spiegeln diese Parallele nicht ganz richtig wider. Das Adrenalinsystem wird für Schutzreaktionen gebraucht. Es ist hochaktiv, wenn es um äußere Rettungsaktionen geht – sei es, ein Kind aus einem brennenden Haus zu holen oder Ertrinkende aus dem Wasser zu ziehen. Hin und wieder widmet sich auch das Verteidigungsministerium solchen lebenserhaltenden Tätigkeiten: Es engagiert sich bei Rettungseinsätzen in Katastrophenfällen oder leistet Versorgung mit Lebensmitteln und Medikamenten in humanitären Notlagen. Allerdings ist das Militär viel öfter mit Kriegsführung beschäftigt als das Adrenalinsystem.

Vielleicht sollten wir unsere nationalen Militärinstitutionen lieber »Mobilitätsministerien« nennen; das entspräche mehr der Rolle des Adrenalinsystems, auf Probleme beweglich zu reagieren. So könnten wir uns ihre Funktionen im besten Sinne bewahren, ohne die gesellschaftliche Überzeugung aufrechterhalten zu müssen, dass Krieg notwendig sei.

Proteine sind männlich, Lipide sind weiblich

Wenn wir uns tiefer auf die fraktalen Muster des Lebens und der Kultur einlassen, wird klar: Es ist kein Zufall, dass eine von patriarchalischen, autoritären Regierungen beherrschte Zivilisation auf Schutz ausgerichtet ist, während sich matriarchalische Zivilisationen mehr dem Wachstum und der Fruchtbarkeit widmen.

Während der letzten paar Tausend Jahre neigte der Mensch dazu, die Welt in Gegensätzen wahrzunehmen: gut – schlecht, richtig – falsch, schwarz – weiß, männlich – weiblich, spirituell – materiell, um nur einige zu nennen. Doch es gibt eine grundlegende, dauerhafte Dualität, die ein wesentliches Merkmal der Chemie ist: Aus den Elementen der Periodentafel entstehen Moleküle, die sich aufgrund ihrer grundsätzlich unterschiedlichen physiochemischen Eigenschaften in zwei grundlegende Klassen einteilen lassen; man nennt sie *polare* und *unpolare* Moleküle, doch allgemeinverständlicher wird es, wenn wir von Wasser und Öl sprechen.

Wassermoleküle sind polar, das bedeutet, sie haben bestimmte Regionen eindeutig positiver oder negativer Ladung. Man kann sie mit Magneten vergleichen, die sich auch durch ihre Nord-Süd-Polarität auszeichnen.

Weil sich gegensätzliche Ladungen anziehen und enge Verbindungen eingehen, können aus polaren Molekülen große, feste Strukturen entstehen.

Bei Ölmolekülen hingegen sind zwar die chemischen Verbindungen zwischen den Atomen auch hoch energetisiert, doch sie sind ihrem Wesen nach unpolar, weil ihre polarisierten Ladungen so gleichmäßig auf dem Molekül verteilt sind, dass keine Orte eindeutig positiver oder negativer Ladung entstehen.

In den chemischen Verbindungen, welche die Atome eines unpolaren Fettmoleküls zusammenhalten, steckt sechs- bis zehnmal mehr Energie als in den chemischen Verbindungen eines gleichgewichtig polarisierten Protein- oder Kohlenhydrat-Moleküls. Demzufolge verwendet die Natur unpolare Fettmoleküle, um biologische Energie zu speichern – was sich zum Beispiel in den Fettansammlungen des Körpers zeigt. Die relative Abwesenheit von Orten mit eindeutig anziehender oder abstoßender Ladung bewirkt, dass unpolare Moleküle eher zu fließenden Gemeinschaften neigen und sich schwertun, feste Strukturen zu bilden.

Füllt man ein Becherglas mit unpolaren Molekülen, gleicht das einem Haufen winzigster Pingpong-Bälle. Weil sie sich nicht aneinander binden, kann sich jeder Ball frei bewegen; es entsteht eine fließende Beweglichkeit. Ein Becherglas voll polarer Moleküle gleicht dagegen eher einem festen Packen Nano-Magnete, denn sie richten sich automatisch aus und verbinden ihre Ladungen zu einer eng gepackten Masse.

Füllt man das Becherglas mit einer Mischung aus Pingpong-Bällen und Magneten, bilden die polarisierten Magnete Klumpen, die deutlich gegen die lose gelagerten Bälle abgegrenzt sind. Dieses molekulare Bild macht deutlich, warum sich die polaren Wassermoleküle nicht mit den unpolaren Ölmolekülen mischen und warum Wassertropfen auf einer Oberfläche eine gewölbte Oberfläche bilden, während sich Öltropfen flächig ausbreiten.

Die erste Unterscheidung zwischen männlichen und weiblichen Merkmalen manifestiert sich also zwischen polaren und unpolaren Molekülen. Unpolare Moleküle ähneln in gewisser Weise Frauen: Sind sie zusammen, bilden sie harmonische, fließende Gemeinschaften. Männer hingegen halten es eher wie die polaren Moleküle: Treffen sie zu Gruppen zusammen, entsteht erst ein Machtkampf, in dessen Verlauf sich die Moleküle zu einer polarisierten, auf Stärke ausgerichteten Hierarchie anordnen.

Aus den Wechselwirkungen zwischen polaren und unpolaren Molekülen entstanden im Lauf der Zeit vier grundlegende Typen von großen, aus sehr vielen Atomen bestehenden Makromolekülen. Die Grundbausteine einer Zelle sind Makromoleküle, darunter Proteine, Fette, Zucker und Nukleinsäuren.

Proteine sind polare Moleküle; Fette sind unpolare Moleküle; die für die Fortpflanzung wichtigen Nukleinsäuren, DNA und RNA, sind interessanterweise eine Verbindung von polaren Amin-Gruppen und aus unpolaren Fetten entstandenen Zuckern.

Das Leben hing in seinen Ursprüngen ganz von der kooperativen Wechselwirkung zwischen polaren und unpolaren Substanzen ab, denn gemeinsam bildeten sie die erste biologische Organelle: die Zellmembran. Der Grundbaustein der Zellmembran ist das Phosphorlipid, ein Molekül aus einer polaren Phosphat-Gruppe und einem unpolaren Lipid. Phosphorlipide verfügen gleichzeitig über polare und unpolare Merkmale und sind daher mit beiden Bereichen physisch verträglich.

Die weiblichen Lipide der Zellmembran bilden eine wasserundurchlässige Fettgrenze und damit einen kontrollierbaren Innenbereich, sozusagen den Ur-Mutterleib, einen Ort des Ursprungs und der Entwicklung. Doch das Leben kann in diesem Mutterleib nur existieren, wenn es mit den polarisierten männlichen Proteinen kooperiert, welche die Zellmembran physisch stützen und vor allem Bewegungen erzeugen, das heißt, die Aufgabe erfüllen, durch die Physiologie und Leben erst möglich werden.

A = Autonomer Bereich:
membranöse Organellen für Wachstum und Reproduktion;
S = Somatischer Bereich:
Proteinfasern für Halt, Schutz und Bewegung

Die autonomen und die somatischen Funktionen sind komplementär. Im Zustand des Wachstums sind vor allem die weiblichen autonomen Organellen aktiv, und die männliche Matrix wirkt unterstützend. Doch bei drohender Gefahr kehren sich die Rollen um. In Schutzhaltung sind vor allem die männlichen Proteine gefragt, während die autonomen Elemente sie mit Energie unterstützen.

Die Strukturen und Funktionen des menschlichen Körpers sind ein selbstähnliches fraktales Spiegelbild der Zelle. Unsere für Wachstum und Fortpflanzung zuständigen Organe funktionieren autonom, während Arme, Beine und Außenwand unser somatisches System bilden.

Der Körper eines Mannes ist stark durch polarisierte Proteine bestimmt, den wichtigsten Makromolekülen der Muskeln. Eine ausgeprägte Muskulatur dient der primären männlichen Rolle des physischen Halts und des Schutzes. Im Gegensatz dazu zeichnet sich die Form des weiblichen Körpers durch unpolare Lipide aus, was wir in den mit Energie gefüllten Fettablagerungen sehen, die einen weiblichen Körper von einem männlichen unterscheiden.

Die Evolution des Superorganismus Menschheit weist ebenfalls eine männlich-weibliche Dualität auf: Der Fokus der westlichen Zivilisation liegt hauptsächlich im Physisch-Materiellen. Die von ihr entwickelte Technologie trägt mit ihrer Betonung der Struktur, des Schutzes und der Polarität männliche Züge. Die östlichen Kulturen beruhen auf weiblichen Merkmalen, die mehr mit Spiritualität, Energie, Wachstum und Harmonie zu tun haben. In der kooperativen Begegnung zwischen Osten und Westen steckt unser Potenzial.

In ihrem Buch *The Chalice and the Blade*[5] zeigt Riane Eisler anhand von eindrucksvollen Forschungsergebnissen auf, dass die frühen europäischen Zivilisationen ihrem Wesen nach weiblich waren: Sie waren egalitär, verehrten eine Muttergöttin und beschäftigten sich hauptsächlich mit Landwirtschaft. Eisler vertritt die These, dass diese Kulturen vor etwa 5000 Jahren von einwandernden Hirtennomaden vernichtet wurden, die aus den Steppen Zentralrusslands kamen. Diese technisch höher entwickelten Krieger überwältigten die friedlichen, egalitären, bäuerlichen Kulturen. Durch den Einfluss dieser Kriegervölker entstand eine Zivilisation männlichen Charakters, die männliche Kriegsgötter verehrten und von machthungrigen Hierarchien beherrscht wurden, denen es vor allem um Kontrolle, Schutz und Technologie ging.

Fast fünf Jahrtausende Testosteron-bestimmter, patriarchalischer Herrschaft haben die Überlebensfähigkeit dieser Zivilisation in den Ruin getrieben. Diese einseitige Verzerrung hat die Welt aus der Balance gebracht, weil ihr über sehr lange Zeit das männliche Merkmal des Schutzes so viel wichtiger war als die lebensspendenden, weiblichen Qualitäten des Wachstums.

Um unsere Welt wiederzubeleben, müssen wir die komplementären Werte des heiligen Weiblichen wieder integrieren. Man kann es als eine Vereinigung von Ost und West sehen – oder als eine Vereinigung von Nord und Süd wie in der südamerikanischen Legende vom Adler und dem Kondor. Auf jeden Fall ist ein ausgeglichenes männlich-weibliches Feld unser erster Schritt zu planetarer Gesundheit, Liebe und Harmonie.

Wie wir im 15. Kapitel über den Staatskörper noch sehen werden, liegt ein wesentlicher Schlüssel zu unserer evolutionären Emergenz in der Versöhnung dessen, was wir zurzeit als Gegensätze empfinden. Nur wenn wir die Dualitäten integrieren, können wir die Einheit finden, aus der sich eine hoffnungsvolle Zukunft bilden lässt.

Im nächsten Kapitel *(Ein einziger guter Rat)* begeben wir uns auf das Spielfeld, auf dem diese Integration stattfinden wird.

13. Kapitel

Ein einziger guter Rat

> »*Wir sind alle eins mit dem gleichen Einen,*
> *der unausweichlichen Einheit.*
> *Das Universum umgibt uns.*
> *Wir können uns genauso gut ergeben.*«*

SWAMI BEYONDANANDA

Nachdem wir mit der Betrachtung der faszinierenden, gut funktionierenden Zivilisation der Zellen tief in die Welt des Mikrokosmos eingetaucht sind, ist es jetzt Zeit, wieder in den Makrokosmos zurückzukehren und uns mit der Umgebung zu befassen, die sich jenseits unserer Haut erstreckt. Die Wissenschaft der Epigenetik macht deutlich, dass die Geschichte unseres Lebens nicht auf unseren Körper begrenzt ist – sie fängt dort nur an. Das Schicksal eines Organismus hängt entscheidend davon ab, welche Informationen er aus seinem Umfeld aufnimmt.

Biologisches Verhalten und genetische Aktivität eines Organismus werden genau auf seine Wahrnehmung der Umgebung abge-

---

* Im Englischen ein Wortspiel mit den gleichen Vorsilben von *surrounded* (= umgeben, umstellt, umzingelt) und *surrender* (= sich ergeben, sich stellen): »[...] The Universe has us surrounded. Might as well surrender!« (Anm. d. Red.)

stimmt. In der Biologie des Menschen werden Umweltreize vom Gehirn verarbeitet und durch die Mechanismen des Geistes (Mind) interpretiert. Diese Interpretation wird dann durch epigenetische Mechanismen physiologisch umgesetzt und bestimmt damit die Gesundheit und das Schicksal der Zellen, aus denen der menschliche Körper besteht.

Wir erinnern uns an Einsteins Spruch: »Das Feld ist die alleinige Kraft, die die Materie bestimmt.« Beim Menschen wird dieses Feld vom Geist (Mind) gebildet, und die Teilchen bilden den Körper. Das Gehirn ist zwar ein physischer Mechanismus, doch der Geist ist ein Prozess des Gehirns und als solcher ein nichtphysisches Informationsfeld. Die physische Materie des Gehirns gehorcht den Newton'schen Prinzipien der klassischen Physik, doch die Energiefelder des Geistes folgen den Gesetzen der Quantenphysik. Wie bereits erwähnt, spielt unser Geist bei der Gestaltung unseres Lebens eine entscheidende Rolle. Wie spirituelle Menschen seit Langem glauben und Physiker bestätigt haben, müssen wir vieles, was wir *Wirklichkeit* nennen, heute eher als ein Produkt unserer Einbildung anerkennen.

Wie wirklich ist die Wirklichkeit?

Die Tatsache, dass der Beobachter das Ergebnis eines Experiments beeinflusst, ist eine der fundamentalsten Einsichten der Quantenmechanik. Sie erklärt, dass wir nicht einfach passive Beobachter unserer Welt sind, sondern aktive Teilnehmer. Fast jeder von uns meint, die physische Welt, die wir sehen, sei real. Und doch haben Quantenphysiker festgestellt, dass die von uns beobachtete Welt nicht real ist. Die Astrophysiker Sir Arthur Eddington und Sir James Jeans erkannten dies sofort, als 1925 die Prinzipien der Quantenmechanik offiziell Eingang in die Physik hielten.

James Jeans schrieb damals über diese höchst erstaunlichen Erkenntnisse: »... der Strom des Wissens bewegt sich auf eine nichtmechanische Wirklichkeit zu; das Universum sieht allmählich mehr wie ein großer Gedanke aus als wie eine große Maschine. Der Geist

(Mind) erscheint nicht mehr als zufälliger Eindringling im Reich der Materie ... – wir sollten ihn lieber als den Schöpfer und Herrscher des Reichs der Materie begrüßen.«[1]

Einstein kam zu dem gleichen Schluss, doch er mochte ihn nicht als wahr akzeptieren. Er verbrachte den Rest seines Lebens mit dem erfolglosen Versuch, die beunruhigenden Konsequenzen der Quantenmechanik zu widerlegen.

Die Quantenmechanik hat mit absoluter Gewissheit deutlich gemacht, dass die Informationsverarbeitung unseres Geistes die Welt gestaltet, in der wir leben. Bei den großen Auswirkungen, die das für die menschliche Existenz hat, muss man sich wundern, warum diese Erkenntnis nicht längst zu einem Teil unseres alltäglichen Welt- und Selbstverständnisses geworden ist. Sir Arthur Eddington erklärt: »Es ist für den an handgreiflichen Tatsachen orientierten Physiker schwer zu akzeptieren, dass die eigentliche Substanz vor allem mentaler Natur ist.«[2] Die Physiker scheuen vor dieser Wahrheit zurück, einfach weil sie ihrer alltäglichen Wahrnehmung der Wirklichkeit so sehr zuwiderläuft.

In der konventionellen Physikausbildung wird behauptet, dass die Prinzipien der Quantenmechanik, welche die Wechselwirkungen zwischen Welle und Teilchen beschreiben, nur auf der atomaren Ebene zutreffen. So ist die allgemeine Vorstellung entstanden, dass die Quantenmechanik nur in der subatomaren Welt gilt und nichts mit unserem persönlichen Leben und unseren weltlichen Angelegenheiten zu tun hat. Deshalb halten es die heutigen Physiker immer noch nicht für nötig, die Öffentlichkeit vom rein mentalen Wesen des Universums in Kenntnis zu setzen.

Zum Glück gibt es wegweisende Forscher wie Richard Conn Henry, Physiker an der John Hopkins Universität, die diese Fehlwahrnehmung des Primats der Materie nicht mehr einfach hinnehmen. Henry definiert die wahre Natur des Universums schlicht und elegant mit den Worten: »Das Universum ist nicht materiell – es ist mental und spirituell. Genießen Sie es.«[3]

Unser Geist ist aktiv an der Gestaltung der von uns erfahrenen Welt beteiligt. Eine Veränderung unserer Überzeugungen muss daher eine stark verwandelnde Wirkung auf unsere Welt haben. Diese Erkenntnis ist zwar wissenschaftlich gut abgesichert, doch die Frage bleibt: Warum funktioniert es in der Praxis nicht? Gibt es Studien, dass die Prinzipien der Quantenmechanik auch für Menschen und für die Gesellschaft gelten? Hat das Energiefeld des menschlichen Geistes wirklich einen Einfluss auf die uns umgebende physische Welt?

Um Antworten auf diese Rätsel zu finden, entwickelte der theoretische Physiker Amit Goswami ein Experiment, das nachweisen sollte, ob menschliches Verhalten durch quantenmechanische Aktivitäten beeinflussbar ist. Goswami wählte das Quantenprinzip der *Nonlokalität,* die ein wesentliches Merkmal subatomarer Teilchen wie Photonen und Elektronen darstellt. Dieses Prinzip definiert, dass die physischen Merkmale von Teilchen, die miteinander in Interaktion stehen, sich innig verbinden oder verschränken. Wird ein Merkmal eines der miteinander verschränkten Teilchen verändert, zum Beispiel seine Rotationsrichtung, reagiert das andere Teilchen sofort mit der gleichen Veränderung seiner Rotation – auch wenn die Teilchen weit voneinander entfernt sind. Einstein nannte diese Nonlokalität *spukhafte Fernwirkung.*

Goswamis Experiment sollte feststellen, ob der menschliche Geist (Mind) über das Quantenmerkmal der Nonlokalität verfügt. Er fragte sich, ob sich menschliche Gehirne wie verschränkte Teilchen verhalten, ob also eine veränderte Aktivität des Geistes einer Versuchsperson zu einer komplementären Veränderung im Geist des mit ihr verbundenen Partners führt. Goswamis Versuchspersonen versenkten sich paarweise in Meditation, bei der sie in direkte Kommunikation miteinander gehen sollten, sodass sie die Präsenz des anderen auch noch wahrnehmen, wenn sie voneinander entfernt sind.

Die Personen wurden dann etwa 20 Meter voneinander entfernt in elektromagnetisch abgeschirmte faradaysche Räume gesetzt, wo ihre EEG-Aktivität gemessen wurde. Goswami leuchtete einem der Partner mit einem Stroboskop in die Augen, was ein sogenanntes *evoziertes Potenzial* auslöst, ein bestimmtes elektrisches Muster, mit dem das Gehirn auf diesen Reiz reagiert.

Bei meditativ miteinander verbundenen Personen induzierte das evozierte Potenzial des einen Partners sofort ein identisches evoziertes Potenzial bei dem mit ihm verbundenen Partner, obwohl diese Person diesem Reiz nicht physisch ausgesetzt war. Das Experiment demonstriert, dass die Gehirnaktivität eines Menschen die Gehirnaktivität eines anderen, mit ihm verbundenen Partners, beeinflussen kann. Der nonlokale Potenzial-Transfer von Gehirn zu Gehirn zeigt, dass unser Gehirn über Quantenmerkmale verfügt, die auf der Makro-Ebene wirksam sind.[4]

In vielen Studien konnte beobachtet werden, dass der Geist von uns angeblich schwachen und machtlosen Menschen bewusst und messbar das Feld beeinflussen kann, das unsere Welt bildet.

In diesem Kapitel wollen wir weitere Beweise dafür aufführen, dass in der realen Welt des menschlichen Handelns und der menschlichen Ereignisse tatsächlich ein unsichtbares, bewegliches Feld existiert und dass unsere Gedanken, Emotionen und Taten einen wesentlichen Einfluss auf die Gestaltung dieses Feldes haben. Wir werden zeigen, wie unsere – von den Gefühlen unseres Herzens unterstützten – Gedanken dahin gelenkt werden können, unserer Welt Frieden und Harmonie zu bringen.

Wir beenden das Kapitel schließlich mit einem guten Rat zum Handeln – einer Art menschlichem Operationssystem, das dem Erfolg unserer Spezies auf die Sprünge hilft. Unser Rat beruht auf Informationen, die seit Jahrhunderten von spirituellen Lehrern tradiert wurden und die jetzt laut und deutlich von der Wissenschaft bestätigt werden.

Feldforschung

Es ist historisch gesichert, dass die Brüder Wright 1903 mit einem Flugzeug flogen, das schwerer als Luft war. Doch erst sieben Jahre später, als ein Foto veröffentlicht wurde, auf dem man Präsident Roosevelt in einem Flugzeug sah, merkte die amerikanische Öffentlichkeit, dass Fliegen menschenmöglich ist. Hätten Sie zuvor den Durchschnittsbürger auf der Straße gefragt, wann Menschen wohl fliegen können, hätte er wahrscheinlich geantwortet: »Wenn Schweine Flügel kriegen.« Auf ähnliche Weise hat die allgemeine Bevölkerung von heute keine Ahnung von den wissenschaftlichen Ergebnissen, die unwiderlegbar die Existenz eines unsichtbaren, unser Leben beeinflussenden Feldes beweisen.

Seit der Gründung der modernen Wissenschaft haben Forscher versucht, das beobachtbare und messbare Universum zu ergründen. Das nicht Sichtbare und nicht Messbare gehörte – definitionsgemäß – nicht zum Bereich der Wissenschaften. Während mystische und religiöse Traditionen schon immer von der Existenz dessen überzeugt waren, was die Physiker *das Feld* nennen, verfügt die Wissenschaft erst seit dem letzten Jahrhundert über das Instrumentarium, die Existenz des Feldes und seines Einflusses definitiv messen zu können.

Biomediziner, die es wagen, die Grenzen der konventionellen Newton'schen Erklärungen hinter sich zu lassen, entdecken gerade ein gigantisches, unerforschtes Spielfeld, das nicht den konventionellen Gesetzen des physischen Universums gehorcht. Die Erkenntnis, dass dies nicht nur ein *Spielfeld,* sondern auch ein *Gebetsfeld* ist, weist darauf hin, dass wir uns in einen Bereich bewegen, in dem Wissenschaft und Spiritualität zu kooperativen, evolutionären Kräften werden.

Genauso, wie wir uns der Präsenz eines unsichtbaren Feldes sicher sind, wenn wir beobachten, wie sich Eisenspäne um einen Magneten ordnen, können wir durch moderne medizinische Bildgebungstechniken wie CT-Scans, MRT-Scans, PET-Scans und Sonogramme die Präsenz dieses einflussreichen unsichtbaren Feldes sehen. Man kann mithilfe dieser Techniken zwar Krebs und andere Krankheitssymptome erkennen; allerdings muss man sich klarmachen, dass es sich hierbei nicht um eigentliche Fotografien von Geweben und Organen handelt. Fotografisch könnte man nur die äußere Haut abbilden. Scanbilder machen unsichtbare Strahlungsfelder sichtbar, und die Merkmale dieser unsichtbaren Felder geben Hinweise auf die physische Realität des Körpers, weil sie sein energetisches Äquivalent sind.

Die meisten Scan-Technologien lesen die Energiefelder im Körper ab. Doch es gibt auch ein paar neue Geräte, mit denen man die Energiefelder ablesen kann, die sich von unserem Körper in unsere Umgebung erstrecken. Mittlerweile verfügen wir über Instrumente, mit denen man auf mehrere Meter Entfernung die elektrischen und magnetischen Felder eines schlagenden Herzens messen kann. Und man hat festgestellt, dass sich die elektromagnetischen Botschaften unseres Herzens mit den Herzen von anderen im Feld verbinden.

Das neue Scansystem der Magnet-Enzephalografie (MEG) liest die neuralen Energiemuster des Gehirns mithilfe einer Sonde, die sich in gewisser Entfernung vom Körper befindet. Die MEG-Technik bietet den physischen Beweis dafür, dass die Aktivität des Gehirns auf ähnliche Weise in ihre Umgebung ausstrahlt, wie eine Stimmgabel ihren Klang durch das Feld ertönen lässt.

Zeit ist auch nicht mehr das, was sie mal war

So wie sich die Menschen lange sicher waren, dass sie nicht fliegen können, sind die meisten von uns heutzutage darauf programmiert, dass die Zeit etwas Absolutes ist, das sich nur in eine Richtung bewegt. Nun, vielleicht stimmt das – vielleicht aber auch nicht.

Der Forscher Dean Radin, Autor von *Entangled Minds*[5], und die Journalistin Lynne McTaggart, Verfasserin der Bücher *The Field* und *The Intention Experiment**, führen Beweise dafür an, dass wir manchmal auf zukünftige Ereignisse reagieren, bevor sie stattfinden. Bei einem Experiment sind die Versuchspersonen an eine Technik angeschlossen, die ihre emotionalen Reaktionen misst. Sie betrachten eine Reihe von Dias, von denen die meisten friedlich und angenehm sind. Doch ungefähr drei Prozent der Bilder zeigen – wie zufällig eingestreut – schockierende Szenen von Gewalt oder Sexualität. Das Resultat: Die Versuchspersonen weisen schon Sekunden, bevor diese verstörenden Bilder erscheinen, eine emotionale Reaktion auf. Wie ist das mit unserem linearen Zeitverständnis zu vereinbaren?

Dr. Radin hat auch eine erstaunliche Studie mit Zufallsgeneratoren durchgeführt – das sind Computer, die darauf programmiert sind, kontinuierlich zufällige Zahlenreihen zu produzieren. Diese werden grafisch dargestellt und zeigen dann ein Zufallsmuster – bis auf wenige Ausnahmen, bei denen unerwartete Regelmäßigkeiten und Kohärenzen auftauchen.

Der erstaunliche Teil der Geschichte ist, dass die Beliebigkeit verschwand, wenn ein globales Ereignis die Aufmerksamkeit von sehr

---

* Dt. Ausgaben: *Das Nullpunkt-Feld* (siehe Literaturverzeichnis) und *Intention wirkt*.

vielen Menschen auf sich zog. Offenbar spielt es dabei keine Rolle, was die Leute denken oder fühlen: Entscheidend ist, dass sie ihre Aufmerksamkeit kohärent auf das gleiche Ereignis richten. Dieses Phänomen lässt sich jedes Jahr beim Super Bowl* ablesen, tauchte aber auch zu drei weiteren Zeitpunkten auf, als sich die Welt auf ein bestimmtes Thema konzentrierte: während des Verfahrens gegen O.J. Simpson°, 1997 bei der Beerdigung von Prinzessin Diana sowie bei den Angriffen auf das World Trade Center.[6]

Dabei passiert etwas, das Einsteins *spukhafte Fernwirkung* noch spukhafter wirken lässt: Die Ausschläge der globalen Kohärenz bilden, grafisch dargestellt, eine typische Glockenkurve. Das ist nichts Ungewöhnliches. Allerdings zeigen diese Darstellungen, dass die Zahlen schon eine gewisse Zeit *vor dem Ereignis* anfangen, kohärenter zu werden. Ungefähr zwei Stunden, bevor am 11. September das erste Flugzeug in das World Trade Center brach, begannen die generierten Zahlen schon auf die dem schrecklichen Ereignis vorausgehenden Schwingungen zu reagieren.[7]

Der deutschstämmige Physiker und PSI-Forscher Helmut Schmidt interessierte sich lange für die Beziehung zwischen Beobachter und beobachtetem Phänomen. Nachdem klar war, dass der Beobachter zufäl-

---

* Der Super Bowl ist das Finale der US-amerikanischen American-Football-Profiliga National Football League (NFL), weltweit eines der größten Einzelsportereignisse. In den Vereinigten Staaten erreicht es regelmäßig die höchsten TV-Einschaltquoten des Jahres. Festivitäten sowie eine spektakuläre Show in der Halbzeit sorgen mit für das große Publikumsinteresse. Im Durchschnitt sehen 90 Millionen Nordamerikaner den Super Bowl, mit Spitzenwerten von bis zu 140 Millionen. Über die Jahre haben sich diverse Legenden um den Super Bowl gebildet, die angeblich bezeugen, wie sehr das Ereignis Furore macht. (Quelle: Wikipedia; Anm. d. Red.)

° 1994 wurden die Ex-Frau des American-Football-Spielers und Schauspielers O.J. Simpson sowie ihr Liebhaber ermordet. Als Hauptverdächtiger floh Simpson in einem Geländewagen vor der Polizei. Die Verfolgungsjagd quer durch Beverly Hills wurde live und per Hubschrauber von einem US-amerikanischen Fernsehsender übertragen – ebenso der folgende spektakuläre Prozess, der innerhalb der schwarzen Gemeinschaften zum rassistischen Schauprozess gegen einen Amerikaner afrikanischer Herkunft stilisiert worden war. (Quelle: Wikipedia; Anm. d. Red.)

lige Ereignisse durch seine Absicht beeinflussen kann, stellte Schmidt die interessante Frage: Kann ein Beobachter auch das Resultat von Ereignissen beeinflussen, die bereits stattgefunden haben?[8]

Schmidt verband seinen Zufallsgenerator mit einem Audiogerät, das über einen Kopfhörer linksseitige und rechtsseitige Klickgeräusche aufnahm. Er machte eine Reihe von Aufnahmen, bei denen der Zufallsgenerator die Verteilung von rechts und links bestimmte, und versicherte sich, dass niemand die Ergebnisse zu sehen bekam, auch nicht er selbst. Einen Tag später wurde das Tonband dann einer Versuchsperson übergeben mit der Bitte, das Ergebnis mental dahin zu beeinflussen, dass es mehr Klicks auf der einen Seite geben würde als auf der anderen.

Schmidt verglich die Rechts-Links-Verteilung von beeinflussten Aufnahmen mit jenen von unbeeinflussten Aufnahmen. Zu seiner Überraschung stellte er fest, dass die Versuchspersonen tatsächlich die Verteilung beeinflussen konnten, obwohl die Aufnahmen zwei Tage früher stattgefunden hatten!

Dieses Zeitreise-Experiment funktioniert interessanterweise nur, wenn die Klicks unbeobachtet bleiben, bis sie die Versuchsperson beeinflussen konnte. Hat jemand die Ergebnisse gesichtet, bevor sie beeinflusst wurden, ließ sich nichts mehr daran verändern.

Die Konsequenzen dieses Experiments sind kaum zu glauben und sprengen das alte Paradigma. Manche medialen Heiler berichten, dass sie eine Krankheit geheilt haben, indem sie sich mit der Zeit vor der Krankheit verbanden. Das mag nach Voodoo klingen, doch den Gesetzen der Quantenmechanik zufolge wäre es möglich. Zumindest sollten uns die Experimente von Radin und Schmidt veranlassen, die allgemeine Vorstellung der linearen Zeit gründlich zu überdenken, denn das Konzept ist etwas ins Wanken geraten. Und was ist da, jenseits der Zeit? Das Feld.

Das Spielfeld als Gebetsfeld

Diese Studien stellen nicht nur unsere Vorstellungen von Zeit, sondern auch von Raum und Distanz infrage. Interessanterweise wurden einige der abgefahrensten Experimente im Dienst äußerst praxisorientierter Institutionen durchgeführt, zum Beispiel dem Verteidigungsministerium. In seinem Buch *Miracles of Mind* (Wunder des Geistes) schreibt der Physiker Russell Targ über seine Beteiligung an Experimenten zur Fernwahrnehmung, die – vom CIA finanziert – am Stanford Research Institute stattfanden.

Fernwahrnehmung oder *Remote Viewing* ist eine spezielle Variante der Hellsichtigkeit, bei der Dinge wahrgenommen werden, die sich geografisch ganz woanders befinden. Das Militär nutzte diese Fähigkeit, um feindliche Einrichtungen zu erkunden. Den Hellsichtigen wurden geografische Koordinaten mitgeteilt, bevor sie sich in tiefe Meditation versenkten. In diesem veränderten Bewusstseinszustand konnten sie die dortigen Landschaften und Einrichtungen beschreiben, obwohl sie nie etwas darüber erfahren hatten.

Targ erzählt von einem besonders begabten Hellsichtigen namens Pat Price, der Kommissar bei der Polizei von Burbank in Kalifornien war. In einem CIA-Experiment gab man Price die Längen- und Breitengrade einer Einrichtung, die sich als ein sowjetisches Nuklearwaffenlabor entpuppte. Price skizzierte die Anlage mit ungeheurer Präzision. Später konnte man seine Aussagen durch Satellitenaufnahmen bestätigen.[9]

Diese und ähnliche Experimente zur Fernwahrnehmung beweisen, dass das Feld neben der Zeit auch den Raum transzendiert. Das hat enorme Implikationen, nicht nur für Fernspionage, sondern auch für Fernheilung.

Genetische Veranlagung hin oder her: Russell Targs Tochter Elisabeth zeigte ein ähnliches Interesse wie ihr Vater, sich den Geheimnissen des Lebens auf wissenschaftliche Weise zu nähern. Elisabeth Targ war eine konventionell ausgebildete Ärztin, Wissenschaftlerin und Psychiaterin und fasziniert von dem sich neu bildenden Wissenschaftszweig der Psychoneuroimmunologie.

1995 wurde Elisabeth Targ vom Institute of Noetic Sciences mit Experimenten zur fernheilenden Wirkung von Gebeten beauftragt.

Elisabeth, die in einem Haushalt aufgewachsen war, in dem nichts als die Wissenschaft zählte, stand jeglicher Wirkung von Gebeten skeptisch gegenüber. Nichtsdestotrotz hatte sie bei ihrem Vater beobachtet, dass es tatsächlich merkwürdige Arten der Beeinflussung des Feldes durch den Geist gab.

Ihr Auftrag bestand nun darin, ein Experiment zu entwickeln, das zweifelsfrei beweisen würde, ob positive oder negative Gedanken einen Einfluss auf Ereignisse haben. Gemeinsam mit ihrem Kollegen Fred Sicher entschied sie sich, die Wirkung von Gebeten auf das Fortschreiten von AIDS zu untersuchen.

Targ und Sicher wählten eine homogene Gruppe von 20 AIDS-Patienten aus, die sich im gleichen Stadium der Erkrankung befanden, sowie 40 Heiler aus allen möglichen Richtungen – von evangelikalen Christen bis zu indianischen Schamanen –, von denen bekannt war, dass sie Menschen geheilt hatten, für die aus medizinischer Sicht keine Hoffnung mehr bestanden hatte. Sie gingen in Form einer Doppelblindstudie vor, in der niemand außer den Heilern wusste, welche der Patienten heilende Gebete bekamen und welche nicht.

Die 20 Patienten wurden in zwei Gruppen eingeteilt. Alle erhielten weiterhin die gleiche medizinische Behandlung, aber eine Gruppe wurde darüber hinaus mit heilenden Gebeten bedacht. Patienten und Heiler begegneten einander nie. Die Heiler bekamen lediglich den Namen, ein Foto und die Anzahl der T-Zellen und wurden gebeten, sich zehn Wochen lang, sechs Tage pro Woche jeweils eine Stunde lang auf die Gesundheit und das Wohlbefinden dieser Patienten zu konzentrieren. Da 40 Heiler für 10 Patienten beteten, erhielt also jeder Patient zehn Wochen lang die heilenden Gebete von vier verschiedenen Heilern.

Die Ergebnisse waren so erstaunlich, dass es die Wissenschaftler kaum glauben wollten: Nach sechs Monaten waren vier von den zehn Patienten, die keine Gebete empfangen hatten, verstorben. Im Gegensatz dazu waren in der anderen Gruppe nicht nur alle zehn noch am Leben, sondern fühlten sich auch ausnahmslos besser – was von den medizinischen Analysen bestätigt wurde. Targ und Sicher wiederholten das Experiment und beobachteten dabei 50 verschiedene Faktoren, die möglicherweise das Ergebnis beeinflussen könnten. Wiederum waren alle Patienten, die heilende Gebete erhielten, im Hinblick auf alle gemessenen Parameter deutlich gesünder.[10]

Die Experimente von Targ und Sicher bestätigen ähnliche Ergebnisse einer Reihe anderer Untersuchungen über die Kraft heilender Gebete. In allen Fällen schien es keine Rolle zu spielen, welcher Religion der Heiler angehörte oder welcher Methode er sich bediente. Die erfolgreichsten Heiler waren jene, die bescheiden und demütig angaben, dass nicht sie selbst heilten, sondern dass eine höhere Kraft durch sie hindurch wirksam sei.

Die Wissenschaft des Betens

Eine Sache sollte inzwischen klar sein: Wir wissen zwar nicht genau, wie das Feld funktioniert, aber wir wissen, dass es existiert. Wir können es zwar nicht wie ein Uhrwerk auseinandernehmen, aber wir können es trotzdem verwenden, um unsere Wirklichkeit zu beeinflussen. Schließlich ist es ein paar Hundert Jahre her, dass Newton die Schwerkraft als physikalische Kraft definiert hat, und obwohl wir sie bis heute nicht erklären können, nutzen wir sie jeden Tag.

Es gibt noch weitere wissenschaftliche Berichte über die Kraft der Gebete. Der Arzt Larry Dossey, Autor der Bücher *Healing Words** und *Prayer Is Good Medicine,* führt über 60 Studien auf, die beweisen, dass Gebete eine messbare Heilwirkung haben. Darin wird auch deutlich: Liebe und Mitgefühl sind – unabhängig von der Religion oder der Form des Gebets – die entscheidend wirksamen Faktoren. Dossey schließt daraus: Die heilsamste Einstellung beruht auf einem «guten Herzen» – die Buddhisten nennen es »liebende Güte«, also auf einem reinen, tiefen Mitgefühl, das frei ist von versteckten Absichten.[11]

---

* Dt. Ausgabe: *Heilende Worte.* – Außerdem von Larry Dossey auf Deutsch erschienen, u.a.: *Heilungsfelder: Wenn die Seele den Körper heilt – Psychoneuroimmunologie. – Werde gesund! Die Ursachen von Gesundheit und Krankheit verstehen. – Ich habe es geahnt: Wie Vorahnungen sich bestätigen und unser Leben bestimmen.*

Dossey sagt auch, Beten sei nicht etwas, das wir *tun* – sondern was wir *sind*.

Gregg Braden kommt zu einem ähnlichen Ergebnis: Hoch in den Bergen des Himalaja befragte er den Abt eines tibetisch-buddhistischen Klosters nach den Gebeten, welche die Mönche 14 bis 16 Stunden am Tag singend rezitieren: »Wenn wir eure Gebete sehen, was tut ihr da?« Der Abt antwortete: »Ihr habt unsere Gebete noch nie gesehen. Gebete kann man nicht sehen. Ihr seht nur das, was wir tun, um in unseren Körpern das Gefühl zu erzeugen. *Das Gefühl ist das Gebet!*«[12]

Eine ähnliche Antwort erhielt er, als er einen indianischen Regenmacher danach fragte, was er tue, wenn er um Regen bete. »Ich bete nicht *um* Regen«, berichtete ihn dieser. »Ich bete *Regen*.« Damit meinte er, er verkörpere die Erfahrung des Regens. Er fühlte, wie der Regen auf seinen Körper fällt, wie seine Füße auf der feuchten Erde stehen. Er roch den Regen und stellte sich vor, durch ein regengesättigtes Maisfeld zu gehen. Seine langen Forschungen über die Wirksamkeit von Gebeten führten Braden zu der Schlussfolgerung, dass wir mit dem Feld durch die Sprache der Emotion kommunizieren, indem wir das, worum wir beten, emotional als bereits geschehen erfahren.[13]

Aus der Sicht der Quantenmechanik erscheint es durchaus sinnvoll, das erwünschte Ergebnis mental und emotional vorwegzunehmen. Es ist physikalisch anerkannt, dass der Geist bei der Erzeugung der Realität eine wesentliche Rolle spielt. Wenn jemand *um* etwas betet, befindet sich sein Geist in einer mentalen Haltung des Mangels oder der Bedürftigkeit. Weil das Feld die Materie beeinflusst, wird ein von Mangel geprägtes Feld eine Wirklichkeit erzeugen, die Mangel widerspiegelt. Eine Person hingegen, welche die Erfahrung manifestiert, wie es mental und emotional ist, wenn sich das Gewünschte erfüllt hat, erzeugt eine mit diesem Feld übereinstimmende Realität.

Dossey und Braden sind sich vor allem darin einig, dass der Betende dem Ergebnis des Gebets nicht zu sehr verhaftet sein darf. Dieses Paradox scheint der Schlüssel zum Erfolg zu sein: tief mitfühlend und zugleich gegenüber dem Ergebnis offen zu sein. In *Secrets of the Lost Mode of Prayer* erwähnt Braden eine Diskrepanz zwischen der klassischen biblischen Übersetzung »Bittet, so wird euch gegeben« und der aramäischen Urfassung, die sich auch mit den Worten übersetzen ließe: »Bittet ohne Hintergedanken und seid umringt von eurer Antwort – seid eingehüllt in das, was ihr wünscht, und eure Freude wird vollkommen sein.«[14]

Die ursprüngliche biblische Anweisung, ohne versteckte Motive zu bitten, entspricht laut Dossey der buddhistischen Direktive, beim Gebet keine verborgenen Ziele zu verfolgen. Das bedeutet einfach, nicht auf einem bestimmten Ergebnis zu bestehen oder auf eine Art, wie sich das Erwünschte manifestieren soll. Das Geheimnis zum erfolgreichen Beten liegt also in einem verrückten Paradox: »Um etwas zu bekommen, sollen wir es gleichzeitig erwünschen und uns unabhängig davon machen, ob wir es bekommen oder nicht.«[15]

Braden meint, diese Loslösung vom Ergebnis sei vielleicht notwendig, weil die meisten Gebete auf egoistischen Wünschen beruhen, deren Urheber nur selten überschauen, welche Auswirkungen die Erfüllung ihres Wunsches auf das Leben anderer oder auf das große Ganze hätte. Die Intelligenz des Feldes, die biblisch in den Worten »Dein Wille geschehe« zum Ausdruck kommt, mag einen ganz anderen, viel größeren Plan in petto haben.

Der zweite biblische Hinweis zum effektiven Beten lautet: »... seid umringt von eurer Antwort.«[16] Das bedeutet einfach, das Gewünschte physiologisch und emotional zu erfahren. Genau dies tun die buddhistischen Mönche und indianischen Schamanen, wenn sie beim Beten in sich die Erfahrung dessen erzeugen, worum sie beten. Und die moderne Physik sagt letztlich das Gleiche, nur dass sie den Prozess lieber als den Einfluss des Feldes auf die Materie bezeichnet.

Die emotionale Erfahrung spielt bei der Manifestation durch Gebete eine wesentliche Rolle. Emotionen verbinden das Bewusstsein mit der erfahrbaren, physischen Welt, weil sie eine Brücke zwischen den Gedanken und der Chemie der Gefühle bilden. Und damit kommen wir zum Kern der Dinge: zum Herzen. Das Herz ist das Kraftwerk des Geistes, denn es verstärkt und sendet unsere emotionalen Informationen ins Universum.

Das heilige Herz und die Kohärenz

In der Welt des wissenschaftlichen Materialismus ist das Herz nichts als ein Muskel – ein sehr wichtiger zwar, aber doch nicht mehr als das. In der chinesischen Medizin hingegen gilt das Herz als das Zentrum der Weisheit, und in der alten vedischen Tradition ist das Herz der Mittler zwischen Himmel und Erde.

Die alte ayurvedische Philosophie lehrt, dass es im Körper sieben Chakras gibt. Chakras sind Kraftzentren, die dem Empfang und der Aussendung der vitalen Energien des Körpers dienen. Das kraftvolle Herzchakra liegt in der Mitte zwischen den drei höheren und den drei niedrigeren Chakras. Die oberen – Kronenchakra, Drittes Auge und Kehlchakra – haben mit Bewusstsein und Kommunikation zu tun. Die niederen – Solarplexus-Chakra, Sakralchakra und Wurzelchakra – stehen für den Bereich des Physischen und für körperliche Emotionen. Wenn es also ein Tor zwischen Oben und Unten gäbe, wäre es sicher das Herzchakra.

Und wiederum bestätigt die moderne Wissenschaft die alten Weisheiten – diesmal im Hinblick auf die zentrale Rolle des Herzens. 1992 gründete der Stressforscher Doc Childre das Institute of HeartMath, ein wissenschaftliches Zentrum zur Erforschung der Hypothese, dass im Herzen entscheidende Weisheiten stecken und es vielleicht den Schlüssel zur spontanen Evolution der Menschheit enthält.

Mithilfe zahlreicher neuer Messtechniken sammelten Childre und seine HeartMath-Forscherkollegen Daten, die belegen, dass die Weisen der alten Zeiten recht hatten. In ihrem Buch *The HeartMath Solution*[17] erklären Childre und sein Koautor Howard Martin: »Herz-Intelligenz ist der intelligente Fluss von Bewusstheit, den wir erfahren, wenn Geist und Körper im Gleichgewicht und in Kohärenz sind.«

In den 1970er-Jahren entdeckten die Physiologen John und Beatrice Lacey vom Fels Research Institute, dass das Herz über ein eigenes, unabhängiges Nervensystem verfügt, das sie »das Gehirn des Herzens« nannten. Sie stellten fest, dass es im Herzen mindestens 40 000 Neuronen gibt, die mit bewusstseinsrelevanten Gehirnbereichen kommunizieren, darunter auch die Amygdala, der Thalamus und der zerebrale Cortex. Als diese Neuronen entdeckt wurden, vermutete man zunächst, dass sie einfach der Verarbeitung von Signalen dienten, die vom Gehirn ausgehen.[18] Doch die Arbeiten der Laceys führten zu einem völlig anderen Szenario, demzufolge das Herz nicht automatisch das tut, was ihm das Gehirn befiehlt, sondern neurale Signale interpretiert und seine Reaktion vom gegenwärtigen emotionalen Zustand der Person abhängig macht. Die Laceys schlossen daraus, dass das Herz seiner eigenen Logik folgt und dass der Herzschlag nicht nur ein mechanischer Lebensrhythmus ist, sondern eine intelligente Sprache darstellt.[19] Analysen von EKG-Mustern machen deutlich, dass das Herz viel mehr mit Wahrnehmungen und Verhaltensmustern zu tun hat, als man es sich in der westlichen Medizin bislang vorgestellt hat.

Die HeartMath-Forscher bestätigten, was uns Religion, Dichtung und Intuition seit ewigen Zeiten sagen: Das Herz ist die Schaltstelle zwischen dem Bewusstsein und den physiologischen Reaktionen unserer Emotionen. Und noch wichtiger: Sie stellten fest, dass Liebe tatsächlich eine biochemisch messbare Wirkung hat.

Childres und Martins Arbeiten führten zur Entwicklung bestimmter Techniken, mit denen wir Zugang zur sogenannten *kohärenten Herz-Intelligenz* erhalten können. Wenn eine Person ihre Aufmerksamkeit auf ihr Herz lenkt und ein zentrales Herzgefühl wie Liebe, Wertschätzung oder Mitgefühl aktiviert, wird sofort der Herzschlag kohärenter. Eine höhere Kohärenz des Herzschlags führt zu einer Kaskade von neuralen und biochemischen Ereignissen, die praktisch alle Organe des Körpers miteinbeziehen.

Studien zeigen, dass Herz-Kohärenz zu mehr Intelligenz führt, weil die Aktivität des sympathischen Nervensystems – des Kampf- oder-Flucht-Reflexes – verringert und das wachstumsfördernde parasympathische Nervensystem gestärkt wird. Die Entspannung, die mit der Herz-Kohärenz einhergeht, reduziert die Produktion des Stresshormons Kortisol und bewirkt, dass aus seinen Vorstufen das Anti-Aging-Hormon DHEA (Dehydroepiandrosteron) gebildet wird. Gefühle der Liebe, des Mitgefühls, der Fürsorge und der Wertschätzung verhelfen uns also zu einem gesünderen, längeren, glücklicheren Leben.[20]

Die Wissenschaft hat damit den Weg nachvollzogen, wie Liebe heilt: Lenken wir unsere Aufmerksamkeit auf das Herz, dann erhöhen wir die Synchronisation zwischen Herz und Gehirn, was wiederum unser Nervensystem beruhigt und unsere Stressreaktion mindert. Sind wir in einem Zustand der Herz-Kohärenz, nutzt der Körper seine Energien für Wachstum und Erhalt.

Das Herz beeinflusst das Feld mithilfe seiner elektromagnetischen Aktivität, die 5000-mal stärker ist als jene des Gehirns. Mit der verfügbaren Technologie können wir das Energiefeld des Herzens in bis zu drei Metern Abstand vom Körper messen. Gefühle wie Liebe erzeugen eine messbare, quantifizierbare Herzfeld-Kohärenz, während negative Gefühle im Feld des Herzens Disharmonie bewirken.

Das Herz sendet unsere Emotionen in unsere Umwelt und wird seinerseits von den Emotionen beeinflusst, die andere aussenden. Wenn sich eine Person mit einer anderen verbindet – sei es durch Berührung oder durch Mitgefühl –, beginnen die elektrischen Aktivitäten der beiden kommunizierenden Herzen und Gehirne, sich miteinander zu verschränken und sich zu synchronisieren. Diese Forschungsergebnisse weisen darauf hin, welch enorme Auswirkungen die Aktivierung eines weltweiten kohärenten Heilungsfeldes hätte, denn sie zeigen, dass die heilende Kohärenz der Liebe ansteckend ist.

Diese Beobachtungen lassen vermuten, dass die emotionale Kohärenz, aber auch Inkohärenz größerer Gruppen einen starken Einfluss auf das Feld haben kann. Das HeartMath-Institut hat vor Kurzem ein weltweites Experiment gestartet, um diese Hypothese zu überprüfen, indem sie die Bemühungen zahlreicher Teilnehmer auf dem ganzen Planeten miteinbeziehen. Die Global Coherence Initiative ist eine wissenschaftlich fundierte Aktion: Sie verfolgt, welcher Einfluss von Millionen von Menschen ausgeht, die sich bewusst ausrichten auf »herzzentriertes Mitgefühl und die Absicht, das globale Bewusstsein von Instabilität und Disharmonie hin zu Gleichgewicht, Kooperation und anhaltendem Frieden zu bewegen«.[21]

Können unsere Absichten das Feld der Erde zielgerichtet verändern? Bitte bleiben Sie dran.

Was Kohärenz vermag

Die Global Coherence Initiative des HeartMath-Instituts misst nicht als erste Studie die Auswirkungen kohärenter Konzentration auf die physische Welt. Anfang der 1970er-Jahre führten Praktizierende der Transzendentalen Meditation (TM) nach Maharishi Mahesh Yogi in zwei Dutzend amerikanischen Städten ein Experiment durch. Der Maharishi hatte verkündet: Wenn die Quadratwurzel von einem Prozent einer Bevölkerung diese Art von Meditation praktiziere, werde die Kriminalitätsrate in diesem Gebiet sinken.[22]

Dies mag nach einer anmaßenden Behauptung eines »Fool on the Hill« (Narr auf dem Hügel) klingen, um hier einen Beatles-Song zu zitieren. Allerdings stellte sich heraus, dass er recht hatte: Interessanterweise ging nicht nur die Anzahl der Verbrechen zurück; auch andere Merkmale mangelnder Kohärenz nahmen ab, zum Beispiel klinische Notaufnahmen.

In einer gut dokumentierten Studie von 1993 kamen TM-Praktizierende in Washington D.C. zusammen. Trotz einer rekordverdächtigen Hitzewelle, die gewöhnlich zu einer Zunahme der Kriminalität führt, gingen die Verbrechen zurück und blieben während des ganzen Experiments niedrig. Kaum war das Experiment vorbei und die Meditierenden wieder auf dem Heimweg, stieg die Kriminalitätsrate wieder an. Dieser in den Polizeistatistiken nachvollziehbare Rückgang war nicht durch andere Variablen zu erklären. Und die Wahrscheinlichkeit, dass dies ein zufälliges Zusammentreffen von Ereignissen war, liegt bei nicht einmal 2 : 1000 000 000.[23]

Sind diese Ergebnisse nur durch Transzendentale Meditation zu erzielen, oder gibt es auch andere Möglichkeiten und Techniken, um ein Feld kohärenter zu machen? Zwei andere Projekte, das Intention Experiment von Lynne McTaggart[24] und das Projekt Common Passion[25], versuchen, diese Fragen zu beantworten.

Joe Giove, der Geschäftsführer von Common Passion, schrieb: »Stellen Sie sich eine massive, globale Zusammenarbeit von Gruppen vor, deren Ziel soziale Harmonie ist und deren Mitglieder aus allen Religionen, Meditationspraktiken und Kulturen stammen. Sie treffen sich lokal und global, lernen, die Ergebnisse sozialer Untersuchungen anzuwenden, und entwickeln eine Open-Source-Technologie, welche die sozial harmonisierenden Auswirkungen ihrer gemeinsamen Bemühungen widerspiegelt.«[26] Giove schlägt ein ehrgeiziges, aber erstrebenswertes Unternehmen vor, das den Einzelnen die Chance gibt, den Fokus ihrer Liebe auf eine große, gemeinsame Absicht auszurichten.

Wie so oft, wenn eine neue Idee aufkommt, beginnen überall ähnliche Phänomene aufzutauchen. In seinem letzten Buch *Awakening into Oneness*[27] berichtet Arjuna Ardagh von *Oneness Blessing*, einer Praxis, die in Indien *Deeksha* heißt. Ardagh zufolge ist dieser Segen eine Form der Kohärenz, die von Individuum zu Individuum übertragen werden kann. Ardagh erzählt, diese von Sri Bhagavan und seiner Frau Sri Amma ausgehende Arbeit übe auf die Umgebung der von ihnen gegründeten Oneness Universität eine tief greifende transformierende Wirkung aus, die mit dem Maharishi-Effekt vergleichbar ist.

Als Sri Bhagavan sein Zentrum in der Nähe der indischen Stadt Varadaiahpalem gründete, war dieser kleine Ort typisch für viele der armen Kleinstädte in diesem Teil von Indien. Die Menschen dort waren nicht nur arm – die meisten lebten in Lehmhütten, die nur aus einem einzigen Raum bestanden und weder Wasser noch Sanitäranlagen oder Elektrizität hatten –, es gab auch große soziale Probleme wie Alkoholismus, physische Gewalt und häuslichen Missbrauch. Bhagavan machte den Vorschlag, Dörfer zu adoptieren und den Einwohnern die Anweisungen für Oneness Blessing anzubieten, damit auch sie ihr Glück und ihre Zufriedenheit steigern könnten.

Zuerst kamen auf seine Einladung nur 30 bis 40 Leute aus den umliegenden Dörfern, um die Technik zu erlernen. Doch Kohärenz ist ansteckend. Schon bald trudelten mehr Leute ein, und nach fünf Jahren hatten 6000 Leute aus der Umgebung an den Oneness-Blessing-Kursen teilgenommen. Ardagh zufolge, der diese Dörfer besuchte und mit den Einwohnern sprach, war der Alkoholismus um über 80 Prozent zurückgegangen, sodass es auch nur noch selten Raufereien zwischen Betrunkenen gab. Viele Nachbarschaftsprojekte waren entstanden. Für jeden Arbeitswilligen gab es eine Anstellung.

Wie bei so vielen Berichten über die heilende Kraft der Liebe, des Gebets und der Kohärenz, beruht Ardaghs Bericht mehr auf persönlichen Eindrücken als auf wissenschaftlichen Fakten. Wer solche

Phänomene selbst erlebt hat, dem erscheint wissenschaftliche Strenge oft überflüssig. Und doch hat es eine starke Wirkung, wenn sich die Wissenschaft selbst der verschwommenen Grenze zwischen dem Sichtbaren und dem Unsichtbaren widmet, vor allem, wenn es darum geht, etwas so Unbegreifliches wie die Liebe zu messen.

Was hat die Liebe damit zu tun?

Zwei andere bemerkenswerte Experimente geben uns Hinweise, wie etwas so Unwissenschaftliches wie Emotionen einen messbaren Einfluss auf die Materie haben kann – sogar aus der Entfernung.

Beginnen wir mit den interessanten Arbeiten des kanadischen Biologen Bernard Grad, der Experimente zu paranormaler Heilung durchführte. Statt an Menschen zu forschen, befasste er sich mit Pflanzen und stellte dabei fest: Pflanzen werden deutlich größer und wachsen schneller, wenn ein medialer Heiler auf das Wasser, in dem die Pflanzensamen eingeweicht wurden, Energie übertragen hatte. In einem anderen Experiment gab Grad das Wasser, in dem später Samen gezogen wurden, einem schwer depressiven Mann und anderen psychiatrischen Patienten zu halten. Das Resultat war deutlich: Das Wasser, das diese Personen gehalten hatten, behinderten das Pflanzenwachstum, insbesondere das Wasser des depressiven Patienten.[28] Weitere Studien ergaben: Heiler veränderten die physische Struktur des Wasser so deutlich, dass es bei einer Infrarotspektroskopie nachweisbar war.[29] Die Wassermoleküle zeigten eindeutig mehr Kohärenz, wenn sie ein Heiler gehalten hatte, und weniger, nachdem sie in den Händen des depressiven Mannes waren. Grad erweiterte diese Studien noch und fand Heiler, die nachweisbar das Tumorwachstum von Laborratten verlangsamen konnten.

Weitere Beweise, dass Gedanken und Emotionen die zelluläre Wirklichkeit verändern, bieten die Arbeiten des Arztes und Heilers Leonard Laskow. Wie viele andere, die sich heute in der vordersten Reihe dieses neuen Paradigmas befinden, begann auch Laskow seine Karriere zunächst als Schulmediziner. Ein Schicksalsschlag änderte seine Lebensrichtung. Laskow war ein erfolgreicher Gynäkologe mit einer gut gehenden Praxisklinik im nördlichen Kalifornien, als er 1971 Schulterschmerzen bekam und eine Röntgenaufnahme eine Läsion zeigte, die häufig auf Knochenkrebs hinweist.

Als Arzt wusste Laskow, dass die schulmedizinische Behandlung auf eine Amputation hinauslief. Während des Zweiten Weltkriegs hatte es zwar einen einarmigen Baseballspieler von nationalem Rang gegeben, doch Laskow war klar, dass er als einhändiger Operateur kaum noch Chancen hätte, seinen Beruf auszuüben. Während er auf seine Testergebnisse wartete, fand sich Laskow damit ab, dass er trotz fehlenden Armes wenigstens noch als Gesundheitsberater arbeiten könnte.

Ein paar Wochen später zeigten die Tests, dass es sich bei der Läsion um eine harmlose Zyste handelte. Doch inzwischen hatte Laskow über sein Leben nachgedacht und entschieden, dass es tatsächlich Zeit für eine Veränderung sei: Er verließ seine anstrengende Praxis und beschäftigte sich mit den mentalen und emotionalen Facetten der Heilung.

Kurze Zeit später empfing Laskow in einer Meditation die Botschaft: »Deine Arbeit ist, mit Liebe zu heilen.« Er war tief beeindruckt und erkannte, dass seine Entscheidung, Medizin zu studieren, aus dem Wunsch entstanden war, zu heilen. Die Schulmedizin war zu jener Zeit der allgemein akzeptierte Weg dafür. Durch seine Meditation erwachte jedoch eine neue Vision in ihm. »Ich bin davon überzeugt, dass wir alle irgendwann in unserer Entwicklung lernen müssen, mit Liebe zu heilen.«[30]

Ein paar Jahre nach dieser Erfahrung befand sich Laskow auf einem Retreat, wo er das Zimmer mit einem jungen Mann teilte, der an metastasierendem Krebs litt. Mitten in der Nacht wachte der junge Mann unter heftigen Schmerzen auf und atmete schwer. Laskow wollte helfen, doch er wusste nicht recht, was er tun sollte. »Rein intuitiv legte ich meine Hände an die Seiten seiner Brust«, berichtet er, »und visualisierte eine strahlende Lichtkugel über mir, deren Licht von oben durch meinen Kopf bis in mein Herz kam und von dort durch meine Arme und durch meine Hände strömte.«[31]

Der junge Mann beruhigte sich, teilte Laskow mit, dass sich seine Schmerzen gelegt hätten, und schlief ruhig wieder ein.

Elf Jahre später begegnete Laskow diesem Mann wieder, als dieser auf der Bühne sang. Er erzählte Laskow von seiner wundersamen

Spontanheilung etwa sechs Wochen nach jener Begegnung auf dem Retreat.

Hatte Laskows Tun die Heilung ausgelöst? Oder war es ein Vorbote dessen gewesen, was eineinhalb Monate später geschehen würde? Auf jeden Fall gab es eine Beziehung, und das Ereignis veranlasste Laskow, ein paar interessante Experimente zur Heilung durch Liebe durchzuführen.

Von seiner Arbeit mit Patienten gibt es wundersame Geschichten zu berichten, doch sein vielleicht bedeutendstes wissenschaftliches Experiment machte er mit Krebszellen in einer Petrischale.

Man hatte diese Versuchsanordnung gewählt, weil die Zellen auf diese Weise im Labor biochemisch beobachtet werden konnten. Laskow hielt drei Petrischalen mit Tumorzellen in der Hand, während er sich in einen Zustand des konzentrierten heilenden Bewusstseins versetzte. Zur Kontrolle hatte eine neutrale Versuchsperson in einem anderen Raum drei andere Petrischalen in der Hand, die mit den gleichen Kulturen geimpft worden waren. Die nicht heilende Versuchsperson las irgendeinen Text, um zu vermeiden, dass diese Person den Zellen ihre eigenen Absichten übertrug.

Während Laskow die Zellen hielt, experimentierte er mit verschiedenen emotionalen Absichten, die alle die natürliche Kraft der universellen Kohärenz zu aktivieren suchten. Die wirkungsvollste Absicht, die das Wachstum der Krebszellen um 39 Prozent reduzieren konnte, war: »Kehrt zurück zur natürlichen Ordnung und Harmonie der normalen Zelllinie.« Der Heilungseffekt verdoppelte sich noch, wenn Laskow diese Absicht durch innere Bilder unterstützte.[32]

Was hat das alles mit Liebe zu tun? Wie Laskow in seinem Buch *Healing With Love* berichtet, lag seine Absicht nicht darin, die Krebszellen zu zerstören, sondern ihnen ihre Existenz als Teil der universellen Schöpfung zuzugestehen. »Liebe ist der Impuls zur Einheit, zur Nichtgetrenntheit, zur Ganzheit«, erklärt er. »Liebe kann viele Formen annehmen, aber ihre Essenz ist die Beziehung zueinander.«[33] Laskow ist davon überzeugt, dass das Gegenteil der Liebe nicht Hass, sondern Getrenntheit ist. Es gibt viele verschiedene Methoden, um Zugang zur Heilungsenergie zu bekommen und um sie zu nützen. Laskows Ansatz geht von einer Verbindung mit dem Zustand aus, statt ihn auszugrenzen.

Wenn wir an einer Krankheit leiden oder an einem Zustand in unserem Leben, den wir lieber nicht hätten, ist unser erster Impuls, »es« weghaben zu wollen. Wir neigen dazu, Krankheit als einen fremden Angreifer zu betrachten statt als etwas, das wir mit erschaffen haben.

Doch wenn wir unseren Anteil an der Situation wirklich annehmen – selbst wenn wir die Gründe dafür nicht verstehen –, nehmen wir verantwortungsbewusst an der Gestaltung unseres Schicksals teil.

Mit dem Bewusstsein, dass unser Geist (Mind) unsere Biologie formt, können wir erkennen, dass wir die Möglichkeit haben, unseren Geist zu verändern und damit ein gesünderes Leben zu schaffen. Mit allem, was wir jetzt über die Intelligenz und die Funktionalität unserer Zellen wissen, können wir endlich anfangen, uns demütig bei unseren inneren Einwohnern zu entschuldigen und ihnen dafür zu danken, dass sie uns so lange ertragen haben. Indem wir beginnen, unsere Zellen bewusst zu lieben, zeigen wir, dass wir mitschöpfende Teilnehmer sind und nicht Opfer des Schicksals.

Krankheit oder Unwohlsein tritt auf, wenn etwas deformiert oder missinformiert ist. Um dies zu beheben, bedarf es der Transformation.

Hier sind die vier Schritte von Laskows einfachem, *transformierendem* Heilungsprozess:[34]

1. **Schritt:** *Informiere* dich über das, was jetzt als Form materialisiert ist. Die Wahrheit anzuerkennen, ist der erste Schritt zur Verantwortlichkeit.
2. **Schritt:** Gehe *konform* mit dem Zustand, verbinde dich mit ihm, statt dich von ihm abzugrenzen. Wenn wir in Resonanz sind mit der Form, haben wir mehr Einfluss auf ihre Organisation.
3. **Schritt:** Mache den Zustand *»ungeformt«*, das heißt, löse ihn auf, indem du ihn freisetzt. »Durch die Absicht des Beobachters werden Teilchen zu Wellenformen und Wellenformen wieder zu Teilchen«, erklärt Laskow.
4. **Schritt:** *Reformiere* die freigesetzte Energie, sodass sie deinen Zielen und Wünschen entspricht. Hier geht es darum, loszulassen und unsere Absicht auszusenden – ohne Anhaftung an das Ergebnis.

Selbst wenn der unerwünschte Zustand freigesetzt wird, herrscht immer noch Verbundenheit und nicht Getrenntheit. Laskow schreibt: »Wenn man die Teile seiner selbst, die man ablehnen oder verändern möchte, akzeptiert und liebt, gibt man sich selbst die Chance, die positive Lebenskraft hinter ihnen zu entdecken.«[35] Das alte biblische Wort der Versöhnung (engl. *atonement*) lesen wir dann als *at-onement*. Durch die Versöhnung machen wir uns eins *(at one)* mit dem Zustand, den wir sonst abgelehnt hätten.

Im Quantenuniversum, in dem alles verbunden ist, ist Liebe der Klebstoff, der alles zusammenhält. Wie Laskow sagt: »Liebe ist ein universelles Muster resonanter Energie.«[36] In diesem Sinne sind zwei oder mehr Stimmgabeln, die miteinander schwingen, in Liebe verbunden, genauso wie zwei oder mehr Menschen in einem spürbaren Feld der Verbundenheit, Freude oder Ekstase miteinander schwingen. »Liebe«, sagt Laskow, »ist die universelle Harmonie.«

Leonard Laskows Arbeit wirft eine interessante und transformierende Frage auf: Wenn wir Krebszellen »zu Tode lieben« oder sie zumindest in einen Zustand relativer Harmlosigkeit lieben können, können wir dann auch Terroristen und andere menschliche »Sozialpathogene« so lieben, dass sie harmlos werden? Könnte das aus unserem Bedürfnis nach Heilung entstehende liebevolle Annehmen dieser Individuen, Gruppen, vielleicht sogar Nationen gerade der Schlüssel zu einer neuen Quantenpolitik sein?

Ein einziger Vorschlag

Die nächste Stufe der menschlichen Evolution wird der Wissenschaft zufolge von dem Bewusstsein geprägt sein, dass wir alle voneinander abhängige Zellen des Superorganismus der Menschheit sind. Und ähnlich, wie der Suchende auf dem Gipfel vom Berg des Wissens die Weisheiten Buddhas findet, stoßen wir bei einer gründlichen Untersuchung der meisten Weltreligionen hinsichtlich ihrer Essenz auf den gleichen *einen* Rat, auf irgendeine Version der Goldenen Regel.

Im Folgenden sind ein paar Beispiele aufgeführt, wie die Goldene Regel in den verschiedenen Weltreligionen klingt:[37]

Buddhismus: Füge deinem Nächsten keinen Schmerz zu, der dich schmerzen würde. (Udana-Varga 5,1)

Christentum: Alles nun, was ihr wollt, dass euch die Leute tun sollen, das tut ihnen auch! (Matthäus 7,12)

Konfuzianismus: Was man selbst nicht wünscht, das tue man anderen nicht an. (Analekten 12,2)

Hinduismus: Dies ist die Summe aller Pflichten: Tue keinem anderen das Leid an, was bei dir selbst Leid verursacht hätte. (Mahabharata 5,1517)

Islam: Keiner von euch ist ein Gläubiger, solange er nicht das für seinen Bruder wünscht, was er für sich selbst gewünscht hätte. (Sunnah)

Judaismus: Was dir wehtut, tue keinem anderen an. Das ist das ganze Gesetz. (Talmud, Schabbat 3id)

Taoismus: Erachte den Vorteil deines Nächsten als deinen Vorteil, und deines Nächsten Nachteil als deinen Nachteil. (Tai Shang Kan Yin P'ien)

Zoroastrismus: Tut keinem etwas an, was für euch selbst nicht gut erschienen wäre. (Dadisten-I-dinik, 94,5)

Was sagen uns all diese spirituellen Lehren? Vielleicht, dass der größte Unterschied zwischen den Kindern Gottes und den Erwachsenen Gottes darin besteht, dass die Kinder Gottes den Gesetzgeber verehren, während die Erwachsenen Gottes danach streben, das Gesetz mit Leben zu erfüllen.

Die Goldene Regel ist sicherlich nur ein Rat, aber er beruht auf Erfahrung. Robert Thurman, Professor für buddhistische Studien an der Columbia Universität, betont: »Buddhismus ist keine Religion, Buddhismus ist eine Praxis.«[38] Die buddhistische Lehre wird dadurch zur Praxis, dass sie funktioniert.

Thurman erklärt, dass der Buddhismus auf Rationalismus beruht, weil Buddhisten das menschliche Schicksal nicht von Gott abhängig machen, sondern von einem kausalen System namens *Karma*. Thurman sagt: »Im karmischen System ist eine Handlung systematisch erfolgreicher als eine andere, weil sie die Existenz des jeweiligen Wesens bereichert.«[39]

Sobald wir die Verbundenheit aller Dinge begreifen, erkennen wir, dass alles Handeln Konsequenzen hat. Das buddhistische Verständnis des Karmas steht im Einklang sowohl mit der Botschaft Jesu, seinen Nächsten zu lieben, als auch mit dem jüdischen Konzept von *Tikkun Olam*, der »Vervollkommnung der Welt«.

Obwohl die Goldene Regel als Grundlage des menschlichen Zusammenseins seit Jahrhunderten von großen religiösen Lehrern gepredigt wurde, haben die Menschen bis heute angesichts von Angst, Manipulation und Ohnmachtsprogrammen alles ihnen Mögliche getan, um sie nicht anzuwenden. Jetzt, wo das Überleben unserer Art auf dem Spiel steht, müssen wir erkennen, dass das alte Argument von Religion versus Wissenschaft nicht mehr taugt, um uns unserer Macht und Verantwortung als bewusste Mitschöpfer unserer Wirklichkeit zu entziehen.

Jene Bürger unter uns, die sich mit dem Dominanz-Virus infiziert haben, haben den Rest von uns überzeugt, dass ihr unmenschliches Verhalten dem menschlichen Wesen entspreche. Doch heute können wir unsere Programmierungen besser erkennen; wir sehen das breite Verhaltensrepertoire, zu dem Menschen fähig sind, und müssen anerkennen, dass wir die Wahl haben, welcher Art unser menschliches Wesen ist.

Eine berühmte Geschichte erzählt vom Gespräch eines indianischen Großvaters mit seinem Enkel:

»In mir gibt es zwei Wölfe, die einander bekämpfen«, erklärt der Großvater. »Der eine ist der Wolf der Liebe und des Friedens, und der andere ist der Wolf des Ärgers, der Wut und des Kriegs.«

»Und welcher von beiden gewinnt?«, fragt das Kind.

»Der, den ich füttere«, erwidert der Alte.

In gewissem Sinne lässt sich die ganze Philosophie und Menschheitsgeschichte, die wir im Zusammenhang mit der spontanen Evolution hier aufgeführt haben, auf diese einfache Entscheidung reduzieren. Wir können uns zerstreuen und der trügerischen Hoffnung hingeben, dass irgendwann ein Messias kommen wird, der uns alle erlöst. Wir können uns auch resigniert dem chaotischen Durcheinander dieser Welt ergeben. Oder wir können uns an den Buddhisten orientieren, die versuchen, den Bodhisattwas nachzustreben. Bodhisattwas sind Menschen, die ins Nirwana eingehen könnten, es aber aus Mitgefühl mit allen leidenden Wesen aufschieben. Diese spirituell Praktizierenden arbeiten für »das vollständige Wohlergehen, die Freiheit und die Seligkeit jedes Lebewesens«. Bodhisattwas haben sich entschieden, den Himmel als *Praxis* zu erfahren, nicht als Ziel.

Im tibetischen Buddhismus gibt es die sogenannte Tonglen-Meditation. *Tonglen* bedeutet *aussenden und aufnehmen*. In dieser Praxis werden die Gifte der Welt aufgenommen und innerlich so verarbeitet, dass mit ihnen der Wolf der Liebe und des Friedens gefüttert werden kann, der in uns allen lebt. Zu der Praxis gehört eine Visualisation, bei der der Übende das Leiden anderer aufnimmt und Frieden, Liebe und Seligkeit in die Welt aussendet.

Nochmals: Dieser Vorschlag hat nichts damit zu tun, dass wir den Buddhismus als Religion propagieren wollten. Selbst der Dalai Lama sagt, es sei keine Religion, sondern eine Übung. Die spirituelle Praxis sollte eine ganz private, intime Angelegenheit sein, keine selbsterklärte Rechtschaffenheit, die so oft zu Selbstgerechtigkeit wird.

Betrachten Sie die Übung der Nächstenliebe lieber als ein Werkzeug in Ihrem Do-it-yourself-Messias-Koffer, der offenbar genauso zu unserem Erbe gehört wie unsere Neigung zum Bösen. Wir brauchen nichts anderes zu tun, als das bequeme Unbehagen des Opferdaseins hinter uns zu lassen und uns auf die produktivere Beschwerlichkeit der Mitschöpfung einzulassen.

In den übrigen Kapiteln von *Spontane Evolution* werden wir uns mit den praktischen Aspekten des Lebens in dieser verwickelten physischen Welt unter der Prämisse der Anwendung der Goldenen Regel befassen. Wir erkunden, wie wir uns auf ökonomischer Ebene der Weisheit unserer Körperzellen nähern und die Effizienz der Natur nachahmen können. Wir werden sehen, wie politische und soziale Beziehungen die ultimative Weisheit des Quantenuniversums widerspiegeln, dass wir alle im selben Boot sitzen. Und wir werden darstellen, wie wir mithilfe des universellen Felds der mitfühlenden

Weisheit die vergiftenden Überzeugungen der Dominanz, Ausbeutung, Angst, Manipulation, Ungerechtigkeit und programmierten Ignoranz verarbeiten und verabschieden können, die uns seit Jahrtausenden begleitet haben.

Zuletzt werden wir einen Blick in die Zukunft werfen – in eine Zeit, in der wir die alte Geschichte hinter uns gelassen haben und neue Geschichten schreiben, für uns selbst, für unsere Kinder und für die Welt; in eine Zeit, in der die weltweite spirituelle Autorität die gesunde, kohärente zentrale Stimme der Menschheit ist, von den Wurzeln an frei und stark, wie es unsere Irokesen-Vorfahren einst vorhersahen.

Sind Sie bereit, dem einen Rat zu folgen und anzuerkennen, dass wir alle eins sind mit demselben Einen? Wenn ja, dann passen Sie gut auf, denn dann wird der Himmel ausbrechen.

14. Kapitel

Ein Bund zur Stärkung des Gemeinwohls*

*»In der natürlichen Ökonomie
bestimmt die Goldene Regel
die Regeln des Goldes.«*

SWAMI BEYONDANANDA

Im ersten Entwurf für dieses Kapitel haben wir vor einer drohenden Finanzkrise und der Möglichkeit eines globalen ökonomischen Zusammenbruchs gewarnt. Im Herbst 2008, als das Manuskript fertig gestellt wurde, hatte sich dieses negative Potenzial explosionsartig verwirklicht, und unsere auf unbegrenzter Verschuldung und einem verdünnten Dollar beruhende Kredit-Kartenhaus-Wirtschaft ging steil den Bach hinunter.

So eine Finanzkrise fühlt sich für manchen sicherlich lebensbedrohlich an, aber wir werden zeigen, dass es sich dabei um einen notwendigen Anpassungsprozess handelt, um schmerzhafte Wehen bei der Geburt einer höher entwickelten Version der Menschheit, die sich die Goldene Regel zur Grundlage macht.

---

* Der englische Titel dieses Kapitels lautet: *A Healthy Commonwealth*. Der Begriff *Commonwealth* wird im Folgenden noch eine Rolle spielen. (Anm. d. Red.)

In diesem Kapitel wollen wir das spannende Gebiet einer wahrhaft natürlichen Ökonomie erkunden, die nicht nach den veralteten Maximen funktioniert, also nicht nach dem Primat der Materie und dem Überleben des Stärksten. Bevor wir damit anfangen können, aus unserer Krise eine Chance zu machen, müssen allerdings ein paar altbekannte und bislang nicht hinterfragte ökonomische Wahrnehmungs-Mythen richtiggestellt werden.

Schon das Wort *Ökonomie* löst bei manchen Menschen nebulöse Erinnerungen an Konzepte aus, die sie nie so richtig begriffen haben. Andere kochen die komplexen Zusammenhänge unserer modernen Wirtschaft auf die Formel des falschen Komiker-Priesters Father Guido Sarducci herunter: »Man kauft etwas für weniger – und verkauft es für mehr.«

Aristoteles hat Ökonomie als die Wissenschaft beschrieben, einen Haushalt zu verwalten, bzw. als das Studium von Dynamiken, die zum Erhalt einer Person oder einer Familie zu berücksichtigen sind.

Je mehr Haushalte sich zu Gemeinden und Kommunen zusammenschlossen, um ihr kollektives Überleben und ihren Wohlstand zu sichern, desto mehr wurden auch die ökonomischen Prinzipien ausgeweitet und auf ganze Dörfer angewendet. Dörfer, die erfolgreich wirtschafteten, wuchsen zu Städten heran, später zu umfassenderen Nationalstaaten, die im Grunde jedoch immer noch den gleichen Prinzipien folgten. Diese Nationalstaaten haben sich zu dem neuen Organismus der globalen Menschheit weiterentwickelt, in dem wir uns alle die endlichen Ressourcen dieses Planeten teilen müssen, und es wird notwendig, unser Verständnis von Ökonomie zu überdenken und zu erweitern.

Historisch gesehen assoziiert man Ökonomie mit den Dynamiken, die der Austausch von Eigentum zwischen Mitgliedern menschlicher Gemeinschaften mit sich bringt. In einem fraktalen Universum gelten die gleichen Prinzipien jedoch für alle lebendigen Systeme, seien es Haushalte, Nationen, Unternehmen oder Zellgemeinschaften eines Körpers.

Die natürliche Ökonomie:
Was würden unsere Zellen tun?

Im Lauf der letzten drei Jahrtausende sind menschliche Zivilisationen aufgestiegen und gefallen, während ihre Wirtschaftssysteme Muster des Wachstums, des Todes und der Erneuerung durchliefen. Die gegenwärtigen Wirtschaftskrisen kennzeichnen das Ende eines weiteren Zyklus, eines weiteren Todes, und es ist leider nur zu klar, dass diese Zivilisation noch keine Idee hat, was zu einer nachhaltigen, stabilen Wirtschaft gehört, die als Grundlage des nächsten Zyklus dienen könnte.

Zum Glück deuten sowohl die alten Weisheiten als auch die modernen Wissenschaften auf eine Lösung für unsere Not hin.

Aus der Vergangenheit ist uns der alte Spruch überliefert: »Die Antwort liegt in dir.« Und genau das Gleiche sagt die neue Wissenschaft der fraktalen Geometrie, wenn sie zeigt, dass die ungeheuer erfolgreiche 50-Billionen-Zellen-Gemeinschaft des menschlichen Körpers uns Hinweise auf eine erfolgreiche Wirtschaft geben kann.

Die Effektivität der Zellökonomie hat den Dauertest bestanden, denn sie hat das Überleben des menschlichen Körpers über Jahrmillionen hinweg gewährleistet. Die Ökonomie des Körpers hat sich auch als haltbar und flexibel genug erwiesen, um sich einer enormen Bandbreite an Umständen anzupassen. Ein Verständnis der wirtschaftlichen Austauschprozesse in der Zellgemeinschaft kann uns daher helfen, ein erfolgreicheres Modell für die zwischenmenschliche Wirtschaft zu finden.

Auf der grundlegendsten Ebene geht es in der Zellökonomie einfach darum, Energie zu verteilen und zu nutzen, um zu arbeiten und zu produzieren. Was auch immer die »Währung« ist – seien es Dollar oder Donuts oder Adenosin-Triphosphat-Moleküle: Alle Ökonomien beruhen auf einem Austausch von Arbeit, was einem Austausch an Energie entspricht.

Um sich instand zu halten und seine Funktionen zu gewährleisten, verwendet der Körper Energie zur Beschaffung und Verarbeitung von Nahrung, wie wir im 12. Kapitel *(Wie im Kleinen, so im Großen)* beschrieben haben. Zellen entziehen dieser Nahrung

Energie und speichern sie in Form von stabilen ATP-Molekülen, dem »Geld« der Zellen. ATP-Münzen werden zwischen den Zellen ausgetauscht, um die Kosten für Operationen wie Verdauung, Atmung, Impulsverarbeitung, Bewegung, Fortpflanzung und Ausscheidung zu decken. Energie, die über den unmittelbaren Bedarf des Körpers hinaus erzeugt wird, repräsentiert Vermögen, Reichtum, Wohlstand*. Der Körper transformiert die überschüssige Energie in energiereiche Öl-Moleküle. Die daraus entstehenden Fettreserven entsprechen dem Sparbuch des Körpers: Er speichert Fettmoleküle und zieht sie wieder ab, um das ATP-Geld immer in Fluss zu halten und die Funktionen, das Wachstum und die Instandhaltung des Körpers sicherzustellen.

Eine gesunde Ökonomie kann nur existieren, wenn eine Gemeinschaft von Individuen mehr Energie erzeugt, als sie verbraucht. Bevor zum Beispiel ein Bauer etwas zur Wirtschaft des Dorfes beitragen kann, muss er genug produzieren, um seinen eigenen Haushalt zu ernähren. Wenn er mehr produziert, entsteht Vermögen. Bringt er sein Vermögen in Umlauf, erzeugt das Produktion, Verbrauch und Energietransfer mit und unter Dorfbewohnern, die über unterschiedliche Fähigkeiten verfügen.

Angesichts der Fixierung unserer Kultur auf den Bereich des Materiellen überrascht es nicht, dass wir Vermögen in Besitz messen, insbesondere in Geld. Aristoteles erkannte jedoch schon vor 2500 Jahren, dass die Gleichsetzung von Geld mit Reichtum unausweichlich Probleme mit sich bringt, als er schrieb: »Wer reich an Münzen ist, kann Mangel an notwendiger Nahrung haben.« Aristoteles verstand, dass Menschen, die gierig und habsüchtig geworden sind und Geld um seiner selbst willen horten, oft das Instrument für Wohlstand mit dem eigentlichen Wohlstand verwechseln.

Was bedeutet also eigentlich *wealth*? Das Wort *wealth* leitet sich vom alten englischen Begriff *weal* ab, was *Wohlsein* bedeutet.

---

* Hier taucht zum ersten Mal in diesem Kapitel der englische Begriff *wealth* auf – im Hinblick auf das Kapitelthema *Commonwealth*; engl. *wealth* bedeutet *Wohlstand, Vermögen, Reichtum, Besitz*. Engl. *wealth, weal* und dt. *wohl* haben die gleiche etymologische Wurzel. (Anm. d. Übers.)

In seinem ursprünglichen Kontext geht es also um Wohlstand, um Wohlbefinden, Gesundheit und Zufriedenheit. Die Gründungsväter waren sich dieser Zusammenhänge wohlbewusst, als sie in ihre Unabhängigkeitserklärung schrieben, dass Individuen »... von ihrem Schöpfer mit gewissen unveräußerlichen Rechten begabt wurden, worunter Leben, Freiheit und das Streben nach Glückseligkeit sind«.

Wenn wir die erfolgreiche Ökonomie der Zellen mit dem versagenden globalen Wirtschaftssystem vergleichen, können wir vier grundlegende Prinzipien erkennen, in denen sich unsere zwischenmenschliche Wirtschaft vom Vorgehen der Zellen unterscheidet. Es handelt sich dabei um die Bereiche Wohlbefinden, Ökologie, Effizienz und Währungsstabilität.

Erstes Prinzip:
Vermögen bedeutet Wohlstand und Wohlbefinden

In seinen Abhandlungen über die Ökonomie schrieb Aristoteles, dass eine Stadt um des Überlebens willen entsteht, aber dass sie um des Wohlbefindens willen existiert.

Das Gleiche gilt für den menschlichen Körper: Die Zellgemeinschaft, also unsere Haut, Knochen, Körpersäfte und so weiter sind um des Überlebens willen entstanden, aber sie existieren dem ganzheitlichen Wohlbefinden des Körpers zuliebe.

Ein grundlegender Unterschied zwischen erfolgreichen Zellökonomien und versagenden menschlichen Ökonomien betrifft eine völlig entgegengesetzte Vorstellung von Wohlbefinden. Als sich Zellen sammelten, um kommunale Lebensformen zu bilden, lag der Schwerpunkt ihrer Ökonomie nicht darauf, dass die Individuen möglichst viel Vermögen anhäuften, sondern dass es dem Kollektiv möglichst gut ging: Wichtig war also der *common wealth*, das Gemeinwohl aller.

Für die Gründerväter Amerikas hatte die individuelle Freiheit einen hohen Wert, aber sie wussten um die Bedeutung eines gesunden *Commonwealth** – einer politische Form, in der die Gemeinschaft die Macht hat, wenn es den einzelnen Zellen gut gehen soll. Nach anderthalb Jahrhunderten wissenschaftlichem Materialismus und Darwinismus ging die Idee des Commonwealth/Gemeinwohls bedauerlicherweise unter und wurde ersetzt durch konkurrierende Individuen, die nur nach ihrem individuellen Wohlstand streben.

Das Vermögen einer gesunden Ökonomie bemisst sich nach der Fähigkeit der jeweiligen Gemeinschaft, mehr zu erzeugen, als sie zum Überleben braucht. In einer natürlichen Ökonomie wird nur Vermögen angesammelt, wenn die Grundbedürfnisse jedes Einwohners gedeckt sind. In einem gesunden Körper gibt es keine Zellen, die irgendwo Energie horten, während woanders Energie benötigt wird.

Die menschliche Ökonomie verfehlt in dieser Hinsicht komplett ihr Ziel. Sie sündigt. Unsere unnatürliche Wirtschaftsweise ist von der darwinistischen Sichtweise fehlgesteuert, dass das Leben ein ewiger Existenzkampf ist. Diese aggressive Haltung betont die Konkurrenz als primäre Triebkraft der Evolution. Als programmierte Überzeugung billigt und verstärkt diese Fehlinterpretation die Egozentrik – auf Kosten der Gemeinschaft. Eine Wirtschaft, die auf der Idee des Überlebens des Stärksten beruht, fördert Individuen wie den indischen Industriemogul Lakshmi Mittal oder den mexikanischen Telekommunikations-Magnaten Carlos Slim Helu, die jeweils ein persönliches Vermögen von 50 Milliarden Dollar angehäuft haben, während 80 Prozent der Weltbevölkerung versucht, von weniger als zehn Dollar am Tag zu überleben.[1]

Die gegenwärtige wirtschaftliche Situation steht komplett im Widerspruch zum erfolgreichen Prinzip der Zellen, als Gemeinschaft zuerst die Gesundheit und das Wohlergehen aller Beteiligten zu sichern. Die Logik der Zellen ist ganz einfach: Eine gesunde, glückliche Bevölkerung produziert mehr Vermögen und Wohlstand für alle, weil Einzelne weniger zum Überleben verbrauchen. Dass wir das Wohlbefinden der Gemeinschaft nicht an erste Stelle gesetzt haben, bedroht jetzt unser Überleben.

---

*   *Commonwealth* bedeutet also zunächst einfach *Gemeinwohl* und im übertragenen Sinn einen freiwilligen Bund souveräner Nationen zur Verwirklichung gemeinsamer Ziele. (Anm. d. Übers.)

Kriege, die Krise im Gesundheitswesen und die große Anzahl von Menschen, die in Gefängnissen verwahrt werden, sind Ausdruck des Mangels an Wohlbefinden in unserer Gesellschaft. Die sinkende Produktivität infolge einer geschwächten Arbeiterschaft hat zusammen mit den massiven Ausgaben für Kriegsmaschinerie, Krankenversorgung und Kontrolle der Eingesperrten die amerikanische Wirtschaft enorm entkräftet. Unser ökonomischer Niedergang wird durch die kulturelle Programmierung verschlimmert, die Wohlbefinden mit ökonomischem Wohlstand gleichsetzt und Selbstwert mit Eigenkapital. Diese Konditionierungen treiben uns unbewusst an, immer mehr Dinge anzusammeln, um unser Glück und unsere Zufriedenheit zu sichern.

Der Wert dieser Programmierung wurde durch das überraschende Ergebnis einer weltweiten Studie bloßgestellt, die 2003 in 65 Nationen durchgeführt und im britischen Magazin *New Scientist* veröffentlicht wurde. Die Daten zeigen, dass in Puerto Rico und Mexiko die zufriedensten Bürger der Welt leben, obwohl es diesen Ländern wirtschaftlich nicht besonders gut geht. Die auf ihren Wohlstand so stolzen Amerikaner belegten nur den 16. Platz. Wirtschaftlicher Wohlstand bedeutet also nicht zwangsläufig Wohlbefinden.[2]

Ein Faktor, der den glücklichsten Nationen dieser Studie zufolge gemeinsam war, ist ein starkes Gemeinschaftsgefühl, eine echte Repräsentation von Commonwealth/Gemeinwohl. Darüber hinaus lassen die Ergebnisse darauf schließen, dass Menschen, deren grundlegende Bedürfnisse nach Sicherheit und Gesundheit befriedigt sind, im Hinblick auf Glück und Zufriedenheit am meisten von der Qualität ihrer persönlichen Beziehungen profitieren: der Beziehung zu sich selbst sowie den Beziehungen zu Partnern, Familie, Freunden und Gemeinde.

Die Resultate waren für den konsumorientierten Westen frustrierend – immerhin offenbarten sie, dass die Konzentration auf Konsum das Streben nach Glückseligkeit nicht nur nicht fördert, sondern sogar konterkariert. In besitzorientierten Kulturen arbeiten die Menschen mehr Stunden denn je, um so viel zu verdienen, wie sie zu brauchen meinen, um glücklich zu sein. Sie sind so sehr damit beschäftigt, dem Geld nachzujagen, dass sie keine Zeit mehr für die persönlichen Beziehungen haben, die für ihr Wohlbefinden eigentlich entscheidend sind.

Zweites Prinzip:
Ökologie und Ökonomie sind das Gleiche

In den letzten 1200 Jahren wurde die westliche Zivilisation darauf konditioniert, zu glauben, dass Menschen von der Umgebung, in der sie leben, getrennt seien. Das lag am vorigen, monotheistischen Paradigma, demzufolge die Menschen durch einen eigenständigen Schöpfungsakt erst nach allen Tieren und Pflanzen auf diesen Planeten kamen.

Als der wissenschaftliche Materialismus das Kommando über das Basisparadigma übernahm, führte der Darwinismus die völlig andere Geschichte unseres zufälligen Entstehens ein, die jedoch zu einem ähnlichen Schluss führte. Diese verzerrten Wahrnehmungen von unserem Ursprung gehen beide davon aus, dass die Menschen mit ihrer Umgebung keine existenzielle Verbindung haben. Der Monotheismus lehrte, dass dem Menschen die Herrschaft über die Biosphäre gegeben wurde, während der wissenschaftliche Materialismus diese Getrenntheit damit bestätigt, dass er es als die Aufgabe der Wissenschaft betrachtet, die Natur zu kontrollieren und zu steuern.

Infolge der von uns wahrgenommenen, jedoch vermeintlichen Getrenntheit haben sich lebensbedrohliche Fehler in unsere Art des Wirtschaftens eingeschlichen. Vor allem haben wir verkannt, dass unsere Umgebung die Hauptquelle unseres Vermögens ist. Unser ganzer finanzieller Reichtum stammt ursprünglich aus der Energie der Sonne, die alles Leben in dieser Biosphäre wachsen und gedeihen lässt, und er stammt aus den endlichen Ressourcen der Erde und wird durch Prozesse gebildet, die nichts mit der menschlichen Ökonomie zu tun haben.

Der Jahrhundertwende-Ökonom Frederick Soddy brachte es auf den Punkt: »Chlorophyll ist der primäre Kapitalist.«[3] Chlorophyll-Moleküle sind für die Photosynthese verantwortlich, bei der die Sonnenenergie Wasser und Kohlendioxid in nährende Zuckermoleküle verwandelt. Pflanzenzellen nutzen diese sonnenerzeugten Zucker als Bausteine und als lebenserhaltende Energiequelle. Fast alles Leben auf diesem Planeten, auch unser eigenes, hängt von diesen Zuckermolekülen ab.

Die Ökonomen Carl H. Wilken und Charles Walters demonstrierten, wie alles Vermögen einer Wirtschaft auf naturgegebenen Rohstoffen beruht. Wilken erklärte: »Jeder neue Reichtum stammt aus dem Boden.«[4] Ob es Baumfrüchte oder Feldfrüchte sind, Tiere oder Mineralien – alles, was einen greifbaren Wert hat, kommt aus der Erde. Selbst in der heutigen Cyberökonomie könnten wir ohne die von der Erde produzierten Güter nicht überleben.

Charles Walters beschreibt in seinem Buch *Unforgiven* ein eindrucksvolles Beispiel, wie die Natur Vermögen erzeugt: Stellen Sie sich vor, Sie pflanzen im Frühjahr ein Maiskorn in die Erde. Mit der entsprechenden Menge an Sonnenschein und Regen wird die daraus hervorgehende Maispflanze nach ein paar Monaten etliche Maiskolben angesetzt haben, von denen jeder ein paar Hundert Körner trägt, die das gleiche Produktionspotenzial in sich bergen. Wo sonst kann sich Vermögen in so kurzer Zeit derart vervielfältigen? Die Natur ist wirklich ein Füllhorn ewigen Reichtums.[5]

Walters, dessen Magazin *Acres* eine schwindende Minderheit an kleinen Farmern mit Informationen versorgt, erlebte selbst, wie sich im Lauf seines Lebens die Anzahl landwirtschaftlicher Familienbetriebe immer mehr reduzierte.

Stattdessen bauen vermehrt landwirtschaftliche Industriebetriebe ohne Rücksicht auf die Rhythmen der Natur Monokulturen an und produzieren denaturierte Nahrung und Giftmüll. Wissenschaft und Technologie haben der Zivilisation die Möglichkeit gegeben, Gaias Reichtümer hemmungslos zu plündern, um die wirtschaftlichen Exzesse der Menschheit zu finanzieren.

Unsere Missachtung des empfindlichen Netzwerks des Lebens auf diesem Planeten hat uns blind gemacht für den enormen Schaden, den wir angerichtet haben. Wie bei jedem lebenden Organismus ist das Vermögen der Biosphäre ein Zeichen für ihre Gesundheit. Der Raubbau an den Regenwäldern, die schwärenden Wunden exzessiven Rohstoffabbaus, die Vernichtung von Arten, die Belastung der Luft und des Wassers, radioaktive Mülldeponien und viele andere von Menschen erzeugte Katastrophen haben das Wohlbefinden der Natur geschwächt und ihre Fähigkeit, Gesundheit und Wohlstand zu erzeugen, gemindert. Unsere fehlgeleiteten Versuche, die Natur zu dominieren und zu kontrollieren, haben das Gleichgewicht der

Biosphäre durcheinandergebracht und die ökologischen Krisen verschärft, die jetzt unser Überleben bedrohen.

Im holistischen Paradigma, in das wir gerade eintreten, können wir die Jagd nach dem Geld, die wir *Ökonomie* nennen, nicht mehr von ihren planetarischen Konsequenzen trennen. Die Natur versorgt die Menschheit mit einer Vielfalt lebenserhaltender Güter*, die aus wirtschaftlicher Sicht als *Waren und Dienstleistungen* gelten. Zu den Waren gehören vor allem Nahrung und Baumaterialien, zu den Dienstleistungen die Reinigung, Speicherung und Verteilung des Wassers, die Abfallentsorgung, der Ausgleich von Kohlenstoff und Sauerstoff in der Luft und die Regulation des Klimas, um nur einige zu nennen. Wir könnten das auch *Dienstleistungen des Ökosystems* nennen. Und ob Sie es glauben oder nicht: Das Wohlbefinden der Menschheit hängt vollkommen davon ab, dass diese Dienstleistungen kontinuierlich erbracht werden.

Die Kosten für diese von der Umwelt erbrachten Waren und Dienste werden von Mutter Erde getragen. Sämtliche Dienste des Ökosystems wären immens teuer, wenn wir sie bezahlen müssten. Doch in unserer Wirtschaft werden die Kosten für diese von der Umwelt erbrachten Leistungen nicht berücksichtigt. Erneuerbare Waren werden bei wirtschaftlichen Überlegungen oft erstaunlich wenig einbezogen.

Die globalen Krisen zwingen uns jetzt allerdings, in unseren ökonomischen Entscheidungsprozessen dem Beitrag der Natur das angemessene Gewicht zu geben. Die Menschheit beginnt zu erkennen, dass eine Vernachlässigung der Dienstleistungen des Ökosystems die Qualität unsers Daseins erheblich beeinträchtigt.

1997 wurde im Magazin *Nature* eine ausführliche Studie veröffentlicht, zu der Biologen, Klimatologen, Ökonomen und Ökologen aus vielen amerikanischen Universitäten beigetragen hatten. Sie hatten zum ersten Mal versucht, den wirtschaftlichen Beitrag der Natur zu quantifizieren. Anhand eines Gutachtens über 17 grundle-

---

* Die Autoren verwenden hier den Begriff *(life-sustaining) benefits*. Lat. *beneficium* meint u.a. *Wohltat, Dienst, Gnade, Gefälligkeit*. Der Wortursprung von *benefit* lässt das – von den Autoren betonte – Geschenk der Erde an uns Menschen zumindest erahnen. (Anm. d. Red.)

gende Dienstleistungen des Ökosystems kamen die Wissenschaftler zu folgender Schätzung: Zurzeit liegt der monetäre Wert sämtlicher Leistungen, welche die Natur zu unserem Wohlbefinden beiträgt, bei mindestens 33 Billionen Dollar jährlich. Dies entspricht dem Doppelten des Bruttosozialprodukts der gesamten Welt. Um zu dieser Zahl zu gelangen, hatte man den finanziellen Beitrag von zehn verschiedenen Ökosystemen ermittelt: von Meeren über Wälder, Ackerlandschaften, Wüsten bis hin zu innerstädtischen Situationen. In all diesen Systemen wurden die natürlichen Dienstleistungen berücksichtigt, die wir als selbstverständlich hinnehmen: die Reinigung der Luft, die Versorgung mit Wasser, die Nahrungsmittelproduktion und der Erholungswert.[6]

Da sich ohne diese Dienstleistungen keine Wirtschaft dieser Welt mehr halten könnte, sind sie letztlich unbezahlbar. Oder in Anlehnung an eine bekannte Kreditkarten-Reklame: »Dienstleistungen der Biosphäre: 33 Billionen Dollar; lebenserhaltender Beitrag der Natur: unbezahlbar.«

Es wäre sicher ernüchternd, wenn man bei manchem Projekt die erwarteten Gewinne mit den Verlusten gegenrechnen würde, die das Ökosystem dabei erleidet.

Um eine nachhaltige Ökonomie zu entwickeln, muss sich die Menschheit in die Fußstapfen unserer animistischen Vorfahren begeben und Mutter Erde ehren, indem wir ihren »Garten« hegen. Unser Überleben erfordert, dass wir den erheblichen Beitrag der Natur in unsere ökonomischen Strategien miteinbeziehen und Maßnahmen zur Sanierung und Erhaltung ergreifen, die gleichermaßen dem Wohlbefinden der Natur und dem Wohlstand der Menschheit dienen.

Drittes Prinzip:
Der Schlüssel zu unserem Gedeihen ist Effizienz

Alle Lebewesen – von einfachen Zellen bis hin zu den komplexen Lebensformen, die sie bilden – müssen ihre Ökonomie erfolgreich verwalten, um zu überleben und zu gedeihen. Father Sarducci drückt es so aus: Der Wohlstand eines Organismus hängt davon ab, mehr Energie zu erzeugen, als er verbraucht.

Wie in unserem Überlebensindex im 12. Kapitel dargestellt, steht der Erfolg eines Organismus – auch der Menschheit – in direkter Proportion zur Effektivität, mit der er seine Energieressourcen nutzt. Wer meint, die natürlichen Ressourcen stünden unendlich zur Verfügung, hält die Frage nach der Effektivität wahrscheinlich für irrelevant: Es ist ja immer noch mehr da. In einer Wirtschaft, die von der Gier nach Geld beherrscht wird, gilt es als völlig akzeptabel, unersetzliche Naturgüter abzuziehen und zu verbrauchen und es noch als ökonomischen Erfolg zu verbuchen. Diese selbstsüchtige Kurzsichtigkeit hat unsere Wirtschaft aus der Bahn geworfen und von der Natur abgesondert, obwohl sie doch die Wirtschaft (noch) bei Kräften hält.

Weil wir Teil von Gaia, der lebendigen Erde, sind, tragen wir für alles Verantwortung, was wir ihr entnehmen und was wir in die Biosphäre abgeben. Diese Verantwortung ist jahrtausendelang missachtet worden, weil wir so wenige waren, dass es keine Rolle zu spielen schien, was wir verbrauchen oder entsorgen. Doch das hat sich geändert. Dem Bericht des World Wildlife Fund und des Global Footprint Network von 2006 zufolge verbrauchen die Menschen die Natur mit einem noch nie da gewesenen Tempo. Wenn der gegenwärtige Trend so weitergeht, werden wir 2050 zwei Erden brauchen, um zu überleben. WWF-Direktor General James Leape fügt hinzu: »Und wenn jeder auf der Welt so leben wollte wie die Amerikaner, bräuchten wir *fünf* Planeten dafür.«[7]

Dieses unnatürliche Wachstum stößt an seine natürliche Grenze, wenn ein Organismus alles verschlungen hat, was ihm an Nahrung zur Verfügung steht. Wissenschaftlich nennt man das *Aussterben*. Die Menschen sind die verschwenderischsten Lebewesen auf diesem Planeten. Statt nach einer harmonischen Beziehung zu ihrer Umwelt zu streben, gilt den Kapitalgesellschaften eine größere Ineffizienz der natürlichen Ressourcen als Vorteil für ihre kurzfristigen Profite. Man denke nur an die Piraten der Erdöl-Industrie, die die natürlichen Ölreserven ausbeuten und gleichzeitig die Automobilkonzerne drängen, größere, benzinfressende Sport Utility Vehicles (Geländewagen) zu bauen – das ist gut für den Profit, leider auch schlecht fürs Leben.

Doch wir entwickeln auch Technologien, die dem Ausgleich unserer Schulden dienen und die Effizienz verbessern. Wir brauchen nur an die Zeiten zurückzudenken, als wir noch kein Internet, keine Computer und Anrufbeantworter hatten, um zu erkennen, wie die Technologie unser Leben effizienter gemacht und die Belastung der Umwelt verringert hat.

Ein wesentlicher Antrieb für die Bildung von Gemeinschaften ist die Erhöhung des Wohlbefindens für alle – was die Gründungsväter als »das Streben nach Glückseligkeit« bezeichneten. Im Gegensatz zu diesem wohltätigen Konzept streben Kapitalgesellschaften nur nach ihrem eigenen Wohlbefinden und haben der Öffentlichkeit erfolgreich vermittelt, dass Besitz und das Anhäufen von materiellem Wohlstand zu Zufriedenheit führe: Alles, was wir (angeblich) brauchen, um wirklich glücklich zu sein, ist ein Ferrari, eine Rolex und ein diamantenverzierter Bierdosenöffner. Doch nichts davon repräsentiert oder sichert echtes Wohlbefinden. Und wenn Sie Ihr Geld für diese Dinge ausgegeben haben, sind Sie wahrscheinlich nicht mal mehr vermögend. »Ein Diamantring ist ein Zeichen wahrer Liebe« – so will uns die Werbung weismachen. Doch am Ende wärmt vielleicht ein Liebesbrief oder ein Gedicht das Herz noch mehr und wirkt förderlicher auf das Leben als ein Diamantring, der letztlich nur nützlich ist, um Glas zu schneiden oder alte Langspielplatten abzuspielen.

Vielleicht sind wir gar nicht so sehr hinter den Gütern her, sondern hinter der Lebensgüte, die wir mit diesen Dingen zu erwerben hoffen. Wenn wir dieses Bewusstsein erworben haben, erkennen wir: Die effizienteste Ökonomie ist jene, die pro Energie-Einheit das größte Wohlbefinden bringt.

Viertes Prinzip:
Währung muss für echten Wohlstand stehen

Seit das Leben auf diesem Planeten entstanden ist, haben Organismen ihre Existenz aufrechterhalten, indem sie mit ihrer Energie Verhaltensweisen förderten, die mehr lebenserhaltende Energie produzierten. Sobald die Gemeinschaften groß genug für eine Arbeitsteilung waren, wurde es notwendig, ein Austauschsystem zu entwickeln, sodass jedes Individuum Waren und Dienstleistungen erwerben konnte, die dank der Energien anderer Individuen der Gemeinschaft erzeugt wurden.

Not macht erfinderisch, und in diesem Fall war die Erfindung das Geld. Als Währung kann dabei alles gelten, was als Zahlungsmittel für Waren und Dienstleistungen und zur Rückzahlung von Schulden taugt. Geld wird durch drei Funktionen definiert: als Austauschmedium, als Verrechnungseinheit und als Wertspeicher.

Vergleichen wir diese Definition mit den ATP-Molekülen, der energetischen Währung der Zellen eines lebendigen Organismus, und wir werden sehen, dass ATP-Moleküle die erste Währung dieses Planeten darstellen, denn sie werden allen drei Funktionen gerecht.

Erste Funktion – Austauschmedium: ATP ist ein Austauschmedium, das über Raum und Zeit hinweg transportiert werden kann. Ähnlich wie Bargeld sind ATP-Einheiten austauschbar, womit sich die Unannehmlichkeiten eines Tauschmarktes vermeiden lassen – sowohl in unseren Körpern als auch in unserer Gesellschaft. Wenn nur Waren ausgetauscht werden, kann es schwierig werden. Man stelle sich vor: Ölwechsel und Wintercheck im Sonderangebot – für nur drei Hühner und einen halben Fisch. Oder: Ich gebe dir drei Fettmoleküle, wenn du mir dafür acht Verdauungsenzyme gibst.

Zweite Funktion – Verrechnungseinheit: Jedes ATP-Molekül repräsentiert eine bestimmte Menge an nutzbarer Energie. ATP ist eine Verrechnungseinheit, denn es bildet eine standardisierte Maßeinheit für den Marktwert von Waren, Dienstleistungen und anderen Transaktionen. Verrechnungseinheiten vereinfachen den Austauschprozess erheblich: Ölwechsel: 15 ATP; Wintercheck: 35 ATP. Sonderangebot: Ölwechsel + Wintercheck: nur 45 ATP. Das ist praktischer, als den Wert eines halben Fisches zu ermitteln.

Dritte Funktion – Wertspeicher: ATP ist auch ein Wertspeicher, weil es als Ware und als Währung zuverlässig gespart, gespeichert und wiederverwendet werden kann und bei seiner Wiederverwendung mit Sicherheit nützlich ist. Der energetische Wert eines vor Millionen Jahren gespeicherten ATP-Moleküls ist heute genau der gleiche wie zu seiner Entstehung. Dollar, Yen, Franken und Euro wechseln dagegen praktisch jede Minute ihren Wert.

ATP ist *Warengeld,* das heißt eine Währung, die auf dem Wert dessen beruht, woraus sie gemacht ist. Die Währung der menschlichen Zivilisation ist dagegen seit Langem *repräsentatives Geld,* das zwar in einer direkten und festgelegten Beziehung zu der Ware steht, die seinen Wert bestimmt, jedoch selbst nicht daraus besteht. Ein Beispiel für repräsentatives Geld war der Dollar zu jener Zeit, als jede Dollarnote noch einer bestimmten Menge Silber entsprach.

Der heutige Dollar ist wie die meisten anderen modernen Währungen *Fiatgeld** oder *Kreditgeld,* also eine Währung, deren Wert von der Regierung bestimmt wird. Fiatgeld erhält seinen Wert nicht durch irgendwelche Edelmetalle, sondern durch die offizielle Verordnung, dass es als Zahlungsmittel akzeptiert werden muss. Fiatwährung ist ein Tauschmittel ohne wesenhaften Wert. Sollten Sie das je anzweifeln, versuchen Sie einfach, ein paar Münzen oder Scheine zu essen. Sie mögen zwar hart zu kauen sein, haben aber einen sehr niedrigen Nährwert. Und was noch verblüffender ist: Eine 100-Dollar-Banknote hat nicht mehr Kalorien als ein 1-Dollar-Schein.

Thomas Jefferson hatte große Bedenken, was den Wert von repräsentativem Geld betrifft. Er schrieb: »Papier ist Armut ..., es ist nur der Geist des Geldes, nicht das Geld selbst.«[8] Jefferson erkannte, dass es einer Nation, die repräsentatives Geld verwendet, schlecht ergehe, denn jene, die das Geld herausgeben, würden allein seine Verfügbarkeit und seinen Wert bestimmen.

Es ist an dieser Stelle wichtig, sich zu erinnern, dass auch der *Colonial Scrip,* von dem wir im 9. Kapitel *(Fehlfunktionen am Rand des Abgrunds)* berichtet haben, Papiergeld war. Obwohl an und für sich wertlos, war dieses Fiatgeld für die Kolonien viel wertvoller als Edelmetalle, weil es dem echten Wert von natürlichen Waren und Dienstleistungen entsprach, die in den amerikanischen Kolonien

---

* Lat. *fiat = es werde, es geschehe;* engl. *fiat = Befehl, Erlass, Anordnung; Billigung, Einverständnis* (Anm. d. Red.)

bereitwillig produziert und angeboten wurden. Um den Unterschied zwischen diesem natürlichen Wohlstand und unserer heutigen Wirtschaftslage zu verstehen, müssen wir den Weg des Geldes verfolgen.

Der Weg des Geldes

Dollar, Pfund, Franken oder Euro – wo kommt das Geld eigentlich her? Von der Amerikanischen Notenbank, der Bank von England, der Schweizer Nationalbank und der Europäischen Zentralbank, denken wir vielleicht. Die Titel dieser Institutionen erwecken den Eindruck, es seien öffentliche Institutionen, die dem Gemeinwohl dienen. Weit gefehlt! Jede dieser Banken ist lediglich ein quasi-staatliches Unternehmen, das der Hauptaufgabe aller Kapitalgesellschaften verpflichtet ist: für seine Anteilseigner möglichst viel Gewinn zu erwirtschaften.

Um zu verstehen, wie eine Bank Geld macht, können wir uns vergegenwärtigen, was passiert, wenn Sie zu einer Bank gehen, um sich Geld zu leihen. Vielleicht denken Sie, das Geld, das Sie sich leihen, wären die Ersparnisse einer anderen Person, die sie zur Bank gebracht hat, um Zinsen zu bekommen. Doch dem ist nicht so. Notenbanken funktionieren nach dem *System der Teilreserve,* das bedeutet, dass sie neun Mal mehr Banknoten drucken dürfen, als ihre Kunden bei ihnen an Werten deponiert haben. 90 Prozent des Geldes können sie einfach aus dem luftleeren Raum erschaffen!

Wie erfüllen Banken ihre Unternehmensaufgabe, Gewinn zu erwirtschaften? Indem sie Geld verleihen, für das sie Zinsen verlangen: Zehn Prozent Zinsen bedeuten zehn Prozent Gewinn. Angenommen, Sie leihen sich 1000 Dollar, wofür Sie der Bank 1100 Dollar zurückzahlen müssen. Woher bekommen Sie die zusätzlichen 100 Dollar? Nun, aus dem Verkauf Ihrer Waren oder Dienstleistungen an andere. Und woher bekommen diese das Geld, um Sie zu bezahlen? Sie leihen es sich von der gleichen Bank, die dafür natürlich ebenfalls Zinsen verlangt.

Angenommen, ein Land hat eine Bevölkerung von einer Million, und jeder Bürger leiht sich von der Bank 1000 Dollar, um einen wirtschaftlichen Austausch zu ermöglichen. Die Bank leiht dem Land also 1 Milliarde Dollar in Banknoten. Dafür schuldet das Land der Bank 1 Milliarde Dollar Grundkapital plus 100 Millionen Dollar Zinsen. Wie kommen die Bürger an die zusätzlichen 100 Millionen? Gar nicht. Es ist unmöglich. Sie können das Geld nur leihen und zurückzahlen, sie können es nicht erschaffen. Nur die Bank kann Geld erschaffen.

Diese Ausgabe nationaler Währungen durch Privatbanken führt zu einer auf Schulden beruhenden Wirtschaft, in der nie genug Geld in Umlauf ist, um sowohl das Grundkapital als auch die Zinsen zu bezahlen. Nur durch *ständiges wirtschaftliches Wachstum* – und damit durch den Bedarf an neuen Krediten – kann genug Geld erschaffen werden, um die ursprünglichen Schulden abzuzahlen. Mit anderen Worten: Kredite können nur neue Kredite zeugen.

Dies führt unausweichlich zu einer Situation, in der die Insolvenz der Gläubiger die Banken dazu bringt, die Kredite aufzukündigen. Der Besitz des Schuldners, der als Sicherheit eingesetzt wurde, wird konfisziert und an die Kapitaleigner der Bank verteilt. Und weil der Kredit niemals dem wahren Wert der Sicherheiten entspricht, sind die Eigner mit Zwangsvollstreckungen ganz zufrieden.

Dieses Muster lässt sich bis ins alte Babylon zurückverfolgen. Jahrhunderte bevor Jesus die Geldwechsler aus dem Tempel warf, praktizierten die Baal-Priester ihre eigene Abzocke. Jedes Frühjahr gaben sie den Bauern Kredite, damit diese ihre Pflanzungen vornehmen konnten. Zur Erntezeit erwarteten die Priester die Rückzahlung. Doch weil die Priester auch die zur Verfügung stehende Geldmenge in der Hand hatten, sorgten sie dafür, dass nie genug Geld in Umlauf war, sodass niemals alle Bauern ihre Schulden bezahlen konnten.[9] Also mussten die Bauern mehr Kredit aufnehmen und waren zur nächsten Erntezeit noch tiefer verschuldet. Nach etlichen Jahren dieses Spiels waren die Bauern nur noch arbeitsverpflichtete Dienstleister der Priester, die ihrerseits nichts produzierten. Die babylonische Zivilisation brach zusammen, als die produktiven Elemente ihrer Gesellschaft auf das Niveau von Sklaven gesunken waren.

Dem visionären Ökonom Richard Kotlarz zufolge zieht sich dieses Muster der Ausbeutung, das »Geld durch Verleihen in Umlauf bringt und dann weiteres Geld zurückhält, um die Schuldenbegleichung unmöglich zu machen«, mit gleicher Wirkung durch die alten Kulturen Persiens, Griechenlands und Roms.[10] Später tauchte sie dann im Kolonialismus wieder auf, und heute sehen wir, wie die Weltbank, der Internationale Währungsfonds und andere internationale Finanzinstitute nach dem gleichen Prinzip den unterentwickelten Ländern Freiheit durch Entwicklungskredite versprechen, um ihnen dann Versklavung durch Verschuldung zu liefern.

Die Konsequenz dieser Ausbeutungs-Ökonomien sieht so aus, dass sie immer wieder die sprichwörtliche Gans umbringen, die ihnen die goldenen Eier legt.

Das gleiche Szenario findet heute statt, wenn sich Topmanager mit goldenen Fallschirmen aus einst produktiven, aber jetzt hoch verschuldeten Unternehmen abseilen: Nach ihrem Abflug müssen die Fabriken schließen – die Arbeiter stehen auf der Straße. Das eigentliche Vermögen – das produktive Potenzial verfügbarer Ressourcen sowie fähige und bereitwillige Arbeiter – ist vorhanden, nur die Mittel zum Austausch wurden dem System entzogen. Es ist nicht genug Geld verfügbar, um Waren zu kaufen oder die Arbeiter zu entlohnen.

Da erstaunt es nicht, dass Visionäre wie Thomas Jefferson und James Madison gegen die Einrichtung einer amerikanischen Nationalbank kämpften. Sie hatten verstanden, dass es in einem System der wirtschaftlichen Ausbeutung keine politische Freiheit geben kann. Ohne die Möglichkeit einer auf natürlichem Wert beruhenden, schuldenfreien Währung muss sich eine Gesellschaft letztlich immer tiefer verschulden, wie einst die Bauern in Babylon.

Jefferson schrieb vorausschauend: »Wenn das amerikanische Volk je zulässt, dass die Banken die Ausgabe ihrer Währung kontrollieren, zuerst durch Inflation und dann durch Deflation, werden die Banken und die mit ihnen verbundenen Unternehmen den Bürgern alles nehmen, was sie haben, bis sie eines Morgens aufwachen und auf dem Kontinent, den ihre Väter einst eroberten, kein Zuhause mehr haben. Das Recht zur Währungsausgabe sollte den Banken weggenommen und dem Kongress und dem Volk wiedergegeben werden, dem es gehört. Ich bin zutiefst davon überzeugt, dass Banken, welche die Macht über die Währung haben, für die Freiheit gefährlicher sind als ein Haufen feindlicher Armeen.«[11]

Wie die derzeitige Krise zeigt, repräsentiert die in Umlauf befindliche Geldmenge nicht unbedingt den Wohlstand einer Gesellschaft. Das wird ganz deutlich, wenn man sich klarmacht, dass die amerikanischen Farmer während der Depression von 1933 ungefähr genauso viel produzierten wie 1929, bevor der Aktienmarkt zusammenbrach. Doch der monetäre Wert der landwirtschaftlichen Produktion betrug 1933 nur noch die Hälfte im Vergleich zu 1929. Wie der Ökonom Carl H. Wilken ganz richtig bemerkt, enthielt die Ernte von 1933 genauso viel Kalorien wie die Ernte vier Jahre früher. Wenn unsere Währung wirklich einen Wertspeicher darstellte, dürfte sich der Wert der landwirtschaftlichen Produktion nicht halbiert haben.[12]

Der schwankende Wert unseres Geldes hat unsere natürliche Ökonomie erheblich untergraben und eine unnatürliche Ökonomie gefördert. David Korten, Autor des Buches *Agenda for a New Economy*[13] (Programm für eine neue Ökonomie), beschreibt unser derzeitiges Finanzsystem unverblümt als »Geldspiel, bei dem die Spieler mithilfe von Geld für Leute mit Geld Geld erzeugen, ohne dass dabei irgendetwas von wahrem Wert produziert würde.« Er zitiert Kevin Phillips' Buch *Bad Money** (Schlechtes Geld) und vergleicht die amerikanische Wirtschaft von 1950, als sie auf der Höhe ihrer globalen Kraft stand, mit der heutigen Situation. 1950 betrug der Anteil des produzierenden Sektors 29,3 Prozent des Bruttonationalprodukts (BNP). 2005 trug dieser Bereich nur noch zwölf Prozent bei, während sogenannte Finanzdienstleister – also Geld, das in Geldmärkte investiert wird – über 20 Prozent des BNP ausmachten.[14]

Hedgefonds, ein Beispiel für einen Finanzdienst, der vor 20 Jahren nur ein Hälmchen in der ökonomischen Landschaft war, entsprechen heute einem Anlagevermögen von über 1,8 Billionen Dollar.[15]

Das neue Wort für *Geld leihen* ist *Fremdkapitalaufnahme*. Die nicht mehr existierende Bank Lehman Brothers hatte einen Fremdkapitalanteil von 35 zu 1: Für jeden Dollar Eigenkapital war sie mit 35 Dollar verschuldet. Lehmans Bankrott hat die unversicherten Gläubiger mit über 200 Milliarden Dollar Verlust zurückgelassen.[16]

---

* Von Kevin Phillips auf Deutsch erschienen: *Die amerikanische Geldaristokratie*

Die kurzfristigen Gewinne der Wall Street sind zu langfristigen Verlusten der Main Street (also der allgemeinen Bevölkerung) geworden. Korten berichtet, dass im Lauf von etwa drei Jahrzehnten »die Gewinne aus der Produktivität der Main-Street-Ökonomie immer mehr in Form von Zinsen, Dividenden und Gebühren für Finanzdienstleistungen zur Beute der Spieler der Wall Street wurden«.[17]

Beim Versuch, in einer Wirtschaft, in der der Wert des Dollars den Bach hinuntergeht, irgendwie zurechtzukommen, begannen die amerikanischen Konsumenten zunehmend, auch ihren täglichen Verbrauch über Kredite zu decken. Die Finanzinstitutionen waren nur allzu bereit, die Kredite auszuweiten.

2007 betrug die Verschuldung durch private Immobilien-Hypotheken und Kreditkarten 13,8 Billionen Dollar – was ungefähr dem Bruttonationaleinkommen desselben Jahres entspricht. Zeit für eine weitere Runde Zwangsvollstreckungen.

Jenseits der Gier:
Echtes Geld beruht auf realem Wohlstand

Im ernüchternden Licht der heutigen Situation liegt die Frage nahe, wer für diese Misere eigentlich verantwortlich ist. Sind es die Banker, die Kapitalisten, die Konzerne oder die Politiker? Sicher tragen die Geldmaschinen der Kapitalgesellschaften eine gewisse Verantwortung, weil sie bequemerweise ihre Gewinne von den daraus entstehenden Umweltkosten abgekoppelt haben. Aber wenn wir nur ein paar Bösewichter identifizieren, haben wir die eigentliche Lektion verpasst: Letztlich sind wir Menschen kollektiv für diese Situation verantwortlich, denn wir haben ihr Schritt für Schritt zugestimmt.

Dies trifft vor allem für die moderne Gesellschaft zu, in der die Armen davon träumen, in der Lotterie zu gewinnen, die Mittelschicht sich ihre Befriedigung mithilfe von Krediten beschafft und die Reichen mehr Vermögen ansammeln, als sie jemals brauchen können.

Durch die Programmierung auf das Überleben des Stärksten ist die Angst, nicht genug zu haben, so alles durchdringend geworden, dass wir uns ein Leben ohne sie kaum noch vorstellen können. Je mehr die materialistische Wissenschaft und die Darwinisten historische Beweise dafür zu liefern schienen, dass Gier und Neid Teil der menschlichen Natur sind, desto umfassender wurde unsere Programmierung auf Mangel.

3000 Jahre lang ist die menschliche Zivilisation jetzt dem Kapitalstrom gefolgt. Wie wäre es, wenn jetzt zur Abwechslung mal das Kapital dem menschlichen Leben folgte? Und wenn wir schon dabei sind: Was hätten wir denn gerne anstatt der alten Haltung von »Es ist nie genug«?

Zum Glück sind viele *imaginale Zellen* in Gestalt von Ökonomen aufgetaucht, die uns helfen, die alte Geldmatrix zu durchschauen und etwas Neues zu entwickeln. Ein Beispiel dafür ist Stephen Zarlenga vom American Monetary Institute, der eine monetäre Reform-Plattform vorschlägt, die Ideen der Konservativen, Liberalen und der amerikanischen Gründerväter miteinbezieht:[18]

- Beendigung der Gelderzeugung durch die Amerikanische Notenbank. Stattdessen Einführung von schuldenfreiem Geld, das den Wert des allgemeinen Vermögens einer Nation widerspiegelt.
- Beendigung des Teilreserve-Systems. Banken sollen nur noch so viel Geld verleihen dürfen, wie sie haben.
- Neues Geld wird nicht als Schuld, sondern als Zuschuss in das System eingespeist, um die Infrastruktur aufzubauen und damit Arbeitsplätze zu erschaffen, die einen echten Wert erzeugen.

Zarlengas Plan mag radikal klingen – und er ist es auch. Doch unsere Lage ist ernst, und in der Not sollte man immer alle Vorschläge prüfen, die auf den Tisch kommen. Wenn wir schon dabei sind, unsere anderen ausgedienten Paradigmen und Programme zu erkennen und zu entsorgen, können wir das gleich auch mit unseren veralteten Überzeugungen bezüglich Geld tun.

Und da zurzeit große Veränderungen in der Luft liegen, schlägt Richard Kotlarz vor, das Jubeljahr wieder einzuführen. Im Alten Testament wird dazu aufgefordert, alle 50 Jahre ein Jubeljahr abzuhalten, in dem alle Schulden aufgehoben und alle Sklaven befreit werden. Dies sollte dafür sorgen, dass sich der Zusammenhalt in der Gesellschaft nicht durch zu große Unterschiede im Vermögen auflöste. Heute könnte ein Jubeljahr Anlass zu dringend benötigtem Jubel geben.

Wenn die Schuldenlast wegfiele: Welch weltweites Potenzial für Selbstständigkeit, Kreativität und lebensfördernde Unternehmungen würde da wohl freigesetzt! Vielleicht wären wir dann sogar in der Lage, die Ressourcen freizulegen, mit denen wir den »Garten« wieder beleben können.

Neben solchen langfristigen Geldreformen gibt es drei kurzfristige Strategien, die zu einem gesünderen *Commonwealth* führen: die Einführung und Verwendung alternativer Währungen, die Stärkung regionaler Selbstversorgung und die Förderung einer Wirtschaft, die auf dem Wachstum von Glück und Zufriedenheit beruht.

Alternative Währungen: Wertloses, auf Schulden beruhendes Repräsentativ-Geld trägt wesentlich zur heutigen Wirtschaftskrise bei. In Anlehnung an Einstein können wir unser Wirtschaftsproblem nicht mit dem gleichen Geld lösen, durch das es entstanden ist. Bevor wir eine nachhaltige Wirtschaft entwickeln können, muss eine funktionalere Währung entstehen. Zu diesem Punkt haben kreative Ökonomen revolutionäre Ideen zu neuen Handelseinheiten vorgestellt, um das gegenwärtige Währungsdilemma zu transformieren.

In seinem Buch *Access to Human Wealth: Money beyond Greed and Scarcity** beschreibt der belgische Ökonom Bernard Lietaer, der auch bei der Entwicklung des Euro mitgearbeitet hat, wie eine *Yin-Währung* eine kurzfristige Lösung unserer Probleme darstellen könnte.

Yin-Währungen bilden eine Ergänzung unserer dominanten Yang-Währungen Dollar, Yen, Franken und Euro.[19] Lietaer betont, dass praktikables, nützliches Geld durch eine Vereinbarung in einer Gemeinschaft entsteht. Daher ist es den Menschen überlassen, eigene Währungen zu erschaffen, die neben dem Yang-Geld existieren.

---

* Dt. Ausgabe: *Die Welt des Geldes.* — Weitere deutschsprachige Titel von B. Lietaer: *Das Geld der Zukunft: Über die zerstörerische Wirkung unseres Geldsystems und Alternativen hierzu.* — *Mysterium Geld: Emotionale Bedeutung und Wirkungsweise eines Tabus.* — *Regionalwährungen: Neue Wege zu nachhaltigem Wohlstand.*

Wir tun das bereits vielfach, ohne uns dessen bewusst zu sein. Lietaer erwähnt als Beispiel einer vereinbarten Komplementärwährung die Flugmeilengutschriften, die es allenthalben gibt, selbst ohne dass man dafür fliegen muss.

Yin-Währungen sind eine Form von Geld: Sie gewähren es den Gemeinschaften, die reich an Zeit, aber arm an Geld sind, einen Austausch an Dienstleistungen zur Verfügung zu stellen. Derzeit verwenden etwa 4000 Gemeinschaften in aller Welt Yin-Währungen – und zwar vor allem, um dort, wo es nicht genug Yang-Geld für Sozialdienste gibt, einen Weg zum Austausch von Hilfeleistungen zu haben.

Ein Beispiel dafür ist der japanische *Fureai Kippu*, das bedeutet sinngemäß: *Ticket für fürsorgliche Beziehung.* Statt sich von teuren Altersheimen abhängig zu machen, haben die Japaner diese Währung erfunden, um älteren Menschen Hilfeleistungen zu ermöglichen, die nicht von der Krankenversicherung gedeckt werden.[20] Das funktioniert so: Angenommen, in Ihrer Straße wohnt ein älterer Mann, der nicht mehr alleine einkaufen gehen kann. Sie kaufen für ihn ein, helfen ihm, sein Essen zuzubereiten und regelmäßig ein Bad zu nehmen. Dafür erhalten Sie eine Fureai-Kippu-Gutschrift. Diese können Sie selbst in Anspruch nehmen, wenn Sie älter sind, oder Sie können sie Ihrer alten Mutter zugute kommen lassen, die in einer anderen Stadt lebt und damit jemanden entlohnt, der ihr hilft.

Studien haben gezeigt, dass die japanischen Senioren sehr viel lieber Fureai-Kippu-Dienstleistungen in Anspruch nehmen als solche, die in Yen bezahlt werden: Die Entlohnung mit Fureai Kippu ist ein Ausdruck des von Herzen kommenden Gemeinschaftsgefühls.

Das englische Wort *Community* leitet sich vom lateinischen *cum munere* ab. *Munere* bedeutet *geben, schenken* und *cum* heißt *untereinander, miteinander*. *Community* und *Fureai Kippu* meinen also letztlich das Gleiche: einander zu geben.[21]

Eine weitere sehr erfolgreiche Form organischen Geldes ist das Local Exchange Trading System oder LETS, das der Australier James Taris entwickelt hat. Ähnlich wie viele andere Yin-Währungen bietet das LETS eine Art Verrechnungsstelle für Individuen einer Gemeinschaft, die ihre Lebensqualität steigern wollen, indem sie ihre Fähigkeiten und Dienstleistungen austauschen. So kann ein Automechaniker oder ein Babysitter in den Genuss eines hervorragenden, selbst gekochten Abendessens oder einer Massage kommen – was sie sich in der Dollar-Wirtschaft nicht leisten könnten. Zum Zeitpunkt, da wir dies schreiben, gibt es über 1500 LETS und andere Gemeinschaftswährungen in mehr als 39 Ländern, und wenn Sie dies lesen, werden es sicherlich schon mehr sein.[22]

Regionale Selbstversorgung: Der Trend zur Stärkung der regionalen Produkte stellt einen weiteren Schritt zu einer natürlichen Ökonomie dar. Hier geht es nicht um Fremdenfeindlichkeit, sondern um die Anerkennung zweier kostenwirksamer Faktoren: Zum Ersten sind regional produzierte und konsumierte Produkte effizienter, weil weniger Transportkosten anfallen. Zum Zweiten – und genauso bedeutsam – tragen regionale Unternehmen zur Lebensqualität, zur Einzigartigkeit und zum Wohlstand einer Region bei.

Zwei neuere Studien machen das deutlich: Die erste befasste sich mit vier verschiedenen Geschäftsbereichen in San Francisco: Bücher, Sportartikel, Spielzeug & Geschenke sowie Restaurants mit begrenztem Service*. Das Ergebnis zeigt eindeutig: Nur zehn Prozent Ausgaben, die statt in überregionalen Handelsketten im lokal betriebenen Einzelhandel landen, führen zu fast 192 Millionen Dollar mehr Wirtschaftskraft, davon 72 Millionen Dollar mehr Einkommen für Arbeitskräfte und über 15 Millionen Dollar neue Einzelhandelsaktivitäten.[23] Eine zweite Studie aus Austin in Texas mündete in folgendes Fazit: Ließe jeder Haushalt von seinen Weihnachtsausgaben 100 Dollar in lokalen Geschäften statt in Handelsketten, würde dies in der regionalen Wirtschaft zu positiven Auswirkungen im Wert von 10 Millionen Dollar führen.[24]

Wie kommt es zu diesen positiven finanziellen Konsequenzen? Nun, die Einnahmen der großen Handelsketten werden aus der Region abgezogen. Die lokalen Unternehmer bringen ihren Verdienst jedoch wieder in ihre Umgebung ein: Sie vergeben Aufträge, kaufen Waren und Dienstleistungen, unterstützen die Gemeinden und leisten sich in den Nachbarläden mal etwas Gutes.

---

* Restaurants, in denen es zwar besseres Essen gibt als in Fastfood-Läden, aber nicht am Tisch bedient wird. (Anm. d. Übers.)

Einer Studie der Go-Local-Organisation aus Sonoma County in Kalifornien zufolge, zirkuliert Geld, das bei lokalen Unternehmen ausgegeben wird, dreimal länger durch die Region, als wenn es bei überregionalen Unternehmen landet.[25]

Um sich der gigantischen Aufgabe zu stellen, genug Nahrung für annähernd 7 Milliarden Erdbewohner zu produzieren, hat die Go-Local-Bewegung eine einfache, natürliche Lösung entwickelt. Das Ziel: Jede Region soll im Hinblick auf Energie und Nahrungsmittel autark werden. Weil Sonne und Boden die Quelle allen Vermögens und Wohlstands sind, beginnt ein gesunder *Commonwealth* damit, dass alle Zugang zu diesem Reichtum haben.

Selbst in den Bereichen unseres Landes, die durch und durch städtisch oder gar durch Ghettos gekennzeichnet sind, können noch Nahrungsmittel angebaut werden, die eine gute Geschäftsgrundlage bilden. Hätten die Bewohner der Innenstädte Zugang zu leeren Baugrundstücken, Flachdächern, Schulhöfen und Parks, könnten sie dort Nahrung anpflanzen, verarbeiten und verkaufen.

Wachstum von Glück und Zufriedenheit: Wenn wir das Bild des »Gartens« noch einen Schritt weiter führen, können wir jede Nachbarschaft, jede Stadt, jede Nation als einen Garten betrachten, der das Potenzial birgt, nicht nur Nahrungsmittel, sondern auch andere Grundlagen für Wohlstand wachsen zu lassen – sogar nicht greifbare wie Glück und Zufriedenheit. Vielleicht sollten wir uns vom buddhistischen König von Bhutan Jigme Singye Wangchuck inspirieren lassen, der in den 1970er-Jahren verkündete, der wahre Maßstab für Wohlstand sei das Bruttonationalglück.

Was ist Glück? Für die Menschen in Bhutan ist es eine Veränderung der Perspektive. »Die eigentliche Botschaft lautet, dass das Land der materiellen Entwicklung nichts opfern soll, was für das Glück der Menschen wichtig ist«, heißt es in einem Artikel des *Developments Magazine*. »Das Buttonationalglück berücksichtigt nicht nur den Kapitalstrom, sondern auch Faktoren wie die Gesundheitsversorgung, Freizeit mit der Familie, Umweltschutz und andere nicht ökonomische Faktoren.[26]

Im Einklang mit der buddhistischen Vorstellung, dass der ultimative Sinn des Lebens die innere Zufriedenheit ist, hat sich Bhutan entschieden, auf den exzessiven Verbrauch von Konsumgütern zu verzichten und das höchste Gut von allen zu kultivieren: Glück und Zufriedenheit.

Dieses Beispiel lässt uns fragen: Was wäre, wenn jede Nation, jede Region und jede Gemeinde es zu ihrer Mission erklärte, weltweit Glück und Zufriedenheit zu maximieren – jede auf ihre ganz eigene, einzigartige Weise? Wir dürfen die wirtschaftliche Wirkung von nicht greifbaren Dingen wie Liebe, Glück, Fantasie und Bewusstheit nicht unterschätzen. In einer sich entwickelnden Ökonomie sind sie Multiplikatoren, die uns helfen, eine *Dymaxion-Ökonomie* zu entwickeln, wie Buckminster Fuller es genannt hätte: eine Wirtschaft, die darauf beruht, »aus einem Minimum Input an Material und Energie den maximalen Output zu erzielen«.

Wie wir in den vorigen Kapiteln erklärt haben, sind Qualitäten wie Liebe, Glück, Frieden und Gelassenheit ansteckend. Ein Mensch, der voller Liebe einen Raum betritt, kann bewirken, dass Hunderte, ja Tausende von Menschen diese Liebe empfangen und sie beim Verlassen des Raums in die Welt hinaustragen. Die Liebe der ersten Person ist dadurch nicht weniger geworden, sondern eher mehr. Gäbe es eine Formel für die Anwendung des Wunders der Brote und Fische*, dann wäre es wohl dies.

Wie bei jedem anderen Aspekt des neu entstehenden holistischen Paradigmas bedarf auch die Lösung unseres ökonomischen Dilemmas einer globalen Entscheidung des Kollektivs. Wie werden kollektive Entscheidungen getroffen? Und wie zuverlässig sind sie? Sind sie nur durch eine Art Orwell'scher Neue-Welt-Ordnung möglich, in der wir Menschen nichts als vorprogrammierte Wählmaschinen sind? Oder entstehen sie durch einen höchst intelligenten Prozess des kollektiven Bewusstseins, der gleichermaßen auf maximale Freiheit und maximale Verbundenheit zielt?

Sowohl die modernen Wissenschaften als auch die amerikanischen Gründerväter haben auf diese Fragen erstaunliche Antworten zu bieten, wie Sie im nächsten Kapitel *(Heilung des Staatskörpers)* erfahren werden.

---

* Matthäus 14,13 ff.

15. Kapitel

Heilung des Staatskörpers

*»Man stelle sich vor,
wir könnten uns an den Wahlurnen
nicht für das geringere Übel,
sondern für das bessere Gute entscheiden.«*

SWAMI BEYONDANANDA

Unsere lang gehegten Überzeugungen über Geld und Wirtschaft bedürfen also einer Analyse. Ebenso müssen unsere unbewussten und ungeprüften Ideen von Politik transformiert werden, wenn wir zu dem emergenten Organismus Menschheit werden wollen.

Um zu verstehen, wie fundamental der politische Wandel sein muss, braucht man nur das Lexikon aufzuschlagen. Politik wird allgemein verstanden als Kontrolle und Einflussnahme auf eine Regierung und als der von kunstvollen und oft unehrlichen Praktiken geprägte Machtkampf zwischen verschiedenen Interessengruppen. In einer Welt, die an opponierende Dualitäten, konkurrierende Interessen und an das Motto »Jeder kämpft für sich allein« glaubt, ist es verständlich, dass Politik assoziiert wird mit Konkurrenz, Kontrolle und unsauberen Mitteln, die selbstsüchtigen Zwecken dienen.

Diese Art von Politik ist destruktiv. In einem Artikel mit dem Titel *The Industrial System Isn't Intended to Bring Out the Best in People* (Das Industriesystem ist nicht darauf angelegt, das Beste der Menschen zum Vorschein zu bringen) schreibt die Umweltwissenschaftlerin Donna Meadows: »Jeden Tag gehen anständige Leute los, um Wälder zu roden, die Meere leer zu fischen, Gifte zu versprühen, Politiker zu bestechen, die Regierung zu betrügen, die Gesundheit ihrer Kunden oder Mitmenschen zu gefährden, Produkte unter Preis anzubieten, Arbeitern Hungerlöhne zu bezahlen und Freunde zu feuern. ›Wenn ich es nicht tue, tut es ein anderer‹, sagen sie bedauernd, und sie haben recht.«[1]

Diese Haltung macht deutlich, wie sehr unsere Politik von der Newton'schen und Darwin'schen Philosophie geprägt ist.

Doch wenn wir im Lexikon etwas weiter lesen, finden wir noch eine andere, nicht so gebräuchliche Bedeutung von Politik, die besser zu unserem neuen, holistischen Paradigma passt: »Politik ist die Gesamtheit der Beziehungen zwischen den Menschen einer Gesellschaft.« Vor diesem Hintergrund können wir erkennen, dass unsere 50 Billionen Zellen uns ein gutes Vorbild sein könnten. Die Weisheit, mit der unsere Zellen in uns eine harmonische Politik bilden, könnte die Grundlage für neue Regeln einer gesunden Staatskörperpolitik sein.

Wie wir im 11. und 12. Kapitel gelernt haben, zeichnet sich die Politik der Körperzellen durch folgende Merkmale aus:

- eine Kombination von Einheit und Diversität, in der alle 200 verschiedenen Zelltypen ihre Funktionen zum Wohl des kollektiven Ganzen ausüben;
- ein zentrales, intelligentes System, das alle physiologischen Systeme des Körpers mit den Bedürfnissen der einzelnen Zellen koordiniert;
- ein gesundes Gleichgewicht zwischen wohltuenden Wachstumssystemen und gelegentlich notwendigen Schutzsystemen, die beide Energieressourcen verbrauchen.

Diese Prinzipien der Einheit und Vielfalt, der zentralen Intelligenz und des Gleichgewichts zwischen Wachstum und Schutz lassen sich auch auf den Staatskörper anwenden und münden in eine neue, ganzheitlichere Definition von Politik: Politik ist die Art, wie wir uns organisieren, uns aufeinander beziehen und miteinander handeln, zum Wohl der Gesamtheit der Menschheit und *jedes* Individuums in ihr.

Wenn wir das soziale Wohlergehen der Zellpolitik den Krisen der dysfunktionalen Formen menschlicher Politik gegenüberstellen, wird die Notwendigkeit einer politischen Evolution deutlich.

Wie können wir uns politisch weiterentwickeln? Um Antworten auf diese Frage zu finden, wollen wir zuerst die überflüssigen und schädlichen Auswirkungen der Newton-Darwin'schen Politik betrachten, die heute praktiziert wird. Dann werden wir uns wieder der Weisheit der amerikanischen Gründerväter zuwenden, die uns ein Beispiel für einen besseren Weg gezeigt haben.

Newton-Darwin'sche Politik

Die moderne Medizin beruht auf der Newton-Darwin'schen Philosophie, die im menschlichen Körper kaum mehr als eine physische Maschine sieht, in der gleiche und gegensätzliche Kräfte ziehen und drücken und jede Aktion zu einer Reaktion führt. Macht sich in unserem Körper ein Symptom bemerkbar, das uns unangenehm ist, versuchen es die Ärzte mit einer pharmazeutischen Gegenkraft zu überwinden. Diese Gegenkraft löst oft unbeabsichtigte andere Prozesse aus, die wir dann *Nebenwirkungen* nennen.

Die Mechaniken der Newton-Darwin'schen Politik funktionieren auf ähnliche Art: Taucht ein störendes Symptom wie ein Aufruhr unter wirtschaftlich benachteiligten Landbewohnern oder spirituell entrechteten Terroristen auf, wird eine Gegenkraft mobilisiert. Und wenn die nicht reicht, wird sie verstärkt. In einer Schlacht führt diese Gegenkraft oft zu negativen Auswirkungen – oder Nebeneffekten –, die dann mit Begriffen wie *Kollateralschäden* (das heißt: zivilen Opfern) oder *friendly fire* (wörtlich: »freundliches Feuer«, das heißt: Beschuss durch die eigenen Truppen) kaschiert werden. Der Einsatz immer neuer Gegenkräfte führt schließlich zur gegenseitigen Vernichtung.

In einem Film von Stan Laurel und Oliver Hardy wird die Absurdität und Ineffektivität dieses Verhaltens auf ironische Weise vorgeführt: Die beiden glücklosen Helden stoßen mit einem anderen Wagen zusammen. Oliver Hardy zwirbelt auf klassische Weise seine

Krawatte und sagt zu Stan: »Lass mich das machen.« Er steigt aus, um mit dem anderen Fahrer zu reden. Sie zeigen mit den Fingern aufeinander, ein Wort gibt das andere und schließlich reißt der andere Fahrer wütend den Seitenspiegel von Ollies Wagen. Im Gegenzug tritt Ollie gegen seinen Scheinwerfer. Daraufhin reißt ihm der andere Fahrer die Stoßstange ab. Auf jede Aktion folgt eine Reaktion und am Ende haben beide systematisch und gründlich den Wagen des anderen demontiert.

Dieses Szenario bestimmt auch den Verlauf der langwierigen, gar nicht komischen Iraki-Horror-Picture-Show im Nahen Osten. Es ist die gleiche Geschichte wie bei jedem Krieg, nur noch verstärkt. Die zunehmende Fähigkeit, den Gegner zu zerstören, führt zu immer mehr zivilen Opfern.

Laut Norman Solomon, Journalist, Medienkritiker, Antikriegs-Aktivist und Autor von *War Made Easy* (Krieg leicht gemacht), waren im Ersten Weltkrieg 15 Prozent der Opfer Zivilisten, im Zweiten Weltkrieg schon 65 Prozent, und im Irak sind es bis heute 90 Prozent.[2] Falls dieser Trend anhält, ist es im Kriegsfall bald sicherer, sich zum Militär zu melden.

Die konventionelle Politik hält sich an ein maschinenartiges, Newton-Darwin'sches Universum und reagiert auf gesellschaftliche Konflikte ganz im Sinne der Laurel-und-Hardy-Komödien mit Aktions-Reaktions-Zyklen. Aus reduktionistischer Perspektive erscheinen alle gesellschaftlichen Unruhen als einzelne, zusammenhanglose Ereignisse, als natürliche Konsequenzen des ewigen Überlebenskampfes. Doch in einer holistischen Welt sind wir alle Teile eines zusammenhängenden Ganzen.

Wie sähen die zerstörerischen Auswirkungen des sogenannten »Kriegs gegen den Terror« wohl aus, wenn er im menschlichen Körper stattfände? In der Leber wurden Terrorzellen entdeckt! Also bombardieren wir die Leber! Sie sitzen zu tief? Dann nehmen wir eben Atombomben – die Strahlung wird diese Terroristen schon herausholen. Und es wird die Leber lehren, was es heißt, Terroristen zu verstecken. Oh, die Gallenblase und die Bauchspeicheldrüse haben sich auf die Seite der Leber geschlagen. Eine Achse des Bösen! Macht sie kaputt – koste es, was es wolle! Und so weiter, bis auch die letzte radikale Terrorzelle tot ist. Leider würden auf diese Weise auch

90 Prozent der unschuldigen Zivilzellen getötet – was die Zerstörung des Körpers bedeutet. Ein ziemlicher Kollateralschaden.

In einem Newton-Darwin'schen Universum geht man von unabhängigen, einzelnen physischen Elementen aus. In einem quantenmechanischen Universum steht dagegen alles miteinander in Verbindung: Trennung ist eine Illusion.

In einem Newton-Darwin'schen Universum gilt Krebs als eine Enklave abtrünniger Zellen, die inmitten der normalen Körperzellen ein verantwortungsloses Dasein führen. Die Ärzte bekämpfen den Krebs mit nuklearer Strahlung und mit militärähnlichen Schocktherapien, die die Zellbevölkerung mit chemotherapeutischen Giften überschwemmen. Und ganz im Sinne dieses paramilitärischen Vorgehens wird es billigend in Kauf genommen, dass unvermeidbare Kollateralschäden entstehen.

Weil die westliche Medizin den Körper mit einer Maschine gleichsetzt, richtet sich ihre Aufmerksamkeit vor allem darauf, diese Maschine zu beherrschen und zu kontrollieren. Die östliche Medizin geht damit ganz anders um: In der ayurvedischen und in der traditionellen chinesischen Schule gilt der Körper als ganzheitliches Quantensystem. Statt einen Krebs anzugreifen, um ihn zu zerstören, streben sie danach, zuerst das natürliche Gleichgewicht und die Harmonie im Körper wiederherzustellen. Wenn die innere Situation des Individuums erneut ausgeglichen ist, bildet auch der physische Körper keinen Nährboden mehr für krankheitsverursachende Störungen.

Hätten die Vereinigten Staaten auf die Ereignisse des 11. September ähnlich wie Körperzellen reagiert, das heißt, hätten sie die Soziopathogene isoliert und gleichzeitig die Gesundheit und Harmonie ihrer internationalen Umgebung gestärkt, dann wäre daraus vielleicht ein evolutionärer Fortschritt erwachsen. Ähnlich wie ganzheitliche Heiler hätten sich ganzheitliche Politiker zuerst um die verschiedenen Ursachen des Ungleichgewichts gekümmert, die unweigerlich zu dem Symptom – dem Angriff – führten. Sie hätten sich den Missständen zugewandt, bevor sich diese in schmerzhaften, nach Vergeltung schreienden Wutausbrüchen manifestieren konnten.

Es ist wichtig, sich klarzumachen, dass ein *Symptom,* sei es ziviler oder zellulärer Art, immer eine *Konsequenz* und nicht die *Ursache* ist. Dass sowohl die moderne Politik als auch die moderne Medizin diese wichtige Unterscheidung ignorieren, gehört zu dem grundlegenden Irrsinn ihrer Methoden: Beide entfernen oder verbergen gerne die Folgen, ohne sich um die Ursachen zu kümmern. Auf die Konsequenz zu reagieren, ohne die eigentliche Ursache zu kennen, ist der erste Schritt zu einer Aktion-Reaktion-Eskalation im Newton-Darwin'schen Stil.

Die terroristische Gewalt ist ein Symptom für ein tiefes soziales Problem. Im Fall der Iraki-Horror-Picture-Show haben die westlichen Staaten durch Manipulation und Einmischung im Nahen Osten erheblich zu den heutigen sozialen Schwierigkeiten beigetragen. Die imperialistische Haltung des Westens, dass »diese Leute da« auf dem Sand über »unserem Öl« leben, hat bei den Arabern ein Gefühl der Erniedrigung ausgelöst und uns ihre Verachtung eingebracht. Der irrsinnige Versuch, die Terroristen auszurotten, hat nur mehr Terror und mehr Terroristen hervorgebracht. Politiker, die für diese Situation eine Lösung finden wollen, müssen diese Tatsache anerkennen.

In Bezug auf die beiden politischen Brennpunkte Irak und Iran scheinen die USA bequemerweise unter einer Art politischem Gedächtnisschwund zu leiden. Sie scheinen vergessen zu haben, dass die CIA in beiden Ländern die Politik und die Führungssituation stark manipuliert hat. Die CIA steckten 1963 hinter dem Regimewechsel im Irak, der Saddam Husseins Ba'ath-Partei an die Macht brachte und ihn selbst zum Chef des irakischen Geheimdienstes machte.[3] Die CIA haben den Fuchs ins Hühnerhaus gebracht – und als er ihnen nicht mehr nützlich war, haben sie George W. Bush geholfen, eine illegale Invasion einzufädeln, um ihn zu entfernen. In ähnlicher Weise hat der CIA 1953 den populären und demokratisch gewählten iranischen Premierminister Mohammed Mossadegh abgesägt, seinen eigenen Kandidaten General Mohammad Fazlollah Zahedi ins Amt gebracht und die Monarchie unter Schah Mohammad Reza Pahlevi wieder eingeführt.[4]

Der pro-westlich orientierte Schah blieb an der Macht, bis ihn eine aufgebrachte Bevölkerung 1979 endlich verjagte. Diese Iraner hatten doch tatsächlich den Nerv, selbst bestimmen zu wollen, was in ihrem Land passiert. Doch in einer Politik, die auf Macht und

Gegenmacht beruht, überrascht es nicht, dass sich der neue Führer Ayatollah Sayyid Ruhollah Musavi Khomeini als ebenso großer Despot entpuppte.

Der westliche Eigennutz hat nicht nur zur Destabilisierung der Staaten im Nahen Osten geführt, sondern auch die sozialen Systeme Zentralamerikas, Südamerikas, Südostasiens und Afrikas zerrüttet. Vor allem das letzte Jahrhundert der Newton-Darwin'schen Machtkämpfe hat derartige globale Spannungen erzeugt, dass unsere Zivilisation kurz vor der spontanen Selbstentzündung steht.

Zum Glück haben wir mit dem sich neu bildenden Bewusstsein auch die Möglichkeit, diese politischen Spannungen aufzulösen und ihre Energien in eine spontane Evolution umzuleiten. Ein wichtiger Schlüssel zur Entwicklung einer gesunden Ordnung und einer ausgeglichenen Staatspolitik ist in den Gründungsdokumenten der Vereinigten Staaten von Amerika zu finden.

Die amerikanischen Evolutionäre und eine neuere Weltordnung

Als Evolutionäre erkannten die amerikanischen Gründer intuitiv die Bedeutung der Beziehungen zwischen dem Individuum, dem Kollektiv und dem Feld, die unsere moderne Wissenschaft gerade eben erst entdeckt. Wenn wir als Mitglieder der modernen Gesellschaft von den schädlichen Verhaltensweisen der Newton-Darwin'schen Politik ablassen und stattdessen eine neuere Form der ursprünglichen Ideen der amerikanischen Ureinwohner verwirklichen, könnten wir die Entwicklung weitertreiben, die jene Männer und Frauen damals begannen, als sie aus 13 einzelnen Kolonien eine konstitutionelle Nation zum Wohl aller erschufen.

Unter dem Einfluss der aufgeklärten Philosophen John Locke und Jean-Jacques Rousseau sowie der ewigen Weisheiten spiritueller Traditionen und der amerikanischen Ureinwohner strebten die deistischen Gründerväter nach einem Leben im Einklang mit der Natur. Tyrannei empfanden sie als einen Ausdruck eines unnatürlichen Ungleichgewichts und suchten daher nach einer positiven politischen Struktur, in der die individuelle Freiheit ebenso gesichert war wie die gesunde Entwicklung der Gesellschaft. In den Gründungsdokumenten betonten sie vier Merkmale, die sie für dieses Ziel als notwendig erachteten: Freiheit, Gerechtigkeit, Wahrheit und Gleichheit.

Freiheit: Als Deisten verstanden die Gründerväter darunter den freien Willen des Lebens, der Wachstum und Entwicklung fördert. Sie wussten jedoch auch, dass eine Gesellschaft nur überleben kann, wenn es neben Freiheit auch Gerechtigkeit gibt.

Gerechtigkeit: Sie bildet ein notwendiges Gegengewicht zur Freiheit, weil sie Machtstrukturen mäßigt und jedem Individuum freie, gleiche und respektvolle Behandlung gewährleistet – was die Freiheit des Ganzen sichert. Gerechtigkeit ist in gewisser Weise die gesetzliche Umsetzung der Goldenen Regel.

Wahrheit: Sie sichert und fördert die Gerechtigkeit, sowohl im Individuum als auch im Staat. Genauso wie Immunzellen innere Signale wahrheitsgetreu weitergeben und falsche Bedrohungen von echten Gefahren unterscheiden müssen, brauchen wir als Volk unverfälschte Informationen, um globale Situationen richtig einzuschätzen und Entscheidungen zu treffen, die lebenserhaltend und nicht lebensbedrohlich sind.

Gleichheit: Sie ist die Balance zwischen allen und allem, verbunden mit dem ständigen Wandel, der aus einer kritischen Menge aufgeklärter, weiser Individuen hervorgeht.

Unsere Vorväter erkannten den Wert der *Bürgerräte* als einer Institution, in der die Stimme jedes Einzelnen zählt und in der Besitz und Status nicht den Wert eines Beitrags bestimmen. Sie wussten, dass die Struktur einer Nation, in der die Bürger einander respektieren, die Chancen erhöht, dass gesunde Individuen freiwillig zum Wohl des Ganzen zusammenwirken werden.

Amerikas Motto *E Pluribus Unum* (Aus vielen [wird] eins) dient als Erinnerung daran, dass das »Eine« nicht durch Anweisungen von oben nach unten entsteht, sondern durch die kohärenten Bemühungen gesunder, kooperativer, souveräner Individuen, die sich freiwillig organisieren und nicht durch Zwang.

Die zentrale Stimme der Demokratie: Die kollektive Weisheit

Wie bereits erklärt, verstanden die amerikanischen Gründerväter nicht nur die animistische Weltsicht; sie glaubten auch an die Fähigkeit freier Individuen, eine kohärentere Ordnung hervorzubringen. Heutzutage erkennen immer mehr Menschen, wie gut größere individuelle Freiheit und kollektive Weisheit einander befruchten und ergänzen.

Hier sind ein paar Beispiele aus allen möglichen Bereichen: von Journalisten über Software-Designer und Geschäftsleute bis hin zu Therapeuten und Glaubenshütern, die diese Philosophie anwenden und damit die Sichtweise der Welt verändern.

Der amerikanische Journalist James Surowiecki beginnt sein Buch *The Wisdom of Crowds* mit der Geschichte über den britischen Anthropologen Francis Galton, den Begründer der *Eugenik* (Wissenschaft von genetischen Defekten und »unerwünschten Erbanlagen«). Als Wissenschaftler, der sein Leben damit verbracht hat, menschliche Fähigkeiten zu kategorisieren, kam Galton zu dem Schluss, dass sich Menschen einfach nicht vermessen lassen. Nach seiner Erkenntnis ist »die Dummheit und Sturheit vieler Männer und Frauen so groß, dass man es kaum glauben kann«.[5]

1906 besuchte der 84-jährige Galton in der Nähe seiner Heimatstadt Plymouth einen Bauernmarkt. Dort wurden unter anderem Wetten darauf angenommen, wie viel Gewicht das Fleisch eines bestimmten, noch lebenden Ochsen auf die Waage bringen würde, wenn das Tier geschlachtet und für den Verzehr vorbereitet sei. Zu den Wettern gehörten Schlachter und Bauern, aber auch viele unbedarfte Bürger, die keine Ahnung von Fleischverarbeitung hatten. Galton beschrieb die Menge zynisch als den typischen Bevölkerungsquerschnitt, wie er auch bei Wahlen an die Urnen geht.

Er beschloss, eine kleine Untersuchung durchzuführen, die seiner Ansicht nach die Unfähigkeit des durchschnittlichen Individuums zur Selbstverwaltung beweisen würde. Nachdem die Wetten abgeschlossen waren, sammelte Galton die 787 Eingaben ein und ermittelte aus ihnen die durchschnittliche Schätzung, also das von der Menge als Ganzes vermutete Gewicht. Das Ergebnis überraschte Galton komplett: Die durchschnittliche Schätzung betrug 1197 Pfund, nur ein Pfund weniger als das abschließende Gewicht von 1198 Pfund. Selbst der Gewinner lag nicht so dicht an der Wahrheit.

Im Kollektiv lag offensichtlich eine Wahrnehmungsfähigkeit, an die nicht einmal Experten herankamen. Surowiecki interpretierte dieses Phänomen: Jedes Individuum verfügt zwar über ein begrenztes Wissen, doch unsere kollektive Intelligenz ist oft exzellent, vorausgesetzt, sie ist richtig zusammengesetzt.[6]

Genauso wie bestimmte statistische Kurven zur Glockenform neigen, können wir uns auch vorstellen, dass die Urteilskraft und die Sichtweisen einer ausreichend großen Menge von Individuen gemeinsam der wirklichen Antwort auf eine Frage oder der besten Lösung für ein Problem sehr nahe kommen können.

Ein weiteres Exempel für die Weisheit der Menge ereignete sich 1986 im Nachspiel der tragischen Explosion der Raumfähre Challenger: Weil der Start im Fernsehen übertragen wurde, konnten alle sofort sehen, was geschehen war, sodass sich die Nachricht von dem Unglück blitzschnell verbreitete. Sobald die Neuigkeit die Börse erreicht hatte, begannen Investoren, Aktien der vier wesentlichen Firmen abzuwerfen, die am Bau der Challenger mitgewirkt hatten: Lockheed, Martin Marietta, Rockwell und Morton Thiokol. Gegen Ende des Tages hatten sich jedoch fast alle Kurse wieder erholt, außer jenem von Morton Thiokol, die zwölf Prozent unter ihrem vorigen Wert blieben.[7]

Diese Reaktion weist darauf hin, dass die Händler spürten, Morton Thiokol hatte etwas mit dem Unfall zu tun, obwohl das zu jenem Zeitpunkt noch niemand wissen konnte. Erst sechs Monate später stellten die Ermittler fest, dass die von Morton Thiokol gefertigten Dichtungsringe an den Starterraketen die Ursache des Unglücks waren. Wie um alles in der Welt konnte die Investoren-Öffentlichkeit das schon wenige Stunden nach dem Unglück ahnen?

Surowiecki kam anhand seiner Forschungen zu der Vermutung, dass die Zuverlässigkeit der Weisheit einer Menge von drei Faktoren bestimmt wird: Diversität, Unabhängigkeit und Dezentralisation.

Diversität: Im Newton-Darwin'schen Denken ist die politische Abscheulichkeit der ethnischen Säuberung etwas Gutes, weil es eine Nation von »den anderen« befreit, die anders aussehen oder anders denken als wir. Die gleiche Wahrnehmungsverzerrung kann dazu führen, dass ein Individuum aus einer Gruppe ausgeschlossen wird.

Die sich entwickelnde ganzheitliche Perspektive erkennt jedoch den Wert der Diversität. Bei Prozessen zur Entscheidungsfindung oder Konfliktlösung treffen die gesammelten Standpunkte einer heterogenen Gruppe oft besser zu als die einer homogenen Gruppe von Experten. Das liegt daran, dass Menschen, die belesener sind oder über etwas genau Bescheid wissen, häufig auf ähnliche Weise denken, während in einer heterogenen Gruppe unterschiedlichere Sichtweisen und damit eine breitere Perspektive vorhanden sind.

Surowiecki schließt daraus: »Die Leistung einer Gruppe wird besser, wenn ein paar Leute dabei sind, die weniger wissen, aber andere Fähigkeiten mitbringen.«[8] Mit anderen Worten: Eine große Gruppe von Individuen mit unterschiedlichen Lebenserfahrungen wird bessere Voraussagen machen und intelligentere Entscheidungen fällen als die erfahrensten Experten und Entscheidungsträger.

Unabhängigkeit: Der zweite Faktor für die Weisheit einer Menge ist Unabhängigkeit. Wenn in Gruppen geredet wird, kommt oft vorschnell eine Einigung zustande – eine Gruppennorm entsteht. Diese Vereinbarungen über »normalisierte« Reaktionen sind jedoch nicht automatisch richtig, angemessen oder zum Wohl aller. Falls zur Gruppe ein Individuum mit einer höheren Position oder mit mehr Ansehen gehört, neigen die Mitglieder der Gruppe dazu, sich diesem Anführer anzuschließen. Und je mehr Mitglieder einer Gruppe sich einer Meinung anschließen, desto schwieriger wird es für Minoritäten, ihren Ansichten Gehör zu verschaffen.

In dem Beispiel vom Gewicht des Ochsen waren die Leute in ihrer Meinungsbildung alle unabhängig voneinander. Jeder kritzelte seine Ansicht diskret auf ein Stück Papier, ohne Expertenmeinung, ohne Gruppendebatte. Das Ergebnis war ein Paradebeispiel für die durch unabhängiges Denken in einer Art Wahlprozess zustande kommende Gruppenweisheit.

Dezentralisation: Aus konventioneller Sicht gelten Besitz, Urheberrechte und die Kontrolle über Lösungen als erstrebenswert. Das gilt gleichermaßen für Unternehmen, die nach mehr Profit streben, und für Individuen, die sich mehr Anerkennung im Beruf oder in der Familie bzw. im sozialen Umfeld wünschen. Unternehmen stellen deswegen gerne aus ihren eigenen Spezialisten Expertengruppen zusammen, um ein bestimmtes Problem zu lösen, und schließen damit externe Sichtweisen aus. Individuen behalten Wissen für sich, weil sie meinen, irgendwann daraus Nutzen schlagen zu können.

Dezentrale Prozesse zeigen jedoch, dass kollektiv gewonnene Problemlösungen oft besser für die Gesundheit und das Wohlergehen sowohl des Einzelnen als auch der Gemeinschaft sind.

Alle drei Faktoren – Diversität, Unabhängigkeit und Dezentralisation – finden sich im Konzept der *gemeinschaftlichen Bewusstheit* wieder, das zum Beispiel in den höchst effizienten und effektiven Wiki-Internet-Softwares zum Ausdruck kommt, bei denen der Inhalt der Webseiten gemeinschaftlich von allen erstellt, strukturiert und korrigiert wird. Dies fördert die Wahrnehmungsfähigkeit und Bewusstheit und beschleunigt die Lernkurve für alle. Die bisher bekannteste Wiki-Webseite ist Wikipedia, die sich ständig erweiternde, lebendige Internet-Enzyklopädie.

In ihrem Buch *Wikinomics: How Mass Collaboration Changes Everything*[9] beschreiben der kanadische Manager Don Tapscott und Unternehmensberater Anthony D. Williams Wikis als »sich selbst organisierende, egalitäre Gemeinschaften von Individuen, die freiwillig zusammenkommen, um ein allen nützliches Ergebnis zu erzielen«. Dank der Reichweite des World Wide Web und der Kapazität der modernen Computer können wir zur Lösung von Problemen heute das Fachwissen und die Weisheit der unabhängigen Denker in aller Welt zu Rate ziehen. Tapscott und Williams erzählen die bemerkenswerte Geschichte von Goldcorp, einem kleinen Unternehmen aus Toronto, das Goldminen betreibt. Sie schafften einen Präzedenzfall, indem sie ihre Unternehmensinformationen veröffentlichten und Preise im Wert von 575 000 Dollar für jene ausschrieben, die ihnen helfen würden, die »nächsten 6 Millionen Goldunzen« zu finden. Diese *Open-Source-Strategie* brachte so viele Informationen ein, dass Goldcorp von einer 100-Millionen-Dollar-Firma zu einem 9 Milliarden Dollar schweren Unternehmen avancierte.[10]

Eine weitere von Surowiecki zitierte Wiki-Erfolgsgeschichte ist jene von Linux, der hoch produktiven Open-Source-Software des finnischen Software-Designers Linus Torvalds von 1991. Statt Urheberrechte zu reklamieren, veröffentlichte Torvald seinen Code und bat um Feedback für Verbesserungen. Programmierer aus aller Welt antworteten. Dank der kollektiven Weisheit von lauter kompetenten Individuen ist Linux zu einem kontinuierlich lernenden, wachsenden und außerordentlich robusten System geworden.[11]

Diese Art von Open-Source-Weisheit könnte auch der Schlüssel zur Lösung der brennenden Probleme unserer Gesellschaft sein, die bislang durch die Geheimniskrämerei einer profitorientierten Mentalität eher verschärft wurden. Ideen zu sammeln, die bereits woanders ausprobiert wurden, und alle erkannten Stärken und Schwächen allgemein zu veröffentlichen – wäre das nicht der ideale Weg des »Global denken – lokal handeln«? Schließlich ist das Leben selbst eine Open Source.

Wie können Open-Source-Systeme unsere kollektive politische Weisheit beeinflussen? Tom Atlee, Gründer des Co-Intelligence Institutes und Autor von *The Tao of Democracy* (Das Tao der Demokratie) bestätigte Surowieckis Erkenntnis, dass die Menge oft klüger ist als ihre klügsten Mitglieder. Atlee vertritt die Ansicht, dass bestimmte Fertigkeiten entwickelt werden können, die die Weisheit einer Gruppe leichter zum Vorschein bringen. Es überrascht nicht, dass diese Fertigkeiten Offenheit fördern und die Vorherrschaft von Individuen oder Ideen behindern.

Atlee zitiert ein Experiment der Unternehmensberaterin Marilyn Loden aus ihrem Buch *Feminine Leadership**: Kleinen Gruppen von leitenden Angestellten wurden bestimmte Aufgaben in der freien

---

* Dt. Ausgabe: *Als Frau im Unternehmen führen. Feminine Leadership.*

Natur gestellt. Teams, die nur aus Frauen bestanden, fanden bessere Lösungen als rein männliche Teams – nicht weil die Frauen individuell klüger gewesen wären, sondern weil ihre natürliche Neigung zur Zusammenarbeit sie kollektiv klüger machte. Die männlichen Gruppen behinderten sich, indem einzelne Individuen ihre eigenen Lösungsansätze verfolgten und damit den Zugang zur Gruppenweisheit erschwerten.[12]

Was genau ist eigentlich Weisheit hinsichtlich der politischen Situationen und kollektiven Entscheidungsprozesse? Atlee definiert sie als die Fähigkeit, »hinter die unmittelbare Erscheinung zu sehen und aus einem umfassenderen Verständnis heraus zu handeln, zum Wohl und zur Entwicklung aller.«[13] Ein umfassenderes Verständnis, eine breitere Perspektive bietet Weisheit. Deshalb haben Gemeinschaften ein größeres Potenzial für Weisheit als Individuen. »Gemeinschaften sind weise«, erklärt Atlee, »zumindest wenn sie ihre Diversität auf kluge Weise in einem kooperativen, kreativen Austausch nutzen, indem die weisesten, sinnvollsten und kraftvollsten Wahrheiten zutage treten dürfen«.[14]

Den Zugang zur Weisheit finde man durch *Ko-Intelligenz*, meint Atlee; er definiert Ko-Intelligenz als »die Integration der diversen Begabungen zum Wohl aller«.[15] Unsere Körper, unsere Organe und unsere Zellen sind dieser Definition nach zweifellos ko-intelligent – was ihnen ermöglicht, sich gemeinsam mit ihrem Umfeld zu entwickeln. Ko-Intelligenz erlaubt auch gewöhnlichen Menschen, außergewöhnliche Weisheit zu entwickeln, durch die wir hoffentlich im Sinne unseres evolutionären Fortschritts zu transzendenten Lösungen finden.

Transzendente Lösungen: Angewandte Evolution

Eine primäre Funktion der Politik besteht darin, Vorgehensweisen zu entwickeln, die Konflikte vermeiden helfen. Konflikte sind ein natürlicher Bestandteil menschlichen Lebens und sozialer Interaktionen und haben nicht notwendigerweise mit Gewalt zu tun. Gewalt ist lediglich die dysfunktionalste Weise, mit einem Konflikt umzugehen. Konflikte entstehen aus den Unverträglichkeiten verschiedener Meinungen, Prinzipien oder Interessen und bergen meistens widersprüchliche Ziele. Konfliktlösung kann entstehen, wenn etwas verändert wird – seien es die Ziele oder die Erwartungen an diese Ziele.

In ihrem Klassiker *Getting to Yes* zum Thema Verhandlungen legen die Autoren Roger Fisher und William Ury dar, dass Konflikte zum Durchbruch gelangen, wenn die verschiedenen Positionen zerlegt und der dahinterliegende Ausdruck legitimer Interessen offenbart wird. Sobald die streitenden Parteien ihre Interessen offenlegen, kann der Konflikt als ein gemeinsames Problem erkannt werden; dann kann man gemeinsam daran arbeiten, für dieses Problem eine Lösung zu finden.[16]

Damit der Prozess erfolgreich ablaufen kann, müssen alle Beteiligten einander sorgfältig und respektvoll zuhören. Wenn eine Partei eine emotionale Behauptung aufstellt oder Einwände erhebt, kann man fragen: »Worum geht es euch? Was sind eure Bedenken?« Die Antwort kann rational oder irrational sein, aber sie muss angehört und als ein Beitrag anerkannt werden, der zur Lösung führen könnte.

Egal ob es um die Lösung eines Konflikts oder um die Entwicklung einer Strategie zur Konfliktvermeidung geht: Häufig entsteht dabei ein Ergebnis, das man am Anfang des Prozesses nicht vermutet hätte. Diese Art höherer Weisheit kann einfließen, wenn die Lösung eines Problems auf einer höheren Bewusstseinsebene gesucht wird, nicht auf jener, auf der es entstanden ist.

Tom Atlee erzählt die Geschichte eines Farmers aus Indiana, der damit konfrontiert war, dass die frei laufenden Hunde seines Nachbarn seine Schafe bissen. Solche Probleme führen meistens zu Konfrontationen, Drohungen, Stacheldrahtzäunen und irgendwann zu Selbstschussanlagen.

Dieser Farmer hatte jedoch eine bessere Idee: Er schenkte den Kindern des Nachbarn ein paar Lämmchen als Haustiere. Es kam zu einer Win-win-Situation: Den niedlichen Spielgenossen ihrer Kinder zuliebe banden die Nachbarn nun freiwillig ihre Hunde an, und die Familien befreundeten sich.[17]

Johan Galtung, ein norwegischer Pionier in Friedensforschung und Konfliktlösung, wurde berühmt für seinen sogenannten *Fünften*

Weg. Galtung erkannte, dass es für jeden Konflikt fünf potenzielle Lösungsmöglichkeiten gibt:

1. Ich gewinne, du verlierst.
2. Du gewinnst, ich verliere.
3. Negative Transzendenz: Das Problem wird ignoriert.
4. Kompromiss: Beide gewinnen, indem sie sich einverstanden erklären, ein wenig zu verlieren.
5. Transzendenz: Eine Lösung wird gefunden, die jenseits des Problems liegt.

Die konventionelle Politik löst Probleme durch Kompromisse, die bestenfalls alle gleichermaßen unbefriedigt zurücklassen. Die (positive) transzendente Lösung erzeugt jedoch bei allen Beteiligten ein gutes Gefühl. Der erste Schritt zu einer transzendenten Lösung besteht darin, dass sich alle Beteiligten einverstanden erklären, sich nicht in der Mitte zu treffen, sondern mit vereinten Kräften nach einer optimalen Lösung zu suchen.

Die Kraft von Galtungs Ansatz kam in den Verhandlungen über einen 55 Jahre währenden Grenzkonflikt zwischen Peru und Ecuador zum Tragen, an denen er als Mediator teilnahm.

Welche Lösung gab es für diesen polarisierten Grenzkonflikt? Keine Grenze! Das umstrittene Gebiet ist heute eine florierende binationale Zone, die von beiden Ländern verwaltet wird und sogar einen gemeinsam entwickelten Nationalpark beherbergt.[18]

Das ist holistische Politik von ihrer besten Seite, denn in ihr wird Evolution gemacht, indem Sowohl-als-auch-Lösungen angestrebt werden, jenseits des dualistischen Entweder-oder-Denkens.

Atlee befürwortet die Macht vereinter, kooperativer Erfahrung. Er stellt fest: Als Gesellschaft haben wir »die Grenzen eines atomistischen Gesellschaftsverständnisses erreicht, bei dem individuelle Perspektiven einfach zusammengezählt werden, wenn wir uns einig sind, und gegeneinander ausgezählt werden, wenn wir uns uneinig sind.«[19]

Wo ist die Stimme des Volkes?

Das gegenwärtige System opponierender politischer Parteien dient eher der Manipulation der öffentlichen Meinung als der Entwicklung kollektiver Weisheit. Daher hat das Volk oft nur die Wahl der relativ besseren von zwei unbefriedigenden Alternativen. Es gibt keinen Zweifel: Wir brauchen dringend eine transzendente Lösung.

Doch was hält uns ab? Wenn die Menge doch so weise sein kann, warum scheint unser kollektives politisches Urteil oft so danebenzugreifen und manipulierbar zu sein?

Eine Antwort darauf liegt in den Medien-Unternehmen, welche die rechte Hand der derzeitigen Newton-Darwin'schen politischen Strukturen sind, anstatt als zentrale Stimme der Demokratie zu fungieren. In der gegenwärtigen Atmosphäre privatisierter Falschheit, die als Wahrheit verkauft wird, und absichtsvoller Verzerrungen, um die Öffentlichkeit auszunutzen und zu beherrschen, vergessen wir leicht, dass die Gründerväter mit dem Recht auf freie Meinungsäußerung und Pressefreiheit nicht erreichen wollten, dass im Fernsehen unflätig herumgeflucht und jede Mailbox mit pornografischem Spam überflutet werden darf. Die eigentliche Absicht lag darin, sicherzustellen, dass alle Bürger über die Informationen, Ansichten und Perspektiven verfügen, die sie brauchen, um auf die jeweiligen Themen angemessen reagieren und ihren Beitrag zur kollektiven Weisheit entfalten zu können.

Ein weiterer Grund liegt darin, dass viele eine Haltung des zynischen Realismus an den Tag legen, die davon ausgeht, dass es ohnehin keine Wahrheit gibt. Anhänger dieser Philosophie meinen in Anlehnung an Darwin, das Leben sei ein Kampf aller gegen alle – ein Beispiel für Galtungs negative Transzendenz, die das Problem »Wahr oder unwahr« einfach ausblendet.

Mittlerweile ahnen selbst jene, die ganz im Bann der Mainstream-Medien stehen, dass sie angelogen werden. Das führt zu einem untergründigen Zynismus nach dem Motto »Man kann ja doch nichts glauben« und ruft eine weitere Ebene der Ohnmachtsgefühle hervor: Wenn man ohnehin nicht wissen kann, was wahr ist, warum soll man sich dann noch um Differenzierungsvermögen oder Integrität bemühen? Der Philosoph Aldous Huxley brachte die negative

Konsequenz dieser Haltung auf den Punkt: »Zynischer Realismus – das ist die beste Entschuldigung eines intelligenten Menschen, in einer unerträglichen Situation nichts zu unternehmen.«[20]

Die politische Dysfunktionalität wird also durch unsere eigenen entkräftenden Programmierungen aufrechterhalten, und Politiker, Unternehmen und Medienmogule lassen es sich gerne gefallen.

Man könnte uns, dem Volk, jetzt berechtigterweise Apathie vorwerfen, aber gleichzeitig ist der durchschnittliche Erwachsene heutzutage viel mehr beschäftigt als noch vor einem halben Jahrhundert. Es hat schon seine eigene Ironie, dass man sich damals, in den Fünfzigerjahren, vorstellte, wir würden in 50 Jahren im Paradies leben und nur noch drei Tage pro Woche arbeiten. Doch die amerikanische Durchschnittsfamilie braucht heute zwei Vollzeitarbeiter, um auch bloß über die Runden zu kommen. Bürgerliche und soziale Verpflichtungen? Wer hat für so was noch Zeit? Beim Übergang von der Stadthalle zum globalen Dorf ist die zentrale Stimme des Volkes leider untergegangen, übertönt von den lautstarken Medienstimmen einiger weniger Auserwählter.

Das System ist das Problem

Um die revolutionäre Vision der amerikanischen Gründerväter noch eine evolutionäre Stufe weiter zu führen, müssen wir jetzt aufwachen und unser Potenzial für neue Bewusstheit, die Notwendigkeit einer intelligenten zentralen Stimme und die natürliche Weisheit der Menge wiederentdecken.

Ein Schlüssel für den Weckruf stammt von dem Unternehmensberater Jim Rough, Autor von *Society's Breakthrough! Releasing Essential Wisdom and Virtue in All the People* (Der gesellschaftliche Durchbruch! Die Freisetzung essenzieller Weisheit und Tugend in allen Menschen). Mithilfe einer Technik, die er *Dynamic Facilitation* nennt, wird laut Rough eine festgefahrene Meinung durch kollektive Weisheit ersetzt. Um zu demonstrieren, wie sich die derzeitige, zum Streit neigende politische Struktur transzendieren lässt, bat er sein Publikum, sich ein strittiges Thema auszusuchen, und er versprach, innerhalb von einer halben Stunde würden sie zu einer Lösung finden. Die Gruppe wählte das emotional stark aufgeladene Thema Abtreibung.

Zuerst brachten die Teilnehmer die bekannten gegensätzlichen Pro-Leben- und Pro-Entscheidungsfreiheit-Standpunkte vor, die eine Entweder-oder-Entscheidung erfordern. Nachdem alle Argumente vorgetragen und auf einer Tafel festgehalten worden waren, bat Rough um andere Lösungsvorschläge. Die darauf folgende Stille machte deutlich, dass sich die Gruppe auf unbekanntes Terrain begab. Rough motivierte sie, über das vordergründige Thema Abtreibung hinauszuschauen und den Kern der Auseinandersetzung zu suchen. Nach einer halben Stunde fand die am Anfang stark gespaltene Gruppe zu der Fragestellung, die den eigentlichen Kern des Problems beschrieb: »Wie können wir eine Gesellschaft bilden, in der alle Kinder in Familien empfangen und geboren werden, von denen sie erwünscht sind und geliebt werden?« Rough behauptet: »Diese Art von Konsens, diese Zusammenfassung dessen, was alle denken, kann *immer* erreicht werden.«[21]

Um die Macht und das – die Politik transformierende – Potenzial von Roughs Prozess wirklich zu ermessen, müssen wir uns die universelle Schlussfolgerung vor Augen führen, zu der er in jeder seiner Gruppenseminare kommt: Das Problem liegt im System. Damit wollen wir uns nicht unserer persönlichen Verantwortung entledigen, sondern einfach feststellen, dass ein herzloses, seelenloses, sich selbst erhaltendes System weiter fortbestehen wird, solange es keine kohärente Stimme von uns, dem Volk, gibt.

Um zu verstehen, wie wir Amerikaner in diese Lage geraten sind, wenden wir uns noch einmal den radikalen Überzeugungen der Gründerväter zu. Gemäß ihrer Ansicht sollte eine Regierung dem Volk dienen – doch die von ihnen erschaffene Regierung wurde diesem Anspruch nicht ganz gerecht: Statt einer Demokratie erschufen sie eine Republik. Der subtile, aber wichtige Unterschied zwischen diesen beiden lässt sich in ihren etymologischen Wurzeln erkennen. Das Wort *Demokratie* kommt vom griechischen *Demos = Volk* und *Kratia = Macht*. Das Wort *Republik* leitet sich vom lateinischen *Res = Ding* und *Publica = Volk* ab. In einer Demokratie herrscht also das Volk, während in einer Republik das Volk einem »Ding« die Macht gibt, über es zu herrschen.

Eine *partizipatorische Demokratie* ist eine Regierungsform, in der das Volk direkt Macht ausübt und Entscheidungen – wie der Beginn oder das Ende eines Krieges oder die Erhöhung oder Senkung von Steuern – durch Volkentscheid bestimmt werden. Eine Republik ist dagegen eine *indirekte Demokratie,* in der Entscheidungen durch gewählte Repräsentanten gefällt werden. So versuchten die Gründerväter sorgfältig, ein Gleichgewicht der Kräfte herzustellen, bei dem nicht nur die vielen – das Volk – vor den wenigen – den Kontrollierenden – geschützt wird, sondern auch die wenigen vor den vielen, die sich vielleicht gegen sie zusammenrotten könnten.

Das ist alles gut und schön, doch inzwischen hat das Newton-Darwin'sche Denken dieses System derart untergraben, dass die gewählten Volksvertreter nicht mehr zur Rechenschaft gezogen werden. Sie fühlen sich nicht mehr unbedingt verpflichtet, im Sinn des Volkes zu regieren und abzustimmen, sondern können genauso gut im Sinn von besonderen Interessengruppen, Wirtschaftsunternehmen oder zu ihren eigenen Gunsten votieren.

Deswegen definiert die Verfassung mit ihren Änderungen und Neuinterpretationen, die im Lauf der Zeit vorgenommen wurden, das Land nicht mehr eindeutig als Demokratie oder Republik. Statt sicherzustellen, dass das Volk durch seine Vertreter regiert, erlaubt sie, dass unsere Repräsentanten uns regieren und Entscheidungen treffen, die dem Gemeinwohl zuwiderlaufen. Doch dank der unmittelbaren globalen Kommunikation durch das Internet werden funktionellere Ideen und Persönlichkeiten erkennbar und gewinnen an Popularität.

Wie kann es mit der Politik weitergehen?

Zu Beginn dieses Kapitels haben wir die Frage gestellt, wie wir uns politisch weiterentwickeln können. Um zu Antworten zu gelangen, haben wir die heutige Newton-Darwin'sche Politik mit den Ideen und Absichten der Gründerväter verglichen und gezeigt, was aus diesen Ideen geworden ist.

Hier kommt ein weiterer Vergleich, der uns helfen kann, diese Frage zu beantworten und eine Vorstellung von zukunftsfähiger

Politik zu gewinnen. Jim Rough stellt die Hypothese auf, dass alle Kulturen eine Regierungsform hatten, die sich mit einer von drei einfachen geometrischen Formen beschreiben lässt: Dreieck, Quadrat oder Kreis.[22]

Dreieck: Die erste Regierungsform operiert von oben nach unten: Herrschaft der Häuptlinge, Könige und Kaiser. Sie ist von Abhängigkeit geprägt. Rough wählt dafür die Form des Dreiecks.

Als Regierungsform ist das Dreieck sehr elementar, geradezu kindisch. Ähnlich wie ein Kind von seinen Eltern hinsichtlich Nahrung, Ordnung und Disziplin abhängig ist, braucht auch eine ungebildete Bevölkerung einen Anführer, um sie mit eben diesem zu versorgen.

In dieser Form herrschten zum Beispiel die alten englischen Könige und Königinnen über ihre Untertanen in aller Welt.

Quadrat: Die zweite Regierungsform bezieht sich auf Regeln und Vereinbarungen, die von einer Bevölkerung festgesetzt werden. Rough wählt für diese Regierungsform das Quadrat als metaphorisches Gefäß, in dem Regeln wie zum Beispiel eine Verfassung verwahrt und geehrt werden. Diese Regierungsform beruht auf dem Willen freier Menschen und repräsentiert daher Unabhängigkeit.

Ähnlich wie Jugendliche aus der Autorität der Eltern ausbrechen und ihre eigenen Kräfte und Ressourcen erkunden, boten die Gründerväter ihren Mitkolonisten einen Rahmen, in dem sie unabhängige Individuen sein konnten – was zur amerikanischen Revolution führte.

Das Angebot der Gründerväter stellte zwar gegenüber King Georges Monarchie eine große Verbesserung dar, doch diese Republik war immer noch ein Ding. Ja, sie wurde von unabhängigen, souveränen Bürgern erschaffen und durch eine Verfassung und eine Justiz bekräftigt, doch es war eine Maschine, die keine ihr innewohnende moralische Autorität besaß. Wie eine Maschine war sie abhängig vom Diktat der Fahrzeuglenker. Im Lauf der letzten zwei Jahrhunderte haben wir uns als Volk so weit vom Fahrersitz entfernt, dass wir eher Geiseln auf dem Rücksitz oder gar im Kofferraum gleichen. Das Ding, das vom Volk erschaffen wurde, wird von den eigennützigen Interessen jener gesteuert, die sich im Kampf ums Überleben die politisch Stärksten wähnen.

Die Situation wird dadurch verschärft, dass diese Maschine namens Regierung jetzt ein Eigenleben entwickelt hat, mit dem sie sich selbst fortschreibt. Das erinnert auf unheimliche Weise an Stanley Kubricks Film *2001: Odyssee im Weltraum,* in dem der Bordcomputer HAL die Kontrolle über das Raumschiff übernimmt und die Crew aussperrt, um seinen eigenen Gesetzen zu folgen.

Die von uns selbst erschaffene, eigennützige, sich selbst aufrechterhaltende, unzurechnungsfähige Regierung hat auf ähnliche Art ihr Volk ausgesperrt. Das Ganze fühlt sich so dermaßen außer Kontrolle geraten an, weil die moralischen Werte von 95 Prozent unserer Bevölkerung durch die soziopathischen Werte von fünf Prozent übertönt werden. Vor 200 Jahren, als die Gründerväter diese Regierung entwarfen, fürchteten sie vor allem die Herrschaft des Pöbels. Doch in Abwesenheit der zentralen Stimme müssen wir heute eher die Herrschaft der Elite fürchten.

Kreis: Zum Glück gibt es eine dritte Form der Herrschaft, den Kreis, mit dem es unserer Spezies gelingen könnte, ihre »humanifeste Bestimmung« zu verwirklichen. Jeder Punkt auf einem Kreis ist gleich weit vom Mittelpunkt entfernt und gleich wichtig, um die Form des Kreises beizubehalten. Daher steht der Kreis für *Interdependenz*. Interdependenz ist das Merkmal einer Gemeinschaft fähiger, unterschiedlicher und gleichberechtigter Individuen, die wissen, dass ihre eigenen Interessen und die Interessen der Gemeinschaft ein und dasselbe sind.

Sowohl James Surowiecki als auch Jim Rough betrachten Unabhängigkeit als etwas Positives und Schätzenswertes; allerdings ist sie letztlich nur eine notwendige Stufe auf unserem Evolutionsweg, der uns vom Dreieck unserer politischen Kindheit durch das Quadrat unserer politischen Adoleszenz hin in den Kreis unserer politischen Reife führt.

Die Macht des Kreises als Zugang zu einem Feld höherer Weisheit wurde zuerst von den Naturvölkern entdeckt. Oren Lyons, der Hüter des Schildkrötenclans der Onondaga-Irokesen, beschrieb die Ratsversammlungen seines Stammes, bei denen alle im Kreis sitzen, mit den Worten: »Wir treffen uns und reden so lange, bis nichts übrig bleibt als die offensichtliche Wahrheit.«[23]

Der indianische Älteste, Geschichtenerzähler und Autor Manitonquat (sein Name bedeutet »Medizingeschichte«) verwandelt mithilfe des Kreises sogar das Leben hartnäckiger Krimineller. Er betreibt in den Gefängnissen Neuenglands ein höchst erfolgreiches Programm. Er schrieb: »Unser Volk erkannte vor langer Zeit, dass der Kreis die Grundform der Schöpfung ist. Im Kreis sind alle gleich; es gibt kein Oben oder Unten, keine Ersten und keine Letzten, kein Besser oder Schlechter.«[24] Manitonquat zufolge ist das Wesentliche bei diesem Prozess der Respekt. »Die meisten Gefangenen haben nie zuvor erlebt, dass ihnen jemand respektvoll zuhört. Nur sehr wenige von ihnen kennen die Erfahrung, dass ihnen überhaupt in irgendeiner Weise Achtung entgegengebracht wird.«

Um die gegenseitige Achtung sicherzustellen, verwendet Manitonquat einen Redestab, der die Person, die ihn hält, stärkt und in ihrem freien Ausdruck unterstützt, während alle anderen im Kreis daran erinnert werden, aufmerksam zuzuhören. Er ermutigt die Gefangenen: »Im ganzen Universum war noch nie jemand so wie du, und es wird nie wieder jemanden wie dich geben. Nur du hast deine besonderen Gaben, und du bist der Einzige, der sie weitergeben kann ... Wir anderen haben es nötig, deine Gaben zu empfangen und deine Geschichte zu hören.«[25]

Von den Kriminellen, die Manitonquats Programm absolvieren, werden nur fünf bis zehn Prozent rückfällig, während sonst 65 bis 85 Prozent üblich sind. Dieses enorm wirksame Rehabilitationsprogramm ist auch äußerst kostengünstig. Manitonquat arbeitet pro Monat mit 120 bis 150 Gefangenen und verlangt dafür lediglich 100 Dollar Fahrtkostenerstattung. Viele der Gefangenen, die sein Programm mitgemacht haben, kehren in ihre Viertel zurück mit dem Wunsch, »die Pyramide der hierarchischen Herrschaft durch einen Kreis der Gleichheit und des Respekts zu ersetzen.«[26]

Quadrat im Kreis: Der nächste politische Evolutionsschritt lässt sich vielleicht als ein Quadrat in einem Kreis beschreiben. In diesem visionären Modell böten die Regierungs-Paradigmen immer noch den Rahmen für Wahlen und Gesetzgebung, doch unsere verfassungsgemäße Unabhängigkeit befände sich innerhalb eines Kreises der wechselseitigen Abhängigkeit des gesamten Volkes.

Um das Quadrat der Regierung mit dem Kreis der kollektiven Weisheit und Ko-Intelligenz zu umschließen, schlagen unter anderem Tom Atlee und Jim Rough *Bürgerbeiräte* und *Räte der Weisheit* vor. Gruppen zufällig ausgewählter Bürger befassen sich dort mit strittigen Themen und Vorgehensweisen, finden zu kollektiver Weisheit und stellen ihre Erkenntnisse dann der ganzen Bevölkerung zur Verfügung.

Solche Räte sind in zweierlei Hinsicht holistisch: Zum Ersten holen sie sich ihre Beiträge auf breitester Ebene; es können selbst Ideen einfließen, die völlig abwegig erscheinen. Zum Zweiten suchen sie nach Lösungen, die dem Wohl des Ganzen dienen und nicht nur besonderen Interessengruppen. Im Gegensatz zu den statischen, oppositionellen Positionen, die für die binäre Politik typisch sind, können diese Bürgerräte zu dynamischen, ungewöhnlichen Lösungen finden.

Ein Beispiel dafür ereignete sich 1997 in Boston, als 15 Bürgervertreter zusammentrafen, um über die Telekommunikations-Politik der Stadt zu beraten. Die Mitglieder dieser Gruppe kamen aus den unterschiedlichsten Lebenssituationen: von hochrangigen Geschäftsleuten bis zu Obdachlosen. Im Lauf von zwei Wochenenden machten sich die Teilnehmer mit dem Problem vertraut und hörten sich dann noch zwei Tage lang die Meinungen von Experten an.

Nachdem sie miteinander beraten hatten, veröffentlichten sie ein eindrucksvoll einstimmiges Konzept. Keiner der Beteiligten war Experte, aber vielleicht waren sie genau deswegen in der Lage, die Aussagen der Sachverständigen in handhabbare Politik umzusetzen. Der Organisator Dick Sclove erklärte, am Ende des Prozesses hätten diese Durchschnittsbürger mehr über Angelegenheiten der Telekommunikation gewusst als die von ihnen gewählten Volksvertreter, die darüber abstimmen.[27]

Jim Rough meint, dass Weisheitsräte, die nach den Prinzipien der *Dynamic Facilitation* arbeiten, einen »unbefangenen, warmherzigen, energiegeladenen, kreativen Denkprozess« ermöglichen, »bei dem die Teilnehmer versuchen, neue Optionen zu entwickeln, die allen dienlich sind. Statt einzelne Punkte von Vereinbarungen zu diskutieren oder Ideen hin und her zu debattieren, streben sie nach Konzepten, hinter denen alle Beteiligten stehen können.«[28]

Bürgerräte dieser Art mögen eine gewisse moralische Autorität zugewiesen bekommen und der Öffentlichkeit neue Lösungen vorschlagen, doch sie besitzen nicht die juristische Autorität, diese Lösungen dann auch allgemein verbindlich umzusetzen. Tom Atlee berichtet jedoch, dass derartige Bürgerräte von der kanadischen Regierung und vom dänischen Parlament bereits erfolgreich eingesetzt worden seien, um zu Empfehlungen für neue Gesetze und Vorgehensweisen zu gelangen.[29]

Solche Räte und die mit ihnen verbundenen evolutionären Prinzipien können auf jeder politischen Ebene vermitteln, wie ein gesunder Staatskörper funktionieren könnte: eine gesetzliche Regierung im Kreis einer kohärenten, zentralen Stimme des Volkes.

Die nächste Frage lautet: Wie kommen wir dahin? Wie bringen wir misstrauische, seit Langem gegeneinander kämpfende Parteien zusammen? Wie erheben wir uns über unsere Gewohnheiten der Trennung, des Misstrauens, des Hasses und der Vergeltung? Wie könnte ein neues staatliches Organisationsprinzip aussehen?

Innere Sicherheit

In den letzten Kapiteln dieses Buches und vor allem in diesem Kapitel haben wir von unserer inneren Zellgemeinschaft auf den Staatskörper geschlossen. Es gibt jedoch einen Körperteil, auf den wir in Teil III dieses Buches noch wenig eingegangen sind: das Herz.

Wir haben gesehen, wie ein Staatskörper in die Irre geraten kann, wenn er den Kontakt mit seinem Herzen und seiner Seele verloren hat. Um zu einer neuen politischen Ordnung zu finden, in der jedes Individuum als gleichwertige Zelle im Körper der Menschheit gilt, ist es erforderlich, dass wir uns im Hinblick auf unsere innere Sicherheit weniger von Angst, stattdessen mehr von Liebe steuern lassen.

In ihrem so passend betitelten Buch *Waking the Global Heart: Humanity's Rite of Passage from the Love of Power to the Power of Love* (Die Erweckung des globalen Herzens: Der Übergangsritus der Menschheit von der »Liebe zur Macht« zur »Macht der Liebe«) schreibt die Autorin und Therapeutin Anodea Judith, dass unser

Übergang in die Zukunft durch eine Erweckung des globalen Herzens geschieht. Sollte es zukünftige Generationen geben, die unsere Geschichte erzählen können, »dann nur, weil sich das Beste der Menschheit durchsetzen und das Ganze mit einer derart starken Liebe zusammenhalten konnte, dass das schier Unmögliche möglich wurde«.[30]

Das »Beste der Menschheit«, auf das sich Judith bezieht, meint keine selbst ernannten Eliten, sondern ein Potenzial, das in jedem von uns ruht. Vielleicht ist die Liebe – jene unsichtbare Kraft, die das Wachstum von Krebszellen verlangsamen kann – die geheime Kraft der Menschheit, die uns hilft, das Überleben zu transzendieren und ein Leben des Gedeihens zu kreieren. Wenn dem so wäre, dann ist sie das am meisten unterschätzte Instrument unserer politischen Werkzeugkiste. Wie die Forscher des HeartMath-Instituts herausgefunden haben, verbinden sich kohärente Herzen miteinander. Daher ist es möglich, unsere Herzen kollektiv zu verbinden und unsere Liebesenergie gesammelt zu einer kohärenten Heilungskraft zu fokussieren.

In indigenen Kulturen und mittelalterlichen Dörfern gab es oft in der Mitte der Siedlung einen Gemeinschaftsherd. Ursprünglich diente das zentrale Feuer dazu, Raubtiere abzuhalten. Im Lauf der Zeit galt es dann als Repräsentant des spirituellen Geistes, der über die Gemeinschaft wacht. In der westlichen Kultur, wo man das Hüten des spirituellen Feuers irgendwann den religiösen Autoritäten überließ, ging die gemeinschaftliche spirituelle Verbindung verloren. Hierzulande erleben die Massen eine kollektive Verbindung nur noch, wenn etwas Außerordentliches geschieht – wenn zum Beispiel ein Mensch auf dem Mond spazieren geht, oder bei Tragödien wie jener am 11. September 2001.

Wie wäre es wohl, wenn wir in jeder Nachbarschaft, in jeder Stadt und jeder Nation präventiv in säkularer und gleichzeitig spiritueller Verbindung miteinander stünden, um die Werte zu stärken, die den allermeisten Menschen gemeinsam sind?

In aller Stille hat sich in Reno, Nevada, ein derartiges Netzwerk entwickelt. Es begann 2003 mit einer Organisation namens Conscious Community Network (CCN), in der verschiedene Elemente der Stadt und der sie umgebenden Region zusammenkommen, um ihre kommunale, ökonomische und spirituelle Lebensqualität zu steigern. Ohne Fanfaren – aber mit vielen Fans – baute das CCN seine Arbeit auf »die universellen, spirituellen Werte der Liebe, Integrität, des Muts, des Dienens und des Respekts«.[31]

Sie brachten die lokalen und die regionalen Verwaltungen dazu, den »Tag der Unabhängigen« auszurufen, an dem die Öffentlichkeit besonders ermutigt wurde, regionale Produkte und Dienstleistungen zu nutzen. Sie bauten ein lokales Netzwerk von Nahrungsmittelproduzenten und -konsumenten auf, aus dem eine Organisation geboren wurde, in der Menschen aus den unterschiedlichsten Glaubensrichtungen gemeinsam für eine stärkere Verbreitung organisch produzierter Lebensmittel eintreten. Indem sie vernünftige, traditionelle Werte mit dem globalen Verständnis koppelten, dass wir alle im selben Boot sitzen, erschuf das CCN eine sogenannte *dritte Kraft*, eine politische Einheit, die mehr dem Kreis ähnelt als dem konventionellen politischen Quadrat in Amerika. Durch eine Haltung der Transparteilichkeit wird anerkannt, dass es in vielen politischen Lagern wertvolle Wahrheiten gibt, die das CCN zu einer umfassenden, praktikablen Einheit zusammenzuschließen sucht.

Das CCN lebt von freiwilligen Mitarbeitern, die direkt mit den Menschen arbeiten und damit alle etablierten Institutionen umgehen. Dieses organische, zwanglose, unabhängige Projekt ist ein evolutionäres Vorbild für eine herrschaftsfreie Selbstorganisation, die durch mehr Gemeinschaft mehr Bewusstheit erzeugt.

Der visionäre Gründer von CCN, Geschäftsmann Richard Flyer, beschreibt dieses Netzwerk neuer Bewusstheit als »eine freiwillig gewählte Gemeinschaft ohne Mauern, geprägt von dem Wunsch, zwischen Menschen mit unterschiedlichen Überzeugungen und Hintergründen Herzen zu öffnen und Brücken zu bauen.«[32] Mit seiner Organisation will er gesundheitsfördernde, lebensbejahende und erfreuliche Elemente in die Gesellschaft weben.

Flyers kommunale Matrix bietet eine weitestgehend unsichtbare Infrastruktur von Beziehungen, die der individuellen, der regionalen und der planetarischen Gesundheit dienen. Flyer meint: »Wenn wir gleichgesinnte Leute miteinander verbinden – Leute, die die Menschheit weiterentwickeln wollen und die es in jeder Gemeinde und in allen sozialen Schichten gibt –, dann setzen wir eine ›kreative

Intelligenz‹ frei, durch die in der alten Gesellschaft eine neue heranwachsen kann.«[33]

In Reno und in unzähligen anderen Orten, in denen Weisheitsräte, Weltcafés und andere aktiv zuhörende Gruppen entstanden sind, entdecken die Menschen zwei tiefe Wahrheiten: Zum Ersten, dass die Verbindung im Herzen viel kraftvoller ist als die unterschiedlichen Überzeugungen im Kopf. Und zum Zweiten, dass der einbeziehende Kreis viel wohltuender ist als das trennende Quadrat.

Das Herz der Menschheit sehnt sich nach einer sicheren, fruchtbaren Umgebung für respektvolle Kommunikation, der Grundlage für eine gesunde, vernünftige politische Struktur. Und wie bei vielen anderen Aspekten dieser neuen, transformierenden Geschichte sind wir, das Volk, aufgerufen, unsere Entweder-oder-Standpunkte hinter uns zu lassen und uns den Sowohl-als-auch-Chancen zuzuwenden.

Das Leben ist progressiv ... und konservativ

Hier kommt ein weiterer Grund, warum wahre Sicherheit eine Herzensangelegenheit ist. In unserem stressreichen, überfordernden Leben neigen die Menschen dazu, sich zu sehr mit ihren Überzeugungen zu identifizieren. Wenn diese Überzeugungen polarisierend, unzutreffend oder geradewegs falsch sind, kann das lebensbedrohlich werden.

Halten wir uns die Gemeinsamkeiten und die Unterschiede zwischen *progressiv* und *konservativ* vor Augen: Beides sind natürliche Impulse und Grundbestandteile des Lebens. Doch wenn sie zu rigiden Überzeugungen werden, können sie sich zur Polarität verhärten, die das Wachstum des Systems behindert.

Seit den sozialen Unruhen, die auf den Krieg in Vietnam folgten, haben sich in Amerika zwei einander bekämpfende Lager gebildet: der blaue Stamm der progressiven Demokraten und der rote Stamm der konservativen Republikaner. Gefangen in ihrem dysfunktionalen Konflikt, vergeuden beide Gruppen viel Lebenskraft und Energie, indem sie sich darüber streiten, was falscher sei: die Ungeborenen zu töten oder die Geborenen zu töten. Währenddessen gerät sowohl das Leben der Ungeborenen als auch der Geborenen in Gefahr, weil sich niemand um den lebensbedrohlichen Zustand des Planeten kümmert.

Sobald wir uns über diese Dualitäten erheben, durchschauen wir den Zusammenhang der progressiven und konservativen Überzeugungen mit den Naturkräften des Wachstums und des Schutzes. Grundsätzlich ist das Leben progressiv, weil es immer weiter wächst und sich fortwährend entwickelt. Doch das Leben ist auch konservativ – wie eine Hülle beweist, die einen kostbaren Keim umschließt. Ein Keim in seiner Hülle steht wie ein Ei in seiner Schale für die harmonische Integration von progressiven und konservativen Funktionen. Beides ist nötig, damit sich das Leben entfalten kann.

In unserer Gesellschaft jedoch sind die progressiven und die konservativen Faktoren völlig im Ungleichgewicht. Die alte Geschichte der Beherrschung hat unsere Kultur so durchdrungen, dass unsere Schutzstrukturen jetzt den Fortschritt des Lebens gefährden. Das soziale Ungleichgewicht, in dem wir leben, ließe sich vielleicht als MIK diagnostizieren, als Militärisch-Industrieller Komplex. MIK ist eine selbstzerstörerische Autoimmun-Krankheit, die das Wohlbefinden der Zivilisation bedroht.

Wie bereits betont, entspricht es der Natur, so selten wie möglich Schutzverhalten anzunehmen, da dies zwar unter Umständen Leben bewahrt, jedoch enorme Schätze verbraucht und die Wachstumsprozesse des Systems behindert.

Wenn wir lernen, uns über die gegensätzlichen Polaritäten zu erheben und einen Zustand des »emergenten Sehens« herzustellen, werden wir erkennen, dass mit zunehmender gemeinschaftlicher Bewusstheit immer weniger Schutz nötig sein wird. Genau aus diesem Grund bildeten die sechs indianischen Stämme seinerzeit die Irokesen-Konföderation und die 13 amerikanischen Kolonien die Vereinigten Staaten. Und bitte beachten Sie die Worte: *Konföderation* bedeutet: eine Allianz zu einem gemeinsamen Zweck, und *verein(ig)t* bedeutet: etwas Einheitliches, Harmonisches.

Während das Leben und die Evolution danach streben, sich in Richtung größerem gemeinsamem Zweck, in Richtung Harmonie und Gemeinschaft zu entwickeln, gibt es seit der amerikanischen Revolution auch einen konservativen Impuls: Man will sicherstellen, dass das Individuum nicht in den Bedürfnissen des Kollektivs untergeht. Im vergangenen Jahrhundert reagierten die Konservativen höchst empfindlich auf die utopischen Experimente des sowjetischen und chinesischen Kommunismus, die in totalitäre Albträume ausarteten. Und angesichts der weltweiten finanziellen und militärischen Macht sorgen sich Konservative durchaus zu Recht, dass nach dem gleichen Modell einer triangulären Herrschaftselite eine neue, noch schrecklichere Weltordnung entstehen könnte.

Die neue holistische Weltordnung folgt jedoch der Struktur des Kreises und unterscheidet sich von den befürchteten Auswüchsen grundsätzlich, weil sie von unten nach oben entsteht: als funktionale Matrix des wechselseitigen Nutzens, der Verbundenheit und der Gemeinschaft. Ihr liegt eine Weltsicht zugrunde, welche die individuelle Freiheit stärkt. Je weniger wir uns voreinander schützen müssen, desto mehr Freiheit und Wohlstand haben wir, um glücklich zu werden. Und eine wundervolle Nebenwirkung ist: Je glücklicher wir sind, desto weniger werden wir uns voreinander schützen müssen.

Wenn wir den Ideen imaginaler politischer Philosophen und Aktivisten wie Tom Atlee, Jim Rough und Richard Flyer folgen wollen, müssen wir uns den neuen moralischen Maßstab aneignen, dass wir alle im selben Boot – oder Raumschiff – sitzen. Aus dieser Perspektive können aus progressiven und konservativen Gegnern kraftvolle Tanzpartner werden, aus deren Bewegungen eine gemeinsame Choreografie entsteht. Wie wäre es wohl, wenn wir uns kollektiv fragten: »Wie wollen wir uns weiterentwickeln?«, und: »Was wollen wir bewahren?«, und auf diese Fragen kollektiv Antworten fänden?

Dank der Fähigkeit des Internets, das globale Dorf miteinander zu verknüpfen, finden Gespräche über derartige Fragen bereits statt. Die Politik steht in der Tat kurz davor, ihren höchsten Daseinszweck zu erfüllen: eine gesunde Menschheit zu fördern und aufrechtzuerhalten, auf einem gesunden Planeten, auf dem jede zelluläre Seele wachsen und gedeihen kann. Alles was wir jetzt brauchen, ist die Bereitschaft einer kritischen Masse Menschen, an der Veränderung unserer Geschichte mitzuwirken.

16. Kapitel

Eine ganz neue Geschichte

*»Es ist Zeit, uns lieber der fruchtbaren Wiederbelebung
des Gartens zu widmen,
statt fruchtlos Schrott zu sortieren.«*

SWAMI BEYONDANANDA

Der Kreis schließt sich. Unsere Reise begann mit einer Geschichte über die Macht von Geschichten, vor allem der unsichtbaren Geschichten, die unser Bewusstsein durchdringen und unsere Erfahrungen filtern, ohne dass wir uns auch nur ihrer Existenz bewusst sind. Wahrnehmungs-Mythen verzerren unsere Geschichten und haben zu sozialen Fehlfunktionen und der Zerstörung unseres Heimatplaneten geführt.

Nachdem wir Möglichkeiten für eine neue Geschichte, die auf neuester Wissenschaft und uralter Weisheit beruht, erkundet haben, stehen wir vor einer Herausforderung: Wie können wir die alte Geschichte verändern und eine neue schreiben? Wie können wir unser Leben in tieferen Wahrheiten statt in überholten Ansichten gründen? Wie können wir an der bewussten Evolution des neuen Superorganismus Menschheit teilnehmen?

Die Menschheit ist definitionsgemäß eine Lebensform, die sich durch *Menschlichkeit* auszeichnet. Im Lauf der Geschichte gab es immer wieder vorbildliche Menschen, die Mitgefühl, Menschenfreundlichkeit, Güte, Toleranz, Wohltätigkeit und Großzügigkeit verkörperten. Doch als Konsequenz unserer von Wahrnehmungs-Mythen beeinflussten Programmierungen leben viel zu viele Menschen ein Leben der Gleichgültigkeit, Intoleranz, Grausamkeit, Boshaftigkeit und noch viel barbarischerer Verhaltensweisen. Die heutige Zivilisation ist eigentlich eher ein Abbild der Unmenschlichkeit als der Menschlichkeit.

Aus evolutionärer Sicht können wir nicht länger entschuldigend auf die Besten unter uns verweisen. Unsere Zivilisation steht hoch oben auf der Roten Liste der gefährdeten Arten, und unser biologischer Imperativ drängt uns unbewusst, menschliche Qualitäten anzunehmen, auf dass wir uns voll und ganz zu dem lebenserhaltenden Organismus entwickeln können, der als *Menschheit* bezeichnet wird.

Prima Idee! Aber wie anstellen?

Es ist klar, dass das heutige Grundparadigma des wissenschaftlichen Materialismus nicht nur von der neuen Wissenschaft widerlegt wurde, sondern auch unserer Situation nicht gewachsen ist. Deshalb heißt der erste Schritt, uns kollektiv von den einschränkenden Überzeugungen zu lösen, die uns davon abhalten, unser wahres menschliches Potenzial zu verwirklichen.

Was wäre, wenn wir unsere Überzeugungen veränderten? Wir leben in einer Welt der Vorstellungen – was wollen wir uns vorstellen? Welche Alternativen würden sich ergeben, wenn wir die kollektiv vereinbarten Überzeugungen aufgäben, dass nur die Materie zählt, dass hier das Gesetz des Dschungels herrscht, dass wir gebrechliche und ohnmächtige Opfer unserer Gene sind, entstanden durch einen zufälligen Würfelwurf der Elemente?

Wir müssen nicht nur die veralteten Geschichten durch brauchbarere ersetzen, sondern auch die Wunden heilen, welche die alten Geschichten im Lauf der Jahrhunderte geschlagen haben. Die Umprogrammierung und Heilung muss auf individueller und kollektiver Ebene geschehen. In einer fraktalen Wirklichkeit kann es keinen entwickelten Organismus geben, ohne dass sich zuerst die Zellen entwickeln.

Wir haben nicht die Absicht, in diesem letzten Kapitel eine detaillierte Version der neuen Geschichte unserer Zivilisation vorzulegen. Stattdessen bieten wir eine – aus den neuen wissenschaftlichen Erkenntnissen abgeleitete – Skizze an, die vielleicht als Grundlage einer sich entfaltenden Wiki der Menschheitsevolution dienen könnte. Diese Wiki wird im Lauf des nächsten Jahrzehnts unausweichlich unzählige Male umgeschrieben werden. In dieser ganz neuen Geschichte wird es nicht nur um uns selbst oder unseren Stamm oder unsere Nation gehen, auch nicht nur um die Menschheit, sondern um die gesamte Existenz. Doch bevor wir zu weit vorauseilen, wollen wir noch einmal kurz rekapitulieren, was wir wissen und welche Konsequenzen sich aus diesem Wissen ergeben.

So ist das! – Und was bedeutet es?

Einst machte einer unserer Freunde auf seinem Weg von Los Angeles nach San Francisco bei uns Station. Zusammen mit sechs anderen Suchenden war er auf dem Weg zu einer riesigen New-Age-Konferenz, auf der Größen wie Deepak Chopra, Wayne Dyer und Louise Hay sprachen. Wie es unsere Gewohnheit ist, begrüßten und umarmten wir erst unseren Freund und dann alle, die der Reihe nach aus dem Wagen stiegen. Eine Frau aus der Gruppe, mit Furchen zwischen den Augenbrauen so tief wie der Grand Canyon, machte bei der Umarmung einen so steifen Eindruck, dass wir sie ermutigten, sich zu entspannen. Das löste eine unmittelbare, gereizte Reaktion aus: »Ich bin entspannt!«, schnauzte sie verärgert zurück.

Nach unserem sanften Hinweis auf die negativen körperlichen Auswirkungen von Anspannung ratterte sie eine Liste kluger Bemerkungen über Stress, Anspannung und Gesundheit herunter, mit der sie jede New-Age-Sachkunde-Prüfung bestanden hätte. Doch mit dem Ärger, den sie bei der Verteidigung vorbrachte, wäre sie im Praxisteil der Prüfung mit Pauken und Trompeten durchgefallen.

Wir waren auch schon auf Umweltschutz-Konferenzen, bei denen die Mülleimer von leeren Plastik-Wasserflaschen überquollen.

Worum es uns geht: Unser bewusster Geist nimmt leicht neue, lebensfördernde Informationen auf, doch sie kommen nur selten unterhalb des Halses an und werden noch seltener in Taten umgesetzt. Und wenn wir uns erinnern, dass unsere unterbewussten Programme 95 Prozent unseres Verhaltens kontrollieren, ist das durchaus verständlich. Wäre dies ein Schulbuch, könnten wir jetzt die Anweisung geben: »Schließt eure Bücher, holt Papier und Stifte raus, jetzt kommt ein Test.« Viele von Ihnen könnten sich vielleicht an die wissenschaftlichen Informationen dieses Buchs gut erinnern und würden mit Note Eins abschneiden. Doch der eigentliche Wert dieses Buches hängt davon ab, ob sich der Leser auf die fundamentale Frage einlässt: »Wie würde sich mein Leben verändern, wenn ich diese neuen Erkenntnisse in meinem Verhaltensprogramm umsetzte?«

Die Zivilisation steht vor großen wissenschaftlichen Umbrüchen, die erhebliche Auswirkungen auf unsere Geschichten und unser Leben haben werden. Wir haben es nicht mit neuen Vermutungen zu tun, sondern mit Tatsachen. Die Geschichte, die sich aus den neuen wissenschaftlichen Erkenntnissen ergibt, rät uns nicht, unser kollektives Verhalten zu ändern – sie verlangt es.

Die wissenschaftlichen Prinzipien, die eine Verhaltensänderung erfordern, stammen aus vielen verschiedenen Disziplinen. Die neue Wissenschaft des *Holismus* betont, dass wir ein neues Verständnis der Natur und der menschlichen Erfahrung verinnerlichen müssen, um die Teile zu transzendieren und das Ganze zu sehen.

Die konventionelle Idee, dass Biologie, Physik und Mathematik völlig unterschiedliche Wissensfelder sind, ist ein Irrtum, der unsere Weiterentwicklung blockiert. Alle systematischen Studien über Struktur und Verhalten der natürlichen Welt sind aufs Innigste miteinander verknüpft. Das Wissen, das unter dem einen Dach der Wissenschaften gesammelt wird, lässt sich mit einem mehrstöckigen Gebäude vergleichen, in dem jedes Stockwerk auf den Erkenntnissen der jeweils darunterliegenden Etage aufbaut. Wie auf der nächsten Seite dargestellt, entsprechen die einzelnen Stockwerke den grundlegenden wissenschaftlichen Disziplinen. Das Erdgeschoss bildet die Mathematik. Darauf aufgebaut ist die Physik, auf dieser beruht die Chemie, die ihrerseits die Grundlage der Biologie bildet, und das oberste Stockwerk ist die Psychologie.

Diese hierarchische Struktur zeigt, dass eine Wissenschaft auf einer niedrigeren Ebene fundamentaler ist als eine auf einer höheren Ebene. Zum Beispiel konnte sich Newton erst der Physik zuwenden, nachdem er in der Mathematik die Differenzialrechnung entwickelt hatte.

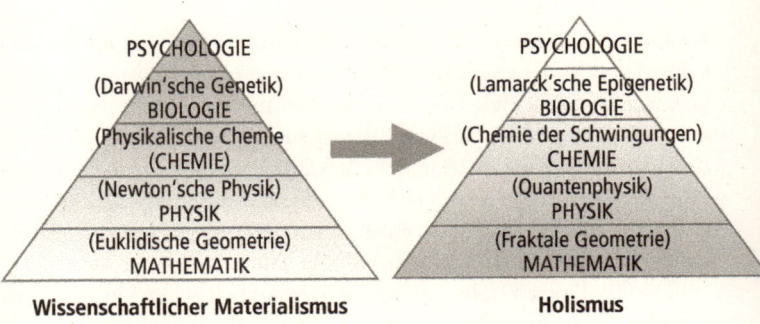

Jede Ebene der Wissenschaften
beruht auf den zuvor etablierten Ebenen.

An dieser strukturellen Organisation können wir etwas Wichtiges erkennen: Sobald sich auf einer der unteren Ebenen eine Überzeugung ändert, müssen sich auch die darüberliegenden Systeme ändern. Falls sich etwas in den oberen Systemen ändert, muss das jedoch keine Auswirkungen auf die unteren Ebenen haben.

Das Bewusstsein und – als Folge davon – das Verhalten unserer Zivilisation beruhen auf Wahrheiten, die der wissenschaftliche Materialismus postuliert hat. Die Unzulänglichkeiten dieser Wahrheiten haben zu den gegenwärtigen Krisen geführt, die unser Überleben bedrohen. Doch es hat sich eine neue, höher entwickelte Wissenschaft herausgeschält – eine ganzheitliche Struktur, die auf einer festeren Grundlage aufbaut.

In der Schule wird Kindern oft abverlangt, bestimmte Fakten auswendig zu lernen. »So ist das eben«, bringt man ihnen bei. Wenn sie älter werden, fangen sie an, über diese Dinge nachzudenken, sodass sich die Frage stellt: »Was bedeutet das? Wenn dies und jenes so und so ist, welche Auswirkungen hat das auf mein Leben?«

Auch die Zivilisation fragt sich jetzt: »Was bedeuten die neuen wissenschaftlichen Erkenntnisse für die Menschheit auf der Erde?« Im Folgenden sind verschiedene neue wissenschaftliche Fakten aufgezählt (»So ist das!«); dann wird die Frage beantwortet: »Was bedeutet das?«

Mathematik: *So ist das:* Die Prinzipien der fraktalen Geometrie beschreiben die Struktur der Natur. *Was bedeutet das?* Die fraktale Geometrie – das Prinzip *Wie oben, so unten* – zeigt, dass es auf jeder Ebene des Universums selbstähnliche Organisationsmuster gibt. Angesichts des Erfolgs der Natur müssen wir annehmen, dass das Überleben und das Gedeihen der Menschheit sicherer wären, wenn wir ihrem Vorbild folgten.

Physik: *So ist das:* Materie und Energie bzw. *Geist (Spirit)* sind nicht voneinander zu trennen. *Was bedeutet das?* Alles im Quantenuniversum – sei es physisch oder nichtphysisch wie Energiewellen oder Gedanken – ist in eine unsichtbare Energiematrix eingewoben, die *das Feld* genannt wird. Die Feldkräfte beeinflussen die Form des physischen Universums, ähnlich wie ein Magnet Eisenspäne anordnet. Keine Struktur – von einem Wassertropfen bis zu einem Menschen – lässt sich je vom Feld trennen. Das Feld ist die Quelle, das *Alles-was-ist,* das manche *Gott* nennen. *So ist das:* Die Quantenmechanik beweist, dass der Beobachter die Wirklichkeit erzeugt. *Was bedeutet das?* Wir ko-kreieren die Wirklichkeit mit unseren Überzeugungen, Wahrnehmungen, Gedanken und Gefühlen.

Biologie: *So ist das:* Die Epigenetik steuert die Genetik. *Was bedeutet das?* Die molekularen epigenetischen Mechanismen repräsentieren einen physischen Weg, in dessen Verlauf uns das Bewusstsein zu Meistern unserer eigenen Gesundheit und unseres Wohlbefindens macht. Das Feld unserer kollektiven und individuellen Überzeugungen und Wahrnehmungen bestimmt unsere Biologie und unsere Realität. *So ist das:* Evolution entsteht durch Anpassung in Richtung auf eine integrierte, ausgeglichene und harmonische ökologische Gemeinschaft auf der Erde. *Was bedeutet das?* Die menschliche Evolution ist kein Zufallsprodukt. Wir sind hier, um durch unser gemeinsames Wirken und durch unsere Kooperation mit der Umgebung den »Garten« zu hegen und zu pflegen.

Psychologie: *So ist das:* Der unterbewusste Geist steuert 95 Prozent unseres Verhaltens und unserer genetisch wirksamen kognitiven Aktivitäten durch Programme, die hauptsächlich aus dem Feld der

Überzeugungen stammen. *Was bedeutet das?* Wenn wir uns unserer eigenen unterbewussten Überzeugungen und Emotionen bewusst werden und sie aktiv gestalten, können wir individuell und kollektiv die kreative Kontrolle über unser Leben gewinnen.

Um das ganz große »Was bedeutet das?« zusammenzufassen: Die Geschichte, die wir uns selbst und einander über unsere Wirklichkeit und unseren Platz in ihr erzählen, hat einen starken Einfluss – nicht nur auf unsere menschliche Zivilisation, sondern auch auf den Planeten. Wir mögen uns als klein und unbedeutend empfinden, doch unsere kollektiven bewussten und unbewussten Überzeugungen ordnen die Teilchen der Materie zu jenem, was wir *Wirklichkeit* nennen.

Wir haben den Einfluss des Feldes auf die Materie mit dem unsichtbaren Magnetfeld verglichen, das die Eisenspäne zu einer bestimmten Form anordnet. Das ist jedoch noch nicht die ganze Geschichte. Die Eisenspäne haben auch eine Wirkung auf das Magnetfeld. Der Einfluss jedes einzelnen Eisenspänchens ist winzig und könnte vernachlässigt werden, doch würde man sie zu einer festen Masse zusammenpressen, hätte der daraus entstehende Eisenstab eine deutlich messbare Wirkung auf das Magnetfeld.

Auf ähnliche Weise haben die Energiefelder der Erde im Lauf der Evolution die Organisation der biologischen Organismen bis hin zum Schicksal des Menschen beeinflusst. Im Gegenzug hatten alle individuellen Wesen wie die Eisenspäne durch ihren einzigartigen Einflussbereich eine gewisse, wenn auch winzig kleine Wirkung auf das Feld.

Der Ursprung des Ich-Bewusstseins des Menschen stellt in der Geschichte der Evolution einen entscheidenden Wendepunkt dar. Ich-Bewusstsein ist ein neurologischer Mechanismus, der Individuen die Wahl ermöglicht, auf die Felder ihrer Umgebung zu reagieren oder nicht. Diese Wahlfreiheit ist identisch mit unserem freien Willen. Eisenspäne haben nicht die Möglichkeit, sich selbst zu entscheiden, einen Eisenstab zu bilden. Menschen können sich jedoch bewusst für Kohärenz entscheiden und eine Einheit bilden, die eine deutliche Wirkung auf das Feld hat.

Darüber hinaus ist der Einfluss eines Eisenstabs auf ein Magnetfeld immer statisch. Menschen haben dagegen die Fähigkeit, die Felder der

Erde durch bewusste Absicht dynamisch und kreativ zu verändern. Durch ihr kollektives Bewusstsein kann die Zivilisation aus Krisen neue, nachhaltige Wirklichkeiten machen. Wir können wirklich den »Garten« wiederbeleben und den Himmel auf Erden erschaffen.

Wie kommen wir zu der Kohärenz, die es uns ermöglicht, unsere »humanifeste Bestimmung« zu verwirklichen? Wie werden wir zu Teilnehmern der Evolution, statt sie einfach so über uns ergehen zu lassen?

Der erste Schritt besteht darin, die grundlegende Geschichte umzuschreiben, mit der die Zivilisation derzeit ihre Wirklichkeit erschafft. Das beginnt nicht mit einer Geschichte, die von oben nach unten angeordnet wird, sondern mit einem Grundriss, auf dem sich die neue Geschichte von unten nach oben entfalten kann. Es geschieht, indem wir uns verschiedene verheißungsvolle Konzepte anschauen, dank denen wir unsere evolutionäre Bestimmung verwirklichen können.

Die Heilung der alten Geschichte

Selbstähnliche fraktale Organisationsmuster durchziehen das ganze Universum. Auch der Mensch als ein Teil der Natur besteht aus solchen sich wiederholenden Mustern. Eines dieser Muster, das im Verlauf der menschlichen Geschichte immer wieder aufgetaucht ist, ist das der Gewaltherrschaft, der Ausbeutung und des Kriegs. Praktisch jede ethnische Gruppe ist in dieser ewig erscheinenden Tragödie schon einmal Opfer und Täter gewesen.

In diesen Kriegsgeschichten begegnen uns zwar auch viele Beispiele für menschliche Größe und Selbstlosigkeit, doch unsere Kultur scheint besonders von den Leidensmustern beeinflusst zu sein, die sich sowohl unserem bewussten als auch unserem unbewussten Gedächtnis eingeprägt haben.

Der Entwicklungsforscher Joseph Chilton Pearce beschreibt unsere Kultur daher als »eine Reihe von Überzeugungen und Praktiken, die sich um das physische Überleben drehen«, und nennt es unverblümt »einen allgemeinen Zustand der Angst«.[1]

Jahrtausendealte Programmierungen von Herrschaft und Unterdrückung und viele historische Erinnerungen haben uns zutiefst dahingehend geprägt, dass es um »Wir gegen die anderen« gehe. Und wenn es eng wird, halten wir uns an das Altbewährte. In unserem Bewusstsein mögen wir uns mit der Liebe der Goldenen Regel befassen, doch unser Unterbewusstsein ist von der Regel des Goldes beherrscht, vor allem wenn Angst aufkommt und Zwang ausgeübt wird. Was können wir angesichts dieser schier überwältigenden Programmierung tun?

Wir können das Unbewusste bewusst machen. Wenn wir erkennen, dass wir durch Angst programmierbar sind, fallen wir nicht mehr so leicht den Programmierungen jener zum Opfer, die aus Massenkonflikten Nutzen ziehen. Hermann Göring gab das während der Nürnberger Prozesse offen zu, als er sagte: »Das gemeine Volk will natürlich keinen Krieg ... Aber schließlich sind es die Führer eines Landes, die das Vorgehen bestimmen, und es ist immer recht einfach, das Volk mitzuziehen, sei es in einer Demokratie, in einer faschistischen Diktatur, in einem Parlament oder in einer kommunistischen Diktatur ... Man muss dem Volk nur weismachen, dass es angegriffen wird und dass es den Friedensbewahrern an Patriotismus mangelt und dass sie das Land der Gefahr preisgeben. Das funktioniert immer, in jedem Land.«[2]

Diese Worte sind für die Vereinigten Staaten von besonderer Bedeutung, nachdem der Präventivkrieg gegen den Irak zwar nicht die angeblichen Massenvernichtungswaffen zum Vorschein brachte, aber das Land an den Rand des finanziellen und moralischen Zusammenbruchs führte. Wir können die acht Jahre Bush-Cheney-Regierung getrost als eine intensivst von Angst gesteuerte Lernerfahrung bezeichnen, für die die USA und die Welt ein hohes Lehrgeld zahlen mussten.

Evolution bedeutet Lernen, und Lernen beruht auf dem Wiedererkennen von Mustern und ihrer Bedeutung. Situationen werden nur so lange als Probleme oder als Rätsel betrachtet, bis die ihnen zugrunde liegenden Muster erkannt und verstanden werden. Haben wir eine Lernerfahrung gemacht, können wir sie in unserem Gedächtnis speichern, sodass wir ähnliche Probleme oder Rätsel nicht noch einmal lösen müssen und die alte Geschichte loslassen können.

Ein Grund, weshalb sich die Geschichte wiederholt, liegt in dem Faktum, dass sich die Menschen hartnäckig geweigert haben, manche Lektionen zu lernen. Wir wählen lieber Anschuldigungen und Rache. Deshalb reicht es nicht, alte, einschränkende oder zerstörerische Geschichten durch neue zu ersetzen. Wir müssen auch verstehen – sogar anerkennen –, dass die Täter und Opfer dieser alten Dramen ihre Rollen aufgrund ihrer eigenen Programmierungen gespielt haben. Der Schuldige ist nicht notwendigerweise irgendein Individuum, sondern das sich wiederholende Verhaltensmuster.

Die Vorstellung, dass wir die Spieler aus ihren Rollen entlassen könnten, ist für viele unannehmbar und kann sogar Aggressionen erzeugen. Das kommt daher, dass diese Geschichten nicht nur im Geist (Mind) verankert, sondern auch mit körperlichen Emotionen verknüpft sind. Joseph Chilton Pearce betont: Zum Loslassen der Geschichten sei es notwendig, die damit verbundenen Emotionen anzusprechen, und der Lösung zuliebe sei es erforderlich, die spirituellen, psychologischen und emotionalen Wunden anzuerkennen und zu heilen.

Die Geschichte zeigt auch, dass Vergebung keine leichte Sache ist. Wie der Dichter Alexander Pope schon im 18. Jahrhundert schrieb: »Irren ist menschlich, vergeben ist göttlich.« Da sie ihre eigene Göttlichkeit nicht wahrnehmen, überlassen die meisten Menschen die Vergebung bequemerweise Gott.

Die neuen wissenschaftlichen Erkenntnisse zeigen jedoch, dass wir mit dem *Alles-was-ist* aufs Innigste verknüpft sind. Als Frucht des Göttlichen liegt es voll und ganz in unserer Reichweite, zu vergeben. Jesu Bitte – »Vergib ihnen, denn sie wissen nicht, was sie tun«* – wird durch die Wissenschaft bestätigt, die 95 Prozent unseres Verhaltens als unterbewusst bezeichnet.

Wenn man sich das klarmacht, weiß man auch: Wäre in einer persönlichen Auseinandersetzung auch nur einer von beiden bewusst, würde die ganze Sache niemals passieren. Wenn wir uns wirklich bewusstmachen, dass der größte Teil unseres Verhaltens für uns selbst unsichtbar ist und dass unsere Wahrnehmung durch unsere

---

* Siehe das Unterkapitel »Jenseits von Schuld« im 2. Kapitel. (Anm. d. Red.)

Überzeugungen verzerrt wird, können wir leicht und logisch anderen vergeben, die genau wie wir nicht wissen, was sie tun. Während man durch Wahrheit und Logik zu Vergebung gelangen kann, beruht Heilung vor allem auf Liebe.

Wir haben schon einige außergewöhnliche Leistungen von gewöhnlichen Menschen beschrieben, die durch Liebe angetrieben wurden. Im 13. Kapitel haben wir von Leonard Laskows Experiment berichtet, bei dem Liebe Krebszellen zum Schrumpfen brachte.

Wenn wir jetzt all die politischen Gifte transformieren wollen, die sich in Jahrhunderten gegenseitiger Übergriffe angesammelt haben, können wir dann vielleicht auch die Liebe bitten, das Schwere zu heben?

Zu den herausragenden visionären Experimenten der letzten zwei Jahrzehnte gehört der Einsatz von Liebe, Wahrheit und Vergebung zur Heilung des jahrhundertealten Kolonialismus in Südafrika. Nelson Mandela, Präsident des African National Congress, der revolutionären Bewegung zur Beendigung der Apartheid in Südafrika, wurde 1989 nach 27 Jahren Gefängnis entlassen. In vielen Menschen hätte es Verbitterung und Wut ausgelöst, mehr als ein Drittel ihres Lebens hinter Gittern zu verbringen, doch Mandela war es gelungen, seine Erfahrung in spirituelle Weisheit und Mitgefühl zu verwandeln. Bei seiner Freilassung schwor Mandela, einen friedvollen und respektvollen Übergang zu einer nichtrassistischen Regierung zu schaffen.

Als Präsident von Südafrika setzte Mandela 1994 die Truth and Reconciliation Commission (TRC, Wahrheits- und Versöhnungskommission) ein, denn er meinte: »Nur die Wahrheit kann die Vergangenheit zur Ruhe bringen.« Diese Kommission sollte die politischen Verbrechen aufklären, die sowohl von der Regierung als auch von den revolutionären Gruppen verübt worden waren. Die Täter sollten Gelegenheit bekommen, ihre Verbrechen zu gestehen, und im Gegenzug für ihr Geständnis sollte ihnen Amnestie gewährt werden. Vorsitzender der TRC war der anglikanische Erzbischof Desmond Tutu, einer der wichtigsten spirituellen Führer Afrikas und Vertreter der traditionellen Stammesphilosophie des Ubuntu.

In der Sprache der Bantu bedeutet *Ubuntu* die Verbindung zwischen dem Individuum, der Menschheit und der Welt, was uns an die im 10. Kapitel beschriebene Bedeutung von *religare* erinnert.

Der afrikanische Historiker und Journalist Stanlake J.W.T. Samkange beschreibt die drei Maximen des Ubuntu:[3]

1. Wir erkennen unsere eigene Menschlichkeit an, indem wir die Menschlichkeit anderer anerkennen.
2. Vor die Entscheidung zwischen menschlichem Leben und Wohlstand gestellt, wählen wir das Leben.
3. Der König erhält seinen Status nur durch den Willen des Volkes.

Oh ja, das klingt sehr nach der Goldenen Regel, nach Jesus, der die Geldwechsler hinauswirft, nach einer Regierung, die von souveränen Bürgern ermächtigt wird. Die traditionelle Ubuntu-Philosophie hat mit ihren Bemühungen, das Gewebe der Gemeinschaft wieder zu flicken, viel zur Erschaffung der afrikanischen Versöhnungsbewegung beigetragen.

In ihrem Abschlussbericht zitiert die TRC zwar den südafrikanischen Staat als Hauptschuldigen für die Apartheid, doch es werden Grausamkeiten von beiden Seiten aufgezählt und verurteilt. Motiviert durch die heilenden Absichten von Mandela und Tutu, bereitete die Kommission in Südafrika den Weg für einen friedvollen Machtwechsel. Die Liebe und Vergebung, die die Kommission vertrat, hatte nichts mit Nettigkeiten und Sentimentalitäten zu tun – sie erforderten vielmehr echten Mut und spirituelle Stärke.

Ihre versöhnende Absicht wurde schon vor Mandelas Präsidentschaft auf die Probe gestellt. 1993 wurde das ANC-Mitglied Chris Hani ermordet. Das Land bebte vor Rachsucht, doch Mandela fand folgende Worten für seine Nation: »Heute Abend wende ich mich von ganzem Herzen an jeden einzelnen Südafrikaner, egal ob schwarz oder weiß ... Ein weißer Mann, der voller Hass und Vorurteile in unser Land gekommen ist, hat eine so schreckliche Tat begangen, dass unser ganzes Land in einen Abgrund zu stürzen droht. Eine weiße Südafrikanerin, Hanis Nachbarin, hat ihr Leben riskiert, um für Gerechtigkeit zu sorgen ... Jetzt ist es Zeit für alle Südafrikaner, zusammenzustehen gegen jene aus allen Lagern, die das zerstören wollen, wofür Chris Hani sein Leben eingesetzt hat: Freiheit für uns alle.«[4]

Wie unsere Welt heute wohl aussähe, wenn ein amerikanischer Präsident vor dem Hintergrund des 11. September 2001 eine ähnliche Rede gehalten hätte? Ob sie zu einer Zeit, da die ganze Welt mit Amerika mitfühlte, Wellen der Liebe und Funktionalität ausgelöst hätte? Wir meinen, ja.

Mandelas spirituelle Führungsqualitäten verhinderten, dass eine in der Geburt befindliche Nation im Kindbett starb. Der Prozess der Wahrheit und Versöhnung ermöglichte es bei allen Einschränkungen, dass eine ganze Nation an der Vergebung teilhaben konnte.

Im Jahr 2000 brachte Dr. Fred Luskin, Direktor des Stanford Forgiveness Project und Autor des Buches *Forgive for Good* in Kalifornien eine kleine Gruppe von Protestanten und Katholiken zusammen, die alle während der Unruhen in Nordirland liebe Menschen verloren hatten. Er nannte das Projekt HOPE als Abkürzung für *Healing Our Past Experience* (Heilung unserer vergangenen Erfahrungen). Manche Verluste lagen zu diesem Zeitpunkt bereits mehr als 20 Jahre zurück, doch der Kummer hatte sich nie gelegt.

Der erste Durchbruch wurde erzielt, als sowohl Katholiken als auch Protestanten merkten, dass ihnen der Kummer gemeinsam war – trotz der oppositionellen Seiten, denen sie angehörten. Am Ende des einwöchigen Projekts füllten die Teilnehmenden Fragebogen aus, um emotionale und physiologische Veränderungen festzuhalten. Sie berichteten, dass sie weniger Verletztheit, Wut und Depression verspürten. Außerdem litten sie durchschnittlich 35 Prozent weniger unter physiologischen Symptomen wie Schlafstörungen, Appetitstörungen, Erschöpfung und Schmerzen.[5]

Die Ergebnisse sind sicher ermutigend, doch die Frage bleibt offen: »Kann Liebe wirklich giftige Emotionen heilen, vor allem die Bösartigkeit des Hasses?« Leonard Laskows Liebe zu den Krebszellen in seiner Petrischale ist eine Sache – doch was passiert in der realen Welt, wenn der Hass über die eigene Türschwelle schwappt?

In ihrem Buch *Not by the Sword* (Nicht durch das Schwert) erzählt Kathryn Watterson die Geschichte von Michael Weisser, einem jüdischen Kantor, und seiner Frau Julie.[6] Im Sommer 1991 waren sie nach Lincoln in Nebraska gezogen, und noch während sie die Kisten auspackten, erhielten sie den ersten bedrohlichen Telefonanruf. Kurz danach kam ein Päckchen mit rassistischen Flugblättern an.

Auf der beiliegenden Karte stand: »Der KKK beobachtet euch, ihr Abschaum!« Die Polizei meinte, das sähe nach dem Werk des lokalen Ku-Klux-Klan-Großdrachen und selbst ernannten Nazi Larry Trapp aus. Trapp wurde bereits mit Brandbomben in afrikanisch-amerikanischen Häusern und vietnamesischen Flüchtlingszentren in Verbindung gebracht. Er war 44 Jahre alt, Leiter der weißen rassistischen Bewegung in der Gegend, saß im Rollstuhl und hatte Diabetes. Zu jener Zeit hegte er Pläne, die Synagoge B'nai Jeshuran zu bombardieren, in der Weisser Kantor war.

Die Hasspost versetzte Julie Weisser zwar in Angst und Wut, aber sie verspürte auch einen Hauch von Mitgefühl für Trapp, der alleine in einem Ein-Zimmer-Appartement lebte. Sie beschloss, Trapp jeden Tag einen Brief mit Auszügen aus den Sprüchen Salomons zu schicken. Als Michael sah, dass Trapp über den lokalen Fernsehsender eine hasserfüllte Serie laufen ließ, rief er die Hotline des Ku-Klux-Klans an und fing an, dort Botschaften zu hinterlassen, etwa: »Larry, warum hassen Sie mich? Sie kennen mich doch nicht einmal.«

Eines Tages ging Trapp tatsächlich ans Telefon. Michael erklärte, wer er sei, und fragte ihn, ob er vielleicht Hilfe beim Einkaufen brauche. Trapp lehnte ab, doch ein Umdenkprozess begann. Eine Zeit lang lebte er ein Doppelleben: Der eine Teil von ihm ließ per Fernsehen Beschimpfungen los, der andere redete mit Michael Weisser am Telefon und sagte: »Ich kann einfach nicht anders, ich habe mein ganzes Leben lang so geredet.«

Eines Abends bat Michael seine Gemeinde, für jemanden zu beten, der »krank vor Hass und Fanatismus« sei. An diesem Abend widerfuhr Trapp etwas Ungewöhnliches: Die Swastika-Ringe, die er an beiden Händen trug, begannen zu jucken, sodass er sie ablegte. Am nächsten Tag rief er die Weissers an: »Ich will aussteigen, aber ich weiß nicht wie«, gestand er. Michael schlug vor, dass er mit Julie in Trapps Wohnung kommen könnte, um »gemeinsam Brot zu brechen«. Trapp zögerte erst, dann willigte er ein.

Als sie dort waren, brach Trapp in Tränen aus und überreichte den Weissers seine Ringe. Im November 1991 stieg er aus dem Klan aus; später schrieb er Briefe an die Gruppen, denen er Schaden zugefügt hatte, und entschuldigte sich. Am Neujahrsabend erfuhr Trapp, dass er nur noch weniger als ein Jahr zu leben hätte. Die Weissers luden ihn noch am selben Abend ein, zu ihnen zu ziehen. Ihr Wohnzimmer wurde zu Trapps Schlafzimmer. »Ihr tut für mich, was meine Eltern für mich hätten tun sollen«, sagte Trapp.

Ans Bett gefesselt, begann er, Bücher über Mahatma Gandhi, Dr. Martin Luther King und das Judentum zu lesen. Am 5. Juni 1992 konvertierte er zum Judentum – in der gleichen Synagoge, die er einst abfackeln wollte. Julie kündigte ihren Job, um Larry Trapp in seinen letzten Tagen zu pflegen. Als er am 6. September jenes Jahres starb, hielten Michael und Julie seine Hände.

Manche heben Autos auf, andere heben Karma auf. Beides geht – mit Liebe. Beides sind außergewöhnliche Beispiele, die die Richtung weisen, in der spontane Evolution geschieht. Die Macht der Liebe, über die wir verfügen, ist größer als unsere Geschichten. Doch man braucht mehr als gute Absichten, um die Macht der Liebe zu aktivieren. Sicher brächte eine weltweite Heilungszeremonie zur Transformation der Gifte, die sich im Lauf der Menschheitsgeschichte angesammelt haben, einen gewissen Durchbruch. Doch jeder von uns muss sich individuell seinen eigenen Programmierungen stellen, um unser evolutionäres Potenzial zu verwirklichen.

Veränderungen der Innenwelt

Das Streben unserer Zivilisation nach Freiheit hat in der Geschichte der Welt, und besonders Amerikas, in den letzten zwei Jahrhunderten eine große Rolle gespielt. In diesem Zeitraum haben die Bürger der westlichen Gesellschaft ungeahnte Freiheiten erlangt, wenn es darum geht, zu reisen, Erfahrungen zu machen, zu forschen und zu lernen.

Jetzt bildet sich ein neuer Typus von Freiheit heraus, der mehr innerlich als äußerlich ist, näher am Herzen der Evolution der Menschheit: Es ist die Freiheit von einschränkenden und unerwünschten unterbewussten Programmierungen.

Die neuen wissenschaftlichen Erkenntnisse sind ein Echo der alten Weisheit, dass der menschliche Geist (Mind) das schlimmste aller Gefängnisse ist. In das Informationsfeld des Geistes sind alle

Verhaltensweisen einprogrammiert, die uns fesseln und binden wie Handschellen und Ketten. Wie ein Elefant, der in dem Irrtum lebt, machtlos gegen das Seil zu sein, sind auch wir nur allzu oft an negative Überzeugungen gebunden und meinen, es sei uns unmöglich, unsere Träume oder unsere Bestimmung zu erfüllen.

Viele Menschen streben nach persönlicher Freiheit, indem sie bewusst und fleißig ein Selbsthilfebuch nach dem anderen studieren; doch am Ende fühlen sie sich oft nur noch mutloser und hilfloser. Irgendwie scheinen viele Ideen, die auf dem Papier großartig wirken, sich im Leben nicht zu bewähren. Das Problem liegt darin, dass die Inhalte der Bücher vom bewussten Geist gelesen und verstanden werden, wobei die Informationen jedoch selten in die bereits existierenden Verhaltensprogramme des Unterbewusstseins sickern. Was kann man da machen?

Der erste, äußerst befreiende Schritt besteht darin, wirklich zu akzeptieren, dass jeder von uns für ihn unsichtbare Schatten-Verhaltensweisen hat, egal für wie spirituell entwickelt wir uns halten. Denken Sie nur an die Vielzahl von Gurus, Politikern und selbst ernannten Hütern der Moral, die irgendwann mit heruntergelassenen Hosen erwischt wurden. Unser Lernweg besteht nicht darin, solche Leute zu Tätern oder Opfern abzustempeln, sondern die Gelegenheit zu nutzen, Demut und Vergebung zu kultivieren. Wenn wir verstanden haben, wie viel von unserem Verhalten unbewusst durch die Überzeugungen anderer gesteuert wird, erscheint jede Art von Anschuldigung und Scham hinfällig.

In einem weiteren Schritt müssen wir Verantwortung für die Geschichten in unserem Leben übernehmen. Wenn wir unsere Verantwortung leugnen, werden wir zum hilflosen Opfer. Nur indem wir unseren Anteil anerkennen, haben wir die Chance, Prozesse und Praktiken zu kultivieren, die uns beim nächsten Mal anders reagieren lassen. Erfolg im Leben hängt davon ab, ob unser Handeln von bewussten Entscheidungen oder von reflexhaften, vorprogrammierten, unterbewussten Verhaltensweisen geprägt ist.

Jene, die nach der bewussten Kontrolle über ihr Leben streben, haben sowohl alte als auch moderne Ressourcen zur Verfügung. Eine ausführliche Erkundung all der Möglichkeiten zur bewussten Lebensführung sprengt den Rahmen dieses Buches; wir meinen jedoch, dass jeder Weg der Veränderung mindestens diese drei Grundelemente aufweisen sollte: Intention, Entscheidung und Übung.

Intention: Mit unserer Intention (Absicht, Vorhaben) definieren wir den Zweck und die Richtung dessen, was wir tun. Es gibt den alten Spruch: »Wenn du nicht weißt, wo du hinwillst, wirst du wahrscheinlich genau dort enden.« Im Hinblick auf unsere persönliche Evolution könnte es unsere Absicht sein, mithilfe unserer Begabungen und unserer Liebe den neu entstehenden Schmetterlings-Organismus zu unterstützen. Alte und moderne Lehrerinnen und Lehrer haben erklärt, dass eine klar formulierte Absicht neue Erfahrungen anzieht wie ein Magnet. Falls die Notwendigkeit die Mutter der Erfindungen ist, ist Intention höchstwahrscheinlich der Vater.

Entscheidung: Absichten mögen etwas auf der unterbewussten Ebene in Bewegung setzen, doch für echte Veränderungen müssen sich diese Absichten auch in unseren täglichen Entscheidungen widerspiegeln. Wenn wir die Hypothese dieses Buches aufnehmen, dass wir alle zelluläre Zellen eines sich entwickelnden Superorganismus namens Menschheit sind, müssen wir uns fragen: »Welche täglichen Entscheidungen kann ich persönlich treffen, um diese neue Weltsicht zu stärken?« Für manche mag die Antwort ein Berufswechsel sein, für andere, einen Garten anzulegen oder jeden Tag etwas Freundliches zu tun. Jeder hat seine eigenen Antworten, die für ihn persönlich in diesen Zeiten der Transformation die höchste Form des Selbstausdrucks sind.

Übung: Wie bereits erwähnt, ist der Himmel kein Ziel, sondern eine Übung. Um unsere Entwicklung von Kindern Gottes zu Erwachsenen Gottes zu befördern, helfen uns Übungen, welche die Übereinstimmung zwischen unserem inneren Selbst und unserem äußeren Ausdruck stärken. Wir können unsere Evolution unterstützen, indem wir uns einer Übung oder einem Prozess verschreiben, die unsere äußere Welt und unser inneres Wohlbefinden harmonisieren.

Glücklicherweise gibt es viele sehr alte und sehr neue Quellen und Prozesse, um unsere bewusste Transformation zu unterstützen. Die

Vielfalt der Ansätze bietet für jeden etwas Passendes. Wofür man sich entscheidet, um sein Potenzial zu maximieren, ist vor allem eine Frage des persönlichen Geschmacks.

Eine der ältesten Übungen zur Erlangung bewusster Kontrolle über das eigene Leben ist die buddhistische *Achtsamkeit*. Im Grunde ist Achtsamkeit eine Übung, um unseren ständig durch die Vergangenheit und die Zukunft wandernden bewussten Geist auf den gegenwärtigen Moment zu fokussieren und damit neue Entscheidungsmöglichkeiten zu erkennen. Achtsamkeit verhindert automatische, unterbewusste Programmierungen, sodass sich unser bewusster Geist, der Hüter unserer persönlichen Wünsche und Bestrebungen, für ein Verhalten entscheiden kann, das seinen Zielen entspricht.

Während Achtsamkeit die Harmonie vor allem durch mentale Übungen fördert, konzentrieren sich andere harmonisierende Übungen mehr auf körperliche Empfindungen und Bewegung. *Meditationen, Yoga, Atemarbeit, Tai-Chi* und *Qigong* stärken die innere Harmonie und Kohärenz.

Ein klassischer, aber im Allgemeinen ungenügender Ansatz zur Veränderung zerstörerischer unterbewusster Verhaltensprogramme ist die Verhaltenstherapie, eine Art Gesprächstherapie, die einen Spiegel zur Beobachtung, zum Verständnis und zur Veränderung einschränkender unterbewusster Programmierungen bietet. Eine neue, sehr effektive Praxis nennt sich *Körperzentrierte Therapie* und ist aus der Verbindung von Gesprächstherapie und meditativen Körperübungen entstanden.

Des Weiteren gibt es zum Umschreiben unterbewusster Programme Modalitäten wie *Affirmationen, klinische Hypnotherapie* und einige neue Arten von *Energiepsychologie*. Die Energiepsychologie ist eine spannende Erfindung zum Umgang mit einschränkenden Überzeugungen. Ihre Interventionen beruhen auf dem Erkennen und Verändern der menschlichen Schwingungsfelder, insbesondere der Wechselwirkungen zwischen den neuralen und den Herz-Bio-Feldern, den Chakras und den Energiemeridianen. Solche Praktiken der Energiepsychologie – zu denen unter anderem das Holografische Neustrukturieren, das BodyTalkSystem und das uns am besten bekannte PSYCH-K gehören – können erstaunlich dauerhafte Verhaltensänderungen bewirken, manchmal sogar in wenigen Minuten.

Eine unvollständige Liste von Modalitäten zur Veränderung von Überzeugungen finden Sie auf den Seiten 468 bis 470.

Auch Organisationen wie das HeartMath-Institut entwickeln neue Wege, um Herz und Gehirn besser in Einklang zu bringen – Wege, um Stress abzubauen und die neurologischen Verarbeitungsprozesse zu stärken. Das von Arjuna Ardagh beschriebene Oneness Blessing ist ein Prototyp für einen Gruppenprozess zur weltweiten Entwicklung gesünderer, kohärenterer Energiefelder.

Die Kraft der Gruppenkohärenz wurde am 20. Mai 2007 dokumentiert – an jenem Datum, das zum Tag der weltweiten Friedensmeditationen und Friedensgebete ausgerufen wurde.[7] Über eine Million Menschen aus 65 Ländern meditierten und beteten zu einem abgestimmten Zeitpunkt für den Frieden. Das Ergebnis zeichnete sich auf den Zufallsgeneratoren durch eine ähnliche Kohärenz aus wie andere Großereignisse. Der Wissenschaftler Roger Nelson, der für die Global Coherence Initiative arbeitet, berichtete, dass die Monitore in aller Welt während der Meditation eine deutliche Zunahme der Kohärenz aufwiesen. Ja, unser kohärentes Bewusstsein hat Einfluss auf die Energiefelder der Erde!

Die Implikationen dieser Erkenntnisse sind weitreichend. Könnten solche Meditationen und Gruppenintentionen der Rahmen sein, in dem sich ein menschliches Bewusstsein entwickeln kann – was ähnlich starke Auswirkungen auf das planetarische Feld hat wie zusammengepresste Eisenspäne auf einen Magneten? Könnte die Vision einer kohärenten Zivilisation, deren kollektives Bewusstsein auf Liebe, Gesundheit, Harmonie und Freude ausgerichtet ist, tatsächlich ein Energiefeld erzeugen, das stark genug ist, um den Himmel auf Erden zu manifestieren? Wir meinen: Ja. Und es ist bereits im Gang.

Doch es ist wichtig, zu bedenken, dass diese Veränderungen nicht nur auf der Ebene des kosmischen Bewusstseins stattfinden. Diese Verbundenheit und Kohärenz zeigt sich vielmehr jeden Tag in Millionen zufälliger und nicht so zufälliger Gesten der Freundlichkeit und sinnvoller Taten. Und wie bei der Vermehrung des Brots und der Fische bringt jede dieser Freundlichkeiten und Taten viele andere ihrer Art hervor.

Und wenn Sie kein Interesse an Meditation oder Spiritualität haben; wenn Therapie aus Ihrer Sicht etwas für Kranke ist und

Sie auch keine Lust haben, irgendjemandem Ihre unterbewussten Überzeugungen unter die Nase zu reiben, um sie zu verändern? Die Forschung zeigt, dass Sie auch schon durch eine Veränderung Ihrer Geschichte zu guten Ergebnissen gelangen können.

Die Geschichte, die wir uns selbst erzählen, kann eine direkte Wirkung auf unsere Lebensqualität und Gesundheit haben. Dr. Gail Ironson, Professorin für Psychologie und Psychiatrie an der Universität von Miami, Florida, hat festgestellt, dass HIV-Patienten, die an eine liebevolle universelle Macht glaubten, gesünder blieben als jene, die an eine strafende Allmacht glaubten.[8]

Klingt wie ein Rezept zur Erzeugung unseres eigenen Placebos als Gegenmittel gegen das vorherrschende Nocebo der negativen Geschichten unserer Kultur.

Diese intellektuelle Freiheitsgeschichte gerät jedoch in Bedrängnis, wenn einem selbst scheinbar Schlechtes widerfährt. Dann ist es schwer, die Welt als einen freundlichen Ort zu empfinden. Wie kann man positive Gefühle erzeugen, wenn es keinen Grund dafür gibt?

Die Autorin Marci Shimoff macht schon im Titel ihres Buches einen provokanten Vorschlag. In *Happy For No Reason* schreibt sie: »Wenn Sie grundlos glücklich sind, *füllen Sie* Ihre äußeren Erfahrungen mit Freude, statt zu versuchen, ihnen Freude zu *entziehen*.«[9]

Falls Ihnen das als simple Schönrederei erscheint, sollten Sie sich vielleicht folgende wissenschaftliche Tatsache zu Gemüte führen: Ihr Gesichtsausdruck löst in Ihrem Körper eine emotionale Chemie aus, die mit den Gefühlen von Glücklichsein und Unglücklichsein zu tun hat. Normalerweise meinen wir, dass unsere Emotionen die Antriebskraft für unser Verhalten sind. Neue wissenschaftliche Erkenntnisse haben jedoch gezeigt, dass unser körperlicher Ausdruck auch seinerseits emotionale Reaktionen hervorrufen kann.

Der französische Physiologe Dr. Israel Waynbaum entdeckte, dass Stirnrunzeln die Ausschüttung von Stresshormonen wie Kortisol, Adrenalin und Noradrenalin auslöst. Dies sind Neurochemikalien, die das Immunsystem unterdrücken, den Blutdruck steigern und die Anfälligkeit für Ängstlichkeit und Niedergeschlagenheit erhöhen. Lächeln hingegen mindert die Ausschüttung von Stresshormonen und steigert die Produktion von Endorphinen, den natürlichen Wohlfühl-Hormonen des Körpers. Darüber hinaus stärkt es die Funktion des Immunsystems, indem die T-Zellen-Produktion erhöht wird.[10]

Wenn Lernerfahrungen im Gedächtnis gespeichert werden, verbindet das Gehirn Emotionen und Verhalten. Die biologischen Vorgänge, die mit diesem Prozess einhergehen, können in beide Richtungen ablaufen. Das bedeutet, eine Emotion kann eine Erfahrung hervorrufen, und eine Erfahrung kann zu einer Emotion führen. Dies ist für die Gedächtnisleistung äußerst wichtig.

Wissenschaftler haben vor einiger Zeit eine bestimmte Sorte visuomotorischer Nervenzellen identifiziert, die *Spiegelneuronen* genannt werden. Experimente mit Affen haben gezeigt, dass diese Nervenzellen sowohl aktiviert werden, wenn ein Affe etwas Bestimmtes tut, als auch, wenn er jemand anderes, sei es Affe oder Mensch, etwas Ähnliches tun sieht.

Auch im menschlichen Gehirn gibt es diese Spiegelneuronen. Hat es Sie jemals geschaudert, wenn in einem Film eine Riesenspinne über einen der Darsteller kroch? Haben Sie je gelacht oder geweint, weil jemand anderes es tat? Das sind Funktionen der Spiegelneuronen, die aus Ihren eigenen Erfahrungen gewonnene Reaktionen abspielen, wenn Sie jemand anderen bei ähnlichen Erfahrungen beobachten.[11]

Wenn wir agieren, wollen wir etwas damit erreichen. Umgekehrt: Beobachten wir jemanden bei einer bestimmten Handlung, dann übersetzen es die Spiegelneuronen für uns, sodass wir Rückschlüsse über dessen Absichten ziehen können. Die Neurologen, die sich mit diesen Zellen befassen, gehen davon aus, dass die Spiegelneuronen die Wurzel unserer Fähigkeit zur *Empathie* sind, das heißt zu einem Erkennen der Gedanken und Absichten anderer Menschen.

Für die Erzeugung von zunehmender Kohärenz in der Menschheit spielen die Spiegelneuronen eine wichtige Rolle. Stellen Sie sich nur vor, was passiert, wenn Individuen, die Liebe, Freude und Dankbarkeit ausstrahlen, in eine Bevölkerung eingeschleust werden: Die beobachtende Öffentlichkeit würde dank ihrer Spiegelneuronen zu den gleichen Empfindungen stimuliert. Dies könnte eine Art neurologischer Kettenreaktion auslösen, in deren Verlauf sich die gesamte Bevölkerung an diesen positiven Gefühlen ansteckt. Deswegen haben charismatische Führer wie Nelson Mandela, John F. Kennedy oder Martin Luther King Jr. eine derart starke Wirkung auf die Gefühle und Einstellungen der Öffentlichkeit.

All diese Erkenntnisse bestätigen, dass unsere Haltung und unsere Interpretation einer Situation enorm großen Einfluss auf das Ergebnis unserer Erfahrungen haben. Laut Dr. Martin Seligman vom University of Pennsylvania's Positive Psychology Center können optimistische Reaktionen erlernt werden. Seligman beschreibt sich selbst als geborenen Pessimisten und erklärt, dass die moderne Gesellschaft eine Opferhaltung und erlernte Hilflosigkeit fördert. Er schlägt vor, das Gefühl der Hilflosigkeit umzuprogrammieren, indem man angesichts von Herausforderungen eine gesündere Perspektive wählt. Zum Beispiel empfiehlt Seligman, schlechte Ereignisse als *vorübergehenden* Rückschlag umzudeuten, der durch bestimmte Umstände ausgelöst wird, jedoch durch die eigenen Bemühungen und Fähigkeiten überwindbar ist.[12]

Marci Shimoff bietet ein eigenes Rezept zur Umdeutung an: Wenn jemand von einem hartnäckigen negativen Gedanken geplagt wird, rät sie, hinsichtlich der gleichen Situation einen ebenso wahren positiven Gedanken daneben zu stellen. Um Gelassenheit und Gleichmut zu entwickeln, empfiehlt sie, über den Zen-Spruch zu meditieren: »Danke für alles. Ich habe nichts einzuwenden.«[13]

Wir wollen dieses Kapitel nicht mit Informationen über Techniken zur Veränderung unserer Innenwelt füllen: Die Entwicklungen in diesem Feld sind so rasant, dass sie ständig überarbeitet werden müssten. Gerade so wie rasch mutierende Bakterien, die sich auf eine neue Umweltsituation einzustellen suchen, experimentieren die menschlichen Zellen des neuen Organismus Menschheit aktiv mit Wegen zur Befreiung von einschränkenden Überzeugungen. Es wäre ein ideales Thema für ein dynamisches weltweites Wiki-Projekt. Die Plattform des Internets bietet allen Interessierten Zugang zu den aktuell besten, neuesten und hilfreichsten Transformationspraktiken, die ausprobiert und immer weiterentwickelt werden.

Von duellierenden Dualitäten zu einem dynamischen Duo

Über die Notwendigkeit individueller und gesellschaftlicher Umprogrammierungen hinaus ist für die spontane Evolution noch mindestens ein weiterer wesentlicher kognitiver Quantensprung nötig. Wir sind mit dem Wahrnehmungs-Mythos programmiert worden, dass die Welt ein Schlachtfeld sich ewig duellierender Dualitäten ist: Progressiv versus Konservativ; Konkurrenz versus Kooperation; Wissenschaft versus Religion; Schöpfung versus Evolution; Wachstum versus Schutz; *Geist (Spirit)* versus Materie; Welle versus Teilchen; Adler versus Kondor; und viele, viele andere. Seit Jahrtausenden hat die Polarisation der Merkmale des Lebens die Menschheit gespalten, indem sie die Individuen und Gruppen zwang, sich einer Seite zuzuordnen. Und obgleich die Auflistung dieser Polaritäten noch seitenweise verlängert werden könnte, machen doch die wenigen Beispiele deutlich, dass diese Welt aus der Integration der entgegengesetzten Neigungen besteht.

Evolutionäre Einheit erfordert von uns das Bekenntnis zu der Tatsache, dass Gegensätze eigentlich kooperative Partner im dynamischen Tanz der Evolution sind. Diese Weisheit wird dort am dringendsten benötigt, wo das Männliche und das Weibliche als gegensätzliche Kräfte erfahren werden. Nach 5000 Jahren Herrschafts-Programmierung gilt der Kampf der Geschlechter vielfach immer noch als Normalität – natürlich mit dem Mann obenauf.

Die konventionelle Biologie sieht die Natur nach wie vor als Darwin'schen Albtraum eines ewigen, lebensbedrohlichen Konkurrenzkampfes. Die Genetiker übernehmen diese Sichtweise, wenn sie über den Kampf zwischen männlichen und weiblichen Genen um die Vorherrschaft sprechen. Aber diese Herrschaftsgeschichte ist aus biologischer Sicht vollkommen sinnlos. Wenn Eizelle und Samenzelle zusammenkommen, um neues Leben zu erzeugen, versuchen sie dann, einander zu besiegen? Glynda-Lee Hoffmann schreibt in ihrem hochinteressanten Buch *The Secret Dowry of Eve: Woman's Role in the Development of Consciousness* (Evas geheime Mitgift: Die Rolle der Frau in der Entwicklung des Bewusstseins): »Es gibt keine

Hierarchie zwischen Keim und Hülle. Entweder sie funktionieren zusammen oder sie funktionieren gar nicht.«[14]

Sowohl in der Physik als auch in der Biologie hat die Erforschung der polarisierten Merkmale der Natur erbracht, dass diese zwar gegensätzlich erscheinen, jedoch aus einer gemeinsamen Wurzel hervorgehen. Die östlichen Philosophen haben die Wahrheit dieser Einheit schon vor fast 4000 Jahren erkannt, als sie das Konzept von Yin und Yang definierten: Das Yin-Yang-Symbol besteht aus zwei getrennten, aber ineinander verwundenen Bereichen: dem Schwarzen und dem Weißen. Im weißen Feld gibt es jedoch einen schwarzen Punkt und im schwarzen Feld einen weißen Punkt – ein Hinweis darauf, dass beide Bereiche aus denselben Elementen stammen. Äußerlich betrachten wir Männer und Frauen als körperlich verschieden, doch innerlich finden wir sowohl bei Männern als auch bei Frauen männliche und weibliche Hormone.

Das Yin-Yang-Symbol besteht aus zwei getrennten Bereichen,
Schwarz und Weiß, doch jeder Bereich enthält
den Samen des anderen.

Angesichts der innewohnenden Gleichheit von Yin und Yang erscheint die Idee der männlichen Überlegenheit völlig sinnlos. Das ganze Konzept des Geschlechterkampfes ist ähnlich sinnvoll wie ein Kampf zwischen Welle und Teilchen. Eine integrierte Weltsicht, in der männliche und weibliche Prinzipien in ihrer vollständig ausgeglichen Kraft sind, ist der Schlüssel zur Geburt einer neuen Menschheit.

Können wir Menschen die Menschheit verwirklichen?

Es gibt jene, die meinen, das menschliche Bewusstsein sei dieser evolutionären Aufgabe nicht gewachsen. Die spirituellen Deterministen zum Beispiel bestehen darauf, dass wir auf ewig gebrandmarkte Sünder seien, die nur durch göttliche Intervention gerettet werden können. Die intellektuelle Elite verweist auf die massive Dummheit der Massen und unser nur allzu offensichtliches Versagen als menschliche Spezies.

Doch es gibt Hinweise, dass wir den Umfang des derzeitigen Erwachens vielleicht unterschätzt haben. In *Our Own Words 2000*, einem umfassenden Forschungsprojekt, das 2007 vom Fund for Global Awakening veröffentlicht wurde, wird berichtet: 85 Prozent aller Amerikaner glauben, dass »abgesehen von allem anderen, wir alle miteinander verbunden sind«. Und beeindruckende 93 Prozent meinen, es sei »wichtig, unseren Kindern zu vermitteln, sich mit der Erde, den Menschen und allem Leben verbunden zu fühlen«.[15]

Eines der wichtigsten Zeichen, dass sich die Menschheit aktiv entwickelt, ist die Wahl von Barack Hussein Obama zum Präsidenten der Vereinigten Staaten. Obamas Kampagne erhob sich über die duellierenden Dualitäten und sprach die Menschlichkeit aller Weltenbürger an. Seine Vision der Hoffnung, der Veränderung und der globalen Kooperation enthält fundamentale Elemente eines nachhaltigen, holistischen Paradigmas. Die Wahl von Obama als einer Stimme aller imaginalen Zellen ist ein Zeichen, dass wir unsere Zeit, Energie und Aufmerksamkeit vom Raupendasein abgezogen haben und mit unserem Schicksal jetzt ganz auf den Schmetterling setzen. Obamas Ansatz entspricht voll und ganz der Schlussfolgerung, zu der wir im 13. Kapitel *(Ein einziger guter Rat)* gekommen sind: Wir sitzen alle im selben Boot.

Es gibt einen weiteren Faktor in Obamas Wahl, der von evolutionärer Bedeutung ist: seine Vergangenheit als Gemeindearbeiter. Manche Anhänger des veralteten Paradigmas haben das geringschätzig beurteilt, doch genau hier liegt der Weg zur spontanen Evolution der Menschheit. Sie erinnern sich: Evolution entwickelt sich durch zunehmende Gemeinschaft und erweiterte Wahrnehmung und Bewusstheit.

Falls der uns bevorstehende evolutionäre Schritt sehr groß erscheint, hilft uns vielleicht eine noch größere Perspektive: Die Evolution der Menschheit ist nicht das Ende der Geschichte – sie ist ihr Anfang. Diese Stufe der menschlichen Entwicklung vervollständigt die Evolution auf unserem Planeten. Durch diesen Evolutionsschritt werden wir erkennen, dass die Erde nicht nur ein physischer Planet ist, sondern eine lebendige Zelle. Was passiert, wenn eine Zelle ihre evolutionäre Entwicklung erfüllt? Sie tut sich mit anderen entwickelten Zellen zusammen, um ihre Wahrnehmung und Bewusstheit zu erweitern.

Wenn die Erde ihre evolutionäre Entwicklung vollendet hat, wird sie sich mit anderen erdähnlichen Planeten verbinden, um den Prozess unserer Bewusstseins-Erweiterung hinsichtlich der Fragen, wer wir sind, was wir sind und in was für einem Universum wir leben, fortzuführen.

Wir sind die Anführer, auf die wir gewartet haben. Die Wahl von Obama mag uns inspirieren, und der warme Wind des politischen Klimawandels mag uns eine Weile beglücken, doch der Schwerpunkt dieses evolutionären Kreuzwegs liegt nicht bei Individuen, die von oben herab entscheiden. Der Schwerpunkt liegt auf dem Erwachen aller zellulären Seelen, die ein kohärentes, liebevolles Feld erzeugen, in dem von allen beauftragte Anführer im Einklang mit der gesunden zentralen Stimme des Superorganismus der Menschheit handeln können. Die eigentliche Herausforderung für jedes Individuum besteht darin, Evolution zu üben; die Lektionen der alten Geschichten zu lernen, damit wir sie nicht mehr wiederholen müssen; uns daran zu erinnern, dass die kritische Masse an Menschen, die sich dieser Evolution bewusst ist, die Kraft hat, die Welt von innen nach außen zu verändern. Wir leben in einer positiven Zukunft, wir üben den Himmel auf Erden und erschaffen eine Brücke, über welche die gesamte Menschheit gehen kann.

Das ist unsere Liebesgeschichte – eine universelle Liebesgeschichte für das ganze Universum: für Sie, für uns, für alle lebendigen Organismen.

Machen wir weiter mit dem fünften Akt!

Gemeinsame Danksagung

Wir möchten Mountain of Love Productions Inc. unsere Liebe und unsere Anerkennung aussprechen: Sie haben unsere Vision durch großzügige Unterstützung und Ermutigung in ein Buch umgesetzt. Die Präsidentin Margaret Horton und die Büroleiterin Sally Thomas waren großartige Hebammen, deren mentale, emotionale und spirituelle Unterstützung für die Geburt dieses Werks wesentlich waren.

Der *Geist* dieses Buches hätte sich auch nicht ohne die herausragenden redaktionellen Fähigkeiten von Robert Weir verwirklichen können. Wir haben gelernt, das Handwerk der Sprache als Kunstform zu betrachten, und ehren Robert als einen Meister dieser Kunst. Wir danken ihm auch dafür, dass er immer wieder die Geduld und seinen Humor bewahrt hat. http://www.robertmweir.com

Robert Mueller, dem brillanten Künstler, der auch schon den Einband für *Intelligente Zellen* gestaltet hat, danken wir für ein weiteres Meisterwerk seiner Kunst. Bob hat den Inhalt dieses Buches aufgenommen und seine Essenz auf wunderbare Weise in eine Collage aus Wissenschaft und Kunst übersetzt. Am Ende des Buches sagt Bob noch ein paar Worte über seine eigenen Gedanken zu diesem Bild. www.lightspeeddesign.com

Wir möchten auch unserem Agenten Ned Leavitt danken sowie Reid Tracy, Patricia Gift und Laura Koch von Hay House. Es ist eine echte Freude, mit dem Team von Hay House zu arbeiten, denn sie sind ein Beispiel für die bewusste Kooperation, die wir brauchen, um diese Zivilisation zu revitalisieren.

Unsere herzliche Anerkennung gilt auch all unseren Kollegen und Freunden, die ihre wertvolle Zeit damit verbracht haben, das Manuskript durchzusehen. Ihre Fragen, Kommentare und Kritiken waren für die Ausarbeitung der Botschaft dieses Buches äußerst wertvoll: Nicki Scully, Diana Sutter, Robert Mueller, Thea und Vaughan Wiles, Omri Sitton, Terry und Christine Bugno, Patty Gift, Theodore Hall, Rob Williams, Mary Kovacs, Ben Young, Shelly G. Keller, Brian Kelly, Russel Walder, Sherill Burton, Georgia Kelly, E. Carroll Straus, Margaret Carswell und Aura Glaser.

Bruces Dank

Spontane Evolution ist eine großartige Synthese aller Leute, die ich kennengelernt habe, und aller Orte, an denen ich gewesen bin – insofern ist es genauso gut die Geschichte anderer Leute wie die meinige. Jeder in meinem Leben hat zur Erschaffung dieses Buches beigetragen, und ich würde sie gerne alle namentlich würdigen. Aber aus praktischen und verlegerischen Gründen erscheint eine verkürzte Liste sinnvoller.

Ich möchte einigen guten Freunden danken, deren Weisheit und Erkenntnisse in dieses Buch eingeflossen sind: Curt Rexroth, Ted Hall, Rob Williams, Ben und Millie Young, Shelly G. Keller, Terry und Christine Bugno. Ein besonderer Platz in meinem Herzen und meinem Geist ist für meinen lieben Freund und spirituellen Bruder Gregg Braden reserviert. Ich hatte das Vergnügen, öffentlich mit Gregg die Bühne zu teilen, und die Ehre, privat an seiner Weisheit teilzuhaben.

Ich möchte dem visionären Vorstand des New Zealand College of Chiropractic und vor allem seinem Präsidenten Brian Kelly dafür danken, dass sie mich in ihre neue, mutige Vision ihrer Lehre aufgenommen haben. Ihr Programm ist ein starkes Zeugnis für die Kraft der Gemeinschaft.

Mein besonderer Dank gilt meinen Freunden und Wirtsleuten Stuart und Carol Roscoe, die mich während meiner längeren Besuche in Neuseeland beherbergt haben. Ihr zwischen der wilden Tasmanischen See und uraltem Regenwald eingenistetes Haus war der ideale Rahmen, um ein Buch über Mutter Erde zu schreiben.

Steve und Trudy Bhaerman ... wir haben gelacht, geweint und dann wieder gelacht. Es war ein großartiges Abenteuer, in dessen Verlauf wir von Freunden zu einer Familie wurden.

Und da wir schon von Familie reden: Im Verlauf dieser Reise stellte ich, wenn ich mich umschaute, mit Begeisterung fest, dass sich meine Familie mit mir entwickelte. Und wenn wir das können, dann gibt es Hoffnung für die ganze Welt! In Liebe für meine Mutter Gladys, meinen Bruder David, seine Frau Cindy und seinen Sohn Alex, meine Schwester Marsha und meinen Bruder Arthur – allesamt Überlebenskünstler!

Dieses Buch wurde besonders für meine wundervollen Töchter Tanya und Jennifer und ihre Familien geschrieben. Sie werden diese Welt erben, und ich hoffe, dieses Buch trägt dazu bei, ihnen einen besseren Ort zu hinterlassen.

Vor allem möchte ich meiner geliebten Margaret Horton danken, meiner besten Freundin, meiner Lebenspartnerin, meiner Liebe. Du inspirierst und erfüllst mich, Darling. Ich liebe dich.

Steves Dank

Zuerst möchte ich dem Universum danken, dass es uns diese Aufgabe gegeben hat – und die Fähigkeit, sie zu vollenden.

Als Nächstes möchte ich all den Menschen meinen Dank aussprechen, die dieses Unternehmen auf die verschiedensten Weisen unterstützt haben, die uns ermutigt und mit ihrer Begeisterung genährt haben. Ich möchte auch jenen danken, die ihre Zeit und ihre Sachkenntnis beigesteuert haben, insbesondere Brian Bogart für seine historische Perspektive und Richard Kotlarz für seine ökonomische Weisheit. Dank auch an Ruth Harris, die Recherche-Aufgaben übernommen hat, an meine Sekretärin Annette Toivonen und an meine Freunde, die sich gefragt haben, wann ich wohl wieder nach draußen komme, um mit ihnen zu spielen.

Mein tiefster Dank gilt meinem Kollegen Bruce Lipton und seiner Partnerin Margaret für ihre Freundschaft, ihre Ausdauer und ihre gute Laune bei dieser Unternehmung, die uns echt geprüft hat. Zuletzt, aber ganz besonders, danke ich meiner Frau Trudy, dass sie mir für dieses Buch ihren unwandelbaren Rückhalt geschenkt hat; danke für ihre Liebe und ihr Vertrauen und dafür, dass sie immer das Beste in mir zum Vorschein bringt.

Modalitäten

zur Veränderung von Überzeugungen

Dies ist eine unvollständige Liste von wirksamen Modalitäten zur Veränderung von Überzeugungen.

PSYCH-K
www.psych-k.com; www.psych-k.de
Ihre unterbewussten Überzeugungen definieren die Grenzen dessen, was Sie erreichen können. Lernen Sie, die Software Ihres Unterbewusstseins umzuschreiben, und verändern Sie Ihr Leben! Bruce Lipton: »Ich lehre zusammen mit Rob Williams, dem Urheber von PSYCH-K. Dies ist die Technik, die wir persönlich anwenden und die wir am besten kennen.«

Hendricks Institute
www.hendricks.com
Ressourcen für bewusstes Leben und Lieben. Ein internationales Lernzentrum, in dem wesentliche Fähigkeiten zum bewussten Leben gelehrt werden. Hilfe für Menschen, die sich durch die Macht bewusster Beziehungen und ganzheitlichen Lernens für mehr Kreativität, Liebe und Vitalität öffnen wollen.

Core Health
www.corehealth.us
In einem innovativen Prozess, der vom Studieren von Krankheiten bis hin zu einem Verständnis von Gesundheit reicht, führt diese Me-

thode über die Behandlung von Symptomen hinaus. Durch innere energetische Entscheidungen kann jedes Individuum zu echter Freiheit finden.

BodyTalkSystem

www.thebodytalkcenter.com; www.bodytalksystem.de

BodyTalk ist eine erstaunlich einfache und effektive Therapieform, die eine neue Synchronisierung der Körperenergien ermöglicht, damit sie wieder so funktionieren, wie es von der Natur vorgesehen ist.

Holographic Repatterning – Holografische Umstrukturierung

www.repatterning.org

Quantenveränderungen leicht gemacht. Das Resonanz-Umstrukturierungs-System ist ein Energieprozess: Energiemuster, die Problemen oder Schmerzen zugrunde liegen, werden identifiziert und aufgelöst.

Klinische Hypnose – Hypnotherapie

www.esh-hypnosis.eu; www.dhg-hypnose.de; www.hypnos.ch

Hypnotherapie ist eine wertvolle Therapieform, um alte Traumata und Gewohnheiten loszulassen.

Inner Resonance Technologies

www.innerresonance.com

IRT besteht aus sieben kurzen Schritten: Dabei werden innere Vereinbarungen getroffen, die den Rahmen bilden, damit Ihr eigenes automatisches System sein Gleichgewicht wiederfinden, sich körperlich, emotional, mental und spirituell harmonisieren und alle Teile Ihres Lebens transformieren kann.

Instant Emotional Healing

www.instantemotionalhealing.com

Dr. George J. Pratt und Dr. Peter T. Lambrou haben ein Buch mit dem Titel *Instant Emotional Healing, Acupressure for the Emotions* geschrieben, in dem die Grundlagen für die neue Therapieform der Energiepsychologie erklärt werden.

Neurolink's Neurological Integration System (NIS)
www.neurolinkglobal.com
NIS beruht auf dem neurophysiologischen Prinzip, dass das Gehirn alle Körpersysteme optimal einstellen kann. Gelehrt wird, diese Fähigkeiten des Gehirns zu nutzen, um das volle Potenzial des Körpers und all seiner Systeme wiederherzustellen.

Silva Ultramind System – Silva-Methode
www.silvaultramindsystems.com; www.ultramindsystem.at
Lernen Sie, Ihre Aufgabe im Leben zu erkennen und die Kraft Ihres kreativen Geistes zu nutzen, um diesem Ziel näherzukommen.

Emotional Freedom Technique
www.emofree.com; www.eft-info.com
Die auf Entdeckungen über die feinstofflichen Energien beruhende EFT hat sich in Tausenden von klinischen Fällen erfolgreich bewiesen.

The Healing Code
www.thehealingcodes.com
Entdecken Sie, wie Sie Ihr Immunsystem stärken, Ihre Selbstheilungskräfte fördern und Ihre natürlichen Heilungssysteme aktivieren können, um sich von Schmerzen, Stress, Angst, Depressionen und Krankheiten zu heilen.

Literaturverzeichnis

Quellen, auf die mehrmals Bezug genommen wird:

Tom Atlee, *The Tao of Democracy: Using Co-Intelligence to Create a World That Works for All* (Eugene, OR: World Works Press, 2003).

Gregg Braden, *The Divine Matrix: Bridging Time, Space, Miracles, and Belief* (Carlsbad, CA: Hay House, 2007). – Dt. Ausgabe: *Im Einklang mit der göttlichen Matrix.*

Gregg Braden, *Secrets of the Lost Mode of Prayer: The Hidden Power of Beauty, Blessing, Wisdom and Hurt* (Hay House, 2006). – Dt. Ausgabe: *Verlorene Geheimnisse des Betens.*

Fritjof Capra, *The Tao of Physics: An Exploration of the Parallels between Modern Physics and Eastern Mysticism* (Boston, MA: Shambhala, 1975). – Dt. Ausgabe: *Das Tao der Physik.*

Fritjof Capra, *The Turning Point: Science, Society and the Rising Culture* (New York: Bantam Books, 1982). – Dt. Ausgabe: *Wendezeit.*

Larry Dossey, *Prayer is Good Medicine* (New York, NY: HarperCollins, 1996).

David Edwards, *Burning All Illusions: A Guide to Personal and Political Freedom* (Boston, MA: South End Press, 1996).

Riane Eisler, *The Chalice and the Blade: Our History, Our Future* (New York, NY: Harper Collins, 1987, 1995). – Dt. Ausgabe: *Kelch und Schwert.*

Aura Glaser, *A Call to Compassion: Bringing Buddhist Practices of the Heart into the Soul of Psychology* (Berwick, ME: Nicholas-Hays, 2005).

Thom Hartmann, *Screwed: The Undeclared War Against the Middle Class – And What We Can Do About It* (San Francisco, CA: Berrett-Koehler, 2006).

Leonard Laskow, *Healing With Love: A Breakthrough Mind/Body Program for Healing Yourself and Others* (Mill Valley, CA: Wholeness Press, 1992). – Dt. Ausgabe: *Heilende Energie*.

Jacky Law, *Big Pharma: Exposing the Global Healthcare Agenda* (New York, NY: Carroll & Graf, 2006). – Dt. Ausgabe: *Der Pharma-Bluff*.

Bruce H. Lipton, *The Biology of Belief: Unleashing the Power of Consciousness, Matter and Miracles* (Santa Rosa, CA: Elite Books, 2005). – Dt. Ausgabe: *Intelligente Zellen*.

Dr. Fred Luskin, *Forgive For Good: A Proven Prescription for Health and Happiness* (New York: HarperSanFrancisco, 2002). – Dt. Ausgabe: *Die Kunst zu verzeihen*.

Lynne McTaggart, *The Field: The Quest for the Secret Force of the Universe* (New York: Harper Perennial, 2002). – Dt. Ausgabe: *Das Nullpunkt-Feld: Auf der Suche nach der kosmischen Ur-Energie*.

Jim Rough, *Society's Breakthrough: Releasing Essential Wisdom and Virtue in All the People* (Port Townsend, WA: Jim Rough, 2002).

Marci Shimoff, *Happy for No Reason: 7 Steps to Being Happy From the Inside Out* (New York, NY: Simon & Schuster, 2008). – Dt. Ausgabe: *Glücklich ohne Grund*.

James Surowiecki, *The Wisdom of Crowds* (New York, NY: Doubleday, 2004). – Dt. Ausgabe: *Die Weisheit der Vielen*.

Endnoten

Präambel
Spontanheilung

1. Lord Martin Rees, »Martin Rees comment on doomsday clock«, *The Royal Society Science News* (17. Januar 2007), Presseerklärung.

2. Margaret Mead, Rede zum *International Earth Day*, gehalten vor den Vereinten Nationen am 20. März 1977, abgedruckt in *Earth Trustees Program Newsletter*, 1978, 1.

Teil I:
Und wenn alles, was wir wissen, falsch wäre?

1. Robert Watson, A.H. Zakri (Hrsg.), *Ecosystems and Human Well-Being: Current State and Trends, Findings of the Condition and Trends Working Group, Millennium Ecosystem Assessment* (Washington DC: Island Press, 2005).

1. Kapitel:
Man sieht, was man glaubt

1. Matthäus 17,2 (Lutherbibel 1984)

2. W.A. Brown, »The placebo effect: should doctors be prescribing sugar pills?«, *Scientific American*, Nr. 278 (1998): 90–95; Discovery Channel Production, »Placebo: Mind Over Medicine?«, Medical Mysteries Series, *Discovery Health Channel*, 2003, Silver Spring, MD; Maj-Britt Niemi, »Placebo Effect: A Cure in the Mind«, *Scientific American Mind* (Feb./März 2009): 42–49.

3. Alfred Lord Tennyson, *In Memoriam* (London, UK: E. Moxon, 1850), Canto 56.

4. Kevin Crush, »Hotfoot It: Walking on red-hot coals is all about the energy«, *Grande Prairie Daily Herald Tribune*, 17. Juni 2005, 4. – Artikel online unter http://www.firewalks.ca/Press_Release.html (Stand: 17. März 2009).

5. Cecil Adams, »SuperMom: Could a mother actually lift a car to save her child?«, Interview and news story about Angela Cavallo, The Straight Dope, 20. Januar 2006, http://www.straightdope.com/columns/read/2636/supermom (Stand: 2. März 2009).

6. V.J. DiRita, »Genomics Happens«, *Science*, Nr. 289 (2000): 1488–1489.

7. B.E. Schwarz, »Ordeal by serpents, fire and strychnine«, *Psychiatric Quarterly*, Nr. 34 (1960): 405–429.

8. Lewis Mehl-Madrona, *Coyote Wisdom: The Power of Story in Healing* (Rochester, VT: Inner Traditions/Bear & Company, 2005), 37. – Vom selben Autor auf Deutsch erschienen: *Coyote-Medizin*.

9. Michael Talbot, *The Holographic Universe* (New York, NY: Harper Perennial, 1992), 72–78.

10. Suzanne C. Segerstrom, Gregory E. Miller, »Psychological stress and the human immune system: A meta-analytic Study of 30 years of inquiry«, *Psychological Bulletin* 130, Nr. 4 (2004): 601–630.

11. E. Pennisi, »Gene Counters Struggle to Get the Right Answer«, *Science*, Nr. 301 (2003): 1040–1041; M. Blaxter, »Two worms are better than one«, *Nature*, Nr. 426 (2003): 395–396.

12. Lipton, *The Biology of Belief*, 161 (siehe Literaturverz.).

13. E.B. Harvey, »A comparison of the development of nucleate and non-nucleate eggs of Arbacia punctulata«, *Biology Bulletin*, Nr. 79 (1940): 166–187; M.K. Kojima, »Effects of D_2O on Parthenogenetic Activation and Cleavage in the Sea Urchin Egg«, *Development, Growth and Differentiation* 1, Nr. 26 (1984): 61–71; B.H. Lipton, K.G. Bensch, M.A. Karasek, »Microvessel Endothelial Cell Transdifferentiation: Phenotypic Characterization«, *Differentiation*, Nr. 46 (1991): 117–133.

14. Lipton, *The Biology of Belief*, 87 (siehe Literaturverz.).

15. W.C. Willett, »Balancing Life-Style and Genomics Research for Disease Prevention«, *Science*, Nr. 296 (2002): 695–698.

16. Y. Ikemi, S. Nakagawa, »A psychosomatic study of contagious dermatitis«, *Kyoshu Journal of Medical Science* 13 (1962): 335–350.

17. Daniel Goleman, Gregg Braden u.a., *Measuring the Immeasurable: The Scientific Case for Spirituality* (Boulder, CO: Sounds True, 2008), 196.

18. P.D. Gluckman, M.A. Hanson, »Living with the Past: Evolution, Development, and Patterns of Disease«, *Science*, Nr. 305 (2004): 1733–1736; Lipton, *The Biology of Belief* (siehe Literaturverz.).

2. Kapitel:
Handle lokal – wirke global

1. E. Watters, »DNA is Not Destiny«, *Discover* (Nov. 2006): 32.

2. D. Schmucker, J.C. Clemens u.a., »Drosophila DSCAM Is an Axon Guidance Receptor Exhibiting Extraordinary Molecular Diversity«, *Cell*, Nr. 101 (2000): 671–684.

3. R.A. Waterland, R.L. Jirtle, »Transposable Elements: Targets for Early Nutritional Effects on Epigenetic Gene Regulation«, *Molecular and Cell Biology* 15, Nr. 23 (2003): 5293–5300.

4. Mario F. Fraga u.a., »Epigenetic differences arise during the lifetime of monozygotic twins«, *Proceedings of the National Academy of Sciences* 102, Nr. 30 (16. Juli 2005): 1064–1069.

5. Lipton, *The Biology of Belief*, 178 (siehe Literaturverz.).

6. Gordon G. Gallup Jr., »Chimpanzees: Self-Recognition«, *Science* 167, Nr. 3914 (2. Januar 1970): 86–87.

7. T. Nørretranders, *The User Illusion: Cutting Consciousness Down to Size* (New York: Penguin Books, 1998), 126, 161.

8. Marianne Szegedy-Maszak, »Mysteries of the Mind: Your unconscious is making your everyday decisions«, *U.S. News & World Report*, 28. Februar 2005, http://health.usnews.com/usnews/health/articles/050228/28think.htm (Stand: 13. März 2009).

9. Sue Gerhardt, *Why Love Matters: How Affection Shapes a Baby's Brain* (London, UK: Brunner-Routledge, 2004), 32–55. – Dt. Ausgabe: *Die Kraft der Elternliebe: Wie Zuwendung das kindliche Gehirn prägt*.

10. R. Laibow, »Clinical Applications: Medical applications of neurofeedback«, In J.R. Evans, A. Abarbanel, *Introduction to Quantitative EEG and Neurofeedback* (Burlington, MA: Academic Press Elsevier, 1999).

11. Lukas 23,34

12. Dr. Fred Luskin, *Forgive For Good: A Proven Prescription for Health and Happiness* (New York: HarperSanFrancisco, 2002), viii. – Dt. Ausgabe: *Die Kunst zu verzeihen.*

13. Colin C. Tipping, *Radical Forgiveness: Making Room for the Miracle* (Marietta, GA: Global Thirteen, 2002), 123–127. – Dt. Ausgabe: *Ich vergebe: Der radikale Abschied vom Opfersein.*

3. Kapitel:
Ein neuer Blick auf die alte Geschichte

1. »Radio Listeners in Panic, Taking War Drama as Fact«, *The New York Times,* 31. Okt. 1938, 1–2.

2. Joseph Campbell, *Thou Art That: Transforming Religious Metaphor* (Novato, CA: New World Library, 2001), 49–54; dt. Ausgabe: *Das bist du.* – Laura Westra, T.M. Robinson, *The Greeks And The Environment* (Lanham, MD: Rowman & Littlefield, 1997), 11.

3. Susan Jane Gilman, »Five Star Mystic«, *Washington City Paper* (2.–8. August 1996), http://www.washingtoncitypaper.com/display.php?id=10843 (Stand: 12. März 2009).

4. P.H. Silverman, »Rethinking Genetic Determinism: With only 30,000 genes, what is it that makes humans human?«, *The Scientist* (24. Mai 2004): 32–33.

4. Kapitel:
Die Wiederentdeckung Amerikas

1. Thom Hartmann, *Screwed: The Undeclared War Against the Middle Class – And What We Can Do About It* (San Francisco, CA: Berrett-Koehler, 2006), 74–75. – Von Thom Hartmann u.a. auf Deutsch erschienen: *Unser ausgebrannter Planet* und *Der Weg des Propheten.*

2. Thom Hartmann, *What Would Jefferson Do? A Return to Democracy* (New York: Harmony Books, 2004), 53.

3. Ebenda, 52
4. Ebenda, 53
5. Ebenda, 67
6. Sharon A. Lloyd, Susanne Sreedhar (Hrsg.), »Hobbes's Moral and Political Philosophy«, *Stanford Encyclopedia of Philosophy,* Stanford University, 1. Aufl.: 12. Febr. 2002, überarb. 23. Aug. 2008, http://plato.stanford.edu/entries/hobbes-moral/ (Stand: 19. März 2009).
7. John Locke, »Two Treatises of Government (1680–1690)«, *Lonang Library,* http://www.lonang.com/exlibris/locke/ (Stand: 19. März 2009). – Dt. Fassung: *Zwei Abhandlungen über die Regierung.*
8. Robert Hieronimus, *America's Secret Destiny: Spiritual Vision & the Founding of a Nation* (Rochester, VT: Destiny Books, 1989), 6–9.
9. Ebenda, 8
10. Carol Hiltner, »The Iroquois Confederacy: Our Forgotten National Heritage«, Freedom and National Security 2 (Mai 2002), Spirit of Ma'at, www.spiritofmaat.com/archive/may2/iroquois.htm (Stand: 12. März 2009).
11. Hieronimus, *America's Secret Destiny: Spiritual Vision & the Founding of a Nation,* 9.
12. Thom Hartmann, *What Would Jefferson Do? A Return to Democracy,* 25.
13. Nancy Shoemaker (Hrsg.), *American Indians* (Malden, MA: Blackwell Publishers Ltd., 2001), 112.
14. Hieronimus, *America's Secret Destiny: Spiritual Vision & the Founding of a Nation,* 12.
15. Ebenda, 11
16. Ebenda, 11–12
17. Ebenda, 17
18. Ebenda, 18
19. Ebenda, 16
20. Ebenda, 29–36
21. Ebenda, 23
22. Ebenda, 26

23. Ebenda, 41–42

24. Ebenda, 42

25. Ebenda, 93–99

26. Hiltner, »The Iroquois Confederacy«.

27. Ebenda

28. Ebenda

29. Ebenda

30. Ebenda

31. Ebenda; Originalquelle siehe Artikel von C. Hiltner: Sally Roesch Wagner, *Sisters in Spirit: Iroquois Influence on Early Feminists* (Summertown, TN: Native Voices, 2001).

32. Ebenda

33. Alverto Taxo, *Friendship with the Elements* (LittleLight Publishing, 2005), 3.

34. Melissa McNamara, »Diet Industry is Big Business«, *CBS Evening News*, 1. Dez. 2006, http://www.cbsnews.com/stories/2006/12/01/eveningnews/main2222867.shtml (Stand: 12. März 2009).

35. Aura Glaser, *A Call to Compassion: Bringing Buddhist Practices of the Heart into the Soul of Psychology* (Berwick, ME: Nicholas-Hays, 2005), 116.

36. John Perkins, *Confessions of An Economic Hit Man* (San Francisco, CA: Berrett-Koehler, 2004), 210. – Dt. Ausgabe: *Bekenntnisse eines Economic Hit Man*.

5. Kapitel:
Erster Wahrnehmungs-Mythos: Nur die Materie zählt

1. MSNBC.com, »What are mothers' rights during childbirth?«, Debate revived over pregnant woman's choice of delivery, *The Associated Press*, 19. Mai 2004, http://www.msnbc.msn.com/id/5012918 (Stand: 9. März 2009).

2. Eric Weisstein's World of Scientific Biography, »Kelvin, Lord William Thomson (1824–1907)«, 1996–2007, http://scienceworld.wolfram.com/biography/Kelvin.html (Stand: 5. März 2009).

3. Faye Flam, »The Quest for a Theory of Everything Hits Some Snags«, *Science*, Nr. 256 (1992): 1518–1519.

4. Adam Crane, Richard Soutar, *MindFitness Training: The Process of Enhancing Profound Attention Using Neurofeedback*, 1. Aufl. (Lincoln, NE: AuthorHouse, 2000), 354.

5. Milič Čapek, *The Philosophical Impact of Contemporary Physics* (New York, NY: Van Nostrand, 1961), 319.

6. Lynne McTaggart, *The Field: The Quest for the Secret Force of the Universe* (New York: Harper Perennial, 2002), 23–24. – Dt. Ausgabe: *Das Nullpunkt-Feld: Auf der Suche nach der kosmischen Ur-Energie*.

7. Ebenda, xvi–xvii

8. Rupert Sheldrake, *Dogs That Know When Their Owners Are Coming Home: And Other Unexplained Powers of Animals* (New York: Harper Perennial, 2002). – Dt. Ausgabe: *Der siebte Sinn der Tiere*.

9. David Brown, Rupert Sheldrake, »Perceptive Pets: A Survey in North-West California«, *Journal of the Society for Psychical Research* 62 (Juli 1998): 396–406.

10. McTaggart, *The Field*, 54–63 (siehe Literaturverz.).

11. Gregg Braden, *The Divine Matrix: Bridging Time, Space, Miracles, and Belief* (Carlsbad, CA: Hay House, 2007), 116–117. – Dt. Ausgabe: *Im Einklang mit der göttlichen Matrix*.

6. Kapitel:
Zweiter Wahrnehmungs-Mythos:
Nur die Stärksten überleben

1. J.B. de Lamarck, *Philosophie zoologique, ou exposition des considerations relatives à l'histoire naturelle des animaux* (Paris: J.B. Baillière, Libraire, 1809).

2. Thomas R. Malthus, *An Essay on the Principle of Population* (Whitefish, MT: Kessinger, 2004), 44–45.

3. Doug Linder, »Bishop James Ussher Sets the Date for Creation«, *University of Missouri-Kansas City School of Law*, 2004, http://www.law.umkc.edu/faculty/projects/ftrials/scopes/ussher.html (Stand: 10. März 2009).

4. E. Bailey, *Charles Lyell* (Garden City, NY: Doubleday, 1963), 86.

5. Ebenda, 117

6. De Lamarck, *Philosophie zoologique, ou exposition des considerations relatives à l'histoire naturelle des animaux*.

7. Leonard Dalton Abbott (Hrsg.), *Masterworks of Economics – Digests of 10 Great Classics* (Garden City, NY: Doubleday, 1946), 195.

8. Charles Darwin, *The Autobiography of Charles Darwin* (New York: Barnes & Noble, 2005), 196.

9. Charles Darwin, »Letter 729 – Darwin, C.R. to Hooker, J.«, *Darwin Correspondence Project*, 11. Januar 1844, http://www.darwinproject.ac.uk/darwinletters/calendar/entry-729.html (Stand: 15. März 2009). – Dt. Ausgabe: *Natürliche Geschichte der Schöpfung, des Weltalls, der Erde und der auf ihr befindlichen Organismen*.

10. Arnold Brackman, *The Strange Case of Charles Darwin and Alfred Russel Wallace* (New York: Times Books, 1980), 22.

11. Bailey, *Charles Lyell*, 61.

12. Brackman, *The Strange Case of Charles Darwin and Alfred Russel Wallace*, 64.

13. Ebenda

14. Francis Hitching, *The Neck of the Giraffe – Darwin, Evolution, and the New Biology* (New York: Meridian, 1982), 172.

15. T.M. Lenton, »Gaia and natural selection«, *Nature*, Nr. 394 (1998): 439–447.

16. James Greenberg, »Enron: The Smartest Guys in the Room«, *The Hollywood Reporter*, 20. April 2005, http://www.hollywoodreporter.com/hr/search/article_display.jsp?vnu_content_id=1000789841 (Stand: 12. März 2009).

17. Fritjof Capra, *The Turning Point: Science, Society and the Rising Culture* (New York: Bantam Books, 1982), 43. – Dt. Ausgabe: *Wendezeit*.

7. Kapitel:
Dritter Wahrnehmungs-Mythos: Die Gene sind entscheidend

1. O.T. Avery, C.M. MacLeod, M. McCarty, »Studies on the Chemical Nature of the Substance Inducing Transformation of Pneumococcal

Types: Induction of Transformation by a Desoxyribonucleic Acid Fraction Isolated from Pneumococcus Type III«, *The Journal of Experimental Medicine*, Nr. 79 (1944): 137–156.

2. Erwin Schrödinger, *What is Life?* (Cambridge, UK: Cambridge University Press, 1945), 76–85. – Dt. Ausgabe: *Was ist Leben?*

3. F.H.C. Crick, »On Protein Synthesis«, *Symposia of the Society for Experimental Biology: The Biological Replication of Macromolecules* 12 (Cambridge, UK: Cambridge University Press, 1958), 138–162.

4. Howard M. Temin, »Homology between RNA From Rous Sarcoma Virus and DNA from Rous Sarcoma Virus-infected Cells«, *Proceedings of the National Academy of Sciences* 52 (1964): 323–329.

5. H.F. Nijhout, »Metaphors and the Role of Genes in Development«, *BioEssays* 12, Nr. 9 (1990): 441–446.

6. Richard Dawkins, *The Selfish Gene* (New York: Oxford University Press, 1976). – Dt. Ausgabe: *Das egoistische Gen*.

7. Ebenda, 2–3

8. Svante Pääbo, »Genomics and Society: The Human Genome and Our View of Ourselves«, *Science* 291, Nr. 5507 (16. Feb. 2001): 1219–1220.

9. E. Pennisi, »Gene Counters Struggle to Get the Right Answer«, *Science*, Nr. 301 (2003): 1040–1041.

10. Silverman, »Rethinking Genetic Determinism: With only 30,000 genes, what is it that makes humans human?«, *The Scientist* (24. Mai 2004): 32–33.

11. Robert Sapolsky, »Emergence of a Peaceful Culture in Wild Baboons«, *PLoS Biology*, 13. April 2004, http://biology.plosjournals.org/perlserv/?request=get-document&doi=10.1371/journal.pbio.0020124&ct=1 (Stand: 12. März 2009).

12. Ebenda

13. Frans B.M. de Waal, »Bonobo Sex and Society«, *Scientific America* (März 1995): 82–88.

14. Matt Kaplan, »Why Bonobos Make Love, Not War«, *New Scientist* 192, Nr. 2580 (2. Dez. 2006): 40–43.

15. American Cancer Society, *Cancer Prevention & Early Detection Facts & Figures 2005* (Atlanta, 2005), 1, http://www.cancer.org/downloads/STT/CPED2005v5PWSecured.pdf (Stand: 10. März 2009).

16. Capra, *The Turning Point*, 146 (siehe Literaturverz.).

17. Ebenda, 108 u. 115

18. Lipton, *The Biology of Belief*, 75–89 (siehe Literaturverz.).

19. Ebenda, 123–124

20. A.A. Mason, »A Case of Congenital Ichthyosiform Erythrodermia of Brocq Treated by Hypnosis«, *British Medical Journal* 30 (1952): 442 f.

21. Discovery Channel Production, »Placebo: Mind Over Medicine?«

8. Kapitel:
Vierter Wahrnehmungs-Mythos:
Die Evolution gehorcht dem Zufall

1. Ben Waggoner, »Jean-Baptiste Lamarck (1744–1829)«, *University of California Museum of Paleontology*, 25. Feb. 1996, www.ucmp.berkeley.edu/history/lamarck.html (Stand: 5. März 2009).

2. Freeman G. Henry, »Rue Cuvier, rue Geoffroy-Saint-Hilaire, rue Lamarck: Politics and Science in the Streets of Paris«, *Nineteenth Century French Studies* 35, Nr. 3&4 (2007), http://muse.jhu.edu/journals/nineteenth_century_french_studies/v035/35.3henry.html (Stand: 3. März 2009).

3. H. Graham Cannon, *Lamarck and Modern Genetics* (Westport, CT: Greenwood Press, 1975), 10–11.

4. Isaac Asimov, *Biographical Encyclopedia of Science and Technology* (Garden City, NY: Doubleday, 1964), 328.

5. S.E. Luria, M. Delbrück, »Mutations of Bacteria from Virus Sensitivity to Virus Resistance«, *Genetics* 28, Nr. 6 (1943): 491–511.

6. John Cairns, J. Overbaugh, S. Miller, »The Origin of Mutants«, *Nature*, Nr. 335 (1988): 142–145.

7. R. Lewin, »A Heresy in Evolutionary Biology«, *Science*, Nr. 241 (1988): 1431.

8. Pierre-Simon Laplace, *Théorie Analytique des Probabilités* (Paris: Mme. Ve Courcier, 1812).

9. Tim Appenzeller, »Evolution: Test Tube Evolution Catches Time in a Bottle«, *Science* 284, Nr. 5423 (25. Juni 1999): 2108.

10. E.N. Lorenz, »Three Approaches to Atmospheric Predictability«, *Bulletin of the American Meteriological Society* 50, Nr. 5 (1969): 345–351.

11. E.N. Lorenz, »Deterministic Nonperiodic Flow«, *Journal of Atmospheric Sciences*, Nr. 20 (1963): 130–141.

12. T. Dantzig, J. Mazur, *Number: The Language of Science* (New York, NY: Plume, 2007), 141.

13. Iain Couzin, Erica Klarreich, »The Mind of the Swarm«, *Science News Online* 170, Nr. 22, 25. Nov. 2006, 347–349, zitiert in *The Free Library,* http://www.thefreelibrary.com/The+mind+of+the+swarm:+math+explains+how+group+behavior+is+more+than...-a0155569993 (Stand: 12. März 2009).

14. Ebenda

9. Kapitel:
Fehlfunktionen am Rand des Abgrunds

1. Donald L. Bartlett, James Steele, »Monsanto's Harvest of Fear«, *Vanity Fair*, Mai 2008, http://www.vanityfair.com/politics/features/2008/05/monsanto200805 (Stand: 12. März 2009).

2. Percy Schmeiser, »Monsanto vs Schmeiser«, http://www.percy-schmeiser.com/ (Stand: 19. März 2009).

3. Bartlett, Steele, »Monsanto's Harvest of Fear«, *Vanity Fair*, Mai 2008.

4. Jeffrey M. Smith, *Seeds of Deception: Exposing Industry and Government Lies About the Safety of the Genetically Engineered Foods You're Eating* (Fairfield, IA: Yes! Books, 2003), 1. – Dt. Ausgabe: *Trojanische Saaten: GenManipulierte Nahrung – GenManipulierter Mensch*.

5. Bartlett, Steele, »Monsanto's Harvest of Fear«, *Vanity Fair*, Mai 2008.

6. Ebenda

7. Morgan Adams, »LaDuke Sows Seeds of Reclamation«, *Berea College, BC Now*, 21. März 2007, http://www.berea.edu/BCNow/story.asp?ArticleID=981 (Stand: 15. März 2009).

8. A. Andreades, *History of the Bank of England* (London, UK: P.S. King & Son, 1909), 157, 177, 184. Online: *The Open Library*,

http://openlibrary.org/b/OL7098867M/History-of-the-Bank-of-England (Stand: 19. März 2009).

9. Benjamin Franklin, *Liberty-Tree.ca,* http://quotes.liberty-tree.ca/quote/benjamin_franklin_quote_8fb0 (Stand: 10. März 2009).

10. Stephen Zarlenga, *The Lost Science of Money* (Chicago, IL: The American Monetary Institute, 2002), 372–375.

11. Thom Hartmann, *Screwed,* 100–102 (siehe Literaturverz.).

12. Ebenda, 101

13. Ebenda

14. Ebenda, 102

15. Woodrow Wilson, *The New Freedom: A Call for the Emancipation of the Generous Energies of a People* (New York: Doubleday, Page & Company, 1918), 201.

16. Michael Hodges, »America's Total Debt Report«, *Grandfather Economic Reports,* März 2008, http://www.opednews.com/populum/linkframe.php?linkid=70454 (Stand: 12. März 2009).

17. The New Economics Foundation, »Happy Planet Index«, *The New Economics Foundation,* http://www.happyplanetindex.org/index.htm (Stand: 12. März 2009).

18. Matthew White, »Source List and Detailed Death Tolls for the Twentieth Century Hemoclysm«, 1999, http://users.erols.com/mwhite28/warstat1.htm (Stand: 12. März 2009).

19. Riane Eisler, *The Chalice and the Blade: Our History, Our Future* (New York, NY: Harper Collins, 1987, 1995), 17–18. – Dt. Ausgabe: *Kelch und Schwert.*

20. Ebenda, 25

21. Riane Eisler, *The Real Wealth of Nations: Creating a Caring Economics* (San Francisco, CA: Berrett-Koehler, 2007), 73.

22. The Library of Congress, »The Pinkertons«, Today in History: August 25, http://www.memory.loc.gov/ammem/today/aug25.html (Stand: 19. März 2009). – Charles Siringo, »Telling Secrets Out of School: Siringo on the Pinkertons«, *History Matters, City University of New York, George Mason University,* http://historymatters.gmu.edu/d/5312/ (Stand: 19. März 2009).

23. Jeremy Brecher, *Strike!: Revised and Updated Edition* (Cambridge, MA: South End Press, 1997), 22, 47–48, 71–75, 77. – Dt. Ausgabe: *Streiks und Arbeiterrevolten*.

24. Automobile in American Life and Society, »Harry Bennett«, University of Michigan, Benson Ford Research Center, http://www.autolife.umd.umich.edu/Design/Gartman/D_Casestudy/Harry_Bennett.htm (Stand: 19. März 2009).

25. Smedley D. Butler, *War Is a Racket* (Los Angeles, CA: Feral House, 1935, 2003), 21.

26. Kevin Phillips, *American Dynasty: Aristocracy, Fortune and the Politics of Deceit in the House of Bush* (New York, NY: Penguin Books, 2004), 38–39, 190–195.

27. Frank Kofsky, *Harry S. Truman and the War Scare of 1948* (New York: St. Martin's Press, 1995).

28. Noam Chomsky, *Understanding Power: The Indispensable Chomsky* (New York: The New Press, 2002), 74.

29. Central Intelligence Agency, »CIA's Analysis of the Soviet Union, 1947–1991« (Dokument 4 über die Möglichkeit einer sowjetischen Militäraktion 1949), https://www.cia.gov/library/center-for-the-study-of-intelligence/csi-publications/books-and-monographs/cias-analysis-of-the-soviet-union-1947-1991/ore_46_49.pdf (Stand: 14. März 2009).

30. David Callahan, *Dangerous Capabilities: Paul Nitze and the Cold War* (New York, NY: Harper-Collins, 1990), 66–67.

31. Ebenda, 106–107

32. Joel Andreas, *Addicted to War: Why the U.S. Can't Kick Militarism* (Oakland, CA: AK Press, 2004), 44. – Dt. Ausgabe: *Süchtig nach Krieg*.

33. John Perkins, *Confessions of an Economic Hit Man* (Ebury Press 2006). – Dt. Ausgabe: *Bekenntnisse eines Economic Hit Man: Unterwegs im Dienst der Wirtschaftsmafia*.

34. Amy Goodman, »Confessions of an Economic Hit Man: How the U.S. Uses Globalization to Cheat Poor Countries Out of Trillions«, *Democracy Now!*, 9. Nov. 2004, http://www.democracynow.org/2004/11/9/confessions_of_an_economic_hit_man (Stand: 12. März 2009).

35. Zlatica Hoke, »U.S. Health Care: World's Most Expensive«, *Voice of America*, 28. Feb. 2006, http://www.voanews.com/english/archive/2006-02/2006-02-28-voa59.cfm?CFID=139027910&CFTOKEN=45495346&jsessionid=de308335ce2d9fbab900353b13197461362c (Stand: 13. März 2009).

36. Barbara Starfield, »Is US Health Really the Best in the World?«, *Journal of the American Medical Association* 284, Nr. 4 (26. Juli 2000): 483–485.

37. Gary Null u.a., »Death by Medicine«, *Life Extension Magazine*, 1. August 2006, http://www.lef.org/magazine/mag2006/aug2006_report_death_01.htm (Stand: 13. März 2009).

38. Fritjof Capra, *The Turning Point*, 137–138 (siehe Literaturverz.).

39. Jacky Law, *Big Pharma: Exposing the Global Healthcare Agenda* (New York, NY: Carroll & Graf, 2006), 15. – Dt. Ausgabe: *Der Pharma-Bluff*.

40. Ebenda

41. Catharine Paddock, »47 Million Without Health Insurance, Census Reports«, *Medical News Today*, 29. Aug. 2007, http://www.medicalnewstoday.com/articles/80897.php (Stand: 13. März 2009).

42. Law, *Big Pharma*, 169–175 (siehe Literaturverz.).

43. Melissa Ganz, »The Medicare Prescription Drug, Improvement, & Modernization Act of 2003: Are We Playing The Lottery With Healthcare Reform?«, 10/1/2004, *Duke Law & Technology Review*, http://www.law.duke.edu/journals/dltr/articles/2004dltr0011.html (Stand: 19. März 2009).

44. Ebenda

45. Marcia Angell, The Truth About the Drug Companies: *How They Deceive Us and What to Do About It* (New York, NY: Random House, 2005), 11.

46. Law, *Big Pharma*, 14 (siehe Literaturverz.).

47. J. Abramson, J.M. Wright, »Are lipid-lowering guidelines evidence-based?«, *The Lancet*, Nr. 369 (2007): 168–169.

48. R.A. Hayward u.a., »Narrative review: lack of evidence for recommended low-density lipoprotein treatment targets: a solvable problem«, *Annals of Internal Medicine*, Nr. 145 (2006): 520–530.

49. Dean Ornish u.a., »Intensive Lifestyle Changes for Reversal of Coronary Heart Disease«, *Journal of the American Medical Association* 280 (1998): 2001–2007.

50. Stephen R. Daniels, Frank R. Greer u.a., »Lipid Screening and Cardiovascular Health«, *Childhood Pediatrics*, Nr. 122 (Juli 2008): 198–208.

51. Law, *Big Pharma,* 48 (siehe Literaturverz.).

52. Marilyn Ferguson, *The Aquarian Conspiracy: Personal and Social Transformation in the 1980s* (Los Angeles, CA: J. P. Tarcher, 1980), 23–43. – Dt. Ausgabe: *Die sanfte Verschwörung.*

53. David Edwards, *Burning All Illusions: A Guide to Personal and Political Freedom* (Boston, MA: South End Press, 1996), 207.

54. Edward L. Bernays, *Propaganda: with an Introduction by Mark Crispin Miller* (Brooklyn, NY: Ig Publishing, 2004), 9–15.

55. Ebenda, 54

56. Ebenda, 71

57. Ebenda, 25

58. Larry Tye, *The Father of Spin: Edward L. Bernays and the Birth of Public Relations* (New York, NY: Henry Holt and Company, 1998), 156–170.

59. Jerboa Kolinowski, »Edward L. Bernays«, *Everything2,* 3. Juli 2002, http://everything2.com/title/Edward%2520L.%2520Bernays (Stand: 13. März 2009).

60. Ron Chernow, »First Among Flacks, Edward L. Bernays created many a public relations image, starting with his own«, 16. Aug. 1998, *New York Times*, http://www.nytimes.com/books/98/08/16/reviews/980816.16cher-not.html?_r=1 (Stand: 19. März 2009). – Tye, *The Father of Spin,* 163–184.

61. Kolinowski, »Edward L. Bernays«, *Everything2,* 3. Juli 2002.

62. Norman Solomon, *War Made Easy: How Presidents and Pundits Keep Spinning Us to Death* (New Jersey: John Wiley & Sons, 2005), 177.

10. Kapitel:
Geistige Gesundung

1. Erich Fromm, *The Sane Society* (New York, NY: Henry Holt and Company, 1955), 15 – Dt. Ausgabe: *Wege aus einer kranken Gesellschaft*.

2. Edwards, *Burning All Illusions*, 62 (siehe Literaturverz.).

3. Michael Lerner, *The Left Hand of God: Taking Back Our Country From the Religious Right* (New York, NY: HarperCollins, 2006), 15–36, 41–75. – Von M. Lerner auf Deutsch erschienen: *Wege zur Heilung*.

4. Alan Watts, *The Wisdom of Insecurity* (New York, NY: Pantheon Books, 1951), 23. – Dt. Ausgabe: *Die Weisheit des ungesicherten Lebens*.

5. Fritjof Capra, *The Tao of Physics: An Exploration of the Parallels between Modern Physics and Eastern Mysticism* (Boston, MA: Shambhala, 1975), 141. – Dt. Ausgabe: *Das Tao der Physik*.

6. Steve Bhaerman, »Unquestioned Answers: Nonconspiracy Theorist Takes Aim at the Official 9–11 Story«, *North Bay Bohemian*, 14.–20. Juni 2006, http://www.bohemian.com/bohemian/06.14.06/david-ray-griffin-0624.html (Stand: 13. März 2009).

7. Glaser, *A Call to Compassion*, 11 (siehe Literaturverz.).

8. Braden, *The Divine Matrix*, 84–85 (siehe Literaturverz.).

9. Ebenda, 87

10. Glaser, *A Call to Compassion*, 21 (siehe Literaturverz.).

11. Kapitel:
Fraktale Evolution

1. Matthew R. Walsh, David N. Reznick, »Interactions between the direct and indirect effects of predators determine life history evolution in a killifish«, *Proceedings of the National Academy of Sciences*, Nr. 105 (2008): 594–599.

2. Steven M. Vamosi, »The presence of other fish species affects speciation in threespine sticklebacks«, *Evolutionary Ecology Research*, Nr. 5 (2003): 717–730.

3. Appenzeller, »EVOLUTION: Test Tube Evolution Catches Time in a Bottle«, *Science*, Bd. 284, Nr. 5423 (25. Juni 1999): 2108.

4. Lipton, *The Biology of Belief,* 65 (siehe Literaturverz.).

5. Lipton, *The Biology of Belief,* 197 (siehe Literaturverz.).

6. William Allman, »The Mathematics of Human Life«, *U.S. News & World Report* 114, 1993, 84–85.

7. Eldredge, S.J. Gould, »Punctuated Equilibria: an Alternative to Phyletic Gradualism«, In T.M. Schopf (Hrsg.), *Models in Palaeobiology* (San Francisco, CA: Freeman Cooper, 1972), 82–115.

8. Christiane Galus, »La sixième extinction des espèces peut encore être évitée«, *Le Monde*, 14. Aug. 2008, http://www.lemonde.fr/cgi-bin/ACHATS/acheter.cgi?offre=ARCHIVES&type_item=ART_ARCH_30J&objet_id=1047018&clef=-ARC-TRK-D_01; englische Version http://www.truthout.org/article/sixth-species-extinction-can-still-be-avoided (Stand: 1. März 2009).

9. J.W. Costerton, Philip S. Stewart, E.P. Greenberg, »Bacterial Biofilms: A Common Cause of Persistent Infections«, *Science* 284, Nr. 5418 (21. Mai 1999): 1318–1322.

10. L. Margulis, *Symbiosis in Cell Evolution* (New York, NY: W.H. Freeman, 1993). – Von L. Margulis auf Deutsch erschienen: *Die andere Evolution; Die fünf Reiche der Organismen; Leben; Geheimnis und Ritual.*

11. L. Margulis, D. Sagan, *Microcosmos* (New York, NY: Summit Books, 1986), 14.

12. Buckminster Fuller, *Operating Manual for Spaceship Earth* (Illinois: Southern Illinois University Press, Reprint der Ausgabe von 1969, 1976). – Dt. Ausgabe: *Bedienungsanleitung für das Raumschiff Erde.*

12. Kapitel:
Wie im Kleinen, so im Große

1. Albert Einstein an seine Stieftochter Margot Einstein nach dem Tod seiner Schwester Maja 1951, von Hanna Loewy in A&E Television Einstein Biography, VPI International, 1991, http://www.asl-associates.com/einsteinquotes.htm (Stand: 4. März 2009).

2. Arnold J. Toynbee, David C. Somervell, *A Study of History* (New York: Oxford Press, 1946, 1974), 575–577. – Dt. Ausgabe: *Der Gang der Weltgeschichte.*

3. Lipton, *The Biology of Belief,* 146 (siehe Literaturverz.).

4. Ebenda, 148–153

5. Eisler, *The Chalice and the Blade,* 43 (siehe Literaturverz.).

13. Kapitel:
Ein einziger guter Rat

1. R.C. Henry, »The mental Universe«, *Nature*, Nr. 436 (2005): 29.

2. Ebenda

3. Ebenda

4. G. Grinberg Zylberbaum, M. Delaflor, L. Attie, A. Goswami, »The EinsteinPodolskyRosen paradox in the brain: the transferred potential«, *Physics Essays*, Nr. 7 (1994): 422–428.

5. Dean Radin, *Entangled Minds: Extrasensory Experiences In a Quantum Reality* (New York, NY: Paraview Pocket Books, 2006), 164–170.

6. Dean Radin, *Entangled Minds,* 195–202.

7. Ebenda, 203

8. McTaggart, *The Field,* 101–109 (siehe Literaturverz.).

9. Russell Targ, Jane Katra, *Miracles of Mind: Exploring Nonlocal Consciousness and Spiritual Healing* (Novato, CA: New World Library, 1998), 40–44. – Von Russell Targ auf Deutsch erschienen: *Jeder hat den sechsten Sinn; Jeder hat ein drittes Auge; Gelassenheit in bewegten Zeiten.*

10. McTaggart, *The Field,* 181–196 (siehe Literaturverz.).

11. Larry Dossey, *Prayer is Good Medicine* (New York, NY: HarperCollins, 1996), 55.

12. Gregg Braden, *The Divine Matrix,* 84 (siehe Literaturverz.).

13. Gregg Braden, *Secrets of the Lost Mode of Prayer: The Hidden Power of Beauty, Blessing, Wisdom and Hurt,* 13–18. – Dt. Ausgabe: *Verlorene Geheimnisse des Betens.*

14. Ebenda, 167–69

15. Dossey, *Prayer is Good Medicine,* 55 (siehe Literaturverz.).

16. Braden, *Secrets of the Lost Mode of Prayer,* 168 (siehe Literaturverz.).

17. Doc Childre, Howard Martin, *The HeartMath Solution* (New York, NY: HarperCollins, 1999), 6. – Dt. Ausgabe: *Die HerzIntelligenz-Methode.*

18. Ebenda, 10–11

19. Ebenda, 11

20. Ebenda, 13–16

21. Global Coherence Initiative. Mehr über die Global Coherence Initiative unter http://www.glcoherence.org/about-us/about.html (Stand: 12. März 2009).

22. Braden, *Secrets of the Lost Mode of Prayer,* 115–116 (siehe Literaturverz.).

23. »Science, Spirituality and Peace«, *CommonPassion.org,* http://www.commonpassion.org/index.php?option=com_content&task=view&id=44&Itemid=58 (Stand: 13. März 2009).

24. The Intention Experiment, http://www.theintentionexperiment.com/ (Stand: 13. März 2009).

25. CommonPassion.org, http://www.commonpassion.org/ (Stand: 13. März 2009).

26. Ebenda

27. Arjuna Ardagh, *Awakening Into Oneness: The Power of Blessing in the Evolution of Consciousness* (Boulder, CO: Sounds True, 2007), 135–148. – Dt. Ausgabe: *ONENESS – Erwachen zur Einheit.*

28. McTaggart, *The Field,* 184–185 (siehe Literaturverz.).

29. Targ, Katra, *Miracles of Mind,* 110.

30. Leonard Laskow, *Healing With Love: A Breakthrough Mind/Body Program for Healing Yourself and Others* (Mill Valley, CA: Wholeness Press, 1992), 20. – Dt. Ausgabe: *Heilende Energie.*

31. Ebenda, 20–21

32. Ebenda, 303–307

33. Ebenda, 2

34. Ebenda, 4–10. – Die Verben, die hier im Englischen für die einzelnen Schritte der *Transformation* gewählt werden, haben im Sinne der leichteren Merkbarkeit alle den Stamm *form: transform – inform – conform – unform – reform*. (Anm. d. Red.)

35. Ebenda, 77

36. Ebenda, 65

37. »The Universality of the Golden Rule in the World Religions«, *Teaching Values.com* http://www.teachingvalues.com/goldenrule.html (Stand: 13. März 2009).

38. Glaser, *A Call to Compassion*, xi (siehe Literaturverz.).

39. Ebenda

14. Kapitel:
Ein Bund zur Stärkung des Gemeinwohls

1. Chen, Shaohua, Martin, Ravallion, »The Developing World Is Poorer Than We Thought, But No Less Successful in the Fight against Poverty«, *World Bank Policy Research Working Paper Series, Social Science Research Network,* 1. Aug. 2008, http://ssrn.com/abstract=1259575 (Stand: 3. März 2009).

2. Meg Howe, Graeme Young, »According to Survey Statistics Happiness of Wealthy People is No Greater!«, *Small Farm Permaculture and Sustainable Living,* 5. Jan. 2009, http://www.small-farm-permaculture-and-sustainable-living.com/statistics_happiness_of_wealthy_people.html (Stand: 5. März 2009).

3. Charles Walters, *Unforgiven: The American Economic System Sold for Debt and War* (Austin, TX: Acres, U.S.A., 1971, 2003), 37.

4. Ebenda, ix

5. Ebenda, 31

6. Robert Costanza u.a., »The value of the world's ecosystem services and natural capital«, *Nature* 387 (15. Mai 1997): 253–260.

7. »Living Planet Report 2006 outlines scenarios for humanity's future«, *Global Footprint Network,* http://www.footprintnetwork.org/newsletters/gfn_blast_0610.html (Stand: 13. März 2009).

8. Thomas Jefferson, »Thomas Jefferson on Politics and Government: Money and Banking«, *The University of Virginia Archives*, http://etext.virginia.edu/jefferson/quotations/jeff1325.htm (Stand: 14. März 2009).

9. Richard Kotlarz, Gespräch mit Steve Bhaerman, 14. März 2008.

10. Ebenda

11. Thomas Jefferson, Zitat, *The Quotations Page*, http://www.quotationspage.com/quote/37700.html (Stand: 14. März 2009).

12. Walters, *Unforgiven: The American Economic System Sold for Debt and War*, 239.

13. David C. Korten, *Agenda for a New Economy: From Phantom Wealth to Real Wealth* (San Francisco, CA: Berrett-Koehler, 2009), 26.

14. David C. Korten, *Agenda for a New Economy:* 49–50.

15. Ebenda, 50

16. Ebenda, 51

17. Ebenda, 53

18. Stephen Zarlenga, »The 1930s Chicago Plan and the American Monetary Act«, *AMI Reform Conference*, Okt. 2005, http://www.monetary.org/chicagoplan.html (Stand: 14. März 2009).

19. Ravi Dykema, »An Interview with Bernard Lietaer: Money, Community and Social Change«, *Nexus*, Juli/Aug. 2003.

20. Ebenda

21. Ebenda; vergleiche im Deutschen: *Kommune* (von lat. *communis* = *mehreren oder allen gemeinsam; allgemein*) bzw. *Kommunität* (lat. *communitas* = *Gemeinschaft*). Lat. *munus* = *Leistung; Dienst; Gefälligkeit; Geschenk, Gabe.* (Anm. d. Red.)

22. James Taris, *Global Quest for Local LETS* (E-book, 2002), www.jamestaris.com/TTW-Contents.htm (Stand: 14. März 2009).

23. Civic Economics, »The San Francisco Retail Diversity Study«, *Civic Economics,* Mai 2007, 1–28, http://www.civiceconomics.com/SF/ (Stand: 14. März 2009).

24. Civic Economics, *Economic Impact Analysis: A Case Study, Local Merchants vs. Chain Retailers* (Austin, TX: C.E., 2002), 1–16. http://www.bigboxtoolkit.com/index.php/Economic-Impact-of-Local-Businesses-vs.-Chains.html (Stand: 15. April 2009).

25. »The San Francisco Retail Diversity Study«, Studies in Economics, Sonoma County GoLocal Coop, April 2007, http://sonomacounty.golocal.coop/?page_id=61 (Stand: 14. März 2009).

26. Kencho Wandi, »Bhutan – where happiness outranks wealth«, *Developments,* http://www.developments.org.uk/articles/bhutan-where-happiness-outranks-wealth/ (Stand: 14. März 2009).

15. Kapitel:
Heilung des Staatskörpers

1. Jim Rough, *Society's Breakthrough: Releasing Essential Wisdom and Virtue in All the People* (Port Townsend, WA: Jim Rough, 2002), 55f.

2. Solomon, *War Made Easy: How Presidents and Pundits Keep Spinning Us to Death*, 281.

3. Richard Sanders, »Regime Change: How the CIA put Saddam's Party in Power«, *Coalition to Oppose the Arms Trade Quarterly, Press for Conversion!,* 24. Okt. 2002.

4. Malcolm Byrne, »The Secret History of the Iran Coup, 1953«, *National Security Archive Electronic Briefing Book 28,* http://www.gwu.edu/~nsarchiv/NSAEBB/NSAEBB28/ (Stand: 19. März 2009).

5. James Surowiecki, *The Wisdom of Crowds* (New York, NY: Doubleday, 2004) – Dt. Ausgabe: *Die Weisheit der Vielen.*

6. Ebenda, xiv

7. Ebenda, 7–11

8. Ebenda, 28

9. Don Tapscott, Anthony Williams, *Wikinomics: How Mass-Collaboration Changes Everything* (New York, NY: Penguin Books, 2006), 67. – Dt. Ausgabe: *Wikinomics. Die Revolution im Netz.*

10. Ebenda, 7–10

11. Surowiecki, *The Wisdom of Crowds,* 140–145 (siehe Literaturverz.).

12. Tom Atlee, *The Tao of Democracy: Using Co-Intelligence to Create a World That Works for All* (Eugene, OR: World Works Press, 2003).

13. Ebenda, 5

14. Ebenda, 107

15. Ebenda, 1

16. Ebenda, 85; Originalquelle siehe bei Atlee: Roger Fisher and William Ury, *Getting to Yes: Negotiating Agreements without Giving In* (Boston: Houghton Mifflin Co. 1981). – Dt. Ausgabe: *Das Harvard-Konzept*.

17. Ebenda, 9.

18. Alice Gavin, »Conflict Transformation in the Middle East: Dr. Johan Galtung on Confederation in Iraq and a Middle East Community for Israel/Palestine«, *Peace Power 2*, Nr. 1, Winter 2006, http://www.calpeacepower.org/0201/galtung_transcend.htm (Stand: 14. März 2009).

19. Atlee, *The Tao of Democracy*, 182 (siehe Literaturverz.).

20. Aldous Huxley, *Time Must Have A Stop* (Illinois: Dalkey Archive Press, 1998), 45.

21. Rough, *Society's Breakthrough*, 11–12 (siehe Literaturverz.).

22. Ebenda, 19–38

23. Atlee, *The Tao of Democracy*, v (siehe Literaturverz.).

24. Ebenda, 24–28

25. Ebenda, 25

26. Ebenda, 28

27. Ebenda, 128–129

28. Ebenda, 233

29. Ebenda, 130–143, 156–157

30. Anodea Judith, *Waking the Global Heart: Humanity's Rite of Passage From the Love of Power to the Power of Love* (Santa Rosa, CA: Elite Books, 2006), 18.

31. Richard Flyer, Gespräche mit Steve Bhaerman, 3. Jan. 2008 und 5. Feb. 2009; mehr Informationen siehe: »Interview With Richard Flyer«, *The Conscious Media Network*, http://www.consciousmedianetwork.com/members/rflyer.htm (Stand: 12. März 2009).

32. Ebenda; mehr Informationen siehe: *Conscious Community Campaign*, http://www.itstimereno.org/ (Stand: 12. März 2009).

33. Ebenda

16. Kapitel:
Eine ganz neue Geschichte

1. Joseph Chilton Pearce, *The Biology of Transcendence: A Blueprint of the Human Spirit* (Rochester, VT: Park Street Press, 2002), 119.

2. Hermann Göring, Zitat, ThinkExist.com, http://thinkexist.com/quotation/naturally_the_common_people_don-t_want_war/339098.html (Stand: 14. März 2009). –
H. Göring (1893–Suizid 1946) galt als »zweiter Mann« in der Hierarchie des Nationalsozialismus. (Anm. d. Red.)

3. M.K. Asante, Y. Miike, J. Yin (Hrsg.), *The Global Intercultural Communication Reader* (New York, NY: Routledge, 2007), 114–117.

4. Nelson Mandela, »1993 Address to the Nation«, *Black Past.Org,* http://www.blackpast.org/?q=1993-nelson-mandela-address-nation (Stand: 19. März 2009).

5. Luskin, *Forgive For Good,* 89–101 (siehe Literaturverz.).

6. Kathryn Watterson, *Not by the Sword: How a Cantor and His Wife Transformed a Klansman* (Boston, MA: Northeastern University, 2001). – Von K. Watterson auf Deutsch erschienen: *Das hast du nur geträumt.*

7. Ervin Laszlo, Jude Currivan, *CosMos: A Co-Creator's Guide to the Whole World* (Carlsbad, CA: Hay House, 2008), 93.

8. Marci Shimoff, *Happy for No Reason: 7 Steps to Being Happy From the Inside Out* (New York, NY: Simon & Schuster, 2008), 40. – Dt. Ausgabe: *Glücklich ohne Grund.*

9. Ebenda, 21 – Man beachte in der deutschen Übersetzung des Zitats die kursiven Verben, um den Sinn richtig zu verstehen: Wir selbst sind es, die unsere äußeren Erfahrungen mit Freude *füllen* können; das sei sinnvoller, als zu versuchen, Freude *aus* diesen Erfahrungen zu *ziehen.* (Anm. d. Red.)

10. Ebenda, 151

11. Kiyoshi Nakahara, Yasushi Miyashita, »Understanding Intentions: Through the Looking Glass«, *Science* 308 (2005): 644–645.

12. Martin Seligman, *Learned Optimism: How to Change Your Mind and Your Life* (New York, NY: Pocketbooks, 1998).

13. Shimoff, *Happy for No Reason,* 125 (siehe Literaturverz.).
14. Glynda-Lee Hoffmann, *The Secret Dowry of Eve: Women's Role in the Development of Consciousness* (Rochester, VT: Park Street Press, 2003), 16.
15. Alexander S. Kochkin, Patricia M. Van Camp, *A New America: An Awakened Future on Our Horizon* (Stevensville, MT: Global Awakening Press, 2000–2005), 7–11.

Über die Illustration auf dem Buchcover

von Bob Mueller

Mit seiner Zeichnung des *Vitruvianischen Menschen* versuchte Leonardo da Vinci Ende des 15. Jahrhunderts, durch den Einsatz von Geometrie, Symmetrie und Proportionen die Verbindung der Menschheit zum Kosmos darzustellen. Er verwendete dazu die *euklidische Geometrie*, die höchste Form der Mathematik, die damals bekannt war. Die Grundlage dieser Zeichnung waren die Schriften des römischen Architekten und Ingenieurs Vitruv von 27 v. Chr., der seinerseits wiederum stark von Pythagoras (580–500 v. Chr.) beeinflusst war.

Im Lauf der Jahrhunderte ist der *Vitruvianische Mensch* zu einem der eindrucksvollsten Symbole der Menschheit geworden – sowohl der Männer als auch der Frauen, obwohl das Bild eindeutig einen Mann darstellt. Noch beeindruckender ist: Es vermittelt dem Betrachter bis heute unmittelbar und mühelos den Eindruck, dass es noch mehr gibt, als mit bloßem Auge wahrnehmbar ist.

Es gefällt mir, diesem jahrhundertealten Bild Flügel hinzuzufügen, weil sich daraus eine visuelle Metapher sowohl einer natürlichen Metamorphose der Menschheit als auch einer positiven, wunderschönen Zukunft für uns alle ergibt. Ich mag auch den Gedanken, dass Leonardo da Vinci selbst vielleicht daran Gefallen gefunden hätte, seine Zeichnung auf diese Weise mit fraktaler Geometrie zu »erweitern«, da er in der Mathematik einen wichtigen Hinweis auf unseren göttlichen Ursprung sah.

September 2009

Über die Autoren

Dr. Bruce H. Lipton ist international für seine Art bekannt, Wissenschaft und Geist miteinander zu verbinden. Als Zellbiologe lehrte er an der medizinischen Fakultät der Universität von Wisconsin und arbeitete als Forscher an der medizinischen Fakultät der Stanford Universität. Seine bahnbrechenden Erkenntnisse über die Zellmembran machten ihn zu einem Pionier der neuen Wissenschaft der Epigenetik. Heute reist er durch die ganze Welt und hält Vorträge und Seminare über die Neue Biologie.
www.brucelipton.momanda.de

Steve Bhaerman ist Autor, Komiker und Kultur-Kommentator. Seit über 20 Jahren steht er als Swami Beyondananda mit selbst geschriebenen Programmen auf der Bühne. Steve ist ein Pionier der alternativen Bildung und ganzheitlichen Veröffentlichungen. Er ist aktiv in transparteilicher Politik und bei der praktischen Anwendung von spontaner Evolution.

Bruce H. Lipton

Intelligente Zellen

Wie Erfahrungen unsere Gene steuern

gebunden, 320 Seiten
€ 16,95
ISBN 978-3-86728-307-6

Erstaunliche wissenschaftliche Erkenntnisse über die biochemischen Funktionen unseres Körpers zeigen, dass unser Denken und Fühlen bis in jede einzelne unserer Zellen hineinwirkt. Der Zellbiologe Bruce Lipton beschreibt genau, wie dies auf molekularer Ebene vor sich geht. In leicht verständlicher Sprache und anhand eingängiger Beispiele führt er vor, wie die neue Wissenschaft der Epigenetik die Idee auf den Kopf stellt, dass unser physisches Dasein durch unsere DNS bestimmt würde. Vielmehr wird sowohl unser persönliches Leben als auch unser kollektives Dasein durch die Verbindung zwischen Innen und Außen, zwischen Geist und Materie gesteuert.
Bruce Liptons Buch gehört seit 10 Jahren zu den wichtigsten Werken zum Thema »Epigenetik, Geist und Materie«. Es sichert dem Autor seit Jahren einen Platz auf der Watkins Liste der weltweit spirituell einflussreichsten Menschen. Jetzt als aktualisierte Neuauflage mit den neuesten wissenschaftlichen Ergebnissen!

Bruce H. Lipton

Wie wir werden, was wir sind

**Eltern sind wichtiger als Gene –
wie unser Bewusstsein
das Wesen unserer Kinder bestimmt**

DVD, 120 Min.
€ 19,95
ISBN 978-3-86728-104-1

Die »Programmierungen« durch unsere Eltern haben fundamentale Bedeutung für unsere Gesundheit, unser Verhalten, unsere Einstellungen und unsere Beziehungen! In einem bildreichen, leicht verständlichen Vortrag erläutert der Zellbiologe und Pionier der prä- und perinatalen Entwicklung Dr. Bruce Lipton aus Sicht der neuen Wissenschaft den Mechanismus, durch den sich die Überzeugungen und Emotionen der Eltern auf die Entwicklung des genetischen Codes der Kinder auswirken.

Unsere prä- und perinatalen Erfahrungen bilden eine Art biologischer Vorgabe, die alle späteren Gefühle und Einstellungen im Hinblick auf uns selbst, unsere zwischenmenschlichen Beziehungen und unsere Verbindung zu Himmel und Erde bestimmen. Das Wissen um die Mechanismen kann uns davor bewahren, weiteren Schaden anzurichten; es hilft uns, jene Bereiche unseres Denkens und unseres Fühlens zu heilen, in denen wir selbst durch unsere Programmierungen eingeschränkt sind.

Bruce H. Lipton

Der Honeymoon-Effekt

Liebe geht durch die Zellen

gebunden, 192 Seiten
€ 16,95
ISBN 978-3-86728-211-6

Bruce Lipton erklärt auf seine wundervoll einprägsame, leicht verständliche und amüsante Art mit Hilfe der Zellbiologie, der Quantenphysik und der Neurologie, wie wir das herrliche Gefühl der Flitterwochen dauerhaft in unsere Beziehungen holen können.
Jede Zelle strahlt Energie aus – also auch jeder Einzelne von uns –, und ihre Frequenz hat erheblichen Einfluss darauf, was in unserem Leben geschieht.
Und was bestimmt die Frequenz unserer Energie? Unser Bewusstsein und unser Unterbewusstsein. In einer Paarbeziehung also vier unterschiedliche Bewusstsein mit jeweils eigenen Zielen, Absichten und Programmen.
Neben Einblicken in die persönliche glückliche Liebesgeschichte mit seiner Partnerin Margaret gibt Lipton konkrete Hinweise, was wir tun können, um den Honeymoon-Effekt in unserem Leben zu etablieren.

Robert M. Williams

Psych-K®

Die Macht der Überzeugungen und die Verbindung von Körper, Geist und Seele

gebunden, 160 Seiten
€ 14,95
ISBN 978-3-86728-083-9

Was wir denken, beeinflusst das, was wir erleben. Und wir versuchen, durch unser Denken Glück, Wohlstand, Erfolg, Liebe und inneren Frieden in unserem Leben zu erschaffen. Doch scheinbar ist das leichter gesagt als getan. Warum?
Die Antwort finden wir auf der Ebene unserer unterbewussten Überzeugungen, dem kraftvollen Speicher unserer tiefsten Glaubens- und Verhaltensmuster.

In diesem Buch erfahren Sie,
- warum Einsicht alleine nicht ausreicht, um sich anders zu verhalten, und warum mehr Anstrengung nicht zu mehr Erfolg führt;
- wie Sie mit Leichtigkeit herausfinden können, was Sie wirklich glauben;
- dass es ganz einfach sein kann, diese häufig selbst sabotierenden Überzeugungen zu verändern – um so zu Glück und innerem Frieden zu gelangen.

»PSYCH-K ist ein Prozess des persönlichen Erwachens und der spirituellen Entdeckung, ein nutzerfreundlicher Weg, um Ihrem göttlich inspirierten inneren Zauberer zu begegnen.« (Robert M. Williams)

Die deutsche Fangruppe von Bruce Lipton finden Sie unter:
www.brucelipton.momanda.de
Wir freuen uns auf Ihren Austausch und Ihre Beiträge!

Des Weiteren finden Sie auf dieser Seite:

Meditation »Schritte zum Honeymoon«
Wohl die meisten Menschen sind von dem Wunsch angetrieben, eine liebevolle, harmonische und sichere Beziehung zu haben. Nur, warum sind dann die Scheidungsraten so hoch? Warum gibt es so viele »Singles wider Willen«? Bruce Lipton liefert mit seinem Buch »Der Honeymoon-Effekt« eine sehr einleuchtende Antwort. Gut nachvollziehbar und überzeugend beschreibt er, wie Programmierungen in unserem Unterbewusstsein zumeist rund 95 Prozent unseres Lebens steuern. Mit dieser Meditation werden Sie beziehungsrelevante Punkte umprogrammieren, um sich für den Honeymoon zu öffnen.

Entdecken Sie dort auch weitere Download-Produkte, einen kostenlosen Seminarmitschnitt sowie Seminar- und Veranstaltungs-Ankündigungen von Bruce Lipton!